U0901338

2020

山西省太原市人口普查年鉴（上册）

TAIYUAN POPULATION CENSUS YEARBOOK OF SHANXI PROVINCE 2020 (BOOK 1)

太　原　市　统　计　局
太原市第七次全国人口普查领导小组办公室　编

Compiled by
Taiyuan Municipal Bureau of Statistics
Office of the Leading Group of Taiyuan Municipality for the Seventh National Population Census

图书在版编目（CIP）数据

山西省太原市人口普查年鉴. 2020. 上册 / 太原市统计局, 太原市第七次全国人口普查领导小组办公室编. -- 北京 : 中国统计出版社, 2022.12
ISBN 978-7-5230-0078-6

Ⅰ. ①山… Ⅱ. ①太… ②太… Ⅲ. ①人口普查－统计资料－太原－2020－年鉴 Ⅳ. ①C924.252.51-54

中国版本图书馆 CIP 数据核字(2022)第 240114 号

山西省太原市人口普查年鉴-2020（上册）
Taiyuan Population Census Yearbook of Shanxi Province 2020 (Book 1)

作　　者/太原市统计局　太原市第七次全国人口普查领导小组办公室编
责任编辑/佘竞雄
封面设计/李雪燕
出版发行/中国统计出版社有限公司
通信地址/北京市丰台区西三环南路甲 6 号　邮政编码/100073
发行电话/邮购（010）63376909　书店（010）68783171
网　　址/http://www.zgtjcbs.com/
印　　刷/山西力新印刷科技开发有限公司
经　　销/新华书店
开　　本/880mm×1230mm　1/16
字　　数/1296 千字
印　　张/41.75
版　　别/2022 年 12 月第 1 版
版　　次/2022 年 12 月第 1 次印刷
定　　价/1280.00 元（全二册）

《山西省太原市人口普查年鉴—2020》编委会和编辑工作人员

编委会

主　　　任：张新伟

常务副主任：刘俊义

副　主　任：卫向东

编委会成员：刘爱民　任永刚　王振军　李拥权　岳国平
　　　　　　戴陆寿　梁永昭　阎瑞玲　苏人龙

编辑工作人员

总 编 辑：王振军

副总编辑：田　军

编辑人员：耿　洁　卫　洁　张　炜　辛丽媛　张　琳

编辑说明

在市委、市政府坚强领导下，按照山西省第七次全国人口普查领导小组办公室统一部署，全市各级各有关部门精心组织、通力合作，全体普查人员无私奉献、攻坚克难，广大普查对象共同参与、积极配合，我市第七次全国人口普查取得了圆满成功，获得了丰富详实的普查资料。为满足社会各界的需要，现将汇总的数据资料编辑出版。

为便于读者使用本资料，现将有关情况说明如下:

一、普查对象和标准时点

第七次全国人口普查的普查对象指普查标准时点在中华人民共和国境内的自然人以及在中华人民共和国境外但未定居的中国公民，不包括在中华人民共和国境内短期停留的境外人员，普查标准时点为 2020 年 11 月 1 日零时。

二、普查表式

第七次全国人口普查采用长、短两种普查表，普查短表包括反映人口基本状况的项目，由全部住户（不包括港澳台居民和外籍人员）填报；普查长表包括所有短表项目和人口的经济活动、婚姻生育和住房等情况的项目，在全部住户中抽取 10% 的户（不包括港澳台居民和外籍人员）填报。

三、资料主要内容

本资料分为三部分。第一部分是全部人口数据，主要反映人口的基本状况，分为八卷，共 196 张表；第二部分是普查长表数据，主要反映人口的各种结构情况，分为九卷，共 218 张表；第三部分是附录，主要是普查的有关规定和技术文件等。

四、数据汇总口径及推算说明

本资料是普查实际登记直接汇总的数据，不包括漏登的人口（事后质量抽查表明，全国人口漏登率为 0.05%），不包括现役军人。

资料中各项指标的汇总结果未做任何误差校正，读者在使用时应考虑不同指标登记误差因素的影响。

由于普查长表是按户抽样并进行登记，因此人口总数以及各种人口结构数据的抽样比会存在略微差异，请读者使用本资料推算总体时，对采用的方法予以注意。

五、城乡划分规定

本次人口普查关于城乡的划分，按照国家统计局《统计上划分城乡的规定》执行。

六、其他

本资料中部分相对数由于单位取舍问题而产生的计算误差，均未做机械调整。本资料中空项表示无数字或数字很小。

目　　录

上　册

第一部分　全部数据资料

第三卷　年龄

第四卷　教育

第五卷　家庭

第六卷　死亡

第七卷 户口登记状况

第八卷 住房

下　册

第二部分　长表数据资料

第一卷　概要

第二卷　民族

第三卷　教育

第五卷　婚姻

第六卷　生育

第七卷　迁移和户口登记地

第八卷　老年人口

第九卷　住房

第三部分　附　录

第一部分　全部数据资料

第一卷　概要

1-1 各地区户数、

地区	户数						
				合计			
	合计	家庭户	集体户	合计	男	女	性别比(女=100)
太原市	**2046206**	**1851328**	**194878**	**5304061**	**2722001**	**2582060**	**105.42**
小店区	**513032**	**431843**	**81189**	**1357242**	**698360**	**658882**	**105.99**
坞城街道	61953	48218	13735	176143	85302	90841	93.90
营盘街道	60356	54820	5536	152381	77256	75125	102.84
北营街道	53841	45863	7978	133617	70492	63125	111.67
平阳路街道	64638	58492	6146	153813	77093	76720	100.49
黄陵街道	29566	24964	4602	75880	40517	35363	114.57
小店街道	82826	75582	7244	216500	112011	104489	107.20
龙城街道	57486	50409	7077	141366	71945	69421	103.64
唐槐园区街道	45130	28066	17064	144094	80459	63635	126.44
学府园区街道	6842	5720	1122	17360	8789	8571	102.54
北格镇	21870	16732	5138	64659	32611	32048	101.76
西温庄乡	14683	9880	4803	43783	21614	22169	97.50
刘家堡乡	13841	13097	744	37646	20271	17375	116.67
迎泽区	**240324**	**220886**	**19438**	**594238**	**296257**	**297981**	**99.42**
柳巷街道	15936	14613	1323	37925	18751	19174	97.79
文庙街道	25943	24135	1808	65531	32079	33452	95.90
庙前街道	24014	22102	1912	58953	29173	29780	97.96
迎泽街道	38961	34766	4195	97668	46395	51273	90.49
桥东街道	52616	48180	4436	127618	63729	63889	99.75
老军营街道	28772	26943	1829	68494	33810	34684	97.48
郝庄镇	54082	50147	3935	138049	72320	65729	110.03
杏花岭区	**313238**	**294336**	**18902**	**779479**	**391816**	**387663**	**101.07**
巨轮街道	47399	45036	2363	111635	55297	56338	98.15
三桥街道	31692	29237	2455	78210	39104	39106	99.99
鼓楼街道	13795	12722	1073	33921	16341	17580	92.95
杏花岭街道	13544	12697	847	32925	15946	16979	93.92
坝陵桥街道	17327	16338	989	42140	20515	21625	94.87
大东关街道	31327	28491	2836	80826	41955	38871	107.93
职工新街街道	23512	22023	1489	58360	29361	28999	101.25
敦化坊街道	50565	48074	2491	121771	60614	61157	99.11
涧河街道	24453	22998	1455	60714	30699	30015	102.28
杨家峪街道	39905	37704	2201	104223	53343	50880	104.84
中涧河乡	15846	15222	624	44991	23461	21530	108.97
小返乡	3873	3794	79	9763	5180	4583	113.03

人口数和性别比

单位：户、人

人口数								平均家庭户规模（人/户）
家庭户				集体户				
小计	男	女	性别比（女=100）	小计	男	女	性别比（女=100）	
4535515	**2265894**	**2269621**	**99.84**	**768546**	**456107**	**312439**	**145.98**	**2.45**
1031323	**519513**	**511810**	**101.51**	**325919**	**178847**	**147072**	**121.61**	**2.39**
120441	58469	61972	94.35	55702	26833	28869	92.95	2.50
132322	64902	67420	96.27	20059	12354	7705	160.34	2.41
106388	54174	52214	103.75	27229	16318	10911	149.56	2.32
130670	64925	65745	98.75	23143	12168	10975	110.87	2.23
58691	30937	27754	111.47	17189	9580	7609	125.90	2.35
190826	96291	94535	101.86	25674	15720	9954	157.93	2.52
113805	57870	55935	103.46	27561	14075	13486	104.37	2.26
64001	33549	30452	110.17	80093	46910	33183	141.37	2.28
12617	6063	6554	92.51	4743	2726	2017	135.15	2.21
42530	21695	20835	104.13	22129	10916	11213	97.35	2.54
24410	12841	11569	110.99	19373	8773	10600	82.76	2.47
34622	17797	16825	105.78	3024	2474	550	449.82	2.64
523785	**255888**	**267897**	**95.52**	**70453**	**40369**	**30084**	**134.19**	**2.37**
32712	15767	16945	93.05	5213	2984	2229	133.87	2.24
58840	28420	30420	93.43	6691	3659	3032	120.68	2.44
52482	25313	27169	93.17	6471	3860	2611	147.84	2.37
83071	39807	43264	92.01	14597	6588	8009	82.26	2.39
111295	54083	57212	94.53	16323	9646	6677	144.47	2.31
62790	30557	32233	94.80	5704	3253	2451	132.72	2.33
122595	61941	60654	102.12	15454	10379	5075	204.51	2.44
711828	**350964**	**360864**	**97.26**	**67651**	**40852**	**26799**	**152.44**	**2.42**
104495	51223	53272	96.15	7140	4074	3066	132.88	2.32
68641	33075	35566	93.00	9569	6029	3540	170.31	2.35
29723	14320	15403	92.97	4198	2021	2177	92.83	2.34
30231	14468	15763	91.78	2694	1478	1216	121.55	2.38
39013	18797	20216	92.98	3127	1718	1409	121.93	2.39
69287	34343	34944	98.28	11539	7612	3927	193.84	2.43
53515	26467	27048	97.85	4845	2894	1951	148.33	2.43
113890	56045	57845	96.89	7881	4569	3312	137.95	2.37
55073	27252	27821	97.95	5641	3447	2194	157.11	2.39
95748	48142	47606	101.13	8475	5201	3274	158.86	2.54
42749	21868	20881	104.73	2242	1593	649	245.45	2.81
9463	4964	4499	110.34	300	216	84	257.14	2.49

1-1 续表 1

地区	户数			合计			
	合计	家庭户	集体户	合计	男	女	性别比(女=100)
尖草坪区	**197391**	**178522**	**18869**	**530499**	**277583**	**252916**	**109.75**
尖草坪街道	14375	13776	599	34929	17533	17396	100.79
光社街道	10829	10278	551	27649	14509	13140	110.42
上兰街道	13637	7009	6628	44696	27579	17117	161.12
南寨街道	25234	22659	2575	72664	38066	34598	110.02
迎新街道	10704	10120	584	26593	13494	13099	103.02
古城街道	31040	29094	1946	74485	38190	36295	105.22
汇丰街道	35906	33219	2687	95875	48356	47519	101.76
柴村街道	22570	20890	1680	67408	34885	32523	107.26
新城街道	9803	9405	398	24270	12615	11655	108.24
向阳镇	9910	9551	359	26311	13457	12854	104.69
阳曲镇	6400	5950	450	17549	9194	8355	110.04
马头水乡	922	916	6	1637	848	789	107.48
柏板乡	3656	3350	306	11466	5991	5475	109.42
西墕乡	1797	1718	79	4127	2269	1858	122.12
太原中北高新技术产业开发区	608	587	21	840	597	243	245.68
万柏林区	**364619**	**332996**	**31623**	**951238**	**486453**	**464785**	**104.66**
千峰街道	19166	15183	3983	53957	29327	24630	119.07
下元街道	32340	28296	4044	84357	42101	42256	99.63
和平街道	40260	34469	5791	108074	57472	50602	113.58
兴华街道	28287	26739	1548	74037	36440	37597	96.92
万柏林街道	22045	20721	1324	56683	28616	28067	101.96
杜儿坪街道	14781	14122	659	36896	18715	18181	102.94
白家庄街道	9129	8787	342	21970	11099	10871	102.10
南寒街道	46919	44170	2749	114284	56948	57336	99.32
东社街道	15935	14814	1121	47013	24671	22342	110.42
化客头街道	2006	1883	123	4318	2320	1998	116.12
小井峪街道	61186	57074	4112	162173	83519	78654	106.19
西铭街道	15183	14153	1030	41408	21318	20090	106.11
长风西街街道	42083	37942	4141	107547	54609	52938	103.16
神堂沟街道	14830	14190	640	37800	18904	18896	100.04
王封乡	469	453	16	721	394	327	120.49
晋源区	**111048**	**101467**	**9581**	**316445**	**166337**	**150108**	**110.81**
义井街道	40237	37124	3113	110928	57614	53314	108.07
罗城街道	7232	6721	511	18886	9679	9207	105.13
晋源街道	20163	18760	1403	59851	31184	28667	108.78
金胜镇	18156	15880	2276	50902	28036	22866	122.61
晋祠镇	16701	14925	1776	50455	26430	24025	110.01
姚村镇	8559	8057	502	25423	13394	12029	111.35

单位：户、人

人口数								平均家庭户规模（人/户）
家庭户				集体户				
小计	男	女	性别比（女=100）	小计	男	女	性别比（女=100）	
447699	**224586**	**223113**	**100.66**	**82800**	**52997**	**29803**	**177.82**	**2.51**
33064	16405	16659	98.48	1865	1128	737	153.05	2.40
25803	13304	12499	106.44	1846	1205	641	187.99	2.51
16868	8409	8459	99.41	27828	19170	8658	221.41	2.41
54175	26815	27360	98.01	18489	11251	7238	155.44	2.39
24639	12287	12352	99.47	1954	1207	747	161.58	2.43
67170	33568	33602	99.90	7315	4622	2693	171.63	2.31
84281	41848	42433	98.62	11594	6508	5086	127.96	2.54
61335	30622	30713	99.70	6073	4263	1810	235.52	2.94
22939	11758	11181	105.16	1331	857	474	180.80	2.44
25194	12794	12400	103.18	1117	663	454	146.04	2.64
15851	8097	7754	104.42	1698	1097	601	182.53	2.66
1625	840	785	107.01	12	8	4	200.00	1.77
10194	5292	4902	107.96	1272	699	573	121.99	3.04
3780	1993	1787	111.53	347	276	71	388.73	2.20
781	554	227	244.05	59	43	16	268.75	1.33
832063	**410855**	**421208**	**97.54**	**119175**	**75598**	**43577**	**173.48**	**2.50**
36749	17900	18849	94.97	17208	11427	5781	197.66	2.42
68252	33292	34960	95.23	16105	8809	7296	120.74	2.41
85377	42760	42617	100.34	22697	14712	7985	184.25	2.48
68549	33135	35414	93.56	5488	3305	2183	151.40	2.56
52722	26153	26569	98.43	3961	2463	1498	164.42	2.54
34891	17420	17471	99.71	2005	1295	710	182.39	2.47
20901	10455	10446	100.09	1069	644	425	151.53	2.38
105526	51516	54010	95.38	8758	5432	3326	163.32	2.39
42697	21798	20899	104.30	4316	2873	1443	199.10	2.88
3951	2045	1906	107.29	367	275	92	298.91	2.10
144758	71426	73332	97.40	17415	12093	5322	227.23	2.54
37971	19130	18841	101.53	3437	2188	1249	175.18	2.68
93225	45709	47516	96.20	14322	8900	5422	164.15	2.46
35798	17737	18061	98.21	2002	1167	835	139.76	2.52
696	379	317	119.56	25	15	10	150.00	1.54
273579	**137391**	**136188**	**100.88**	**42866**	**28946**	**13920**	**207.95**	**2.70**
95525	47576	47949	99.22	15403	10038	5365	187.10	2.57
17116	8644	8472	102.03	1770	1035	735	140.82	2.55
54124	27226	26898	101.22	5727	3958	1769	223.74	2.89
41403	20855	20548	101.49	9499	7181	2318	309.79	2.61
42070	21188	20882	101.47	8385	5242	3143	166.78	2.82
23341	11902	11439	104.05	2082	1492	590	252.88	2.90

1－1 续表 2

地区	户数			合计			
	合计	家庭户	集体户	合计	男	女	性别比（女=100）
清徐县	**129686**	**121110**	**8576**	**344472**	**178290**	**166182**	**107.29**
清源镇	42013	39673	2340	122877	63756	59121	107.84
徐沟镇	21814	18271	3543	58885	28357	30528	92.89
东于镇	10845	9678	1167	28010	16125	11885	135.68
孟封镇	11545	11422	123	27283	14044	13239	106.08
马峪乡	8119	7871	248	20059	10744	9315	115.34
柳杜乡	6764	6743	21	16402	8534	7868	108.46
西谷乡	6745	6734	11	17031	8726	8305	105.07
王答乡	11852	11052	800	29432	15282	14150	108.00
集义乡	9989	9666	323	24493	12722	11771	108.08
阳曲县	**52519**	**50105**	**2414**	**128483**	**68387**	**60096**	**113.8**
黄寨镇	7365	6738	627	18963	10394	8569	121.3
大盂镇	3755	3668	87	7583	4160	3423	121.5
东黄水镇	3272	3163	109	7554	4262	3292	129.5
泥屯镇	6236	6200	36	13470	7262	6208	117.0
高村乡	3071	2982	89	6462	3581	2881	124.3
侯村乡	4772	4152	620	11218	6207	5011	123.9
凌井店乡	2478	2450	28	5516	3010	2506	120.1
西凌井乡	443	440	3	693	425	268	158.6
北小店乡	637	617	20	1277	716	561	127.6
杨兴乡	1107	1092	15	1936	1085	851	127.5
中心镇	19383	18603	780	53811	27285	26526	102.9
娄烦县	**40526**	**39780**	**746**	**91208**	**47717**	**43491**	**109.72**
娄烦镇	20689	20159	530	52039	26167	25872	101.14
静游镇	5625	5491	134	10700	5925	4775	124.08
杜交曲镇	1477	1463	14	2637	1387	1250	110.96
庙湾乡	1067	1067		1768	971	797	121.83
马家庄乡	5184	5136	48	10815	5830	4985	116.95
盖家庄乡	1127	1115	12	2309	1335	974	137.06
米峪镇乡	2371	2370	1	4569	2603	1966	132.40
天池店乡	2986	2979	7	6371	3499	2872	121.83
古交市	**83823**	**80283**	**3540**	**210757**	**110801**	**99956**	**110.85**
东曲街道	16245	15594	651	42382	21758	20624	105.50
西曲街道	5359	5130	229	14038	7265	6773	107.26
桃园街道	24879	23600	1279	70129	35994	34135	105.45
屯兰街道	5371	4895	476	13384	7261	6123	118.59
河口镇	5674	5510	164	13153	6812	6341	107.43
镇城底镇	3393	3243	150	8227	4364	3863	112.97
马兰镇	6919	6596	323	16242	8878	7364	120.56
阁上乡	336	320	16	733	468	265	176.60
加乐泉乡	2398	2276	122	4739	2893	1846	156.72
梭峪乡	5542	5441	101	11698	6334	5364	118.08
岔口乡	2156	2155	1	4622	2498	2124	117.61
常安乡	1916	1912	4	4093	2210	1883	117.37
原相乡	1410	1408	2	2640	1444	1196	120.74
邢家社乡	2225	2203	22	4677	2622	2055	127.59

单位：户、人

人口数								平均家庭户规模（人/户）
家庭户				集体户				
小计	男	女	性别比（女=100）	小计	男	女	性别比（女=100）	
310554	**157304**	**153250**	**102.65**	**33918**	**20986**	**12932**	**162.28**	**2.56**
110913	55161	55752	98.94	11964	8595	3369	255.12	2.80
46224	23102	23122	99.91	12661	5255	7406	70.96	2.53
25142	13577	11565	117.40	2868	2548	320	796.25	2.60
26772	13630	13142	103.71	511	414	97	426.80	2.34
18929	9776	9153	106.81	1130	968	162	597.53	2.40
16273	8412	7861	107.01	129	122	7	1742.86	2.41
16997	8696	8301	104.76	34	30	4	750.00	2.52
26020	13103	12917	101.44	3412	2179	1233	176.72	2.35
23284	11847	11437	103.58	1209	875	334	261.98	2.41
118823	**61649**	**57174**	**107.83**	**9660**	**6738**	**2922**	**230.60**	**2.37**
16092	8501	7591	111.99	2871	1893	978	193.56	2.39
7315	3958	3357	117.90	268	202	66	306.06	1.99
6909	3702	3207	115.43	645	560	85	658.82	2.18
13350	7176	6174	116.23	120	86	34	252.94	2.15
6215	3358	2857	117.54	247	223	24	929.17	2.08
8577	4486	4091	109.66	2641	1721	920	187.07	2.07
5410	2919	2491	117.18	106	91	15	606.67	2.21
683	416	267	155.81	10	9	1	900.00	1.55
1164	614	550	111.64	113	102	11	927.27	1.89
1831	1001	830	120.60	105	84	21	400.00	1.68
51277	25518	25759	99.06	2534	1767	767	230.38	2.76
88566	**45908**	**42658**	**107.62**	**2642**	**1809**	**833**	**217.17**	**2.23**
50303	25156	25147	100.04	1736	1011	725	139.45	2.50
10079	5370	4709	114.04	621	555	66	840.91	1.84
2590	1358	1232	110.23	47	29	18	161.11	1.77
1768	971	797	121.83					1.66
10718	5746	4972	115.57	97	84	13	646.15	2.09
2191	1222	969	126.11	118	113	5	2260.00	1.97
4565	2599	1966	132.20	4	4			1.93
6352	3486	2866	121.63	19	13	6	216.67	2.13
197295	**101836**	**95459**	**106.68**	**13462**	**8965**	**4497**	**199.36**	**2.46**
40387	20412	19975	102.19	1995	1346	649	207.40	2.59
13184	6686	6498	102.89	854	579	275	210.55	2.57
64702	33081	31621	104.62	5427	2913	2514	115.87	2.74
12023	6171	5852	105.45	1361	1090	271	402.21	2.46
12661	6533	6128	106.61	492	279	213	130.99	2.30
7639	3927	3712	105.79	588	437	151	289.40	2.36
14906	7814	7092	110.18	1336	1064	272	391.18	2.26
560	312	248	125.81	173	156	17	917.65	1.75
4038	2231	1807	123.46	701	662	39	1697.44	1.77
11425	6115	5310	115.16	273	219	54	405.56	2.10
4620	2497	2123	117.62	2	1	1	100.00	2.14
4067	2201	1866	117.95	26	9	17	52.94	2.13
2636	1443	1193	120.96	4	1	3	33.33	1.87
4447	2413	2034	118.63	230	209	21	995.24	2.02

1-1a 各地区户数、

地区	户数						
				合计			
	合计	家庭户	集体户	合计	男	女	性别比(女=100)
太原市	**1629225**	**1479593**	**149632**	**4193632**	**2135851**	**2057781**	**103.79**
小店区	**405315**	**353832**	**51483**	**1033782**	**525523**	**508259**	**103.40**
坞城街道	61953	48218	13735	176143	85302	90841	93.90
营盘街道	60356	54820	5536	152381	77256	75125	102.84
北营街道	52459	44737	7722	130258	68384	61874	110.52
平阳路街道	64638	58492	6146	153813	77093	76720	100.49
黄陵街道	29238	24666	4572	74812	39950	34862	114.59
小店街道	79963	73122	6841	206810	106748	100062	106.68
龙城街道	56708	49777	6931	139565	70790	68775	102.93
唐槐园区街道							
学府园区街道							
北格镇							
西温庄乡							
刘家堡乡							
迎泽区	**235935**	**216767**	**19168**	**582934**	**290084**	**292850**	**99.06**
柳巷街道	15936	14613	1323	37925	18751	19174	97.79
文庙街道	25943	24135	1808	65531	32079	33452	95.90
庙前街道	24014	22102	1912	58953	29173	29780	97.96
迎泽街道	38961	34766	4195	97668	46395	51273	90.49
桥东街道	52616	48180	4436	127618	63729	63889	99.75
老军营街道	28772	26943	1829	68494	33810	34684	97.48
郝庄镇	49693	46028	3665	126745	66147	60598	109.16
杏花岭区	**295547**	**277127**	**18420**	**731305**	**366598**	**364707**	**100.52**
巨轮街道	47399	45036	2363	111635	55297	56338	98.15
三桥街道	31692	29237	2455	78210	39104	39106	99.99
鼓楼街道	13795	12722	1073	33921	16341	17580	92.95
杏花岭街道	13544	12697	847	32925	15946	16979	93.92
坝陵桥街道	17327	16338	989	42140	20515	21625	94.87
大东关街道	31327	28491	2836	80826	41955	38871	107.93
职工新街街道	23512	22023	1489	58360	29361	28999	101.25
敦化坊街道	50565	48074	2491	121771	60614	61157	99.11
涧河街道	24453	22998	1455	60714	30699	30015	102.28
杨家峪街道	38001	35842	2159	99701	51011	48690	104.77
中涧河乡	3932	3669	263	11102	5755	5347	107.63
小返乡							

人口数和性别比(城市)

单位：户、人

人口数								平均家庭户规模（人/户）
家庭户				集体户				
小计	男	女	性别比（女=100）	小计	男	女	性别比（女=100）	
3620163	**1794799**	**1825364**	**98.33**	**573469**	**341052**	**232417**	**146.74**	**2.45**
840269	**420743**	**419526**	**100.29**	**193513**	**104780**	**88733**	**118.08**	**2.37**
120441	58469	61972	94.35	55702	26833	28869	92.95	2.50
132322	64902	67420	96.27	20059	12354	7705	160.34	2.41
103761	52704	51057	103.23	26497	15680	10817	144.96	2.32
130670	64925	65745	98.75	23143	12168	10975	110.87	2.23
57746	30466	27280	111.68	17066	9484	7582	125.09	2.34
182884	92204	90680	101.68	23926	14544	9382	155.02	2.50
112445	57073	55372	103.07	27120	13717	13403	102.34	2.26
513416	**250437**	**262979**	**95.23**	**69518**	**39647**	**29871**	**132.73**	**2.37**
32712	15767	16945	93.05	5213	2984	2229	133.87	2.24
58840	28420	30420	93.43	6691	3659	3032	120.68	2.44
52482	25313	27169	93.17	6471	3860	2611	147.84	2.37
83071	39807	43264	92.01	14597	6588	8009	82.26	2.39
111295	54083	57212	94.53	16323	9646	6677	144.47	2.31
62790	30557	32233	94.80	5704	3253	2451	132.72	2.33
112226	56490	55736	101.35	14519	9657	4862	198.62	2.44
665422	**327054**	**338368**	**96.66**	**65883**	**39544**	**26339**	**150.13**	**2.4**
104495	51223	53272	96.15	7140	4074	3066	132.88	2.32
68641	33075	35566	93.00	9569	6029	3540	170.31	2.35
29723	14320	15403	92.97	4198	2021	2177	92.83	2.34
30231	14468	15763	91.78	2694	1478	1216	121.55	2.38
39013	18797	20216	92.98	3127	1718	1409	121.93	2.39
69287	34343	34944	98.28	11539	7612	3927	193.84	2.43
53515	26467	27048	97.85	4845	2894	1951	148.33	2.43
113890	56045	57845	96.89	7881	4569	3312	137.95	2.37
55073	27252	27821	97.95	5641	3447	2194	157.11	2.39
91389	45936	45453	101.06	8312	5075	3237	156.78	2.55
10165	5128	5037	101.81	937	627	310	202.26	2.77

1-1a 续表 1

地区	户数						
				合计			
	合计	家庭户	集体户	合计	男	女	性别比（女=100）
尖草坪区	**185861**	**167690**	**18171**	**499889**	**261303**	**238586**	**109.52**
尖草坪街道	14375	13776	599	34929	17533	17396	100.79
光社街道	10829	10278	551	27649	14509	13140	110.42
上兰街道	13117	6664	6453	43186	26641	16545	161.02
南寨街道	24478	21939	2539	71088	37247	33841	110.06
迎新街道	10704	10120	584	26593	13494	13099	103.02
古城街道	31040	29094	1946	74485	38190	36295	105.22
汇丰街道	35906	33219	2687	95875	48356	47519	101.76
柴村街道	22008	20343	1665	65739	34011	31728	107.20
新城街道	9803	9405	398	24270	12615	11655	108.24
向阳镇	8763	8442	321	23247	11901	11346	104.89
阳曲镇	4230	3823	407	11988	6209	5779	107.44
马头水乡							
柏板乡							
西墕乡							
太原中北高新技术产业开发区	608	587	21	840	597	243	245.68
万柏林区	**362191**	**330703**	**31488**	**946264**	**483777**	**462487**	**104.60**
千峰街道	19166	15183	3983	53957	29327	24630	119.07
下元街道	32340	28296	4044	84357	42101	42256	99.63
和平街道	40260	34469	5791	108074	57472	50602	113.58
兴华街道	28287	26739	1548	74037	36440	37597	96.92
万柏林街道	22045	20721	1324	56683	28616	28067	101.96
杜儿坪街道	14781	14122	659	36896	18715	18181	102.94
白家庄街道	9129	8787	342	21970	11099	10871	102.10
南寒街道	46919	44170	2749	114284	56948	57336	99.32
东社街道	15935	14814	1121	47013	24671	22342	110.42
化客头街道	47	43	4	65	38	27	140.74
小井峪街道	61186	57074	4112	162173	83519	78654	106.19
西铭街道	15183	14153	1030	41408	21318	20090	106.11
长风西街街道	42083	37942	4141	107547	54609	52938	103.16
神堂沟街道	14830	14190	640	37800	18904	18896	100.04
王封乡							
晋源区	**91051**	**82887**	**8164**	**255519**	**134356**	**121163**	**110.89**
义井街道	40237	37124	3113	110928	57614	53314	108.07
罗城街道	5085	4596	489	12206	6303	5903	106.78
晋源街道	18182	16793	1389	54116	28269	25847	109.37
金胜镇	17166	14908	2258	47752	26337	21415	122.98
晋祠镇	9397	8561	836	27352	14149	13203	107.17
姚村镇	984	905	79	3165	1684	1481	113.71

单位：户、人

人口数								平均家庭户规模（人/户）
家庭户				集体户				
小计	男	女	性别比（女=100）	小计	男	女	性别比（女=100）	
419888	**210146**	**209742**	**100.19**	**80001**	**51157**	**28844**	**177.36**	**2.50**
33064	16405	16659	98.48	1865	1128	737	153.05	2.40
25803	13304	12499	106.44	1846	1205	641	187.99	2.51
16011	7971	8040	99.14	27175	18670	8505	219.52	2.40
52707	26060	26647	97.80	18381	11187	7194	155.50	2.40
24639	12287	12352	99.47	1954	1207	747	161.58	2.43
67170	33568	33602	99.90	7315	4622	2693	171.63	2.31
84281	41848	42433	98.62	11594	6508	5086	127.96	2.54
59711	29769	29942	99.42	6028	4242	1786	237.51	2.94
22939	11758	11181	105.16	1331	857	474	180.80	2.44
22246	11301	10945	103.25	1001	600	401	149.63	2.64
10536	5321	5215	102.03	1452	888	564	157.45	2.76
781	554	227	244.05	59	43	16	268.75	1.33
827470	**408463**	**419007**	**97.48**	**118794**	**75314**	**43480**	**173.22**	**2.50**
36749	17900	18849	94.97	17208	11427	5781	197.66	2.42
68252	33292	34960	95.23	16105	8809	7296	120.74	2.41
85377	42760	42617	100.34	22697	14712	7985	184.25	2.48
68549	33135	35414	93.56	5488	3305	2183	151.40	2.56
52722	26153	26569	98.43	3961	2463	1498	164.42	2.54
34891	17420	17471	99.71	2005	1295	710	182.39	2.47
20901	10455	10446	100.09	1069	644	425	151.53	2.38
105526	51516	54010	95.38	8758	5432	3326	163.32	2.39
42697	21798	20899	104.30	4316	2873	1443	199.10	2.88
54	32	22	145.45	11	6	5	120.00	1.26
144758	71426	73332	97.40	17415	12093	5322	227.23	2.54
37971	19130	18841	101.53	3437	2188	1249	175.18	2.68
93225	45709	47516	96.20	14322	8900	5422	164.15	2.46
35798	17737	18061	98.21	2002	1167	835	139.76	2.52
219624	**109770**	**109854**	**99.92**	**35895**	**24586**	**11309**	**217.40**	**2.65**
95525	47576	47949	99.22	15403	10038	5365	187.10	2.57
10527	5335	5192	102.75	1679	968	711	136.15	2.29
48431	24341	24090	101.04	5685	3928	1757	223.56	2.88
38451	19309	19142	100.87	9301	7028	2273	309.19	2.58
23837	11751	12086	97.23	3515	2398	1117	214.68	2.78
2853	1458	1395	104.52	312	226	86	262.79	3.15

1-1a 续表 2

地区	户数			合计			
	合计	家庭户	集体户	合计	男	女	性别比(女=100)
清徐县							
清源镇							
徐沟镇							
东于镇							
孟封镇							
马峪乡							
柳杜乡							
西谷乡							
王答乡							
集义乡							
阳曲县							
黄寨镇							
大盂镇							
东黄水镇							
泥屯镇							
高村乡							
侯村乡							
凌井店乡							
西凌井乡							
北小店乡							
杨兴乡							
中心镇							
娄烦县							
娄烦镇							
静游镇							
杜交曲镇							
庙湾乡							
马家庄乡							
盖家庄乡							
米峪镇乡							
天池店乡							
古交市	**53325**	**50587**	**2738**	**143939**	**74210**	**69729**	**106.43**
东曲街道	15699	15063	636	40903	20943	19960	104.92
西曲街道	5104	4881	223	13532	7005	6527	107.32
桃园街道	23189	21957	1232	66121	33809	32312	104.63
屯兰街道	5344	4868	476	13326	7226	6100	118.46
河口镇	3191	3053	138	8251	4240	4011	105.71
镇城底镇							
马兰镇							
阁上乡							
加乐泉乡							
梭峪乡	798	765	33	1806	987	819	120.51
岔口乡							
常安乡							
原相乡							
邢家社乡							

单位：户、人

人口数								平均家庭户规模（人/户）
家庭户				集体户				
小计	男	女	性别比（女=100）	小计	男	女	性别比（女=100）	
134074	**68186**	**65888**	**103.49**	**9865**	**6024**	**3841**	**156.83**	**2.65**
39019	19698	19321	101.95	1884	1245	639	194.84	2.59
12698	6431	6267	102.62	834	574	260	220.77	2.60
60845	30988	29857	103.79	5276	2821	2455	114.91	2.77
11965	6136	5829	105.27	1361	1090	271	402.21	2.46
7837	4001	3836	104.30	414	239	175	136.57	2.57
1710	932	778	119.79	96	55	41	134.15	2.24

1−1b 各地区户数、

地区	户数						
				合计			
	合计	家庭户	集体户	合计	男	女	性别比(女=100)
太原市	**183833**	**148061**	**35772**	**530025**	**275328**	**254697**	**108.10**
小店区	**75324**	**48494**	**26830**	**235579**	**125121**	**110458**	**113.27**
坞城街道							
营盘街道							
北营街道							
平阳路街道							
黄陵街道							
小店街道							
龙城街道							
唐槐园区街道	45130	28066	17064	144094	80459	63635	126.44
学府园区街道	6842	5720	1122	17360	8789	8571	102.54
北格镇	13325	8734	4591	43039	21232	21807	97.36
西温庄乡	10027	5974	4053	31086	14641	16445	89.03
刘家堡乡							
迎泽区							
柳巷街道							
文庙街道							
庙前街道							
迎泽街道							
桥东街道							
老军营街道							
郝庄镇							
杏花岭区							
巨轮街道							
三桥街道							
鼓楼街道							
杏花岭街道							
坝陵桥街道							
大东关街道							
职工新街街道							
敦化坊街道							
涧河街道							
杨家峪街道							
中涧河乡							
小返乡							

人口数和性别比(镇)

单位：户、人

人口数								平均家庭户规模(人/户)
家庭户				集体户				
小计	男	女	性别比(女=100)	小计	男	女	性别比(女=100)	
373663	**189118**	**184545**	**102.48**	**156362**	**86210**	**70152**	**122.89**	**2.52**
113080	**58329**	**54751**	**106.54**	**122499**	**66792**	**55707**	**119.9**	**2.33**
64001	33549	30452	110.17	80093	46910	33183	141.37	2.28
12617	6063	6554	92.51	4743	2726	2017	135.15	2.21
22179	11178	11001	101.61	20860	10054	10806	93.04	2.54
14283	7539	6744	111.79	16803	7102	9701	73.21	2.39

1-1b 续表 1

地区	户数			合计			
	合计	家庭户	集体户	合计	男	女	性别比(女=100)
尖草坪区	**622**	**592**	**30**	**1180**	**616**	**564**	**109.22**
尖草坪街道							
光社街道							
上兰街道							
南寨街道	622	592	30	1180	616	564	109.22
迎新街道							
古城街道							
汇丰街道							
柴村街道							
新城街道							
向阳镇							
阳曲镇							
马头水乡							
柏板乡							
西墕乡							
太原中北高新技术产业开发区							
万柏林区	**1833**	**1730**	**103**	**3974**	**2104**	**1870**	**112.51**
千峰街道							
下元街道							
和平街道							
兴华街道							
万柏林街道							
杜儿坪街道							
白家庄街道							
南寒街道							
东社街道							
化客头街道	1833	1730	103	3974	2104	1870	112.51
小井峪街道							
西铭街道							
长风西街街道							
神堂沟街道							
王封乡							
晋源区	**4444**	**4066**	**378**	**13247**	**6979**	**6268**	**111.34**
义井街道							
罗城街道							
晋源街道							
金胜镇							
晋祠镇							
姚村镇	4444	4066	378	13247	6979	6268	111.34

单位：户、人

人口数								平均家庭户规模（人/户）
家庭户				集体户				
小计	男	女	性别比（女=100）	小计	男	女	性别比（女=100）	
1091	**564**	**527**	**107.02**	**89**	**52**	**37**	**140.54**	**1.84**
1091	564	527	107.02	89	52	37	140.54	1.84
3689	**1899**	**1790**	**106.09**	**285**	**205**	**80**	**256.25**	**2.13**
3689	1899	1790	106.09	285	205	80	256.25	2.13
11748	**5902**	**5846**	**100.96**	**1499**	**1077**	**422**	**255.21**	**2.89**
11748	5902	5846	100.96	1499	1077	422	255.21	2.89

1-1b 续表 2

地区	户数			合计			
	合计	家庭户	集体户	合计	男	女	性别比(女=100)
清徐县	**51711**	**45816**	**5895**	**145895**	**73455**	**72440**	**101.4**
清源镇	27968	26111	1857	81918	41414	40504	102.25
徐沟镇	7426	4409	3017	22495	9657	12838	75.22
东于镇	3700	3402	298	9967	5892	4075	144.59
孟封镇	1903	1837	66	4429	2283	2146	106.38
马峪乡	4555	4447	108	11591	6009	5582	107.65
柳杜乡							
西谷乡							
王答乡	2950	2709	241	7373	3855	3518	109.58
集义乡	3209	2901	308	8122	4345	3777	115.04
阳曲县	**25151**	**23488**	**1663**	**68528**	**35549**	**32979**	**107.79**
黄寨镇	1018	715	303	3000	1701	1299	130.95
大盂镇	688	654	34	1513	799	714	111.9
东黄水镇	1228	1150	78	2853	1614	1239	130.27
泥屯镇	844	815	29	1847	1003	844	118.84
高村乡							
侯村乡	1990	1551	439	5504	3147	2357	133.52
凌井店乡							
西凌井乡							
北小店乡							
杨兴乡							
中心镇	19383	18603	780	53811	27285	26526	102.86
娄烦县	**18260**	**17773**	**487**	**45968**	**23082**	**22886**	**100.86**
娄烦镇	16826	16371	455	43309	21708	21601	100.50
静游镇	990	966	24	1844	955	889	107.42
杜交曲镇	444	436	8	815	419	396	105.81
庙湾乡							
马家庄乡							
盖家庄乡							
米峪镇乡							
天池店乡							
古交市	**6488**	**6102**	**386**	**15654**	**8422**	**7232**	**116.45**
东曲街道							
西曲街道							
桃园街道							
屯兰街道							
河口镇							
镇城底镇	1379	1246	133	3297	1824	1473	123.83
马兰镇	5109	4856	253	12357	6598	5759	114.57
阁上乡							
加乐泉乡							
梭峪乡							
岔口乡							
常安乡							
原相乡							
邢家社乡							

单位：户、人

人口数								平均家庭户规模（人/户）
家庭户				集体户				
小计	男	女	性别比（女=100）	小计	男	女	性别比（女=100）	
123392	**61754**	**61638**	**100.19**	**22503**	**11701**	**10802**	**108.32**	**2.69**
73950	36406	37544	96.97	7968	5008	2960	169.19	2.83
11550	5615	5935	94.61	10945	4042	6903	58.55	2.62
9051	5132	3919	130.95	916	760	156	487.18	2.66
4218	2119	2099	100.95	211	164	47	348.94	2.30
11292	5803	5489	105.72	299	206	93	221.51	2.54
6367	3172	3195	99.28	1006	683	323	211.46	2.35
6964	3507	3457	101.45	1158	838	320	261.88	2.40
62001	**31091**	**30910**	**100.59**	**6527**	**4458**	**2069**	**215.47**	**2.64**
1804	948	856	110.75	1196	753	443	169.98	2.52
1402	724	678	106.78	111	75	36	208.33	2.14
2430	1265	1165	108.58	423	349	74	471.62	2.11
1755	941	814	115.60	92	62	30	206.67	2.15
3333	1695	1638	103.48	2171	1452	719	201.95	2.15
51277	25518	25759	99.06	2534	1767	767	230.38	2.76
44384	**22175**	**22209**	**99.85**	**1584**	**907**	**677**	**133.97**	**2.50**
41808	20838	20970	99.37	1501	870	631	137.88	2.55
1784	927	857	108.17	60	28	32	87.50	1.85
792	410	382	107.33	23	9	14	64.29	1.82
14278	**7404**	**6874**	**107.71**	**1376**	**1018**	**358**	**284.36**	**2.34**
2766	1423	1343	105.96	531	401	130	308.46	2.22
11512	5981	5531	108.14	845	617	228	270.61	2.37

1-1c 各地区户数、

地区	户数						
				合计			
	合计	家庭户	集体户	合计	男	女	性别比(女=100)
太原市	**233148**	**223674**	**9474**	**580404**	**310822**	**269582**	**115.30**
小店区	**32393**	**29517**	**2876**	**87881**	**47716**	**40165**	**118.80**
坞城街道							
营盘街道							
北营街道	1382	1126	256	3359	2108	1251	168.51
平阳路街道							
黄陵街道	328	298	30	1068	567	501	113.17
小店街道	2863	2460	403	9690	5263	4427	118.88
龙城街道	778	632	146	1801	1155	646	178.79
唐槐园区街道							
学府园区街道							
北格镇	8545	7998	547	21620	11379	10241	111.11
西温庄乡	4656	3906	750	12697	6973	5724	121.82
刘家堡乡	13841	13097	744	37646	20271	17375	116.67
迎泽区	**4389**	**4119**	**270**	**11304**	**6173**	**5131**	**120.31**
柳巷街道							
文庙街道							
庙前街道							
迎泽街道							
桥东街道							
老军营街道							
郝庄镇	4389	4119	270	11304	6173	5131	120.31
杏花岭区	**17691**	**17209**	**482**	**48174**	**25218**	**22956**	**109.85**
巨轮街道							
三桥街道							
鼓楼街道							
杏花岭街道							
坝陵桥街道							
大东关街道							
职工新街街道							
敦化坊街道							
涧河街道							
杨家峪街道	1904	1862	42	4522	2332	2190	106.48
中涧河乡	11914	11553	361	33889	17706	16183	109.41
小返乡	3873	3794	79	9763	5180	4583	113.03

人口数和性别比(乡村)

单位：户、人

人口数								平均家庭户规模（人/户）
家庭户				集体户				
小计	男	女	性别比（女=100）	小计	男	女	性别比（女=100）	
541689	**281977**	**259712**	**108.57**	**38715**	**28845**	**9870**	**292.25**	**2.42**
77974	**40441**	**37533**	**107.75**	**9907**	**7275**	**2632**	**276.41**	**2.64**
2627	1470	1157	127.05	732	638	94	678.72	2.33
945	471	474	99.37	123	96	27	355.56	3.17
7942	4087	3855	106.02	1748	1176	572	205.59	3.23
1360	797	563	141.56	441	358	83	431.33	2.15
20351	10517	9834	106.95	1269	862	407	211.79	2.54
10127	5302	4825	109.89	2570	1671	899	185.87	2.59
34622	17797	16825	105.78	3024	2474	550	449.82	2.64
10369	**5451**	**4918**	**110.84**	**935**	**722**	**213**	**338.97**	**2.52**
10369	5451	4918	110.84	935	722	213	338.97	2.52
46406	**23910**	**22496**	**106.29**	**1768**	**1308**	**460**	**284.35**	**2.70**
4359	2206	2153	102.46	163	126	37	340.54	2.34
32584	16740	15844	105.66	1305	966	339	284.96	2.82
9463	4964	4499	110.34	300	216	84	257.14	2.49

1-1c 续表 1

地区	户数			合计			
	合计	家庭户	集体户	合计	男	女	性别比(女=100)
尖草坪区	**10908**	**10240**	**668**	**29430**	**15664**	**13766**	**113.79**
尖草坪街道							
光社街道							
上兰街道	520	345	175	1510	938	572	163.99
南寨街道	134	128	6	396	203	193	105.18
迎新街道							
古城街道							
汇丰街道							
柴村街道	562	547	15	1669	874	795	109.94
新城街道							
向阳镇	1147	1109	38	3064	1556	1508	103.18
阳曲镇	2170	2127	43	5561	2985	2576	115.88
马头水乡	922	916	6	1637	848	789	107.48
柏板乡	3656	3350	306	11466	5991	5475	109.42
西墕乡	1797	1718	79	4127	2269	1858	122.12
太原中北高新技术产业开发区							
万柏林区	**595**	**563**	**32**	**1000**	**572**	**428**	**133.64**
千峰街道							
下元街道							
和平街道							
兴华街道							
万柏林街道							
杜儿坪街道							
白家庄街道							
南寒街道							
东社街道							
化客头街道	126	110	16	279	178	101	176.24
小井峪街道							
西铭街道							
长风西街街道							
神堂沟街道							
王封乡	469	453	16	721	394	327	120.49
晋源区	**15553**	**14514**	**1039**	**47679**	**25002**	**22677**	**110.25**
义井街道							
罗城街道	2147	2125	22	6680	3376	3304	102.18
晋源街道	1981	1967	14	5735	2915	2820	103.37
金胜镇	990	972	18	3150	1699	1451	117.09
晋祠镇	7304	6364	940	23103	12281	10822	113.48
姚村镇	3131	3086	45	9011	4731	4280	110.54

单位：户、人

人口数								平均家庭户规模（人/户）
家庭户				集体户				
小计	男	女	性别比（女=100）	小计	男	女	性别比（女=100）	
26720	**13876**	**12844**	**108.03**	**2710**	**1788**	**922**	**193.93**	**2.61**
857	438	419	104.53	653	500	153	326.80	2.48
377	191	186	102.69	19	12	7	171.43	2.95
1624	853	771	110.64	45	21	24	87.50	2.97
2948	1493	1455	102.61	116	63	53	118.87	2.66
5315	2776	2539	109.33	246	209	37	564.86	2.50
1625	840	785	107.01	12	8	4	200.00	1.77
10194	5292	4902	107.96	1272	699	573	121.99	3.04
3780	1993	1787	111.53	347	276	71	388.73	2.20
904	**493**	**411**	**119.95**	**96**	**79**	**17**	**464.71**	**1.61**
208	114	94	121.28	71	64	7	914.29	1.89
696	379	317	119.56	25	15	10	150.00	1.54
42207	**21719**	**20488**	**106.01**	**5472**	**3283**	**2189**	**149.98**	**2.91**
6589	3309	3280	100.88	91	67	24	279.17	3.10
5693	2885	2808	102.74	42	30	12	250.00	2.89
2952	1546	1406	109.96	198	153	45	340.00	3.04
18233	9437	8796	107.29	4870	2844	2026	140.38	2.87
8740	4542	4198	108.19	271	189	82	230.49	2.83

1－1c 续表 2

地区	户数			合计			
	合计	家庭户	集体户	合计	男	女	性别比(女=100)
清徐县	**77975**	**75294**	**2681**	**198577**	**104835**	**93742**	**111.83**
清源镇	14045	13562	483	40959	22342	18617	120.01
徐沟镇	14388	13862	526	36390	18700	17690	105.71
东于镇	7145	6276	869	18043	10233	7810	131.02
孟封镇	9642	9585	57	22854	11761	11093	106.02
马峪乡	3564	3424	140	8468	4735	3733	126.84
柳杜乡	6764	6743	21	16402	8534	7868	108.46
西谷乡	6745	6734	11	17031	8726	8305	105.07
王答乡	8902	8343	559	22059	11427	10632	107.48
集义乡	6780	6765	15	16371	8377	7994	104.79
阳曲县	**27368**	**26617**	**751**	**59955**	**32838**	**27117**	**121.10**
黄寨镇	6347	6023	324	15963	8693	7270	119.57
大盂镇	3067	3014	53	6070	3361	2709	124.07
东黄水镇	2044	2013	31	4701	2648	2053	128.98
泥屯镇	5392	5385	7	11623	6259	5364	116.69
高村乡	3071	2982	89	6462	3581	2881	124.30
侯村乡	2782	2601	181	5714	3060	2654	115.30
凌井店乡	2478	2450	28	5516	3010	2506	120.11
西凌井乡	443	440	3	693	425	268	158.58
北小店乡	637	617	20	1277	716	561	127.63
杨兴乡	1107	1092	15	1936	1085	851	127.50
中心镇							
娄烦县	**22266**	**22007**	**259**	**45240**	**24635**	**20605**	**119.56**
娄烦镇	3863	3788	75	8730	4459	4271	104.40
静游镇	4635	4525	110	8856	4970	3886	127.90
杜交曲镇	1033	1027	6	1822	968	854	113.35
庙湾乡	1067	1067		1768	971	797	121.83
马家庄乡	5184	5136	48	10815	5830	4985	116.95
盖家庄乡	1127	1115	12	2309	1335	974	137.06
米峪镇乡	2371	2370	1	4569	2603	1966	132.40
天池店乡	2986	2979	7	6371	3499	2872	121.83
古交市	**24010**	**23594**	**416**	**51164**	**28169**	**22995**	**122.50**
东曲街道	546	531	15	1479	815	664	122.74
西曲街道	255	249	6	506	260	246	105.69
桃园街道	1690	1643	47	4008	2185	1823	119.86
屯兰街道	27	27		58	35	23	152.17
河口镇	2483	2457	26	4902	2572	2330	110.39
镇城底镇	2014	1997	17	4930	2540	2390	106.28
马兰镇	1810	1740	70	3885	2280	1605	142.06
阁上乡	336	320	16	733	468	265	176.60
加乐泉乡	2398	2276	122	4739	2893	1846	156.72
梭峪乡	4744	4676	68	9892	5347	4545	117.65
岔口乡	2156	2155	1	4622	2498	2124	117.61
常安乡	1916	1912	4	4093	2210	1883	117.37
原相乡	1410	1408	2	2640	1444	1196	120.74
邢家社乡	2225	2203	22	4677	2622	2055	127.59

单位：户、人

人口数								平均家庭户规模（人/户）
家庭户				集体户				
小计	男	女	性别比（女=100）	小计	男	女	性别比（女=100）	
187162	**95550**	**91612**	**104.30**	**11415**	**9285**	**2130**	**435.92**	**2.49**
36963	18755	18208	103.00	3996	3587	409	877.02	2.73
34674	17487	17187	101.75	1716	1213	503	241.15	2.50
16091	8445	7646	110.45	1952	1788	164	1090.24	2.56
22554	11511	11043	104.24	300	250	50	500.00	2.35
7637	3973	3664	108.43	831	762	69	1104.35	2.23
16273	8412	7861	107.01	129	122	7	1742.86	2.41
16997	8696	8301	104.76	34	30	4	750.00	2.52
19653	9931	9722	102.15	2406	1496	910	164.40	2.36
16320	8340	7980	104.51	51	37	14	264.29	2.41
56822	**30558**	**26264**	**116.35**	**3133**	**2280**	**853**	**267.29**	**2.13**
14288	7553	6735	112.15	1675	1140	535	213.08	2.37
5913	3234	2679	120.72	157	127	30	423.33	1.96
4479	2437	2042	119.34	222	211	11	1918.18	2.23
11595	6235	5360	116.32	28	24	4	600.00	2.15
6215	3358	2857	117.54	247	223	24	929.17	2.08
5244	2791	2453	113.78	470	269	201	133.83	2.02
5410	2919	2491	117.18	106	91	15	606.67	2.21
683	416	267	155.81	10	9	1	900.00	1.55
1164	614	550	111.64	113	102	11	927.27	1.89
1831	1001	830	120.60	105	84	21	400.00	1.68
44182	**23733**	**20449**	**116.06**	**1058**	**902**	**156**	**578.21**	**2.01**
8495	4318	4177	103.38	235	141	94	150.00	2.24
8295	4443	3852	115.34	561	527	34	1550.00	1.83
1798	948	850	111.53	24	20	4	500.00	1.75
1768	971	797	121.83					1.66
10718	5746	4972	115.57	97	84	13	646.15	2.09
2191	1222	969	126.11	118	113	5	2260.00	1.97
4565	2599	1966	132.20	4	4			1.93
6352	3486	2866	121.63	19	13	6	216.67	2.13
48943	**26246**	**22697**	**115.64**	**2221**	**1923**	**298**	**645.30**	**2.07**
1368	714	654	109.17	111	101	10	1010.00	2.58
486	255	231	110.39	20	5	15	33.33	1.95
3857	2093	1764	118.65	151	92	59	155.93	2.35
58	35	23	152.17					2.15
4824	2532	2292	110.47	78	40	38	105.26	1.96
4873	2504	2369	105.70	57	36	21	171.43	2.44
3394	1833	1561	117.42	491	447	44	1015.91	1.95
560	312	248	125.81	173	156	17	917.65	1.75
4038	2231	1807	123.46	701	662	39	1697.44	1.77
9715	5183	4532	114.36	177	164	13	1261.54	2.08
4620	2497	2123	117.62	2	1	1	100.00	2.14
4067	2201	1866	117.95	26	9	17	52.94	2.13
2636	1443	1193	120.96	4	1	3	33.33	1.87
4447	2413	2034	118.63	230	209	21	995.24	2.02

1-2　各地区分性别、

地　区	人　口　数			居住本乡、镇、街道，户口在本乡、镇、街道		
	合计	男	女	小计	男	女
太原市	**5304061**	**2722001**	**2582060**	**2274997**	**1136862**	**1138135**
小店区	**1357242**	**698360**	**658882**	**449892**	**219665**	**230227**
坞城街道	176143	85302	90841	64973	31246	33727
营盘街道	152381	77256	75125	61229	30078	31151
北营街道	133617	70492	63125	30255	14953	15302
平阳路街道	153813	77093	76720	65591	32095	33496
黄陵街道	75880	40517	35363	19502	9716	9786
小店街道	216500	112011	104489	65793	32119	33674
龙城街道	141366	71945	69421	39779	18540	21239
唐槐园区街道	144094	80459	63635	21787	10706	11081
学府园区街道	17360	8789	8571	6115	3064	3051
北格镇	64659	32611	32048	33120	16502	16618
西温庄乡	43783	21614	22169	13201	6263	6938
刘家堡乡	37646	20271	17375	28547	14383	14164
迎泽区	**594238**	**296257**	**297981**	**268751**	**131574**	**137177**
柳巷街道	37925	18751	19174	15992	7830	8162
文庙街道	65531	32079	33452	29982	14578	15404
庙前街道	58953	29173	29780	31047	15083	15964
迎泽街道	97668	46395	51273	54293	25857	28436
桥东街道	127618	63729	63889	54784	27307	27477
老军营街道	68494	33810	34684	41879	19925	21954
郝庄镇	138049	72320	65729	40774	20994	19780
杏花岭区	**779479**	**391816**	**387663**	**320780**	**159167**	**161613**
巨轮街道	111635	55297	56338	44617	21930	22687
三桥街道	78210	39104	39106	44083	21072	23011
鼓楼街道	33921	16341	17580	18096	8821	9275
杏花岭街道	32925	15946	16979	18542	8875	9667
坝陵桥街道	42140	20515	21625	18942	9290	9652
大东关街道	80826	41955	38871	23890	12187	11703
职工新街街道	58360	29361	28999	21305	10930	10375
敦化坊街道	121771	60614	61157	62247	31073	31174
涧河街道	60714	30699	30015	32203	16473	15730
杨家峪街道	104223	53343	50880	19484	9653	9831
中涧河乡	44991	23461	21530	11935	6032	5903
小返乡	9763	5180	4583	5436	2831	2605

户口登记状况的人口

单位：人

居住本乡、镇、街道，户口在外乡、镇、街道，离开户口登记地半年以上			居住本乡、镇、街道，户口待定			原住本乡、镇、街道，现在港澳台或国外工作学习		
小计	男	女	小计	男	女	小计	男	女
3003980	**1572656**	**1431324**	**16288**	**8363**	**7925**	**8796**	**4120**	**4676**
901519	**475755**	**425764**	**4252**	**2190**	**2062**	**1579**	**750**	**829**
109991	53506	56485	636	295	341	543	255	288
90373	46809	43564	366	189	177	413	180	233
102522	55128	47394	786	384	402	54	27	27
87588	44648	42940	351	216	135	283	134	149
56179	30703	25476	159	77	82	40	21	19
149837	79446	70391	752	376	376	118	70	48
100943	53066	47877	590	314	276	54	25	29
122025	69574	52451	274	172	102	8	7	1
11103	5621	5482	136	101	35	6	3	3
31474	16083	15391	30	13	17	35	13	22
30428	15305	15123	148	43	105	6	3	3
9056	5866	3190	24	10	14	19	12	7
321640	**162841**	**158799**	**1361**	**693**	**668**	**2486**	**1149**	**1337**
21713	10829	10884	67	29	38	153	63	90
35243	17355	17888	121	60	61	185	86	99
27136	13727	13409	278	142	136	492	221	271
42565	20156	22409	129	63	66	681	319	362
72285	36151	36134	298	155	143	251	116	135
25852	13523	12329	101	52	49	662	310	352
96846	51100	45746	367	192	175	62	34	28
454790	**230765**	**224025**	**1880**	**967**	**913**	**2029**	**917**	**1112**
66440	33076	33364	317	173	144	261	118	143
33460	17741	15719	151	74	77	516	217	299
15481	7342	8139	59	41	18	285	137	148
13958	6871	7087	56	31	25	369	169	200
22948	11113	11835	62	28	34	188	84	104
56677	29645	27032	177	83	94	82	40	42
36803	18308	18495	201	98	103	51	25	26
59090	29324	29766	267	142	125	167	75	92
28355	14149	14206	78	36	42	78	41	37
84331	43491	40840	386	190	196	22	9	13
32943	17364	15579	108	64	44	5	1	4
4304	2341	1963	18	7	11	5	1	4

1-2 续表 1

地 区	人口数			居住本乡、镇、街道，户口在本乡、镇、街道		
	合计	男	女	小计	男	女
尖草坪区	**530499**	**277583**	**252916**	**215785**	**108834**	**106951**
尖草坪街道	34929	17533	17396	14874	7573	7301
光社街道	27649	14509	13140	9698	5037	4661
上兰街道	44696	27579	17117	13920	7454	6466
南寨街道	72664	38066	34598	34374	17306	17068
迎新街道	26593	13494	13099	12187	6106	6081
古城街道	74485	38190	36295	18563	9384	9179
汇丰街道	95875	48356	47519	29438	14576	14862
柴村街道	67408	34885	32523	33090	16429	16661
新城街道	24270	12615	11655	9962	4922	5040
向阳镇	26311	13457	12854	14145	7093	7052
阳曲镇	17549	9194	8355	12376	6151	6225
马头水乡	1637	848	789	1407	708	699
柏板乡	11466	5991	5475	8603	4426	4177
西墕乡	4127	2269	1858	3148	1669	1479
太原中北高新技术产业开发区	840	597	243			
万柏林区	**951238**	**486453**	**464785**	**373312**	**188492**	**184820**
千峰街道	53957	29327	24630	21357	10935	10422
下元街道	84357	42101	42256	30590	15079	15511
和平街道	108074	57472	50602	44516	22787	21729
兴华街道	74037	36440	37597	35193	16894	18299
万柏林街道	56683	28616	28067	27719	14075	13644
杜儿坪街道	36896	18715	18181	16522	8727	7795
白家庄街道	21970	11099	10871	11548	5904	5644
南寒街道	114284	56948	57336	51768	25444	26324
东社街道	47013	24671	22342	14829	7426	7403
化客头街道	4318	2320	1998	2376	1317	1059
小井峪街道	162173	83519	78654	56395	29676	26719
西铭街道	41408	21318	20090	10445	5354	5091
长风西街街道	107547	54609	52938	35322	17573	17749
神堂沟街道	37800	18904	18896	14213	7037	7176
王封乡	721	394	327	519	264	255
晋源区	**316445**	**166337**	**150108**	**155073**	**76648**	**78425**
义井街道	110928	57614	53314	34079	16542	17537
罗城街道	18886	9679	9207	10392	5142	5250
晋源街道	59851	31184	28667	35529	17493	18036
金胜镇	50902	28036	22866	22793	11164	11629
晋祠镇	50455	26430	24025	31759	15920	15839
姚村镇	25423	13394	12029	20521	10387	10134

单位：人

居住本乡、镇、街道，户口在外乡、镇、街道，离开户口登记地半年以上			居住本乡、镇、街道，户口待定			原住本乡、镇、街道，现在港澳台或国外工作学习		
小计	男	女	小计	男	女	小计	男	女
312370	**167502**	**144868**	**1756**	**973**	**783**	**588**	**274**	**314**
19939	9895	10044	54	40	14	62	25	37
17853	9423	8430	61	31	30	37	18	19
30530	19944	10586	192	155	37	54	26	28
38024	20638	17386	151	71	80	115	51	64
14341	7358	6983	31	16	15	34	14	20
55286	28478	26808	559	291	268	77	37	40
65907	33510	32397	375	190	185	155	80	75
34110	18345	15765	188	102	86	20	9	11
14230	7653	6577	65	37	28	13	3	10
12122	6345	5777	40	17	23	4	2	2
5143	3024	2119	19	14	5	11	5	6
227	139	88	1		1	2	1	1
2845	1558	1287	15	5	10	3	2	1
973	595	378	5	4	1	1	1	
840	597	243						
572680	**295321**	**277359**	**3756**	**1936**	**1820**	**1490**	**704**	**786**
32197	18169	14028	198	118	80	205	105	100
53342	26815	26527	250	128	122	175	79	96
62877	34321	28556	471	254	217	210	110	100
38435	19348	19087	167	92	75	242	106	136
28706	14418	14288	167	80	87	91	43	48
20315	9958	10357	42	21	21	17	9	8
10367	5168	5199	42	21	21	13	6	7
62197	31351	30846	201	97	104	118	56	62
31886	17094	14792	283	141	142	15	10	5
1919	990	929	15	10	5	8	3	5
104444	53171	51273	1182	602	580	152	70	82
30860	15917	14943	97	43	54	6	4	2
71523	36696	34827	510	257	253	192	83	109
23413	11776	11637	131	72	59	43	19	24
199	129	70				3	1	2
159054	**88508**	**70546**	**2017**	**1028**	**989**	**301**	**153**	**148**
75261	40282	34979	1434	718	716	154	72	82
8426	4500	3926	38	21	17	30	16	14
24163	13608	10555	138	72	66	21	11	10
27823	16716	11107	229	120	109	57	36	21
18551	10424	8127	127	79	48	18	7	11
4830	2978	1852	51	18	33	21	11	10

1-2 续表 2

地　区	人口数			居住本乡、镇、街道，户口在本乡、镇、街道		
	合计	男	女	小计	男	女
清徐县	**344472**	**178290**	**166182**	**259490**	**130633**	**128857**
清源镇	122877	63756	59121	81925	40448	41477
徐沟镇	58885	28357	30528	39148	19486	19662
东于镇	28010	16125	11885	21938	11365	10573
孟封镇	27283	14044	13239	25202	12767	12435
马峪乡	20059	10744	9315	14860	7722	7138
柳杜乡	16402	8534	7868	15075	7748	7327
西谷乡	17031	8726	8305	15424	7914	7510
王答乡	29432	15282	14150	24105	12070	12035
集义乡	24493	12722	11771	21813	11113	10700
阳曲县	**128483**	**68387**	**60096**	**74440**	**38518**	**35922**
黄寨镇	18963	10394	8569	9965	5164	4801
大盂镇	7583	4160	3423	6508	3463	3045
东黄水镇	7554	4262	3292	6272	3329	2943
泥屯镇	13470	7262	6208	12166	6441	5725
高村乡	6462	3581	2881	5494	2948	2546
侯村乡	11218	6207	5011	6993	3643	3350
凌井店乡	5516	3010	2506	4965	2658	2307
西凌井乡	693	425	268	462	243	219
北小店乡	1277	716	561	1056	548	508
杨兴乡	1936	1085	851	1685	911	774
中心镇	53811	27285	26526	18874	9170	9704
娄烦县	**91208**	**47717**	**43491**	**56069**	**29790**	**26279**
娄烦镇	52039	26167	25872	22452	11357	11095
静游镇	10700	5925	4775	9406	5019	4387
杜交曲镇	2637	1387	1250	2396	1250	1146
庙湾乡	1768	971	797	1605	873	732
马家庄乡	10815	5830	4985	8177	4516	3661
盖家庄乡	2309	1335	974	2035	1132	903
米峪镇乡	4569	2603	1966	4189	2415	1774
天池店乡	6371	3499	2872	5809	3228	2581
古交市	**210757**	**110801**	**99956**	**101405**	**53541**	**47864**
东曲街道	42382	21758	20624	19942	10553	9389
西曲街道	14038	7265	6773	6101	3247	2854
桃园街道	70129	35994	34135	20001	10338	9663
屯兰街道	13384	7261	6123	5490	2963	2527
河口镇	13153	6812	6341	9879	5083	4796
镇城底镇	8227	4364	3863	5074	2692	2382
马兰镇	16242	8878	7364	10500	5748	4752
阁上乡	733	468	265	479	263	216
加乐泉乡	4739	2893	1846	2935	1499	1436
梭峪乡	11698	6334	5364	6598	3363	3235
岔口乡	4622	2498	2124	4250	2291	1959
常安乡	4093	2210	1883	3765	2037	1728
原相乡	2640	1444	1196	2278	1230	1048
邢家社乡	4677	2622	2055	4113	2234	1879

单位：人

居住本乡、镇、街道，户口在外乡、镇、街道，离开户口登记地半年以上			居住本乡、镇、街道，户口待定			原住本乡、镇、街道，现在港澳台或国外工作学习		
小计	男	女	小计	男	女	小计	男	女
84573	**47451**	**37122**	**271**	**132**	**139**	**138**	**74**	**64**
40795	23231	17564	117	58	59	40	19	21
19672	8840	10832	36	13	23	29	18	11
6052	4747	1305	19	12	7	1	1	
2050	1264	786	19	6	13	12	7	5
5167	3007	2160	23	11	12	9	4	5
1306	776	530	12	6	6	9	4	5
1573	793	780	24	13	11	10	6	4
5297	3198	2099	11	5	6	19	9	10
2661	1595	1066	10	8	2	9	6	3
53631	**29681**	**23950**	**361**	**159**	**202**	**51**	**29**	**22**
8822	5147	3675	170	79	91	6	4	2
1057	691	366	13	3	10	5	3	2
1259	923	336	17	6	11	6	4	2
1286	808	478	12	8	4	6	5	1
953	629	324	12	3	9	3	1	2
4205	2556	1649	12	5	7	8	3	5
537	345	192	12	5	7	2	2	
231	182	49						
221	168	53						
249	173	76				2	1	1
34811	18059	16752	113	50	63	13	6	7
34833	**17793**	**17040**	**261**	**111**	**150**	**45**	**23**	**22**
29430	14731	14699	148	76	72	9	3	6
1268	898	370	20	6	14	6	2	4
235	136	99	4		4	2	1	1
156	97	59	5	1	4	2		2
2590	1290	1300	32	13	19	16	11	5
268	201	67	4		4	2	2	
356	184	172	23	4	19	1		1
530	256	274	25	11	14	7	4	3
108890	**57039**	**51851**	**373**	**174**	**199**	**89**	**47**	**42**
22326	11153	11173	77	37	40	37	15	22
7917	4006	3911	18	12	6	2		2
49950	25574	24376	163	75	88	15	7	8
7878	4290	3588	14	6	8	2	2	
3242	1713	1529	30	14	16	2	2	
3131	1661	1470	12	4	8	10	7	3
5730	3124	2606	3	2	1	9	4	5
254	205	49						
1797	1387	410	2	2		5	5	
5089	2963	2126	9	6	3	2	2	
349	199	150	20	6	14	3	2	1
318	171	147	9	2	7	1		1
354	212	142	8	2	6			
555	381	174	8	6	2	1	1	

1−2a 各地区分性别、

地区	人口数			居住本乡、镇、街道，户口在本乡、镇、街道		
	合计	男	女	小计	男	女
太原市	**4193632**	**2135851**	**2057781**	**1635861**	**811576**	**824285**
小店区	**1033782**	**525523**	**508259**	**338090**	**164237**	**173853**
坞城街道	176143	85302	90841	64973	31246	33727
营盘街道	152381	77256	75125	61229	30078	31151
北营街道	130258	68384	61874	28559	14086	14473
平阳路街道	153813	77093	76720	65591	32095	33496
黄陵街道	74812	39950	34862	18742	9344	9398
小店街道	206810	106748	100062	59759	29108	30651
龙城街道	139565	70790	68775	39237	18280	20957
唐槐园区街道						
学府园区街道						
北格镇						
西温庄乡						
刘家堡乡						
迎泽区	**582934**	**290084**	**292850**	**264021**	**129202**	**134819**
柳巷街道	37925	18751	19174	15992	7830	8162
文庙街道	65531	32079	33452	29982	14578	15404
庙前街道	58953	29173	29780	31047	15083	15964
迎泽街道	97668	46395	51273	54293	25857	28436
桥东街道	127618	63729	63889	54784	27307	27477
老军营街道	68494	33810	34684	41879	19925	21954
郝庄镇	126745	66147	60598	36044	18622	17422
杏花岭区	**731305**	**366598**	**364707**	**305647**	**151403**	**154244**
巨轮街道	111635	55297	56338	44617	21930	22687
三桥街道	78210	39104	39106	44083	21072	23011
鼓楼街道	33921	16341	17580	18096	8821	9275
杏花岭街道	32925	15946	16979	18542	8875	9667
坝陵桥街道	42140	20515	21625	18942	9290	9652
大东关街道	80826	41955	38871	23890	12187	11703
职工新街街道	58360	29361	28999	21305	10930	10375
敦化坊街道	121771	60614	61157	62247	31073	31174
涧河街道	60714	30699	30015	32203	16473	15730
杨家峪街道	99701	51011	48690	18237	8996	9241
中涧河乡	11102	5755	5347	3485	1756	1729
小返乡						

户口登记状况的人口(城市)

单位：人

居住本乡、镇、街道，户口在外乡、镇、街道，离开户口登记地半年以上			居住本乡、镇、街道，户口待定			原住本乡、镇、街道，现在港澳台或国外工作学习		
小计	男	女	小计	男	女	小计	男	女
2535073	**1312989**	**1222084**	**14320**	**7389**	**6931**	**8378**	**3897**	**4481**
690565	**358731**	**331834**	**3628**	**1845**	**1783**	**1499**	**710**	**789**
109991	53506	56485	636	295	341	543	255	288
90373	46809	43564	366	189	177	413	180	233
100865	53889	46976	783	383	400	51	26	25
87588	44648	42940	351	216	135	283	134	149
55871	30508	25363	159	77	82	40	21	19
146191	77198	68993	744	372	372	116	70	46
99686	52173	47513	589	313	276	53	24	29
315125	**159070**	**156055**	**1304**	**664**	**640**	**2484**	**1148**	**1336**
21713	10829	10884	67	29	38	153	63	90
35243	17355	17888	121	60	61	185	86	99
27136	13727	13409	278	142	136	492	221	271
42565	20156	22409	129	63	66	681	319	362
72285	36151	36134	298	155	143	251	116	135
25852	13523	12329	101	52	49	662	310	352
90331	47329	43002	310	163	147	60	33	27
421862	**213370**	**208492**	**1778**	**912**	**866**	**2018**	**913**	**1105**
66440	33076	33364	317	173	144	261	118	143
33460	17741	15719	151	74	77	516	217	299
15481	7342	8139	59	41	18	285	137	148
13958	6871	7087	56	31	25	369	169	200
22948	11113	11835	62	28	34	188	84	104
56677	29645	27032	177	83	94	82	40	42
36803	18308	18495	201	98	103	51	25	26
59090	29324	29766	267	142	125	167	75	92
28355	14149	14206	78	36	42	78	41	37
81059	41818	39241	385	190	195	20	7	13
7591	3983	3608	25	16	9	1		1

1-2a 续表 1

地 区	人口数			居住本乡、镇、街道，户口在本乡、镇、街道		
	合计	男	女	小计	男	女
尖草坪区	**499889**	**261303**	**238586**	**192598**	**96980**	**95618**
尖草坪街道	34929	17533	17396	14874	7573	7301
光社街道	27649	14509	13140	9698	5037	4661
上兰街道	43186	26641	16545	13176	7085	6091
南寨街道	71088	37247	33841	33342	16785	16557
迎新街道	26593	13494	13099	12187	6106	6081
古城街道	74485	38190	36295	18563	9384	9179
汇丰街道	95875	48356	47519	29438	14576	14862
柴村街道	65739	34011	31728	31810	15776	16034
新城街道	24270	12615	11655	9962	4922	5040
向阳镇	23247	11901	11346	11585	5818	5767
阳曲镇	11988	6209	5779	7963	3918	4045
马头水乡						
柏板乡						
西墕乡						
太原中北高新技术产业开发区	840	597	243			
万柏林区	**946264**	**483777**	**462487**	**370466**	**186939**	**183527**
千峰街道	53957	29327	24630	21357	10935	10422
下元街道	84357	42101	42256	30590	15079	15511
和平街道	108074	57472	50602	44516	22787	21729
兴华街道	74037	36440	37597	35193	16894	18299
万柏林街道	56683	28616	28067	27719	14075	13644
杜儿坪街道	36896	18715	18181	16522	8727	7795
白家庄街道	21970	11099	10871	11548	5904	5644
南寒街道	114284	56948	57336	51768	25444	26324
东社街道	47013	24671	22342	14829	7426	7403
化客头街道	65	38	27	49	28	21
小井峪街道	162173	83519	78654	56395	29676	26719
西铭街道	41408	21318	20090	10445	5354	5091
长风西街街道	107547	54609	52938	35322	17573	17749
神堂沟街道	37800	18904	18896	14213	7037	7176
王封乡						
晋源区	**255519**	**134356**	**121163**	**111269**	**54636**	**56633**
义井街道	110928	57614	53314	34079	16542	17537
罗城街道	12206	6303	5903	6106	3055	3051
晋源街道	54116	28269	25847	30969	15224	15745
金胜镇	47752	26337	21415	21144	10344	10800
晋祠镇	27352	14149	13203	16309	8099	8210
姚村镇	3165	1684	1481	2662	1372	1290

单位：人

居住本乡、镇、街道，户口在外乡、镇、街道，离开户口登记地半年以上			居住本乡、镇、街道，户口待定			原住本乡、镇、街道，现在港澳台或国外工作学习		
小计	男	女	小计	男	女	小计	男	女
305002	**163106**	**141896**	**1717**	**953**	**764**	**572**	**264**	**308**
19939	9895	10044	54	40	14	62	25	37
17853	9423	8430	61	31	30	37	18	19
29770	19376	10394	187	155	32	53	25	28
37482	20342	17140	150	70	80	114	50	64
14341	7358	6983	31	16	15	34	14	20
55286	28478	26808	559	291	268	77	37	40
65907	33510	32397	375	190	185	155	80	75
33721	18124	15597	188	102	86	20	9	11
14230	7653	6577	65	37	28	13	3	10
11622	6065	5557	37	16	21	3	2	1
4011	2285	1726	10	5	5	4	1	3
840	597	243						
570578	**294212**	**276366**	**3741**	**1926**	**1815**	**1479**	**700**	**779**
32197	18169	14028	198	118	80	205	105	100
53342	26815	26527	250	128	122	175	79	96
62877	34321	28556	471	254	217	210	110	100
38435	19348	19087	167	92	75	242	106	136
28706	14418	14288	167	80	87	91	43	48
20315	9958	10357	42	21	21	17	9	8
10367	5168	5199	42	21	21	13	6	7
62197	31351	30846	201	97	104	118	56	62
31886	17094	14792	283	141	142	15	10	5
16	10	6						
104444	53171	51273	1182	602	580	152	70	82
30860	15917	14943	97	43	54	6	4	2
71523	36696	34827	510	257	253	192	83	109
23413	11776	11637	131	72	59	43	19	24
142118	**78634**	**63484**	**1861**	**947**	**914**	**271**	**139**	**132**
75261	40282	34979	1434	718	716	154	72	82
6051	3220	2831	20	13	7	29	15	14
23004	12968	10036	126	67	59	17	10	7
26326	15838	10488	225	119	106	57	36	21
10976	6016	4960	55	29	26	12	5	7
500	310	190	1	1		2	1	1

1-2a　续表 2

地　区	人口数			居住本乡、镇、街道，户口在本乡、镇、街道		
	合计	男	女	小计	男	女
清徐县						
清源镇						
徐沟镇						
东于镇						
孟封镇						
马峪乡						
柳杜乡						
西谷乡						
王答乡						
集义乡						
阳曲县						
黄寨镇						
大盂镇						
东黄水镇						
泥屯镇						
高村乡						
侯村乡						
凌井店乡						
西凌井乡						
北小店乡						
杨兴乡						
中心镇						
娄烦县						
娄烦镇						
静游镇						
杜交曲镇						
庙湾乡						
马家庄乡						
盖家庄乡						
米峪镇乡						
天池店乡						
古交市	**143939**	**74210**	**69729**	**53770**	**28179**	**25591**
东曲街道	40903	20943	19960	19083	10106	8977
西曲街道	13532	7005	6527	5686	3031	2655
桃园街道	66121	33809	32312	17186	8843	8343
屯兰街道	13326	7226	6100	5447	2939	2508
河口镇	8251	4240	4011	5490	2805	2685
镇城底镇						
马兰镇						
阁上乡						
加乐泉乡						
梭峪乡	1806	987	819	878	455	423
岔口乡						
常安乡						
原相乡						
邢家社乡						

单位：人

居住本乡、镇、街道，户口在外乡、镇、街道，离开户口登记地半年以上			居住本乡、镇、街道，户口待定			原住本乡、镇、街道，现在港澳台或国外工作学习		
小计	男	女	小计	男	女	小计	男	女
89823	**45866**	**43957**	**291**	**142**	**149**	**55**	**23**	**32**
21707	10786	10921	76	36	40	37	15	22
7826	3962	3864	18	12	6	2		2
48763	24886	23877	158	74	84	14	6	8
7863	4279	3584	14	6	8	2	2	
2737	1422	1315	24	13	11			
927	531	396	1	1				

1-2b 各地区分性别、

地区	人口数			居住本乡、镇、街道，户口在本乡、镇、街道		
	合计	男	女	小计	男	女
太原市	**530025**	**275328**	**254697**	**212318**	**105867**	**106451**
小店区	**235579**	**125121**	**110458**	**54110**	**26558**	**27552**
坞城街道						
营盘街道						
北营街道						
平阳路街道						
黄陵街道						
小店街道						
龙城街道						
唐槐园区街道	144094	80459	63635	21787	10706	11081
学府园区街道	17360	8789	8571	6115	3064	3051
北格镇	43039	21232	21807	18950	9383	9567
西温庄乡	31086	14641	16445	7258	3405	3853
刘家堡乡						
迎泽区						
柳巷街道						
文庙街道						
庙前街道						
迎泽街道						
桥东街道						
老军营街道						
郝庄镇						
杏花岭区						
巨轮街道						
三桥街道						
鼓楼街道						
杏花岭街道						
坝陵桥街道						
大东关街道						
职工新街街道						
敦化坊街道						
涧河街道						
杨家峪街道						
中涧河乡						
小返乡						

户口登记状况的人口(镇)

单位：人

居住本乡、镇、街道，户口在外乡、镇、街道，离开户口登记地半年以上			居住本乡、镇、街道，户口待定			原住本乡、镇、街道，现在港澳台或国外工作学习		
小计	男	女	小计	男	女	小计	男	女
316428	**168796**	**147632**	**1125**	**586**	**539**	**154**	**79**	**75**
180876	**98230**	**82646**	**560**	**314**	**246**	**33**	**19**	**14**
122025	69574	52451	274	172	102	8	7	1
11103	5621	5482	136	101	35	6	3	3
24057	11835	12222	14	6	8	18	8	10
23691	11200	12491	136	35	101	1	1	

1-2b 续表 1

地区	人口数			居住本乡、镇、街道，户口在本乡、镇、街道		
	合计	男	女	小计	男	女
尖草坪区	**1180**	**616**	**564**	**696**	**356**	**340**
尖草坪街道						
光社街道						
上兰街道						
南寨街道	1180	616	564	696	356	340
迎新街道						
古城街道						
汇丰街道						
柴村街道						
新城街道						
向阳镇						
阳曲镇						
马头水乡						
柏板乡						
西墕乡						
太原中北高新技术产业开发区						
万柏林区	**3974**	**2104**	**1870**	**2214**	**1229**	**985**
千峰街道						
下元街道						
和平街道						
兴华街道						
万柏林街道						
杜儿坪街道						
白家庄街道						
南寒街道						
东社街道						
化客头街道	3974	2104	1870	2214	1229	985
小井峪街道						
西铭街道						
长风西街街道						
神堂沟街道						
王封乡						
晋源区	**13247**	**6979**	**6268**	**10281**	**5164**	**5117**
义井街道						
罗城街道						
晋源街道						
金胜镇						
晋祠镇						
姚村镇	13247	6979	6268	10281	5164	5117

单位：人

居住本乡、镇、街道，户口在外乡、镇、街道，离开户口登记地半年以上			居住本乡、镇、街道，户口待定			原住本乡、镇、街道，现在港澳台或国外工作学习		
小计	男	女	小计	男	女	小计	男	女
482	**258**	**224**	**1**	**1**		**1**	**1**	
482	258	224	1	1		1	1	
1737	**862**	**875**	**15**	**10**	**5**	**8**	**3**	**5**
1737	862	875	15	10	5	8	3	5
2928	**1797**	**1131**	**29**	**12**	**17**	**9**	**6**	**3**
2928	1797	1131	29	12	17	9	6	3

1−2b 续表 2

地 区	人口数			居住本乡、镇、街道，户口在本乡、镇、街道		
	合计	男	女	小计	男	女
清徐县	**145895**	**73455**	**72440**	**88162**	**43573**	**44589**
清源镇	81918	41414	40504	47716	23144	24572
徐沟镇	22495	9657	12838	8360	4067	4293
东于镇	9967	5892	4075	7349	3815	3534
孟封镇	4429	2283	2146	4035	2041	1994
马峪乡	11591	6009	5582	7821	4046	3775
柳杜乡						
西谷乡						
王答乡	7373	3855	3518	6128	3060	3068
集义乡	8122	4345	3777	6753	3400	3353
阳曲县	**68528**	**35549**	**32979**	**27472**	**13669**	**13803**
黄寨镇	3000	1701	1299	879	505	374
大盂镇	1513	799	714	1290	664	626
东黄水镇	2853	1614	1239	2298	1203	1095
泥屯镇	1847	1003	844	1619	849	770
高村乡						
侯村乡	5504	3147	2357	2512	1278	1234
凌井店乡						
西凌井乡						
北小店乡						
杨兴乡						
中心镇	53811	27285	26526	18874	9170	9704
娄烦县	**45968**	**23082**	**22886**	**19693**	**9908**	**9785**
娄烦镇	43309	21708	21601	17172	8607	8565
静游镇	1844	955	889	1752	907	845
杜交曲镇	815	419	396	769	394	375
庙湾乡						
马家庄乡						
盖家庄乡						
米峪镇乡						
天池店乡						
古交市	**15654**	**8422**	**7232**	**9690**	**5410**	**4280**
东曲街道						
西曲街道						
桃园街道						
屯兰街道						
河口镇						
镇城底镇	3297	1824	1473	1874	1029	845
马兰镇	12357	6598	5759	7816	4381	3435
阁上乡						
加乐泉乡						
梭峪乡						
岔口乡						
常安乡						
原相乡						
邢家社乡						

单位：人

居住本乡、镇、街道，户口在外乡、镇、街道，离开户口登记地半年以上			居住本乡、镇、街道，户口待定			原住本乡、镇、街道，现在港澳台或国外工作学习		
小计	男	女	小计	男	女	小计	男	女
57565	**29806**	**27759**	**115**	**51**	**64**	**53**	**25**	**28**
34101	18221	15880	70	33	37	31	16	15
14120	5584	8536	7	2	5	8	4	4
2609	2073	536	9	4	5			
385	239	146	5	2	3	4	1	3
3752	1958	1794	16	5	11	2		2
1239	793	446	2		2	4	2	2
1359	938	421	6	5	1	4	2	2
40760	**21743**	**19017**	**267**	**122**	**145**	**29**	**15**	**14**
1980	1130	850	139	65	74	2	1	1
218	133	85	3	1	2	2	1	1
547	408	139	3		3	5	3	2
224	150	74	3	3		1	1	
2980	1863	1117	6	3	3	6	3	3
34811	18059	16752	113	50	63	13	6	7
26135	**13099**	**13036**	**132**	**73**	**59**	**8**	**2**	**6**
26001	13029	12972	129	70	59	7	2	5
88	45	43	3	3		1		1
46	25	21						
5945	**3001**	**2944**	**6**	**3**	**3**	**13**	**8**	**5**
1412	787	625	5	2	3	6	6	
4533	2214	2319	1	1		7	2	5

1−2c 各地区分性别、

地区	人口数			居住本乡、镇、街道，户口在本乡、镇、街道		
	合计	男	女	小计	男	女
太原市	**580404**	**310822**	**269582**	**426818**	**219419**	**207399**
小店区	**87881**	**47716**	**40165**	**57692**	**28870**	**28822**
坞城街道						
营盘街道						
北营街道	3359	2108	1251	1696	867	829
平阳路街道						
黄陵街道	1068	567	501	760	372	388
小店街道	9690	5263	4427	6034	3011	3023
龙城街道	1801	1155	646	542	260	282
唐槐园区街道						
学府园区街道						
北格镇	21620	11379	10241	14170	7119	7051
西温庄乡	12697	6973	5724	5943	2858	3085
刘家堡乡	37646	20271	17375	28547	14383	14164
迎泽区	**11304**	**6173**	**5131**	**4730**	**2372**	**2358**
柳巷街道						
文庙街道						
庙前街道						
迎泽街道						
桥东街道						
老军营街道						
郝庄镇	11304	6173	5131	4730	2372	2358
杏花岭区	**48174**	**25218**	**22956**	**15133**	**7764**	**7369**
巨轮街道						
三桥街道						
鼓楼街道						
杏花岭街道						
坝陵桥街道						
大东关街道						
职工新街街道						
敦化坊街道						
涧河街道						
杨家峪街道	4522	2332	2190	1247	657	590
中涧河乡	33889	17706	16183	8450	4276	4174
小返乡	9763	5180	4583	5436	2831	2605

户口登记状况的人口(乡村)

单位：人

居住本乡、镇、街道，户口在外乡、镇、街道，离开户口登记地半年以上			居住本乡、镇、街道，户口待定			原住本乡、镇、街道，现在港澳台或国外工作学习		
小计	男	女	小计	男	女	小计	男	女
152479	**90871**	**61608**	**843**	**388**	**455**	**264**	**144**	**120**
30078	**18794**	**11284**	**64**	**31**	**33**	**47**	**21**	**26**
1657	1239	418	3	1	2	3	1	2
308	195	113						
3646	2248	1398	8	4	4	2		2
1257	893	364	1	1		1	1	
7417	4248	3169	16	7	9	17	5	12
6737	4105	2632	12	8	4	5	2	3
9056	5866	3190	24	10	14	19	12	7
6515	**3771**	**2744**	**57**	**29**	**28**	**2**	**1**	**1**
6515	3771	2744	57	29	28	2	1	1
32928	**17395**	**15533**	**102**	**55**	**47**	**11**	**4**	**7**
3272	1673	1599	1		1	2	2	
25352	13381	11971	83	48	35	4	1	3
4304	2341	1963	18	7	11	5	1	4

1-2c 续表 1

地区	人口数			居住本乡、镇、街道，户口在本乡、镇、街道		
	合计	男	女	小计	男	女
尖草坪区	**29430**	**15664**	**13766**	**22491**	**11498**	**10993**
尖草坪街道						
光社街道						
上兰街道	1510	938	572	744	369	375
南寨街道	396	203	193	336	165	171
迎新街道						
古城街道						
汇丰街道						
柴村街道	1669	874	795	1280	653	627
新城街道						
向阳镇	3064	1556	1508	2560	1275	1285
阳曲镇	5561	2985	2576	4413	2233	2180
马头水乡	1637	848	789	1407	708	699
柏板乡	11466	5991	5475	8603	4426	4177
西墕乡	4127	2269	1858	3148	1669	1479
太原中北高新技术产业开发区						
万柏林区	**1000**	**572**	**428**	**632**	**324**	**308**
千峰街道						
下元街道						
和平街道						
兴华街道						
万柏林街道						
杜儿坪街道						
白家庄街道						
南寒街道						
东社街道						
化客头街道	279	178	101	113	60	53
小井峪街道						
西铭街道						
长风西街街道						
神堂沟街道						
王封乡	721	394	327	519	264	255
晋源区	**47679**	**25002**	**22677**	**33523**	**16848**	**16675**
义井街道						
罗城街道	6680	3376	3304	4286	2087	2199
晋源街道	5735	2915	2820	4560	2269	2291
金胜镇	3150	1699	1451	1649	820	829
晋祠镇	23103	12281	10822	15450	7821	7629
姚村镇	9011	4731	4280	7578	3851	3727

单位：人

居住本乡、镇、街道，户口在外乡、镇、街道，离开户口登记地半年以上			居住本乡、镇、街道，户口待定			原住本乡、镇、街道，现在港澳台或国外工作学习		
小计	男	女	小计	男	女	小计	男	女
6886	**4138**	**2748**	**38**	**19**	**19**	**15**	**9**	**6**
760	568	192	5		5	1	1	
60	38	22						
389	221	168						
500	280	220	3	1	2	1		1
1132	739	393	9	9		7	4	3
227	139	88	1		1	2	1	1
2845	1558	1287	15	5	10	3	2	1
973	595	378	5	4	1	1	1	
365	**247**	**118**				**3**	**1**	**2**
166	118	48						
199	129	70				3	1	2
14008	**8077**	**5931**	**127**	**69**	**58**	**21**	**8**	**13**
2375	1280	1095	18	8	10	1	1	
1159	640	519	12	5	7	4	1	3
1497	878	619	4	1	3			
7575	4408	3167	72	50	22	6	2	4
1402	871	531	21	5	16	10	4	6

1-2c 续表 2

地区	人口数			居住本乡、镇、街道，户口在本乡、镇、街道		
	合计	男	女	小计	男	女
清徐县	**198577**	**104835**	**93742**	**171328**	**87060**	**84268**
清源镇	40959	22342	18617	34209	17304	16905
徐沟镇	36390	18700	17690	30788	15419	15369
东于镇	18043	10233	7810	14589	7550	7039
孟封镇	22854	11761	11093	21167	10726	10441
马峪乡	8468	4735	3733	7039	3676	3363
柳杜乡	16402	8534	7868	15075	7748	7327
西谷乡	17031	8726	8305	15424	7914	7510
王答乡	22059	11427	10632	17977	9010	8967
集义乡	16371	8377	7994	15060	7713	7347
阳曲县	**59955**	**32838**	**27117**	**46968**	**24849**	**22119**
黄寨镇	15963	8693	7270	9086	4659	4427
大盂镇	6070	3361	2709	5218	2799	2419
东黄水镇	4701	2648	2053	3974	2126	1848
泥屯镇	11623	6259	5364	10547	5592	4955
高村乡	6462	3581	2881	5494	2948	2546
侯村乡	5714	3060	2654	4481	2365	2116
凌井店乡	5516	3010	2506	4965	2658	2307
西凌井乡	693	425	268	462	243	219
北小店乡	1277	716	561	1056	548	508
杨兴乡	1936	1085	851	1685	911	774
中心镇						
娄烦县	**45240**	**24635**	**20605**	**36376**	**19882**	**16494**
娄烦镇	8730	4459	4271	5280	2750	2530
静游镇	8856	4970	3886	7654	4112	3542
杜交曲镇	1822	968	854	1627	856	771
庙湾乡	1768	971	797	1605	873	732
马家庄乡	10815	5830	4985	8177	4516	3661
盖家庄乡	2309	1335	974	2035	1132	903
米峪镇乡	4569	2603	1966	4189	2415	1774
天池店乡	6371	3499	2872	5809	3228	2581
古交市	**51164**	**28169**	**22995**	**37945**	**19952**	**17993**
东曲街道	1479	815	664	859	447	412
西曲街道	506	260	246	415	216	199
桃园街道	4008	2185	1823	2815	1495	1320
屯兰街道	58	35	23	43	24	19
河口镇	4902	2572	2330	4389	2278	2111
镇城底镇	4930	2540	2390	3200	1663	1537
马兰镇	3885	2280	1605	2684	1367	1317
阁上乡	733	468	265	479	263	216
加乐泉乡	4739	2893	1846	2935	1499	1436
梭峪乡	9892	5347	4545	5720	2908	2812
岔口乡	4622	2498	2124	4250	2291	1959
常安乡	4093	2210	1883	3765	2037	1728
原相乡	2640	1444	1196	2278	1230	1048
邢家社乡	4677	2622	2055	4113	2234	1879

单位：人

居住本乡、镇、街道，户口在外乡、镇、街道，离开户口登记地半年以上			居住本乡、镇、街道，户口待定			原住本乡、镇、街道，现在港澳台或国外工作学习		
小计	男	女	小计	男	女	小计	男	女
27008	**17645**	**9363**	**156**	**81**	**75**	**85**	**49**	**36**
6694	5010	1684	47	25	22	9	3	6
5552	3256	2296	29	11	18	21	14	7
3443	2674	769	10	8	2	1	1	
1665	1025	640	14	4	10	8	6	2
1415	1049	366	7	6	1	7	4	3
1306	776	530	12	6	6	9	4	5
1573	793	780	24	13	11	10	6	4
4058	2405	1653	9	5	4	15	7	8
1302	657	645	4	3	1	5	4	1
12871	**7938**	**4933**	**94**	**37**	**57**	**22**	**14**	**8**
6842	4017	2825	31	14	17	4	3	1
839	558	281	10	2	8	3	2	1
712	515	197	14	6	8	1	1	
1062	658	404	9	5	4	5	4	1
953	629	324	12	3	9	3	1	2
1225	693	532	6	2	4	2		2
537	345	192	12	5	7	2	2	
231	182	49						
221	168	53						
249	173	76				2	1	1
8698	**4694**	**4004**	**129**	**38**	**91**	**37**	**21**	**16**
3429	1702	1727	19	6	13	2	1	1
1180	853	327	17	3	14	5	2	3
189	111	78	4		4	2	1	1
156	97	59	5	1	4	2		2
2590	1290	1300	32	13	19	16	11	5
268	201	67	4		4	2	2	
356	184	172	23	4	19	1		1
530	256	274	25	11	14	7	4	3
13122	**8172**	**4950**	**76**	**29**	**47**	**21**	**16**	**5**
619	367	252	1	1				
91	44	47						
1187	688	499	5	1	4	1	1	
15	11	4						
505	291	214	6	1	5	2	2	
1719	874	845	7	2	5	4	1	3
1197	910	287	2	1	1	2	2	
254	205	49						
1797	1387	410	2	2		5	5	
4162	2432	1730	8	5	3	2	2	
349	199	150	20	6	14	3	2	1
318	171	147	9	2	7	1		1
354	212	142	8	2	6			
555	381	174	8	6	2	1	1	

1-3 各地区分性别的户口登记地在外乡镇街道的人口状况

单位：人

地区	户口登记地					
	合计			本县(市、区)		
	合计	男	女	小计	男	女
太原市	**3003980**	**1572656**	**1431324**	**661945**	**328168**	**333777**
小店区	**901519**	**475755**	**425764**	**114743**	**56247**	**58496**
坞城街道	109991	53506	56485	15283	7533	7750
营盘街道	90373	46809	43564	11142	5361	5781
北营街道	102522	55128	47394	15299	7618	7681
平阳路街道	87588	44648	42940	13892	6786	7106
黄陵街道	56179	30703	25476	7564	3887	3677
小店街道	149837	79446	70391	27311	13270	14041
龙城街道	100943	53066	47877	18940	9280	9660
唐槐园区街道	122025	69574	52451	2623	1326	1297
学府园区街道	11103	5621	5482	90	46	44
北格镇	31474	16083	15391	1078	422	656
西温庄乡	30428	15305	15123	871	430	441
刘家堡乡	9056	5866	3190	650	288	362
迎泽区	**321640**	**162841**	**158799**	**60852**	**29389**	**31463**
柳巷街道	21713	10829	10884	2982	1406	1576
文庙街道	35243	17355	17888	6844	3269	3575
庙前街道	27136	13727	13409	5317	2519	2798
迎泽街道	42565	20156	22409	8253	3818	4435
桥东街道	72285	36151	36134	17626	8482	9144
老军营街道	25852	13523	12329	4780	2290	2490
郝庄镇	96846	51100	45746	15050	7605	7445
杏花岭区	**454790**	**230765**	**224025**	**123303**	**60779**	**62524**
巨轮街道	66440	33076	33364	24653	12118	12535
三桥街道	33460	17741	15719	6590	3210	3380
鼓楼街道	15481	7342	8139	3463	1670	1793
杏花岭街道	13958	6871	7087	3477	1668	1809
坝陵桥街道	22948	11113	11835	8314	3909	4405
大东关街道	56677	29645	27032	15384	7606	7778
职工新街街道	36803	18308	18495	10661	5185	5476
敦化坊街道	59090	29324	29766	19236	9463	9773
涧河街道	28355	14149	14206	6994	3345	3649
杨家峪街道	84331	43491	40840	17229	8883	8346
中涧河乡	32943	17364	15579	6851	3500	3351
小返乡	4304	2341	1963	451	222	229

1-3　续表 1　　单位：人

地　　区	户口登记地					
	合　　计			本县(市、区)		
	合计	男	女	小计	男	女
尖草坪区	**312370**	**167502**	**144868**	**55235**	**27375**	**27860**
尖草坪街道	19939	9895	10044	3533	1716	1817
光社街道	17853	9423	8430	2957	1492	1465
上兰街道	30530	19944	10586	1227	594	633
南寨街道	38024	20638	17386	7031	3321	3710
迎新街道	14341	7358	6983	4987	2466	2521
古城街道	55286	28478	26808	10625	5331	5294
汇丰街道	65907	33510	32397	7419	3631	3788
柴村街道	34110	18345	15765	7865	3979	3886
新城街道	14230	7653	6577	4589	2344	2245
向阳镇	12122	6345	5777	3805	1905	1900
阳曲镇	5143	3024	2119	750	398	352
马头水乡	227	139	88	1		1
柏板乡	2845	1558	1287	354	158	196
西墕乡	973	595	378	88	38	50
太原中北高新技术产业开发区	840	597	243	4	2	2
万柏林区	**572680**	**295321**	**277359**	**127996**	**64269**	**63727**
千峰街道	32197	18169	14028	3933	1885	2048
下元街道	53342	26815	26527	7419	3627	3792
和平街道	62877	34321	28556	11870	6116	5754
兴华街道	38435	19348	19087	6136	3029	3107
万柏林街道	28706	14418	14288	5758	2868	2890
杜儿坪街道	20315	9958	10357	8375	4353	4022
白家庄街道	10367	5168	5199	2939	1526	1413
南寒街道	62197	31351	30846	23258	11637	11621
东社街道	31886	17094	14792	3765	1936	1829
化客头街道	1919	990	929	179	92	87
小井峪街道	104444	53171	51273	24400	12172	12228
西铭街道	30860	15917	14943	15827	8019	7808
长风西街街道	71523	36696	34827	11261	5673	5588
神堂沟街道	23413	11776	11637	2857	1325	1532
王封乡	199	129	70	19	11	8
晋源区	**159054**	**88508**	**70546**	**20532**	**9967**	**10565**
义井街道	75261	40282	34979	7419	3628	3791
罗城街道	8426	4500	3926	1531	752	779
晋源街道	24163	13608	10555	4927	2384	2543
金胜镇	27823	16716	11107	2394	1178	1216
晋祠镇	18551	10424	8127	3832	1853	1979
姚村镇	4830	2978	1852	429	172	257

1－3 续表 2

单位：人

地　区	户口登记地					
	合　计			本县(市、区)		
	合计	男	女	小计	男	女
清徐县	**84573**	**47451**	**37122**	**32787**	**15811**	**16976**
清源镇	40795	23231	17564	23216	11465	11751
徐沟镇	19672	8840	10832	4006	1871	2135
东于镇	6052	4747	1305	822	359	463
孟封镇	2050	1264	786	335	146	189
马峪乡	5167	3007	2160	2979	1434	1545
柳杜乡	1306	776	530	289	109	180
西谷乡	1573	793	780	557	203	354
王答乡	5297	3198	2099	321	138	183
集义乡	2661	1595	1066	262	86	176
阳曲县	**53631**	**29681**	**23950**	**32572**	**16708**	**15864**
黄寨镇	8822	5147	3675	4897	2602	2295
大盂镇	1057	691	366	211	131	80
东黄水镇	1259	923	336	152	91	61
泥屯镇	1286	808	478	79	34	45
高村乡	953	629	324	166	86	80
侯村乡	4205	2556	1649	268	139	129
凌井店乡	537	345	192	46	26	20
西凌井乡	231	182	49	27	21	6
北小店乡	221	168	53	17	13	4
杨兴乡	249	173	76	58	36	22
中心镇	34811	18059	16752	26651	13529	13122
娄烦县	**34833**	**17793**	**17040**	**27800**	**13876**	**13924**
娄烦镇	29430	14731	14699	26558	13209	13349
静游镇	1268	898	370	192	128	64
杜交曲镇	235	136	99	41	23	18
庙湾乡	156	97	59	25	15	10
马家庄乡	2590	1290	1300	680	360	320
盖家庄乡	268	201	67	55	33	22
米峪镇乡	356	184	172	130	55	75
天池店乡	530	256	274	119	53	66
古交市	**108890**	**57039**	**51851**	**66125**	**33747**	**32378**
东曲街道	22326	11153	11173	13140	6448	6692
西曲街道	7917	4006	3911	4077	1994	2083
桃园街道	49950	25574	24376	39699	20197	19502
屯兰街道	7878	4290	3588	2504	1404	1100
河口镇	3242	1713	1529	1855	976	879
镇城底镇	3131	1661	1470	1270	670	600
马兰镇	5730	3124	2606	1377	791	586
阁上乡	254	205	49	27	18	9
加乐泉乡	1797	1387	410	109	58	51
梭峪乡	5089	2963	2126	1765	1029	736
岔口乡	349	199	150	80	41	39
常安乡	318	171	147	94	47	47
原相乡	354	212	142	61	39	22
邢家社乡	555	381	174	67	35	32

1-3　续表 3　　　　单位：人

地　区	户口登记地					
	本省其他县(市、区)			省　外		
	小计	男	女	小计	男	女
太原市	**1785774**	**901160**	**884614**	**556261**	**343328**	**212933**
小店区	**593361**	**301387**	**291973**	**193416**	**118121**	**75295**
坞城街道	67079	30857	36222	27629	15116	12513
营盘街道	58763	29020	29743	20468	12428	8040
北营街道	63622	32686	30936	23601	14824	8777
平阳路街道	54829	26134	28695	18867	11728	7139
黄陵街道	33887	17379	16508	14728	9437	5291
小店街道	90278	46488	43790	32248	19688	12560
龙城街道	58820	29135	29685	23183	14651	8532
唐槐园区街道	105298	59667	45631	14104	8581	5523
学府园区街道	9409	4573	4836	1604	1002	602
北格镇	23631	11455	12176	6765	4206	2559
西温庄乡	22807	10721	12086	6750	4154	2596
刘家堡乡	4937	3272	1665	3469	2306	1163
迎泽区	**196765**	**95348**	**101417**	**64023**	**38104**	**25919**
柳巷街道	14322	6814	7508	4409	2609	1800
文庙街道	21608	10173	11435	6791	3913	2878
庙前街道	16745	8094	8651	5074	3114	1960
迎泽街道	26172	11611	14561	8140	4727	3413
桥东街道	42089	20165	21924	12570	7504	5066
老军营街道	16135	8198	7937	4937	3035	1902
郝庄镇	59694	30293	29401	22102	13202	8900
杏花岭区	**265065**	**131629**	**133436**	**66422**	**38357**	**28065**
巨轮街道	32585	15647	16938	9202	5311	3891
三桥街道	21540	11494	10046	5330	3037	2293
鼓楼街道	9518	4232	5286	2500	1440	1060
杏花岭街道	8162	3848	4314	2319	1355	964
坝陵桥街道	11973	5683	6290	2661	1521	1140
大东关街道	33990	17801	16189	7303	4238	3065
职工新街街道	21311	10417	10894	4831	2706	2125
敦化坊街道	31207	14978	16229	8647	4883	3764
涧河街道	16451	8061	8390	4910	2743	2167
杨家峪街道	54282	27079	27203	12820	7529	5291
中涧河乡	20967	10766	10201	5125	3098	2027
小返乡	3079	1623	1456	774	496	278

1-3 续表 4

单位：人

地区	户口登记地					
	本省其他县(市、区)			省外		
	小计	男	女	小计	男	女
尖草坪区	**197691**	**103186**	**94505**	**59444**	**36941**	**22503**
尖草坪街道	13025	6253	6772	3381	1926	1455
光社街道	12268	6363	5905	2628	1568	1060
上兰街道	18101	11523	6578	11202	7827	3375
南寨街道	23494	12457	11037	7499	4860	2639
迎新街道	7498	3768	3730	1856	1124	732
古城街道	37813	19113	18700	6848	4034	2814
汇丰街道	46255	22791	23464	12233	7088	5145
柴村街道	18534	9666	8868	7711	4700	3011
新城街道	7642	4103	3539	1999	1206	793
向阳镇	6586	3380	3206	1731	1060	671
阳曲镇	3201	1874	1327	1192	752	440
马头水乡	143	80	63	83	59	24
柏板乡	2009	1075	934	482	325	157
西墕乡	513	299	214	372	258	114
太原中北高新技术产业开发区	609	441	168	227	154	73
万柏林区	**354839**	**176038**	**178801**	**89845**	**55014**	**34831**
千峰街道	20954	11283	9671	7310	5001	2309
下元街道	37997	18427	19570	7926	4761	3165
和平街道	37477	19435	18042	13530	8770	4760
兴华街道	25799	12412	13387	6500	3907	2593
万柏林街道	18718	9082	9636	4230	2468	1762
杜儿坪街道	9935	4522	5413	2005	1083	922
白家庄街道	6378	3027	3351	1050	615	435
南寒街道	30621	14789	15832	8318	4925	3393
东社街道	22319	11560	10759	5802	3598	2204
化客头街道	1467	725	742	273	173	100
小井峪街道	65096	32172	32924	14948	8827	6121
西铭街道	11922	5898	6024	3111	2000	1111
长风西街街道	49314	24397	24917	10948	6626	4322
神堂沟街道	16751	8251	8500	3805	2200	1605
王封乡	91	58	33	89	60	29
晋源区	**94450**	**49846**	**44604**	**44072**	**28695**	**15377**
义井街道	47907	24156	23751	19935	12498	7437
罗城街道	4954	2545	2409	1941	1203	738
晋源街道	11880	6391	5489	7356	4833	2523
金胜镇	16457	9417	7040	8972	6121	2851
晋祠镇	11062	6119	4943	3657	2452	1205
姚村镇	2190	1218	972	2211	1588	623

1-3 续表 5

单位：人

地区	户口登记地					
	本省其他县(市、区)			省外		
	小计	男	女	小计	男	女
清徐县	**32738**	**16893**	**15845**	**19048**	**14747**	**4301**
清源镇	9623	5559	4064	7956	6207	1749
徐沟镇	13399	5462	7937	2267	1507	760
东于镇	1831	1319	512	3399	3069	330
孟封镇	906	529	377	809	589	220
马峪乡	1220	827	393	968	746	222
柳杜乡	546	308	238	471	359	112
西谷乡	581	302	279	435	288	147
王答乡	3115	1731	1384	1861	1329	532
集义乡	1517	856	661	882	653	229
阳曲县	**13298**	**7283**	**6015**	**7761**	**5690**	**2071**
黄寨镇	2429	1461	968	1496	1084	412
大盂镇	490	289	201	356	271	85
东黄水镇	524	348	176	583	484	99
泥屯镇	620	342	278	587	432	155
高村乡	440	275	165	347	268	79
侯村乡	2478	1313	1165	1459	1104	355
凌井店乡	232	131	101	259	188	71
西凌井乡	45	27	18	159	134	25
北小店乡	113	80	33	91	75	16
杨兴乡	85	59	26	106	78	28
中心镇	5842	2958	2884	2318	1572	746
娄烦县	**5532**	**2978**	**2554**	**1501**	**939**	**562**
娄烦镇	2230	1133	1097	642	389	253
静游镇	867	617	250	209	153	56
杜交曲镇	142	85	57	52	28	24
庙湾乡	87	53	34	44	29	15
马家庄乡	1670	810	860	240	120	120
盖家庄乡	87	55	32	126	113	13
米峪镇乡	133	70	63	93	59	34
天池店乡	316	155	161	95	48	47
古交市	**32036**	**16572**	**15464**	**10729**	**6720**	**4009**
东曲街道	6887	3471	3416	2299	1234	1065
西曲街道	3238	1665	1573	602	347	255
桃园街道	7643	3841	3802	2608	1536	1072
屯兰街道	4644	2485	2159	730	401	329
河口镇	1012	490	522	375	247	128
镇城底镇	1463	744	719	398	247	151
马兰镇	3032	1494	1538	1321	839	482
阁上乡	50	36	14	177	151	26
加乐泉乡	838	578	260	850	751	99
梭峪乡	2499	1353	1146	825	581	244
岔口乡	179	99	80	90	59	31
常安乡	139	72	67	85	52	33
原相乡	204	121	83	89	52	37
邢家社乡	208	123	85	280	223	57

1-3a 各地区分性别的户口登记地在外乡镇街道的人口状况(城市)

单位：人

地区	户口登记地					
	合计			本县(市、区)		
	合计	男	女	小计	男	女
太原市	**2535073**	**1312989**	**1222084**	**548264**	**271326**	**276938**
小店区	**690565**	**358731**	**331834**	**109065**	**53538**	**55527**
坞城街道	109991	53506	56485	15283	7533	7750
营盘街道	90373	46809	43564	11142	5361	5781
北营街道	100865	53889	46976	15248	7585	7663
平阳路街道	87588	44648	42940	13892	6786	7106
黄陵街道	55871	30508	25363	7554	3882	3672
小店街道	146191	77198	68993	27024	13120	13904
龙城街道	99686	52173	47513	18922	9271	9651
唐槐园区街道						
学府园区街道						
北格镇						
西温庄乡						
刘家堡乡						
迎泽区	**315125**	**159070**	**156055**	**60436**	**29189**	**31247**
柳巷街道	21713	10829	10884	2982	1406	1576
文庙街道	35243	17355	17888	6844	3269	3575
庙前街道	27136	13727	13409	5317	2519	2798
迎泽街道	42565	20156	22409	8253	3818	4435
桥东街道	72285	36151	36134	17626	8482	9144
老军营街道	25852	13523	12329	4780	2290	2490
郝庄镇	90331	47329	43002	14634	7405	7229
杏花岭区	**421862**	**213370**	**208492**	**117914**	**58032**	**59882**
巨轮街道	66440	33076	33364	24653	12118	12535
三桥街道	33460	17741	15719	6590	3210	3380
鼓楼街道	15481	7342	8139	3463	1670	1793
杏花岭街道	13958	6871	7087	3477	1668	1809
坝陵桥街道	22948	11113	11835	8314	3909	4405
大东关街道	56677	29645	27032	15384	7606	7778
职工新街街道	36803	18308	18495	10661	5185	5476
敦化坊街道	59090	29324	29766	19236	9463	9773
涧河街道	28355	14149	14206	6994	3345	3649
杨家峪街道	81059	41818	39241	16692	8626	8066
中涧河乡	7591	3983	3608	2450	1232	1218
小返乡						

1-3a　续表 1　　　　单位：人

地　区	户口登记地					
	合　计			本县(市、区)		
	合计	男	女	小计	男	女
尖草坪区	**305002**	**163106**	**141896**	**54347**	**26951**	**27396**
尖草坪街道	19939	9895	10044	3533	1716	1817
光社街道	17853	9423	8430	2957	1492	1465
上兰街道	29770	19376	10394	1199	578	621
南寨街道	37482	20342	17140	6918	3266	3652
迎新街道	14341	7358	6983	4987	2466	2521
古城街道	55286	28478	26808	10625	5331	5294
汇丰街道	65907	33510	32397	7419	3631	3788
柴村街道	33721	18124	15597	7817	3955	3862
新城街道	14230	7653	6577	4589	2344	2245
向阳镇	11622	6065	5557	3668	1831	1837
阳曲镇	4011	2285	1726	631	339	292
马头水乡						
柏板乡						
西墕乡						
太原中北高新技术产业开发区	840	597	243	4	2	2
万柏林区	**570578**	**294212**	**276366**	**127802**	**64169**	**63633**
千峰街道	32197	18169	14028	3933	1885	2048
下元街道	53342	26815	26527	7419	3627	3792
和平街道	62877	34321	28556	11870	6116	5754
兴华街道	38435	19348	19087	6136	3029	3107
万柏林街道	28706	14418	14288	5758	2868	2890
杜儿坪街道	20315	9958	10357	8375	4353	4022
白家庄街道	10367	5168	5199	2939	1526	1413
南寒街道	62197	31351	30846	23258	11637	11621
东社街道	31886	17094	14792	3765	1936	1829
化客头街道	16	10	6	4	3	1
小井峪街道	104444	53171	51273	24400	12172	12228
西铭街道	30860	15917	14943	15827	8019	7808
长风西街街道	71523	36696	34827	11261	5673	5588
神堂沟街道	23413	11776	11637	2857	1325	1532
王封乡						
晋源区	**142118**	**78634**	**63484**	**18616**	**9099**	**9517**
义井街道	75261	40282	34979	7419	3628	3791
罗城街道	6051	3220	2831	1022	513	509
晋源街道	23004	12968	10036	4817	2340	2477
金胜镇	26326	15838	10488	1893	919	974
晋祠镇	10976	6016	4960	3432	1685	1747
姚村镇	500	310	190	33	14	19

1－3a 续表 2

单位：人

地区	户口登记地					
	合计			本县(市、区)		
	合计	男	女	小计	男	女
清徐县						
清源镇						
徐沟镇						
东于镇						
孟封镇						
马峪乡						
柳杜乡						
西谷乡						
王答乡						
集义乡						
阳曲县						
黄寨镇						
大盂镇						
东黄水镇						
泥屯镇						
高村乡						
侯村乡						
凌井店乡						
西凌井乡						
北小店乡						
杨兴乡						
中心镇						
娄烦县						
娄烦镇						
静游镇						
杜交曲镇						
庙湾乡						
马家庄乡						
盖家庄乡						
米峪镇乡						
天池店乡						
古交市	**89823**	**45866**	**43957**	**60084**	**30348**	**29736**
东曲街道	21707	10786	10921	12741	6237	6504
西曲街道	7826	3962	3864	4029	1968	2061
桃园街道	48763	24886	23877	39025	19814	19211
屯兰街道	7863	4279	3584	2499	1400	1099
河口镇	2737	1422	1315	1694	882	812
镇城底镇						
马兰镇						
阁上乡						
加乐泉乡						
梭峪乡	927	531	396	96	47	49
岔口乡						
常安乡						
原相乡						
邢家社乡						

1-3a 续表 3

单位：人

地区	户口登记地					
	本省其他县(市、区)			省外		
	小计	男	女	小计	男	女
太原市	**1514409**	**755398**	**759011**	**472400**	**286265**	**186135**
小店区	**424284**	**209841**	**214443**	**157216**	**95352**	**61864**
坞城街道	67079	30857	36222	27629	15116	12513
营盘街道	58763	29020	29743	20468	12428	8040
北营街道	62973	32204	30769	22644	14100	8544
平阳路街道	54829	26134	28695	18867	11728	7139
黄陵街道	33740	17293	16447	14577	9333	5244
小店街道	88495	45491	43004	30672	18587	12085
龙城街道	58405	28842	29563	22359	14060	8299
唐槐园区街道						
学府园区街道						
北格镇						
西温庄乡						
刘家堡乡						
迎泽区	**192807**	**93173**	**99634**	**61882**	**36708**	**25174**
柳巷街道	14322	6814	7508	4409	2609	1800
文庙街道	21608	10173	11435	6791	3913	2878
庙前街道	16745	8094	8651	5074	3114	1960
迎泽街道	26172	11611	14561	8140	4727	3413
桥东街道	42089	20165	21924	12570	7504	5066
老军营街道	16135	8198	7937	4937	3035	1902
郝庄镇	55736	28118	27618	19961	11806	8155
杏花岭区	**242785**	**120184**	**122601**	**61163**	**35154**	**26009**
巨轮街道	32585	15647	16938	9202	5311	3891
三桥街道	21540	11494	10046	5330	3037	2293
鼓楼街道	9518	4232	5286	2500	1440	1060
杏花岭街道	8162	3848	4314	2319	1355	964
坝陵桥街道	11973	5683	6290	2661	1521	1140
大东关街道	33990	17801	16189	7303	4238	3065
职工新街街道	21311	10417	10894	4831	2706	2125
敦化坊街道	31207	14978	16229	8647	4883	3764
涧河街道	16451	8061	8390	4910	2743	2167
杨家峪街道	52191	26048	26143	12176	7144	5032
中涧河乡	3857	1975	1882	1284	776	508
小返乡						

1－3a　续表 4　　　　单位：人

地　区	户口登记地					
	本省其他县(市、区)			省　外		
	小计	男	女	小计	男	女
尖草坪区	**193093**	**100486**	**92607**	**57562**	**35669**	**21893**
尖草坪街道	13025	6253	6772	3381	1926	1455
光社街道	12268	6363	5905	2628	1568	1060
上兰街道	17466	11039	6427	11105	7759	3346
南寨街道	23193	12298	10895	7371	4778	2593
迎新街道	7498	3768	3730	1856	1124	732
古城街道	37813	19113	18700	6848	4034	2814
汇丰街道	46255	22791	23464	12233	7088	5145
柴村街道	18403	9589	8814	7501	4580	2921
新城街道	7642	4103	3539	1999	1206	793
向阳镇	6361	3266	3095	1593	968	625
阳曲镇	2560	1462	1098	820	484	336
马头水乡						
柏板乡						
西墕乡						
太原中北高新技术产业开发区	609	441	168	227	154	73
万柏林区	**353290**	**175260**	**178030**	**89486**	**54783**	**34703**
千峰街道	20954	11283	9671	7310	5001	2309
下元街道	37997	18427	19570	7926	4761	3165
和平街道	37477	19435	18042	13530	8770	4760
兴华街道	25799	12412	13387	6500	3907	2593
万柏林街道	18718	9082	9636	4230	2468	1762
杜儿坪街道	9935	4522	5413	2005	1083	922
白家庄街道	6378	3027	3351	1050	615	435
南寒街道	30621	14789	15832	8318	4925	3393
东社街道	22319	11560	10759	5802	3598	2204
化客头街道	9	5	4	3	2	1
小井峪街道	65096	32172	32924	14948	8827	6121
西铭街道	11922	5898	6024	3111	2000	1111
长风西街街道	49314	24397	24917	10948	6626	4322
神堂沟街道	16751	8251	8500	3805	2200	1605
王封乡						
晋源区	**84664**	**44433**	**40231**	**38838**	**25102**	**13736**
义井街道	47907	24156	23751	19935	12498	7437
罗城街道	3728	1909	1819	1301	798	503
晋源街道	11308	6094	5214	6879	4534	2345
金胜镇	15969	9146	6823	8464	5773	2691
晋祠镇	5533	3012	2521	2011	1319	692
姚村镇	219	116	103	248	180	68

1-3a　续表 5　　　　单位：人

地　区	户口登记地					
	本省其他县(市、区)			省　外		
	小计	男	女	小计	男	女
清徐县						
清源镇						
徐沟镇						
东于镇						
孟封镇						
马峪乡						
柳杜乡						
西谷乡						
王答乡						
集义乡						
阳曲县						
黄寨镇						
大盂镇						
东黄水镇						
泥屯镇						
高村乡						
侯村乡						
凌井店乡						
西凌井乡						
北小店乡						
杨兴乡						
中心镇						
娄烦县						
娄烦镇						
静游镇						
杜交曲镇						
庙湾乡						
马家庄乡						
盖家庄乡						
米峪镇乡						
天池店乡						
古交市	**23486**	**12021**	**11465**	**6253**	**3497**	**2756**
东曲街道	6791	3419	3372	2175	1130	1045
西曲街道	3204	1651	1553	593	343	250
桃园街道	7325	3656	3669	2413	1416	997
屯兰街道	4637	2480	2157	727	399	328
河口镇	804	395	409	239	145	94
镇城底镇						
马兰镇						
阁上乡						
加乐泉乡						
梭峪乡	725	420	305	106	64	42
岔口乡						
常安乡						
原相乡						
邢家社乡						

1－3b　各地区分性别的户口登记地在外乡镇街道的人口状况(镇)

单位：人

地区	户口登记地					
	合计			本县(市、区)		
	合计	男	女	小计	男	女
太原市	**316428**	**168796**	**147632**	**85446**	**42558**	**42888**
小店区	**180876**	**98230**	**82646**	**3849**	**1853**	**1996**
坞城街道						
营盘街道						
北营街道						
平阳路街道						
黄陵街道						
小店街道						
龙城街道						
唐槐园区街道	122025	69574	52451	2623	1326	1297
学府园区街道	11103	5621	5482	90	46	44
北格镇	24057	11835	12222	509	174	335
西温庄乡	23691	11200	12491	627	307	320
刘家堡乡						
迎泽区						
柳巷街道						
文庙街道						
庙前街道						
迎泽街道						
桥东街道						
老军营街道						
郝庄镇						
杏花岭区						
巨轮街道						
三桥街道						
鼓楼街道						
杏花岭街道						
坝陵桥街道						
大东关街道						
职工新街街道						
敦化坊街道						
涧河街道						
杨家峪街道						
中涧河乡						
小返乡						

1-3b 续表 1

单位：人

地区	户口登记地					
	合计			本县(市、区)		
	合计	男	女	小计	男	女
尖草坪区	**482**	**258**	**224**	**105**	**50**	**55**
尖草坪街道						
光社街道						
上兰街道						
南寨街道	482	258	224	105	50	55
迎新街道						
古城街道						
汇丰街道						
柴村街道						
新城街道						
向阳镇						
阳曲镇						
马头水乡						
柏板乡						
西墕乡						
太原中北高新技术产业开发区						
万柏林区	**1737**	**862**	**875**	**166**	**84**	**82**
千峰街道						
下元街道						
和平街道						
兴华街道						
万柏林街道						
杜儿坪街道						
白家庄街道						
南寒街道						
东社街道						
化客头街道	1737	862	875	166	84	82
小井峪街道						
西铭街道						
长风西街街道						
神堂沟街道						
王封乡						
晋源区	**2928**	**1797**	**1131**	**303**	**125**	**178**
义井街道						
罗城街道						
晋源街道						
金胜镇						
晋祠镇						
姚村镇	2928	1797	1131	303	125	178

1-3b 续表 2

单位：人

地 区	户口登记地					
	合 计			本县(市、区)		
	合计	男	女	小计	男	女
清徐县	**57565**	**29806**	**27759**	**27861**	**13601**	**14260**
清源镇	34101	18221	15880	21890	10798	11092
徐沟镇	14120	5584	8536	2596	1185	1411
东于镇	2609	2073	536	510	234	276
孟封镇	385	239	146	68	26	42
马峪乡	3752	1958	1794	2754	1329	1425
柳杜乡						
西谷乡						
王答乡	1239	793	446	27	19	8
集义乡	1359	938	421	16	10	6
阳曲县	**40760**	**21743**	**19017**	**28069**	**14304**	**13765**
黄寨镇	1980	1130	850	1198	643	555
大盂镇	218	133	85	56	31	25
东黄水镇	547	408	139	49	31	18
泥屯镇	224	150	74	7	4	3
高村乡						
侯村乡	2980	1863	1117	108	66	42
凌井店乡						
西凌井乡						
北小店乡						
杨兴乡						
中心镇	34811	18059	16752	26651	13529	13122
娄烦县	**26135**	**13099**	**13036**	**23732**	**11852**	**11880**
娄烦镇	26001	13029	12972	23702	11835	11867
静游镇	88	45	43	16	9	7
杜交曲镇	46	25	21	14	8	6
庙湾乡						
马家庄乡						
盖家庄乡						
米峪镇乡						
天池店乡						
古交市	**5945**	**3001**	**2944**	**1361**	**689**	**672**
东曲街道						
西曲街道						
桃园街道						
屯兰街道						
河口镇						
镇城底镇	1412	787	625	465	257	208
马兰镇	4533	2214	2319	896	432	464
阁上乡						
加乐泉乡						
梭峪乡						
岔口乡						
常安乡						
原相乡						
邢家社乡						

1-3b 续表 3

单位：人

地　　区	户口登记地					
	本省其他县(市、区)			省　　外		
	小计	男	女	小计	男	女
太原市	**191082**	**100251**	**90831**	**39900**	**25987**	**13913**
小店区	**153216**	**81896**	**71320**	**23811**	**14481**	**9330**
坞城街道						
营盘街道						
北营街道						
平阳路街道						
黄陵街道						
小店街道						
龙城街道						
唐槐园区街道	105298	59667	45631	14104	8581	5523
学府园区街道	9409	4573	4836	1604	1002	602
北格镇	19789	9356	10433	3759	2305	1454
西温庄乡	18720	8300	10420	4344	2593	1751
刘家堡乡						
迎泽区						
柳巷街道						
文庙街道						
庙前街道						
迎泽街道						
桥东街道						
老军营街道						
郝庄镇						
杏花岭区						
巨轮街道						
三桥街道						
鼓楼街道						
杏花岭街道						
坝陵桥街道						
大东关街道						
职工新街街道						
敦化坊街道						
涧河街道						
杨家峪街道						
中涧河乡						
小返乡						

1-3b 续表 4

单位：人

地区	户口登记地					
	本省其他县(市、区)			省外		
	小计	男	女	小计	男	女
尖草坪区	**278**	**147**	**131**	**99**	**61**	**38**
尖草坪街道						
光社街道						
上兰街道						
南寨街道	278	147	131	99	61	38
迎新街道						
古城街道						
汇丰街道						
柴村街道						
新城街道						
向阳镇						
阳曲镇						
马头水乡						
柏板乡						
西墕乡						
太原中北高新技术产业开发区						
万柏林区	**1378**	**665**	**713**	**193**	**113**	**80**
千峰街道						
下元街道						
和平街道						
兴华街道						
万柏林街道						
杜儿坪街道						
白家庄街道						
南寒街道						
东社街道						
化客头街道	1378	665	713	193	113	80
小井峪街道						
西铭街道						
长风西街街道						
神堂沟街道						
王封乡						
晋源区	**1370**	**766**	**604**	**1255**	**906**	**349**
义井街道						
罗城街道						
晋源街道						
金胜镇						
晋祠镇						
姚村镇	1370	766	604	1255	906	349

1-3b　续表 5

单位：人

地　区	户口登记地					
	本省其他县(市、区)			省　外		
	小计	男	女	小计	男	女
清徐县	**20813**	**9576**	**11237**	**8891**	**6629**	**2262**
清源镇	7657	4201	3456	4554	3222	1332
徐沟镇	10305	3618	6687	1219	781	438
东于镇	404	281	123	1695	1558	137
孟封镇	160	87	73	157	126	31
马峪乡	567	313	254	431	316	115
柳杜乡						
西谷乡						
王答乡	810	494	316	402	280	122
集义乡	910	582	328	433	346	87
阳曲县	**8653**	**4555**	**4098**	**4038**	**2884**	**1154**
黄寨镇	608	369	239	174	118	56
大盂镇	100	57	43	62	45	17
东黄水镇	241	168	73	257	209	48
泥屯镇	105	64	41	112	82	30
高村乡						
侯村乡	1757	939	818	1115	858	257
凌井店乡						
西凌井乡						
北小店乡						
杨兴乡						
中心镇	5842	2958	2884	2318	1572	746
娄烦县	**1919**	**959**	**960**	**484**	**288**	**196**
娄烦镇	1842	922	920	457	272	185
静游镇	56	25	31	16	11	5
杜交曲镇	21	12	9	11	5	6
庙湾乡						
马家庄乡						
盖家庄乡						
米峪镇乡						
天池店乡						
古交市	**3455**	**1687**	**1768**	**1129**	**625**	**504**
东曲街道						
西曲街道						
桃园街道						
屯兰街道						
河口镇						
镇城底镇	727	383	344	220	147	73
马兰镇	2728	1304	1424	909	478	431
阁上乡						
加乐泉乡						
梭峪乡						
岔口乡						
常安乡						
原相乡						
邢家社乡						

1−3c 各地区分性别的户口登记地在外乡镇街道的人口状况(乡村)

单位：人

地区	户口登记地					
	合计			本县(市、区)		
	合计	男	女	小计	男	女
太原市	**152479**	**90871**	**61608**	**28235**	**14284**	**13951**
小店区	**30078**	**18794**	**11284**	**1829**	**856**	**973**
坞城街道						
营盘街道						
北营街道	1657	1239	418	51	33	18
平阳路街道						
黄陵街道	308	195	113	10	5	5
小店街道	3646	2248	1398	287	150	137
龙城街道	1257	893	364	18	9	9
唐槐园区街道						
学府园区街道						
北格镇	7417	4248	3169	569	248	321
西温庄乡	6737	4105	2632	244	123	121
刘家堡乡	9056	5866	3190	650	288	362
迎泽区	**6515**	**3771**	**2744**	**416**	**200**	**216**
柳巷街道						
文庙街道						
庙前街道						
迎泽街道						
桥东街道						
老军营街道						
郝庄镇	6515	3771	2744	416	200	216
杏花岭区	**32928**	**17395**	**15533**	**5389**	**2747**	**2642**
巨轮街道						
三桥街道						
鼓楼街道						
杏花岭街道						
坝陵桥街道						
大东关街道						
职工新街街道						
敦化坊街道						
涧河街道						
杨家峪街道	3272	1673	1599	537	257	280
中涧河乡	25352	13381	11971	4401	2268	2133
小返乡	4304	2341	1963	451	222	229

1-3c 续表 1

单位：人

地区	户口登记地					
	合计			本县(市、区)		
	合计	男	女	小计	男	女
尖草坪区	**6886**	**4138**	**2748**	**783**	**374**	**409**
尖草坪街道						
光社街道						
上兰街道	760	568	192	28	16	12
南寨街道	60	38	22	8	5	3
迎新街道						
古城街道						
汇丰街道						
柴村街道	389	221	168	48	24	24
新城街道						
向阳镇	500	280	220	137	74	63
阳曲镇	1132	739	393	119	59	60
马头水乡	227	139	88	1		1
柏板乡	2845	1558	1287	354	158	196
西墕乡	973	595	378	88	38	50
太原中北高新技术产业开发区						
万柏林区	**365**	**247**	**118**	**28**	**16**	**12**
千峰街道						
下元街道						
和平街道						
兴华街道						
万柏林街道						
杜儿坪街道						
白家庄街道						
南寒街道						
东社街道						
化客头街道	166	118	48	9	5	4
小井峪街道						
西铭街道						
长风西街街道						
神堂沟街道						
王封乡	199	129	70	19	11	8
晋源区	**14008**	**8077**	**5931**	**1613**	**743**	**870**
义井街道						
罗城街道	2375	1280	1095	509	239	270
晋源街道	1159	640	519	110	44	66
金胜镇	1497	878	619	501	259	242
晋祠镇	7575	4408	3167	400	168	232
姚村镇	1402	871	531	93	33	60

1-3c 续表 2

单位：人

地 区	户口登记地					
	合 计			本县(市、区)		
	合计	男	女	小计	男	女
清徐县	**27008**	**17645**	**9363**	**4926**	**2210**	**2716**
清源镇	6694	5010	1684	1326	667	659
徐沟镇	5552	3256	2296	1410	686	724
东于镇	3443	2674	769	312	125	187
孟封镇	1665	1025	640	267	120	147
马峪乡	1415	1049	366	225	105	120
柳杜乡	1306	776	530	289	109	180
西谷乡	1573	793	780	557	203	354
王答乡	4058	2405	1653	294	119	175
集义乡	1302	657	645	246	76	170
阳曲县	**12871**	**7938**	**4933**	**4503**	**2404**	**2099**
黄寨镇	6842	4017	2825	3699	1959	1740
大盂镇	839	558	281	155	100	55
东黄水镇	712	515	197	103	60	43
泥屯镇	1062	658	404	72	30	42
高村乡	953	629	324	166	86	80
侯村乡	1225	693	532	160	73	87
凌井店乡	537	345	192	46	26	20
西凌井乡	231	182	49	27	21	6
北小店乡	221	168	53	17	13	4
杨兴乡	249	173	76	58	36	22
中心镇						
娄烦县	**8698**	**4694**	**4004**	**4068**	**2024**	**2044**
娄烦镇	3429	1702	1727	2856	1374	1482
静游镇	1180	853	327	176	119	57
杜交曲镇	189	111	78	27	15	12
庙湾乡	156	97	59	25	15	10
马家庄乡	2590	1290	1300	680	360	320
盖家庄乡	268	201	67	55	33	22
米峪镇乡	356	184	172	130	55	75
天池店乡	530	256	274	119	53	66
古交市	**13122**	**8172**	**4950**	**4680**	**2710**	**1970**
东曲街道	619	367	252	399	211	188
西曲街道	91	44	47	48	26	22
桃园街道	1187	688	499	674	383	291
屯兰街道	15	11	4	5	4	1
河口镇	505	291	214	161	94	67
镇城底镇	1719	874	845	805	413	392
马兰镇	1197	910	287	481	359	122
阁上乡	254	205	49	27	18	9
加乐泉乡	1797	1387	410	109	58	51
梭峪乡	4162	2432	1730	1669	982	687
岔口乡	349	199	150	80	41	39
常安乡	318	171	147	94	47	47
原相乡	354	212	142	61	39	22
邢家社乡	555	381	174	67	35	32

1-3c 续表 3

单位：人

地区	户口登记地					
	本省其他县(市、区)			省外		
	小计	男	女	小计	男	女
太原市	**80283**	**45511**	**34772**	**43961**	**31076**	**12885**
小店区	**15860**	**9650**	**6210**	**12389**	**8288**	**4101**
坞城街道						
营盘街道						
北营街道	649	482	167	957	724	233
平阳路街道						
黄陵街道	147	86	61	151	104	47
小店街道	1783	997	786	1576	1101	475
龙城街道	415	293	122	824	591	233
唐槐园区街道						
学府园区街道						
北格镇	3842	2099	1743	3006	1901	1105
西温庄乡	4087	2421	1666	2406	1561	845
刘家堡乡	4937	3272	1665	3469	2306	1163
迎泽区	**3958**	**2175**	**1783**	**2141**	**1396**	**745**
柳巷街道						
文庙街道						
庙前街道						
迎泽街道						
桥东街道						
老军营街道						
郝庄镇	3958	2175	1783	2141	1396	745
杏花岭区	**22280**	**11445**	**10835**	**5259**	**3203**	**2056**
巨轮街道						
三桥街道						
鼓楼街道						
杏花岭街道						
坝陵桥街道						
大东关街道						
职工新街街道						
敦化坊街道						
涧河街道						
杨家峪街道	2091	1031	1060	644	385	259
中涧河乡	17110	8791	8319	3841	2322	1519
小返乡	3079	1623	1456	774	496	278

1-3c 续表 4

单位：人

地区	户口登记地					
	本省其他县(市、区)			省外		
	小计	男	女	小计	男	女
尖草坪区	**4320**	**2553**	**1767**	**1783**	**1211**	**572**
尖草坪街道						
光社街道						
上兰街道	635	484	151	97	68	29
南寨街道	23	12	11	29	21	8
迎新街道						
古城街道						
汇丰街道						
柴村街道	131	77	54	210	120	90
新城街道						
向阳镇	225	114	111	138	92	46
阳曲镇	641	412	229	372	268	104
马头水乡	143	80	63	83	59	24
柏板乡	2009	1075	934	482	325	157
西墕乡	513	299	214	372	258	114
太原中北高新技术产业开发区						
万柏林区	**171**	**113**	**58**	**166**	**118**	**48**
千峰街道						
下元街道						
和平街道						
兴华街道						
万柏林街道						
杜儿坪街道						
白家庄街道						
南寒街道						
东社街道						
化客头街道	80	55	25	77	58	19
小井峪街道						
西铭街道						
长风西街街道						
神堂沟街道						
王封乡	91	58	33	89	60	29
晋源区	**8416**	**4647**	**3769**	**3979**	**2687**	**1292**
义井街道						
罗城街道	1226	636	590	640	405	235
晋源街道	572	297	275	477	299	178
金胜镇	488	271	217	508	348	160
晋祠镇	5529	3107	2422	1646	1133	513
姚村镇	601	336	265	708	502	206

1−3c　续表 5　　　　单位：人

地　　区	户口登记地					
	本省其他县(市、区)			省　　外		
	小计	男	女	小计	男	女
清徐县	**11925**	**7317**	**4608**	**10157**	**8118**	**2039**
清源镇	1966	1358	608	3402	2985	417
徐沟镇	3094	1844	1250	1048	726	322
东于镇	1427	1038	389	1704	1511	193
孟封镇	746	442	304	652	463	189
马峪乡	653	514	139	537	430	107
柳杜乡	546	308	238	471	359	112
西谷乡	581	302	279	435	288	147
王答乡	2305	1237	1068	1459	1049	410
集义乡	607	274	333	449	307	142
阳曲县	**4645**	**2728**	**1917**	**3723**	**2806**	**917**
黄寨镇	1821	1092	729	1322	966	356
大盂镇	390	232	158	294	226	68
东黄水镇	283	180	103	326	275	51
泥屯镇	515	278	237	475	350	125
高村乡	440	275	165	347	268	79
侯村乡	721	374	347	344	246	98
凌井店乡	232	131	101	259	188	71
西凌井乡	45	27	18	159	134	25
北小店乡	113	80	33	91	75	16
杨兴乡	85	59	26	106	78	28
中心镇						
娄烦县	**3613**	**2019**	**1594**	**1017**	**651**	**366**
娄烦镇	388	211	177	185	117	68
静游镇	811	592	219	193	142	51
杜交曲镇	121	73	48	41	23	18
庙湾乡	87	53	34	44	29	15
马家庄乡	1670	810	860	240	120	120
盖家庄乡	87	55	32	126	113	13
米峪镇乡	133	70	63	93	59	34
天池店乡	316	155	161	95	48	47
古交市	**5095**	**2864**	**2231**	**3347**	**2598**	**749**
东曲街道	96	52	44	124	104	20
西曲街道	34	14	20	9	4	5
桃园街道	318	185	133	195	120	75
屯兰街道	7	5	2	3	2	1
河口镇	208	95	113	136	102	34
镇城底镇	736	361	375	178	100	78
马兰镇	304	190	114	412	361	51
阁上乡	50	36	14	177	151	26
加乐泉乡	838	578	260	850	751	99
梭峪乡	1774	933	841	719	517	202
岔口乡	179	99	80	90	59	31
常安乡	139	72	67	85	52	33
原相乡	204	121	83	89	52	37
邢家社乡	208	123	85	280	223	57

1-4 各地区分性别、民族的人口

单位：人

地　区	合　计			汉　族		
	合计	男	女	小计	男	女
太原市	**5304061**	**2722001**	**2582060**	**5268245**	**2702700**	**2565545**
小店区	**1357242**	**698360**	**658882**	**1346864**	**692834**	**654030**
坞城街道	176143	85302	90841	174034	84295	89739
营盘街道	152381	77256	75125	150967	76522	74445
北营街道	133617	70492	63125	132525	69896	62629
平阳路街道	153813	77093	76720	152718	76500	76218
黄陵街道	75880	40517	35363	75357	40221	35136
小店街道	216500	112011	104489	214281	110782	103499
龙城街道	141366	71945	69421	140444	71444	69000
唐槐园区街道	144094	80459	63635	143689	80230	63459
学府园区街道	17360	8789	8571	17298	8758	8540
北格镇	64659	32611	32048	64421	32477	31944
西温庄乡	43783	21614	22169	43605	21517	22088
刘家堡乡	37646	20271	17375	37525	20192	17333
迎泽区	**594238**	**296257**	**297981**	**588408**	**293243**	**295165**
柳巷街道	37925	18751	19174	37411	18493	18918
文庙街道	65531	32079	33452	64811	31719	33092
庙前街道	58953	29173	29780	58091	28743	29348
迎泽街道	97668	46395	51273	96708	45928	50780
桥东街道	127618	63729	63889	126466	63130	63336
老军营街道	68494	33810	34684	67845	33462	34383
郝庄镇	138049	72320	65729	137076	71768	65308
杏花岭区	**779479**	**391816**	**387663**	**774221**	**389102**	**385119**
巨轮街道	111635	55297	56338	110771	54860	55911
三桥街道	78210	39104	39106	77392	38684	38708
鼓楼街道	33921	16341	17580	33613	16191	17422
杏花岭街道	32925	15946	16979	32633	15807	16826
坝陵桥街道	42140	20515	21625	41859	20380	21479
大东关街道	80826	41955	38871	80195	41605	38590
职工新街街道	58360	29361	28999	58030	29201	28829
敦化坊街道	121771	60614	61157	121051	60254	60797
涧河街道	60714	30699	30015	60425	30551	29874
杨家峪街道	104223	53343	50880	103654	53022	50632
中涧河乡	44991	23461	21530	44853	23376	21477
小返乡	9763	5180	4583	9745	5171	4574

1-4　续表 1

单位：人

地　区	合　计			汉　族		
	合计	男	女	小计	男	女
尖草坪区	**530499**	**277583**	**252916**	**526891**	**275537**	**251354**
尖草坪街道	34929	17533	17396	34695	17411	17284
光社街道	27649	14509	13140	27457	14406	13051
上兰街道	44696	27579	17117	43858	27042	16816
南寨街道	72664	38066	34598	72112	37758	34354
迎新街道	26593	13494	13099	26402	13397	13005
古城街道	74485	38190	36295	74000	37921	36079
汇丰街道	95875	48356	47519	95232	48009	47223
柴村街道	67408	34885	32523	67197	34774	32423
新城街道	24270	12615	11655	24147	12541	11606
向阳镇	26311	13457	12854	26259	13431	12828
阳曲镇	17549	9194	8355	17518	9176	8342
马头水乡	1637	848	789	1635	847	788
柏板乡	11466	5991	5475	11447	5978	5469
西墕乡	4127	2269	1858	4095	2251	1844
太原中北高新技术产业开发区	840	597	243	837	595	242
万柏林区	**951238**	**486453**	**464785**	**944491**	**482679**	**461812**
千峰街道	53957	29327	24630	53123	28823	24300
下元街道	84357	42101	42256	83778	41802	41976
和平街道	108074	57472	50602	107034	56858	50176
兴华街道	74037	36440	37597	73438	36119	37319
万柏林街道	56683	28616	28067	56362	28446	27916
杜儿坪街道	36896	18715	18181	36773	18658	18115
白家庄街道	21970	11099	10871	21869	11048	10821
南寒街道	114284	56948	57336	113661	56594	57067
东社街道	47013	24671	22342	46874	24584	22290
化客头街道	4318	2320	1998	4310	2317	1993
小井峪街道	162173	83519	78654	160970	82833	78137
西铭街道	41408	21318	20090	41267	21221	20046
长风西街街道	107547	54609	52938	106772	54205	52567
神堂沟街道	37800	18904	18896	37542	18778	18764
王封乡	721	394	327	718	393	325
晋源区	**316445**	**166337**	**150108**	**314437**	**165150**	**149287**
义井街道	110928	57614	53314	110101	57170	52931
罗城街道	18886	9679	9207	18783	9628	9155
晋源街道	59851	31184	28667	59635	31049	28586
金胜镇	50902	28036	22866	50345	27667	22678
晋祠镇	50455	26430	24025	50269	26312	23957
姚村镇	25423	13394	12029	25304	13324	11980

1-4 续表 2

单位：人

地区	合计			汉族		
	合计	男	女	小计	男	女
清徐县	**325509**	**168349**	**157160**	**324775**	**167923**	**156852**
清源镇	122877	63756	59121	122594	63587	59007
徐沟镇	55417	26616	28801	55280	26549	28731
东于镇	28010	16125	11885	27958	16092	11866
孟封镇	27283	14044	13239	27243	14021	13222
马峪乡	20059	10744	9315	20022	10720	9302
柳杜乡	16402	8534	7868	16364	8512	7852
西谷乡	17031	8726	8305	17005	8716	8289
王答乡	22059	11427	10632	21970	11367	10603
集义乡	16371	8377	7994	16339	8359	7980
阳曲县	**128483**	**68387**	**60096**	**128116**	**68190**	**59926**
黄寨镇	18963	10394	8569	18898	10354	8544
大盂镇	7583	4160	3423	7564	4149	3415
东黄水镇	7554	4262	3292	7539	4257	3282
泥屯镇	13470	7262	6208	13439	7248	6191
高村乡	6462	3581	2881	6449	3577	2872
侯村乡	11218	6207	5011	11190	6193	4997
凌井店乡	5516	3010	2506	5482	2990	2492
西凌井乡	693	425	268	692	424	268
北小店乡	1277	716	561	1273	714	559
杨兴乡	1936	1085	851	1920	1072	848
中心镇	53811	27285	26526	53670	27212	26458
娄烦县	**91208**	**47717**	**43491**	**91074**	**47673**	**43401**
娄烦镇	52039	26167	25872	52000	26153	25847
静游镇	10700	5925	4775	10688	5917	4771
杜交曲镇	2637	1387	1250	2637	1387	1250
庙湾乡	1768	971	797	1767	970	797
马家庄乡	10815	5830	4985	10769	5815	4954
盖家庄乡	2309	1335	974	2301	1331	970
米峪镇乡	4569	2603	1966	4550	2602	1948
天池店乡	6371	3499	2872	6362	3498	2864
古交市	**210757**	**110801**	**99956**	**210028**	**110443**	**99585**
东曲街道	42382	21758	20624	42115	21629	20486
西曲街道	14038	7265	6773	14012	7251	6761
桃园街道	70129	35994	34135	69985	35927	34058
屯兰街道	13384	7261	6123	13294	7212	6082
河口镇	13153	6812	6341	13132	6804	6328
镇城底镇	8227	4364	3863	8202	4351	3851
马兰镇	16242	8878	7364	16210	8861	7349
阁上乡	733	468	265	723	460	263
加乐泉乡	4739	2893	1846	4729	2887	1842
梭峪乡	11698	6334	5364	11625	6296	5329
岔口乡	4622	2498	2124	4620	2498	2122
常安乡	4093	2210	1883	4079	2207	1872
原相乡	2640	1444	1196	2634	1442	1192
邢家社乡	4677	2622	2055	4668	2618	2050

1-4 续表 3

单位：人

地　　区	蒙古族			回　族			藏　族		
	小计	男	女	小计	男	女	小计	男	女
太原市	**3096**	**1697**	**1399**	**12968**	**6564**	**6404**	**632**	**310**	**322**
小店区	**935**	**488**	**447**	**2546**	**1289**	**1257**	**289**	**129**	**160**
坞城街道	176	83	93	562	270	292	211	82	129
营盘街道	107	52	55	584	287	297	13	6	7
北营街道	105	51	54	290	147	143	10	6	4
平阳路街道	101	53	48	261	135	126	17	9	8
黄陵街道	38	18	20	116	62	54	5	4	1
小店街道	182	104	78	287	151	136	10	8	2
龙城街道	84	44	40	220	112	108	10	5	5
唐槐园区街道	76	48	28	100	57	43	5	4	1
学府园区街道	11	3	8	13	9	4	3	2	1
北格镇	13	5	8	40	22	18	4	2	2
西温庄乡	33	21	12	48	23	25	1	1	
刘家堡乡	9	6	3	25	14	11			
迎泽区	**362**	**193**	**169**	**3260**	**1637**	**1623**	**50**	**31**	**19**
柳巷街道	19	8	11	343	170	173	8	5	3
文庙街道	38	18	20	430	216	214	5	4	1
庙前街道	18	9	9	639	313	326	3	1	2
迎泽街道	57	29	28	498	248	250	8	3	5
桥东街道	46	19	27	662	326	336	15	12	3
老军营街道	58	29	29	328	174	154	2	1	1
郝庄镇	126	81	45	360	190	170	9	5	4
杏花岭区	**453**	**232**	**221**	**2730**	**1340**	**1390**	**23**	**14**	**9**
巨轮街道	93	55	38	476	230	246	2	1	1
三桥街道	74	40	34	365	181	184	4	4	
鼓楼街道	13	6	7	205	94	111			
杏花岭街道	31	15	16	162	76	86			
坝陵桥街道	17	10	7	170	84	86			
大东关街道	46	24	22	315	157	158			
职工新街街道	22	11	11	197	94	103	2		2
敦化坊街道	65	26	39	368	178	190	3	3	
涧河街道	21	11	10	170	81	89	1	1	
杨家峪街道	57	27	30	259	144	115	6	2	4
中涧河乡	11	5	6	39	20	19	5	3	2
小返乡	3	2	1	4	1	3			

1-4 续表 4

单位：人

地　区	蒙古族			回　族			藏　族		
	小计	男	女	小计	男	女	小计	男	女
尖草坪区	**371**	**217**	**154**	**1168**	**622**	**546**	**67**	**30**	**37**
尖草坪街道	11	2	9	131	68	63	1		1
光社街道	23	13	10	87	40	47	1		1
上兰街道	114	78	36	100	64	36	31	16	15
南寨街道	62	42	20	152	73	79	17	8	9
迎新街道	16	6	10	79	42	37	1	1	
古城街道	50	30	20	187	98	89	3	3	
汇丰街道	50	25	25	280	153	127	11	1	10
柴村街道	10	5	5	65	29	36	2	1	1
新城街道	19	9	10	40	29	11			
向阳镇	7	2	5	17	9	8			
阳曲镇	3	2	1	10	4	6			
马头水乡	1	1							
柏板乡				5	4	1			
西墕乡	2		2	15	9	6			
太原中北高新技术产业开发区	3	2	1						
万柏林区	**652**	**371**	**281**	**2487**	**1283**	**1204**	**50**	**30**	**20**
千峰街道	64	46	18	344	185	159	2	1	1
下元街道	59	32	27	236	110	126	7	4	3
和平街道	67	33	34	293	151	142	7	4	3
兴华街道	71	33	38	233	119	114	3	2	1
万柏林街道	31	19	12	129	73	56	1		1
杜儿坪街道	9	4	5	47	20	27			
白家庄街道	6	1	5	77	40	37			
南寒街道	44	26	18	253	131	122	2	1	1
东社街道	20	14	6	49	27	22			
化客头街道				3	1	2			
小井峪街道	144	82	62	420	224	196	13	8	5
西铭街道	44	39	5	18	10	8	2	1	1
长风西街街道	73	33	40	271	140	131	11	7	4
神堂沟街道	20	9	11	111	51	60	2	2	
王封乡				3	1	2			
晋源区	**171**	**106**	**65**	**513**	**263**	**250**	**114**	**60**	**54**
义井街道	66	35	31	300	148	152	29	18	11
罗城街道	4	4		47	22	25	1	1	
晋源街道	25	18	7	32	17	15	11	3	8
金胜镇	44	27	17	77	45	32	6	4	2
晋祠镇	19	14	5	42	25	17	23	9	14
姚村镇	13	8	5	15	6	9	44	25	19

1-4　续表 5　　　　　　　　　　　　　　　　　　　　　　　　单位：人

地　区	蒙古族			回　族			藏　族		
	小计	男	女	小计	男	女	小计	男	女
清徐县	**59**	**30**	**29**	**80**	**41**	**39**	**15**	**5**	**10**
清源镇	24	12	12	21	9	12	4	1	3
徐沟镇	17	9	8	29	14	15	1		1
东于镇	2	1	1	3	2	1			
孟封镇	1	1		8	4	4			
马峪乡	2	1	1	3	2	1	3	2	1
柳杜乡	5	2	3	3	3		5	1	4
西谷乡	2	1	1	2	1	1			
王答乡	1		1	6	4	2	1	1	
集义乡	5	3	2	5	2	3	1		1
阳曲县	**43**	**29**	**14**	**55**	**24**	**31**	**10**	**4**	**6**
黄寨镇	8	7	1	4	1	3	2	1	1
大盂镇	2	2							
东黄水镇									
泥屯镇	2	2		11	5	6	3		3
高村乡	4	3	1						
侯村乡	7	4	3	8	3	5	1		1
凌井店乡				4	2	2			
西凌井乡				1	1				
北小店乡									
杨兴乡	1	1					2	2	
中心镇	19	10	9	27	12	15	2	1	1
娄烦县	**13**	**11**	**2**	**14**	**6**	**8**	**5**	**1**	**4**
娄烦镇				6	3	3	1	1	
静游镇	1	1		3	2	1	1		1
杜交曲镇									
庙湾乡									
马家庄乡	8	6	2	4	1	3	1		1
盖家庄乡	3	3		1		1			
米峪镇乡	1	1					1		1
天池店乡							1		1
古交市	**35**	**18**	**17**	**112**	**58**	**54**	**8**	**6**	**2**
东曲街道	11	8	3	24	13	11	5	5	
西曲街道	8	4	4	6	2	4			
桃园街道	5	1	4	28	13	15			
屯兰街道	2	1	1	28	16	12			
河口镇									
镇城底镇	1	1		5	2	3			
马兰镇	3	1	2	1		1			
阁上乡	1	1		1		1			
加乐泉乡				3	2	1			
梭峪乡	1		1	13	8	5	3	1	2
岔口乡									
常安乡	1		1	2	1	1			
原相乡	1	1							
邢家社乡	1		1	1	1				

1-4 续表 6

单位：人

地区	维吾尔族			苗族			彝族		
	小计	男	女	小计	男	女	小计	男	女
太原市	**550**	**332**	**218**	**3492**	**2138**	**1354**	**1583**	**962**	**621**
小店区	**157**	**100**	**57**	**2142**	**1256**	**886**	**572**	**363**	**209**
坞城街道	63	47	16	208	119	89	75	41	34
营盘街道	16	10	6	175	104	71	43	28	15
北营街道	9	5	4	207	121	86	45	30	15
平阳路街道	24	13	11	156	94	62	92	62	30
黄陵街道	6	3	3	96	58	38	45	34	11
小店街道	10	6	4	1035	601	434	101	59	42
龙城街道	15	8	7	158	101	57	67	45	22
唐槐园区街道	2	1	1	29	17	12	27	16	11
学府园区街道	2	1	1				4	2	2
北格镇	9	5	4	29	15	14	52	33	19
西温庄乡				22	9	13	12	6	6
刘家堡乡	1	1		27	17	10	9	7	2
迎泽区	**55**	**34**	**21**	**158**	**105**	**53**	**139**	**92**	**47**
柳巷街道	12	10	2	6	3	3	3	1	2
文庙街道	7	6	1	9	6	3	13	7	6
庙前街道	2	1	1	7	4	3	8	5	3
迎泽街道	18	6	12	23	13	10	11	6	5
桥东街道	9	5	4	49	35	14	40	27	13
老军营街道	3	3		11	8	3	4	3	1
郝庄镇	4	3	1	53	36	17	60	43	17
杏花岭区	**121**	**81**	**40**	**118**	**72**	**46**	**137**	**68**	**69**
巨轮街道				17	8	9	18	6	12
三桥街道	22	11	11	14	9	5	7	4	3
鼓楼街道	3	3		14	8	6	2	1	1
杏花岭街道				5	3	2	7	2	5
坝陵桥街道	1	1		3	2	1	19	4	15
大东关街道	87	62	25	12	8	4	4	2	2
职工新街街道				7	5	2	3	2	1
敦化坊街道	3		3	8	5	3	31	15	16
涧河街道	3	2	1	12	9	3	6	2	4
杨家峪街道	2	2		19	10	9	29	22	7
中涧河乡				4	3	1	9	7	2
小返乡				3	2	1	2	1	1

1-4　续表 7

单位：人

地　　区	维吾尔族			苗　　族			彝　　族		
	小计	男	女	小计	男	女	小计	男	女
尖草坪区	**57**	**31**	**26**	**197**	**139**	**58**	**153**	**86**	**67**
尖草坪街道	5	3	2	7	5	2	4	3	1
光社街道	1	1		16	12	4	1		1
上兰街道	37	17	20	44	32	12	39	26	13
南寨街道				28	21	7	10	3	7
迎新街道				10	3	7	4	2	2
古城街道	9	6	3	24	15	9	13	7	6
汇丰街道				24	19	5	36	20	16
柴村街道	1		1	24	18	6	27	18	9
新城街道	1	1		1		1	11	5	6
向阳镇	3	3		3	3		5	1	4
阳曲镇				4	3	1	3	1	2
马头水乡									
柏板乡				6	5	1			
西墕乡				6	3	3			
太原中北高新技术产业开发区									
万柏林区	**115**	**63**	**52**	**326**	**223**	**103**	**232**	**158**	**74**
千峰街道	5	4	1	38	29	9	8	6	2
下元街道	8	6	2	21	10	11	14	9	5
和平街道	81	44	37	65	51	14	29	17	12
兴华街道				17	12	5	55	44	11
万柏林街道				13	8	5	11	7	4
杜儿坪街道				3	2	1	4	2	2
白家庄街道				2	1	1	2	1	1
南寒街道	3	3		40	29	11	16	11	5
东社街道				31	22	9	1	1	
化客头街道							2		2
小井峪街道	1		1	54	37	17	63	42	21
西铭街道	1		1	5	4	1	3	2	1
长风西街街道	16	6	10	32	15	17	22	15	7
神堂沟街道				5	3	2	2	1	1
王封乡									
晋源区	**23**	**13**	**10**	**253**	**183**	**70**	**107**	**69**	**38**
义井街道	4	4		48	31	17	26	15	11
罗城街道	8	1	7	5	4	1	5	3	2
晋源街道	2	2		23	14	9	6	4	2
金胜镇	4	2	2	143	108	35	54	35	19
晋祠镇	1	1		27	21	6	8	7	1
姚村镇	4	3	1	7	5	2	8	5	3

1-4 续表 8

单位：人

地区	维吾尔族			苗族			彝族		
	小计	男	女	小计	男	女	小计	男	女
清徐县	**9**	**3**	**6**	**157**	**92**	**65**	**152**	**89**	**63**
清源镇	6	2	4	91	52	39	31	21	10
徐沟镇				16	11	5	29	14	15
东于镇				14	7	7	6	4	2
孟封镇	1		1	1	1		11	5	6
马峪乡				13	8	5	5	3	2
柳杜乡				3	2	1	10	4	6
西谷乡	2	1	1	4	2	2	5	2	3
王答乡				7	4	3	50	33	17
集义乡				8	5	3	5	3	2
阳曲县	**1**	**1**		**31**	**16**	**15**	**58**	**33**	**25**
黄寨镇				4	3	1	11	5	6
大盂镇				1	1		1	1	
东黄水镇				6	1	5			
泥屯镇	1	1		2	1	1	4	1	3
高村乡				1		1	2		2
侯村乡				2	1	1	7	4	3
凌井店乡				2		2	19	13	6
西凌井乡									
北小店乡				1		1			
杨兴乡							2	2	
中心镇				12	9	3	12	7	5
娄烦县				**12**	**1**	**11**	**8**	**1**	**7**
娄烦镇				6		6	5		5
静游镇				1	1		1	1	
杜交曲镇									
庙湾乡									
马家庄乡				3		3	2		2
盖家庄乡				1		1			
米峪镇乡				1		1			
天池店乡									
古交市	**11**	**6**	**5**	**97**	**50**	**47**	**25**	**3**	**22**
东曲街道	1	1		30	18	12	3		3
西曲街道				1	1				
桃园街道	5	3	2	18	7	11	9	2	7
屯兰街道	3	2	1	14	9	5	3		3
河口镇	1		1	2	1	1			
镇城底镇				8	2	6			
马兰镇				3	3		1		1
阁上乡				1	1				
加乐泉乡				1	1		1		1
梭峪乡	1		1	15	6	9	1	1	
岔口乡				1		1	1		1
常安乡				1	1		4		4
原相乡							1		1
邢家社乡				2		2	1		1

1-4　续表 9

单位：人

地　　区	壮　　族			布 依 族			朝 鲜 族		
	小计	男	女	小计	男	女	小计	男	女
太原市	**877**	**460**	**417**	**345**	**185**	**160**	**451**	**244**	**207**
小店区	**273**	**121**	**152**	**103**	**49**	**54**	**131**	**69**	**62**
坞城街道	88	34	54	26	9	17	20	13	7
营盘街道	24	14	10	10	4	6	25	15	10
北营街道	30	11	19	7	6	1	13	7	6
平阳路街道	23	13	10	11	6	5	25	10	15
黄陵街道	15	6	9	5	2	3	6	3	3
小店街道	39	17	22	23	11	12	20	9	11
龙城街道	21	12	9	4	3	1	13	6	7
唐槐园区街道	13	5	8	12	3	9	3	3	
学府园区街道	3		3	2	2				
北格镇	6	3	3	2	2		1		1
西温庄乡	3	2	1				2	1	1
刘家堡乡	8	4	4	1	1		3	2	1
迎泽区	**75**	**38**	**37**	**39**	**12**	**27**	**69**	**39**	**30**
柳巷街道	4	2	2	3	1	2			
文庙街道	5	2	3	5		5	9	3	6
庙前街道	5	2	3	4	2	2	4	2	2
迎泽街道	14	3	11	9	2	7	19	11	8
桥东街道	14	10	4	7	2	5	8	4	4
老军营街道	11	8	3	4	2	2	17	11	6
郝庄镇	22	11	11	7	3	4	12	8	4
杏花岭区	**49**	**26**	**23**	**31**	**19**	**12**	**71**	**39**	**32**
巨轮街道	11	4	7	9	6	3	20	13	7
三桥街道	10	7	3	2	1	1	16	9	7
鼓楼街道	2		2	1		1	5	3	2
杏花岭街道	1	1		1	1		9	4	5
坝陵桥街道				2	1	1	3		3
大东关街道	5	4	1	1	1		5	2	3
职工新街街道	2		2	1	1				
敦化坊街道	14	8	6				5	2	3
涧河街道				3	2	1	1		1
杨家峪街道	1		1	4	1	3	6	5	1
中涧河乡	3	2	1	7	5	2	1	1	
小返乡									

1-4 续表 10 单位：人

地区	壮族			布依族			朝鲜族		
	小计	男	女	小计	男	女	小计	男	女
尖草坪区	**98**	**58**	**40**	**46**	**26**	**20**	**42**	**25**	**17**
尖草坪街道	1		1	8	5	3	1		1
光社街道	3	3					4	4	
上兰街道	37	23	14	15	9	6	13	8	5
南寨街道	22	11	11	12	7	5	8	6	2
迎新街道	3	2	1	1		1			
古城街道	6	5	1	3	1	2	4	2	2
汇丰街道	12	8	4	4	2	2	5	2	3
柴村街道	4	1	3	1	1		6	2	4
新城街道	6	4	2						
向阳镇				1		1			
阳曲镇	1		1				1	1	
马头水乡									
柏板乡				1	1				
西墕乡	3	1	2						
太原中北高新技术产业开发区									
万柏林区	**218**	**136**	**82**	**62**	**39**	**23**	**96**	**50**	**46**
千峰街道	44	29	15	3	3		17	6	11
下元街道	8	6	2	6	4	2	6	4	2
和平街道	100	64	36	11	8	3	16	9	7
兴华街道	5	4	1	3	2	1	13	10	3
万柏林街道	5	2	3	2	1	1	8	4	4
杜儿坪街道	3		3				2		2
白家庄街道	1	1							
南寒街道	13	9	4	2	1	1	9	3	6
东社街道	3	2	1	2		2	3	1	2
化客头街道									
小井峪街道	15	11	4	24	15	9	10	8	2
西铭街道	4	1	3	3	1	2	2		2
长风西街街道	12	5	7	4	4		8	3	5
神堂沟街道	5	2	3	2		2	2	2	
王封乡									
晋源区	**75**	**42**	**33**	**25**	**17**	**8**	**22**	**12**	**10**
义井街道	31	15	16	5	3	2	4	1	3
罗城街道	5	3	2	1	1				
晋源街道	17	12	5	5	5		3	1	2
金胜镇	15	10	5	9	4	5	12	8	4
晋祠镇	1	1		3	2	1	2	2	
姚村镇	6	1	5	2	2		1		1

1-4　续表 11　　　　单位：人

地　区	壮　族			布依族			朝鲜族		
	小计	男	女	小计	男	女	小计	男	女
清徐县	**35**	**25**	**10**	**9**	**6**	**3**	**3**		**3**
清源镇	18	15	3	2	2		1		1
徐沟镇	5	4	1	1		1	1		1
东于镇	3	2	1	1		1			
孟封镇	3	1	2						
马峪乡	1	1							
柳杜乡	1		1	2	2				
西谷乡							1		1
王答乡	4	2	2	3	2	1			
集义乡									
阳曲县	**13**	**2**	**11**	**18**	**12**	**6**	**3**	**2**	**1**
黄寨镇	8	2	6	7	5	2			
大盂镇									
东黄水镇	2		2	1		1			
泥屯镇				2	1	1			
高村乡	1		1	1		1			
侯村乡									
凌井店乡	1		1						
西凌井乡									
北小店乡				1	1				
杨兴乡									
中心镇	1		1	6	5	1	3	2	1
娄烦县	**25**	**3**	**22**	**3**		**3**	**1**	**1**	
娄烦镇	1		1						
静游镇	1	1							
杜交曲镇									
庙湾乡									
马家庄乡	10	2	8				1	1	
盖家庄乡									
米峪镇乡	12		12	1		1			
天池店乡	1		1	2		2			
古交市	**16**	**9**	**7**	**6**	**3**	**3**	**10**	**5**	**5**
东曲街道				1		1	3	1	2
西曲街道							2	2	
桃园街道	6	2	4	3	2	1	3	1	2
屯兰街道	3	3					1	1	
河口镇									
镇城底镇									
马兰镇				1		1	1		1
阁上乡									
加乐泉乡									
梭峪乡	6	4	2						
岔口乡									
常安乡	1		1						
原相乡									
邢家社乡				1	1				

1−4 续表 12 单位：人

地区	满族			侗族			瑶族		
	小计	男	女	小计	男	女	小计	男	女
太原市	**7713**	**4087**	**3626**	**413**	**263**	**150**	**188**	**91**	**97**
小店区	**1953**	**993**	**960**	**185**	**113**	**72**	**63**	**29**	**34**
坞城街道	393	189	204	28	13	15	21	10	11
营盘街道	265	129	136	18	10	8	3		3
北营街道	245	135	110	16	11	5	7	3	4
平阳路街道	264	138	126	19	9	10	4	2	2
黄陵街道	101	55	46	7	5	2			
小店街道	307	154	153	32	22	10	9	4	5
龙城街道	185	88	97	38	25	13	19	10	9
唐槐园区街道	86	49	37	5	2	3			
学府园区街道	17	8	9						
北格镇	43	23	20	4	3	1			
西温庄乡	38	20	18	6	4	2			
刘家堡乡	9	5	4	12	9	3			
迎泽区	**1212**	**608**	**604**	**39**	**26**	**13**	**15**	**7**	**8**
柳巷街道	96	47	49				1	1	
文庙街道	159	79	80	5	2	3	2	1	1
庙前街道	140	73	67	4	4		1	1	
迎泽街道	228	105	123	6	3	3	4	1	3
桥东街道	204	107	97	9	8	1	5	2	3
老军营街道	169	82	87	4	3	1			
郝庄镇	216	115	101	11	6	5	2	1	1
杏花岭区	**1174**	**620**	**554**	**21**	**15**	**6**	**7**	**5**	**2**
巨轮街道	180	96	84						
三桥街道	267	135	132	3	1	2			
鼓楼街道	46	24	22						
杏花岭街道	57	26	31	5	4	1			
坝陵桥街道	51	25	26	1		1	1		1
大东关街道	103	56	47	2	2				
职工新街街道	79	41	38						
敦化坊街道	179	99	80	3	2	1	1		1
涧河街道	60	34	26						
杨家峪街道	124	69	55	2	2		1	1	
中涧河乡	26	14	12	2	2		4	4	
小返乡	2	1	1	3	2	1			

1-4　续表 13　　　　单位：人

地　　区	满　　族			侗　　族			瑶　　族		
	小计	男	女	小计	男	女	小计	男	女
尖草坪区	**914**	**519**	**395**	**39**	**25**	**14**	**16**	**6**	**10**
尖草坪街道	48	27	21	5	4	1			
光社街道	44	23	21	1	1		1		1
上兰街道	196	121	75	9	6	3	5	3	2
南寨街道	170	93	77	9	5	4	1		1
迎新街道	68	37	31				2		2
古城街道	133	73	60	7	4	3	3	1	2
汇丰街道	165	91	74	2	2		1		1
柴村街道	46	24	22	2	1	1			
新城街道	30	20	10	1	1				
向阳镇	6	5	1	2		2	2	2	
阳曲镇	5	3	2						
马头水乡									
柏板乡	1		1				1		1
西墕乡	2	2		1	1				
太原中北高新技术产业开发区									
万柏林区	**1737**	**950**	**787**	**57**	**41**	**16**	**47**	**24**	**23**
千峰街道	213	126	87	7	6	1	3	2	1
下元街道	147	81	66	4	4		4		4
和平街道	213	129	84	14	7	7	22	15	7
兴华街道	137	63	74	1		1			
万柏林街道	97	45	52						
杜儿坪街道	47	24	23	1	1				
白家庄街道	8	4	4						
南寒街道	145	76	69	15	12	3	4	2	2
东社街道	21	15	6	1	1				
化客头街道	2	1	1						
小井峪街道	316	170	146	6	5	1	12	4	8
西铭街道	51	36	15	1	1				
长风西街街道	259	140	119	4	2	2	2	1	1
神堂沟街道	81	40	41	3	2	1			
王封乡									
晋源区	**398**	**233**	**165**	**35**	**20**	**15**	**17**	**11**	**6**
义井街道	197	99	98	6	3	3	10	7	3
罗城街道	18	9	9	3		3			
晋源街道	41	26	15	6	5	1	5	2	3
金胜镇	102	72	30	12	7	5	1	1	
晋祠镇	28	15	13	7	5	2	1	1	
姚村镇	12	12		1		1			

1-4 续表 14 单位：人

地区	满族			侗族			瑶族		
	小计	男	女	小计	男	女	小计	男	女
清徐县	**100**	**59**	**41**	**16**	**12**	**4**	**4**	**2**	**2**
清源镇	45	30	15	7	5	2	3	2	1
徐沟镇	19	5	14	3	2	1			
东于镇	9	6	3	1	1				
孟封镇	4	3	1	1	1				
马峪乡	7	7					1		1
柳杜乡	6	5	1	1	1				
西谷乡	4	1	3						
王答乡	2		2	1	1				
集义乡	4	2	2	2	1	1			
阳曲县	**65**	**38**	**27**	**5**	**3**	**2**			
黄寨镇	10	8	2						
大盂镇	4	2	2	2	1	1			
东黄水镇	5	4	1						
泥屯镇	2	1	1	1	1				
高村乡	1	1							
侯村乡	2	1	1						
凌井店乡	5	4	1						
西凌井乡									
北小店乡	1	1							
杨兴乡									
中心镇	35	16	19	2	1	1			
娄烦县	**22**	**8**	**14**	**3**	**1**	**2**	**4**	**1**	**3**
娄烦镇	6	3	3				2	1	1
静游镇	1	1					1		1
杜交曲镇									
庙湾乡	1	1							
马家庄乡	12	3	9				1		1
盖家庄乡				3	1	2			
米峪镇乡	1		1						
天池店乡	1		1						
古交市	**135**	**57**	**78**	**13**	**7**	**6**	**15**	**6**	**9**
东曲街道	70	26	44	4	2	2	5	1	4
西曲街道	3	1	2	1		1	1	1	
桃园街道	19	9	10	4	3	1			
屯兰街道	8	3	5				2		2
河口镇	9	3	6						
镇城底镇	3	1	2				1		1
马兰镇	8	5	3	1	1		3	2	1
阁上乡									
加乐泉乡	2	1	1						
梭峪乡	12	7	5	3	1	2	3	2	1
岔口乡									
常安乡	1	1							
原相乡									
邢家社乡									

1-4　续表 15　　　　单位：人

地　　区	白　　族			土家族			哈尼族		
	小计	男	女	小计	男	女	小计	男	女
太原市	**268**	**156**	**112**	**1627**	**949**	**678**	**94**	**40**	**54**
小店区	**83**	**44**	**39**	**427**	**234**	**193**	**37**	**18**	**19**
坞城街道	14	3	11	97	45	52	9	3	6
营盘街道	32	19	13	44	29	15	3	1	2
北营街道	3	1	2	41	27	14	1	1	
平阳路街道	9	6	3	44	21	23	3	2	1
黄陵街道	1		1	42	27	15	4	2	2
小店街道	6	5	1	84	41	43	4	2	2
龙城街道	6	1	5	30	18	12	4	1	3
唐槐园区街道	6	5	1	26	13	13			
学府园区街道									
北格镇	3	3		9	6	3	9	6	3
西温庄乡	1		1	4	2	2			
刘家堡乡	2	1	1	6	5	1			
迎泽区	**20**	**12**	**8**	**141**	**77**	**64**	**7**	**5**	**2**
柳巷街道	2	1	1	6	4	2			
文庙街道	1		1	15	8	7	2		2
庙前街道	3	2	1	9	6	3	2	2	
迎泽街道	2	2		19	9	10			
桥东街道	6	2	4	32	11	21	3	3	
老军营街道	2	2		10	6	4			
郝庄镇	4	3	1	50	33	17			
杏花岭区	**21**	**17**	**4**	**129**	**76**	**53**	**7**		**7**
巨轮街道	2	2		11	4	7			
三桥街道	2	1	1	10	8	2	2		2
鼓楼街道	1	1		6	4	2			
杏花岭街道	1	1		4	1	3			
坝陵桥街道				6	4	2			
大东关街道	4	4		18	9	9			
职工新街街道	2	1	1	7	2	5			
敦化坊街道	1		1	16	10	6	2		2
涧河街道	1	1		2	1	1			
杨家峪街道	1	1		37	25	12	3		3
中涧河乡	6	5	1	11	8	3			
小返乡				1		1			

1-4 续表 16 单位：人

地区	白族			土家族			哈尼族		
	小计	男	女	小计	男	女	小计	男	女
尖草坪区	**26**	**14**	**12**	**232**	**144**	**88**	**5**	**3**	**2**
尖草坪街道	1		1	5	2	3	1		1
光社街道				1		1	1	1	
上兰街道	12	7	5	100	73	27	2	1	1
南寨街道	4	4		29	17	12			
迎新街道				4	2	2			
古城街道				32	20	12			
汇丰街道	4	2	2	36	16	20			
柴村街道	5	1	4	9	5	4			
新城街道				9	4	5			
向阳镇				1		1			
阳曲镇				3	3		1	1	
马头水乡									
柏板乡				2	1	1			
西墕乡				1	1				
太原中北高新技术产业开发区									
万柏林区	**71**	**46**	**25**	**294**	**189**	**105**	**25**	**11**	**14**
千峰街道	5	5		36	31	5	3	1	2
下元街道	1		1	23	13	10			
和平街道	23	16	7	32	22	10			
兴华街道	8	4	4	26	11	15	10	6	4
万柏林街道	3	2	1	6	3	3	1		1
杜儿坪街道				2		2			
白家庄街道				5	3	2			
南寒街道	6	2	4	55	38	17	2	1	1
东社街道				1	1				
化客头街道									
小井峪街道	12	9	3	74	47	27			
西铭街道				4	2	2	2		2
长风西街街道	13	8	5	16	9	7	7	3	4
神堂沟街道				14	9	5			
王封乡									
晋源区	**16**	**9**	**7**	**134**	**81**	**53**	**1**	**1**	
义井街道	8	4	4	50	29	21			
罗城街道				4	2	2			
晋源街道	3	2	1	11	6	5			
金胜镇	3	3		51	31	20	1	1	
晋祠镇	1		1	15	11	4			
姚村镇	1		1	3	2	1			

1-4　续表 17　　　　单位：人

地　区	白　族			土家族			哈尼族		
	小计	男	女	小计	男	女	小计	男	女
清徐县	**15**	**6**	**9**	**35**	**24**	**11**	**5**		**5**
清源镇	7	3	4	11	7	4	2		2
徐沟镇	1		1	9	6	3	1		1
东于镇	1		1				2		2
孟封镇	2	2		4	2	2			
马峪乡	2		2						
柳杜乡									
西谷乡	1		1	3	1	2			
王答乡				7	7				
集义乡	1	1		1	1				
阳曲县	**5**	**3**	**2**	**23**	**12**	**11**	**2**	**1**	**1**
黄寨镇	3	2	1	2	2		1	1	
大盂镇				7	4	3			
东黄水镇				1		1			
泥屯镇	1		1						
高村乡				3		3			
侯村乡									
凌井店乡				1		1			
西凌井乡									
北小店乡									
杨兴乡									
中心镇	1	1		9	6	3	1		1
娄烦县	**3**	**1**	**2**	**6**	**3**	**3**	**1**	**1**	
娄烦镇				3	2	1			
静游镇	1		1	1	1				
杜交曲镇									
庙湾乡									
马家庄乡	2	1	1						
盖家庄乡									
米峪镇乡				1		1			
天池店乡				1		1	1	1	
古交市	**7**	**3**	**4**	**201**	**105**	**96**	**4**		**4**
东曲街道	2	1	1	98	49	49	2		2
西曲街道				1		1			
桃园街道	4	2	2	31	18	13	1		1
屯兰街道				25	14	11			
河口镇				8	4	4	1		1
镇城底镇				7	7				
马兰镇				7	3	4			
阁上乡	1		1						
加乐泉乡				2	1	1			
梭峪乡				13	6	7			
岔口乡									
常安乡				3		3			
原相乡				4	1	3			
邢家社乡				2	2				

1-4 续表 18　　　　　　单位：人

地区	哈萨克族			傣族			黎族		
	小计	男	女	小计	男	女	小计	男	女
太原市	**80**	**39**	**41**	**63**	**25**	**38**	**183**	**93**	**90**
小店区	**11**	**6**	**5**	**29**	**12**	**17**	**53**	**24**	**29**
坞城街道	7	3	4	6		6	16	4	12
营盘街道				3		3	6	2	4
北营街道				3	1	2	10	7	3
平阳路街道	1	1		4	2	2	3	1	2
黄陵街道	1		1	10	6	4	4	1	3
小店街道	1	1		2	2		6	4	2
龙城街道				1	1		3	1	2
唐槐园区街道	1	1					4	3	1
学府园区街道									
北格镇									
西温庄乡									
刘家堡乡							1	1	
迎泽区	**8**	**6**	**2**	**3**		**3**	**31**	**16**	**15**
柳巷街道							3	3	
文庙街道							5	2	3
庙前街道							1		1
迎泽街道	2	1	1				10	4	6
桥东街道	6	5	1				5	2	3
老军营街道				1		1	2	1	1
郝庄镇				2		2	5	4	1
杏花岭区	**17**	**10**	**7**	**5**	**3**	**2**	**20**	**10**	**10**
巨轮街道				1	1		1		1
三桥街道	3		3				4	2	2
鼓楼街道				2	1	1	1	1	
杏花岭街道							1		1
坝陵桥街道	1		1	1	1		2	1	1
大东关街道	13	10	3				2	1	1
职工新街街道									
敦化坊街道				1		1	3	2	1
涧河街道							2	1	1
杨家峪街道							1	1	
中涧河乡							3	1	2
小返乡									

1-4 续表 19

单位：人

地区	哈萨克族			傣族			黎族		
	小计	男	女	小计	男	女	小计	男	女
尖草坪区	**9**	**7**	**2**	**5**	**2**	**3**	**34**	**19**	**15**
尖草坪街道							1		1
光社街道							1	1	
上兰街道	8	6	2	3	1	2	14	9	5
南寨街道				2	1	1	9	5	4
迎新街道									
古城街道	1	1					4		4
汇丰街道							1	1	
柴村街道							2	1	1
新城街道							1	1	
向阳镇									
阳曲镇									
马头水乡									
柏板乡							1	1	
西墕乡									
太原中北高新技术产业开发区									
万柏林区	**34**	**10**	**24**	**8**	**4**	**4**	**26**	**13**	**13**
千峰街道	9	4	5				9	4	5
下元街道	11	2	9	3	2	1	2		2
和平街道	5	2	3	4	2	2	4	4	
兴华街道							4	1	3
万柏林街道									
杜儿坪街道									
白家庄街道									
南寒街道							1	1	
东社街道	1		1				1		1
化客头街道									
小井峪街道							3	2	1
西铭街道									
长风西街街道	8	2	6				2	1	1
神堂沟街道				1		1			
王封乡									
晋源区	**1**		**1**	**8**	**3**	**5**	**11**	**7**	**4**
义井街道				3	2	1	2	2	
罗城街道				1		1			
晋源街道							6	3	3
金胜镇	1		1	4	1	3	2	1	1
晋祠镇							1	1	
姚村镇									

1-4 续表 20 单位：人

地区	哈萨克族			傣族			黎族		
	小计	男	女	小计	男	女	小计	男	女
清徐县				**1**		**1**	**1**		**1**
清源镇							1		1
徐沟镇									
东于镇									
孟封镇				1		1			
马峪乡									
柳杜乡									
西谷乡									
王答乡									
集义乡									
阳曲县				**2**		**2**	**4**	**2**	**2**
黄寨镇							3	2	1
大盂镇									
东黄水镇									
泥屯镇									
高村乡									
侯村乡									
凌井店乡									
西凌井乡									
北小店乡									
杨兴乡									
中心镇				2		2	1		1
娄烦县							**1**		**1**
娄烦镇									
静游镇									
杜交曲镇									
庙湾乡									
马家庄乡							1		1
盖家庄乡									
米峪镇乡									
天池店乡									
古交市				**2**	**1**	**1**	**2**	**2**	
东曲街道									
西曲街道							1	1	
桃园街道									
屯兰街道				1		1			
河口镇									
镇城底镇									
马兰镇									
阁上乡				1	1				
加乐泉乡									
梭峪乡							1	1	
岔口乡									
常安乡									
原相乡									
邢家社乡									

1-4　续表 21　　单位：人

地　区	傈僳族			佤　族			畲　族		
	小计	男	女	小计	男	女	小计	男	女
太原市	**49**	**20**	**29**	**38**	**18**	**20**	**87**	**54**	**33**
小店区	**8**	**4**	**4**	**21**	**10**	**11**	**32**	**15**	**17**
坞城街道	1		1	3	3		8	3	5
营盘街道	1		1				3		3
北营街道	2		2	3	1	2	5	2	3
平阳路街道				3	1	2	3	3	
黄陵街道									
小店街道	1	1		5		5	6	1	5
龙城街道				1		1			
唐槐园区街道							1	1	
学府园区街道	2	2							
北格镇				1		1			
西温庄乡	1	1		5	5				
刘家堡乡							6	5	1
迎泽区	**3**	**1**	**2**	**2**	**1**	**1**	**5**	**2**	**3**
柳巷街道	1	1							
文庙街道	1		1						
庙前街道	1		1				1		1
迎泽街道				1	1		3	2	1
桥东街道				1		1	1		1
老军营街道									
郝庄镇									
杏花岭区	**2**	**1**	**1**	**3**		**3**	**4**	**2**	**2**
巨轮街道	1		1				4	2	2
三桥街道									
鼓楼街道									
杏花岭街道									
坝陵桥街道									
大东关街道	1	1		1		1			
职工新街街道				1		1			
敦化坊街道									
涧河街道				1		1			
杨家峪街道									
中涧河乡									
小返乡									

1-4 续表 22 单位：人

地　区	傈僳族			佤　族			畲　族		
	小计	男	女	小计	男	女	小计	男	女
尖草坪区	**11**	**5**	**6**	**2**	**1**	**1**	**15**	**12**	**3**
尖草坪街道	4	3	1						
光社街道	3	1	2						
上兰街道	1	1		2	1	1	9	7	2
南寨街道							6	5	1
迎新街道									
古城街道									
汇丰街道									
柴村街道									
新城街道	1		1						
向阳镇	1		1						
阳曲镇									
马头水乡									
柏板乡	1		1						
西墕乡									
太原中北高新技术产业开发区									
万柏林区	**10**	**4**	**6**	**5**	**4**	**1**	**22**	**15**	**7**
千峰街道	2		2				3	3	
下元街道							3	2	1
和平街道	2	1	1	1	1		2	2	
兴华街道				1	1		5	3	2
万柏林街道	1		1				2	2	
杜儿坪街道	1	1							
白家庄街道									
南寒街道	1		1	1		1	1		1
东社街道							4	2	2
化客头街道									
小井峪街道	1	1		2	2				
西铭街道									
长风西街街道	2	1	1						
神堂沟街道							2	1	1
王封乡									
晋源区	**4**	**1**	**3**	**1**	**1**		**4**	**3**	**1**
义井街道	1		1				2	1	1
罗城街道									
晋源街道	1		1	1	1				
金胜镇	1	1							
晋祠镇	1		1				2	2	
姚村镇									

1–4　续表 23　　　　　　　　　　　　　　　　　　　　　　　　　　　单位：人

地　区	傈僳族			佤　族			畲　族		
	小计	男	女	小计	男	女	小计	男	女
清徐县	**6**	**4**	**2**	**1**	**1**		**1**	**1**	
清源镇	2	1	1	1	1				
徐沟镇									
东于镇									
孟封镇									
马峪乡									
柳杜乡									
西谷乡	1		1						
王答乡	3	3					1	1	
集义乡									
阳曲县	**3**		**3**				**2**	**2**	
黄寨镇	1		1				1	1	
大盂镇	1		1						
东黄水镇									
泥屯镇							1	1	
高村乡									
侯村乡									
凌井店乡									
西凌井乡									
北小店乡									
杨兴乡									
中心镇	1		1						
娄烦县				**3**		**3**	**1**	**1**	
娄烦镇				2		2			
静游镇									
杜交曲镇									
庙湾乡									
马家庄乡							1	1	
盖家庄乡									
米峪镇乡				1		1			
天池店乡									
古交市	**2**		**2**				**1**	**1**	
东曲街道									
西曲街道									
桃园街道	1		1						
屯兰街道									
河口镇									
镇城底镇									
马兰镇	1		1				1	1	
阁上乡									
加乐泉乡									
梭峪乡									
岔口乡									
常安乡									
原相乡									
邢家社乡									

1-4 续表 24 单位：人

地 区	高山族			拉祜族			水 族		
	小计	男	女	小计	男	女	小计	男	女
太原市	**1**	**1**		**25**	**8**	**17**	**47**	**28**	**19**
小店区				**8**	**3**	**5**	**16**	**9**	**7**
坞城街道				1		1	2	1	1
营盘街道									
北营街道				3	1	2	1	1	
平阳路街道				1		1	1		1
黄陵街道				1		1	1	1	
小店街道							2	2	
龙城街道				1	1		5	2	3
唐槐园区街道							2		2
学府园区街道				1	1				
北格镇							2	2	
西温庄乡									
刘家堡乡									
迎泽区	**1**	**1**		**2**		**2**	**7**	**7**	
柳巷街道									
文庙街道							3	3	
庙前街道				1		1	3	3	
迎泽街道	1	1							
桥东街道				1		1	1	1	
老军营街道									
郝庄镇									
杏花岭区				**2**	**1**	**1**	**2**	**1**	**1**
巨轮街道				1	1				
三桥街道							2	1	1
鼓楼街道									
杏花岭街道									
坝陵桥街道				1		1			
大东关街道									
职工新街街道									
敦化坊街道									
涧河街道									
杨家峪街道									
中涧河乡									
小返乡									

1-4　续表 25　　单位：人

地区	高山族			拉祜族			水族		
	小计	男	女	小计	男	女	小计	男	女
尖草坪区							**2**	**1**	**1**
尖草坪街道									
光社街道									
上兰街道							2	1	1
南寨街道									
迎新街道									
古城街道									
汇丰街道									
柴村街道									
新城街道									
向阳镇									
阳曲镇									
马头水乡									
柏板乡									
西塌乡									
太原中北高新技术产业开发区									
万柏林区				**7**	**1**	**6**	**8**	**4**	**4**
千峰街道							1	1	
下元街道									
和平街道				3		3	5	3	2
兴华街道							1		1
万柏林街道							1		1
杜儿坪街道									
白家庄街道									
南寒街道									
东社街道									
化客头街道									
小井峪街道				1		1			
西铭街道				1		1			
长风西街街道									
神堂沟街道				2	1	1			
王封乡									
晋源区				**4**	**3**	**1**	**6**	**3**	**3**
义井街道							1		1
罗城街道									
晋源街道				4	3	1	3	3	
金胜镇							2		2
晋祠镇									
姚村镇									

1-4 续表 26

单位：人

地区	高山族			拉祜族			水族		
	小计	男	女	小计	男	女	小计	男	女
清徐县							**1**		**1**
清源镇									
徐沟镇							1		1
东于镇									
孟封镇									
马峪乡									
柳杜乡									
西谷乡									
王答乡									
集义乡									
阳曲县				**2**		**2**	**2**	**1**	**1**
黄寨镇									
大盂镇									
东黄水镇									
泥屯镇									
高村乡									
侯村乡									
凌井店乡									
西凌井乡									
北小店乡							1		1
杨兴乡									
中心镇				2		2	1	1	
娄烦县									
娄烦镇									
静游镇									
杜交曲镇									
庙湾乡									
马家庄乡									
盖家庄乡									
米峪镇乡									
天池店乡									
古交市							**3**	**2**	**1**
东曲街道							2	1	1
西曲街道									
桃园街道									
屯兰街道									
河口镇									
镇城底镇									
马兰镇									
阁上乡									
加乐泉乡							1	1	
梭峪乡									
岔口乡									
常安乡									
原相乡									
邢家社乡									

1-4 续表 27

单位：人

地区	东乡族			纳西族			景颇族		
	小计	男	女	小计	男	女	小计	男	女
太原市	**34**	**23**	**11**	**28**	**15**	**13**	**14**	**4**	**10**
小店区	**18**	**13**	**5**	**3**	**1**	**2**	**5**	**2**	**3**
坞城街道	1		1						
营盘街道	6	5	1	1		1			
北营街道	5	4	1				1	1	
平阳路街道							1	1	
黄陵街道									
小店街道	3	2	1				1		1
龙城街道	1	1		2	1	1			
唐槐园区街道							1		1
学府园区街道									
北格镇	2	1	1						
西温庄乡									
刘家堡乡							1		1
迎泽区	**4**	**3**	**1**	**4**	**2**	**2**	**4**		**4**
柳巷街道							2		2
文庙街道				2	1	1			
庙前街道									
迎泽街道									
桥东街道	1	1							
老军营街道	3	2	1				2		2
郝庄镇				2	1	1			
杏花岭区	**3**	**2**	**1**	**5**	**3**	**2**	**1**	**1**	
巨轮街道				1	1				
三桥街道									
鼓楼街道				4	2	2			
杏花岭街道									
坝陵桥街道									
大东关街道	1		1						
职工新街街道									
敦化坊街道									
涧河街道									
杨家峪街道	2	2					1	1	
中涧河乡									
小返乡									

1-4 续表 28 单位：人

地区	东乡族			纳西族			景颇族		
	小计	男	女	小计	男	女	小计	男	女
尖草坪区	**3**	**1**	**2**	**4**	**2**	**2**	**2**	**1**	**1**
尖草坪街道									
光社街道									
上兰街道	3	1	2	2	1	1			
南寨街道				1	1		1	1	
迎新街道									
古城街道									
汇丰街道							1		1
柴村街道				1		1			
新城街道									
向阳镇									
阳曲镇									
马头水乡									
柏板乡									
西墕乡									
太原中北高新技术产业开发区									
万柏林区	**1**		**1**	**4**	**2**	**2**			
千峰街道				2		2			
下元街道				2	2				
和平街道									
兴华街道									
万柏林街道									
杜儿坪街道									
白家庄街道									
南寒街道									
东社街道									
化客头街道									
小井峪街道									
西铭街道									
长风西街街道	1		1						
神堂沟街道									
王封乡									
晋源区	**3**	**2**	**1**	**5**	**3**	**2**	**1**		**1**
义井街道	2	1	1	2	1	1			
罗城街道									
晋源街道				1	1		1		1
金胜镇	1	1							
晋祠镇				1		1			
姚村镇				1	1				

1-4 续表 29

单位：人

地 区	东乡族			纳西族			景颇族		
	小计	男	女	小计	男	女	小计	男	女
清徐县	**2**	**2**							
清源镇									
徐沟镇									
东于镇									
孟封镇	1	1							
马峪乡									
柳杜乡									
西谷乡									
王答乡	1	1							
集义乡									
阳曲县							**1**		**1**
黄寨镇									
大盂镇									
东黄水镇									
泥屯镇							1		1
高村乡									
侯村乡									
凌井店乡									
西凌井乡									
北小店乡									
杨兴乡									
中心镇									
娄烦县									
娄烦镇									
静游镇									
杜交曲镇									
庙湾乡									
马家庄乡									
盖家庄乡									
米峪镇乡									
天池店乡									
古交市				**3**	**2**	**1**			
东曲街道				3	2	1			
西曲街道									
桃园街道									
屯兰街道									
河口镇									
镇城底镇									
马兰镇									
阁上乡									
加乐泉乡									
梭峪乡									
岔口乡									
常安乡									
原相乡									
邢家社乡									

1−4 续表 30

单位：人

地区	柯尔克孜族			土族			达斡尔族		
	小计	男	女	小计	男	女	小计	男	女
太原市	**6**	**3**	**3**	**63**	**30**	**33**	**83**	**35**	**48**
小店区				**24**	**10**	**14**	**25**	**10**	**15**
坞城街道				13	3	10	5	4	1
营盘街道				3	3				
北营街道				2	2		3	1	2
平阳路街道				2	1	1	1		1
黄陵街道							1		1
小店街道				4	1	3	6	3	3
龙城街道							8	2	6
唐槐园区街道									
学府园区街道							1		1
北格镇									
西温庄乡									
刘家堡乡									
迎泽区				**7**	**2**	**5**	**12**	**3**	**9**
柳巷街道									
文庙街道									
庙前街道							3		3
迎泽街道				3	1	2	3	3	
桥东街道				3	1	2			
老军营街道									
郝庄镇				1		1	6		6
杏花岭区	**1**	**1**		**1**		**1**	**18**	**6**	**12**
巨轮街道							4	1	3
三桥街道							2	1	1
鼓楼街道									
杏花岭街道							3	2	1
坝陵桥街道									
大东关街道	1	1							
职工新街街道				1		1	1	1	
敦化坊街道							4		4
涧河街道							1		1
杨家峪街道							3	1	2
中涧河乡									
小返乡									

1-4　续表 31　　　　单位：人

地　　区	柯尔克孜族			土　　族			达斡尔族		
	小计	男	女	小计	男	女	小计	男	女
尖草坪区	**3**	**2**	**1**	**12**	**4**	**8**	**10**	**3**	**7**
尖草坪街道									
光社街道									
上兰街道	2	1	1	3	3		3	2	1
南寨街道				2		2			
迎新街道									
古城街道	1	1		2	1	1	1		1
汇丰街道				1		1	3	1	2
柴村街道									
新城街道				3		3			
向阳镇							3		3
阳曲镇									
马头水乡				1		1			
柏板乡									
西墕乡									
太原中北高新技术产业开发区									
万柏林区	**2**		**2**	**7**	**7**		**15**	**11**	**4**
千峰街道				1	1				
下元街道							3	2	1
和平街道	2		2	1	1		4	4	
兴华街道				1	1		1	1	
万柏林街道							1	1	
杜儿坪街道				1	1				
白家庄街道									
南寒街道				1	1		1		1
东社街道									
化客头街道									
小井峪街道				2	2		2	1	1
西铭街道									
长风西街街道							3	2	1
神堂沟街道									
王封乡									
晋源区				**5**	**3**	**2**	**2**	**1**	**1**
义井街道				1	1		2	1	1
罗城街道									
晋源街道									
金胜镇				3	2	1			
晋祠镇				1		1			
姚村镇									

1−4 续表 32

单位：人

地区	柯尔克孜族			土族			达斡尔族		
	小计	男	女	小计	男	女	小计	男	女
清徐县									
清源镇									
徐沟镇									
东于镇									
孟封镇									
马峪乡									
柳杜乡									
西谷乡									
王答乡									
集义乡									
阳曲县									
黄寨镇									
大盂镇									
东黄水镇									
泥屯镇									
高村乡									
侯村乡									
凌井店乡									
西凌井乡									
北小店乡									
杨兴乡									
中心镇									
娄烦县							**1**	**1**	
娄烦镇							1	1	
静游镇									
杜交曲镇									
庙湾乡									
马家庄乡									
盖家庄乡									
米峪镇乡									
天池店乡									
古交市				**7**	**4**	**3**			
东曲街道				2	1	1			
西曲街道				1	1				
桃园街道				4	2	2			
屯兰街道									
河口镇									
镇城底镇									
马兰镇									
阁上乡									
加乐泉乡									
梭峪乡									
岔口乡									
常安乡									
原相乡									
邢家社乡									

1-4　续表 33　　单位：人

地　区	仫佬族			羌　族			布朗族		
	小计	男	女	小计	男	女	小计	男	女
太原市	**22**	**13**	**9**	**128**	**84**	**44**	**4**	**1**	**3**
小店区	**5**	**2**	**3**	**49**	**33**	**16**	**2**		**2**
坞城街道	1		1	15	9	6			
营盘街道	1	1		1	1				
北营街道				7	5	2			
平阳路街道				2	1	1			
黄陵街道				4	3	1			
小店街道				7	5	2	1		1
龙城街道	2	1	1	3	3				
唐槐园区街道	1		1	1	1				
学府园区街道				3	1	2			
北格镇				5	3	2	1		1
西温庄乡				1	1				
刘家堡乡									
迎泽区	**3**		**3**	**9**	**3**	**6**			
柳巷街道	1		1	1		1			
文庙街道				1	1				
庙前街道				2		2			
迎泽街道				1	1				
桥东街道	1		1	1		1			
老军营街道									
郝庄镇	1		1	3	1	2			
杏花岭区	**3**	**2**	**1**	**17**	**10**	**7**			
巨轮街道				6	3	3			
三桥街道									
鼓楼街道									
杏花岭街道	1	1							
坝陵桥街道									
大东关街道				1	1				
职工新街街道									
敦化坊街道	2	1	1						
涧河街道				3	2	1			
杨家峪街道				3	1	2			
中涧河乡				4	3	1			
小返乡									

1-4 续表 34 单位：人

地 区	仫佬族			羌 族			布朗族		
	小计	男	女	小计	男	女	小计	男	女
尖草坪区	**2**	**2**		**6**	**2**	**4**			
尖草坪街道									
光社街道	1	1		1		1			
上兰街道	1	1		3	2	1			
南寨街道									
迎新街道									
古城街道				1		1			
汇丰街道				1		1			
柴村街道									
新城街道									
向阳镇									
阳曲镇									
马头水乡									
柏板乡									
西墕乡									
太原中北高新技术产业开发区									
万柏林区	**8**	**6**	**2**	**20**	**15**	**5**	**1**	**1**	
千峰街道	2	2							
下元街道	1		1						
和平街道	1		1	2	2		1	1	
兴华街道				1	1				
万柏林街道				1	1				
杜儿坪街道									
白家庄街道									
南寒街道	1	1		1	1				
东社街道									
化客头街道	1	1							
小井峪街道	1	1		9	5	4			
西铭街道									
长风西街街道	1	1		6	5	1			
神堂沟街道									
王封乡									
晋源区				**6**	**5**	**1**	**1**		**1**
义井街道				1	1				
罗城街道									
晋源街道				3	3				
金胜镇				2	1	1	1		1
晋祠镇									
姚村镇									

1-4 续表 35

单位：人

地 区	仫佬族			羌族			布朗族		
	小计	男	女	小计	男	女	小计	男	女
清徐县				**4**	**4**				
清源镇									
徐沟镇									
东于镇				2	2				
孟封镇				1	1				
马峪乡									
柳杜乡									
西谷乡									
王答乡				1	1				
集义乡									
阳曲县	**1**	**1**		**11**	**8**	**3**			
黄寨镇									
大盂镇									
东黄水镇									
泥屯镇									
高村乡									
侯村乡	1	1							
凌井店乡									
西凌井乡									
北小店乡									
杨兴乡				11	8	3			
中心镇									
娄烦县				**4**	**2**	**2**			
娄烦镇				4	2	2			
静游镇									
杜交曲镇									
庙湾乡									
马家庄乡									
盖家庄乡									
米峪镇乡									
天池店乡									
古交市				**2**	**2**				
东曲街道									
西曲街道									
桃园街道				2	2				
屯兰街道									
河口镇									
镇城底镇									
马兰镇									
阁上乡									
加乐泉乡									
梭峪乡									
岔口乡									
常安乡									
原相乡									
邢家社乡									

1-4 续表 36 单位：人

地区	撒拉族			毛南族			仡佬族		
	小计	男	女	小计	男	女	小计	男	女
太原市	**141**	**68**	**73**	**6**	**3**	**3**	**146**	**108**	**38**
小店区	**55**	**19**	**36**				**46**	**28**	**18**
坞城街道	3		3				16	9	7
营盘街道	14	5	9				5	5	
北营街道	6	2	4				5	3	2
平阳路街道	8	2	6				5	3	2
黄陵街道	12	5	7				1	1	
小店街道	5	2	3				8	6	2
龙城街道	4	2	2				5	1	4
唐槐园区街道	1		1				1		1
学府园区街道									
北格镇	1		1						
西温庄乡									
刘家堡乡	1	1							
迎泽区	**34**	**18**	**16**	**2**		**2**	**7**	**5**	**2**
柳巷街道	1		1						
文庙街道							1	1	
庙前街道									
迎泽街道	7	4	3	1		1	3	2	1
桥东街道	12	7	5						
老军营街道	9	5	4				1	1	
郝庄镇	5	2	3	1		1	2	1	1
杏花岭区	**19**	**13**	**6**				**6**	**5**	**1**
巨轮街道	1	1							
三桥街道	1	1							
鼓楼街道	1		1				2	2	
杏花岭街道									
坝陵桥街道									
大东关街道	5	4	1						
职工新街街道	1	1							
敦化坊街道	7	5	2				2	2	
涧河街道									
杨家峪街道	3	1	2				2	1	1
中涧河乡									
小返乡									

1-4　续表 37

单位：人

地　区	撒拉族			毛南族			仡佬族		
	小计	男	女	小计	男	女	小计	男	女
尖草坪区	**5**	**3**	**2**	**1**	**1**		**15**	**13**	**2**
尖草坪街道									
光社街道	1	1							
上兰街道				1	1		11	9	2
南寨街道							2	2	
迎新街道									
古城街道									
汇丰街道							1	1	
柴村街道	4	2	2						
新城街道									
向阳镇							1	1	
阳曲镇									
马头水乡									
柏板乡									
西墕乡									
太原中北高新技术产业开发区									
万柏林区	**21**	**10**	**11**	**3**	**2**	**1**	**31**	**24**	**7**
千峰街道	7	4	3	1		1	1	1	
下元街道							3	3	
和平街道	1	1		2	2		13	10	3
兴华街道									
万柏林街道	4	1	3						
杜儿坪街道							3	2	1
白家庄街道									
南寒街道							3	3	
东社街道									
化客头街道									
小井峪街道	4	2	2				7	4	3
西铭街道									
长风西街街道	2	1	1						
神堂沟街道	3	1	2				1	1	
干封乡									
晋源区	**5**	**3**	**2**				**24**	**22**	**2**
义井街道	4	3	1				19	17	2
罗城街道							1	1	
晋源街道							3	3	
金胜镇							1	1	
晋祠镇	1		1						
姚村镇									

1−4　续表 38　　　　单位：人

地　　区	撒拉族			毛南族			仡佬族		
	小计	男	女	小计	男	女	小计	男	女
清徐县	**1**	**1**					**7**	**5**	**2**
清源镇							2	2	
徐沟镇							2	1	1
东于镇									
孟封镇							1	1	
马峪乡									
柳杜乡	1	1							
西谷乡							1	1	
王答乡							1		1
集义乡									
阳曲县							**1**		**1**
黄寨镇									
大盂镇									
东黄水镇									
泥屯镇									
高村乡									
侯村乡									
凌井店乡									
西凌井乡									
北小店乡									
杨兴乡									
中心镇							1		1
娄烦县	**1**	**1**					**2**		**2**
娄烦镇	1	1							
静游镇									
杜交曲镇									
庙湾乡									
马家庄乡									
盖家庄乡									
米峪镇乡									
天池店乡							2		2
古交市							**7**	**6**	**1**
东曲街道									
西曲街道							1	1	
桃园街道									
屯兰街道									
河口镇									
镇城底镇									
马兰镇							1	1	
阁上乡							4	4	
加乐泉乡									
梭峪乡									
岔口乡									
常安乡									
原相乡									
邢家社乡							1		1

1-4 续表 39

单位：人

地区	锡伯族			阿昌族			普米族		
	小计	男	女	小计	男	女	小计	男	女
太原市	**108**	**63**	**45**	**2**	**1**	**1**	**3**	**1**	**2**
小店区	**19**	**9**	**10**				**1**		**1**
坞城街道	5	2	3						
营盘街道							1		1
北营街道									
平阳路街道	6	3	3						
黄陵街道	1		1						
小店街道	3	3							
龙城街道	3	1	2						
唐槐园区街道									
学府园区街道									
北格镇	1		1						
西温庄乡									
刘家堡乡									
迎泽区	**22**	**17**	**5**						
柳巷街道	2	1	1						
文庙街道	1		1						
庙前街道	1		1						
迎泽街道	2	2							
桥东街道	7	6	1						
老军营街道	5	5							
郝庄镇	4	3	1						
杏花岭区	**16**	**8**	**8**						
巨轮街道	5	2	3						
三桥街道									
鼓楼街道									
杏花岭街道	4	2	2						
坝陵桥街道	2	2							
大东关街道	1	1							
职工新街街道	3	1	2						
敦化坊街道									
涧河街道	1		1						
杨家峪街道									
中涧河乡									
小返乡									

1-4 续表 40

单位：人

地区	锡伯族			阿昌族			普米族		
	小计	男	女	小计	男	女	小计	男	女
尖草坪区	**21**	**13**	**8**	**2**	**1**	**1**			
尖草坪街道									
光社街道									
上兰街道	8	3	5						
南寨街道	2	2							
迎新街道	3	2	1						
古城街道	1	1							
汇丰街道	5	3	2						
柴村街道	2	2							
新城街道									
向阳镇									
阳曲镇									
马头水乡									
柏板乡									
西墕乡				2	1	1			
太原中北高新技术产业开发区									
万柏林区	**21**	**12**	**9**						
千峰街道	2	2							
下元街道									
和平街道	9	5	4						
兴华街道	3	3							
万柏林街道	3	1	2						
杜儿坪街道									
白家庄街道									
南寒街道									
东社街道									
化客头街道									
小井峪街道	3	1	2						
西铭街道									
长风西街街道									
神堂沟街道	1		1						
王封乡									
晋源区	**4**	**1**	**3**				**2**	**1**	**1**
义井街道							2	1	1
罗城街道									
晋源街道	3	1	2						
金胜镇	1		1						
晋祠镇									
姚村镇									

1-4 续表 41

单位：人

地 区	锡伯族			阿昌族			普米族		
	小计	男	女	小计	男	女	小计	男	女
清徐县	**3**	**3**							
清源镇	3	3							
徐沟镇									
东于镇									
孟封镇									
马峪乡									
柳杜乡									
西谷乡									
王答乡									
集义乡									
阳曲县									
黄寨镇									
大盂镇									
东黄水镇									
泥屯镇									
高村乡									
侯村乡									
凌井店乡									
西凌井乡									
北小店乡									
杨兴乡									
中心镇									
娄烦县									
娄烦镇									
静游镇									
杜交曲镇									
庙湾乡									
马家庄乡									
盖家庄乡									
米峪镇乡									
天池店乡									
古交市	**2**		**2**						
东曲街道									
西曲街道									
桃园街道	1		1						
屯兰街道									
河口镇									
镇城底镇									
马兰镇									
阁上乡									
加乐泉乡									
梭峪乡									
岔口乡									
常安乡	1		1						
原相乡									
邢家社乡									

1-4 续表 42

单位：人

地区	塔吉克族			怒族			乌孜别克族		
	小计	男	女	小计	男	女	小计	男	女
太原市	**1**	**1**		**2**		**2**	**1**		**1**
小店区				**1**		**1**			
坞城街道									
营盘街道									
北营街道									
平阳路街道									
黄陵街道									
小店街道				1		1			
龙城街道									
唐槐园区街道									
学府园区街道									
北格镇									
西温庄乡									
刘家堡乡									
迎泽区									
柳巷街道									
文庙街道									
庙前街道									
迎泽街道									
桥东街道									
老军营街道									
郝庄镇									
杏花岭区	**1**	**1**							
巨轮街道									
三桥街道	1	1							
鼓楼街道									
杏花岭街道									
坝陵桥街道									
大东关街道									
职工新街街道									
敦化坊街道									
涧河街道									
杨家峪街道									
中涧河乡									
小返乡									

1-4　续表 43　　　　单位：人

地　　区	塔吉克族			怒　　族			乌孜别克族		
	小计	男	女	小计	男	女	小计	男	女
尖草坪区									
尖草坪街道									
光社街道									
上兰街道									
南寨街道									
迎新街道									
古城街道									
汇丰街道									
柴村街道									
新城街道									
向阳镇									
阳曲镇									
马头水乡									
柏板乡									
西墕乡									
太原中北高新技术产业开发区									
万柏林区				**1**		**1**	**1**		**1**
千峰街道									
下元街道				1		1	1		1
和平街道									
兴华街道									
万柏林街道									
杜儿坪街道									
白家庄街道									
南寒街道									
东社街道									
化客头街道									
小井峪街道									
西铭街道									
长风西街街道									
神堂沟街道									
王封乡									
晋源区									
义井街道									
罗城街道									
晋源街道									
金胜镇									
晋祠镇									
姚村镇									

1−4 续表 44

单位：人

地 区	塔吉克族			怒 族			乌孜别克族		
	小计	男	女	小计	男	女	小计	男	女
清徐县									
清源镇									
徐沟镇									
东于镇									
孟封镇									
马峪乡									
柳杜乡									
西谷乡									
王答乡									
集义乡									
阳曲县									
黄寨镇									
大盂镇									
东黄水镇									
泥屯镇									
高村乡									
侯村乡									
凌井店乡									
西凌井乡									
北小店乡									
杨兴乡									
中心镇									
娄烦县									
娄烦镇									
静游镇									
杜交曲镇									
庙湾乡									
马家庄乡									
盖家庄乡									
米峪镇乡									
天池店乡									
古交市									
东曲街道									
西曲街道									
桃园街道									
屯兰街道									
河口镇									
镇城底镇									
马兰镇									
阁上乡									
加乐泉乡									
梭峪乡									
岔口乡									
常安乡									
原相乡									
邢家社乡									

1-4　续表 45　　　　单位：人

地　区	俄罗斯族			鄂温克族			德 昂 族		
	小计	男	女	小计	男	女	小计	男	女
太原市				**25**	**19**	**6**	**2**	**1**	**1**
小店区				**8**	**5**	**3**			
坞城街道				1	1				
营盘街道									
北营街道				1		1			
平阳路街道									
黄陵街道									
小店街道				2	1	1			
龙城街道				4	3	1			
唐槐园区街道									
学府园区街道									
北格镇									
西温庄乡									
刘家堡乡									
迎泽区				**1**	**1**				
柳巷街道									
文庙街道									
庙前街道									
迎泽街道									
桥东街道				1	1				
老军营街道									
郝庄镇									
杏花岭区				**3**	**1**	**2**	**2**	**1**	**1**
巨轮街道									
三桥街道									
鼓楼街道									
杏花岭街道									
坝陵桥街道									
大东关街道				2		2			
职工新街街道									
敦化坊街道									
涧河街道									
杨家峪街道									
中涧河乡				1	1		2	1	1
小返乡									

1-4 续表 46

单位：人

地区	俄罗斯族			鄂温克族			德昂族		
	小计	男	女	小计	男	女	小计	男	女
尖草坪区				**1**	**1**				
尖草坪街道									
光社街道				1	1				
上兰街道									
南寨街道									
迎新街道									
古城街道									
汇丰街道									
柴村街道									
新城街道									
向阳镇									
阳曲镇									
马头水乡									
柏板乡									
西墕乡									
太原中北高新技术产业开发区									
万柏林区				**1**	**1**				
千峰街道									
下元街道									
和平街道									
兴华街道									
万柏林街道									
杜儿坪街道									
白家庄街道									
南寒街道									
东社街道									
化客头街道									
小井峪街道				1	1				
西铭街道									
长风西街街道									
神堂沟街道									
王封乡									
晋源区									
义井街道									
罗城街道									
晋源街道									
金胜镇									
晋祠镇									
姚村镇									

1-4　续表 47　　　　单位：人

地　　区	俄罗斯族			鄂温克族			德 昂 族		
	小计	男	女	小计	男	女	小计	男	女
清徐县				**9**	**9**				
清源镇									
徐沟镇									
东于镇				8	8				
孟封镇									
马峪乡									
柳杜乡				1	1				
西谷乡									
王答乡									
集义乡									
阳曲县				**2**	**1**	**1**			
黄寨镇									
大盂镇									
东黄水镇									
泥屯镇									
高村乡									
侯村乡									
凌井店乡									
西凌井乡									
北小店乡									
杨兴乡									
中心镇				2	1	1			
娄烦县									
娄烦镇									
静游镇									
杜交曲镇									
庙湾乡									
马家庄乡									
盖家庄乡									
米峪镇乡									
天池店乡									
古交市									
东曲街道									
西曲街道									
桃园街道									
屯兰街道									
河口镇									
镇城底镇									
马兰镇									
阁上乡									
加乐泉乡									
梭峪乡									
岔口乡									
常安乡									
原相乡									
邢家社乡									

1-4 续表 48

单位：人

地区	保安族			裕固族			京族		
	小计	男	女	小计	男	女	小计	男	女
太原市	**1**	**1**		**3**	**1**	**2**	**2**	**1**	**1**
小店区	**1**	**1**		**2**		**2**	**1**	**1**	
坞城街道							1	1	
营盘街道									
北营街道	1	1							
平阳路街道									
黄陵街道									
小店街道									
龙城街道									
唐槐园区街道				2		2			
学府园区街道									
北格镇									
西温庄乡									
刘家堡乡									
迎泽区									
柳巷街道									
文庙街道									
庙前街道									
迎泽街道									
桥东街道									
老军营街道									
郝庄镇									
杏花岭区				**1**	**1**				
巨轮街道									
三桥街道									
鼓楼街道									
杏花岭街道									
坝陵桥街道									
大东关街道									
职工新街街道									
敦化坊街道				1	1				
涧河街道									
杨家峪街道									
中涧河乡									
小返乡									

1-4　续表 49　　　　单位：人

地　　区	保安族			裕固族			京　　族		
	小计	男	女	小计	男	女	小计	男	女
尖草坪区							**1**		**1**
尖草坪街道									
光社街道									
上兰街道							1		1
南寨街道									
迎新街道									
古城街道									
汇丰街道									
柴村街道									
新城街道									
向阳镇									
阳曲镇									
马头水乡									
柏板乡									
西墕乡									
太原中北高新技术产业开发区									
万柏林区									
千峰街道									
下元街道									
和平街道									
兴华街道									
万柏林街道									
杜儿坪街道									
白家庄街道									
南寒街道									
东社街道									
化客头街道									
小井峪街道									
西铭街道									
长风西街街道									
神堂沟街道									
王封乡									
晋源区									
义井街道									
罗城街道									
晋源街道									
金胜镇									
晋祠镇									
姚村镇									

1-4 续表 50

单位：人

地区	保安族			裕固族			京族		
	小计	男	女	小计	男	女	小计	男	女
清徐县									
清源镇									
徐沟镇									
东于镇									
孟封镇									
马峪乡									
柳杜乡									
西谷乡									
王答乡									
集义乡									
阳曲县									
黄寨镇									
大盂镇									
东黄水镇									
泥屯镇									
高村乡									
侯村乡									
凌井店乡									
西凌井乡									
北小店乡									
杨兴乡									
中心镇									
娄烦县									
娄烦镇									
静游镇									
杜交曲镇									
庙湾乡									
马家庄乡									
盖家庄乡									
米峪镇乡									
天池店乡									
古交市									
东曲街道									
西曲街道									
桃园街道									
屯兰街道									
河口镇									
镇城底镇									
马兰镇									
阁上乡									
加乐泉乡									
梭峪乡									
岔口乡									
常安乡									
原相乡									
邢家社乡									

1-4　续表 51　　　　单位：人

地　区	塔塔尔族			独 龙 族			鄂伦春族		
	小计	男	女	小计	男	女	小计	男	女
太原市	**1**		**1**				**12**	**6**	**6**
小店区							**7**	**3**	**4**
坞城街道							2	1	1
营盘街道							3	2	1
北营街道							2		2
平阳路街道									
黄陵街道									
小店街道									
龙城街道									
唐槐园区街道									
学府园区街道									
北格镇									
西温庄乡									
刘家堡乡									
迎泽区							**3**	**1**	**2**
柳巷街道									
文庙街道									
庙前街道									
迎泽街道									
桥东街道									
老军营街道									
郝庄镇							3	1	2
杏花岭区							**1**	**1**	
巨轮街道									
三桥街道									
鼓楼街道									
杏花岭街道									
坝陵桥街道									
大东关街道									
职工新街街道									
敦化坊街道									
涧河街道									
杨家峪街道							1	1	
中涧河乡									
小返乡									

1-4　续表 52　　　　　　　　　　　　　　　　　　　　　　单位：人

地　　区	塔塔尔族			独 龙 族			鄂伦春族		
	小计	男	女	小计	男	女	小计	男	女
尖草坪区									
尖草坪街道									
光社街道									
上兰街道									
南寨街道									
迎新街道									
古城街道									
汇丰街道									
柴村街道									
新城街道									
向阳镇									
阳曲镇									
马头水乡									
柏板乡									
西墕乡									
太原中北高新技术产业开发区									
万柏林区	**1**		**1**						
千峰街道									
下元街道									
和平街道	1		1						
兴华街道									
万柏林街道									
杜儿坪街道									
白家庄街道									
南寒街道									
东社街道									
化客头街道									
小井峪街道									
西铭街道									
长风西街街道									
神堂沟街道									
王封乡									
晋源区							**1**	**1**	
义井街道							1	1	
罗城街道									
晋源街道									
金胜镇									
晋祠镇									
姚村镇									

1-4　续表 53

单位：人

地　　区	塔塔尔族			独 龙 族			鄂伦春族		
	小计	男	女	小计	男	女	小计	男	女
清徐县									
清源镇									
徐沟镇									
东于镇									
孟封镇									
马峪乡									
柳杜乡									
西谷乡									
王答乡									
集义乡									
阳曲县									
黄寨镇									
大盂镇									
东黄水镇									
泥屯镇									
高村乡									
侯村乡									
凌井店乡									
西凌井乡									
北小店乡									
杨兴乡									
中心镇									
娄烦县									
娄烦镇									
静游镇									
杜交曲镇									
庙湾乡									
马家庄乡									
盖家庄乡									
米峪镇乡									
大池店乡									
古交市									
东曲街道									
西曲街道									
桃园街道									
屯兰街道									
河口镇									
镇城底镇									
马兰镇									
阁上乡									
加乐泉乡									
梭峪乡									
岔口乡									
常安乡									
原相乡									
邢家社乡									

1–4 续表 54

单位：人

地区	赫哲族			门巴族			珞巴族		
	小计	男	女	小计	男	女	小计	男	女
太原市	**1**		**1**	**2**	**1**	**1**			
小店区									
坞城街道									
营盘街道									
北营街道									
平阳路街道									
黄陵街道									
小店街道									
龙城街道									
唐槐园区街道									
学府园区街道									
北格镇									
西温庄乡									
刘家堡乡									
迎泽区	**1**		**1**						
柳巷街道									
文庙街道									
庙前街道									
迎泽街道	1		1						
桥东街道									
老军营街道									
郝庄镇									
杏花岭区									
巨轮街道									
三桥街道									
鼓楼街道									
杏花岭街道									
坝陵桥街道									
大东关街道									
职工新街街道									
敦化坊街道									
涧河街道									
杨家峪街道									
中涧河乡									
小返乡									

1-4 续表 55

单位：人

地 区	赫哲族			门巴族			珞巴族		
	小计	男	女	小计	男	女	小计	男	女
尖草坪区				**1**		**1**			
尖草坪街道									
光社街道									
上兰街道				1		1			
南寨街道									
迎新街道									
古城街道									
汇丰街道									
柴村街道									
新城街道									
向阳镇									
阳曲镇									
马头水乡									
柏板乡									
西墕乡									
太原中北高新技术产业开发区									
万柏林区				**1**	**1**				
千峰街道									
下元街道				1	1				
和平街道									
兴华街道									
万柏林街道									
杜儿坪街道									
白家庄街道									
南寒街道									
东社街道									
化客头街道									
小井峪街道									
西铭街道									
长风西街街道									
神堂沟街道									
王封乡									
晋源区									
义井街道									
罗城街道									
晋源街道									
金胜镇									
晋祠镇									
姚村镇									

1-4 续表 56

单位：人

地　区	赫哲族			门巴族			珞巴族		
	小计	男	女	小计	男	女	小计	男	女
清徐县									
清源镇									
徐沟镇									
东于镇									
孟封镇									
马峪乡									
柳杜乡									
西谷乡									
王答乡									
集义乡									
阳曲县									
黄寨镇									
大盂镇									
东黄水镇									
泥屯镇									
高村乡									
侯村乡									
凌井店乡									
西凌井乡									
北小店乡									
杨兴乡									
中心镇									
娄烦县									
娄烦镇									
静游镇									
杜交曲镇									
庙湾乡									
马家庄乡									
盖家庄乡									
米峪镇乡									
天池店乡									
古交市									
东曲街道									
西曲街道									
桃园街道									
屯兰街道									
河口镇									
镇城底镇									
马兰镇									
阁上乡									
加乐泉乡									
梭峪乡									
岔口乡									
常安乡									
原相乡									
邢家社乡									

1-4　续表 57

单位：人

地　　区	基诺族			未定族称人口			入　籍		
	小计	男	女	小计	男	女	小计	男	女
太原市				**100**	**53**	**47**	**5**	**1**	**4**
小店区				**31**	**11**	**20**	**1**		**1**
坞城街道				11	2	9			
营盘街道				4	2	2			
北营街道				2	2		1		1
平阳路街道				1	1				
黄陵街道									
小店街道				6	1	5			
龙城街道				5	2	3			
唐槐园区街道									
学府园区街道									
北格镇				1		1			
西温庄乡				1	1				
刘家堡乡									
迎泽区				**14**	**9**	**5**			
柳巷街道									
文庙街道				1		1			
庙前街道									
迎泽街道				6	4	2			
桥东街道				2	2				
老军营街道				3	2	1			
郝庄镇				2	1	1			
杏花岭区				**9**	**5**	**4**	**4**	**1**	**3**
巨轮街道									
三桥街道				6	3	3	1		1
鼓楼街道									
杏花岭街道									
坝陵桥街道									
大东关街道				1		1			
职工新街街道							1		1
敦化坊街道				1	1				
涧河街道				1	1				
杨家峪街道							2	1	1
中涧河乡									
小返乡									

1−4 续表 58 单位：人

地区	基诺族			未定族称人口			入籍		
	小计	男	女	小计	男	女	小计	男	女
尖草坪区				**10**	**5**	**5**			
尖草坪街道									
光社街道									
上兰街道				6	3	3			
南寨街道				3	1	2			
迎新街道									
古城街道									
汇丰街道									
柴村街道									
新城街道									
向阳镇									
阳曲镇									
马头水乡									
柏板乡				1	1				
西墕乡									
太原中北高新技术产业开发区									
万柏林区				**19**	**13**	**6**			
千峰街道				2	2				
下元街道				4	2	2			
和平街道				4	3	1			
兴华街道									
万柏林街道				1		1			
杜儿坪街道									
白家庄街道									
南寒街道				3	2	1			
东社街道				1	1				
化客头街道									
小井峪街道				3	2	1			
西铭街道									
长风西街街道									
神堂沟街道				1	1				
王封乡									
晋源区				**6**	**4**	**2**			
义井街道									
罗城街道									
晋源街道									
金胜镇				4	3	1			
晋祠镇				1	1				
姚村镇				1		1			

1-4 续表 59

单位：人

地区	基诺族			未定族称人口			入籍		
	小计	男	女	小计	男	女	小计	男	女
清徐县				**3**	**2**	**1**			
清源镇				1	1				
徐沟镇				2	1	1			
东于镇									
孟封镇									
马峪乡									
柳杜乡									
西谷乡									
王答乡									
集义乡									
阳曲县				**4**	**2**	**2**			
黄寨镇									
大盂镇				1		1			
东黄水镇									
泥屯镇									
高村乡									
侯村乡									
凌井店乡				2	1	1			
西凌井乡									
北小店乡									
杨兴乡									
中心镇				1	1				
娄烦县				**1**		**1**			
娄烦镇				1		1			
静游镇									
杜交曲镇									
庙湾乡									
马家庄乡									
盖家庄乡									
米峪镇乡									
天池店乡									
古交市				**3**	**2**	**1**			
东曲街道				1		1			
西曲街道									
桃园街道									
屯兰街道									
河口镇									
镇城底镇									
马兰镇									
阁上乡				1	1				
加乐泉乡									
梭峪乡				1	1				
岔口乡									
常安乡									
原相乡									
邢家社乡									

1-4a 各地区分性别、民族的人口(城市)

单位：人

地区	合计			汉族		
	合计	男	女	小计	男	女
太原市	**4193632**	**2135851**	**2057781**	**4160933**	**2118302**	**2042631**
小店区	1033782	525523	508259	1024492	520620	503872
迎泽区	582934	290084	292850	577169	287107	290062
杏花岭区	731305	366598	364707	726191	363967	362224
尖草坪区	499889	261303	238586	496382	259327	237055
万柏林区	946264	483777	462487	939528	480007	459521
晋源区	255519	134356	121163	253775	133329	120446
清徐县						
阳曲县						
娄烦县						
古交市	143939	74210	69729	143396	73945	69451

1-4a 续表 1

单位：人

地区	蒙古族			回族			藏族		
	小计	男	女	小计	男	女	小计	男	女
太原市	**2764**	**1499**	**1265**	**12410**	**6275**	**6135**	**536**	**263**	**273**
小店区	789	403	386	2296	1152	1144	274	118	156
迎泽区	356	189	167	3247	1629	1618	49	30	19
杏花岭区	432	222	210	2694	1323	1371	18	13	5
尖草坪区	363	213	150	1138	603	535	61	24	37
万柏林区	652	371	281	2481	1281	1200	50	30	20
晋源区	146	87	59	469	243	226	79	43	36
清徐县									
阳曲县									
娄烦县									
古交市	26	14	12	85	44	41	5	5	

1-4a 续表 2

单位：人

地区	维吾尔族			苗族			彝族		
	小计	男	女	小计	男	女	小计	男	女
太原市	**511**	**310**	**201**	**3080**	**1902**	**1178**	**1182**	**731**	**451**
小店区	143	92	51	2028	1194	834	459	292	167
迎泽区	55	34	21	150	100	50	134	90	44
杏花岭区	121	81	40	113	68	45	127	62	65
尖草坪区	47	23	24	180	126	54	151	85	66
万柏林区	115	63	52	326	223	103	230	158	72
晋源区	20	11	9	219	156	63	66	42	24
清徐县									
阳曲县									
娄烦县									
古交市	10	6	4	64	35	29	15	2	13

1-4a　续表 3　　单位：人

地　区	壮　族			布依族			朝鲜族		
	小计	男	女	小计	男	女	小计	男	女
太原市	**741**	**403**	**338**	**283**	**146**	**137**	**429**	**232**	**197**
小店区	235	104	131	85	40	45	122	63	59
迎泽区	72	37	35	39	12	27	69	39	30
杏花岭区	47	25	22	28	16	12	70	38	32
尖草坪区	95	57	38	45	25	20	42	25	17
万柏林区	218	136	82	62	39	23	96	50	46
晋源区	65	39	26	20	12	8	21	12	9
清徐县									
阳曲县									
娄烦县									
古交市	9	5	4	4	2	2	9	5	4

1-4a　续表 4　　单位：人

地　区	满　族			侗　族			瑶　族		
	小计	男	女	小计	男	女	小计	男	女
太原市	**7208**	**3797**	**3411**	**338**	**216**	**122**	**167**	**79**	**88**
小店区	1739	874	865	157	94	63	63	29	34
迎泽区	1206	604	602	35	25	10	15	7	8
杏花岭区	1141	600	541	17	12	5	3	1	2
尖草坪区	908	514	394	37	24	13	15	6	9
万柏林区	1735	949	786	57	41	16	47	24	23
晋源区	370	214	156	26	15	11	16	10	6
清徐县									
阳曲县									
娄烦县									
古交市	109	42	67	9	5	4	8	2	6

1-4a　续表 5　　单位：人

地　区	白　族			土家族			哈尼族		
	小计	男	女	小计	男	女	小计	男	女
太原市	**222**	**131**	**91**	**1427**	**828**	**599**	**76**	**31**	**45**
小店区	71	35	36	376	203	173	28	12	16
迎泽区	19	12	7	130	69	61	7	5	2
杏花岭区	15	12	3	120	70	50	7		7
尖草坪区	26	14	12	228	141	87	4	2	2
万柏林区	71	46	25	294	189	105	25	11	14
晋源区	14	9	5	118	72	46	1	1	
清徐县									
阳曲县									
娄烦县									
古交市	6	3	3	161	84	77	4		4

1-4a 续表 6

单位：人

地　区	哈萨克族			傣　族			黎　族		
	小计	男	女	小计	男	女	小计	男	女
太原市	**75**	**34**	**41**	**59**	**24**	**35**	**169**	**85**	**84**
小店区	10	5	5	29	12	17	48	20	28
迎泽区	8	6	2	3		3	31	16	15
杏花岭区	17	10	7	5	3	2	19	10	9
尖草坪区	5	3	2	5	2	3	33	18	15
万柏林区	34	10	24	8	4	4	26	13	13
晋源区	1		1	8	3	5	11	7	4
清徐县									
阳曲县									
娄烦县									
古交市				1		1	1	1	

1-4a 续表 7

单位：人

地　区	傈僳族			佤　族			畲　族		
	小计	男	女	小计	男	女	小计	男	女
太原市	**35**	**13**	**22**	**28**	**12**	**16**	**74**	**42**	**32**
小店区	5	1	4	15	5	10	25	9	16
迎泽区	3	1	2	2	1	1	5	2	3
杏花岭区	2	1	1	3		3	4	2	2
尖草坪区	10	5	5	2	1	1	15	12	3
万柏林区	10	4	6	5	4	1	22	15	7
晋源区	4	1	3	1	1		3	2	1
清徐县									
阳曲县									
娄烦县									
古交市	1		1						

1-4a 续表 8

单位：人

地　区	高山族			拉祜族			水　族		
	小计	男	女	小计	男	女	小计	男	女
太原市	**1**	**1**		**22**	**7**	**15**	**36**	**21**	**15**
小店区				7	2	5	12	7	5
迎泽区	1	1		2		2	7	7	
杏花岭区				2	1	1	2	1	1
尖草坪区							2	1	1
万柏林区				7	1	6	8	4	4
晋源区				4	3	1	3		3
清徐县									
阳曲县									
娄烦县									
古交市							2	1	1

1-4a　续表 9　　单位：人

地　区	东乡族			纳西族			景颇族		
	小计	男	女	小计	男	女	小计	男	女
太原市	**30**	**20**	**10**	**26**	**14**	**12**	**11**	**4**	**7**
小店区	16	12	4	3	1	2	3	2	1
迎泽区	4	3	1	4	2	2	4		4
杏花岭区	3	2	1	5	3	2	1	1	
尖草坪区	3	1	2	4	2	2	2	1	1
万柏林区	1		1	4	2	2			
晋源区	3	2	1	3	2	1	1		1
清徐县									
阳曲县									
娄烦县									
古交市				3	2	1			

1-4a　续表 10　　单位：人

地　区	柯尔克孜族			土族			达斡尔族		
	小计	男	女	小计	男	女	小计	男	女
太原市	**6**	**3**	**3**	**61**	**30**	**31**	**81**	**34**	**47**
小店区				24	10	14	24	10	14
迎泽区				7	2	5	12	3	9
杏花岭区	1	1		1		1	18	6	12
尖草坪区	3	2	1	11	4	7	10	3	7
万柏林区	2		2	7	7		15	11	4
晋源区				4	3	1	2	1	1
清徐县									
阳曲县									
娄烦县									
古交市				7	4	3			

1-4a　续表 11　　单位：人

地　区	仫佬族			羌族			布朗族		
	小计	男	女	小计	男	女	小计	男	女
太原市	**19**	**11**	**8**	**97**	**63**	**34**	**3**	**1**	**2**
小店区	4	2	2	39	27	12	1		1
迎泽区	3		3	8	2	6			
杏花岭区	3	2	1	16	10	6			
尖草坪区	2	2		6	2	4			
万柏林区	7	5	2	20	15	5	1	1	
晋源区				6	5	1	1		1
清徐县									
阳曲县									
娄烦县									
古交市				2	2				

1-4a 续表 12 单位：人

地区	撒拉族			毛南族			仡佬族		
	小计	男	女	小计	男	女	小计	男	女
太原市	**126**	**61**	**65**	**6**	**3**	**3**	**128**	**98**	**30**
小店区	48	16	32				45	28	17
迎泽区	29	16	13	2		2	6	5	1
杏花岭区	19	13	6				6	5	1
尖草坪区	5	3	2	1	1		15	13	2
万柏林区	21	10	11	3	2	1	31	24	7
晋源区	4	3	1				24	22	2
清徐县									
阳曲县									
娄烦县									
古交市							1	1	

1-4a 续表 13 单位：人

地区	锡伯族			阿昌族			普米族		
	小计	男	女	小计	男	女	小计	男	女
太原市	**103**	**60**	**43**				**3**	**1**	**2**
小店区	18	9	9				1		1
迎泽区	22	17	5						
杏花岭区	16	8	8						
尖草坪区	21	13	8						
万柏林区	21	12	9						
晋源区	4	1	3				2	1	1
清徐县									
阳曲县									
娄烦县									
古交市	1		1						

1-4a 续表 14 单位：人

地区	塔吉克族			怒族			乌孜别克族		
	小计	男	女	小计	男	女	小计	男	女
太原市	**1**	**1**		**2**		**2**	**1**		**1**
小店区				1		1			
迎泽区									
杏花岭区	1	1							
尖草坪区									
万柏林区				1		1	1		1
晋源区									
清徐县									
阳曲县									
娄烦县									
古交市									

1-4a 续表 15 单位：人

地 区	俄罗斯族			鄂温克族			德 昂 族		
	小计	男	女	小计	男	女	小计	男	女
太原市				**13**	**8**	**5**			
小店区				8	5	3			
迎泽区				1	1				
杏花岭区				2		2			
尖草坪区				1	1				
万柏林区				1	1				
晋源区									
清徐县									
阳曲县									
娄烦县									
古交市									

1-4a 续表 16 单位：人

地 区	保 安 族			裕 固 族			京 族		
	小计	男	女	小计	男	女	小计	男	女
太原市	**1**	**1**		**1**	**1**		**2**	**1**	**1**
小店区	1	1					1	1	
迎泽区									
杏花岭区				1	1				
尖草坪区							1		1
万柏林区									
晋源区									
清徐县									
阳曲县									
娄烦县									
古交市									

1-4a 续表 17 单位：人

地 区	塔塔尔族			独 龙 族			鄂伦春族		
	小计	男	女	小计	男	女	小计	男	女
太原市	**1**		**1**				**12**	**6**	**6**
小店区							7	3	4
迎泽区							3	1	2
杏花岭区							1	1	
尖草坪区									
万柏林区	1		1						
晋源区							1	1	
清徐县									
阳曲县									
娄烦县									
古交市									

1-4a 续表 18

单位：人

地区	赫哲族			门巴族			珞巴族		
	小计	男	女	小计	男	女	小计	男	女
太原市	**1**		**1**	**2**	**1**	**1**			
小店区									
迎泽区	1		1						
杏花岭区									
尖草坪区				1		1			
万柏林区				1	1				
晋源区									
清徐县									
阳曲县									
娄烦县									
古交市									

1-4a 续表 19

单位：人

地区	基诺族			未定族称人口			入籍		
	小计	男	女	小计	男	女	小计	男	女
太原市				**84**	**44**	**40**	**5**	**1**	**4**
小店区				29	10	19	1		1
迎泽区				14	9	5			
杏花岭区				9	5	4	4	1	3
尖草坪区				9	4	5			
万柏林区				19	13	6			
晋源区				4	3	1			
清徐县									
阳曲县									
娄烦县									
古交市									

1-4b 各地区分性别、民族的人口(镇)

单位：人

地区	合计			汉族		
	合计	男	女	小计	男	女
太原市	**530025**	**275328**	**254697**	**528642**	**274581**	**254061**
小店区	235579	125121	110458	234872	124730	110142
迎泽区						
杏花岭区						
尖草坪区	1180	616	564	1175	613	562
万柏林区	3974	2104	1870	3967	2101	1866
晋源区	13247	6979	6268	13185	6945	6240
清徐县	145895	73455	72440	145540	73261	72279
阳曲县	68528	35549	32979	68360	35462	32898
娄烦县	45968	23082	22886	45934	23070	22864
古交市	15654	8422	7232	15609	8399	7210

1-4b　续表 1

单位：人

地　区	蒙古族			回　族			藏　族		
	小计	男	女	小计	男	女	小计	男	女
太原市	**189**	**105**	**84**	**280**	**141**	**139**	**29**	**18**	**11**
小店区	117	66	51	174	97	77	11	8	3
迎泽区									
杏花岭区									
尖草坪区	3	2	1						
万柏林区				2	1	1			
晋源区	13	8	5	13	5	8	8	5	3
清徐县	27	13	14	48	21	27	7	3	4
阳曲县	26	15	11	32	13	19	2	1	1
娄烦县				5	2	3	1	1	
古交市	3	1	2	6	2	4			

1-4b　续表 2

单位：人

地　区	维吾尔族			苗　族			彝　族		
	小计	男	女	小计	男	女	小计	男	女
太原市	**15**	**5**	**10**	**194**	**106**	**88**	**128**	**76**	**52**
小店区	9	4	5	54	28	26	47	27	20
迎泽区									
杏花岭区									
尖草坪区							1		1
万柏林区							2		2
晋源区				3	2	1	6	4	2
清徐县	6	1	5	112	64	48	50	34	16
阳曲县				14	10	4	18	11	7
娄烦县				5	1	4	4		4
古交市				6	1	5			

1-4b　续表 3

单位：人

地　区	壮　族			布依族			朝鲜族		
	小计	男	女	小计	男	女	小计	男	女
太原市	**36**	**15**	**21**	**29**	**15**	**14**	**13**	**7**	**6**
小店区	20	9	11	14	5	9	4	3	1
迎泽区									
杏花岭区									
尖草坪区									
万柏林区									
晋源区	6	1	5	1	1		1		1
清徐县	8	5	3	6	4	2	5	2	3
阳曲县	1		1	7	5	2	3	2	1
娄烦县	1		1						
古交市				1		1			

1-4b 续表 4

单位：人

地 区	满 族			侗 族			瑶 族		
	小计	男	女	小计	男	女	小计	男	女
太原市	**268**	**145**	**123**	**16**	**9**	**7**	**8**	**5**	**3**
小店区	162	89	73	7	3	4			
迎泽区									
杏花岭区									
尖草坪区	1	1							
万柏林区	2	1	1						
晋源区	6	6		1		1			
清徐县	46	24	22	5	4	1	3	2	1
阳曲县	37	17	20	2	1	1			
娄烦县	5	2	3				2	1	1
古交市	9	5	4	1	1		3	2	1

1-4b 续表 5

单位：人

地 区	白 族			土 家 族			哈 尼 族		
	小计	男	女	小计	男	女	小计	男	女
太原市	**21**	**15**	**6**	**79**	**46**	**33**	**11**	**6**	**5**
小店区	10	8	2	36	19	17	8	6	2
迎泽区									
杏花岭区									
尖草坪区									
万柏林区									
晋源区				2	1	1			
清徐县	8	4	4	17	10	7	2		2
阳曲县	3	3		9	6	3	1		1
娄烦县				2	1	1			
古交市				13	9	4			

1-4b 续表 6

单位：人

地 区	哈萨克族			傣 族			黎 族		
	小计	男	女	小计	男	女	小计	男	女
太原市	**1**	**1**		**2**		**2**	**5**	**3**	**2**
小店区	1	1					4	3	1
迎泽区									
杏花岭区									
尖草坪区									
万柏林区									
晋源区									
清徐县									
阳曲县				2		2	1		1
娄烦县									
古交市									

1-4b　续表 7　　　　单位：人

地　区	傈僳族			佤　族			畲　族		
	小计	男	女	小计	男	女	小计	男	女
太原市	**8**	**4**	**4**	**7**	**5**	**2**	**2**	**2**	
小店区	3	3		5	5		1	1	
迎泽区									
杏花岭区									
尖草坪区									
万柏林区									
晋源区									
清徐县	2	1	1						
阳曲县	2		2						
娄烦县				2		2			
古交市	1		1				1	1	

1-4b　续表 8　　　　单位：人

地　区	高山族			拉祜族			水　族		
	小计	男	女	小计	男	女	小计	男	女
太原市				**3**	**1**	**2**	**4**	**1**	**3**
小店区				1	1		2		2
迎泽区									
杏花岭区									
尖草坪区									
万柏林区									
晋源区									
清徐县							1		1
阳曲县				2		2	1	1	
娄烦县									
古交市									

1-4b　续表 9　　　　单位：人

地　区	东乡族			纳西族			景颇族		
	小计	男	女	小计	男	女	小计	男	女
太原市	**1**	**1**		**1**	**1**		**2**		**2**
小店区	1	1					1		1
迎泽区									
杏花岭区									
尖草坪区									
万柏林区									
晋源区				1	1				
清徐县									
阳曲县							1		1
娄烦县									
古交市									

1-4b 续表 10 单位：人

地区	柯尔克孜族			土族			达斡尔族		
	小计	男	女	小计	男	女	小计	男	女
太原市							**2**	**1**	**1**
小店区							1		1
迎泽区									
杏花岭区									
尖草坪区									
万柏林区									
晋源区									
清徐县									
阳曲县									
娄烦县							1	1	
古交市									

1-4b 续表 11 单位：人

地区	仫佬族			羌族			布朗族		
	小计	男	女	小计	男	女	小计	男	女
太原市	**2**	**1**	**1**	**10**	**5**	**5**			
小店区	1		1	6	3	3			
迎泽区									
杏花岭区									
尖草坪区									
万柏林区	1	1							
晋源区									
清徐县									
阳曲县									
娄烦县				4	2	2			
古交市									

1-4b 续表 12 单位：人

地区	撒拉族			毛南族			仡佬族		
	小计	男	女	小计	男	女	小计	男	女
太原市	**2**	**1**	**1**				**4**	**2**	**2**
小店区	1		1				1		1
迎泽区									
杏花岭区									
尖草坪区									
万柏林区									
晋源区									
清徐县							1	1	
阳曲县							1		1
娄烦县	1	1							
古交市							1	1	

1-4b　续表 13

单位：人

地　　区	锡伯族			阿昌族			普米族		
	小计	男	女	小计	男	女	小计	男	女
太原市	**1**		**1**						
小店区	1		1						
迎泽区									
杏花岭区									
尖草坪区									
万柏林区									
晋源区									
清徐县									
阳曲县									
娄烦县									
古交市									

1-4b　续表 14

单位：人

地　　区	塔吉克族			怒　族			乌孜别克族		
	小计	男	女	小计	男	女	小计	男	女
太原市									
小店区									
迎泽区									
杏花岭区									
尖草坪区									
万柏林区									
晋源区									
清徐县									
阳曲县									
娄烦县									
古交市									

1-4b　续表 15

单位：人

地　　区	俄罗斯族			鄂温克族			德昂族		
	小计	男	女	小计	男	女	小计	男	女
太原市				**2**	**1**	**1**			
小店区									
迎泽区									
杏花岭区									
尖草坪区									
万柏林区									
晋源区									
清徐县									
阳曲县				2	1	1			
娄烦县									
古交市									

1-4b 续表 16 单位：人

地　区	保安族			裕固族			京　族		
	小计	男	女	小计	男	女	小计	男	女
太原市				**2**		**2**			
小店区				2		2			
迎泽区									
杏花岭区									
尖草坪区									
万柏林区									
晋源区									
清徐县									
阳曲县									
娄烦县									
古交市									

1-4b 续表 17 单位：人

地　区	塔塔尔族			独龙族			鄂伦春族		
	小计	男	女	小计	男	女	小计	男	女
太原市									
小店区									
迎泽区									
杏花岭区									
尖草坪区									
万柏林区									
晋源区									
清徐县									
阳曲县									
娄烦县									
古交市									

1-4b 续表 18 单位：人

地　区	赫哲族			门巴族			珞巴族		
	小计	男	女	小计	男	女	小计	男	女
太原市									
小店区									
迎泽区									
杏花岭区									
尖草坪区									
万柏林区									
晋源区									
清徐县									
阳曲县									
娄烦县									
古交市									

1-4b　续表 19　　单位：人

地　区	基诺族			未定族称人口			入　籍		
	小计	男	女	小计	男	女	小计	男	女
太原市				**6**	**3**	**3**			
小店区				2	1	1			
迎泽区									
杏花岭区									
尖草坪区									
万柏林区									
晋源区				1		1			
清徐县				1	1				
阳曲县				1	1				
娄烦县				1		1			
古交市									

1-4c　各地区分性别、民族的人口(乡村)

单位：人

地　区	合　计			汉　族		
	合计	男	女	小计	男	女
太原市	**580404**	**310822**	**269582**	**578670**	**309817**	**268853**
小店区	87881	47716	40165	87500	47484	40016
迎泽区	11304	6173	5131	11239	6136	5103
杏花岭区	48174	25218	22956	48030	25135	22895
尖草坪区	29430	15664	13766	29334	15597	13737
万柏林区	1000	572	428	996	571	425
晋源区	47679	25002	22677	47477	24876	22601
清徐县	198577	104835	93742	198175	104588	93587
阳曲县	59955	32838	27117	59756	32728	27028
娄烦县	45240	24635	20605	45140	24603	20537
古交市	51164	28169	22995	51023	28099	22924

1-4c　续表 1　　单位：人

地　区	蒙古族			回　族			藏　族		
	小计	男	女	小计	男	女	小计	男	女
太原市	**143**	**93**	**50**	**278**	**148**	**130**	**67**	**29**	**38**
小店区	29	19	10	76	40	36	4	3	1
迎泽区	6	4	2	13	8	5	1	1	
杏花岭区	21	10	11	36	17	19	5	1	4
尖草坪区	5	2	3	30	19	11	6	6	
万柏林区				4	1	3			
晋源区	12	11	1	31	15	16	27	12	15
清徐县	34	19	15	35	21	14	9	2	7
阳曲县	17	14	3	23	11	12	8	3	5
娄烦县	13	11	2	9	4	5	4		4
古交市	6	3	3	21	12	9	3	1	2

1-4c 续表 2　　　单位：人

地　区	维吾尔族			苗　族			彝　族		
	小计	男	女	小计	男	女	小计	男	女
太原市	**24**	**17**	**7**	**218**	**130**	**88**	**273**	**155**	**118**
小店区	5	4	1	60	34	26	66	44	22
迎泽区				8	5	3	5	2	3
杏花岭区				5	4	1	10	6	4
尖草坪区	10	8	2	17	13	4	1	1	
万柏林区									
晋源区	3	2	1	31	25	6	35	23	12
清徐县	4	2	2	46	29	17	102	55	47
阳曲县	1	1		17	6	11	40	22	18
娄烦县				7		7	4	1	3
古交市	1		1	27	14	13	10	1	9

1-4c 续表 3　　　单位：人

地　区	壮　族			布依族			朝鲜族		
	小计	男	女	小计	男	女	小计	男	女
太原市	**100**	**42**	**58**	**33**	**24**	**9**	**9**	**5**	**4**
小店区	18	8	10	4	4		5	3	2
迎泽区	3	1	2						
杏花岭区	2	1	1	3	3		1	1	
尖草坪区	3	1	2	1	1				
万柏林区									
晋源区	4	2	2	4	4				
清徐县	27	20	7	6	4	2	1		1
阳曲县	12	2	10	11	7	4			
娄烦县	24	3	21	3		3	1	1	
古交市	7	4	3	1	1		1		1

1-4c 续表 4　　　单位：人

地　区	满　族			侗　族			瑶　族		
	小计	男	女	小计	男	女	小计	男	女
太原市	**237**	**145**	**92**	**59**	**38**	**21**	**13**	**7**	**6**
小店区	52	30	22	21	16	5			
迎泽区	6	4	2	4	1	3			
杏花岭区	33	20	13	4	3	1	4	4	
尖草坪区	5	4	1	2	1	1	1		1
万柏林区									
晋源区	22	13	9	8	5	3	1	1	
清徐县	57	37	20	11	8	3	1		1
阳曲县	28	21	7	3	2	1			
娄烦县	17	6	11	3	1	2	2		2
古交市	17	10	7	3	1	2	4	2	2

1-4c　续表 5　　　　单位：人

地　区	白　族			土家族			哈尼族		
	小计	男	女	小计	男	女	小计	男	女
太原市	**25**	**10**	**15**	**121**	**75**	**46**	**7**	**3**	**4**
小店区	2	1	1	15	12	3	1		1
迎泽区	1		1	11	8	3			
杏花岭区	6	5	1	9	6	3			
尖草坪区				4	3	1	1	1	
万柏林区									
晋源区	2		2	14	8	6			
清徐县	8	3	5	23	18	5	3		3
阳曲县	2		2	14	6	8	1	1	
娄烦县	3	1	2	4	2	2	1	1	
古交市	1		1	27	12	15			

1-4c　续表 6　　　　单位：人

地　区	哈萨克族			傣　族			黎　族		
	小计	男	女	小计	男	女	小计	男	女
太原市	**4**	**4**		**2**	**1**	**1**	**9**	**5**	**4**
小店区							1	1	
迎泽区									
杏花岭区							1		1
尖草坪区	4	4					1	1	
万柏林区									
晋源区									
清徐县				1		1	1		1
阳曲县							3	2	1
娄烦县							1		1
古交市				1	1		1	1	

1-4c　续表 7　　　　单位：人

地　区	傈僳族			佤　族			畲　族		
	小计	男	女	小计	男	女	小计	男	女
太原市	**6**	**3**	**3**	**3**	**1**	**2**	**11**	**10**	**1**
小店区				1		1	6	5	1
迎泽区									
杏花岭区									
尖草坪区	1		1						
万柏林区									
晋源区							1	1	
清徐县	4	3	1	1	1		1	1	
阳曲县	1		1				2	2	
娄烦县				1		1	1	1	
古交市									

1-4c 续表 8 单位：人

地区	高山族			拉祜族			水族		
	小计	男	女	小计	男	女	小计	男	女
太原市							**7**	**6**	**1**
小店区							2	2	
迎泽区									
杏花岭区									
尖草坪区									
万柏林区									
晋源区							3	3	
清徐县									
阳曲县							1		1
娄烦县									
古交市							1	1	

1-4c 续表 9 单位：人

地区	东乡族			纳西族			景颇族		
	小计	男	女	小计	男	女	小计	男	女
太原市	**3**	**2**	**1**	**1**		**1**	**1**		**1**
小店区	1		1				1		1
迎泽区									
杏花岭区									
尖草坪区									
万柏林区									
晋源区				1		1			
清徐县	2	2							
阳曲县									
娄烦县									
古交市									

1-4c 续表 10 单位：人

地区	柯尔克孜族			土族			达斡尔族		
	小计	男	女	小计	男	女	小计	男	女
太原市				**2**		**2**			
小店区									
迎泽区									
杏花岭区									
尖草坪区				1		1			
万柏林区									
晋源区				1		1			
清徐县									
阳曲县									
娄烦县									
古交市									

1-4c　续表 11

单位：人

地　区	仫佬族			羌　族			布朗族		
	小计	男	女	小计	男	女	小计	男	女
太原市	**1**	**1**		**21**	**16**	**5**	**1**		**1**
小店区				4	3	1	1		1
迎泽区				1	1				
杏花岭区				1		1			
尖草坪区									
万柏林区									
晋源区									
清徐县				4	4				
阳曲县	1	1		11	8	3			
娄烦县									
古交市									

1-4c　续表 12

单位：人

地　区	撒拉族			毛南族			仡佬族		
	小计	男	女	小计	男	女	小计	男	女
太原市	**13**	**6**	**7**				**14**	**8**	**6**
小店区	6	3	3						
迎泽区	5	2	3				1		1
杏花岭区									
尖草坪区									
万柏林区									
晋源区	1		1						
清徐县	1	1					6	4	2
阳曲县									
娄烦县							2		2
古交市							5	4	1

1-4c　续表 13

单位：人

地　区	锡伯族			阿昌族			普米族		
	小计	男	女	小计	男	女	小计	男	女
太原市	**4**	**3**	**1**	**2**	**1**	**1**			
小店区									
迎泽区									
杏花岭区									
尖草坪区				2	1	1			
万柏林区									
晋源区									
清徐县	3	3							
阳曲县									
娄烦县									
古交市	1		1						

1-4c 续表 14

单位：人

地区	塔吉克族			怒族			乌孜别克族		
	小计	男	女	小计	男	女	小计	男	女
太原市									
小店区									
迎泽区									
杏花岭区									
尖草坪区									
万柏林区									
晋源区									
清徐县									
阳曲县									
娄烦县									
古交市									

1-4c 续表 15

单位：人

地区	俄罗斯族			鄂温克族			德昂族		
	小计	男	女	小计	男	女	小计	男	女
太原市				**10**	**10**		**2**	**1**	**1**
小店区									
迎泽区									
杏花岭区				1	1		2	1	1
尖草坪区									
万柏林区									
晋源区									
清徐县				9	9				
阳曲县									
娄烦县									
古交市									

1-4c 续表 16

单位：人

地区	保安族			裕固族			京族		
	小计	男	女	小计	男	女	小计	男	女
太原市									
小店区									
迎泽区									
杏花岭区									
尖草坪区									
万柏林区									
晋源区									
清徐县									
阳曲县									
娄烦县									
古交市									

1-4c 续表 17 单位：人

地 区	塔塔尔族			独 龙 族			鄂伦春族		
	小计	男	女	小计	男	女	小计	男	女
太原市									
小店区									
迎泽区									
杏花岭区									
尖草坪区									
万柏林区									
晋源区									
清徐县									
阳曲县									
娄烦县									
古交市									

1-4c 续表 18 单位：人

地 区	赫 哲 族			门 巴 族			珞 巴 族		
	小计	男	女	小计	男	女	小计	男	女
太原市									
小店区									
迎泽区									
杏花岭区									
尖草坪区									
万柏林区									
晋源区									
清徐县									
阳曲县									
娄烦县									
古交市									

1-4c 续表 19 单位：人

地 区	基 诺 族			未定族称人口			入 籍		
	小计	男	女	小计	男	女	小计	男	女
太原市				**10**	**6**	**4**			
小店区									
迎泽区									
杏花岭区									
尖草坪区				1	1				
万柏林区									
晋源区				1	1				
清徐县				2	1	1			
阳曲县				3	1	2			
娄烦县									
古交市				3	2	1			

1-5 各地区分年龄、性别的人口

单位：人

地　区	合　计			0岁		
	合计	男	女	小计	男	女
太原市	**5304061**	**2722001**	**2582060**	**45265**	**23455**	**21810**
小店区	**1357242**	**698360**	**658882**	**11777**	**6147**	**5630**
坞城街道	176143	85302	90841	1001	543	458
营盘街道	152381	77256	75125	1221	639	582
北营街道	133617	70492	63125	1268	653	615
平阳路街道	153813	77093	76720	1103	574	529
黄陵街道	75880	40517	35363	635	333	302
小店街道	216500	112011	104489	2352	1241	1111
龙城街道	141366	71945	69421	1516	793	723
唐槐园区街道	144094	80459	63635	1217	623	594
学府园区街道	17360	8789	8571	182	84	98
北格镇	64659	32611	32048	626	341	285
西温庄乡	43783	21614	22169	274	127	147
刘家堡乡	37646	20271	17375	382	196	186
迎泽区	**594238**	**296257**	**297981**	**4624**	**2407**	**2217**
柳巷街道	37925	18751	19174	205	112	93
文庙街道	65531	32079	33452	457	221	236
庙前街道	58953	29173	29780	341	191	150
迎泽街道	97668	46395	51273	682	344	338
桥东街道	127618	63729	63889	1040	557	483
老军营街道	68494	33810	34684	528	273	255
郝庄镇	138049	72320	65729	1371	709	662
杏花岭区	**779479**	**391816**	**387663**	**6144**	**3168**	**2976**
巨轮街道	111635	55297	56338	812	442	370
三桥街道	78210	39104	39106	454	241	213
鼓楼街道	33921	16341	17580	170	92	78
杏花岭街道	32925	15946	16979	289	149	140
坝陵桥街道	42140	20515	21625	290	138	152
大东关街道	80826	41955	38871	608	306	302
职工新街街道	58360	29361	28999	549	302	247
敦化坊街道	121771	60614	61157	1100	549	551
涧河街道	60714	30699	30015	344	182	162
杨家峪街道	104223	53343	50880	1035	521	514
中涧河乡	44991	23461	21530	393	197	196
小返乡	9763	5180	4583	100	49	51

1-5　续表 1　　　　单位：人

地　区	合　计			0岁		
	合计	男	女	小计	男	女
尖草坪区	**530499**	**277583**	**252916**	**4219**	**2152**	**2067**
尖草坪街道	34929	17533	17396	193	94	99
光社街道	27649	14509	13140	228	125	103
上兰街道	44696	27579	17117	146	67	79
南寨街道	72664	38066	34598	405	199	206
迎新街道	26593	13494	13099	195	101	94
古城街道	74485	38190	36295	642	337	305
汇丰街道	95875	48356	47519	790	405	385
柴村街道	67408	34885	32523	760	389	371
新城街道	24270	12615	11655	237	117	120
向阳镇	26311	13457	12854	304	167	137
阳曲镇	17549	9194	8355	142	77	65
马头水乡	1637	848	789	19	9	10
柏板乡	11466	5991	5475	115	47	68
西墕乡	4127	2269	1858	43	18	25
太原中北高新技术产业开发区	840	597	243			
万柏林区	**951238**	**486453**	**464785**	**8781**	**4521**	**4260**
千峰街道	53957	29327	24630	345	172	173
下元街道	84357	42101	42256	636	340	296
和平街道	108074	57472	50602	929	496	433
兴华街道	74037	36440	37597	574	298	276
万柏林街道	56683	28616	28067	430	230	200
杜儿坪街道	36896	18715	18181	282	148	134
白家庄街道	21970	11099	10871	164	79	85
南寒街道	114284	56948	57336	1061	551	510
东社街道	47013	24671	22342	631	314	317
化客头街道	4318	2320	1998	37	19	18
小井峪街道	162173	83519	78654	1818	908	910
西铭街道	41408	21318	20090	384	199	185
长风西街街道	107547	54609	52938	1081	554	527
神堂沟街道	37800	18904	18896	401	207	194
王封乡	721	394	327	8	6	2
晋源区	**316445**	**166337**	**150108**	**3043**	**1614**	**1429**
义井街道	110928	57614	53314	1111	598	513
罗城街道	18886	9679	9207	146	72	74
晋源街道	59851	31184	28667	624	331	293
金胜镇	50902	28036	22866	477	265	212
晋祠镇	50455	26430	24025	420	222	198
姚村镇	25423	13394	12029	265	126	139

1-5 续表 2

单位：人

地区	合计			0岁		
	合计	男	女	小计	男	女
清徐县	**344472**	**178290**	**166182**	**3110**	**1572**	**1538**
清源镇	122877	63756	59121	1132	568	564
徐沟镇	58885	28357	30528	459	232	227
东于镇	28010	16125	11885	243	125	118
孟封镇	27283	14044	13239	271	144	127
马峪乡	20059	10744	9315	176	94	82
柳杜乡	16402	8534	7868	142	71	71
西谷乡	17031	8726	8305	159	79	80
王答乡	29432	15282	14150	268	129	139
集义乡	24493	12722	11771	260	130	130
阳曲县	**128483**	**68387**	**60096**	**1160**	**594**	**566**
黄寨镇	18963	10394	8569	123	66	57
大盂镇	7583	4160	3423	59	36	23
东黄水镇	7554	4262	3292	53	34	19
泥屯镇	13470	7262	6208	125	60	65
高村乡	6462	3581	2881	52	26	26
侯村乡	11218	6207	5011	87	42	45
凌井店乡	5516	3010	2506	34	18	16
西凌井乡	693	425	268	2		2
北小店乡	1277	716	561	7	2	5
杨兴乡	1936	1085	851	9	5	4
中心镇	53811	27285	26526	609	305	304
娄烦县	**91208**	**47717**	**43491**	**725**	**407**	**318**
娄烦镇	52039	26167	25872	438	262	176
静游镇	10700	5925	4775	85	39	46
杜交曲镇	2637	1387	1250	19	11	8
庙湾乡	1768	971	797	17	8	9
马家庄乡	10815	5830	4985	68	32	36
盖家庄乡	2309	1335	974	16	9	7
米峪镇乡	4569	2603	1966	33	19	14
天池店乡	6371	3499	2872	49	27	22
古交市	**210757**	**110801**	**99956**	**1682**	**873**	**809**
东曲街道	42382	21758	20624	364	186	178
西曲街道	14038	7265	6773	114	67	47
桃园街道	70129	35994	34135	572	301	271
屯兰街道	13384	7261	6123	118	54	64
河口镇	13153	6812	6341	144	85	59
镇城底镇	8227	4364	3863	66	31	35
马兰镇	16242	8878	7364	90	39	51
阁上乡	733	468	265	4	4	
加乐泉乡	4739	2893	1846	30	16	14
梭峪乡	11698	6334	5364	76	35	41
岔口乡	4622	2498	2124	35	22	13
常安乡	4093	2210	1883	31	15	16
原相乡	2640	1444	1196	18	4	14
邢家社乡	4677	2622	2055	20	14	6

1-5 续表 3

单位：人

地区	1-4岁			5-9岁			10-14岁		
	小计	男	女	小计	男	女	小计	男	女
太原市	**243591**	**125633**	**117958**	**287133**	**148813**	**138320**	**248746**	**128517**	**120229**
小店区	**64523**	**33420**	**31103**	**75413**	**39140**	**36273**	**57520**	**29920**	**27600**
坞城街道	5613	2981	2632	8025	4144	3881	7703	4104	3599
营盘街道	6269	3264	3005	8002	4194	3808	6733	3489	3244
北营街道	7181	3698	3483	7779	4089	3690	6070	3181	2889
平阳路街道	6232	3272	2960	7744	4032	3712	6581	3399	3182
黄陵街道	3456	1787	1669	4039	2097	1942	2961	1521	1440
小店街道	14204	7388	6816	16656	8591	8065	11305	5878	5427
龙城街道	8169	4191	3978	9117	4730	4387	6394	3324	3070
唐槐园区街道	6348	3281	3067	5904	3044	2860	3250	1712	1538
学府园区街道	905	429	476	900	474	426	816	405	411
北格镇	2770	1427	1343	3003	1561	1442	2406	1247	1159
西温庄乡	1492	774	718	2062	1071	991	1540	782	758
刘家堡乡	1884	928	956	2182	1113	1069	1761	878	883
迎泽区	**25147**	**13048**	**12099**	**31305**	**16304**	**15001**	**27581**	**14328**	**13253**
柳巷街道	1085	557	528	1644	882	762	1663	858	805
文庙街道	2345	1218	1127	3384	1746	1638	3347	1763	1584
庙前街道	2118	1096	1022	2924	1574	1350	2517	1324	1193
迎泽街道	3583	1891	1692	4855	2498	2357	3990	2019	1971
桥东街道	5142	2650	2492	5660	2949	2711	5631	2910	2721
老军营街道	2970	1466	1504	4126	2111	2015	3336	1712	1624
郝庄镇	7904	4170	3734	8712	4544	4168	7097	3742	3355
杏花岭区	**34995**	**17962**	**17033**	**42603**	**22021**	**20582**	**36966**	**18916**	**18050**
巨轮街道	4795	2475	2320	5485	2801	2684	4840	2425	2415
三桥街道	2579	1316	1263	3839	1994	1845	3666	1860	1806
鼓楼街道	1113	589	524	1757	918	839	2024	1007	1017
杏花岭街道	1356	680	676	2162	1100	1062	1659	850	809
坝陵桥街道	1578	838	740	1887	970	917	2007	1022	985
大东关街道	3479	1790	1689	3584	1874	1710	3274	1676	1598
职工新街街道	2730	1398	1332	2718	1372	1346	2267	1140	1127
敦化坊街道	6703	3422	3281	7978	4132	3846	5611	2878	2733
涧河街道	2014	1027	987	2675	1375	1300	2667	1401	1266
杨家峪街道	5839	2994	2845	6765	3479	3286	5595	2922	2673
中涧河乡	2348	1195	1153	3168	1694	1474	2815	1472	1343
小返乡	461	238	223	585	312	273	541	263	278

1-5 续表 4 单位：人

地区	1-4岁			5-9岁			10-14岁		
	小计	男	女	小计	男	女	小计	男	女
尖草坪区	**22581**	**11541**	**11040**	**25404**	**13093**	**12311**	**23280**	**11978**	**11302**
尖草坪街道	1210	638	572	1437	763	674	1398	732	666
光社街道	1180	595	585	1307	713	594	1152	599	553
上兰街道	883	456	427	939	468	471	1017	495	522
南寨街道	2293	1171	1122	2591	1293	1298	2531	1284	1247
迎新街道	1133	567	566	1132	553	579	1110	562	548
古城街道	3561	1838	1723	3600	1819	1781	2825	1428	1397
汇丰街道	4371	2199	2172	5247	2753	2494	4871	2531	2340
柴村街道	3980	2025	1955	4612	2398	2214	3996	2074	1922
新城街道	1188	618	570	1335	702	633	1248	620	628
向阳镇	1374	696	678	1415	732	683	1262	685	577
阳曲镇	789	412	377	996	497	499	1059	547	512
马头水乡	37	19	18	81	36	45	50	25	25
柏板乡	435	224	211	532	263	269	579	306	273
西墕乡	140	79	61	160	88	72	165	83	82
太原中北高新技术产业开发区	7	4	3	20	15	5	17	7	10
万柏林区	**47432**	**24560**	**22872**	**51815**	**26838**	**24977**	**43063**	**22207**	**20856**
千峰街道	1890	984	906	2181	1109	1072	1847	917	930
下元街道	3386	1759	1627	3945	2064	1881	3439	1799	1640
和平街道	4938	2582	2356	5155	2629	2526	4104	2115	1989
兴华街道	3600	1881	1719	4992	2589	2403	4273	2162	2111
万柏林街道	2422	1242	1180	2946	1492	1454	3018	1551	1467
杜儿坪街道	1621	846	775	1832	922	910	1667	834	833
白家庄街道	784	398	386	1030	546	484	1140	568	572
南寒街道	5420	2782	2638	5722	2932	2790	4702	2367	2335
东社街道	3206	1662	1544	3722	1913	1809	2872	1514	1358
化客头街道	124	59	65	180	95	85	230	110	120
小井峪街道	9949	5061	4888	9514	4983	4531	7462	3903	3559
西铭街道	2132	1103	1029	2440	1263	1177	2287	1176	1111
长风西街街道	5722	3028	2694	5628	2963	2665	4310	2284	2026
神堂沟街道	2214	1159	1055	2504	1328	1176	1655	878	777
王封乡	24	14	10	24	10	14	57	29	28
晋源区	**16228**	**8457**	**7771**	**19448**	**10109**	**9339**	**16179**	**8360**	**7819**
义井街道	6260	3280	2980	6761	3550	3211	5201	2748	2453
罗城街道	738	376	362	1017	535	482	975	501	474
晋源街道	3315	1711	1604	4307	2234	2073	3414	1697	1717
金胜镇	2320	1203	1117	2951	1541	1410	2492	1269	1223
晋祠镇	2321	1208	1113	2897	1475	1422	2635	1381	1254
姚村镇	1274	679	595	1515	774	741	1462	764	698

1-5　续表 5

单位：人

地　区	1-4岁			5-9岁			10-14岁		
	小计	男	女	小计	男	女	小计	男	女
清徐县	**15404**	**7738**	**7666**	**18369**	**9428**	**8941**	**18142**	**9213**	**8929**
清源镇	6362	3196	3166	7591	3927	3664	7493	3861	3632
徐沟镇	2405	1200	1205	2908	1455	1453	2776	1350	1426
东于镇	1156	574	582	1297	676	621	1314	686	628
孟封镇	1097	565	532	1207	613	594	1240	634	606
马峪乡	909	460	449	1191	610	581	1052	552	500
柳杜乡	605	302	303	737	371	366	840	436	404
西谷乡	734	358	376	821	422	399	827	424	403
王答乡	1114	574	540	1314	677	637	1448	695	753
集义乡	1022	509	513	1303	677	626	1152	575	577
阳曲县	**4792**	**2390**	**2402**	**6021**	**3075**	**2946**	**5710**	**2939**	**2771**
黄寨镇	525	256	269	723	354	369	758	396	362
大盂镇	162	70	92	185	89	96	237	121	116
东黄水镇	129	64	65	151	70	81	178	87	91
泥屯镇	384	201	183	495	243	252	506	240	266
高村乡	130	64	66	155	74	81	181	95	86
侯村乡	302	153	149	343	187	156	308	175	133
凌井店乡	99	50	49	97	48	49	117	61	56
西凌井乡	10	5	5	9	5	4	5	3	2
北小店乡	16	9	7	22	11	11	15	6	9
杨兴乡	30	23	7	21	11	10	32	13	19
中心镇	3005	1495	1510	3820	1983	1837	3373	1742	1631
娄烦县	**3417**	**1789**	**1628**	**5129**	**2641**	**2488**	**6347**	**3316**	**3031**
娄烦镇	2508	1333	1175	4034	2067	1967	4534	2368	2166
静游镇	252	122	130	245	131	114	389	203	186
杜交曲镇	69	42	27	55	34	21	103	58	45
庙湾乡	17	10	7	31	14	17	57	30	27
马家庄乡	312	149	163	473	249	224	714	357	357
盖家庄乡	33	18	15	28	11	17	81	42	39
米峪镇乡	75	41	34	96	45	51	185	109	76
天池店乡	151	74	77	167	90	77	284	149	135
古交市	**9072**	**4728**	**4344**	**11626**	**6164**	**5462**	**13958**	**7340**	**6618**
东曲街道	1943	982	961	2538	1374	1164	3041	1581	1460
西曲街道	573	299	274	764	421	343	1001	526	475
桃园街道	3476	1872	1604	4626	2451	2175	5122	2677	2445
屯兰街道	556	289	267	715	386	329	843	441	402
河口镇	564	302	262	701	369	332	824	431	393
镇城底镇	344	171	173	369	174	195	476	265	211
马兰镇	643	315	328	760	403	357	939	500	439
阁上乡	12	6	6	14	8	6	22	10	12
加乐泉乡	127	57	70	125	58	67	232	134	98
梭峪乡	416	211	205	480	242	238	696	381	315
岔口乡	130	75	55	176	82	94	235	123	112
常安乡	107	63	44	128	69	59	176	90	86
原相乡	72	39	33	86	43	43	135	70	65
邢家社乡	109	47	62	144	84	60	216	111	105

1-5 续表 6 单位：人

地 区	15-19岁			20-24岁			25-29岁		
	小计	男	女	小计	男	女	小计	男	女
太原市	**274382**	**146075**	**128307**	**403913**	**211385**	**192528**	**446036**	**228119**	**217917**
小店区	**89616**	**45149**	**44467**	**151511**	**73287**	**78224**	**139271**	**73525**	**65746**
坞城街道	20002	10535	9467	28350	11094	17256	13236	5943	7293
营盘街道	6550	3760	2790	8881	4424	4457	13890	6876	7014
北营街道	6187	3202	2985	10254	5248	5006	15360	8125	7235
平阳路街道	9045	3668	5377	12306	5934	6372	14793	7498	7295
黄陵街道	6036	2388	3648	6134	3184	2950	8353	4735	3618
小店街道	6960	3657	3303	12683	6470	6213	22480	11407	11073
龙城街道	6399	2850	3549	14850	6101	8749	15202	7823	7379
唐槐园区街道	11950	7057	4893	30165	18269	11896	23092	14388	8704
学府园区街道	1060	605	455	1378	661	717	2005	958	1047
北格镇	7694	3301	4393	12676	6019	6657	4371	2216	2155
西温庄乡	5304	2248	3056	11774	4670	7104	3160	1809	1351
刘家堡乡	2429	1878	551	2060	1213	847	3329	1747	1582
迎泽区	**22972**	**11231**	**11741**	**32875**	**15284**	**17591**	**47302**	**23172**	**24130**
柳巷街道	1973	973	1000	2658	1208	1450	3279	1621	1658
文庙街道	3077	1314	1763	3011	1386	1625	4514	2283	2231
庙前街道	2073	1074	999	2474	1179	1295	4115	2010	2105
迎泽街道	4978	2172	2806	7693	2885	4808	7305	3160	4145
桥东街道	5363	2614	2749	6275	2914	3361	10400	5103	5297
老军营街道	1689	901	788	3395	1728	1667	5150	2677	2473
郝庄镇	3819	2183	1636	7369	3984	3385	12539	6318	6221
杏花岭区	**30464**	**17143**	**13321**	**37405**	**19890**	**17515**	**54515**	**26622**	**27893**
巨轮街道	3048	1532	1516	4448	2172	2276	7691	3713	3978
三桥街道	5156	3189	1967	4111	2433	1678	4579	2220	2359
鼓楼街道	2233	1041	1192	1968	808	1160	1868	916	952
杏花岭街道	961	498	463	1628	755	873	2046	950	1096
坝陵桥街道	1522	763	759	1868	872	996	2752	1278	1474
大东关街道	4511	2868	1643	6938	4347	2591	5304	2578	2726
职工新街街道	2476	1461	1015	2689	1401	1288	4412	2170	2242
敦化坊街道	3488	1848	1640	3875	1960	1915	7972	3881	4091
涧河街道	2325	1282	1043	2321	1209	1112	3693	1832	1861
杨家峪街道	3119	1742	1377	4998	2534	2464	10050	4950	5100
中涧河乡	1267	718	549	2133	1160	973	3450	1786	1664
小返乡	358	201	157	428	239	189	698	348	350

1-5　续表 7　　　　单位：人

地　区	15-19岁			20-24岁			25-29岁		
	小计	男	女	小计	男	女	小计	男	女
尖草坪区	**35565**	**20415**	**15150**	**49545**	**30279**	**19266**	**37494**	**19258**	**18236**
尖草坪街道	880	474	406	1316	672	644	2144	1093	1051
光社街道	1011	532	479	1431	824	607	2272	1233	1039
上兰街道	8716	6060	2656	17167	11758	5409	2643	1592	1051
南寨街道	6745	3907	2838	11687	7102	4585	3784	1895	1889
迎新街道	649	353	296	1349	702	647	1881	972	909
古城街道	4027	2264	1763	3668	2000	1668	5627	2826	2801
汇丰街道	6579	2953	3626	5548	3111	2437	7251	3580	3671
柴村街道	3006	1639	1367	3084	1722	1362	5531	2741	2790
新城街道	653	364	289	1110	632	478	1875	980	895
向阳镇	709	414	295	1384	714	670	2052	1024	1028
阳曲镇	1152	682	470	841	467	374	1125	594	531
马头水乡	48	26	22	93	48	45	87	40	47
柏板乡	1261	664	597	522	290	232	788	400	388
西焉乡	103	62	41	254	159	95	286	171	115
太原中北高新技术产业开发区	26	21	5	91	78	13	148	117	31
万柏林区	**39632**	**22537**	**17095**	**70206**	**39137**	**31069**	**82298**	**41091**	**41207**
千峰街道	3902	2670	1232	11129	7310	3819	4832	2573	2259
下元街道	4700	2306	2394	11295	6004	5291	6690	3260	3430
和平街道	7103	4395	2708	13468	8343	5125	8867	4580	4287
兴华街道	2964	1427	1537	3084	1466	1618	5108	2446	2662
万柏林街道	1758	920	838	2119	1166	953	3828	1913	1915
杜儿坪街道	885	494	391	1615	842	773	2733	1345	1388
白家庄街道	661	355	306	1044	572	472	1553	807	746
南寒街道	3344	1749	1595	5275	2497	2778	9759	4753	5006
东社街道	1167	671	496	2711	1487	1224	4667	2313	2354
化客头街道	129	77	52	189	95	94	251	160	91
小井峪街道	5433	3122	2311	8081	4221	3860	16070	8192	7878
西铭街道	1498	791	707	1962	1022	940	3706	1861	1845
长风西街街道	5287	3110	2177	6570	3292	3278	10779	5232	5547
神堂沟街道	745	421	324	1621	795	826	3367	1608	1759
王封乡	56	29	27	43	25	18	88	48	40
晋源区	**16250**	**9402**	**6848**	**20818**	**11641**	**9177**	**27270**	**13935**	**13335**
义井街道	4677	2406	2271	7438	3993	3445	10485	5232	5253
罗城街道	1265	674	591	811	427	384	1355	684	671
晋源街道	1837	987	850	3189	1728	1461	5074	2623	2451
金胜镇	2751	1871	880	3735	2460	1275	4576	2431	2145
晋祠镇	4954	3006	1948	4218	2290	1928	3550	1796	1754
姚村镇	766	458	308	1427	743	684	2230	1169	1061

1-5 续表 8

单位：人

地 区	15-19岁			20-24岁			25-29岁		
	小计	男	女	小计	男	女	小计	男	女
清徐县	**21127**	**10170**	**10957**	**21832**	**11201**	**10631**	**27272**	**14399**	**12873**
清源镇	7172	3714	3458	6492	3502	2990	9939	5069	4870
徐沟镇	8669	3521	5148	6032	2475	3557	3816	1949	1867
东于镇	744	457	287	1692	1022	670	2440	1404	1036
孟封镇	733	405	328	1616	827	789	2373	1283	1090
马峪乡	598	354	244	1128	648	480	1760	961	799
柳杜乡	444	238	206	1001	561	440	1263	666	597
西谷乡	418	230	188	900	509	391	1329	693	636
王答乡	1697	904	793	1625	900	725	2456	1350	1106
集义乡	652	347	305	1346	757	589	1896	1024	872
阳曲县	**5077**	**2792**	**2285**	**6095**	**3318**	**2777**	**9054**	**4775**	**4279**
黄寨镇	1439	768	671	988	559	429	1343	781	562
大盂镇	191	102	89	412	228	184	390	198	192
东黄水镇	192	101	91	372	210	162	470	304	166
泥屯镇	378	204	174	614	351	263	801	444	357
高村乡	125	69	56	297	160	137	298	177	121
侯村乡	1143	662	481	480	285	195	744	409	335
凌井店乡	107	63	44	244	126	118	277	163	114
西凌井乡	6	4	2	28	18	10	27	13	14
北小店乡	20	15	5	57	32	25	69	42	27
杨兴乡	27	18	9	77	40	37	85	45	40
中心镇	1449	786	663	2526	1309	1217	4550	2199	2351
娄烦县	**3859**	**2045**	**1814**	**4387**	**2342**	**2045**	**6406**	**3304**	**3102**
娄烦镇	2499	1321	1178	2368	1201	1167	3747	1758	1989
静游镇	328	184	144	576	346	230	921	542	379
杜交曲镇	97	44	53	144	77	67	158	88	70
庙湾乡	67	33	34	113	68	45	110	61	49
马家庄乡	340	180	160	473	255	218	561	308	253
盖家庄乡	96	53	43	117	75	42	160	94	66
米峪镇乡	183	91	92	248	134	114	294	185	109
天池店乡	249	139	110	348	186	162	455	268	187
古交市	**9820**	**5191**	**4629**	**9239**	**5006**	**4233**	**15154**	**8038**	**7116**
东曲街道	1409	738	671	1518	818	700	2712	1381	1331
西曲街道	544	273	271	582	303	279	1069	551	518
桃园街道	5494	2835	2659	3200	1690	1510	5144	2581	2563
屯兰街道	378	213	165	577	325	252	961	530	431
河口镇	396	215	181	628	331	297	1108	582	526
镇城底镇	174	98	76	389	203	186	696	397	299
马兰镇	380	200	180	600	335	265	1179	684	495
阁上乡	32	22	10	43	30	13	58	41	17
加乐泉乡	106	59	47	187	127	60	324	194	130
梭峪乡	319	182	137	504	288	216	752	419	333
岔口乡	139	77	62	243	140	103	334	192	142
常安乡	155	100	55	304	168	136	331	196	135
原相乡	76	43	33	155	84	71	179	102	77
邢家社乡	218	136	82	309	164	145	307	188	119

1-5　续表 9　　　　单位：人

地　区	30-34岁			35-39岁			40-44岁		
	小计	男	女	小计	男	女	小计	男	女
太原市	**550797**	**281267**	**269530**	**436241**	**223408**	**212833**	**341882**	**175295**	**166587**
小店区	**161657**	**84696**	**76961**	**118042**	**61477**	**56565**	**82019**	**42595**	**39424**
坞城街道	12850	6366	6484	12345	5915	6430	10951	5365	5586
营盘街道	15417	7668	7749	13091	6445	6646	10425	5305	5120
北营街道	18554	9782	8772	12808	6900	5908	9013	4828	4185
平阳路街道	15376	7780	7596	12529	6302	6227	10065	5028	5037
黄陵街道	9645	5550	4095	6181	3519	2662	4524	2557	1967
小店街道	31770	16409	15361	23610	12462	11148	13439	7237	6202
龙城街道	19234	10019	9215	14058	7465	6593	8983	4847	4136
唐槐园区街道	24425	13447	10978	13557	7120	6437	7059	3185	3874
学府园区街道	2077	1054	1023	1450	690	760	1218	620	598
北格镇	5076	2657	2419	3469	1881	1588	2731	1571	1160
西温庄乡	3738	2126	1612	2652	1517	1135	1742	1007	735
刘家堡乡	3495	1838	1657	2292	1261	1031	1869	1045	824
迎泽区	**57618**	**28411**	**29207**	**52108**	**25943**	**26165**	**41542**	**20712**	**20830**
柳巷街道	3126	1548	1578	2973	1430	1543	2683	1283	1400
文庙街道	5773	2824	2949	5580	2667	2913	4927	2387	2540
庙前街道	4772	2245	2527	4886	2407	2479	3999	1954	2045
迎泽街道	7332	3525	3807	7468	3597	3871	6093	2945	3148
桥东街道	12493	6196	6297	10974	5532	5442	9069	4532	4537
老军营街道	5684	2721	2963	6348	2956	3392	4739	2345	2394
郝庄镇	18438	9352	9086	13879	7354	6525	10032	5266	4766
杏花岭区	**77723**	**38112**	**39611**	**68713**	**34027**	**34686**	**54368**	**26935**	**27433**
巨轮街道	10835	5263	5572	9992	4884	5108	7951	3923	4028
三桥街道	5625	2706	2919	5814	2668	3146	5251	2487	2764
鼓楼街道	2241	1047	1194	2771	1291	1480	2520	1144	1376
杏花岭街道	2509	1150	1359	2912	1338	1574	2365	1128	1237
坝陵桥街道	3402	1613	1789	3388	1626	1762	3201	1508	1693
大东关街道	7939	3857	4082	6730	3396	3334	5469	2699	2770
职工新街街道	6368	3141	3227	4937	2510	2427	3534	1782	1752
敦化坊街道	14350	6956	7394	12472	6183	6289	8165	4022	4143
涧河街道	5394	2775	2619	4434	2259	2175	3923	1958	1965
杨家峪街道	12973	6485	6488	10528	5404	5124	7912	4145	3767
中涧河乡	5092	2603	2489	4044	2094	1950	3496	1822	1674
小返乡	995	516	479	691	374	317	581	317	264

1-5 续表 10 单位：人

地　区	30-34岁			35-39岁			40-44岁		
	小计	男	女	小计	男	女	小计	男	女
尖草坪区	**50170**	**25405**	**24765**	**38625**	**19873**	**18752**	**33142**	**16841**	**16301**
尖草坪街道	2874	1439	1435	2539	1282	1257	2354	1145	1209
光社街道	2653	1388	1265	1989	1032	957	1920	987	933
上兰街道	1869	985	884	1437	705	732	1546	781	765
南寨街道	5274	2631	2643	3839	1942	1897	3802	1816	1986
迎新街道	2296	1153	1143	1774	896	878	1848	939	909
古城街道	8791	4491	4300	6510	3371	3139	5057	2501	2556
汇丰街道	10218	5094	5124	8311	4197	4114	6609	3416	3193
柴村街道	7988	3982	4006	6317	3318	2999	4583	2473	2110
新城街道	2609	1311	1298	1911	999	912	1695	891	804
向阳镇	2687	1390	1297	1782	912	870	1710	819	891
阳曲镇	1524	776	748	1191	640	551	1097	574	523
马头水乡	96	50	46	93	45	48	64	34	30
柏板乡	894	468	426	621	346	275	562	299	263
西墕乡	265	155	110	212	128	84	220	119	101
太原中北高新技术产业开发区	132	92	40	99	60	39	75	47	28
万柏林区	**105194**	**53035**	**52159**	**80059**	**40348**	**39711**	**61374**	**31185**	**30189**
千峰街道	4422	2199	2223	3679	1801	1878	2742	1293	1449
下元街道	7986	3826	4160	6772	3313	3459	4967	2538	2429
和平街道	11799	6146	5653	7877	4052	3825	6092	3104	2988
兴华街道	7334	3402	3932	7494	3565	3929	6023	2961	3062
万柏林街道	5327	2617	2710	4960	2434	2526	4394	2213	2181
杜儿坪街道	3390	1705	1685	2674	1317	1357	2462	1243	1219
白家庄街道	1742	880	862	1468	734	734	1520	757	763
南寒街道	12169	6079	6090	9015	4462	4553	7564	3759	3805
东社街道	6538	3418	3120	4236	2256	1980	2912	1594	1318
化客头街道	304	160	144	278	139	139	342	200	142
小井峪街道	22485	11675	10810	16106	8332	7774	10981	5718	5263
西铭街道	4367	2292	2075	3310	1731	1579	2630	1394	1236
长风西街街道	12544	6300	6244	8574	4374	4200	6261	3160	3101
神堂沟街道	4712	2292	2420	3555	1809	1746	2455	1239	1216
王封乡	75	44	31	61	29	32	29	12	17
晋源区	**35255**	**18136**	**17119**	**26202**	**13953**	**12249**	**18916**	**10159**	**8757**
义井街道	15328	7833	7495	10643	5649	4994	7016	3731	3285
罗城街道	1482	757	725	1298	663	635	1176	613	563
晋源街道	6234	3181	3053	5202	2743	2459	3634	2009	1625
金胜镇	5491	2941	2550	3817	2103	1714	3058	1662	1396
晋祠镇	4448	2213	2235	3550	1880	1670	2567	1363	1204
姚村镇	2272	1211	1061	1692	915	777	1465	781	684

1-5 续表 11

单位：人

地 区	30-34岁			35-39岁			40-44岁		
	小计	男	女	小计	男	女	小计	男	女
清徐县	**27485**	**14952**	**12533**	**22526**	**12280**	**10246**	**20200**	**10948**	**9252**
清源镇	11417	6096	5321	9416	4940	4476	8208	4318	3890
徐沟镇	3801	1967	1834	3561	1885	1676	3160	1675	1485
东于镇	2424	1535	889	1809	1133	676	1865	1154	711
孟封镇	1617	860	757	1392	777	615	1338	695	643
马峪乡	2013	1124	889	1338	763	575	1101	617	484
柳杜乡	1150	650	500	829	464	365	839	456	383
西谷乡	1286	690	596	884	488	396	753	406	347
王答乡	2046	1111	935	1765	963	802	1728	962	766
集义乡	1731	919	812	1532	867	665	1208	665	543
阳曲县	**9742**	**5111**	**4631**	**8019**	**4315**	**3704**	**7890**	**4261**	**3629**
黄寨镇	1230	685	545	979	581	398	1043	576	467
大盂镇	369	219	150	277	164	113	368	213	155
东黄水镇	386	256	130	272	175	97	324	202	122
泥屯镇	714	389	325	637	352	285	751	440	311
高村乡	291	191	100	247	148	99	327	184	143
侯村乡	734	410	324	555	320	235	531	291	240
凌井店乡	198	123	75	185	119	66	239	143	96
西凌井乡	36	26	10	26	20	6	34	24	10
北小店乡	51	33	18	47	33	14	63	40	23
杨兴乡	79	51	28	37	25	12	68	38	30
中心镇	5654	2728	2926	4757	2378	2379	4142	2110	2032
娄烦县	**6790**	**3331**	**3459**	**5843**	**2898**	**2945**	**6503**	**3322**	**3181**
娄烦镇	4711	2083	2628	4229	1983	2246	4035	1967	2068
静游镇	680	440	240	469	286	183	503	298	205
杜交曲镇	118	59	59	94	53	41	132	66	66
庙湾乡	93	60	33	61	37	24	65	37	28
马家庄乡	578	304	274	535	250	285	1071	541	530
盖家庄乡	102	59	43	93	61	32	117	73	44
米峪镇乡	189	125	64	132	82	50	221	135	86
天池店乡	319	201	118	230	146	84	359	205	154
古交市	**19163**	**10078**	**9085**	**16104**	**8294**	**7810**	**15928**	**8337**	**7591**
东曲街道	4164	2150	2014	3589	1811	1778	3367	1636	1731
西曲街道	1311	679	632	1119	573	546	1038	541	497
桃园街道	7076	3556	3520	5975	2971	3004	5697	2880	2817
屯兰街道	1334	725	609	1191	622	569	1036	560	476
河口镇	1179	600	579	844	431	413	746	392	354
镇城底镇	676	372	304	509	263	246	577	322	255
马兰镇	1265	707	558	1097	592	505	1299	705	594
阁上乡	48	37	11	48	37	11	46	33	13
加乐泉乡	356	242	114	248	166	82	393	290	103
梭峪乡	895	486	409	838	458	380	877	495	382
岔口乡	254	162	92	200	106	94	241	131	110
常安乡	231	130	101	146	87	59	197	110	87
原相乡	155	97	58	98	56	42	127	73	54
邢家社乡	219	135	84	202	121	81	287	169	118

1-5 续表 12

单位：人

地区	45-49岁			50-54岁			55-59岁		
	小计	男	女	小计	男	女	小计	男	女
太原市	**409303**	**210805**	**198498**	**394785**	**207184**	**187601**	**367486**	**191018**	**176468**
小店区	**91817**	**47912**	**43905**	**82591**	**44017**	**38574**	**72744**	**38218**	**34526**
坞城街道	11944	6051	5893	10521	5475	5046	9587	5090	4497
营盘街道	12041	6059	5982	11586	6052	5534	11118	5816	5302
北营街道	9755	5365	4390	8670	4782	3888	7225	3843	3382
平阳路街道	12365	6294	6071	11755	6152	5603	10323	5394	4929
黄陵街道	5747	3115	2632	5474	3103	2371	4219	2359	1860
小店街道	14307	7605	6702	12683	6639	6044	11184	5585	5599
龙城街道	9735	5300	4435	8769	4690	4079	7152	3851	3301
唐槐园区街道	5667	2560	3107	3188	1625	1563	2900	1403	1497
学府园区街道	1480	778	702	1182	638	544	979	504	475
北格镇	3721	2024	1697	3700	2038	1662	3430	1886	1544
西温庄乡	2334	1300	1034	2194	1291	903	1771	1001	770
刘家堡乡	2721	1461	1260	2869	1532	1337	2856	1486	1370
迎泽区	**47548**	**24117**	**23431**	**45240**	**23291**	**21949**	**45124**	**23118**	**22006**
柳巷街道	2942	1469	1473	2830	1427	1403	3032	1535	1497
文庙街道	5149	2566	2583	5012	2487	2525	5366	2727	2639
庙前街道	4762	2414	2348	4606	2365	2241	4936	2488	2448
迎泽街道	7372	3646	3726	7193	3662	3531	7796	3908	3888
桥东街道	10528	5308	5220	10110	5145	4965	9997	5130	4867
老军营街道	4998	2497	2501	5137	2594	2543	5418	2718	2700
郝庄镇	11797	6217	5580	10352	5611	4741	8579	4612	3967
杏花岭区	**63150**	**31392**	**31758**	**61795**	**31780**	**30015**	**62299**	**31869**	**30430**
巨轮街道	9173	4476	4697	9448	4898	4550	9558	4848	4710
三桥街道	6143	3011	3132	5900	2930	2970	6614	3342	3272
鼓楼街道	2716	1337	1379	2348	1217	1131	2499	1295	1204
杏花岭街道	2574	1244	1330	2488	1261	1227	2601	1277	1324
坝陵桥街道	3667	1795	1872	3453	1764	1689	3582	1806	1776
大东关街道	6801	3378	3423	6462	3362	3100	6267	3218	3049
职工新街街道	4353	2106	2247	4777	2397	2380	5233	2662	2571
敦化坊街道	8665	4308	4357	8949	4557	4392	9240	4790	4450
涧河街道	5104	2495	2609	5468	2814	2654	6265	3217	3048
杨家峪街道	8840	4566	4274	7899	4093	3806	6567	3394	3173
中涧河乡	4263	2208	2055	3794	2049	1745	3055	1590	1465
小返乡	851	468	383	809	438	371	818	430	388

1-5 续表 13 单位：人

地区	45-49岁			50-54岁			55-59岁		
	小计	男	女	小计	男	女	小计	男	女
尖草坪区	**41900**	**21319**	**20581**	**42355**	**22453**	**19902**	**37926**	**19906**	**18020**
尖草坪街道	3158	1516	1642	3426	1783	1643	3783	1925	1858
光社街道	2528	1306	1222	2791	1536	1255	2361	1275	1086
上兰街道	1663	869	794	1614	873	741	1373	709	664
南寨街道	5269	2621	2648	5553	2967	2586	5002	2650	2352
迎新街道	2473	1232	1241	2844	1501	1343	2406	1314	1092
古城街道	6227	3080	3147	6609	3493	3116	5841	3033	2808
汇丰街道	7307	3681	3626	7105	3633	3472	6641	3472	3169
柴村街道	5586	2963	2623	4953	2665	2288	4025	2093	1932
新城街道	2287	1199	1088	2112	1126	986	1892	1031	861
向阳镇	2397	1226	1171	2310	1225	1085	1977	1039	938
阳曲镇	1517	807	710	1508	815	693	1238	642	596
马头水乡	111	68	43	116	67	49	114	53	61
柏板乡	884	490	394	904	481	423	883	433	450
西墕乡	396	199	197	435	232	203	363	218	145
太原中北高新技术产业开发区	97	62	35	75	56	19	27	19	8
万柏林区	**71238**	**35816**	**35422**	**70933**	**36289**	**34644**	**68348**	**34969**	**33379**
千峰街道	3093	1509	1584	3015	1492	1523	3055	1517	1538
下元街道	5422	2628	2794	5944	2932	3012	5747	2955	2792
和平街道	6984	3529	3455	6909	3613	3296	7257	3740	3517
兴华街道	5900	2973	2927	5343	2731	2612	5061	2582	2479
万柏林街道	4610	2304	2306	4900	2608	2292	4545	2356	2189
杜儿坪街道	3157	1568	1589	3360	1712	1648	3293	1670	1623
白家庄街道	2092	1065	1027	2248	1178	1070	1875	990	885
南寒街道	9377	4708	4669	9541	4773	4768	9745	4980	4765
东社街道	3595	1906	1689	3335	1816	1519	2618	1367	1251
化客头街道	393	241	152	368	208	160	364	193	171
小井峪街道	12053	6127	5926	11301	5816	5485	10379	5274	5105
西铭街道	3487	1791	1696	3480	1859	1621	3065	1576	1489
长风西街街道	8120	4011	4109	8303	4108	4195	8644	4413	4231
神堂沟街道	2910	1434	1476	2847	1415	1432	2647	1324	1323
王封乡	45	22	23	39	28	11	53	32	21
晋源区	**24121**	**13060**	**11061**	**23856**	**12921**	**10935**	**20945**	**11113**	**9832**
义井街道	8171	4375	3796	7921	4197	3724	6852	3553	3299
罗城街道	1597	819	778	1616	860	756	1499	833	666
晋源街道	4554	2476	2078	4533	2491	2042	3963	2077	1886
金胜镇	4239	2345	1894	4295	2420	1875	3520	1942	1578
晋祠镇	3383	1841	1542	3393	1811	1582	3193	1652	1541
姚村镇	2177	1204	973	2098	1142	956	1918	1056	862

1-5 续表 14 单位：人

地区	45-49岁			50-54岁			55-59岁		
	小计	男	女	小计	男	女	小计	男	女
清徐县	**28903**	**15597**	**13306**	**29186**	**15580**	**13606**	**25448**	**13268**	**12180**
清源镇	10548	5675	4873	10053	5345	4708	8365	4475	3890
徐沟镇	4105	2144	1961	3718	1904	1814	3464	1797	1667
东于镇	2966	1854	1112	3158	1957	1201	2135	1238	897
孟封镇	2362	1195	1167	2662	1362	1300	2478	1251	1227
马峪乡	1727	985	742	1793	973	820	1591	808	783
柳杜乡	1390	724	666	1624	807	817	1470	711	759
西谷乡	1299	676	623	1540	785	755	1589	770	819
王答乡	2522	1318	1204	2445	1302	1143	2249	1146	1103
集义乡	1984	1026	958	2193	1145	1048	2107	1072	1035
阳曲县	**11776**	**6243**	**5533**	**12272**	**6740**	**5532**	**11536**	**6274**	**5262**
黄寨镇	1704	910	794	1871	1050	821	1777	1003	774
大盂镇	710	371	339	833	482	351	886	485	401
东黄水镇	607	334	273	829	470	359	885	497	388
泥屯镇	1107	594	513	1357	734	623	1368	735	633
高村乡	601	336	265	767	423	344	777	422	355
侯村乡	927	535	392	1112	640	472	1053	582	471
凌井店乡	546	289	257	675	360	315	788	418	370
西凌井乡	63	46	17	69	43	26	97	56	41
北小店乡	89	51	38	125	76	49	162	87	75
杨兴乡	121	70	51	176	114	62	234	118	116
中心镇	5301	2707	2594	4458	2348	2110	3509	1871	1638
娄烦县	**8766**	**4635**	**4131**	**7272**	**3871**	**3401**	**6709**	**3594**	**3115**
娄烦镇	4882	2492	2390	3606	1822	1784	3112	1620	1492
静游镇	814	452	362	1092	577	515	1065	561	504
杜交曲镇	203	102	101	226	128	98	282	151	131
庙湾乡	93	54	39	123	75	48	176	82	94
马家庄乡	1598	904	694	977	560	417	704	395	309
盖家庄乡	214	123	91	227	141	86	262	160	102
米峪镇乡	400	223	177	412	231	181	497	286	211
天池店乡	562	285	277	609	337	272	611	339	272
古交市	**20084**	**10714**	**9370**	**19285**	**10242**	**9043**	**16407**	**8689**	**7718**
东曲街道	4126	2126	2000	3788	1868	1920	3616	1810	1806
西曲街道	1328	680	648	1231	632	599	1265	665	600
桃园街道	6191	3165	3026	5510	2778	2732	4417	2327	2090
屯兰街道	1368	742	626	1251	647	604	1111	585	526
河口镇	1019	553	466	1289	639	650	1001	530	471
镇城底镇	779	425	354	832	452	380	725	384	341
马兰镇	2036	1139	897	2008	1210	798	1310	748	562
阁上乡	78	51	27	65	44	21	61	39	22
加乐泉乡	562	390	172	576	382	194	463	272	191
梭峪乡	1340	739	601	1309	755	554	1044	542	502
岔口乡	308	174	134	397	224	173	430	233	197
常安乡	320	163	157	368	195	173	389	215	174
原相乡	208	115	93	230	142	88	224	124	100
邢家社乡	421	252	169	431	274	157	351	215	136

1－5　续表 15　　　　单位：人

地区	60－64岁			65－69岁			70－74岁		
	小计	男	女	小计	男	女	小计	男	女
太原市	**290021**	**149860**	**140161**	**221340**	**110959**	**110381**	**125274**	**61628**	**63646**
小店区	**55188**	**28409**	**26779**	**41390**	**20866**	**20524**	**23672**	**11736**	**11936**
坞城街道	7689	3904	3785	5844	2892	2952	3625	1775	1850
营盘街道	8853	4532	4321	6993	3481	3512	4178	2105	2073
北营街道	4973	2598	2375	3506	1810	1696	1921	972	949
平阳路街道	7766	3988	3778	5741	2955	2786	3701	1787	1914
黄陵街道	2848	1540	1308	2082	1072	1010	1314	647	667
小店街道	8813	4491	4322	6239	3174	3065	3171	1569	1602
龙城街道	4834	2491	2343	3077	1594	1483	1606	791	815
唐槐园区街道	2069	1050	1019	1468	741	727	707	378	329
学府园区街道	630	322	308	501	260	241	228	115	113
北格镇	2872	1494	1378	2732	1298	1434	1456	719	737
西温庄乡	1293	697	596	1042	524	518	606	297	309
刘家堡乡	2548	1302	1246	2165	1065	1100	1159	581	578
迎泽区	**37767**	**19256**	**18511**	**28156**	**14357**	**13799**	**14938**	**7232**	**7706**
柳巷街道	2646	1389	1257	2023	1078	945	941	459	482
文庙街道	4597	2302	2295	3340	1699	1641	1618	775	843
庙前街道	4333	2167	2166	3519	1795	1724	1870	872	998
迎泽街道	6620	3271	3349	5209	2618	2591	2774	1315	1459
桥东街道	8559	4408	4151	6180	3171	3009	3409	1676	1733
老军营街道	4742	2374	2368	3726	1836	1890	1957	914	1043
郝庄镇	6270	3345	2925	4159	2160	1999	2369	1221	1148
杏花岭区	**51449**	**26323**	**25126**	**36909**	**18687**	**18222**	**19844**	**9766**	**10078**
巨轮街道	8028	4054	3974	5896	2996	2900	3299	1647	1652
三桥街道	5649	2856	2793	4308	2127	2181	2394	1130	1264
鼓楼街道	2327	1154	1173	1840	887	953	1080	518	562
杏花岭街道	2428	1245	1183	1872	935	937	934	457	477
坝陵桥街道	3135	1590	1545	2397	1179	1218	1349	632	717
大东关街道	5145	2634	2511	3384	1727	1657	1704	846	858
职工新街街道	4278	2221	2057	2748	1403	1345	1377	684	693
敦化坊街道	7802	3943	3859	5507	2812	2695	3201	1532	1669
涧河街道	5176	2710	2466	3493	1805	1688	1712	866	846
杨家峪街道	4790	2481	2309	3298	1680	1618	1675	888	787
中涧河乡	2078	1111	967	1606	825	781	856	423	433
小返乡	613	324	289	560	311	249	263	143	120

1-5 续表 16

单位：人

地　区	60-64岁			65-69岁			70-74岁		
	小计	男	女	小计	男	女	小计	男	女
尖草坪区	**29300**	**15145**	**14155**	**22419**	**10997**	**11422**	**13229**	**6417**	**6812**
尖草坪街道	3033	1555	1478	1924	1005	919	996	508	488
光社街道	1801	970	831	1126	573	553	626	291	335
上兰街道	1147	568	579	1002	497	505	489	229	260
南寨街道	3558	1881	1677	2947	1363	1584	2454	1119	1335
迎新街道	1750	899	851	1366	666	700	800	411	389
古城街道	4210	2224	1986	2994	1511	1483	1631	812	819
汇丰街道	5174	2592	2582	4082	2059	2023	2175	1057	1118
柴村街道	3201	1641	1560	2559	1204	1355	1375	659	716
新城街道	1333	702	631	1052	496	556	721	361	360
向阳镇	1655	848	807	1333	648	685	770	360	410
阳曲镇	1087	555	532	933	442	491	542	269	273
马头水乡	159	85	74	171	75	96	108	54	54
柏板乡	844	433	411	681	332	349	383	200	183
西墕乡	328	176	152	245	124	121	159	87	72
太原中北高新技术产业开发区	20	16	4	4	2	2			
万柏林区	**52526**	**27125**	**25401**	**37362**	**18544**	**18818**	**21622**	**10531**	**11091**
千峰街道	2487	1254	1233	1920	948	972	1053	494	559
下元街道	4228	2087	2141	3320	1630	1690	1915	898	1017
和平街道	5460	2874	2586	3668	1800	1868	2424	1205	1219
兴华街道	4280	2161	2119	3159	1516	1643	1881	916	965
万柏林街道	3306	1758	1548	2823	1316	1507	1865	949	916
杜儿坪街道	3047	1616	1431	1998	1094	904	1037	519	518
白家庄街道	1488	806	682	1041	514	527	601	267	334
南寒街道	7996	4049	3947	5442	2779	2663	2868	1439	1429
东社街道	1942	1063	879	1246	613	633	655	328	327
化客头街道	308	152	156	340	159	181	217	120	97
小井峪街道	7640	3956	3684	5191	2574	2617	3052	1461	1591
西铭街道	2331	1243	1088	1736	884	852	915	427	488
长风西街街道	5964	3056	2908	3976	1996	1980	2170	1068	1102
神堂沟街道	2019	1031	988	1470	704	766	961	434	527
王封乡	30	19	11	32	17	15	8	6	2
晋源区	**16792**	**8810**	**7982**	**13280**	**6512**	**6768**	**7100**	**3378**	**3722**
义井街道	4879	2550	2329	3235	1650	1585	1748	849	899
罗城街道	1183	634	549	950	465	485	512	235	277
晋源街道	3509	1846	1663	2926	1400	1526	1568	758	810
金胜镇	2634	1418	1216	1969	992	977	1046	489	557
晋祠镇	3016	1554	1462	2757	1336	1421	1376	628	748
姚村镇	1571	808	763	1443	669	774	850	419	431

1-5　续表 17　　　　单位：人

地　区	60-64岁			65-69岁			70-74岁		
	小计	男	女	小计	男	女	小计	男	女
清徐县	**20522**	**10380**	**10142**	**19935**	**9458**	**10477**	**11169**	**5527**	**5642**
清源镇	6057	3102	2955	5355	2576	2779	3049	1444	1605
徐沟镇	2961	1461	1500	3267	1496	1771	1775	864	911
东于镇	1486	758	728	1495	677	818	817	402	415
孟封镇	2243	1154	1089	2115	1013	1102	1165	607	558
马峪乡	1180	592	588	1042	531	511	633	288	345
柳杜乡	1377	722	655	1268	633	635	632	358	274
西谷乡	1480	737	743	1369	653	716	716	358	358
王答乡	1967	967	1000	2154	976	1178	1252	627	625
集义乡	1771	887	884	1870	903	967	1130	579	551
阳曲县	**8901**	**4802**	**4099**	**8186**	**4338**	**3848**	**4666**	**2459**	**2207**
黄寨镇	1330	740	590	1230	657	573	763	415	348
大盂镇	748	409	339	711	389	322	376	212	164
东黄水镇	758	409	349	786	443	343	433	219	214
泥屯镇	1187	628	559	1213	643	570	696	387	309
高村乡	715	382	333	555	316	239	345	193	152
侯村乡	883	482	401	798	423	375	471	245	226
凌井店乡	630	353	277	509	282	227	251	135	116
西凌井乡	92	51	41	65	44	21	47	24	23
北小店乡	129	78	51	135	71	64	107	50	57
杨兴乡	252	145	107	295	163	132	175	94	81
中心镇	2177	1125	1052	1889	907	982	1002	485	517
娄烦县	**5720**	**3144**	**2576**	**5210**	**2844**	**2366**	**3791**	**2087**	**1704**
娄烦镇	2340	1276	1064	1950	1056	894	1374	732	642
静游镇	933	503	430	910	493	417	652	360	292
杜交曲镇	262	124	138	238	126	112	204	110	94
庙湾乡	194	114	80	203	109	94	154	86	68
马家庄乡	645	354	291	701	381	320	588	348	240
盖家庄乡	246	149	97	212	119	93	132	73	59
米峪镇乡	503	288	215	434	252	182	312	169	143
天池店乡	597	336	261	562	308	254	375	209	166
古交市	**11856**	**6466**	**5390**	**8493**	**4356**	**4137**	**5243**	**2495**	**2748**
东曲街道	2519	1435	1084	1553	808	745	925	438	487
西曲街道	849	461	388	508	237	271	322	148	174
桃园街道	2867	1499	1368	2083	1081	1002	1131	558	573
屯兰街道	803	481	322	485	299	186	236	124	112
河口镇	840	442	398	709	332	377	458	228	230
镇城底镇	559	302	257	419	200	219	238	119	119
马兰镇	765	416	349	614	309	305	479	193	286
阁上乡	57	27	30	57	35	22	36	18	18
加乐泉乡	321	174	147	242	133	109	183	80	103
梭峪乡	814	455	359	500	262	238	328	147	181
岔口乡	439	250	189	386	186	200	298	141	157
常安乡	374	198	176	276	149	127	215	98	117
原相乡	217	113	104	234	127	107	158	83	75
邢家社乡	432	213	219	427	198	229	236	120	116

1-5 续表 18

单位：人

地区	75-79岁			80-84岁			85-89岁		
	小计	男	女	小计	男	女	小计	男	女
太原市	**88120**	**40604**	**47516**	**72999**	**32234**	**40765**	**41121**	**18736**	**22385**
小店区	**15908**	**7444**	**8464**	**12763**	**5918**	**6845**	**6984**	**3216**	**3768**
坞城街道	2529	1103	1426	2530	1168	1362	1284	609	675
营盘街道	2667	1199	1468	2477	1052	1425	1444	637	807
北营街道	1316	630	686	1020	439	581	534	250	284
平阳路街道	2610	1188	1422	2259	1121	1138	1129	541	588
黄陵街道	852	391	461	801	358	443	417	196	221
小店街道	2183	1067	1116	1363	648	715	756	342	414
龙城街道	989	492	497	690	321	369	418	189	229
唐槐园区街道	582	302	280	317	169	148	166	81	85
学府园区街道	189	106	83	119	53	66	45	27	18
北格镇	864	429	435	508	268	240	361	156	205
西温庄乡	341	162	179	246	122	124	142	68	74
刘家堡乡	786	375	411	433	199	234	288	120	168
迎泽区	**11394**	**5056**	**6338**	**10960**	**4455**	**6505**	**7022**	**3157**	**3865**
柳巷街道	750	335	415	745	288	457	483	186	297
文庙街道	1350	603	747	1373	544	829	907	388	519
庙前街道	1498	631	867	1641	679	962	1103	492	611
迎泽街道	2292	999	1293	2280	926	1354	1534	715	819
桥东街道	2497	1110	1387	2300	908	1392	1393	652	741
老军营街道	1566	685	881	1596	653	943	984	462	522
郝庄镇	1441	693	748	1025	457	568	618	262	356
杏花岭区	**14429**	**6390**	**8039**	**13721**	**5507**	**8214**	**8631**	**3742**	**4889**
巨轮街道	2335	1033	1302	2221	926	1295	1264	568	696
三桥街道	2069	892	1177	2116	806	1310	1395	628	767
鼓楼街道	840	388	452	787	318	469	558	248	310
杏花岭街道	739	330	409	725	296	429	462	209	253
坝陵桥街道	886	388	498	934	358	576	616	265	351
大东关街道	1174	537	637	1102	433	669	688	312	376
职工新街街道	1026	422	604	1033	401	632	618	270	348
敦化坊街道	2467	1090	1377	2281	911	1370	1437	598	839
涧河街道	1224	534	690	1287	473	814	915	350	565
杨家峪街道	991	463	528	781	350	431	401	176	225
中涧河乡	507	230	277	337	164	173	202	84	118
小返乡	171	83	88	117	71	46	75	34	41

1-5 续表 19 单位：人

地区	75-79岁			80-84岁			85-89岁		
	小计	男	女	小计	男	女	小计	男	女
尖草坪区	**9784**	**4385**	**5399**	**8102**	**3605**	**4497**	**4039**	**1870**	**2169**
尖草坪街道	737	297	440	817	305	512	527	230	297
光社街道	461	205	256	488	192	296	247	105	142
上兰街道	437	180	257	372	176	196	167	81	86
南寨街道	2037	853	1184	1871	882	989	763	359	404
迎新街道	624	269	355	564	229	335	309	135	174
古城街道	1108	490	618	930	391	539	475	214	261
汇丰街道	1485	672	813	1229	538	691	656	306	350
柴村街道	924	467	457	565	269	296	268	125	143
新城街道	475	205	270	335	158	177	147	73	74
向阳镇	576	270	306	371	181	190	176	83	93
阳曲镇	382	186	196	239	114	125	127	64	63
马头水乡	78	44	34	60	38	22	29	15	14
柏板乡	317	181	136	151	74	77	77	45	32
西墕乡	143	66	77	110	58	52	70	35	35
太原中北高新技术产业开发区							1		1
万柏林区	**15969**	**7250**	**8719**	**13769**	**5928**	**7841**	**7219**	**3448**	**3771**
千峰街道	833	353	480	829	381	448	530	265	265
下元街道	1642	706	936	1461	638	823	657	320	337
和平街道	1831	843	988	1797	727	1070	1078	551	527
兴华街道	1298	608	690	991	449	542	518	230	288
万柏林街道	1317	638	679	1164	479	685	713	317	396
杜儿坪街道	834	397	437	588	255	333	316	140	176
白家庄街道	531	211	320	564	209	355	317	119	198
南寒街道	2098	898	1200	1929	816	1113	954	451	503
东社街道	431	210	221	291	134	157	168	69	99
化客头街道	109	54	55	99	46	53	37	22	15
小井峪街道	2115	961	1154	1600	752	848	688	359	329
西铭街道	649	293	356	559	204	355	349	148	201
长风西街街道	1527	708	819	1294	558	736	603	313	290
神堂沟街道	746	365	381	599	277	322	279	140	139
王封乡	8	5	3	4	3	1	12	4	8
晋源区	**4603**	**2001**	**2602**	**3657**	**1641**	**2016**	**1814**	**836**	**978**
义井街道	1350	549	801	1175	519	656	513	279	234
罗城街道	498	177	321	488	231	257	216	96	120
晋源街道	896	410	486	611	289	322	328	126	202
金胜镇	649	289	360	507	223	284	281	133	148
晋祠镇	760	344	416	563	232	331	318	133	185
姚村镇	450	232	218	313	147	166	158	69	89

1-5 续表 20 单位：人

地区	75-79岁			80-84岁			85-89岁		
	小计	男	女	小计	男	女	小计	男	女
清徐县	**6814**	**3365**	**3449**	**3890**	**1914**	**1976**	**2266**	**996**	**1270**
清源镇	2008	931	1077	1302	608	694	678	315	363
徐沟镇	1028	541	487	526	264	262	322	134	188
东于镇	500	240	260	251	137	114	164	80	84
孟封镇	686	356	330	395	193	202	220	93	127
马峪乡	399	166	233	267	144	123	117	55	62
柳杜乡	393	189	204	205	98	107	149	60	89
西谷乡	465	258	207	258	120	138	145	55	90
王答乡	676	363	313	360	183	177	233	96	137
集义乡	659	321	338	326	167	159	238	108	130
阳曲县	**3666**	**1939**	**1727**	**2257**	**1251**	**1006**	**1199**	**569**	**630**
黄寨镇	517	270	247	348	196	152	194	99	95
大盂镇	316	185	131	214	121	93	101	47	54
东黄水镇	361	199	162	215	120	95	112	54	58
泥屯镇	596	329	267	316	189	127	154	73	81
高村乡	273	139	134	210	130	80	83	36	47
侯村乡	383	177	206	208	118	90	113	56	57
凌井店乡	224	101	123	166	99	67	105	50	55
西凌井乡	30	17	13	28	17	11	13	7	6
北小店乡	84	46	38	46	19	27	23	9	14
杨兴乡	84	52	32	80	41	39	41	14	27
中心镇	798	424	374	426	201	225	260	124	136
娄烦县	**1910**	**981**	**929**	**1385**	**726**	**659**	**807**	**348**	**459**
娄烦镇	735	363	372	549	296	253	305	135	170
静游镇	333	175	158	253	128	125	157	68	89
杜交曲镇	89	43	46	78	35	43	51	26	25
庙湾乡	79	37	42	57	31	26	41	20	21
马家庄乡	239	136	103	139	82	57	76	35	41
盖家庄乡	72	31	41	56	27	29	37	15	22
米峪镇乡	177	104	73	103	57	46	55	16	39
天池店乡	186	92	94	150	70	80	85	33	52
古交市	**3643**	**1793**	**1850**	**2474**	**1281**	**1193**	**1124**	**547**	**577**
东曲街道	587	294	293	410	216	194	152	77	75
西曲街道	238	108	130	122	71	51	39	22	17
桃园街道	775	389	386	492	244	248	211	102	109
屯兰街道	185	102	83	155	96	59	55	26	29
河口镇	292	146	146	214	107	107	147	80	67
镇城底镇	179	90	89	133	61	72	60	28	32
马兰镇	395	163	232	276	165	111	88	46	42
阁上乡	22	11	11	13	9	4	12	4	8
加乐泉乡	98	42	56	99	45	54	50	23	27
梭峪乡	261	128	133	152	68	84	78	37	41
岔口乡	180	91	89	113	51	62	61	28	33
常安乡	146	71	75	104	53	51	73	32	41
原相乡	115	62	53	85	39	46	44	17	27
邢家社乡	170	96	74	106	56	50	54	25	29

1−5　续表 21　　　　单位：人

地　区	90−94岁			95−99岁			100岁及以上		
	小计	男	女	小计	男	女	小计	男	女
太原市	**12636**	**5699**	**6937**	**2681**	**1190**	**1491**	**309**	**117**	**192**
小店区	**2231**	**994**	**1237**	**525**	**239**	**286**	**80**	**35**	**45**
坞城街道	418	204	214	91	38	53	5	3	2
营盘街道	431	199	232	102	54	48	12	6	6
北营街道	167	71	96	49	22	27	7	4	3
平阳路街道	312	152	160	68	33	35	10	1	9
黄陵街道	128	53	75	30	10	20	4	2	2
小店街道	267	119	148	56	25	31	19	7	12
龙城街道	133	59	74	35	18	17	6	6	
唐槐园区街道	48	17	31	12	6	6	3	1	2
学府园区街道	15	5	10	1	1				
北格镇	150	59	91	36	16	20	7	3	4
西温庄乡	57	17	40	17	4	13	2		2
刘家堡乡	105	39	66	28	12	16	5	2	3
迎泽区	**2395**	**1104**	**1291**	**539**	**244**	**295**	**81**	**30**	**51**
柳巷街道	191	93	98	40	17	23	13	3	10
文庙街道	318	137	181	75	36	39	11	6	5
庙前街道	370	175	195	86	36	50	10	5	5
迎泽街道	506	246	260	106	52	54	7	1	6
桥东街道	476	213	263	109	48	61	13	3	10
老军营街道	333	151	182	63	31	32	9	5	4
郝庄镇	201	89	112	60	24	36	18	7	11
杏花岭区	**2733**	**1270**	**1463**	**565**	**268**	**297**	**58**	**26**	**32**
巨轮街道	417	177	240	95	44	51	4		4
三桥街道	445	217	228	94	45	49	9	6	3
鼓楼街道	209	101	108	47	24	23	5	1	4
杏花岭街道	160	67	93	49	26	23	6	1	5
坝陵桥街道	181	88	93	40	20	20	5	2	3
大东关街道	213	89	124	47	25	22	3	3	
职工新街街道	207	105	102	27	12	15	3	1	2
敦化坊街道	435	211	224	68	27	41	5	4	1
涧河街道	235	112	123	41	20	21	4	3	1
杨家峪街道	128	59	69	32	15	17	7	2	5
中涧河乡	67	29	38	15	6	9	5	1	4
小返乡	36	15	21	10	4	6	2	2	

1-5 续表 22 单位：人

地区	90-94岁			95-99岁			100岁及以上		
	小计	男	女	小计	男	女	小计	男	女
尖草坪区	**1157**	**534**	**623**	**231**	**106**	**125**	**32**	**11**	**21**
尖草坪街道	152	61	91	23	12	11	8	4	4
光社街道	64	24	40	11	4	7	2		2
上兰街道	55	25	30	13	5	8	1		1
南寨街道	209	108	101	46	22	24	4	1	3
迎新街道	76	36	40	13	4	9	1		1
古城街道	123	60	63	26	6	20	3	1	2
汇丰街道	189	90	99	32	16	16	5	1	4
柴村街道	76	28	48	16	8	8	3	2	1
新城街道	48	27	21	7	3	4			
向阳镇	50	15	35	14	7	7	3	2	1
阳曲镇	50	28	22	9	6	3	1		1
马头水乡	16	10	6	7	7				
柏板乡	24	12	12	8	3	5	1		1
西墕乡	24	9	15	6	3	3			
太原中北高新技术产业开发区	1	1							
万柏林区	**1984**	**910**	**1074**	**368**	**165**	**203**	**46**	**19**	**27**
千峰街道	137	64	73	33	21	12	3	1	2
下元街道	172	88	84	31	10	21	2		2
和平街道	278	127	151	48	18	30	8	3	5
兴华街道	132	65	67	25	11	14	3	1	2
万柏林街道	206	100	106	30	12	18	2	1	1
杜儿坪街道	87	41	46	13	4	9	5	3	2
白家庄街道	94	41	53	12	3	9	1		1
南寒街道	260	106	154	41	17	24	2	1	1
东社街道	53	16	37	14	5	9	3	2	1
化客头街道	13	7	6	6	4	2			
小井峪街道	206	99	107	40	21	19	9	4	5
西铭街道	99	49	50	20	11	9	2	1	1
长风西街街道	163	71	92	26	10	16	1		1
神堂沟街道	72	30	42	19	13	6	2	1	1
王封乡	12	6	6	10	5	5	3	1	2
晋源区	**535**	**244**	**291**	**122**	**54**	**68**	**11**	**1**	**10**
义井街道	135	64	71	29	9	20			
罗城街道	50	20	30	13	7	6	1		1
晋源街道	111	53	58	20	14	6	2		2
金胜镇	78	32	46	15	7	8	1		1
晋祠镇	103	53	50	29	11	18	4	1	3
姚村镇	58	22	36	16	6	10	3		3

1-5　续表 23　　　　　　　　　　　　　　　　　　　　　　　　单位：人

地　区	90–94岁			95–99岁			100岁及以上		
	小计	男	女	小计	男	女	小计	男	女
清徐县	**698**	**253**	**445**	**152**	**47**	**105**	**22**	**4**	**18**
清源镇	201	81	120	35	10	25	4	3	1
徐沟镇	103	33	70	26	10	16	3		3
东于镇	42	10	32	12	6	6			
孟封镇	57	15	42	14	2	12	2		2
马峪乡	35	15	20	8	4	4	1		1
柳杜乡	37	16	21	7	1	6			
西谷乡	48	12	36	9	3	6	2		2
王答乡	90	30	60	22	9	13	1		1
集义乡	85	41	44	19	2	17	9	1	8
阳曲县	**396**	**179**	**217**	**65**	**23**	**42**	**3**		**3**
黄寨镇	68	29	39	10	3	7			
大盂镇	32	17	15	5	2	3	1		1
东黄水镇	35	14	21	6		6			
泥屯镇	59	21	38	12	5	7			
高村乡	25	14	11	8	2	6			
侯村乡	36	13	23	7	2	5			
凌井店乡	22	7	15	3	2	1			
西凌井乡	5	2	3	1		1			
北小店乡	9	6	3	1		1			
杨兴乡	11	5	6	2		2			
中心镇	94	51	43	10	7	3	2		2
娄烦县	**187**	**77**	**110**	**42**	**15**	**27**	**3**		**3**
娄烦镇	70	27	43	13	5	8			
静游镇	31	13	18	12	4	8			
杜交曲镇	13	9	4	2	1	1			
庙湾乡	13	4	9	4	1	3			
马家庄乡	18	8	10	4	2	2	1		1
盖家庄乡	4		4	4	2	2			
米峪镇乡	19	11	8	1		1			
天池店乡	19	5	14	2		2	2		2
古交市	**320**	**134**	**186**	**72**	**29**	**43**	**10**	**6**	**4**
东曲街道	47	22	25	14	7	7			
西曲街道	13	4	9	7	4	3	1		1
桃园街道	64	34	30	4	2	2	2	1	1
屯兰街道	18	9	9	7	4	3	1	1	
河口镇	40	13	27	9	4	5	1		1
镇城底镇	25	7	18	2		2			
马兰镇	15	7	8	4	2	2			
阁上乡	4	1	3	1	1				
加乐泉乡	12	8	4	3		3	2	1	1
梭峪乡	13	3	10	6	1	5			
岔口乡	20	9	11	3	1	2			
常安乡	17	7	10	5	1	4			
原相乡	19	8	11	4	2	2	1	1	
邢家社乡	13	2	11	3		3	2	2	

1-5a 各地区分年龄、性别的人口(城市)

单位：人

地区	合计			0岁		
	合计	男	女	小计	男	女
太原市	**4193632**	**2135851**	**2057781**	**35561**	**18496**	**17065**
小店区	1033782	525523	508259	8964	4708	4256
迎泽区	582934	290084	292850	4535	2364	2171
杏花岭区	731305	366598	364707	5702	2948	2754
尖草坪区	499889	261303	238586	3934	2017	1917
万柏林区	946264	483777	462487	8739	4497	4242
晋源区	255519	134356	121163	2460	1317	1143
清徐县						
阳曲县						
娄烦县						
古交市	143939	74210	69729	1227	645	582

1-5a 续表 1

单位：人

地区	1-4岁			5-9岁			10-14岁		
	小计	男	女	小计	男	女	小计	男	女
太原市	**196269**	**101563**	**94706**	**230596**	**119661**	**110935**	**195813**	**101249**	**94564**
小店区	50325	26149	24176	60380	31355	29025	47039	24515	22524
迎泽区	24635	12774	11861	30575	15944	14631	26865	13942	12923
杏花岭区	32455	16669	15786	39275	20251	19024	34031	17434	16597
尖草坪区	21473	10972	10501	23961	12350	11611	21832	11228	10604
万柏林区	47284	24487	22797	51614	26735	24879	42778	22068	20710
晋源区	13356	6964	6392	15839	8253	7586	12948	6696	6252
清徐县									
阳曲县									
娄烦县									
古交市	6741	3548	3193	8952	4773	4179	10320	5366	4954

1-5a 续表 2

单位：人

地区	15-19岁			20-24岁			25-29岁		
	小计	男	女	小计	男	女	小计	男	女
太原市	**205082**	**109707**	**95375**	**299824**	**156102**	**143722**	**349010**	**174619**	**174391**
小店区	60418	29625	30793	92619	41977	50642	101992	51655	50337
迎泽区	22705	11079	11626	32298	14955	17343	46216	22586	23630
杏花岭区	29049	16333	12716	35051	18586	16465	50686	24666	26020
尖草坪区	33219	19003	14216	48011	29396	18615	35546	18231	17315
万柏林区	39452	22434	17018	69979	39019	30960	81965	40888	41077
晋源区	12322	7140	5182	15827	8958	6869	22425	11406	11019
清徐县									
阳曲县									
娄烦县									
古交市	7917	4093	3824	6039	3211	2828	10180	5187	4993

1−5a　续表 3

单位：人

地　区	30−34岁			35−39岁			40−44岁		
	小计	男	女	小计	男	女	小计	男	女
太原市	**446757**	**225405**	**221352**	**360047**	**182531**	**177516**	**277708**	**141071**	**136637**
小店区	121221	62627	58594	93432	48313	45119	66464	34573	31891
迎泽区	56384	27759	28625	51096	25370	25726	40770	20276	20494
杏花岭区	72167	35285	36882	64483	31810	32673	50848	25094	25754
尖草坪区	47937	24231	23706	36927	18931	17996	31570	15989	15581
万柏林区	104820	52833	51987	79727	40184	39543	61005	30975	30030
晋源区	29895	15344	14551	22161	11778	10383	15670	8433	7237
清徐县									
阳曲县									
娄烦县									
古交市	14333	7326	7007	12221	6145	6076	11381	5731	5650

1−5a　续表 4

单位：人

地　区	45−49岁			50−54岁			55−59岁		
	小计	男	女	小计	男	女	小计	男	女
太原市	**322975**	**164584**	**158391**	**311970**	**162050**	**149920**	**293624**	**151733**	**141891**
小店区	74550	38970	35580	68025	35999	32026	59585	31227	28358
迎泽区	46447	23509	22938	44263	22722	21541	44345	22669	21676
杏花岭区	58778	29074	29704	57864	29661	28203	58959	30118	28841
尖草坪区	39369	19950	19419	39749	21044	18705	35489	18647	16842
万柏林区	70806	35558	35248	70530	36056	34474	67938	34747	33191
晋源区	19547	10555	8992	19231	10408	8823	16655	8811	7844
清徐县									
阳曲县									
娄烦县									
古交市	13478	6968	6510	12308	6160	6148	10653	5514	5139

1−5a　续表 5

单位：人

地　区	60−64岁			65−69岁			70−74岁		
	小计	男	女	小计	男	女	小计	男	女
太原市	**230716**	**118832**	**111884**	**167770**	**84314**	**83456**	**94364**	**45971**	**48393**
小店区	44864	23025	21839	32755	16594	16161	19153	9472	9681
迎泽区	37258	18968	18290	27760	14137	13623	14706	7107	7599
杏花岭区	49161	25085	24076	35091	17743	17348	18885	9261	9624
尖草坪区	26928	13909	13019	20469	10073	10396	12065	5828	6237
万柏林区	52191	26957	25234	36992	18369	18623	21398	10406	10992
晋源区	13153	6931	6222	10037	4973	5064	5460	2598	2862
清徐县									
阳曲县									
娄烦县									
古交市	7161	3957	3204	4666	2425	2241	2697	1299	1398

1-5a 续表 6

单位：人

地区	75-79岁			80-84岁			85-89岁		
	小计	男	女	小计	男	女	小计	男	女
太原市	**68226**	**30637**	**37589**	**60579**	**25928**	**34651**	**34009**	**15523**	**18486**
小店区	12871	5939	6932	11001	5041	5960	5870	2715	3155
迎泽区	11260	4999	6261	10875	4416	6459	6964	3139	3825
杏花岭区	13881	6131	7750	13323	5306	8017	8391	3635	4756
尖草坪区	8886	3903	4983	7530	3319	4211	3722	1708	2014
万柏林区	15852	7191	8661	13666	5879	7787	7171	3422	3749
晋源区	3659	1564	2095	2963	1328	1635	1410	667	743
清徐县									
阳曲县									
娄烦县									
古交市	1817	910	907	1205	635	570	470	232	238

1-5a 续表 7

单位：人

地区	90-94岁			95-99岁			100岁及以上		
	小计	男	女	小计	男	女	小计	男	女
太原市	**10364**	**4791**	**5573**	**2140**	**990**	**1150**	**228**	**94**	**134**
小店区	1800	832	968	404	189	215	50	23	27
迎泽区	2375	1099	1276	528	243	285	74	27	47
杏花岭区	2636	1229	1407	538	256	282	51	23	28
尖草坪区	1044	475	569	199	89	110	29	10	19
万柏林区	1961	897	1064	353	157	196	43	18	25
晋源区	409	193	216	87	39	48	5		5
清徐县									
阳曲县									
娄烦县									
古交市	139	66	73	31	17	14	3	2	1

1-5b 各地区分年龄、性别的人口(镇)

单位：人

地区	合计			0岁		
	合计	男	女	小计	男	女
太原市	**530025**	**275328**	**254697**	**4511**	**2311**	**2200**
小店区	235579	125121	110458	1910	979	931
迎泽区						
杏花岭区						
尖草坪区	1180	616	564	4	1	3
万柏林区	3974	2104	1870	30	14	16
晋源区	13247	6979	6268	140	63	77
清徐县	145895	73455	72440	1236	620	616
阳曲县	68528	35549	32979	716	363	353
娄烦县	45968	23082	22886	388	232	156
古交市	15654	8422	7232	87	39	48

1–5b　续表 1

单位：人

地　区	1–4岁			5–9岁			10–14岁		
	小计	男	女	小计	男	女	小计	男	女
太原市	**23702**	**12061**	**11641**	**27389**	**14168**	**13221**	**24212**	**12511**	**11701**
小店区	9708	4997	4711	9560	4975	4585	6237	3221	3016
迎泽区									
杏花岭区									
尖草坪区	29	11	18	33	24	9	36	16	20
万柏林区	122	59	63	169	90	79	213	102	111
晋源区	663	356	307	765	386	379	800	421	379
清徐县	6955	3459	3496	8304	4285	4019	8131	4169	3962
阳曲县	3341	1675	1666	4279	2207	2072	3863	1994	1869
娄烦县	2212	1179	1033	3534	1814	1720	4022	2109	1913
古交市	672	325	347	745	387	358	910	479	431

1–5b　续表 2

单位：人

地　区	15–19岁			20–24岁			25–29岁		
	小计	男	女	小计	男	女	小计	男	女
太原市	**44418**	**21683**	**22735**	**70889**	**36579**	**34310**	**51789**	**29089**	**22700**
小店区	24528	12347	12181	53959	28415	25544	29616	17770	11846
迎泽区									
杏花岭区									
尖草坪区	22	13	9	51	26	25	58	34	24
万柏林区	116	69	47	175	87	88	218	136	82
晋源区	385	227	158	743	375	368	1124	580	544
清徐县	13933	6056	7877	10085	4612	5473	10844	5610	5234
阳曲县	2811	1577	1234	3191	1695	1496	5508	2742	2766
娄烦县	2267	1197	1070	2100	1059	1041	3284	1537	1747
古交市	356	197	159	585	310	275	1137	680	457

1–5b　续表 3

单位：人

地　区	30–34岁			35–39岁			40–44岁		
	小计	男	女	小计	男	女	小计	男	女
太原市	**57464**	**30340**	**27124**	**40899**	**21149**	**19750**	**31284**	**15821**	**15463**
小店区	31556	17282	14274	18438	9704	8734	10789	5263	5526
迎泽区									
杏花岭区									
尖草坪区	79	36	43	49	27	22	65	42	23
万柏林区	277	142	135	242	115	127	328	191	137
晋源区	1218	645	573	945	513	432	820	433	387
清徐县	12239	6401	5838	10855	5674	5181	9462	4932	4530
阳曲县	6609	3281	3328	5493	2799	2694	4923	2540	2383
娄烦县	4215	1862	2353	3796	1747	2049	3653	1776	1877
古交市	1271	691	580	1081	570	511	1244	644	600

1-5b 续表 4

单位：人

地区	45-49岁			50-54岁			55-59岁		
	小计	男	女	小计	男	女	小计	男	女
太原市	**37049**	**19267**	**17782**	**31239**	**16790**	**14449**	**26562**	**14209**	**12353**
小店区	10488	5188	5300	7701	4178	3523	6891	3613	3278
迎泽区									
杏花岭区									
尖草坪区	85	42	43	106	57	49	132	67	65
万柏林区	358	217	141	346	191	155	339	180	159
晋源区	1175	660	515	1083	600	483	973	546	427
清徐县	11877	6330	5547	10995	5825	5170	9372	5024	4348
阳曲县	6687	3498	3189	5971	3239	2732	4907	2666	2241
娄烦县	4394	2246	2148	3199	1618	1581	2687	1408	1279
古交市	1985	1086	899	1838	1082	756	1261	705	556

1-5b 续表 5

单位：人

地区	60-64岁			65-69岁			70-74岁		
	小计	男	女	小计	男	女	小计	男	女
太原市	**18830**	**9777**	**9053**	**16397**	**8030**	**8367**	**9953**	**4914**	**5039**
小店区	5040	2623	2417	4021	1970	2051	2133	1107	1026
迎泽区									
杏花岭区									
尖草坪区	137	82	55	86	39	47	82	36	46
万柏林区	281	132	149	312	145	167	208	114	94
晋源区	793	410	383	656	307	349	444	203	241
清徐县	6626	3359	3267	6233	2933	3300	3873	1859	2014
阳曲县	3240	1711	1529	2888	1474	1414	1615	798	817
娄烦县	1976	1052	924	1618	875	743	1177	633	544
古交市	737	408	329	583	287	296	421	164	257

1-5b 续表 6

单位：人

地区	75-79岁			80-84岁			85-89岁		
	小计	男	女	小计	男	女	小计	男	女
太原市	**6397**	**3195**	**3202**	**4059**	**2056**	**2003**	**2158**	**1046**	**1112**
小店区	1404	708	696	906	472	434	486	235	251
迎泽区									
杏花岭区									
尖草坪区	44	30	14	41	13	28	30	14	16
万柏林区	107	52	55	97	45	52	29	18	11
晋源区	245	131	114	177	86	91	73	31	42
清徐县	2337	1114	1223	1422	676	746	800	388	412
阳曲县	1252	679	573	658	342	316	408	193	215
娄烦县	627	316	311	483	261	222	260	129	131
古交市	381	165	216	275	161	114	71	37	34

1-5b 续表 7

单位：人

地区	90-94岁			95-99岁			100岁及以上		
	小计	男	女	小计	男	女	小计	男	女
太原市	**658**	**270**	**388**	**146**	**57**	**89**	**20**	**5**	**15**
小店区	164	55	109	37	17	20	7	2	5
迎泽区									
杏花岭区									
尖草坪区	8	5	3	3	1	2			
万柏林区	5	4	1	2	1	1			
晋源区	18	5	13	5	1	4	2		2
清徐县	241	102	139	65	23	42	10	4	6
阳曲县	145	66	79	21	10	11	2		2
娄烦县	65	29	36	11	3	8			
古交市	12	4	8	2	1	1			

1-5c 各地区分年龄、性别的人口(乡村)

单位：人

地区	合计			0岁		
	合计	男	女	小计	男	女
太原市	**580404**	**310822**	**269582**	**5193**	**2648**	**2545**
小店区	87881	47716	40165	903	460	443
迎泽区	11304	6173	5131	89	43	46
杏花岭区	48174	25218	22956	442	220	222
尖草坪区	29430	15664	13766	281	134	147
万柏林区	1000	572	428	12	10	2
晋源区	47679	25002	22677	443	234	209
清徐县	198577	104835	93742	1874	952	922
阳曲县	59955	32838	27117	444	231	213
娄烦县	45240	24635	20605	337	175	162
古交市	51164	28169	22995	368	189	179

1-5c 续表 1

单位：人

地区	1-4岁			5-9岁			10-14岁		
	小计	男	女	小计	男	女	小计	男	女
太原市	**23620**	**12009**	**11611**	**29148**	**14984**	**14164**	**28721**	**14757**	**13964**
小店区	4490	2274	2216	5473	2810	2663	4244	2184	2060
迎泽区	512	274	238	730	360	370	716	386	330
杏花岭区	2540	1293	1247	3328	1770	1558	2935	1482	1453
尖草坪区	1079	558	521	1410	719	691	1412	734	678
万柏林区	26	14	12	32	13	19	72	37	35
晋源区	2209	1137	1072	2844	1470	1374	2431	1243	1188
清徐县	8449	4279	4170	10065	5143	4922	10011	5044	4967
阳曲县	1451	715	736	1742	868	874	1847	945	902
娄烦县	1205	610	595	1595	827	768	2325	1207	1118
古交市	1659	855	804	1929	1004	925	2728	1495	1233

1−5c　续表 2　　　　单位：人

地　区	15−19岁			20−24岁			25−29岁		
	小计	男	女	小计	男	女	小计	男	女
太原市	**24882**	**14685**	**10197**	**33200**	**18704**	**14496**	**45237**	**24411**	**20826**
小店区	4670	3177	1493	4933	2895	2038	7663	4100	3563
迎泽区	267	152	115	577	329	248	1086	586	500
杏花岭区	1415	810	605	2354	1304	1050	3829	1956	1873
尖草坪区	2324	1399	925	1483	857	626	1890	993	897
万柏林区	64	34	30	52	31	21	115	67	48
晋源区	3543	2035	1508	4248	2308	1940	3721	1949	1772
清徐县	7194	4114	3080	11747	6589	5158	16428	8789	7639
阳曲县	2266	1215	1051	2904	1623	1281	3546	2033	1513
娄烦县	1592	848	744	2287	1283	1004	3122	1767	1355
古交市	1547	901	646	2615	1485	1130	3837	2171	1666

1−5c　续表 3　　　　单位：人

地　区	30−34岁			35−39岁			40−44岁		
	小计	男	女	小计	男	女	小计	男	女
太原市	**46576**	**25522**	**21054**	**35295**	**19728**	**15567**	**32890**	**18403**	**14487**
小店区	8880	4787	4093	6172	3460	2712	4766	2759	2007
迎泽区	1234	652	582	1012	573	439	772	436	336
杏花岭区	5556	2827	2729	4230	2217	2013	3520	1841	1679
尖草坪区	2154	1138	1016	1649	915	734	1507	810	697
万柏林区	97	60	37	90	49	41	41	19	22
晋源区	4142	2147	1995	3096	1662	1434	2426	1293	1133
清徐县	15246	8551	6695	11671	6606	5065	10738	6016	4722
阳曲县	3133	1830	1303	2526	1516	1010	2967	1721	1246
娄烦县	2575	1469	1106	2047	1151	896	2850	1546	1304
古交市	3559	2061	1498	2802	1579	1223	3303	1962	1341

1−5c　续表 4　　　　单位：人

地　区	45−49岁			50−54岁			55−59岁		
	小计	男	女	小计	男	女	小计	男	女
太原市	**49279**	**26954**	**22325**	**51576**	**28344**	**23232**	**47300**	**25076**	**22224**
小店区	6779	3754	3025	6865	3840	3025	6268	3378	2890
迎泽区	1101	608	493	977	569	408	779	449	330
杏花岭区	4372	2318	2054	3931	2119	1812	3340	1751	1589
尖草坪区	2446	1327	1119	2500	1352	1148	2305	1192	1113
万柏林区	74	41	33	57	42	15	71	42	29
晋源区	3399	1845	1554	3542	1913	1629	3317	1756	1561
清徐县	17026	9267	7759	18191	9755	8436	16076	8244	7832
阳曲县	5089	2745	2344	6301	3501	2800	6629	3608	3021
娄烦县	4372	2389	1983	4073	2253	1820	4022	2186	1836
古交市	4621	2660	1961	5139	3000	2139	4493	2470	2023

1-5c　续表 5　　单位：人

地　区	60-64岁			65-69岁			70-74岁		
	小计	男	女	小计	男	女	小计	男	女
太原市	**40475**	**21251**	**19224**	**37173**	**18615**	**18558**	**20957**	**10743**	**10214**
小店区	5284	2761	2523	4614	2302	2312	2386	1157	1229
迎泽区	509	288	221	396	220	176	232	125	107
杏花岭区	2288	1238	1050	1818	944	874	959	505	454
尖草坪区	2235	1154	1081	1864	885	979	1082	553	529
万柏林区	54	36	18	58	30	28	16	11	5
晋源区	2846	1469	1377	2587	1232	1355	1196	577	619
清徐县	13896	7021	6875	13702	6525	7177	7296	3668	3628
阳曲县	5661	3091	2570	5298	2864	2434	3051	1661	1390
娄烦县	3744	2092	1652	3592	1969	1623	2614	1454	1160
古交市	3958	2101	1857	3244	1644	1600	2125	1032	1093

1-5c　续表 6　　单位：人

地　区	75-79岁			80-84岁			85-89岁		
	小计	男	女	小计	男	女	小计	男	女
太原市	**13497**	**6772**	**6725**	**8361**	**4250**	**4111**	**4954**	**2167**	**2787**
小店区	1633	797	836	861	409	452	631	267	364
迎泽区	134	57	77	85	39	46	58	18	40
杏花岭区	548	259	289	398	201	197	240	107	133
尖草坪区	854	452	402	531	273	258	287	148	139
万柏林区	10	7	3	6	4	2	19	8	11
晋源区	699	306	393	517	227	290	331	138	193
清徐县	4477	2251	2226	2468	1238	1230	1467	608	859
阳曲县	2414	1260	1154	1599	909	690	791	376	415
娄烦县	1283	665	618	902	465	437	547	219	328
古交市	1445	718	727	994	485	509	583	278	305

1-5c　续表 7　　单位：人

地　区	90-94岁			95-99岁			100岁及以上		
	小计	男	女	小计	男	女	小计	男	女
太原市	**1614**	**638**	**976**	**395**	**143**	**252**	**61**	**18**	**43**
小店区	267	107	160	84	33	51	15	5	10
迎泽区	20	5	15	11	1	10	7	3	4
杏花岭区	97	41	56	27	12	15	7	3	4
尖草坪区	105	54	51	29	16	13	3	1	2
万柏林区	18	9	9	13	7	6	3	1	2
晋源区	108	46	62	30	14	16	4	1	3
清徐县	457	151	306	87	24	63	11		11
阳曲县	251	113	138	44	13	31	1		1
娄烦县	122	48	74	31	12	19	3		3
古交市	169	64	105	39	11	28	7	4	3

1-6 各地区分性别、受教育程度的3岁及以上人口

单位：人

地区	3岁及以上人口			未上过学		
	合计	男	女	小计	男	女
太原市	**5144736**	**2639856**	**2504880**	**68797**	**25278**	**43519**
小店区	**1315139**	**676494**	**638645**	**12120**	**4816**	**7304**
坞城街道	172693	83449	89244	1182	518	664
营盘街道	148218	75074	73144	1518	585	933
北营街道	128955	68085	60870	1188	465	723
平阳路街道	149843	75020	74823	1140	475	665
黄陵街道	73598	39322	34276	669	273	396
小店街道	207715	107439	100276	2431	945	1486
龙城街道	135843	69068	66775	1254	491	763
唐槐园区街道	139855	78275	61580	881	412	469
学府园区街道	16759	8517	8242	126	51	75
北格镇	62547	31496	31051	659	228	431
西温庄乡	42802	21133	21669	448	175	273
刘家堡乡	36311	19616	16695	624	198	426
迎泽区	**578131**	**287969**	**290162**	**6297**	**2394**	**3903**
柳巷街道	37231	18385	18846	387	136	251
文庙街道	64019	31314	32705	712	237	475
庙前街道	57742	28527	29215	576	201	375
迎泽街道	95353	45198	50155	894	304	590
桥东街道	124161	61963	62198	1365	529	836
老军营街道	66697	32916	33781	688	278	410
郝庄镇	132928	69666	63262	1675	709	966
杏花岭区	**757270**	**380450**	**376820**	**8615**	**3098**	**5517**
巨轮街道	108682	53749	54933	1150	402	748
三桥街道	76613	38286	38327	783	277	506
鼓楼街道	33273	15996	17277	340	126	214
杏花岭街道	32041	15508	16533	303	114	189
坝陵桥街道	41158	20008	21150	327	103	224
大东关街道	78569	40799	37770	902	369	533
职工新街街道	56533	28415	28118	736	239	497
敦化坊街道	117579	58503	59076	1269	487	782
涧河街道	59450	30051	29399	868	252	616
杨家峪街道	100439	51432	49007	1179	462	717
中涧河乡	43491	22688	20803	555	196	359
小返乡	9442	5015	4427	203	71	132

1-6　续表 1　　　　单位：人

地　区	3岁及以上人口			未上过学		
	合计	男	女	小计	男	女
尖草坪区	**515817**	**270148**	**245669**	**6817**	**2441**	**4376**
尖草坪街道	34206	17165	17041	407	114	293
光社街道	26882	14119	12763	476	152	324
上兰街道	44144	27293	16851	280	90	190
南寨街道	71212	37334	33878	553	202	351
迎新街道	25858	13118	12740	391	128	263
古城街道	72143	36977	35166	1001	349	652
汇丰街道	93118	46997	46121	925	331	594
柴村街道	64771	33556	31215	1005	398	607
新城街道	23496	12221	11275	352	134	218
向阳镇	25330	12953	12377	444	181	263
阳曲镇	17061	8943	8118	403	139	264
马头水乡	1604	835	769	91	43	48
柏板乡	11134	5831	5303	359	145	214
西㟫乡	4018	2209	1809	127	32	95
太原中北高新技术产业开发区	840	597	243	3	3	
万柏林区	**919976**	**470249**	**449727**	**11974**	**4405**	**7569**
千峰街道	52764	28721	24043	470	179	291
下元街道	82132	40937	41195	758	276	482
和平街道	104729	55697	49032	1012	349	663
兴华街道	71900	35311	36589	722	296	426
万柏林街道	55118	27799	27319	699	232	467
杜儿坪街道	35867	18172	17695	624	185	439
白家庄街道	21456	10851	10605	651	164	487
南寒街道	110598	55042	55556	1619	570	1049
东社街道	44794	23540	21254	960	464	496
化客头街道	4210	2266	1944	112	31	81
小井峪街道	155460	80074	75386	1769	734	1035
西铭街道	40041	20611	19430	1041	346	695
长风西街街道	103794	52658	51136	996	383	613
神堂沟街道	36409	18188	18221	517	187	330
王封乡	704	382	322	24	9	15
晋源区	**305736**	**160722**	**145014**	**4661**	**1596**	**3065**
义井街道	106853	55435	51418	1133	423	710
罗城街道	18387	9416	8971	249	91	158
晋源街道	57679	30069	27610	1053	371	682
金胜镇	49371	27222	22149	622	202	420
晋祠镇	48924	25639	23285	981	315	666
姚村镇	24522	12941	11581	623	194	429

1-6 续表 2

单位：人

地 区	3岁及以上人口			未上过学		
	合计	男	女	小计	男	女
清徐县	**333953**	**172977**	**160976**	**4605**	**1566**	**3039**
清源镇	118840	61741	57099	1070	382	688
徐沟镇	57250	27524	29726	510	179	331
东于镇	27179	15700	11479	549	185	364
孟封镇	26456	13615	12841	553	181	372
马峪乡	19440	10435	9005	456	182	274
柳杜乡	15965	8318	7647	347	111	236
西谷乡	16503	8448	8055	265	64	201
王答乡	28601	14862	13739	385	125	260
集义乡	23719	12334	11385	470	157	313
阳曲县	**125012**	**66637**	**58375**	**3659**	**1312**	**2347**
黄寨镇	18600	10213	8387	563	217	346
大盂镇	7443	4085	3358	379	139	240
东黄水镇	7424	4191	3233	269	91	178
泥屯镇	13151	7093	6058	437	156	281
高村乡	6348	3518	2830	244	75	169
侯村乡	10982	6088	4894	339	131	208
凌井店乡	5428	2969	2459	349	113	236
西凌井乡	686	422	264	90	34	56
北小店乡	1259	708	551	97	30	67
杨兴乡	1911	1069	842	130	38	92
中心镇	51780	26281	25499	762	288	474
娄烦县	**88841**	**46458**	**42383**	**5449**	**2013**	**3436**
娄烦镇	50462	25312	25150	1588	627	961
静游镇	10466	5819	4647	1035	366	669
杜交曲镇	2577	1351	1226	135	37	98
庙湾乡	1741	958	783	173	57	116
马家庄乡	10597	5726	4871	846	378	468
盖家庄乡	2268	1311	957	262	97	165
米峪镇乡	4492	2557	1935	664	227	437
天池店乡	6238	3424	2814	746	224	522
古交市	**204861**	**107752**	**97109**	**4600**	**1637**	**2963**
东曲街道	41141	21140	20001	576	199	377
西曲街道	13653	7049	6604	246	96	150
桃园街道	68010	34886	33124	820	333	487
屯兰街道	13017	7080	5937	254	147	107
河口镇	12702	6565	6137	346	96	250
镇城底镇	8007	4249	3758	283	82	201
马兰镇	15850	8687	7163	247	88	159
阁上乡	723	462	261	21	2	19
加乐泉乡	4645	2848	1797	114	32	82
梭峪乡	11411	6184	5227	349	121	228
岔口乡	4518	2436	2082	599	196	403
常安乡	4004	2163	1841	241	76	165
原相乡	2580	1421	1159	158	57	101
邢家社乡	4600	2582	2018	346	112	234

1-6　续表 3

单位：人

地　　区	学前教育			小　　学		
	小计	男	女	小计	男	女
太原市	**172513**	**89027**	**83486**	**749112**	**368638**	**380474**
小店区	**46402**	**24028**	**22374**	**170809**	**86283**	**84526**
坞城街道	4163	2170	1993	16741	8271	8470
营盘街道	4499	2329	2170	18048	8792	9256
北营街道	5010	2581	2429	17589	9042	8547
平阳路街道	4394	2280	2114	17091	8510	8581
黄陵街道	2492	1280	1212	10939	5712	5227
小店街道	10698	5565	5133	34395	17400	16995
龙城街道	5591	2863	2728	19132	9925	9207
唐槐园区街道	4386	2278	2108	10080	5015	5065
学府园区街道	652	335	317	1589	802	787
北格镇	1909	980	929	11086	5622	5464
西温庄乡	1183	629	554	6082	3167	2915
刘家堡乡	1425	738	687	8037	4025	4012
迎泽区	**17609**	**9201**	**8408**	**68868**	**33821**	**35047**
柳巷街道	796	405	391	4121	1973	2148
文庙街道	1643	867	776	7738	3634	4104
庙前街道	1636	843	793	6330	3058	3272
迎泽街道	2435	1301	1134	9580	4512	5068
桥东街道	3380	1768	1612	13494	6619	6875
老军营街道	2257	1124	1133	7574	3598	3976
郝庄镇	5462	2893	2569	20031	10427	9604
杏花岭区	**24153**	**12418**	**11735**	**96606**	**45968**	**50638**
巨轮街道	3226	1666	1560	11837	5519	6318
三桥街道	1768	926	842	8395	3782	4613
鼓楼街道	791	414	377	3791	1785	2006
杏花岭街道	1027	512	515	4090	1962	2128
坝陵桥街道	1117	593	524	4525	2019	2506
大东关街道	2106	1070	1036	7834	3798	4036
职工新街街道	1801	909	892	6389	2906	3483
敦化坊街道	4816	2460	2356	15200	7156	8044
涧河街道	1341	690	651	7814	3715	4099
杨家峪街道	4095	2097	1998	15320	7650	7670
中涧河乡	1739	905	834	8757	4346	4411
小返乡	326	176	150	2654	1330	1324

1-6 续表 4

单位：人

地　区	学前教育			小　学		
	小计	男	女	小计	男	女
尖草坪区	**15904**	**8163**	**7741**	**71843**	**34459**	**37384**
尖草坪街道	853	465	388	4085	1823	2262
光社街道	813	415	398	3853	1849	2004
上兰街道	590	284	306	3078	1452	1626
南寨街道	1599	827	772	7254	3147	4107
迎新街道	767	371	396	4158	1952	2206
古城街道	2382	1214	1168	7929	3884	4045
汇丰街道	3278	1691	1587	12106	5927	6179
柴村街道	2819	1462	1357	12256	6109	6147
新城街道	801	428	373	3921	1913	2008
向阳镇	948	475	473	5025	2437	2588
阳曲镇	579	294	285	4360	2089	2271
马头水乡	50	26	24	393	187	206
柏板乡	311	150	161	2467	1232	1235
西墕乡	107	59	48	915	433	482
太原中北高新技术产业开发区	7	2	5	43	25	18
万柏林区	**32512**	**16819**	**15693**	**122732**	**59649**	**63083**
千峰街道	1316	655	661	4388	2055	2333
下元街道	2314	1227	1087	8686	4105	4581
和平街道	3262	1693	1569	11745	5539	6206
兴华街道	2728	1425	1303	9738	4730	5008
万柏林街道	1732	877	855	7529	3524	4005
杜儿坪街道	1110	567	543	6406	2983	3423
白家庄街道	569	305	264	3834	1751	2083
南寒街道	3639	1867	1772	14849	7101	7748
东社街道	2056	1046	1010	9166	4659	4507
化客头街道	83	40	43	1070	516	554
小井峪街道	6581	3335	3246	19877	10230	9647
西铭街道	1460	738	722	8055	3923	4132
长风西街街道	4014	2168	1846	11660	5789	5871
神堂沟街道	1629	867	762	5574	2666	2908
王封乡	19	9	10	155	78	77
晋源区	**12119**	**6274**	**5845**	**56711**	**28920**	**27791**
义井街道	4470	2301	2169	14510	7336	7174
罗城街道	540	264	276	2967	1407	1560
晋源街道	2653	1374	1279	13874	7134	6740
金胜镇	1780	934	846	8877	4644	4233
晋祠镇	1723	886	837	10176	5143	5033
姚村镇	953	515	438	6307	3256	3051

1-6　续表 5　　单位：人

地　区	学前教育			小　学		
	小计	男	女	小计	男	女
清徐县	**11317**	**5692**	**5625**	**67749**	**33677**	**34072**
清源镇	4744	2445	2299	20769	10274	10495
徐沟镇	1767	856	911	11806	5995	5811
东于镇	806	388	418	5473	2762	2711
孟封镇	755	379	376	5658	2823	2835
马峪乡	714	368	346	4613	2302	2311
柳杜乡	463	224	239	3566	1741	1825
西谷乡	566	259	307	3614	1708	1906
王答乡	761	403	358	6481	3191	3290
集义乡	741	370	371	5769	2881	2888
阳曲县	**3397**	**1705**	**1692**	**28959**	**13918**	**15041**
黄寨镇	428	206	222	4404	2189	2215
大盂镇	100	37	63	2073	1012	1061
东黄水镇	83	41	42	2602	1267	1335
泥屯镇	263	127	136	3561	1634	1927
高村乡	99	42	57	1824	890	934
侯村乡	210	109	101	2713	1320	1393
凌井店乡	62	32	30	1865	926	939
西凌井乡	9	5	4	270	159	111
北小店乡	9	5	4	515	224	291
杨兴乡	17	12	5	649	281	368
中心镇	2117	1089	1028	8483	4016	4467
娄烦县	**2535**	**1309**	**1226**	**27322**	**13694**	**13628**
娄烦镇	1986	1039	947	13739	6620	7119
静游镇	137	74	63	3821	1979	1842
杜交曲镇	32	21	11	867	386	481
庙湾乡	16	10	6	701	356	345
马家庄乡	217	102	115	3300	1717	1583
盖家庄乡	13	6	7	970	531	439
米峪镇乡	48	18	30	1639	917	722
天池店乡	86	39	47	2285	1188	1097
古交市	**6565**	**3418**	**3147**	**37513**	**18249**	**19264**
东曲街道	1457	746	711	6337	3024	3313
西曲街道	444	231	213	2323	1101	1222
桃园街道	2563	1391	1172	10458	5127	5331
屯兰街道	404	216	188	2061	1079	982
河口镇	336	179	157	2896	1404	1492
镇城底镇	241	116	125	1850	829	1021
马兰镇	431	215	216	3150	1521	1629
阁上乡	4	3	1	273	140	133
加乐泉乡	89	39	50	1098	562	536
梭峪乡	271	122	149	2407	1127	1280
岔口乡	104	52	52	1645	865	780
常安乡	93	47	46	968	462	506
原相乡	41	19	22	760	346	414
邢家社乡	87	42	45	1287	662	625

1-6 续表 6

单位：人

地区	初中			高中			大学专科		
	小计	男	女	小计	男	女	小计	男	女
太原市	**1540492**	**839887**	**700605**	**976922**	**507744**	**469178**	**737761**	**368038**	**369723**
小店区	**325647**	**184510**	**141137**	**266619**	**144431**	**122188**	**204950**	**101343**	**103607**
坞城街道	29186	15697	13489	29697	15695	14002	24498	12280	12218
营盘街道	38426	20683	17743	32452	16600	15852	25137	12386	12751
北营街道	35068	20446	14622	22286	12146	10140	25053	12162	12891
平阳路街道	31287	17217	14070	29726	14497	15229	28038	13754	14284
黄陵街道	24703	14662	10041	12558	6959	5599	14894	6850	8044
小店街道	59185	33167	26018	37730	19605	18125	33559	16531	17028
龙城街道	32283	18917	13366	19493	10431	9062	20143	9867	10276
唐槐园区街道	22115	12909	9206	62050	37385	24665	21423	11249	10174
学府园区街道	2484	1379	1105	2728	1379	1349	3676	1839	1837
北格镇	20719	11758	8961	7266	3782	3484	3212	1691	1521
西温庄乡	12582	7385	5197	5161	3007	2154	3258	1774	1484
刘家堡乡	17609	10290	7319	5472	2945	2527	2059	960	1099
迎泽区	**147258**	**78306**	**68952**	**116341**	**57459**	**58882**	**95274**	**46194**	**49080**
柳巷街道	10356	5521	4835	8855	4256	4599	6020	2850	3170
文庙街道	17839	9311	8528	14962	7300	7662	10791	5010	5781
庙前街道	13482	7000	6482	11767	5645	6122	9321	4431	4890
迎泽街道	18808	9809	8999	18242	8766	9476	15902	7601	8301
桥东街道	30351	16167	14184	26633	13276	13357	21463	10319	11144
老军营街道	13258	6829	6429	11869	5750	6119	10868	5187	5681
郝庄镇	43164	23669	19495	24013	12466	11547	20909	10796	10113
杏花岭区	**214900**	**112582**	**102318**	**162099**	**81179**	**80920**	**120866**	**61084**	**59782**
巨轮街道	27012	14098	12914	23845	11699	12146	18562	9252	9310
三桥街道	17232	8763	8469	16414	7925	8489	16251	8862	7389
鼓楼街道	7084	3535	3549	7971	3838	4133	5682	2628	3054
杏花岭街道	7285	3703	3582	6300	3037	3263	4984	2367	2617
坝陵桥街道	10135	5114	5021	9218	4482	4736	6473	3206	3267
大东关街道	18753	9713	9040	17393	8763	8630	12620	6491	6129
职工新街街道	16044	8313	7731	12766	6574	6192	10403	5500	4903
敦化坊街道	31804	16388	15416	25544	12792	12752	18670	9252	9418
涧河街道	23218	12239	10979	14048	7180	6868	7194	3641	3553
杨家峪街道	33424	17990	15434	20014	10380	9634	15202	7532	7670
中涧河乡	18687	10311	8376	7382	3841	3541	4230	2098	2132
小返乡	4222	2415	1807	1204	668	536	595	255	340

1-6　续表 7　　单位：人

地区	初中			高中			大学专科		
	小计	男	女	小计	男	女	小计	男	女
尖草坪区	**168470**	**90927**	**77543**	**97862**	**50353**	**47509**	**66092**	**33814**	**32278**
尖草坪街道	12332	6499	5833	8273	4234	4039	4533	2273	2260
光社街道	10777	5886	4891	5739	3146	2593	3261	1728	1533
上兰街道	6498	3519	2979	3599	1989	1610	1649	807	842
南寨街道	20097	10283	9814	14282	7483	6799	8878	4353	4525
迎新街道	9749	5287	4462	5300	2755	2545	2963	1482	1481
古城街道	19888	10705	9183	14443	7281	7162	14225	7497	6728
汇丰街道	28037	14994	13043	20057	9562	10495	16945	8873	8072
柴村街道	24153	13380	10773	11695	6051	5644	7117	3539	3578
新城街道	10177	5499	4678	4080	2226	1854	2426	1240	1186
向阳镇	11419	6180	5239	4192	2190	2002	2224	1030	1194
阳曲镇	7554	4270	3284	2821	1549	1272	856	398	458
马头水乡	781	433	348	160	90	70	73	28	45
柏板乡	4908	2728	2180	2408	1272	1136	409	193	216
西墕乡	1934	1148	786	616	377	239	193	101	92
太原中北高新技术产业开发区	166	116	50	197	148	49	340	272	68
万柏林区	**253251**	**134431**	**118820**	**167312**	**84793**	**82519**	**145304**	**71970**	**73334**
千峰街道	8060	4062	3998	7204	3492	3712	7038	3496	3542
下元街道	17581	8997	8584	14175	6988	7187	15313	6951	8362
和平街道	26313	13748	12565	19131	10137	8994	15170	7787	7383
兴华街道	16506	8471	8035	14650	7003	7647	11355	5433	5922
万柏林街道	16100	8478	7622	11881	5942	5939	8832	4575	4257
杜儿坪街道	15234	7947	7287	6156	3344	2812	4217	2149	2068
白家庄街道	9681	5086	4595	3419	1878	1541	2244	1178	1066
南寒街道	32408	16689	15719	22737	11266	11471	19560	9878	9682
东社街道	17127	9583	7544	6692	3509	3183	5286	2699	2587
化客头街道	1851	1028	823	621	385	236	312	185	127
小井峪街道	40099	21735	18364	29767	15518	14249	27562	13861	13701
西铭街道	17579	9654	7925	6587	3485	3102	3594	1771	1823
长风西街街道	23821	13178	10643	17790	8554	9236	18802	9039	9763
神堂沟街道	10615	5610	5005	6379	3226	3153	5970	2943	3027
王封乡	276	165	111	123	66	57	49	25	24
晋源区	**103723**	**58683**	**45040**	**51351**	**26498**	**24853**	**40402**	**20893**	**19509**
义井街道	28080	15879	12201	19018	9604	9414	16937	8461	8476
罗城街道	6936	3711	3225	4537	2354	2183	2048	1045	1003
晋源街道	22701	12796	9905	8587	4352	4235	5178	2476	2702
金胜镇	17066	10011	7055	7462	3927	3535	7632	4623	3009
晋祠镇	17943	10100	7843	8543	4558	3985	7077	3590	3487
姚村镇	10997	6186	4811	3204	1703	1501	1530	698	832

1-6 续表 8 单位：人

地 区	初 中			高 中			大学专科		
	小计	男	女	小计	男	女	小计	男	女
清徐县	**154675**	**85004**	**69671**	**52432**	**27456**	**24976**	**26074**	**11790**	**14284**
清源镇	50128	27747	22381	22479	11508	10971	10681	5292	5389
徐沟镇	22523	11967	10556	9234	4414	4820	7772	2493	5279
东于镇	13426	7835	5591	4320	2854	1466	1871	1282	589
孟封镇	14609	7803	6806	2890	1525	1365	1203	559	644
马峪乡	9592	5355	4237	2494	1413	1081	1017	537	480
柳杜乡	9352	5109	4243	1501	791	710	465	225	240
西谷乡	8948	4879	4069	2000	1033	967	657	309	348
王答乡	14085	7811	6274	4510	2286	2224	1384	612	772
集义乡	12012	6498	5514	3004	1632	1372	1024	481	543
阳曲县	**56303**	**32363**	**23940**	**17079**	**9707**	**7372**	**9361**	**4801**	**4560**
黄寨镇	8832	5246	3586	3076	1710	1366	880	443	437
大盂镇	3659	2187	1472	781	495	286	309	151	158
东黄水镇	3264	2054	1210	679	422	257	342	199	143
泥屯镇	6860	4004	2856	1408	869	539	411	212	199
高村乡	3214	1934	1280	628	396	232	225	129	96
侯村乡	5330	3292	2038	1337	771	566	552	267	285
凌井店乡	2459	1495	964	392	243	149	214	109	105
西凌井乡	232	169	63	61	43	18	17	8	9
北小店乡	439	315	124	130	87	43	45	30	15
杨兴乡	866	577	289	176	126	50	48	25	23
中心镇	21148	11090	10058	8411	4545	3866	6318	3228	3090
娄烦县	**31560**	**17538**	**14022**	**10629**	**6197**	**4432**	**6799**	**3604**	**3195**
娄烦镇	18735	9659	9076	6563	3583	2980	4595	2333	2262
静游镇	3410	2120	1290	1067	688	379	633	397	236
杜交曲镇	1083	652	431	245	149	96	131	71	60
庙湾乡	536	350	186	155	103	52	89	53	36
马家庄乡	3529	1932	1597	1474	925	549	766	420	346
盖家庄乡	666	456	210	197	143	54	96	56	40
米峪镇乡	1524	1030	494	361	227	134	167	90	77
天池店乡	2077	1339	738	567	379	188	322	184	138
古交市	**84705**	**45543**	**39162**	**35198**	**19671**	**15527**	**22639**	**12545**	**10094**
东曲街道	15567	8008	7559	7440	4052	3388	5694	3132	2562
西曲街道	6250	3271	2979	2117	1172	945	1514	838	676
桃园街道	26134	13565	12569	14608	7614	6994	8354	4382	3972
屯兰街道	5570	2876	2694	1935	1137	798	1912	1162	750
河口镇	6025	3242	2783	1609	890	719	904	482	422
镇城底镇	3656	2057	1599	1071	663	408	609	356	253
马兰镇	7173	3999	3174	2342	1441	901	1646	987	659
阁上乡	286	213	73	94	73	21	29	19	10
加乐泉乡	2094	1313	781	799	600	199	319	228	91
梭峪乡	4965	2750	2215	1685	1065	620	1115	685	430
岔口乡	1631	1021	610	326	185	141	123	69	54
常安乡	2054	1213	841	382	243	139	167	76	91
原相乡	1142	688	454	326	239	87	94	45	49
邢家社乡	2158	1327	831	464	297	167	159	84	75

1-6　续表 9　　　　单位：人

地　　区	大学本科			硕士研究生			博士研究生		
	小计	男	女	小计	男	女	小计	男	女
太原市	**790054**	**391853**	**398201**	**97230**	**43230**	**54000**	**11855**	**6161**	**5694**
小店区	**253387**	**116519**	**136868**	**31541**	**12797**	**18744**	**3664**	**1767**	**1897**
坞城街道	54503	24194	30309	11252	3951	7301	1471	673	798
营盘街道	24734	12230	12504	3101	1333	1768	303	136	167
北营街道	19164	9680	9484	3093	1306	1787	504	257	247
平阳路街道	33551	16036	17515	4204	2029	2175	412	222	190
黄陵街道	6742	3343	3399	570	230	340	31	13	18
小店街道	26897	13073	13824	2619	1059	1560	201	94	107
龙城街道	32900	14357	18543	4462	1923	2539	585	294	291
唐槐园区街道	17851	8564	9287	1013	430	583	56	33	23
学府园区街道	4649	2313	2336	795	392	403	60	27	33
北格镇	17426	7358	10068	256	68	188	14	9	5
西温庄乡	13990	4955	9035	82	36	46	16	5	11
刘家堡乡	980	416	564	94	40	54	11	4	7
迎泽区	**107125**	**52170**	**54955**	**17303**	**7395**	**9908**	**2056**	**1029**	**1027**
柳巷街道	5918	2907	3011	711	305	406	67	32	35
文庙街道	9082	4373	4709	1112	509	603	140	73	67
庙前街道	12628	6382	6246	1808	870	938	194	97	97
迎泽街道	23723	11034	12689	5199	1604	3595	570	267	303
桥东街道	24063	11761	12302	3112	1367	1745	300	157	143
老军营街道	16026	7905	8121	3534	1921	1613	623	324	299
郝庄镇	15685	7808	7877	1827	819	1008	162	79	83
杏花岭区	**116639**	**58161**	**58478**	**12026**	**5254**	**6772**	**1366**	**706**	**660**
巨轮街道	20401	9915	10486	2427	1077	1350	222	121	101
三桥街道	13891	6926	6965	1710	737	973	169	88	81
鼓楼街道	6676	3235	3441	813	371	442	125	64	61
杏花岭街道	6959	3322	3637	882	392	490	211	99	112
坝陵桥街道	8175	3958	4217	1075	471	604	113	62	51
大东关街道	17642	10000	7642	1213	543	670	106	52	54
职工新街街道	7511	3618	3893	816	326	490	67	30	37
敦化坊街道	18435	9156	9279	1602	686	916	239	126	113
涧河街道	4492	2105	2387	430	200	230	45	29	16
杨家峪街道	10242	4907	5335	914	389	525	49	25	24
中涧河乡	1999	926	1073	124	55	69	18	10	8
小返乡	216	93	123	20	7	13	2		2

1-6 续表 10

单位：人

地区	大学本科			硕士研究生			博士研究生		
	小计	男	女	小计	男	女	小计	男	女
尖草坪区	**79092**	**44781**	**34311**	**8449**	**4439**	**4010**	**1288**	**771**	**517**
尖草坪街道	3422	1623	1799	271	116	155	30	18	12
光社街道	1832	894	938	122	43	79	9	6	3
上兰街道	23068	15809	7259	4461	2762	1699	921	581	340
南寨街道	18063	10841	7222	434	174	260	52	24	28
迎新街道	2325	1041	1284	185	92	93	20	10	10
古城街道	10961	5463	5498	1203	529	674	111	55	56
汇丰街道	10648	5129	5519	1049	457	592	73	33	40
柴村街道	5252	2423	2829	436	168	268	38	26	12
新城街道	1563	716	847	155	54	101	21	11	10
向阳镇	1007	432	575	65	24	41	6	4	2
阳曲镇	448	189	259	34	13	21	6	2	4
马头水乡	48	27	21	8	1	7			
柏板乡	256	107	149	16	4	12			
西墕乡	118	56	62	7	2	5	1	1	
太原中北高新技术产业开发区	81	31	50	3		3			
万柏林区	**161496**	**85444**	**76052**	**22372**	**11094**	**11278**	**3023**	**1644**	**1379**
千峰街道	19603	12160	7443	3835	2160	1675	850	462	388
下元街道	19296	10213	9083	3597	1944	1653	412	236	176
和平街道	24577	14483	10094	3176	1758	1418	343	203	140
兴华街道	14027	6997	7030	1846	798	1048	328	158	170
万柏林街道	7356	3717	3639	913	411	502	76	43	33
杜儿坪街道	1979	943	1036	123	46	77	18	8	10
白家庄街道	987	459	528	61	24	37	10	6	4
南寒街道	14656	7161	7495	1033	462	571	97	48	49
东社街道	3258	1492	1766	234	78	156	15	10	5
化客头街道	141	72	69	16	6	10	4	3	1
小井峪街道	26307	13060	13247	3190	1433	1757	308	168	140
西铭街道	1623	665	958	97	28	69	5	1	4
长风西街街道	22598	11584	11014	3610	1680	1930	503	283	220
神堂沟街道	5039	2411	2628	633	263	370	53	15	38
王封乡	49	27	22	8	3	5	1		1
晋源区	**32983**	**16208**	**16775**	**3506**	**1496**	**2010**	**280**	**154**	**126**
义井街道	20234	10337	9897	2292	995	1297	179	99	80
罗城街道	1040	520	520	57	19	38	13	5	8
晋源街道	3359	1457	1902	256	102	154	18	7	11
金胜镇	5216	2543	2673	664	302	362	52	36	16
晋祠镇	2301	990	1311	169	53	116	11	4	7
姚村镇	833	361	472	68	25	43	7	3	4

1-6　续表 11　　　　单位：人

地　区	大学本科			硕士研究生			博士研究生		
	小计	男	女	小计	男	女	小计	男	女
清徐县	**16215**	**7444**	**8771**	**810**	**310**	**500**	**76**	**38**	**38**
清源镇	8573	3919	4654	359	155	204	37	19	18
徐沟镇	3513	1586	1927	107	27	80	18	7	11
东于镇	683	373	310	48	19	29	3	2	1
孟封镇	720	318	402	64	25	39	4	2	2
马峪乡	520	260	260	31	16	15	3	2	1
柳杜乡	255	112	143	16	5	11			
西谷乡	415	184	231	35	10	25	3	2	1
王答乡	899	402	497	93	31	62	3	1	2
集义乡	637	290	347	57	22	35	5	3	2
阳曲县	**5923**	**2720**	**3203**	**309**	**98**	**211**	**22**	**13**	**9**
黄寨镇	392	194	198	24	7	17	1	1	
大盂镇	130	62	68	11	2	9	1		1
东黄水镇	177	113	64	8	4	4			
泥屯镇	188	80	108	20	8	12	3	3	
高村乡	103	45	58	10	6	4	1	1	
侯村乡	453	186	267	46	12	34	2		2
凌井店乡	78	46	32	9	5	4			
西凌井乡	4	2	2	3	2	1			
北小店乡	24	17	7						
杨兴乡	21	10	11	4		4			
中心镇	4353	1965	2388	174	52	122	14	8	6
娄烦县	**4268**	**1991**	**2277**	**252**	**98**	**154**	**27**	**14**	**13**
娄烦镇	3100	1393	1707	139	50	89	17	8	9
静游镇	324	177	147	35	16	19	4	2	2
杜交曲镇	79	33	46	5	2	3			
庙湾乡	62	27	35	8	1	7	1	1	
马家庄乡	427	233	194	36	18	18	2	1	1
盖家庄乡	60	20	40	4	2	2			
米峪镇乡	80	44	36	8	4	4	1		1
天池店乡	136	64	72	17	5	12	2	2	
古交市	**12926**	**6415**	**6511**	**662**	**249**	**413**	**53**	**25**	**28**
东曲街道	3880	1906	1974	181	69	112	9	4	5
西曲街道	700	318	382	53	19	34	6	3	3
桃园街道	4871	2395	2476	185	72	113	17	7	10
屯兰街道	831	442	389	49	20	29	1	1	
河口镇	540	259	281	41	11	30	5	2	3
镇城底镇	271	136	135	24	10	14	2		2
马兰镇	809	418	391	49	16	33	3	2	1
阁上乡	16	12	4						
加乐泉乡	114	66	48	15	5	10	3	3	
梭峪乡	585	301	284	33	12	21	1	1	
岔口乡	85	46	39	5	2	3			
常安乡	83	39	44	13	6	7	3	1	2
原相乡	55	25	30	4	2	2			
邢家社乡	86	52	34	10	5	5	3	1	2

1-6a 各地区分性别、受教育程度的3岁及以上人口(城市)

单位：人

地　区	3岁及以上人口			未上过学		
	合计	男	女	小计	男	女
太原市	**4067008**	**2070373**	**1996635**	**46153**	**17270**	**28883**
小店区	1001469	508653	492816	9185	3671	5514
迎泽区	567162	281978	285184	6041	2299	3742
杏花岭区	710724	356074	354650	7898	2848	5050
尖草坪区	486040	254281	231759	5937	2128	3809
万柏林区	915124	467638	447486	11841	4365	7476
晋源区	246820	129759	117061	3304	1162	2142
清徐县						
阳曲县						
娄烦县						
古交市	139669	71990	67679	1947	797	1150

1-6a 续表 1

单位：人

地　区	学前教育			小　学		
	小计	男	女	小计	男	女
太原市	**138225**	**71524**	**66701**	**533220**	**261153**	**272067**
小店区	36254	18759	17495	130325	65688	64637
迎泽区	17253	9023	8230	66332	32511	33821
杏花岭区	22259	11443	10816	85998	40647	45351
尖草坪区	15087	7742	7345	64599	30914	33685
万柏林区	32410	16770	15640	121517	59060	62457
晋源区	9968	5145	4823	42807	21818	20989
清徐县						
阳曲县						
娄烦县						
古交市	4994	2642	2352	21642	10515	11127

1-6a 续表 2

单位：人

地　区	初　中			高　中			大学专科		
	小计	男	女	小计	男	女	小计	男	女
太原市	**1121299**	**603491**	**517808**	**779876**	**396565**	**383311**	**642761**	**320444**	**322317**
小店区	243194	136453	106741	181405	94516	86889	170385	83391	86994
迎泽区	142379	75441	66938	114867	56625	58242	94290	45710	48580
杏花岭区	194497	101293	93204	154672	77240	77432	117076	59259	57817
尖草坪区	155227	83436	71791	92395	47258	45137	64747	33162	31585
万柏林区	251152	133257	117895	166577	84348	82229	144947	71762	73185
晋源区	79773	45216	34557	43123	22210	20913	33249	17289	15960
清徐县									
阳曲县									
娄烦县									
古交市	55077	28395	26682	26837	14368	12469	18067	9871	8196

1-6a 续表 3

单位：人

地区	大学本科			硕士研究生			博士研究生		
	小计	男	女	小计	男	女	小计	男	女
太原市	**700948**	**352395**	**348553**	**93012**	**41537**	**51475**	**11514**	**5994**	**5520**
小店区	197958	92673	105285	29259	11815	17444	3504	1687	1817
迎泽区	106683	51958	54725	17266	7384	9882	2051	1027	1024
杏花岭区	115046	57428	57618	11926	5214	6712	1352	702	650
尖草坪区	78380	44455	33925	8386	4417	3969	1282	769	513
万柏林区	161310	85347	75963	22351	11087	11264	3019	1642	1377
晋源区	30978	15331	15647	3350	1438	1912	268	150	118
清徐县									
阳曲县									
娄烦县									
古交市	10593	5203	5390	474	182	292	38	17	21

1-6b 各地区分性别、受教育程度的3岁及以上人口(镇)

单位：人

地区	3岁及以上人口			未上过学		
	合计	男	女	小计	男	女
太原市	**514219**	**267326**	**246893**	**5910**	**2275**	**3635**
小店区	228933	121734	107199	1710	725	985
迎泽区						
杏花岭区						
尖草坪区	1161	609	552	20	4	16
万柏林区	3874	2055	1819	104	30	74
晋源区	12790	6758	6032	251	73	178
清徐县	141410	71222	70188	1080	373	707
阳曲县	66225	34393	31832	1187	464	723
娄烦县	44574	22330	22244	1309	522	787
古交市	15252	8225	7027	249	84	165

1-6b 续表 1

单位：人

地区	学前教育			小学		
	小计	男	女	小计	男	女
太原市	**16990**	**8805**	**8185**	**74403**	**36894**	**37509**
小店区	6749	3550	3199	20864	10629	10235
迎泽区						
杏花岭区						
尖草坪区	15	6	9	145	73	72
万柏林区	80	40	40	993	473	520
晋源区	497	272	225	2976	1540	1436
清徐县	5088	2586	2502	23066	11560	11506
阳曲县	2360	1205	1155	11946	5807	6139
娄烦县	1752	921	831	11650	5592	6058
古交市	449	225	224	2763	1220	1543

1-6b 续表 2

单位：人

地区	初中			高中			大学专科		
	小计	男	女	小计	男	女	小计	男	女
太原市	**156491**	**86137**	**70354**	**122614**	**69398**	**53216**	**60711**	**30093**	**30618**
小店区	43051	24864	18187	72542	43054	29488	28752	15132	13620
迎泽区									
杏花岭区									
尖草坪区	568	322	246	270	137	133	91	44	47
万柏林区	1706	928	778	575	357	218	280	161	119
晋源区	5839	3276	2563	1800	949	851	889	415	474
清徐县	53841	29241	24600	28782	14546	14236	17533	7409	10124
阳曲县	28239	15376	12863	10297	5645	4652	7097	3632	3465
娄烦县	16383	8404	7979	6016	3257	2759	4338	2224	2114
古交市	6864	3726	3138	2332	1453	879	1731	1076	655

1-6b 续表 3

单位：人

地区	大学本科			硕士研究生			博士研究生		
	小计	男	女	小计	男	女	小计	男	女
太原市	**73955**	**32401**	**41554**	**2914**	**1208**	**1706**	**231**	**115**	**116**
小店区	53073	22817	30256	2054	893	1161	138	70	68
迎泽区									
杏花岭区									
尖草坪区	47	21	26	5	2	3			
万柏林区	123	62	61	10	2	8	3	2	1
晋源区	495	213	282	41	19	22	2	1	1
清徐县	11541	5313	6228	428	171	257	51	23	28
阳曲县	4881	2195	2686	200	59	141	18	10	8
娄烦县	2984	1360	1624	126	43	83	16	7	9
古交市	811	420	391	50	19	31	3	2	1

1-6c 各地区分性别、受教育程度的3岁及以上人口(乡村)

单位：人

地区	3岁及以上人口			未上过学		
	合计	男	女	小计	男	女
太原市	**563509**	**302157**	**261352**	**16734**	**5733**	**11001**
小店区	84737	46107	38630	1225	420	805
迎泽区	10969	5991	4978	256	95	161
杏花岭区	46546	24376	22170	717	250	467
尖草坪区	28616	15258	13358	860	309	551
万柏林区	978	556	422	29	10	19
晋源区	46126	24205	21921	1106	361	745
清徐县	192543	101755	90788	3525	1193	2332
阳曲县	58787	32244	26543	2472	848	1624
娄烦县	44267	24128	20139	4140	1491	2649
古交市	49940	27537	22403	2404	756	1648

1-6c　续表 1　　单位：人

地　区	学前教育			小　学		
	小计	男	女	小计	男	女
太原市	**17298**	**8698**	**8600**	**141489**	**70591**	**70898**
小店区	3399	1719	1680	19620	9966	9654
迎泽区	356	178	178	2536	1310	1226
杏花岭区	1894	975	919	10608	5321	5287
尖草坪区	802	415	387	7099	3472	3627
万柏林区	22	9	13	222	116	106
晋源区	1654	857	797	10928	5562	5366
清徐县	6229	3106	3123	44683	22117	22566
阳曲县	1037	500	537	17013	8111	8902
娄烦县	783	388	395	15672	8102	7570
古交市	1122	551	571	13108	6514	6594

1-6c　续表 2　　单位：人

地　区	初　中			高　中			大学专科		
	小计	男	女	小计	男	女	小计	男	女
太原市	**262702**	**150259**	**112443**	**74432**	**41781**	**32651**	**34289**	**17501**	**16788**
小店区	39402	23193	16209	12672	6861	5811	5813	2820	2993
迎泽区	4879	2865	2014	1474	834	640	984	484	500
杏花岭区	20403	11289	9114	7427	3939	3488	3790	1825	1965
尖草坪区	12675	7169	5506	5197	2958	2239	1254	608	646
万柏林区	393	246	147	160	88	72	77	47	30
晋源区	18111	10191	7920	6428	3339	3089	6264	3189	3075
清徐县	100834	55763	45071	23650	12910	10740	8541	4381	4160
阳曲县	28064	16987	11077	6782	4062	2720	2264	1169	1095
娄烦县	15177	9134	6043	4613	2940	1673	2461	1380	1081
古交市	22764	13422	9342	6029	3850	2179	2841	1598	1243

1-6c　续表 3　　单位：人

地　区	大学本科			硕士研究生			博士研究生		
	小计	男	女	小计	男	女	小计	男	女
太原市	**15151**	**7057**	**8094**	**1304**	**485**	**819**	**110**	**52**	**58**
小店区	2356	1029	1327	228	89	139	22	10	12
迎泽区	442	212	230	37	11	26	5	2	3
杏花岭区	1593	733	860	100	40	60	14	4	10
尖草坪区	665	305	360	58	20	38	6	2	4
万柏林区	63	35	28	11	5	6	1		1
晋源区	1510	664	846	115	39	76	10	3	7
清徐县	4674	2131	2543	382	139	243	25	15	10
阳曲县	1042	525	517	109	39	70	4	3	1
娄烦县	1284	631	653	126	55	71	11	7	4
古交市	1522	792	730	138	48	90	12	6	6

1-7 各地区分性别的15岁及以上文盲人口

单位：人、%

地 区	15岁及以上人口			文盲人口			文盲人口占15岁及以上人口比重		
	合计	男	女	合计	男	女	合计	男	女
太原市	**4479326**	**2295583**	**2183743**	**41925**	**12112**	**29813**	**0.94**	**0.53**	**1.37**
小店区	**1148009**	**589733**	**558276**	**6084**	**1810**	**4274**	**0.53**	**0.31**	**0.77**
坞城街道	153801	73530	80271	456	135	321	0.3	0.18	0.4
营盘街道	130156	65670	64486	704	179	525	0.54	0.27	0.81
北营街道	111319	58871	52448	554	156	398	0.5	0.26	0.76
平阳路街道	132153	65816	66337	494	137	357	0.37	0.21	0.54
黄陵街道	64789	34779	30010	333	115	218	0.51	0.33	0.73
小店街道	171983	88913	83070	1377	405	972	0.8	0.46	1.17
龙城街道	116170	58907	57263	523	133	390	0.45	0.23	0.68
唐槐园区街道	127375	71799	55576	297	108	189	0.23	0.15	0.34
学府园区街道	14557	7397	7160	49	12	37	0.34	0.16	0.52
北格镇	55854	28035	27819	488	165	323	0.87	0.59	1.16
西温庄乡	38415	18860	19555	321	114	207	0.84	0.6	1.06
刘家堡乡	31437	17156	14281	488	151	337	1.55	0.88	2.36
迎泽区	**505581**	**250170**	**255411**	**2927**	**769**	**2158**	**0.58**	**0.31**	**0.84**
柳巷街道	33328	16342	16986	217	61	156	0.65	0.37	0.92
文庙街道	55998	27131	28867	343	61	282	0.61	0.22	0.98
庙前街道	51053	24988	26065	277	71	206	0.54	0.28	0.79
迎泽街道	84558	39643	44915	373	64	309	0.44	0.16	0.69
桥东街道	110145	54663	55482	657	182	475	0.6	0.33	0.86
老军营街道	57534	28248	29286	229	46	183	0.4	0.16	0.62
郝庄镇	112965	59155	53810	831	284	547	0.74	0.48	1.02
杏花岭区	**658771**	**329749**	**329022**	**4134**	**891**	**3243**	**0.63**	**0.27**	**0.99**
巨轮街道	95703	47154	48549	453	87	366	0.47	0.18	0.75
三桥街道	67672	33693	33979	354	68	286	0.52	0.2	0.84
鼓楼街道	28857	13735	15122	170	37	133	0.59	0.27	0.88
杏花岭街道	27459	13167	14292	147	39	108	0.54	0.3	0.76
坝陵桥街道	36378	17547	18831	164	29	135	0.45	0.17	0.72
大东关街道	69881	36309	33572	347	75	272	0.5	0.21	0.81
职工新街街道	50096	25149	24947	397	79	318	0.79	0.31	1.27
敦化坊街道	100379	49633	50746	490	95	395	0.49	0.19	0.78
涧河街道	53014	26714	26300	509	85	424	0.96	0.32	1.61
杨家峪街道	84989	43427	41562	616	166	450	0.72	0.38	1.08
中涧河乡	36267	18903	17364	337	87	250	0.93	0.46	1.44
小返乡	8076	4318	3758	150	44	106	1.86	1.02	2.82

1-7　续表 1　　　　单位：人、%

地　　区	15岁及以上人口			文盲人口			文盲人口占15岁及以上人口比重		
	合计	男	女	合计	男	女	合计	男	女
尖草坪区	**455015**	**238819**	**216196**	**3833**	**992**	**2841**	**0.84**	**0.42**	**1.31**
尖草坪街道	30691	15306	15385	229	39	190	0.75	0.25	1.23
光社街道	23782	12477	11305	274	60	214	1.15	0.48	1.89
上兰街道	41711	26093	15618	165	33	132	0.40	0.13	0.85
南寨街道	64844	34119	30725	199	39	160	0.31	0.11	0.52
迎新街道	23023	11711	11312	226	54	172	0.98	0.46	1.52
古城街道	63857	32768	31089	488	128	360	0.76	0.39	1.16
汇丰街道	80596	40468	40128	470	106	364	0.58	0.26	0.91
柴村街道	54060	27999	26061	548	156	392	1.01	0.56	1.50
新城街道	20262	10558	9704	172	47	125	0.85	0.45	1.29
向阳镇	21956	11177	10779	265	75	190	1.21	0.67	1.76
阳曲镇	14563	7661	6902	346	92	254	2.38	1.20	3.68
马头水乡	1450	759	691	86	39	47	5.93	5.14	6.80
柏板乡	9805	5151	4654	255	97	158	2.60	1.88	3.39
西墕乡	3619	2001	1618	110	27	83	3.04	1.35	5.13
太原中北高新技术产业开发区	796	571	225						
万柏林区	**800147**	**408327**	**391820**	**6689**	**1821**	**4868**	**0.84**	**0.45**	**1.24**
千峰街道	47694	26145	21549	236	52	184	0.49	0.20	0.85
下元街道	72951	36139	36812	321	77	244	0.44	0.21	0.66
和平街道	92948	49650	43298	495	96	399	0.53	0.19	0.92
兴华街道	60598	29510	31088	277	82	195	0.46	0.28	0.63
万柏林街道	47867	24101	23766	406	86	320	0.85	0.36	1.35
杜儿坪街道	31494	15965	15529	462	114	348	1.47	0.71	2.24
白家庄街道	18852	9508	9344	512	110	402	2.72	1.16	4.30
南寒街道	97379	48316	49063	1008	294	714	1.04	0.61	1.46
东社街道	36582	19268	17314	450	194	256	1.23	1.01	1.48
化客头街道	3747	2037	1710	92	23	69	2.46	1.13	4.04
小井峪街道	133430	68664	64766	888	279	609	0.67	0.41	0.94
西铭街道	34165	17577	16588	738	196	542	2.16	1.12	3.27
长风西街街道	90806	45780	45026	479	130	349	0.53	0.28	0.78
神堂沟街道	31026	15332	15694	297	78	219	0.96	0.51	1.40
王封乡	608	335	273	28	10	18	4.61	2.99	6.59
晋源区	**261547**	**137797**	**123750**	**3392**	**992**	**2400**	**1.30**	**0.72**	**1.94**
义井街道	91595	47438	44157	568	131	437	0.62	0.28	0.99
罗城街道	16010	8195	7815	145	40	105	0.91	0.49	1.34
晋源街道	48191	25211	22980	839	267	572	1.74	1.06	2.49
金胜镇	42662	23758	18904	470	122	348	1.10	0.51	1.84
晋祠镇	42182	22144	20038	890	298	592	2.11	1.35	2.95
姚村镇	20907	11051	9856	480	134	346	2.30	1.21	3.51

1-7 续表 2

单位：人、%

地区	15岁及以上人口			文盲人口			文盲人口占15岁及以上人口比重		
	合计	男	女	合计	男	女	合计	男	女
清徐县	**289447**	**150339**	**139108**	**3696**	**1139**	**2557**	**1.28**	**0.76**	**1.84**
清源镇	100299	52204	48095	778	237	541	0.78	0.45	1.12
徐沟镇	50337	24120	26217	317	98	219	0.63	0.41	0.84
东于镇	24000	14064	9936	439	135	304	1.83	0.96	3.06
孟封镇	23468	12088	11380	421	116	305	1.79	0.96	2.68
马峪乡	16731	9028	7703	434	175	259	2.59	1.94	3.36
柳杜乡	14078	7354	6724	315	97	218	2.24	1.32	3.24
西谷乡	14490	7443	7047	244	51	193	1.68	0.69	2.74
王答乡	25288	13207	12081	319	103	216	1.26	0.78	1.79
集义乡	20756	10831	9925	429	127	302	2.07	1.17	3.04
阳曲县	**110800**	**59389**	**51411**	**2886**	**934**	**1952**	**2.6**	**1.57**	**3.8**
黄寨镇	16834	9322	7512	449	135	314	2.67	1.45	4.18
大盂镇	6940	3844	3096	386	157	229	5.56	4.08	7.4
东黄水镇	7043	4007	3036	239	81	158	3.39	2.02	5.2
泥屯镇	11960	6518	5442	346	117	229	2.89	1.8	4.21
高村乡	5944	3322	2622	202	63	139	3.4	1.9	5.3
侯村乡	10178	5650	4528	240	82	158	2.36	1.45	3.49
凌井店乡	5169	2833	2336	344	106	238	6.66	3.74	10.19
西凌井乡	667	412	255	80	32	48	11.99	7.77	18.82
北小店乡	1217	688	529	83	25	58	6.82	3.63	10.96
杨兴乡	1844	1033	811	126	33	93	6.83	3.19	11.47
中心镇	43004	21760	21244	391	103	288	0.91	0.47	1.36
娄烦县	**75590**	**39564**	**36026**	**4802**	**1744**	**3058**	**6.35**	**4.41**	**8.49**
娄烦镇	40525	20137	20388	1209	448	761	2.98	2.22	3.73
静游镇	9729	5430	4299	932	327	605	9.58	6.02	14.07
杜交曲镇	2391	1242	1149	125	31	94	5.23	2.50	8.18
庙湾乡	1646	909	737	158	51	107	9.60	5.61	14.52
马家庄乡	9248	5043	4205	741	331	410	8.01	6.56	9.75
盖家庄乡	2151	1255	896	311	126	185	14.46	10.04	20.65
米峪镇乡	4180	2389	1791	610	209	401	14.59	8.75	22.39
天池店乡	5720	3159	2561	716	221	495	12.52	7.00	19.33
古交市	**174419**	**91696**	**82723**	**3517**	**1035**	**2482**	**2.02**	**1.13**	**3.00**
东曲街道	34496	17635	16861	357	82	275	1.03	0.46	1.63
西曲街道	11586	5952	5634	169	56	113	1.46	0.94	2.01
桃园街道	56333	28693	27640	414	108	306	0.73	0.38	1.11
屯兰街道	11152	6091	5061	212	122	90	1.90	2.00	1.78
河口镇	10920	5625	5295	303	70	233	2.77	1.24	4.40
镇城底镇	6972	3723	3249	259	67	192	3.71	1.80	5.91
马兰镇	13810	7621	6189	175	49	126	1.27	0.64	2.04
阁上乡	681	440	241	16		16	2.35		6.64
加乐泉乡	4225	2628	1597	89	23	66	2.11	0.88	4.13
梭峪乡	10030	5465	4565	271	82	189	2.70	1.50	4.14
岔口乡	4046	2196	1850	590	184	406	14.58	8.38	21.95
常安乡	3651	1973	1678	247	70	177	6.77	3.55	10.55
原相乡	2329	1288	1041	129	37	92	5.54	2.87	8.84
邢家社乡	4188	2366	1822	286	85	201	6.83	3.59	11.03

1-7a 各地区分性别的15岁及以上文盲人口(城市)

单位：人、%

地 区	15岁及以上人口			文盲人口			文盲人口占15岁及以上人口比重		
	合计	男	女	合计	男	女	合计	男	女
太原市	**3535393**	**1794882**	**1740511**	**23761**	**6232**	**17529**	**0.67**	**0.35**	**1.01**
小店区	867074	438796	428278	4290	1212	3078	0.49	0.28	0.72
迎泽区	496324	245060	251264	2737	703	2034	0.55	0.29	0.81
杏花岭区	619842	309296	310546	3665	769	2896	0.59	0.25	0.93
尖草坪区	428689	224736	203953	3124	760	2364	0.73	0.34	1.16
万柏林区	795849	405990	389859	6572	1788	4784	0.83	0.44	1.23
晋源区	210916	111126	99790	2218	620	1598	1.05	0.56	1.60
清徐县									
阳曲县									
娄烦县									
古交市	116699	59878	56821	1167	387	780	1.00	0.65	1.37

1-7b 各地区分性别的15岁及以上文盲人口(镇)

单位：人、%

地 区	15岁及以上人口			文盲人口			文盲人口占15岁及以上人口比重		
	合计	男	女	合计	男	女	合计	男	女
太原市	**450211**	**234277**	**215934**	**3683**	**1180**	**2503**	**0.82**	**0.50**	**1.16**
小店区	208164	110949	97215	808	280	528	0.39	0.25	0.54
迎泽区									
杏花岭区									
尖草坪区	1078	564	514	12	1	11	1.11	0.18	2.14
万柏林区	3440	1839	1601	84	22	62	2.44	1.20	3.87
晋源区	10879	5753	5126	206	57	149	1.89	0.99	2.91
清徐县	121269	60922	60347	735	202	533	0.61	0.33	0.88
阳曲县	56329	29310	27019	693	208	485	1.23	0.71	1.8
娄烦县	35812	17748	18064	952	354	598	2.66	1.99	3.31
古交市	13240	7192	6048	194	57	137	1.47	0.79	2.27

1-7c 各地区分性别的15岁及以上文盲人口(乡村)

单位：人、%

地 区	15岁及以上人口			文盲人口			文盲人口占15岁及以上人口比重		
	合计	男	女	合计	男	女	合计	男	女
太原市	**493722**	**266424**	**227298**	**14481**	**4700**	**9781**	**2.93**	**1.76**	**4.30**
小店区	72771	39988	32783	968	313	655	1.33	0.78	2.00
迎泽区	9257	5110	4147	190	66	124	2.05	1.29	2.99
杏花岭区	38929	20453	18476	467	121	346	1.20	0.59	1.87
尖草坪区	25248	13519	11729	697	231	466	2.76	1.71	3.97
万柏林区	858	498	360	33	11	22	3.85	2.21	6.11
晋源区	39752	20918	18834	968	315	653	2.44	1.51	3.47
清徐县	168178	89417	78761	2961	937	2024	1.76	1.05	2.57
阳曲县	54471	30079	24392	2191	725	1466	4.02	2.41	6.01
娄烦县	39778	21816	17962	3850	1390	2460	9.68	6.37	13.70
古交市	44480	24626	19854	2156	591	1565	4.85	2.40	7.88

1-8 各地区家庭户规模

单位：户、%

地区	家庭户户数	一人户		二人户		三人户	
		户数	比重	户数	比重	户数	比重
太原市	**1851328**	**463344**	**25.03**	**576505**	**31.14**	**472236**	**25.51**
小店区	**431843**	**124065**	**28.73**	**127589**	**29.55**	**102478**	**23.73**
坞城街道	48218	11345	23.53	15112	31.34	12816	26.58
营盘街道	54820	13498	24.62	18208	33.21	14123	25.76
北营街道	45863	14149	30.85	13150	28.67	11110	24.22
平阳路街道	58492	20054	34.29	17458	29.85	12534	21.43
黄陵街道	24964	7004	28.06	8245	33.03	5489	21.99
小店街道	75582	19720	26.09	20601	27.26	18662	24.69
龙城街道	50409	17535	34.79	13942	27.66	10682	21.19
唐槐园区街道	28066	10395	37.04	6145	21.89	6675	23.78
学府园区街道	5720	1992	34.83	1696	29.65	1277	22.33
北格镇	16732	3391	20.27	5699	34.06	3898	23.3
西温庄乡	9880	2737	27.7	2962	29.98	2005	20.29
刘家堡乡	13097	2245	17.14	4371	33.37	3207	24.49
迎泽区	**220886**	**61602**	**27.89**	**67820**	**30.7**	**55836**	**25.28**
柳巷街道	14613	4805	32.88	4540	31.07	3254	22.27
文庙街道	24135	5777	23.94	7725	32.01	6654	27.57
庙前街道	22102	5811	26.29	7254	32.82	5613	25.4
迎泽街道	34766	9824	28.26	10750	30.92	8312	23.91
桥东街道	48180	13532	28.09	15737	32.66	12272	25.47
老军营街道	26943	8691	32.26	7539	27.98	6181	22.94
郝庄镇	50147	13162	26.25	14275	28.47	13550	27.02
杏花岭区	**294336**	**72330**	**24.57**	**94458**	**32.09**	**79647**	**27.06**
巨轮街道	45036	12788	28.4	14330	31.82	11341	25.18
三桥街道	29237	8082	27.64	9553	32.67	7087	24.24
鼓楼街道	12722	3659	28.76	3971	31.21	3144	24.71
杏花岭街道	12697	3380	26.62	4053	31.92	3211	25.29
坝陵桥街道	16338	4108	25.14	5415	33.14	4331	26.51
大东关街道	28491	6389	22.42	9377	32.91	8429	29.58
职工新街街道	22023	4946	22.46	7483	33.98	6225	28.27
敦化坊街道	48074	11908	24.77	15836	32.94	13483	28.05
涧河街道	22998	5324	23.15	8095	35.2	6144	26.72
杨家峪街道	37704	8409	22.3	11023	29.24	10797	28.64
中涧河乡	15222	2486	16.33	4083	26.82	4486	29.47
小返乡	3794	851	22.43	1239	32.66	969	25.54

1-8　续表 1　　　　单位：户、%

地　　区	家庭户户　数	一人户		二人户		三人户	
		户数	比重	户数	比重	户数	比重
尖草坪区	**178522**	**40301**	**22.57**	**56563**	**31.68**	**48064**	**26.92**
尖草坪街道	13776	3132	22.74	4884	35.45	3774	27.40
光社街道	10278	2230	21.70	3253	31.65	2940	28.60
上兰街道	7009	1881	26.84	2174	31.02	1670	23.83
南寨街道	22659	5192	22.91	8065	35.59	6133	27.07
迎新街道	10120	2251	22.24	3499	34.58	2723	26.91
古城街道	29094	8218	28.25	9199	31.62	7676	26.38
汇丰街道	33219	6766	20.37	10653	32.07	9402	28.30
柴村街道	20890	3171	15.18	5352	25.62	5942	28.44
新城街道	9405	2366	25.16	2838	30.18	2520	26.79
向阳镇	9551	1920	20.10	2868	30.03	2559	26.79
阳曲镇	5950	1203	20.22	1854	31.16	1458	24.50
马头水乡	916	432	47.16	323	35.26	109	11.90
柏板乡	3350	548	16.36	909	27.13	777	23.19
西墕乡	1718	529	30.79	612	35.62	355	20.66
太原中北高新技术产业开发区	587	462	78.71	80	13.63	26	4.43
万柏林区	**332996**	**74894**	**22.49**	**104574**	**31.40**	**92145**	**27.67**
千峰街道	15183	3808	25.08	4873	32.10	3954	26.04
下元街道	28296	7349	25.97	8789	31.06	7365	26.03
和平街道	34469	7801	22.63	10608	30.78	10154	29.46
兴华街道	26739	5590	20.91	8086	30.24	7713	28.85
万柏林街道	20721	4089	19.73	6827	32.95	5946	28.70
杜儿坪街道	14122	3054	21.63	4715	33.39	3970	28.11
白家庄街道	8787	2264	25.77	2872	32.68	2184	24.85
南寒街道	44170	10723	24.28	14887	33.70	11827	26.78
东社街道	14814	2222	15.00	3813	25.74	4437	29.95
化客头街道	1883	659	35.00	671	35.63	326	17.31
小井峪街道	57074	12435	21.79	17235	30.20	16497	28.90
西铭街道	14153	2592	18.31	4129	29.17	4040	28.55
长风西街街道	37942	8972	23.65	12436	32.78	9793	25.81
神堂沟街道	14190	3030	21.35	4557	32.11	3889	27.41
王封乡	453	306	67.55	76	16.78	50	11.04
晋源区	**101467**	**20110**	**19.82**	**30391**	**29.95**	**24940**	**24.58**
义井街道	37124	8186	22.05	10808	29.11	10257	27.63
罗城街道	6721	1509	22.45	2191	32.60	1602	23.84
晋源街道	18760	3097	16.51	5355	28.54	4350	23.19
金胜镇	15880	3520	22.17	5135	32.34	3495	22.01
晋祠镇	14925	2513	16.84	4499	30.14	3498	23.44
姚村镇	8057	1285	15.95	2403	29.82	1738	21.57

1-8 续表 2

单位：户、%

地　区	家庭户	一人户		二人户		三人户	
	户　数	户数	比重	户数	比重	户数	比重
清徐县	**121110**	**23746**	**19.61**	**40810**	**33.7**	**30073**	**24.83**
清源镇	39673	6523	16.44	11626	29.3	10398	26.21
徐沟镇	18271	3374	18.47	6438	35.24	4692	25.68
东于镇	9678	1940	20.05	3080	31.82	2395	24.75
孟封镇	11422	2671	23.38	4270	37.38	2690	23.55
马峪乡	7871	2010	25.54	2558	32.5	1785	22.68
柳杜乡	6743	1483	21.99	2460	36.48	1611	23.89
西谷乡	6734	1252	18.59	2533	37.62	1558	23.14
王答乡	11052	2524	22.84	4126	37.33	2614	23.65
集义乡	9666	1969	20.37	3719	38.48	2330	24.11
阳曲县	**50105**	**13058**	**26.06**	**17282**	**34.49**	**11330**	**22.61**
黄寨镇	6738	1744	25.88	2405	35.69	1407	20.88
大盂镇	3668	1355	36.94	1419	38.69	571	15.57
东黄水镇	3163	981	31.01	1257	39.74	540	17.07
泥屯镇	6200	2095	33.79	2195	35.4	1126	18.16
高村乡	2982	925	31.02	1255	42.09	533	17.87
侯村乡	4152	1427	34.37	1597	38.46	715	17.22
凌井店乡	2450	666	27.18	1037	42.33	467	19.06
西凌井乡	440	269	61.14	122	27.73	33	7.5
北小店乡	617	259	41.98	240	38.9	71	11.51
杨兴乡	1092	561	51.37	387	35.44	95	8.7
中心镇	18603	2776	14.92	5368	28.86	5772	31.03
娄烦县	**39780**	**12914**	**32.46**	**12806**	**32.19**	**8048**	**20.23**
娄烦镇	20159	5065	25.13	5885	29.19	4745	23.54
静游镇	5491	2488	45.31	1849	33.67	814	14.82
杜交曲镇	1463	669	45.73	537	36.71	191	13.06
庙湾乡	1067	550	51.55	372	34.86	112	10.50
马家庄乡	5136	1755	34.17	1813	35.30	1056	20.56
盖家庄乡	1115	439	39.37	410	36.77	183	16.41
米峪镇乡	2370	918	38.73	917	38.69	366	15.44
天池店乡	2979	1030	34.58	1023	34.34	581	19.50
古交市	**80283**	**20324**	**25.32**	**24212**	**30.16**	**19675**	**24.51**
东曲街道	15594	3010	19.30	4975	31.90	4190	26.87
西曲街道	5130	1079	21.03	1521	29.65	1354	26.39
桃园街道	23600	4256	18.03	6218	26.35	6656	28.20
屯兰街道	4895	1119	22.86	1530	31.26	1363	27.84
河口镇	5510	1713	31.09	1706	30.96	1128	20.47
镇城底镇	3243	830	25.59	1140	35.15	747	23.03
马兰镇	6596	2018	30.59	2101	31.85	1533	23.24
阁上乡	320	168	52.50	92	28.75	38	11.88
加乐泉乡	2276	1173	51.54	667	29.31	268	11.78
梭峪乡	5441	1999	36.74	1711	31.45	1094	20.11
岔口乡	2155	743	34.48	739	34.29	389	18.05
常安乡	1912	718	37.55	610	31.90	348	18.20
原相乡	1408	641	45.53	464	32.95	178	12.64
邢家社乡	2203	857	38.90	738	33.50	389	17.66

1-8　续表 3　　单位：户、%

地　区	四人户		五人户		六人户	
	户数	比重	户数	比重	户数	比重
太原市	**238818**	**12.90**	**68527**	**3.70**	**24546**	**1.33**
小店区	**55177**	**12.78**	**14911**	**3.45**	**5820**	**1.35**
坞城街道	5945	12.33	1982	4.11	754	1.56
营盘街道	6157	11.23	1974	3.6	656	1.2
北营街道	5396	11.77	1487	3.24	476	1.04
平阳路街道	5733	9.8	1807	3.09	646	1.1
黄陵街道	3015	12.08	778	3.12	327	1.31
小店街道	11651	15.42	3065	4.06	1475	1.95
龙城街道	5973	11.85	1523	3.02	604	1.2
唐槐园区街道	3568	12.71	831	2.96	366	1.3
学府园区街道	528	9.23	155	2.71	48	0.84
北格镇	3033	18.13	480	2.87	162	0.97
西温庄乡	1553	15.72	357	3.61	186	1.88
刘家堡乡	2625	20.04	472	3.6	120	0.92
迎泽区	**24148**	**10.93**	**7995**	**3.62**	**2648**	**1.2**
柳巷街道	1374	9.4	419	2.87	149	1.02
文庙街道	2720	11.27	898	3.72	283	1.17
庙前街道	2283	10.33	806	3.65	252	1.14
迎泽街道	3717	10.69	1449	4.17	522	1.5
桥东街道	4576	9.5	1495	3.1	445	0.92
老军营街道	2856	10.6	1173	4.35	385	1.43
郝庄镇	6622	13.21	1755	3.5	612	1.22
杏花岭区	**33258**	**11.3**	**10541**	**3.58**	**3309**	**1.12**
巨轮街道	4547	10.1	1480	3.29	459	1.02
三桥街道	2962	10.13	1118	3.82	331	1.13
鼓楼街道	1289	10.13	476	3.74	142	1.12
杏花岭街道	1394	10.98	478	3.76	144	1.13
坝陵桥街道	1631	9.98	624	3.82	199	1.22
大东关街道	2991	10.5	981	3.44	290	1.02
职工新街街道	2306	10.47	763	3.46	247	1.12
敦化坊街道	4967	10.33	1406	2.92	398	0.83
涧河街道	2374	10.32	808	3.51	198	0.86
杨家峪街道	5389	14.29	1416	3.76	535	1.42
中涧河乡	2865	18.82	852	5.6	335	2.2
小返乡	543	14.31	139	3.66	31	0.82

1-8 续表 4

单位：户、%

地区	四人户		五人户		六人户	
	户数	比重	户数	比重	户数	比重
尖草坪区	**22830**	**12.79**	**7194**	**4.03**	**2754**	**1.54**
尖草坪街道	1310	9.51	507	3.68	135	0.98
光社街道	1286	12.51	389	3.78	140	1.36
上兰街道	919	13.11	256	3.65	98	1.40
南寨街道	2280	10.06	737	3.25	194	0.86
迎新街道	1174	11.60	355	3.51	97	0.96
古城街道	2861	9.83	828	2.85	280	0.96
汇丰街道	4621	13.91	1291	3.89	388	1.17
柴村街道	3977	19.04	1406	6.73	765	3.66
新城街道	1247	13.26	299	3.18	107	1.14
向阳镇	1480	15.50	474	4.96	196	2.05
阳曲镇	920	15.46	306	5.14	148	2.49
马头水乡	43	4.69	8	0.87		
柏板乡	526	15.70	298	8.90	196	5.85
西墕乡	171	9.95	37	2.15	9	0.52
太原中北高新技术产业开发区	15	2.56	3	0.51	1	0.17
万柏林区	**42859**	**12.87**	**12996**	**3.90**	**4384**	**1.32**
千峰街道	1754	11.55	543	3.58	192	1.26
下元街道	3305	11.68	1038	3.67	376	1.33
和平街道	4233	12.28	1223	3.55	352	1.02
兴华街道	3715	13.89	1160	4.34	381	1.42
万柏林街道	2589	12.49	920	4.44	284	1.37
杜儿坪街道	1658	11.74	524	3.71	174	1.23
白家庄街道	1111	12.64	264	3.00	78	0.89
南寒街道	4758	10.77	1464	3.31	419	0.95
东社街道	3006	20.29	832	5.62	369	2.49
化客头街道	176	9.35	41	2.18	7	0.37
小井峪街道	7614	13.34	2305	4.04	780	1.37
西铭街道	2398	16.94	656	4.64	264	1.87
长风西街街道	4653	12.26	1411	3.72	520	1.37
神堂沟街道	1872	13.19	611	4.31	188	1.32
王封乡	17	3.75	4	0.88		
晋源区	**17148**	**16.90**	**5403**	**5.32**	**2602**	**2.56**
义井街道	5417	14.59	1695	4.57	596	1.61
罗城街道	943	14.03	271	4.03	157	2.34
晋源街道	3823	20.38	1201	6.40	695	3.70
金胜镇	2420	15.24	732	4.61	416	2.62
晋祠镇	2881	19.30	926	6.20	450	3.02
姚村镇	1664	20.65	578	7.17	288	3.57

1-8 续表 5

单位：户、%

地区	四人户		五人户		六人户	
	户数	比重	户数	比重	户数	比重
清徐县	**20434**	**16.87**	**4026**	**3.32**	**1459**	**1.2**
清源镇	7711	19.44	2098	5.29	918	2.31
徐沟镇	3173	17.37	427	2.34	130	0.71
东于镇	1701	17.58	407	4.21	104	1.07
孟封镇	1544	13.52	183	1.6	52	0.46
马峪乡	1234	15.68	220	2.8	52	0.66
柳杜乡	980	14.53	150	2.22	47	0.7
西谷乡	1082	16.07	207	3.07	82	1.22
王答乡	1592	14.4	155	1.4	32	0.29
集义乡	1417	14.66	179	1.85	42	0.43
阳曲县	**6051**	**12.08**	**1622**	**3.24**	**587**	**1.17**
黄寨镇	799	11.86	265	3.93	90	1.34
大盂镇	248	6.76	53	1.44	16	0.44
东黄水镇	231	7.3	96	3.04	34	1.07
泥屯镇	543	8.76	167	2.69	51	0.82
高村乡	193	6.47	55	1.84	15	0.5
侯村乡	304	7.32	81	1.95	21	0.51
凌井店乡	175	7.14	73	2.98	25	1.02
西凌井乡	9	2.05	7	1.59		
北小店乡	34	5.51	7	1.13	3	0.49
杨兴乡	38	3.48	8	0.73	2	0.18
中心镇	3477	18.69	810	4.35	330	1.77
娄烦县	**4619**	**11.61**	**1062**	**2.67**	**247**	**0.62**
娄烦镇	3419	16.96	790	3.92	191	0.95
静游镇	275	5.01	52	0.95	8	0.15
杜交曲镇	56	3.83	10	0.68		
庙湾乡	27	2.53	6	0.56		
马家庄乡	416	8.10	83	1.62	6	0.12
盖家庄乡	54	4.84	21	1.88	5	0.45
米峪镇乡	135	5.70	29	1.22	5	0.21
天池店乡	237	7.96	71	2.38	32	1.07
古交市	**12294**	**15.31**	**2777**	**3.46**	**736**	**0.92**
东曲街道	2569	16.47	603	3.87	188	1.21
西曲街道	937	18.27	190	3.70	41	0.80
桃园街道	4908	20.80	1130	4.79	317	1.34
屯兰街道	719	14.69	121	2.47	32	0.65
河口镇	754	13.68	156	2.83	37	0.67
镇城底镇	392	12.09	96	2.96	27	0.83
马兰镇	726	11.01	157	2.38	41	0.62
阁上乡	17	5.31	4	1.25	1	0.31
加乐泉乡	123	5.40	38	1.67	5	0.22
梭峪乡	503	9.24	117	2.15	10	0.18
岔口乡	209	9.70	55	2.55	19	0.88
常安乡	175	9.15	46	2.41	3	0.16
原相乡	96	6.82	26	1.85	2	0.14
邢家社乡	166	7.54	38	1.72	13	0.59

1-8 续表 6

单位：户、%

地区	七人户		八人户		九人户		十人及以上户	
	户数	比重	户数	比重	户数	比重	户数	比重
太原市	**4780**	**0.26**	**1390**	**0.08**	**558**	**0.03**	**624**	**0.03**
小店区	**1076**	**0.25**	**353**	**0.08**	**162**	**0.04**	**212**	**0.05**
坞城街道	147	0.3	54	0.11	19	0.04	44	0.09
营盘街道	125	0.23	43	0.08	15	0.03	21	0.04
北营街道	67	0.15	16	0.03	6	0.01	6	0.01
平阳路街道	133	0.23	50	0.09	22	0.04	55	0.09
黄陵街道	59	0.24	28	0.11	12	0.05	7	0.03
小店街道	272	0.36	69	0.09	36	0.05	31	0.04
龙城街道	82	0.16	34	0.07	17	0.03	17	0.03
唐槐园区街道	57	0.2	13	0.05	9	0.03	7	0.02
学府园区街道	13	0.23	3	0.05	2	0.03	6	0.1
北格镇	38	0.23	14	0.08	8	0.05	9	0.05
西温庄乡	47	0.48	18	0.18	8	0.08	7	0.07
刘家堡乡	36	0.27	11	0.08	8	0.06	2	0.02
迎泽区	**520**	**0.24**	**166**	**0.08**	**66**	**0.03**	**85**	**0.04**
柳巷街道	39	0.27	14	0.1	9	0.06	10	0.07
文庙街道	55	0.23	13	0.05	8	0.03	2	0.01
庙前街道	49	0.22	20	0.09	5	0.02	9	0.04
迎泽街道	109	0.31	39	0.11	16	0.05	28	0.08
桥东街道	70	0.15	21	0.04	12	0.02	20	0.04
老军营街道	81	0.3	27	0.1	6	0.02	4	0.01
郝庄镇	117	0.23	32	0.06	10	0.02	12	0.02
杏花岭区	**551**	**0.19**	**141**	**0.05**	**55**	**0.02**	**46**	**0.02**
巨轮街道	64	0.14	16	0.04	6	0.01	5	0.01
三桥街道	73	0.25	23	0.08	7	0.02	1	
鼓楼街道	31	0.24	6	0.05	3	0.02	1	0.01
杏花岭街道	25	0.2	6	0.05	4	0.03	2	0.02
坝陵桥街道	19	0.12	3	0.02	4	0.02	4	0.02
大东关街道	26	0.09	6	0.02	2	0.01		
职工新街街道	36	0.16	11	0.05	2	0.01	4	0.02
敦化坊街道	51	0.11	17	0.04	3	0.01	5	0.01
涧河街道	43	0.19	8	0.03	3	0.01	1	
杨家峪街道	87	0.23	29	0.08	9	0.02	10	0.03
中涧河乡	81	0.53	14	0.09	11	0.07	9	0.06
小返乡	15	0.4	2	0.05	1	0.03	4	0.11

1-8　续表 7　　单位：户、%

地　　区	七人户		八人户		九人户		十人及以上户	
	户数	比重	户数	比重	户数	比重	户数	比重
尖草坪区	**547**	**0.31**	**149**	**0.08**	**60**	**0.03**	**60**	**0.03**
尖草坪街道	26	0.19	6	0.04			2	0.01
光社街道	26	0.25	9	0.09	3	0.03	2	0.02
上兰街道	8	0.11			1	0.01	2	0.03
南寨街道	34	0.15	10	0.04	3	0.01	11	0.05
迎新街道	14	0.14	1	0.01	3	0.03	3	0.03
古城街道	22	0.08	2	0.01	2	0.01	6	0.02
汇丰街道	77	0.23	12	0.04	4	0.01	5	0.02
柴村街道	176	0.84	61	0.29	24	0.11	16	0.08
新城街道	20	0.21	4	0.04	2	0.02	2	0.02
向阳镇	43	0.45	7	0.07	2	0.02	2	0.02
阳曲镇	38	0.64	11	0.18	8	0.13	4	0.07
马头水乡			1	0.11				
柏板乡	60	1.79	24	0.72	8	0.24	4	0.12
西墕乡	3	0.17	1	0.06			1	0.06
太原中北高新技术产业开发区								
万柏林区	**769**	**0.23**	**223**	**0.07**	**65**	**0.02**	**87**	**0.03**
千峰街道	37	0.24	14	0.09	6	0.04	2	0.01
下元街道	50	0.18	15	0.05	4	0.01	5	0.02
和平街道	69	0.20	20	0.06	4	0.01	5	0.01
兴华街道	64	0.24	22	0.08	6	0.02	2	0.01
万柏林街道	51	0.25	12	0.06	2	0.01	1	
杜儿坪街道	19	0.13	5	0.04	2	0.01	1	0.01
白家庄街道	8	0.09	4	0.05	1	0.01	1	0.01
南寒街道	71	0.16	14	0.03	2		5	0.01
东社街道	75	0.51	25	0.17	10	0.07	25	0.17
化客头街道	3	0.16						
小井峪街道	130	0.23	43	0.08	13	0.02	22	0.04
西铭街道	57	0.40	11	0.08	4	0.03	2	0.01
长风西街街道	102	0.27	31	0.08	9	0.02	15	0.04
神堂沟街道	33	0.23	7	0.05	2	0.01	1	0.01
王封乡								
晋源区	**594**	**0.59**	**167**	**0.16**	**62**	**0.06**	**50**	**0.05**
义井街道	122	0.33	26	0.07	8	0.02	9	0.02
罗城街道	37	0.55	8	0.12	3	0.04		
晋源街道	161	0.86	49	0.26	21	0.11	8	0.04
金胜镇	114	0.72	22	0.14	8	0.05	18	0.11
晋祠镇	94	0.63	37	0.25	17	0.11	10	0.07
姚村镇	66	0.82	25	0.31	5	0.06	5	0.06

1-8 续表 8 单位：户、%

地区	七人户		八人户		九人户		十人及以上户	
	户数	比重	户数	比重	户数	比重	户数	比重
清徐县	**363**	**0.3**	**100**	**0.08**	**50**	**0.04**	**49**	**0.04**
清源镇	249	0.63	71	0.18	41	0.1	38	0.1
徐沟镇	25	0.14	6	0.03	3	0.02	3	0.02
东于镇	36	0.37	6	0.06	4	0.04	5	0.05
孟封镇	8	0.07	4	0.04				
马峪乡	7	0.09	3	0.04			2	0.03
柳杜乡	11	0.16	1	0.01				
西谷乡	12	0.18	6	0.09	2	0.03		
王答乡	7	0.06	1	0.01			1	0.01
集义乡	8	0.08	2	0.02				
阳曲县	**106**	**0.21**	**41**	**0.08**	**15**	**0.03**	**13**	**0.03**
黄寨镇	9	0.13	9	0.13	3	0.04	7	0.1
大盂镇	2	0.05			3	0.08	1	0.03
东黄水镇	12	0.38	8	0.25	3	0.09	1	0.03
泥屯镇	16	0.26	4	0.06	1	0.02	2	0.03
高村乡	4	0.13	2	0.07				
侯村乡	4	0.1	1	0.02	1	0.02	1	0.02
凌井店乡	4	0.16	2	0.08			1	0.04
西凌井乡								
北小店乡	2	0.32			1	0.16		
杨兴乡	1	0.09						
中心镇	52	0.28	15	0.08	3	0.02		
娄烦县	**63**	**0.16**	**11**	**0.03**	**7**	**0.02**	**3**	**0.01**
娄烦镇	54	0.27	7	0.03	3	0.01		
静游镇	1	0.02	1	0.02	2	0.04	1	0.02
杜交曲镇								
庙湾乡								
马家庄乡	5	0.10			1	0.02	1	0.02
盖家庄乡			2	0.18			1	0.09
米峪镇乡								
天池店乡	3	0.10	1	0.03	1	0.03		
古交市	**191**	**0.24**	**39**	**0.05**	**16**	**0.02**	**19**	**0.02**
东曲街道	42	0.27	11	0.07	4	0.03	2	0.01
西曲街道	7	0.14	1	0.02				
桃园街道	93	0.39	11	0.05	5	0.02	6	0.03
屯兰街道	9	0.18	1	0.02			1	0.02
河口镇	9	0.16	4	0.07			3	0.05
镇城底镇	10	0.31	1	0.03				
马兰镇	12	0.18	5	0.08	2	0.03	1	0.02
阁上乡								
加乐泉乡	1	0.04	1	0.04				
梭峪乡	4	0.07			1	0.02	2	0.04
岔口乡	1	0.05						
常安乡	1	0.05	3	0.16	4	0.21	4	0.21
原相乡	1	0.07						
邢家社乡	1	0.05	1	0.05				

1-8a　各地区家庭户规模(城市)

单位：户、%

地　区	家庭户户数	一人户		二人户		三人户	
		户数	比重	户数	比重	户数	比重
太原市	**1479593**	**370103**	**25.01**	**458612**	**31.00**	**386479**	**26.12**
小店区	353832	102299	28.91	105453	29.80	84583	23.90
迎泽区	216767	60508	27.91	66675	30.76	54887	25.32
杏花岭区	277127	68972	24.89	89772	32.39	74793	26.99
尖草坪区	167690	37602	22.42	53111	31.67	45823	27.33
万柏林区	330703	73962	22.37	103836	31.40	91770	27.75
晋源区	82887	17132	20.67	25082	30.26	20673	24.94
清徐县							
阳曲县							
娄烦县							
古交市	50587	9628	19.03	14683	29.03	13950	27.58

1-8a　续表 1

单位：户、%

地　区	四人户		五人户		六人户	
	户数	比重	户数	比重	户数	比重
太原市	**183540**	**12.40**	**55732**	**3.77**	**19660**	**1.33**
小店区	43068	12.17	12353	3.49	4713	1.33
迎泽区	23475	10.83	7833	3.61	2585	1.19
杏花岭区	30192	10.89	9697	3.5	3023	1.09
尖草坪区	21420	12.77	6625	3.95	2437	1.45
万柏林区	42666	12.90	12951	3.92	4377	1.32
晋源区	13273	16.01	4169	5.03	1938	2.34
清徐县						
阳曲县						
娄烦县						
古交市	9446	18.67	2104	4.16	587	1.16

1-8a　续表 2

单位：户、%

地　区	七人户		八人户		九人户		十人及以上户	
	户数	比重	户数	比重	户数	比重	户数	比重
太原市	**3590**	**0.24**	**1016**	**0.07**	**391**	**0.03**	**470**	**0.03**
小店区	815	0.23	267	0.08	113	0.03	168	0.05
迎泽区	502	0.23	156	0.07	64	0.03	82	0.04
杏花岭区	472	0.17	123	0.04	48	0.02	35	0.01
尖草坪区	455	0.27	115	0.07	51	0.03	51	0.03
万柏林区	766	0.23	223	0.07	65	0.02	87	0.03
晋源区	429	0.52	108	0.13	45	0.05	38	0.05
清徐县								
阳曲县								
娄烦县								
古交市	151	0.30	24	0.05	5	0.01	9	0.02

1-8b 各地区家庭户规模(镇)

单位：户、%

地　　区	家庭户户　数	一人户		二人户		三人户	
		户数	比重	户数	比重	户数	比重
太原市	**148061**	**35816**	**24.19**	**43460**	**29.35**	**36912**	**24.93**
小店区	48494	15884	32.75	12696	26.18	11200	23.1
迎泽区							
杏花岭区							
尖草坪区	592	259	43.75	221	37.33	81	13.68
万柏林区	1730	570	32.95	637	36.82	307	17.75
晋源区	4066	671	16.50	1208	29.71	886	21.79
清徐县	45816	8051	17.57	14274	31.16	12072	26.35
阳曲县	23488	4287	18.25	7232	30.79	6678	28.43
娄烦县	17773	4506	25.35	5097	28.68	4209	23.68
古交市	6102	1588	26.02	2095	34.33	1479	24.24

1-8b 续表 1

单位：户、%

地　　区	四人户		五人户		六人户	
	户数	比重	户数	比重	户数	比重
太原市	**23432**	**15.83**	**5498**	**3.71**	**2181**	**1.47**
小店区	6504	13.41	1438	2.97	588	1.21
迎泽区						
杏花岭区						
尖草坪区	26	4.39	3	0.51		
万柏林区	169	9.77	37	2.14	7	0.40
晋源区	793	19.50	301	7.40	150	3.69
清徐县	8302	18.12	1934	4.22	837	1.83
阳曲县	3865	16.46	944	4.02	390	1.66
娄烦县	3044	17.13	694	3.90	165	0.93
古交市	729	11.95	147	2.41	44	0.72

1-8b 续表 2

单位：户、%

地　　区	七人户		八人户		九人户		十人及以上户	
	户数	比重	户数	比重	户数	比重	户数	比重
太原市	**495**	**0.33**	**140**	**0.09**	**68**	**0.05**	**59**	**0.04**
小店区	113	0.23	33	0.07	17	0.04	21	0.04
迎泽区								
杏花岭区								
尖草坪区							2	0.34
万柏林区	3	0.17						
晋源区	37	0.91	17	0.42	1	0.02	2	0.05
清徐县	218	0.48	59	0.13	39	0.09	30	0.07
阳曲县	63	0.27	20	0.09	5	0.02	4	0.02
娄烦县	47	0.26	7	0.04	4	0.02		
古交市	14	0.23	4	0.07	2	0.03		

1-8c　各地区家庭户规模(乡村)

单位：户、%

地　区	家庭户户　数	一人户		二人户		三人户	
		户数	比重	户数	比重	户数	比重
太原市	**223674**	**57425**	**25.67**	**74433**	**33.28**	**48845**	**21.84**
小店区	29517	5882	19.93	9440	31.98	6695	22.68
迎泽区	4119	1094	26.56	1145	27.80	949	23.04
杏花岭区	17209	3358	19.51	4686	27.23	4854	28.21
尖草坪区	10240	2440	23.83	3231	31.55	2160	21.09
万柏林区	563	362	64.30	101	17.94	68	12.08
晋源区	14514	2307	15.89	4101	28.26	3381	23.29
清徐县	75294	15695	20.84	26536	35.24	18001	23.91
阳曲县	26617	8771	32.95	10050	37.76	4652	17.48
娄烦县	22007	8408	38.21	7709	35.03	3839	17.44
古交市	23594	9108	38.60	7434	31.51	4246	18.00

1-8c　续表 1

单位：户、%

地　区	四人户		五人户		六人户	
	户数	比重	户数	比重	户数	比重
太原市	**31846**	**14.24**	**7297**	**3.26**	**2705**	**1.21**
小店区	5605	18.99	1120	3.79	519	1.76
迎泽区	673	16.34	162	3.93	63	1.53
杏花岭区	3066	17.82	844	4.90	286	1.66
尖草坪区	1384	13.52	566	5.53	317	3.10
万柏林区	24	4.26	8	1.42		
晋源区	3082	21.23	933	6.43	514	3.54
清徐县	12132	16.11	2092	2.78	622	0.83
阳曲县	2186	8.21	678	2.55	197	0.74
娄烦县	1575	7.16	368	1.67	82	0.37
古交市	2119	8.98	526	2.23	105	0.45

1-8c　续表 2

单位：户、%

地　区	七人户		八人户		九人户		十人及以上户	
	户数	比重	户数	比重	户数	比重	户数	比重
太原市	**695**	**0.31**	**234**	**0.10**	**99**	**0.04**	**95**	**0.04**
小店区	148	0.50	53	0.18	32	0.11	23	0.08
迎泽区	18	0.44	10	0.24	2	0.05	3	0.07
杏花岭区	79	0.46	18	0.10	7	0.04	11	0.06
尖草坪区	92	0.90	34	0.33	9	0.09	7	0.07
万柏林区								
晋源区	128	0.88	42	0.29	16	0.11	10	0.07
清徐县	145	0.19	41	0.05	11	0.01	19	0.03
阳曲县	43	0.16	21	0.08	10	0.04	9	0.03
娄烦县	16	0.07	4	0.02	3	0.01	3	0.01
古交市	26	0.11	11	0.05	9	0.04	10	0.04

1-9 各地区家庭户类别

单位：户、%

地　　区	家庭户	一代户		二代户	
	户　数	户数	比重	户数	比重
太原市	**1851328**	**947852**	**51.20**	**762387**	**41.18**
小店区	**431843**	**233775**	**54.13**	**167546**	**38.8**
坞城街道	48218	24027	49.83	19947	41.37
营盘街道	54820	28861	52.65	21476	39.18
北营街道	45863	25029	54.57	17794	38.8
平阳路街道	58492	35011	59.86	19737	33.74
黄陵街道	24964	14601	58.49	8887	35.6
小店街道	75582	37211	49.23	31753	42.01
龙城街道	50409	29372	58.27	18318	36.34
唐槐园区街道	28066	15293	54.49	10816	38.54
学府园区街道	5720	3440	60.14	1968	34.41
北格镇	16732	8739	52.23	7240	43.27
西温庄乡	9880	5429	54.95	3757	38.03
刘家堡乡	13097	6762	51.63	5853	44.69
迎泽区	**220886**	**116598**	**52.79**	**85382**	**38.65**
柳巷街道	14613	8600	58.85	4952	33.89
文庙街道	24135	11880	49.22	10113	41.9
庙前街道	22102	11565	52.33	8382	37.92
迎泽街道	34766	18505	53.23	12602	36.25
桥东街道	48180	26461	54.92	18183	37.74
老军营街道	26943	14628	54.29	9388	34.84
郝庄镇	50147	24959	49.77	21762	43.4
杏花岭区	**294336**	**148531**	**50.46**	**121399**	**41.25**
巨轮街道	45036	24565	54.55	16882	37.49
三桥街道	29237	15572	53.26	10841	37.08
鼓楼街道	12722	6796	53.42	4794	37.68
杏花岭街道	12697	6492	51.13	4959	39.06
坝陵桥街道	16338	8474	51.87	6341	38.81
大东关街道	28491	14113	49.53	12112	42.51
职工新街街道	22023	11189	50.81	9037	41.03
敦化坊街道	48074	23693	49.28	20909	43.49
涧河街道	22998	11857	51.56	9191	39.96
杨家峪街道	37704	17552	46.55	17271	45.81
中涧河乡	15222	6152	40.42	7549	49.59
小返乡	3794	2076	54.72	1513	39.88

1-9 续表 1

单位：户、%

地区	家庭户户数	一代户		二代户	
		户数	比重	户数	比重
尖草坪区	**178522**	**87598**	**49.07**	**75344**	**42.20**
尖草坪街道	13776	7283	52.87	5334	38.72
光社街道	10278	5008	48.73	4466	43.45
上兰街道	7009	3720	53.07	2725	38.88
南寨街道	22659	11998	52.95	9026	39.83
迎新街道	10120	5207	51.45	4118	40.69
古城街道	29094	15553	53.46	11567	39.76
汇丰街道	33219	15636	47.07	14958	45.03
柴村街道	20890	7595	36.36	10258	49.10
新城街道	9405	4704	50.02	4037	42.92
向阳镇	9551	4267	44.68	4332	45.36
阳曲镇	5950	2864	48.13	2501	42.03
马头水乡	916	732	79.91	178	19.43
柏板乡	3350	1403	41.88	1238	36.96
西墕乡	1718	1092	63.56	557	32.42
太原中北高新技术产业开发区	587	536	91.31	49	8.35
万柏林区	**332996**	**162316**	**48.74**	**142997**	**42.94**
千峰街道	15183	7992	52.64	5930	39.06
下元街道	28296	14974	52.92	11099	39.22
和平街道	34469	16514	47.91	15174	44.02
兴华街道	26739	12142	45.41	12198	45.62
万柏林街道	20721	9780	47.20	8936	43.13
杜儿坪街道	14122	6873	48.67	6117	43.32
白家庄街道	8787	4562	51.92	3672	41.79
南寒街道	44170	22994	52.06	17795	40.29
东社街道	14814	5648	38.13	7705	52.01
化客头街道	1883	1212	64.37	593	31.49
小井峪街道	57074	26677	46.74	25439	44.57
西铭街道	14153	5976	42.22	6887	48.66
长风西街街道	37942	19829	52.26	15201	40.06
神堂沟街道	14190	6753	47.59	6193	43.64
王封乡	453	390	86.09	58	12.80
晋源区	**101467**	**46780**	**46.10**	**44330**	**43.69**
义井街道	37124	17309	46.62	16530	44.53
罗城街道	6721	3446	51.27	2674	39.79
晋源街道	18760	7870	41.95	8612	45.91
金胜镇	15880	8078	50.87	6314	39.76
晋祠镇	14925	6644	44.52	6560	43.95
姚村镇	8057	3433	42.61	3640	45.18

1-9　续表 2　　　　单位：户、%

地　　区	家庭户	一代户		二代户	
	户　数	户数	比重	户数	比重
清徐县	**121110**	**60524**	**49.97**	**55043**	**45.45**
清源镇	39673	16814	42.38	19794	49.89
徐沟镇	18271	9205	50.38	8480	46.41
东于镇	9678	4900	50.63	4324	44.68
孟封镇	11422	6498	56.89	4616	40.41
马峪乡	7871	4202	53.39	3455	43.9
柳杜乡	6743	3711	55.03	2830	41.97
西谷乡	6734	3560	52.87	2817	41.83
王答乡	11052	6258	56.62	4639	41.97
集义乡	9666	5376	55.62	4088	42.29
阳曲县	**50105**	**28169**	**56.22**	**18917**	**37.75**
黄寨镇	6738	3962	58.8	2353	34.92
大盂镇	3668	2585	70.47	978	26.66
东黄水镇	3163	2100	66.39	843	26.65
泥屯镇	6200	4000	64.52	1913	30.85
高村乡	2982	2062	69.15	797	26.73
侯村乡	4152	2816	67.82	1217	29.31
凌井店乡	2450	1610	65.71	676	27.59
西凌井乡	440	390	88.64	43	9.77
北小店乡	617	466	75.53	128	20.75
杨兴乡	1092	904	82.78	171	15.66
中心镇	18603	7274	39.1	9798	52.67
娄烦县	**39780**	**22931**	**57.64**	**15581**	**39.17**
娄烦镇	20159	9304	46.15	9987	49.54
静游镇	5491	3990	72.66	1415	25.77
杜交曲镇	1463	1122	76.69	329	22.49
庙湾乡	1067	886	83.04	179	16.78
马家庄乡	5136	3296	64.17	1727	33.63
盖家庄乡	1115	784	70.31	305	27.35
米峪镇乡	2370	1652	69.70	683	28.82
天池店乡	2979	1897	63.68	956	32.09
古交市	**80283**	**40630**	**50.61**	**35848**	**44.65**
东曲街道	15594	7188	46.09	7396	47.43
西曲街道	5130	2308	44.99	2557	49.84
桃园街道	23600	9402	39.84	12846	54.43
屯兰街道	4895	2399	49.01	2297	46.93
河口镇	5510	3054	55.43	2213	40.16
镇城底镇	3243	1848	56.98	1249	38.51
马兰镇	6596	3787	57.41	2543	38.55
阁上乡	320	251	78.44	61	19.06
加乐泉乡	2276	1739	76.41	499	21.92
梭峪乡	5441	3510	64.51	1788	32.86
岔口乡	2155	1374	63.76	711	32.99
常安乡	1912	1230	64.33	658	34.41
原相乡	1408	1039	73.79	363	25.78
邢家社乡	2203	1501	68.13	667	30.28

1-9 续表 3

单位：户、%

地区	三代户		四代户		五代及以上户	
	户数	比重	户数	比重	户数	比重
太原市	**138892**	**7.50**	**2196**	**0.12**	**1**	
小店区	**30104**	**6.97**	**418**	**0.1**		
坞城街道	4190	8.69	54	0.11		
营盘街道	4429	8.08	54	0.1		
北营街道	3013	6.57	27	0.06		
平阳路街道	3700	6.33	44	0.08		
黄陵街道	1455	5.83	21	0.08		
小店街道	6483	8.58	135	0.18		
龙城街道	2693	5.34	26	0.05		
唐槐园区街道	1933	6.89	24	0.09		
学府园区街道	306	5.35	6	0.1		
北格镇	741	4.43	12	0.07		
西温庄乡	680	6.88	14	0.14		
刘家堡乡	481	3.67	1	0.01		
迎泽区	**18622**	**8.43**	**284**	**0.13**		
柳巷街道	1050	7.19	11	0.08		
文庙街道	2109	8.74	33	0.14		
庙前街道	2135	9.66	20	0.09		
迎泽街道	3608	10.38	51	0.15		
桥东街道	3484	7.23	52	0.11		
老军营街道	2866	10.64	61	0.23		
郝庄镇	3370	6.72	56	0.11		
杏花岭区	**24079**	**8.18**	**327**	**0.11**		
巨轮街道	3537	7.85	52	0.12		
三桥街道	2789	9.54	35	0.12		
鼓楼街道	1125	8.84	7	0.06		
杏花岭街道	1228	9.67	18	0.14		
坝陵桥街道	1505	9.21	18	0.11		
大东关街道	2249	7.89	17	0.06		
职工新街街道	1758	7.98	39	0.18		
敦化坊街道	3428	7.13	44	0.09		
涧河街道	1930	8.39	20	0.09		
杨家峪街道	2842	7.54	39	0.1		
中涧河乡	1485	9.76	36	0.24		
小返乡	203	5.35	2	0.05		

1-9 续表 4

单位：户、%

地区	三代户		四代户		五代及以上户	
	户数	比重	户数	比重	户数	比重
尖草坪区	**15326**	**8.58**	**253**	**0.14**	**1**	
尖草坪街道	1137	8.25	22	0.16		
光社街道	792	7.71	12	0.12		
上兰街道	559	7.98	5	0.07		
南寨街道	1609	7.10	26	0.11		
迎新街道	786	7.77	9	0.09		
古城街道	1948	6.70	25	0.09	1	
汇丰街道	2593	7.81	32	0.10		
柴村街道	2970	14.22	67	0.32		
新城街道	656	6.98	8	0.09		
向阳镇	940	9.84	12	0.13		
阳曲镇	569	9.56	16	0.27		
马头水乡	6	0.66				
柏板乡	694	20.72	15	0.45		
西墕乡	65	3.78	4	0.23		
太原中北高新技术产业开发区	2	0.34				
万柏林区	**27221**	**8.17**	**462**	**0.14**		
千峰街道	1236	8.14	25	0.16		
下元街道	2188	7.73	35	0.12		
和平街道	2734	7.93	47	0.14		
兴华街道	2366	8.85	33	0.12		
万柏林街道	1972	9.52	33	0.16		
杜儿坪街道	1101	7.80	31	0.22		
白家庄街道	545	6.20	8	0.09		
南寒街道	3353	7.59	28	0.06		
东社街道	1438	9.71	23	0.16		
化客头街道	77	4.09	1	0.05		
小井峪街道	4862	8.52	96	0.17		
西铭街道	1272	8.99	18	0.13		
长风西街街道	2856	7.53	56	0.15		
神堂沟街道	1216	8.57	28	0.20		
王封乡	5	1.10				
晋源区	**10090**	**9.94**	**267**	**0.26**		
义井街道	3232	8.71	53	0.14		
罗城街道	592	8.81	9	0.13		
晋源街道	2203	11.74	75	0.40		
金胜镇	1424	8.97	64	0.40		
晋祠镇	1689	11.32	32	0.21		
姚村镇	950	11.79	34	0.42		

1-9　续表 5　　　　单位：户、%

地　区	三代户		四代户		五代及以上户	
	户数	比重	户数	比重	户数	比重
清徐县	**5466**	**4.51**	**77**	**0.06**		
清源镇	3011	7.59	54	0.14		
徐沟镇	582	3.19	4	0.02		
东于镇	449	4.64	5	0.05		
孟封镇	306	2.68	2	0.02		
马峪乡	211	2.68	3	0.04		
柳杜乡	200	2.97	2	0.03		
西谷乡	351	5.21	6	0.09		
王答乡	155	1.4				
集义乡	201	2.08	1	0.01		
阳曲县	**2964**	**5.92**	**55**	**0.11**		
黄寨镇	412	6.11	11	0.16		
大盂镇	104	2.84	1	0.03		
东黄水镇	212	6.7	8	0.25		
泥屯镇	281	4.53	6	0.1		
高村乡	121	4.06	2	0.07		
侯村乡	117	2.82	2	0.05		
凌井店乡	159	6.49	5	0.2		
西凌井乡	7	1.59				
北小店乡	22	3.57	1	0.16		
杨兴乡	16	1.47	1	0.09		
中心镇	1513	8.13	18	0.1		
娄烦县	**1245**	**3.13**	**23**	**0.06**		
娄烦镇	855	4.24	13	0.06		
静游镇	85	1.55	1	0.02		
杜交曲镇	11	0.75	1	0.07		
庙湾乡	2	0.19				
马家庄乡	111	2.16	2	0.04		
盖家庄乡	24	2.15	2	0.18		
米峪镇乡	35	1.48				
天池店乡	122	4.10	4	0.13		
古交市	**3775**	**4.70**	**30**	**0.04**		
东曲街道	1004	6.44	6	0.04		
西曲街道	265	5.17				
桃园街道	1338	5.67	14	0.06		
屯兰街道	199	4.07				
河口镇	242	4.39	1	0.02		
镇城底镇	144	4.44	2	0.06		
马兰镇	263	3.99	3	0.05		
阁上乡	8	2.50				
加乐泉乡	36	1.58	2	0.09		
梭峪乡	142	2.61	1	0.02		
岔口乡	69	3.20	1	0.05		
常安乡	24	1.26				
原相乡	6	0.43				
邢家社乡	35	1.59				

1-9a 各地区家庭户类别(城市)

单位：户、%

地 区	家庭户户 数	一代户		二代户	
		户数	比重	户数	比重
太原市	**1479593**	**749745**	**50.67**	**609543**	**41.20**
小店区	353832	191816	54.21	136325	38.53
迎泽区	216767	114406	52.78	83725	38.62
杏花岭区	277127	140727	50.78	113388	40.92
尖草坪区	167690	81716	48.73	71662	42.73
万柏林区	330703	160752	48.61	142351	43.04
晋源区	82887	38596	46.56	36169	43.64
清徐县					
阳曲县					
娄烦县					
古交市	50587	21732	42.96	25923	51.24

1-9a 续表

单位：户、%

地 区	三代户		四代户		五代及以上户	
	户数	比重	户数	比重	户数	比重
太原市	**118482**	**8.01**	**1822**	**0.12**	**1**	
小店区	25358	7.17	333	0.09		
迎泽区	18360	8.47	276	0.13		
杏花岭区	22714	8.2	298	0.11		
尖草坪区	14084	8.40	227	0.14	1	
万柏林区	27139	8.21	461	0.14		
晋源区	7913	9.55	209	0.25		
清徐县						
阳曲县						
娄烦县						
古交市	2914	5.76	18	0.04		

1-9b 各地区家庭户类别(镇)

单位：户、%

地 区	家庭户户 数	一代户		二代户	
		户数	比重	户数	比重
太原市	**148061**	**72247**	**48.80**	**66354**	**44.82**
小店区	48494	26520	54.69	18924	39.02
迎泽区					
杏花岭区					
尖草坪区	592	458	77.36	119	20.10
万柏林区	1730	1080	62.43	573	33.12
晋源区	4066	1641	40.36	1865	45.87
清徐县	45816	20763	45.32	22110	48.26
阳曲县	23488	10328	43.97	11372	48.42
娄烦县	17773	8100	45.57	8929	50.24
古交市	6102	3357	55.01	2462	40.35

1-9b 续表

单位：户、%

地区	三代户		四代户		五代及以上户	
	户数	比重	户数	比重	户数	比重
太原市	**9305**	**6.28**	**155**	**0.10**		
小店区	3004	6.19	46	0.09		
迎泽区						
杏花岭区						
尖草坪区	15	2.53				
万柏林区	76	4.39	1	0.06		
晋源区	544	13.38	16	0.39		
清徐县	2893	6.31	50	0.11		
阳曲县	1762	7.5	26	0.11		
娄烦县	731	4.11	13	0.07		
古交市	280	4.59	3	0.05		

1-9c 各地区家庭户类别(乡村)

单位：户、%

地区	家庭户	一代户		二代户	
	户数	户数	比重	户数	比重
太原市	**223674**	**125860**	**56.27**	**86490**	**38.67**
小店区	29517	15439	52.31	12297	41.66
迎泽区	4119	2192	53.22	1657	40.23
杏花岭区	17209	7804	45.35	8011	46.55
尖草坪区	10240	5424	52.97	3563	34.79
万柏林区	563	484	85.97	73	12.97
晋源区	14514	6543	45.08	6296	43.38
清徐县	75294	39761	52.81	32933	43.74
阳曲县	26617	17841	67.03	7545	28.35
娄烦县	22007	14831	67.39	6652	30.23
古交市	23594	15541	65.87	7463	31.63

1-9c 续表

单位：户、%

地区	三代户		四代户		五代及以上户	
	户数	比重	户数	比重	户数	比重
太原市	**11105**	**4.96**	**219**	**0.10**		
小店区	1742	5.90	39	0.13		
迎泽区	262	6.36	8	0.19		
杏花岭区	1365	7.93	29	0.17		
尖草坪区	1227	11.98	26	0.25		
万柏林区	6	1.07				
晋源区	1633	11.25	42	0.29		
清徐县	2573	3.42	27	0.04		
阳曲县	1202	4.52	29	0.11		
娄烦县	514	2.34	10	0.05		
古交市	581	2.46	9	0.04		

1-10 各地区分性别、月份的出生人口
(2019.11.1-2020.10.31)

单位：人

地区	出生人口			2019年11月		
	合计	男	女	小计	男	女
太原市	**45291**	**23472**	**21819**	**4987**	**2600**	**2387**
小店区	**11785**	**6152**	**5633**	**1342**	**711**	**631**
坞城街道	1001	543	458	110	56	54
营盘街道	1223	641	582	129	71	58
北营街道	1268	653	615	144	78	66
平阳路街道	1104	575	529	130	74	56
黄陵街道	635	333	302	53	26	27
小店街道	2354	1241	1113	276	150	126
龙城街道	1516	793	723	188	101	87
唐槐园区街道	1217	623	594	154	84	70
学府园区街道	182	84	98	25	9	16
北格镇	629	343	286	60	33	27
西温庄乡	274	127	147	38	13	25
刘家堡乡	382	196	186	35	16	19
迎泽区	**4625**	**2408**	**2217**	**518**	**269**	**249**
柳巷街道	205	112	93	25	14	11
文庙街道	457	221	236	49	25	24
庙前街道	341	191	150	39	23	16
迎泽街道	683	345	338	71	33	38
桥东街道	1040	557	483	129	68	61
老军营街道	528	273	255	45	19	26
郝庄镇	1371	709	662	160	87	73
杏花岭区	**6146**	**3169**	**2977**	**689**	**365**	**324**
巨轮街道	812	442	370	93	48	45
三桥街道	454	241	213	64	39	25
鼓楼街道	170	92	78	14	9	5
杏花岭街道	289	149	140	19	11	8
坝陵桥街道	290	138	152	34	14	20
大东关街道	608	306	302	64	29	35
职工新街街道	549	302	247	69	43	26
敦化坊街道	1100	549	551	129	63	66
涧河街道	344	182	162	31	17	14
杨家峪街道	1035	521	514	126	63	63
中涧河乡	394	198	196	36	24	12
小返乡	101	49	52	10	5	5

1-10 续表 1 单位：人

地区	出生人口			2019年11月		
	合计	男	女	小计	男	女
尖草坪区	**4220**	**2152**	**2068**	**447**	**239**	**208**
尖草坪街道	193	94	99	23	13	10
光社街道	228	125	103	21	13	8
上兰街道	146	67	79	17	10	7
南寨街道	405	199	206	38	21	17
迎新街道	195	101	94	21	10	11
古城街道	643	337	306	72	39	33
汇丰街道	790	405	385	88	46	42
柴村街道	760	389	371	72	36	36
新城街道	237	117	120	26	11	15
向阳镇	304	167	137	32	19	13
阳曲镇	142	77	65	15	10	5
马头水乡	19	9	10	1	1	
柏板乡	115	47	68	15	6	9
西墕乡	43	18	25	6	4	2
太原中北高新技术产业开发区						
万柏林区	**8787**	**4524**	**4263**	**1006**	**500**	**506**
千峰街道	345	172	173	38	14	24
下元街道	636	340	296	71	30	41
和平街道	929	496	433	103	60	43
兴华街道	574	298	276	60	23	37
万柏林街道	430	230	200	49	30	19
杜儿坪街道	282	148	134	35	14	21
白家庄街道	164	79	85	25	17	8
南寒街道	1061	551	510	129	60	69
东社街道	634	316	318	76	39	37
化客头街道	37	19	18	2		2
小井峪街道	1819	909	910	211	112	99
西铭街道	385	199	186	42	19	23
长风西街街道	1081	554	527	122	63	59
神堂沟街道	401	207	194	42	19	23
王封乡	9	6	3	1		1
晋源区	**3044**	**1615**	**1429**	**321**	**179**	**142**
义井街道	1111	598	513	123	72	51
罗城街道	146	72	74	16	7	9
晋源街道	624	331	293	72	36	36
金胜镇	477	265	212	39	21	18
晋祠镇	421	223	198	45	25	20
姚村镇	265	126	139	26	18	8

1-10 续表 2 单位：人

地 区	出生人口			2019年11月		
	合计	男	女	小计	男	女
清徐县	**3112**	**1574**	**1538**	**316**	**152**	**164**
清源镇	1133	569	564	117	59	58
徐沟镇	459	232	227	51	22	29
东于镇	243	125	118	25	12	13
孟封镇	271	144	127	19	12	7
马峪乡	176	94	82	16	6	10
柳杜乡	142	71	71	13	7	6
西谷乡	159	79	80	18	7	11
王答乡	268	129	139	28	14	14
集义乡	261	131	130	29	13	16
阳曲县	**1162**	**596**	**566**	**97**	**53**	**44**
黄寨镇	123	66	57	11	5	6
大盂镇	59	36	23	6	2	4
东黄水镇	53	34	19	5	4	1
泥屯镇	125	60	65	7	6	1
高村乡	52	26	26	5	2	3
侯村乡	88	43	45	5	3	2
凌井店乡	34	18	16	3	2	1
西凌井乡	2		2			
北小店乡	7	2	5	3	2	1
杨兴乡	9	5	4			
中心镇	610	306	304	52	27	25
娄烦县	**728**	**409**	**319**	**75**	**39**	**36**
娄烦镇	441	264	177	48	26	22
静游镇	85	39	46	7	5	2
杜交曲镇	19	11	8	2	1	1
庙湾乡	17	8	9	1		1
马家庄乡	68	32	36	5	2	3
盖家庄乡	16	9	7	1		1
米峪镇乡	33	19	14	4	2	2
天池店乡	49	27	22	7	3	4
古交市	**1682**	**873**	**809**	**176**	**93**	**83**
东曲街道	364	186	178	35	22	13
西曲街道	114	67	47	13	6	7
桃园街道	572	301	271	66	34	32
屯兰街道	118	54	64	7	3	4
河口镇	144	85	59	14	9	5
镇城底镇	66	31	35	6	4	2
马兰镇	90	39	51	11	5	6
阁上乡	4	4		1	1	
加乐泉乡	30	16	14	2		2
梭峪乡	76	35	41	11	5	6
岔口乡	35	22	13	5	2	3
常安乡	31	15	16	4	2	2
原相乡	18	4	14	1		1
邢家社乡	20	14	6			

1−10　续表 3　　　　单位：人

地　区	2019年12月			2020年1月		
	小计	男	女	小计	男	女
太原市	**4655**	**2391**	**2264**	**4235**	**2222**	**2013**
小店区	**1236**	**634**	**602**	**1171**	**610**	**561**
坞城街道	112	63	49	97	52	45
营盘街道	127	64	63	136	70	66
北营街道	136	64	72	108	60	48
平阳路街道	111	63	48	113	55	58
黄陵街道	69	40	29	67	32	35
小店街道	262	137	125	265	143	122
龙城街道	183	91	92	144	77	67
唐槐园区街道	109	50	59	123	54	69
学府园区街道	15	7	8	21	12	9
北格镇	53	24	29	50	26	24
西温庄乡	26	14	12	16	8	8
刘家堡乡	33	17	16	31	21	10
迎泽区	**488**	**254**	**234**	**418**	**227**	**191**
柳巷街道	17	9	8	17	11	6
文庙街道	45	20	25	39	12	27
庙前街道	33	15	18	38	21	17
迎泽街道	72	43	29	67	36	31
桥东街道	109	54	55	99	62	37
老军营街道	68	35	33	48	28	20
郝庄镇	144	78	66	110	57	53
杏花岭区	**655**	**350**	**305**	**543**	**269**	**274**
巨轮街道	87	42	45	84	44	40
三桥街道	33	14	19	34	20	14
鼓楼街道	17	10	7	12	7	5
杏花岭街道	29	14	15	29	11	18
坝陵桥街道	26	16	10	31	11	20
大东关街道	60	33	27	53	24	29
职工新街街道	62	35	27	39	20	19
敦化坊街道	119	61	58	111	60	51
涧河街道	36	24	12	26	16	10
杨家峪街道	131	70	61	84	41	43
中涧河乡	44	24	20	29	10	19
小返乡	11	7	4	11	5	6

1-10 续表 4

单位：人

地 区	2019年12月			2020年1月		
	小计	男	女	小计	男	女
尖草坪区	**415**	**201**	**214**	**400**	**203**	**197**
尖草坪街道	23	13	10	14	9	5
光社街道	15	9	6	20	11	9
上兰街道	14	5	9	8	3	5
南寨街道	47	22	25	43	21	22
迎新街道	17	12	5	14	4	10
古城街道	55	26	29	62	36	26
汇丰街道	95	44	51	79	37	42
柴村街道	70	36	34	77	37	40
新城街道	28	12	16	20	9	11
向阳镇	25	14	11	32	21	11
阳曲镇	15	3	12	13	6	7
马头水乡	2	1	1			
柏板乡	6	3	3	15	8	7
西墕乡	3	1	2	3	1	2
太原中北高新技术产业开发区						
万柏林区	**877**	**444**	**433**	**828**	**457**	**371**
千峰街道	31	17	14	41	18	23
下元街道	75	45	30	61	36	25
和平街道	96	48	48	83	48	35
兴华街道	55	23	32	60	40	20
万柏林街道	38	11	27	40	26	14
杜儿坪街道	30	16	14	20	8	12
白家庄街道	8	4	4	17	10	7
南寒街道	115	56	59	96	53	43
东社街道	60	29	31	46	20	26
化客头街道	4	2	2	1	1	
小井峪街道	198	109	89	178	87	91
西铭街道	31	19	12	34	17	17
长风西街街道	101	47	54	107	62	45
神堂沟街道	35	18	17	44	31	13
王封乡						
晋源区	**330**	**187**	**143**	**285**	**146**	**139**
义井街道	135	90	45	91	46	45
罗城街道	21	14	7	16	8	8
晋源街道	70	36	34	62	32	30
金胜镇	47	22	25	48	27	21
晋祠镇	32	11	21	41	23	18
姚村镇	25	14	11	27	10	17

1-10　续表 5　　单位：人

地　区	2019年12月			2020年1月		
	小计	男	女	小计	男	女
清徐县	**312**	**150**	**162**	**281**	**141**	**140**
清源镇	113	53	60	95	44	51
徐沟镇	48	23	25	32	18	14
东于镇	26	13	13	23	14	9
孟封镇	26	7	19	30	18	12
马峪乡	24	13	11	20	9	11
柳杜乡	15	9	6	16	5	11
西谷乡	14	8	6	15	10	5
王答乡	33	17	16	21	9	12
集义乡	13	7	6	29	14	15
阳曲县	**112**	**56**	**56**	**97**	**54**	**43**
黄寨镇	11	6	5	12	9	3
大盂镇	8	4	4	5	4	1
东黄水镇	2		2	1	1	
泥屯镇	14	5	9	11	2	9
高村乡	3	1	2	5	4	1
侯村乡	12	9	3	6	3	3
凌井店乡	3	2	1	3	2	1
西凌井乡						
北小店乡						
杨兴乡	2	1	1			
中心镇	57	28	29	54	29	25
娄烦县	**60**	**33**	**27**	**61**	**32**	**29**
娄烦镇	35	22	13	43	22	21
静游镇	4	2	2	5	2	3
杜交曲镇	3	1	2	1	1	
庙湾乡				1	1	
马家庄乡	7	3	4	4	2	2
盖家庄乡	1	1				
米峪镇乡	6	2	4	2	2	
天池店乡	4	2	2	5	2	3
古交市	**170**	**82**	**88**	**151**	**83**	**68**
东曲街道	33	12	21	36	22	14
西曲街道	16	8	8	14	7	7
桃园街道	59	31	28	47	28	19
屯兰街道	10	6	4	16	7	9
河口镇	16	6	10	12	7	5
镇城底镇	2	1	1	5	2	3
马兰镇	13	8	5	8	4	4
阁上乡						
加乐泉乡	1	1		3	1	2
梭峪乡	11	4	7	3	1	2
岔口乡	2	2				
常安乡	4	1	3	2	2	
原相乡				2		2
邢家社乡	3	2	1	3	2	1

1-10 续表 6 单位：人

地区	2020年2月			2020年3月			2020年4月		
	小计	男	女	小计	男	女	小计	男	女
太原市	**3936**	**1948**	**1988**	**3909**	**2041**	**1868**	**3550**	**1822**	**1728**
小店区	**977**	**478**	**499**	**1065**	**553**	**512**	**955**	**492**	**463**
坞城街道	84	43	41	82	45	37	88	47	41
营盘街道	90	40	50	109	48	61	95	52	43
北营街道	90	49	41	121	60	61	121	67	54
平阳路街道	88	45	43	100	51	49	90	41	49
黄陵街道	55	24	31	56	25	31	62	35	27
小店街道	222	101	121	198	109	89	180	86	94
龙城街道	143	74	69	145	83	62	110	54	56
唐槐园区街道	92	46	46	118	60	58	83	46	37
学府园区街道	13	3	10	17	9	8	17	8	9
北格镇	59	35	24	53	28	25	56	28	28
西温庄乡	20	9	11	32	16	16	16	9	7
刘家堡乡	21	9	12	34	19	15	37	19	18
迎泽区	**384**	**192**	**192**	**385**	**207**	**178**	**396**	**207**	**189**
柳巷街道	16	6	10	13	5	8	23	11	12
文庙街道	39	21	18	32	15	17	33	12	21
庙前街道	23	14	9	27	18	9	33	22	11
迎泽街道	57	25	32	54	25	29	58	30	28
桥东街道	84	45	39	103	58	45	81	45	36
老军营街道	38	20	18	41	19	22	49	24	25
郝庄镇	127	61	66	115	67	48	119	63	56
杏花岭区	**550**	**280**	**270**	**516**	**275**	**241**	**488**	**224**	**264**
巨轮街道	80	38	42	59	38	21	57	33	24
三桥街道	40	21	19	53	31	22	30	13	17
鼓楼街道	15	6	9	19	10	9	21	10	11
杏花岭街道	23	16	7	24	11	13	20	8	12
坝陵桥街道	36	15	21	11	6	5	33	17	16
大东关街道	57	30	27	57	29	28	58	22	36
职工新街街道	36	16	20	49	27	22	39	22	17
敦化坊街道	100	58	42	82	42	40	82	29	53
涧河街道	24	12	12	22	11	11	24	10	14
杨家峪街道	86	47	39	105	51	54	79	38	41
中涧河乡	42	16	26	28	16	12	38	19	19
小返乡	11	5	6	7	3	4	7	3	4

1—10　续表 7　　　　　　　　　　　　　　　　　　　　　　单位：人

地　　区	2020年2月			2020年3月			2020年4月		
	小计	男	女	小计	男	女	小计	男	女
尖草坪区	**374**	**186**	**188**	**332**	**166**	**166**	**356**	**170**	**186**
尖草坪街道	19	7	12	17	9	8	14	4	10
光社街道	25	17	8	20	9	11	19	10	9
上兰街道	22	10	12	8	4	4	13	6	7
南寨街道	41	19	22	27	11	16	35	14	21
迎新街道	11	6	5	18	8	10	16	6	10
古城街道	56	31	25	57	30	27	66	33	33
汇丰街道	68	36	32	54	31	23	61	35	26
柴村街道	67	31	36	66	31	35	66	31	35
新城街道	20	8	12	14	6	8	16	10	6
向阳镇	19	9	10	25	13	12	27	11	16
阳曲镇	12	8	4	14	9	5	10	4	6
马头水乡	1		1				2		2
柏板乡	11	4	7	8	4	4	10	6	4
西墕乡	2		2	4	1	3	1		1
太原中北高新技术产业开发区									
万柏林区	**805**	**408**	**397**	**757**	**384**	**373**	**636**	**345**	**291**
千峰街道	31	13	18	30	15	15	27	15	12
下元街道	57	36	21	68	31	37	37	20	17
和平街道	78	41	37	87	45	42	78	48	30
兴华街道	40	22	18	52	25	27	50	25	25
万柏林街道	49	30	19	31	20	11	37	20	17
杜儿坪街道	29	13	16	23	13	10	24	15	9
白家庄街道	18	10	8	9	5	4	10	5	5
南寒街道	103	55	48	99	54	45	65	34	31
东社街道	63	28	35	52	26	26	52	29	23
化客头街道	1		1	4	4		7	3	4
小井峪街道	168	80	88	149	78	71	113	52	61
西铭街道	36	19	17	27	13	14	32	15	17
长风西街街道	103	48	55	97	40	57	80	45	35
神堂沟街道	29	13	16	29	15	14	24	19	5
王封乡									
晋源区	**256**	**118**	**138**	**269**	**148**	**121**	**194**	**107**	**87**
义井街道	99	44	55	87	48	39	64	33	31
罗城街道	7	2	5	13	8	5	9	4	5
晋源街道	48	23	25	60	33	27	37	22	15
金胜镇	50	27	23	44	24	20	39	24	15
晋祠镇	33	16	17	48	27	21	23	14	9
姚村镇	19	6	13	17	8	9	22	10	12

1-10 续表 8 单位：人

地区	2020年2月			2020年3月			2020年4月		
	小计	男	女	小计	男	女	小计	男	女
清徐县	**272**	**126**	**146**	**277**	**149**	**128**	**239**	**126**	**113**
清源镇	110	53	57	94	50	44	98	50	48
徐沟镇	39	19	20	42	23	19	33	18	15
东于镇	26	10	16	20	11	9	16	9	7
孟封镇	20	11	9	37	14	23	17	10	7
马峪乡	12	8	4	18	13	5	11	5	6
柳杜乡	11	4	7	12	6	6	7	3	4
西谷乡	10	5	5	14	9	5	13	5	8
王答乡	27	11	16	15	11	4	19	11	8
集义乡	17	5	12	25	12	13	25	15	10
阳曲县	**98**	**49**	**49**	**92**	**47**	**45**	**88**	**45**	**43**
黄寨镇	7	3	4	8	3	5	10	6	4
大盂镇	5	3	2	3	2	1	5	2	3
东黄水镇	2	2		1	1		2	2	
泥屯镇	9	5	4	10	5	5	7	5	2
高村乡	3	1	2	4	2	2	4	2	2
侯村乡	7	6	1	4	2	2	6	2	4
凌井店乡	2	1	1				4	2	2
西凌井乡									
北小店乡	1		1						
杨兴乡	1		1	1	1		2	2	
中心镇	61	28	33	61	31	30	48	22	26
娄烦县	**64**	**32**	**32**	**52**	**29**	**23**	**61**	**38**	**23**
娄烦镇	26	17	9	37	20	17	41	27	14
静游镇	6	3	3	8	3	5	6	2	4
杜交曲镇	2		2	1	1		2	2	
庙湾乡	3	1	2	1	1		1	1	
马家庄乡	10	3	7	3	3		5	3	2
盖家庄乡	3	1	2				2		2
米峪镇乡	4	2	2	1		1	1	1	
天池店乡	10	5	5	1	1		3	2	1
古交市	**156**	**79**	**77**	**164**	**83**	**81**	**137**	**68**	**69**
东曲街道	26	11	15	39	18	21	32	15	17
西曲街道	13	7	6	6	5	1	12	6	6
桃园街道	54	29	25	57	29	28	37	18	19
屯兰街道	10	3	7	13	6	7	9	4	5
河口镇	12	9	3	15	10	5	15	10	5
镇城底镇	9	6	3	6	2	4	9	5	4
马兰镇	10	3	7	10	3	7	11	3	8
阁上乡	1	1					1	1	
加乐泉乡	7	5	2	3	3				
梭峪乡	5	1	4	10	5	5	8	5	3
岔口乡	2	1	1	2	1	1	2	1	1
常安乡	4	2	2	1		1			
原相乡	1		1	1		1			
邢家社乡	2	1	1	1	1		1		1

1-10 续表 9 单位：人

地 区	2020年5月			2020年6月			2020年7月		
	小计	男	女	小计	男	女	小计	男	女
太原市	**3498**	**1884**	**1614**	**3491**	**1811**	**1680**	**3661**	**1905**	**1756**
小店区	**873**	**464**	**409**	**893**	**457**	**436**	**894**	**487**	**407**
坞城街道	75	40	35	91	45	46	81	46	35
营盘街道	97	55	42	84	43	41	104	62	42
北营街道	97	47	50	100	49	51	87	45	42
平阳路街道	85	49	36	95	52	43	83	45	38
黄陵街道	37	18	19	40	25	15	51	30	21
小店街道	174	98	76	158	88	70	167	91	76
龙城街道	115	56	59	105	45	60	103	49	54
唐槐园区街道	86	49	37	83	39	44	91	48	43
学府园区街道	14	5	9	19	11	8	18	8	10
北格镇	41	26	15	60	34	26	57	38	19
西温庄乡	15	5	10	29	11	18	19	7	12
刘家堡乡	37	16	21	29	15	14	33	18	15
迎泽区	**377**	**197**	**180**	**358**	**204**	**154**	**368**	**178**	**190**
柳巷街道	23	13	10	18	10	8	20	11	9
文庙街道	37	18	19	40	25	15	39	22	17
庙前街道	35	16	19	17	13	4	24	12	12
迎泽街道	53	30	23	49	26	23	62	29	33
桥东街道	90	50	40	76	42	34	84	40	44
老军营街道	40	20	20	49	28	21	38	19	19
郝庄镇	99	50	49	109	60	49	101	45	56
杏花岭区	**468**	**258**	**210**	**498**	**270**	**228**	**498**	**241**	**257**
巨轮街道	60	36	24	70	37	33	59	38	21
三桥街道	37	22	15	38	25	13	39	15	24
鼓楼街道	14	7	7	12	5	7	21	11	10
杏花岭街道	27	15	12	28	15	13	26	12	14
坝陵桥街道	19	10	9	31	17	14	18	7	11
大东关街道	54	28	26	43	25	18	47	29	18
职工新街街道	41	22	19	49	30	19	45	24	21
敦化坊街道	81	41	40	93	41	52	83	40	43
涧河街道	34	20	14	29	16	13	29	9	20
杨家峪街道	74	44	30	66	41	25	80	36	44
中涧河乡	22	11	11	31	14	17	43	17	26
小返乡	5	2	3	8	4	4	8	3	5

1-10 续表 10

单位：人

地　区	2020年5月			2020年6月			2020年7月		
	小计	男	女	小计	男	女	小计	男	女
尖草坪区	**345**	**201**	**144**	**298**	**153**	**145**	**337**	**179**	**158**
尖草坪街道	12	3	9	15	7	8	11	5	6
光社街道	11	9	2	19	10	9	23	11	12
上兰街道	16	6	10	13	7	6	13	6	7
南寨街道	34	21	13	26	15	11	36	17	19
迎新街道	20	14	6	12	5	7	12	8	4
古城街道	54	28	26	39	22	17	45	19	26
汇丰街道	60	38	22	65	31	34	58	32	26
柴村街道	67	42	25	45	27	18	71	43	28
新城街道	25	15	10	14	6	8	19	9	10
向阳镇	23	14	9	26	11	15	26	15	11
阳曲镇	9	6	3	13	6	7	11	7	4
马头水乡	1		1	1	1		2	1	1
柏板乡	7	2	5	10	5	5	5	3	2
西墕乡	6	3	3				5	3	2
太原中北高新技术产业开发区									
万柏林区	**665**	**351**	**314**	**687**	**343**	**344**	**736**	**368**	**368**
千峰街道	24	11	13	19	9	10	30	19	11
下元街道	48	24	24	46	18	28	52	35	17
和平街道	70	39	31	77	36	41	78	41	37
兴华街道	41	30	11	53	25	28	57	31	26
万柏林街道	34	17	17	31	14	17	37	15	22
杜儿坪街道	21	14	7	22	13	9	23	12	11
白家庄街道	12	6	6	16	9	7	12	4	8
南寒街道	90	46	44	80	40	40	78	38	40
东社街道	47	23	24	55	27	28	55	28	27
化客头街道	3	1	2	1	1		4	3	1
小井峪街道	132	69	63	130	66	64	154	73	81
西铭街道	30	14	16	38	20	18	30	16	14
长风西街街道	74	40	34	82	50	32	85	41	44
神堂沟街道	38	16	22	36	14	22	39	11	28
王封乡	1	1		1	1		2	1	1
晋源区	**240**	**132**	**108**	**238**	**118**	**120**	**253**	**136**	**117**
义井街道	86	45	41	88	45	43	92	46	46
罗城街道	6	2	4	9	4	5	13	9	4
晋源街道	50	28	22	58	30	28	46	25	21
金胜镇	43	29	14	33	14	19	39	21	18
晋祠镇	28	17	11	31	15	16	42	24	18
姚村镇	27	11	16	19	10	9	21	11	10

1-10 续表 11　　单位：人

地　区	2020年5月			2020年6月			2020年7月		
	小计	男	女	小计	男	女	小计	男	女
清徐县	**228**	**119**	**109**	**232**	**112**	**120**	**252**	**129**	**123**
清源镇	89	53	36	80	38	42	85	45	40
徐沟镇	30	14	16	30	17	13	42	22	20
东于镇	25	10	15	19	8	11	16	10	6
孟封镇	13	8	5	21	12	9	22	9	13
马峪乡	15	9	6	11	6	5	12	7	5
柳杜乡	9	4	5	12	4	8	14	8	6
西谷乡	12	4	8	14	7	7	13	6	7
王答乡	12	6	6	24	9	15	27	12	15
集义乡	23	11	12	21	11	10	21	10	11
阳曲县	**94**	**46**	**48**	**110**	**60**	**50**	**105**	**56**	**49**
黄寨镇	10	4	6	8	6	2	19	10	9
大盂镇	5	4	1	4	3	1	8	4	4
东黄水镇	11	7	4	5	2	3	3	2	1
泥屯镇	8	4	4	18	8	10	10	5	5
高村乡	6	4	2	8	5	3	3	1	2
侯村乡	8	3	5	11	3	8	3	1	2
凌井店乡	1	1		5	1	4	2	2	
西凌井乡	1		1				1		1
北小店乡									
杨兴乡	1		1						
中心镇	43	19	24	51	32	19	56	31	25
娄烦县	**61**	**33**	**28**	**54**	**32**	**22**	**67**	**47**	**20**
娄烦镇	36	24	12	33	20	13	45	30	15
静游镇	5	3	2	3	1	2	6	3	3
杜交曲镇	2	2		2	1	1			
庙湾乡	1		1	2	1	1	2	2	
马家庄乡	11	3	8	6	4	2	5	4	1
盖家庄乡	1		1	1	1		2	2	
米峪镇乡	2	1	1	5	2	3	2	2	
天池店乡	3		3	2	2		5	4	1
古交市	**147**	**83**	**64**	**123**	**62**	**61**	**151**	**84**	**67**
东曲街道	31	17	14	27	15	12	33	20	13
西曲街道	5	2	3	6	5	1	13	11	2
桃园街道	63	38	25	47	24	23	54	28	26
屯兰街道	11	4	7	9	4	5	10	5	5
河口镇	11	6	5	9	5	4	11	5	6
镇城底镇	3	2	1	2	1	1	10	2	8
马兰镇	5	2	3	7	3	4	6	5	1
阁上乡	1	1							
加乐泉乡	2	1	1	2	1	1	2	2	
梭峪乡	7	3	4	5	1	4	3	1	2
岔口乡	3	2	1	6	3	3	1		1
常安乡							3	3	
原相乡	1	1		3		3	3	1	2
邢家社乡	4	4					2	1	1

1-10 续表 12

单位：人

地区	2020年8月			2020年9月			2020年10月		
	小计	男	女	小计	男	女	小计	男	女
太原市	**3537**	**1849**	**1688**	**3156**	**1615**	**1541**	**2676**	**1384**	**1292**
小店区	**916**	**486**	**430**	**777**	**423**	**354**	**686**	**357**	**329**
坞城街道	62	37	25	64	38	26	55	31	24
营盘街道	83	44	39	85	47	38	84	45	39
北营街道	115	59	56	89	45	44	60	30	30
平阳路街道	87	40	47	64	28	36	58	32	26
黄陵街道	59	32	27	41	25	16	45	21	24
小店街道	170	97	73	148	75	73	134	66	68
龙城街道	116	66	50	97	56	41	67	41	26
唐槐园区街道	118	58	60	75	46	29	85	43	42
学府园区街道	11	6	5	10	4	6	2	2	
北格镇	42	23	19	55	28	27	43	20	23
西温庄乡	19	9	10	19	14	5	25	12	13
刘家堡乡	34	15	19	30	17	13	28	14	14
迎泽区	**364**	**201**	**163**	**314**	**148**	**166**	**255**	**124**	**131**
柳巷街道	13	9	4	11	6	5	9	7	2
文庙街道	34	19	15	42	23	19	28	9	19
庙前街道	30	15	15	16	11	5	26	11	15
迎泽街道	50	26	24	51	23	28	39	19	20
桥东街道	81	43	38	63	31	32	41	19	22
老军营街道	43	27	16	32	16	16	37	18	19
郝庄镇	113	62	51	99	38	61	75	41	34
杏花岭区	**477**	**242**	**235**	**419**	**215**	**204**	**345**	**180**	**165**
巨轮街道	58	34	24	52	27	25	53	27	26
三桥街道	37	16	21	24	15	9	25	10	15
鼓楼街道	10	7	3	9	6	3	6	4	2
杏花岭街道	21	8	13	21	18	3	22	10	12
坝陵桥街道	16	9	7	20	7	13	15	9	6
大东关街道	51	20	31	47	29	18	17	8	9
职工新街街道	41	20	21	44	23	21	35	20	15
敦化坊街道	95	57	38	72	32	40	53	25	28
涧河街道	34	15	19	36	20	16	19	12	7
杨家峪街道	80	38	42	61	22	39	63	30	33
中涧河乡	26	13	13	23	13	10	32	21	11
小返乡	8	5	3	10	3	7	5	4	1

1-10　续表 13　　　　单位：人

地　区	2020年8月			2020年9月			2020年10月		
	小计	男	女	小计	男	女	小计	男	女
尖草坪区	**352**	**182**	**170**	**293**	**137**	**156**	**271**	**135**	**136**
尖草坪街道	20	12	8	14	7	7	11	5	6
光社街道	19	7	12	14	8	6	22	11	11
上兰街道	11	6	5	9	3	6	2	1	1
南寨街道	29	13	16	29	13	16	20	12	8
迎新街道	20	12	8	23	9	14	11	7	4
古城街道	60	33	27	37	22	15	40	18	22
汇丰街道	59	30	29	53	22	31	50	23	27
柴村街道	62	28	34	50	24	26	47	23	24
新城街道	16	9	7	15	9	6	24	13	11
向阳镇	25	16	9	22	12	10	22	12	10
阳曲镇	11	8	3	12	6	6	7	4	3
马头水乡	2	2		1		1	6	3	3
柏板乡	14	4	10	10	1	9	4	1	3
西墕乡	4	2	2	4	1	3	5	2	3
太原中北高新技术产业开发区									
万柏林区	**681**	**336**	**345**	**621**	**330**	**291**	**488**	**258**	**230**
千峰街道	31	16	15	25	18	7	18	7	11
下元街道	28	13	15	59	34	25	34	18	16
和平街道	75	32	43	55	28	27	49	30	19
兴华街道	45	21	24	30	16	14	31	17	14
万柏林街道	33	22	11	37	18	19	14	7	7
杜儿坪街道	21	11	10	15	8	7	19	11	8
白家庄街道	19	5	14	11	3	8	7	1	6
南寒街道	82	51	31	78	43	35	46	21	25
东社街道	45	26	19	43	25	18	40	16	24
化客头街道	3	1	2	1		1	6	3	3
小井峪街道	152	58	94	134	72	62	100	53	47
西铭街道	24	13	11	34	18	16	27	16	11
长风西街街道	86	47	39	66	26	40	78	45	33
神堂沟街道	37	20	17	32	20	12	16	11	5
王封乡				1	1		3	2	1
晋源区	**248**	**135**	**113**	**238**	**124**	**114**	**172**	**85**	**87**
义井街道	96	50	46	81	45	36	69	34	35
罗城街道	13	5	8	15	4	11	8	5	3
晋源街道	43	23	20	47	27	20	31	16	15
金胜镇	40	26	14	29	15	14	26	15	11
晋祠镇	40	24	16	38	19	19	20	8	12
姚村镇	16	7	9	28	14	14	18	7	11

1-10 续表 14　　　　单位：人

地区	2020年8月			2020年9月			2020年10月		
	小计	男	女	小计	男	女	小计	男	女
清徐县	**241**	**132**	**109**	**248**	**120**	**128**	**214**	**118**	**96**
清源镇	102	57	45	81	33	48	69	34	35
徐沟镇	25	12	13	48	27	21	39	17	22
东于镇	23	14	9	19	12	7	5	2	3
孟封镇	22	17	5	27	15	12	17	11	6
马峪乡	9	2	7	14	6	8	14	10	4
柳杜乡	11	9	2	11	3	8	11	9	2
西谷乡	6	2	4	8	4	4	22	12	10
王答乡	13	2	11	27	15	12	22	12	10
集义乡	30	17	13	13	5	8	15	11	4
阳曲县	**95**	**49**	**46**	**87**	**41**	**46**	**87**	**40**	**47**
黄寨镇	9	4	5	8	5	3	10	5	5
大盂镇	2	1	1	2	1	1	6	6	
东黄水镇	7	5	2	11	7	4	3	1	2
泥屯镇	8	4	4	9	3	6	14	8	6
高村乡	5	3	2	6	1	5			
侯村乡	10	5	5	7	3	4	9	3	6
凌井店乡	5	3	2	3	1	2	3	1	2
西凌井乡									
北小店乡	1		1	2		2			
杨兴乡				1		1	1	1	
中心镇	48	24	24	38	20	18	41	15	26
娄烦县	**50**	**28**	**22**	**57**	**30**	**27**	**66**	**36**	**30**
娄烦镇	30	17	13	28	15	13	39	24	15
静游镇	11	4	7	10	4	6	14	7	7
杜交曲镇	1	1		3	1	2			
庙湾乡	1		1	1	1		3		3
马家庄乡	2	1	1	5	2	3	5	2	3
盖家庄乡	1	1		2	1	1	2	2	
米峪镇乡	2	2		2	2		2	1	1
天池店乡	2	2		6	4	2	1		1
古交市	**113**	**58**	**55**	**102**	**47**	**55**	**92**	**51**	**41**
东曲街道	35	17	18	19	8	11	18	9	9
西曲街道	5	3	2	4	2	2	7	5	2
桃园街道	31	15	16	34	15	19	23	12	11
屯兰街道	8	3	5	6	4	2	9	5	4
河口镇	13	7	6	8	7	1	8	4	4
镇城底镇	6	4	2	5	2	3	3		3
马兰镇	4	2	2	4	1	3	1		1
阁上乡									
加乐泉乡				4	1	3	4	1	3
梭峪乡	2	2		6	3	3	5	4	1
岔口乡	3	3		2	1	1	7	6	1
常安乡	5	2	3	6	2	4	2	1	1
原相乡	1		1	2		2	3	2	1
邢家社乡				2	1	1	2	2	

1-10a　各地区分性别、月份的出生人口
(2019.11.1-2020.10.31)(城市)

单位：人

地　区	出生人口			2019年11月		
	合计	男	女	小计	男	女
太原市	**35574**	**18504**	**17070**	**3974**	**2080**	**1894**
小店区	8969	4711	4258	1017	549	468
迎泽区	4536	2365	2171	504	261	243
杏花岭区	5702	2948	2754	647	341	306
尖草坪区	3935	2017	1918	417	222	195
万柏林区	8744	4500	4244	1003	500	503
晋源区	2461	1318	1143	262	139	123
清徐县						
阳曲县						
娄烦县						
古交市	1227	645	582	124	68	56

1-10a　续表 1

单位：人

地　区	2019年12月			2020年1月		
	小计	男	女	小计	男	女
太原市	**3749**	**1948**	**1801**	**3369**	**1786**	**1583**
小店区	989	515	474	915	483	432
迎泽区	480	253	227	411	223	188
杏花岭区	605	324	281	505	255	250
尖草坪区	395	192	203	371	188	183
万柏林区	873	442	431	827	456	371
晋源区	282	162	120	225	117	108
清徐县						
阳曲县						
娄烦县						
古交市	125	60	65	115	64	51

1-10a　续表 2

单位：人

地　区	2020年2月			2020年3月			2020年4月		
	小计	男	女	小计	男	女	小计	男	女
太原市	**3120**	**1562**	**1558**	**3068**	**1601**	**1467**	**2786**	**1423**	**1363**
小店区	762	373	389	800	419	381	728	369	359
迎泽区	377	189	188	379	203	176	391	205	186
杏花岭区	504	263	241	483	257	226	449	204	245
尖草坪区	349	174	175	316	159	157	332	159	173
万柏林区	804	408	396	753	380	373	629	342	287
晋源区	214	100	114	216	120	96	159	94	65
清徐县									
阳曲县									
娄烦县									
古交市	110	55	55	121	63	58	98	50	48

1-10a 续表 3

单位：人

地　区	2020年5月			2020年6月			2020年7月		
	小计	男	女	小计	男	女	小计	男	女
太原市	**2779**	**1507**	**1272**	**2737**	**1434**	**1303**	**2830**	**1457**	**1373**
小店区	672	360	312	667	346	321	661	359	302
迎泽区	371	194	177	353	202	151	360	175	185
杏花岭区	441	243	198	466	255	211	451	221	230
尖草坪区	324	190	134	275	143	132	314	165	149
万柏林区	662	349	313	685	341	344	731	365	366
晋源区	198	112	86	198	97	101	199	106	93
清徐县									
阳曲县									
娄烦县									
古交市	111	59	52	93	50	43	114	66	48

1-10a 续表 4

单位：人

地　区	2020年8月			2020年9月			2020年10月		
	小计	男	女	小计	男	女	小计	男	女
太原市	**2761**	**1444**	**1317**	**2409**	**1234**	**1175**	**1992**	**1028**	**964**
小店区	683	370	313	579	307	272	496	261	235
迎泽区	356	195	161	305	142	163	249	123	126
杏花岭区	443	224	219	390	201	189	318	160	158
尖草坪区	325	171	154	267	129	138	250	125	125
万柏林区	678	335	343	619	329	290	480	253	227
晋源区	192	107	85	181	93	88	135	71	64
清徐县									
阳曲县									
娄烦县									
古交市	84	42	42	68	33	35	64	35	29

1-10b 各地区分性别、月份的出生人口
(2019.11.1-2020.10.31)(镇)

单位：人

地　区	出生人口			2019年11月		
	合计	男	女	小计	男	女
太原市	**4518**	**2316**	**2202**	**489**	**251**	**238**
小店区	1912	980	932	231	121	110
迎泽区						
杏花岭区						
尖草坪区	4	1	3	1		1
万柏林区	30	14	16	2		2
晋源区	140	63	77	13	9	4
清徐县	1237	621	616	128	56	72
阳曲县	717	364	353	60	35	25
娄烦县	391	234	157	46	26	20
古交市	87	39	48	8	4	4

1-10b　续表 1　　单位：人

地　区	2019年12月			2020年1月		
	小计	男	女	小计	男	女
太原市	**443**	**217**	**226**	**422**	**206**	**216**
小店区	175	83	92	189	89	100
迎泽区						
杏花岭区						
尖草坪区						
万柏林区	4	2	2	1	1	
晋源区	13	6	7	16	5	11
清徐县	140	66	74	112	57	55
阳曲县	69	33	36	62	34	28
娄烦县	31	21	10	33	17	16
古交市	11	6	5	9	3	6

1-10b　续表 2　　单位：人

地　区	2020年2月			2020年3月			2020年4月		
	小计	男	女	小计	男	女	小计	男	女
太原市	**360**	**175**	**185**	**403**	**210**	**193**	**368**	**187**	**181**
小店区	142	66	76	179	93	86	143	74	69
迎泽区									
杏花岭区									
尖草坪区	1		1						
万柏林区	1		1	3	3		6	2	4
晋源区	9	3	6	10	3	7	11	4	7
清徐县	106	51	55	105	57	48	109	58	51
阳曲县	70	37	33	65	35	30	52	23	29
娄烦县	21	15	6	31	15	16	36	22	14
古交市	10	3	7	10	4	6	11	4	7

1-10b　续表 3　　单位：人

地　区	2020年5月			2020年6月			2020年7月		
	小计	男	女	小计	男	女	小计	男	女
太原市	**344**	**183**	**161**	**334**	**177**	**157**	**355**	**195**	**160**
小店区	135	75	60	147	74	73	157	83	74
迎泽区									
杏花岭区									
尖草坪区									
万柏林区	2	1	1	1	1		2	1	1
晋源区	11	5	6	10	5	5	11	5	6
清徐县	103	53	50	81	42	39	79	43	36
阳曲县	55	24	31	61	35	26	59	32	27
娄烦县	34	23	11	28	16	12	39	26	13
古交市	4	2	2	6	4	2	8	5	3

1-10b 续表 4

单位：人

地 区	2020年8月			2020年9月			2020年10月		
	小计	男	女	小计	男	女	小计	男	女
太原市	**362**	**183**	**179**	**327**	**179**	**148**	**311**	**153**	**158**
小店区	162	82	80	129	79	50	123	61	62
迎泽区									
杏花岭区									
尖草坪区	1		1				1	1	
万柏林区	3	1	2	1		1	4	2	2
晋源区	10	6	4	14	7	7	12	5	7
清徐县	97	50	47	100	48	52	77	40	37
阳曲县	59	29	30	50	27	23	55	20	35
娄烦县	25	13	12	29	16	13	38	24	14
古交市	5	2	3	4	2	2	1		1

1-10c 各地区分性别、月份的出生人口 (2019.11.1-2020.10.31)(乡村)

单位：人

地 区	出生人口			2019年11月		
	合计	男	女	小计	男	女
太原市	**5199**	**2652**	**2547**	**524**	**269**	**255**
小店区	904	461	443	94	41	53
迎泽区	89	43	46	14	8	6
杏花岭区	444	221	223	42	24	18
尖草坪区	281	134	147	29	17	12
万柏林区	13	10	3	1		1
晋源区	443	234	209	46	31	15
清徐县	1875	953	922	188	96	92
阳曲县	445	232	213	37	18	19
娄烦县	337	175	162	29	13	16
古交市	368	189	179	44	21	23

1-10c 续表 1

单位：人

地 区	2019年12月			2020年1月		
	小计	男	女	小计	男	女
太原市	**463**	**226**	**237**	**444**	**230**	**214**
小店区	72	36	36	67	38	29
迎泽区	8	1	7	7	4	3
杏花岭区	50	26	24	38	14	24
尖草坪区	20	9	11	29	15	14
万柏林区						
晋源区	35	19	16	44	24	20
清徐县	172	84	88	169	84	85
阳曲县	43	23	20	35	20	15
娄烦县	29	12	17	28	15	13
古交市	34	16	18	27	16	11

1-10c 续表 2 单位：人

地区	2020年2月			2020年3月			2020年4月		
	小计	男	女	小计	男	女	小计	男	女
太原市	**456**	**211**	**245**	**438**	**230**	**208**	**396**	**212**	**184**
小店区	73	39	34	86	41	45	84	49	35
迎泽区	7	3	4	6	4	2	5	2	3
杏花岭区	46	17	29	33	18	15	39	20	19
尖草坪区	24	12	12	16	7	9	24	11	13
万柏林区				1	1		1	1	
晋源区	33	15	18	43	25	18	24	9	15
清徐县	166	75	91	172	92	80	130	68	62
阳曲县	28	12	16	27	12	15	36	22	14
娄烦县	43	17	26	21	14	7	25	16	9
古交市	36	21	15	33	16	17	28	14	14

1-10c 续表 3 单位：人

地区	2020年5月			2020年6月			2020年7月		
	小计	男	女	小计	男	女	小计	男	女
太原市	**375**	**194**	**181**	**420**	**200**	**220**	**476**	**253**	**223**
小店区	66	29	37	79	37	42	76	45	31
迎泽区	6	3	3	5	2	3	8	3	5
杏花岭区	27	15	12	32	15	17	47	20	27
尖草坪区	21	11	10	23	10	13	23	14	9
万柏林区	1	1		1	1		3	2	1
晋源区	31	15	16	30	16	14	43	25	18
清徐县	125	66	59	151	70	81	173	86	87
阳曲县	39	22	17	49	25	24	46	24	22
娄烦县	27	10	17	26	16	10	28	21	7
古交市	32	22	10	24	8	16	29	13	16

1-10c 续表 4 单位：人

地区	2020年8月			2020年9月			2020年10月		
	小计	男	女	小计	男	女	小计	男	女
太原市	**414**	**222**	**192**	**420**	**202**	**218**	**373**	**203**	**170**
小店区	71	34	37	69	37	32	67	35	32
迎泽区	8	6	2	9	6	3	6	1	5
杏花岭区	34	18	16	29	14	15	27	20	7
尖草坪区	26	11	15	26	8	18	20	9	11
万柏林区				1	1		4	3	1
晋源区	46	22	24	43	24	19	25	9	16
清徐县	144	82	62	148	72	76	137	78	59
阳曲县	36	20	16	37	14	23	32	20	12
娄烦县	25	15	10	28	14	14	28	12	16
古交市	24	14	10	30	12	18	27	16	11

1-11 各地区分性别、月份的死亡人口
(2019.11.1-2020.10.31)

单位：人

地区	死亡人口			2019年11月		
	合计	男	女	小计	男	女
太原市	**17939**	**10352**	**7587**	**1306**	**761**	**545**
小店区	**2453**	**1438**	**1015**	**198**	**117**	**81**
坞城街道	349	204	145	22	12	10
营盘街道	449	270	179	31	24	7
北营街道	243	143	100	29	19	10
平阳路街道	301	178	123	30	14	16
黄陵街道	129	83	46	11	6	5
小店街道	274	174	100	24	18	6
龙城街道	98	52	46	6	2	4
唐槐园区街道	38	19	19	2	1	1
学府园区街道	7	4	3			
北格镇	228	129	99	26	11	15
西温庄乡	121	67	54	7	3	4
刘家堡乡	216	115	101	10	7	3
迎泽区	**2166**	**1201**	**965**	**182**	**98**	**84**
柳巷街道	191	104	87	26	13	13
文庙街道	321	179	142	38	22	16
庙前街道	324	160	164	26	13	13
迎泽街道	461	258	203	39	18	21
桥东街道	305	179	126	21	16	5
老军营街道	320	183	137	23	12	11
郝庄镇	244	138	106	9	4	5
杏花岭区	**2931**	**1639**	**1292**	**199**	**117**	**82**
巨轮街道	453	249	204	31	16	15
三桥街道	393	212	181	27	15	12
鼓楼街道	141	82	59	10	5	5
杏花岭街道	170	102	68	12	10	2
坝陵桥街道	193	109	84	15	7	8
大东关街道	223	118	105	9	3	6
职工新街街道	243	131	112	11	8	3
敦化坊街道	501	277	224	48	26	22
涧河街道	320	182	138	19	12	7
杨家峪街道	124	79	45	8	8	
中涧河乡	116	69	47	7	6	1
小返乡	54	29	25	2	1	1

1-11 续表 1

单位：人

地区	死亡人口			2019年11月		
	合计	男	女	小计	男	女
尖草坪区	**2124**	**1266**	**858**	**156**	**94**	**62**
尖草坪街道	186	115	71	25	17	8
光社街道	134	89	45	10	7	3
上兰街道	106	52	54	9	5	4
南寨街道	375	236	139	23	14	9
迎新街道	173	98	75	10	6	4
古城街道	192	110	82	16	8	8
汇丰街道	316	181	135	22	7	15
柴村街道	161	96	65	10	6	4
新城街道	93	59	34	3	2	1
向阳镇	130	77	53	11	8	3
阳曲镇	119	68	51	8	7	1
马头水乡	29	15	14	4	3	1
柏板乡	68	43	25	5	4	1
西墕乡	42	27	15			
太原中北高新技术产业开发区						
万柏林区	**3004**	**1774**	**1230**	**216**	**123**	**93**
千峰街道	159	96	63	9	6	3
下元街道	285	154	131	22	8	14
和平街道	358	219	139	27	19	8
兴华街道	204	118	86	9	2	7
万柏林街道	220	124	96	13	5	8
杜儿坪街道	207	129	78	17	7	10
白家庄街道	143	94	49	11	8	3
南寒街道	382	220	162	21	14	7
东社街道	122	65	57	9	7	2
化客头街道	83	53	30	12	5	7
小井峪街道	255	149	106	16	11	5
西铭街道	157	89	68	19	10	9
长风西街街道	230	146	84	16	12	4
神堂沟街道	155	94	61	9	6	3
王封乡	44	24	20	6	3	3
晋源区	**1015**	**579**	**436**	**74**	**44**	**30**
义井街道	225	122	103	16	8	8
罗城街道	114	64	50	7	6	1
晋源街道	195	114	81	16	9	7
金胜镇	171	102	69	16	10	6
晋祠镇	168	99	69	9	7	2
姚村镇	142	78	64	10	4	6

1-11 续表 2 单位：人

地 区	死亡人口			2019年11月		
	合计	男	女	小计	男	女
清徐县	**1889**	**1059**	**830**	**123**	**65**	**58**
清源镇	462	257	205	37	18	19
徐沟镇	266	148	118	19	7	12
东于镇	132	71	61	4	2	2
孟封镇	226	127	99	11	8	3
马峪乡	122	75	47	8	4	4
柳杜乡	143	76	67	9	6	3
西谷乡	135	73	62	10	9	1
王答乡	206	127	79	17	9	8
集义乡	197	105	92	8	2	6
阳曲县	**978**	**600**	**378**	**60**	**41**	**19**
黄寨镇	111	74	37	5	4	1
大盂镇	87	50	37	3	2	1
东黄水镇	109	64	45	7	6	1
泥屯镇	167	103	64	14	7	7
高村乡	97	58	39	9	7	2
侯村乡	101	66	35	3	2	1
凌井店乡	65	33	32	2	1	1
西凌井乡	36	21	15	5	3	2
北小店乡	29	21	8	1	1	
杨兴乡	48	31	17	3	2	1
中心镇	128	79	49	8	6	2
娄烦县	**641**	**377**	**264**	**48**	**33**	**15**
娄烦镇	134	71	63	8	4	4
静游镇	134	79	55	5	4	1
杜交曲镇	59	36	23	4	3	1
庙湾乡	49	25	24	4	1	3
马家庄乡	99	64	35	12	9	3
盖家庄乡	33	23	10	2	1	1
米峪镇乡	52	36	16	7	6	1
天池店乡	81	43	38	6	5	1
古交市	**738**	**419**	**319**	**50**	**29**	**21**
东曲街道	76	43	33	6	4	2
西曲街道	32	20	12	2	1	1
桃园街道	88	54	34	5	2	3
屯兰街道	31	19	12	2		2
河口镇	90	47	43	13	7	6
镇城底镇	45	23	22	2	2	
马兰镇	45	28	17	2	2	
阁上乡	7	5	2			
加乐泉乡	52	30	22	3	3	
梭峪乡	82	46	36	6	2	4
岔口乡	58	29	29	5	2	3
常安乡	51	28	23	1	1	
原相乡	41	25	16	2	2	
邢家社乡	40	22	18	1	1	

1-11　续表 3　　单位：人

地　　区	2019年12月			2020年1月		
	小计	男	女	小计	男	女
太原市	**1429**	**856**	**573**	**1448**	**844**	**604**
小店区	**197**	**120**	**77**	**198**	**122**	**76**
坞城街道	32	18	14	30	20	10
营盘街道	39	27	12	36	22	14
北营街道	23	11	12	16	10	6
平阳路街道	22	15	7	15	13	2
黄陵街道	6	5	1	12	8	4
小店街道	18	13	5	26	11	15
龙城街道	5	5		6	4	2
唐槐园区街道	2		2	4	2	2
学府园区街道				1		1
北格镇	14	7	7	20	12	8
西温庄乡	15	6	9	8	7	1
刘家堡乡	21	13	8	24	13	11
迎泽区	**180**	**115**	**65**	**194**	**102**	**92**
柳巷街道	17	12	5	13	6	7
文庙街道	31	18	13	28	16	12
庙前街道	23	17	6	42	21	21
迎泽街道	38	23	15	42	22	20
桥东街道	19	13	6	23	11	12
老军营街道	27	17	10	26	15	11
郝庄镇	25	15	10	20	11	9
杏花岭区	**256**	**141**	**115**	**223**	**120**	**103**
巨轮街道	43	29	14	28	14	14
三桥街道	51	27	24	37	19	18
鼓楼街道	11	7	4	12	6	6
杏花岭街道	18	9	9	12	9	3
坝陵桥街道	17	13	4	16	11	5
大东关街道	19	9	10	25	13	12
职工新街街道	19	4	15	17	8	9
敦化坊街道	36	21	15	40	20	20
涧河街道	23	12	11	23	13	10
杨家峪街道	10	7	3	4	2	2
中涧河乡	7	2	5	6	3	3
小返乡	2	1	1	3	2	1

1-11 续表 4

单位：人

地区	2019年12月			2020年1月		
	小计	男	女	小计	男	女
尖草坪区	**171**	**107**	**64**	**142**	**82**	**60**
尖草坪街道	20	16	4	14	8	6
光社街道	8	7	1	13	5	8
上兰街道	5	2	3	6	3	3
南寨街道	40	21	19	26	14	12
迎新街道	8	7	1	15	7	8
古城街道	14	7	7	10	7	3
汇丰街道	32	21	11	23	18	5
柴村街道	9	3	6	8	6	2
新城街道	11	8	3	7	5	2
向阳镇	10	6	4	6	1	5
阳曲镇	5	2	3	6	3	3
马头水乡	2	1	1	2	1	1
柏板乡	5	4	1	3	3	
西墕乡	2	2		3	1	2
太原中北高新技术产业开发区						
万柏林区	**217**	**132**	**85**	**276**	**178**	**98**
千峰街道	17	14	3	12	8	4
下元街道	18	14	4	26	17	9
和平街道	20	10	10	36	25	11
兴华街道	15	10	5	13	9	4
万柏林街道	11	6	5	22	14	8
杜儿坪街道	20	10	10	19	8	11
白家庄街道	11	7	4	14	12	2
南寒街道	30	14	16	38	27	11
东社街道	13	5	8	21	8	13
化客头街道	5	5		7	6	1
小井峪街道	13	8	5	18	10	8
西铭街道	11	7	4	14	6	8
长风西街街道	18	13	5	21	16	5
神堂沟街道	13	8	5	11	8	3
王封乡	2	1	1	4	4	
晋源区	**81**	**47**	**34**	**90**	**50**	**40**
义井街道	16	10	6	17	6	11
罗城街道	12	4	8	14	9	5
晋源街道	14	11	3	10	7	3
金胜镇	17	8	9	15	10	5
晋祠镇	8	5	3	17	7	10
姚村镇	14	9	5	17	11	6

1-11 续表 5 单位：人

地 区	2019年12月			2020年1月		
	小计	男	女	小计	男	女
清徐县	**166**	**93**	**73**	**170**	**92**	**78**
清源镇	36	21	15	32	20	12
徐沟镇	28	16	12	21	11	10
东于镇	10	5	5	14	8	6
孟封镇	13	6	7	24	11	13
马峪乡	11	10	1	13	6	7
柳杜乡	25	11	14	15	11	4
西谷乡	9	3	6	12	6	6
王答乡	19	15	4	19	9	10
集义乡	15	6	9	20	10	10
阳曲县	**64**	**42**	**22**	**66**	**43**	**23**
黄寨镇	6	4	2	5	4	1
大盂镇	7	5	2	8	6	2
东黄水镇	9	8	1	9	5	4
泥屯镇	11	6	5	9	7	2
高村乡	5	2	3	8	5	3
侯村乡	6	5	1	3	1	2
凌井店乡	4	2	2	4	3	1
西凌井乡	3	2	1	4		4
北小店乡	1	1		4	3	1
杨兴乡	3	2	1	4	3	1
中心镇	9	5	4	8	6	2
娄烦县	**34**	**24**	**10**	**46**	**31**	**15**
娄烦镇	7	3	4	7	6	1
静游镇	7	6	1	7	4	3
杜交曲镇	4	3	1	7	5	2
庙湾乡	1	1		5	2	3
马家庄乡	9	6	3	7	4	3
盖家庄乡	1		1	1	1	
米峪镇乡	3	3		3	2	1
天池店乡	2	2		9	7	2
古交市	**63**	**35**	**28**	**43**	**24**	**19**
东曲街道	6	4	2	4	2	2
西曲街道				1		1
桃园街道	5	2	3	8	4	4
屯兰街道	2	1	1	1	1	
河口镇	8	3	5	5	2	3
镇城底镇	2	1	1	1		1
马兰镇	5	4	1	3	3	
阁上乡	4	2	2			
加乐泉乡	7	3	4	7	5	2
梭峪乡	7	4	3	6	3	3
岔口乡	3	1	2	1		1
常安乡	4	2	2			
原相乡	5	4	1	5	3	2
邢家社乡	5	4	1	1	1	

1-11 续表 6 单位：人

地区	2020年2月			2020年3月			2020年4月		
	小计	男	女	小计	男	女	小计	男	女
太原市	**1447**	**859**	**588**	**1533**	**889**	**644**	**1508**	**885**	**623**
小店区	**191**	**114**	**77**	**197**	**121**	**76**	**232**	**140**	**92**
坞城街道	30	13	17	24	16	8	31	21	10
营盘街道	35	23	12	35	20	15	40	21	19
北营街道	16	9	7	21	10	11	19	14	5
平阳路街道	18	14	4	27	15	12	34	21	13
黄陵街道	11	6	5	10	8	2	13	9	4
小店街道	26	19	7	32	22	10	27	17	10
龙城街道	8	3	5	6	4	2	8	5	3
唐槐园区街道	1		1	4	2	2	2	1	1
学府园区街道							2	1	1
北格镇	18	10	8	18	12	6	20	7	13
西温庄乡	8	4	4	13	7	6	10	7	3
刘家堡乡	20	13	7	7	5	2	26	16	10
迎泽区	**185**	**118**	**67**	**188**	**103**	**85**	**189**	**110**	**79**
柳巷街道	17	9	8	14	8	6	14	6	8
文庙街道	29	16	13	26	13	13	29	19	10
庙前街道	22	13	9	29	16	13	38	19	19
迎泽街道	35	26	9	44	21	23	47	31	16
桥东街道	28	20	8	21	14	7	22	13	9
老军营街道	24	14	10	36	22	14	25	16	9
郝庄镇	30	20	10	18	9	9	14	6	8
杏花岭区	**210**	**120**	**90**	**270**	**154**	**116**	**242**	**141**	**101**
巨轮街道	31	18	13	45	25	20	45	23	22
三桥街道	36	16	20	23	14	9	32	27	5
鼓楼街道	11	7	4	18	10	8	6	2	4
杏花岭街道	7	5	2	6	4	2	13	9	4
坝陵桥街道	12	8	4	21	11	10	15	7	8
大东关街道	19	10	9	15	6	9	20	10	10
职工新街街道	12	5	7	26	21	5	17	6	11
敦化坊街道	36	20	16	49	24	25	50	29	21
涧河街道	19	13	6	34	17	17	23	16	7
杨家峪街道	7	4	3	11	9	2	10	7	3
中涧河乡	12	9	3	19	11	8	7	4	3
小返乡	8	5	3	3	2	1	4	1	3

1-11　续表 7　　　　单位：人

地　区	2020年2月			2020年3月			2020年4月		
	小计	男	女	小计	男	女	小计	男	女
尖草坪区	**167**	**92**	**75**	**176**	**111**	**65**	**164**	**96**	**68**
尖草坪街道	13	7	6	8	6	2	10	8	2
光社街道	18	9	9	9	7	2	3	1	2
上兰街道	9	2	7	7	5	2	8	5	3
南寨街道	27	16	11	34	23	11	27	15	12
迎新街道	16	11	5	19	11	8	13	10	3
古城街道	11	7	4	12	6	6	11	5	6
汇丰街道	29	13	16	36	22	14	36	21	15
柴村街道	7	5	2	5	3	2	12	6	6
新城街道	6	4	2	13	8	5	7	5	2
向阳镇	10	8	2	9	5	4	12	7	5
阳曲镇	10	4	6	12	9	3	11	5	6
马头水乡	3		3	1		1	4	4	
柏板乡	3	2	1	6	3	3	3	1	2
西墕乡	5	4	1	5	3	2	7	3	4
太原中北高新技术产业开发区									
万柏林区	**235**	**141**	**94**	**242**	**136**	**106**	**247**	**140**	**107**
千峰街道	13	3	10	9	6	3	7	2	5
下元街道	25	14	11	26	17	9	17	8	9
和平街道	25	18	7	22	12	10	27	21	6
兴华街道	15	9	6	26	16	10	26	16	10
万柏林街道	21	15	6	22	11	11	21	11	10
杜儿坪街道	13	7	6	16	10	6	10	7	3
白家庄街道	8	6	2	10	8	2	15	12	3
南寒街道	35	21	14	29	12	17	32	17	15
东社街道	10	5	5	8	4	4	9	4	5
化客头街道	6	3	3	10	5	5	9	4	5
小井峪街道	26	12	14	27	18	9	24	12	12
西铭街道	10	8	2	11	4	7	14	8	6
长风西街街道	16	10	6	16	9	7	16	11	5
神堂沟街道	11	9	2	7	3	4	13	3	10
王封乡	1	1		3	1	2	7	4	3
晋源区	**86**	**50**	**36**	**99**	**63**	**36**	**87**	**53**	**34**
义井街道	20	11	9	17	13	4	17	9	8
罗城街道	5	3	2	7	4	3	14	7	7
晋源街道	16	8	8	26	15	11	20	13	7
金胜镇	17	10	7	18	11	7	7	4	3
晋祠镇	15	10	5	16	11	5	13	11	2
姚村镇	13	8	5	15	9	6	16	9	7

1-11 续表 8

单位：人

地区	2020年2月			2020年3月			2020年4月		
	小计	男	女	小计	男	女	小计	男	女
清徐县	**166**	**98**	**68**	**162**	**88**	**74**	**158**	**94**	**64**
清源镇	38	20	18	36	17	19	37	27	10
徐沟镇	29	20	9	29	16	13	22	14	8
东于镇	12	6	6	13	7	6	12	6	6
孟封镇	15	9	6	12	11	1	24	12	12
马峪乡	8	7	1	12	6	6	8	5	3
柳杜乡	12	7	5	14	6	8	14	8	6
西谷乡	11	5	6	10	3	7	9	7	2
王答乡	29	18	11	17	12	5	11	8	3
集义乡	12	6	6	19	10	9	21	7	14
阳曲县	**93**	**64**	**29**	**68**	**34**	**34**	**87**	**49**	**38**
黄寨镇	8	6	2	7	5	2	5	4	1
大盂镇	9	7	2	7	1	6	4	1	3
东黄水镇	8	5	3	8	4	4	13	8	5
泥屯镇	16	7	9	10	6	4	16	10	6
高村乡	13	10	3	6	2	4	11	6	5
侯村乡	12	7	5	6	4	2	10	4	6
凌井店乡	6	5	1	8	5	3	8	4	4
西凌井乡	3	3		1	1		1		1
北小店乡	6	5	1	3	2	1	2	2	
杨兴乡	4	4		5	2	3	5	3	2
中心镇	8	5	3	7	2	5	12	7	5
娄烦县	**62**	**37**	**25**	**63**	**36**	**27**	**41**	**22**	**19**
娄烦镇	11	7	4	13	9	4	10	5	5
静游镇	16	8	8	15	7	8	8	4	4
杜交曲镇	9	6	3	5	3	2	5	2	3
庙湾乡	4	2	2	8	4	4	2	2	
马家庄乡	6	4	2	9	4	5	7	4	3
盖家庄乡	7	5	2	2	2				
米峪镇乡	2	1	1	8	5	3	3	2	1
天池店乡	7	4	3	3	2	1	6	3	3
古交市	**52**	**25**	**27**	**68**	**43**	**25**	**61**	**40**	**21**
东曲街道	8	3	5	9	3	6	7	5	2
西曲街道	2	1	1	3	2	1	1	1	
桃园街道	6	3	3	13	12	1	6	4	2
屯兰街道	1	1		2	1	1	7	6	1
河口镇	4	3	1	6	3	3	10	7	3
镇城底镇	3		3	3	2	1	5	3	2
马兰镇	2	1	1	2	1	1	1	1	
阁上乡				1	1				
加乐泉乡	3	1	2	7	5	2	3	2	1
梭峪乡	6	4	2	7	3	4	10	6	4
岔口乡	8	4	4	8	5	3	3	2	1
常安乡	2	2		2	1	1	5	2	3
原相乡	1		1	5	4	1	2	1	1
邢家社乡	6	2	4				1		1

1-11　续表 9　　　　单位：人

地　区	2020年5月			2020年6月			2020年7月		
	小计	男	女	小计	男	女	小计	男	女
太原市	**1573**	**881**	**692**	**1419**	**784**	**635**	**1437**	**792**	**645**
小店区	**224**	**132**	**92**	**199**	**106**	**93**	**192**	**110**	**82**
坞城街道	31	22	9	29	14	15	20	10	10
营盘街道	42	23	19	29	18	11	32	20	12
北营街道	21	13	8	17	8	9	16	9	7
平阳路街道	27	18	9	28	12	16	24	14	10
黄陵街道	12	6	6	8	6	2	16	10	6
小店街道	19	13	6	17	11	6	24	13	11
龙城街道	12	6	6	12	4	8	8	5	3
唐槐园区街道	5	3	2	5	4	1	2	1	1
学府园区街道				1	1		1	1	
北格镇	26	18	8	17	12	5	17	8	9
西温庄乡	8	4	4	15	6	9	13	10	3
刘家堡乡	21	6	15	21	10	11	19	9	10
迎泽区	**190**	**92**	**98**	**152**	**77**	**75**	**159**	**89**	**70**
柳巷街道	16	6	10	13	7	6	10	6	4
文庙街道	38	15	23	17	9	8	22	16	6
庙前街道	21	11	10	17	11	6	19	6	13
迎泽街道	39	22	17	30	13	17	32	20	12
桥东街道	26	13	13	31	16	15	39	18	21
老军营街道	25	13	12	23	9	14	21	12	9
郝庄镇	25	12	13	21	12	9	16	11	5
杏花岭区	**234**	**123**	**111**	**228**	**132**	**96**	**246**	**133**	**113**
巨轮街道	36	19	17	32	19	13	50	25	25
三桥街道	35	13	22	27	16	11	29	16	13
鼓楼街道	12	8	4	9	4	5	10	8	2
杏花岭街道	18	5	13	15	7	8	20	10	10
坝陵桥街道	9	6	3	14	1	13	11	5	6
大东关街道	13	7	6	17	8	9	20	8	12
职工新街街道	19	9	10	23	13	10	21	11	10
敦化坊街道	38	27	11	39	26	13	28	17	11
涧河街道	31	17	14	27	19	8	35	21	14
杨家峪街道	12	7	5	11	7	4	9	5	4
中涧河乡	7	3	4	8	7	1	9	5	4
小返乡	4	2	2	6	5	1	4	2	2

1-11 续表 10

单位：人

地 区	2020年5月			2020年6月			2020年7月		
	小计	男	女	小计	男	女	小计	男	女
尖草坪区	**188**	**113**	**75**	**167**	**92**	**75**	**178**	**110**	**68**
尖草坪街道	12	9	3	13	7	6	22	11	11
光社街道	11	9	2	12	6	6	12	8	4
上兰街道	15	6	9	11	6	5	9	7	2
南寨街道	31	21	10	37	26	11	39	25	14
迎新街道	18	6	12	9	6	3	16	6	10
古城街道	14	8	6	14	6	8	16	12	4
汇丰街道	28	18	10	22	12	10	19	12	7
柴村街道	20	13	7	16	9	7	10	8	2
新城街道	7	2	5	4	2	2	3	2	1
向阳镇	10	8	2	7	4	3	10	5	5
阳曲镇	7	5	2	10	3	7	12	7	5
马头水乡	1		1	2		2	2	1	1
柏板乡	11	7	4	6	4	2	5	4	1
西墕乡	3	1	2	4	1	3	3	2	1
太原中北高新技术产业开发区									
万柏林区	**274**	**164**	**110**	**245**	**146**	**99**	**257**	**136**	**121**
千峰街道	11	5	6	14	8	6	14	9	5
下元街道	31	15	16	24	14	10	19	7	12
和平街道	33	20	13	34	18	16	37	22	15
兴华街道	19	12	7	12	8	4	25	13	12
万柏林街道	25	14	11	17	9	8	12	6	6
杜儿坪街道	19	15	4	20	14	6	18	10	8
白家庄街道	13	10	3	14	7	7	13	8	5
南寒街道	44	28	16	31	17	14	33	20	13
东社街道	12	8	4	12	4	8	6	5	1
化客头街道	7	6	1	3	3		7	3	4
小井峪街道	18	9	9	21	17	4	22	9	13
西铭街道	6	3	3	9	6	3	16	6	10
长风西街街道	22	11	11	17	12	5	17	10	7
神堂沟街道	8	4	4	17	9	8	13	7	6
王封乡	6	4	2				5	1	4
晋源区	**84**	**45**	**39**	**73**	**32**	**41**	**74**	**37**	**37**
义井街道	20	9	11	29	16	13	20	7	13
罗城街道	4	3	1	7	3	4	10	6	4
晋源街道	15	7	8	12	4	8	16	8	8
金胜镇	20	12	8	13	5	8	5	4	1
晋祠镇	13	6	7	5	3	2	16	10	6
姚村镇	12	8	4	7	1	6	7	2	5

1-11　续表 11　　　　单位：人

地　区	2020年5月			2020年6月			2020年7月		
	小计	男	女	小计	男	女	小计	男	女
清徐县	**155**	**88**	**67**	**143**	**79**	**64**	**141**	**73**	**68**
清源镇	36	17	19	42	23	19	29	15	14
徐沟镇	26	12	14	18	12	6	17	8	9
东于镇	14	11	3	10	5	5	12	5	7
孟封镇	20	13	7	24	11	13	17	9	8
马峪乡	11	8	3	5	2	3	11	6	5
柳杜乡	9	5	4	9	3	6	10	4	6
西谷乡	10	6	4	9	6	3	15	7	8
王答乡	15	10	5	8	4	4	17	10	7
集义乡	14	6	8	18	13	5	13	9	4
阳曲县	**98**	**57**	**41**	**87**	**56**	**31**	**79**	**48**	**31**
黄寨镇	14	7	7	8	6	2	16	11	5
大盂镇	9	4	5	11	6	5	5	2	3
东黄水镇	11	8	3	12	7	5	5	4	1
泥屯镇	15	9	6	11	7	4	15	10	5
高村乡	7	4	3	13	8	5	6	2	4
侯村乡	8	4	4	6	5	1	5	5	
凌井店乡	6	2	4	5	3	2	6	1	5
西凌井乡	2	2		5	4	1	3	1	2
北小店乡	5	3	2	1		1	2	2	
杨兴乡	4	4		4	3	1	4	3	1
中心镇	17	10	7	11	7	4	12	7	5
娄烦县	**59**	**25**	**34**	**50**	**31**	**19**	**50**	**27**	**23**
娄烦镇	16	4	12	10	5	5	11	4	7
静游镇	12	3	9	11	7	4	15	8	7
杜交曲镇	6	5	1	2	1	1	5	1	4
庙湾乡	4	3	1	4	1	3	3	2	1
马家庄乡	9	4	5	10	10		7	7	
盖家庄乡	5	4	1	3	2	1	2		2
米峪镇乡	2	1	1	6	4	2	3	2	1
天池店乡	5	1	4	4	1	3	4	3	1
古交市	**67**	**42**	**25**	**75**	**33**	**42**	**61**	**29**	**32**
东曲街道	5	3	2	7		7	6	6	
西曲街道	4	1	3	5	4	1	2	1	1
桃园街道	9	6	3	6	3	3	4	3	1
屯兰街道	1	1		6	1	5	1	1	
河口镇	7	2	5	8	2	6	5	2	3
镇城底镇	4	2	2	4	3	1	7	3	4
马兰镇	3	3		4	2	2	7	3	4
阁上乡	2	2							
加乐泉乡	4	1	3	2	2		6	2	4
梭峪乡	7	7		9	4	5	7	2	5
岔口乡	11	8	3	5	3	2	3		3
常安乡	6	3	3	6	2	4	4	3	1
原相乡				10	5	5	4	1	3
邢家社乡	4	3	1	3	2	1	5	2	3

1-11 续表 12 单位：人

地区	2020年8月			2020年9月			2020年10月		
	小计	男	女	小计	男	女	小计	男	女
太原市	**1492**	**873**	**619**	**1506**	**861**	**645**	**1841**	**1067**	**774**
小店区	**190**	**109**	**81**	**193**	**112**	**81**	**242**	**135**	**107**
坞城街道	32	18	14	35	20	15	33	20	13
营盘街道	48	31	17	36	15	21	46	26	20
北营街道	15	8	7	17	11	6	33	21	12
平阳路街道	24	15	9	22	10	12	30	17	13
黄陵街道	2	2		7	4	3	21	13	8
小店街道	18	10	8	20	10	10	23	17	6
龙城街道	10	3	7	13	9	4	4	2	2
唐槐园区街道	6	1	5	4	4		1		1
学府园区街道	1	1					1		1
北格镇	12	9	3	17	13	4	23	10	13
西温庄乡	8	6	2	7	4	3	9	3	6
刘家堡乡	14	5	9	15	12	3	18	6	12
迎泽区	**182**	**106**	**76**	**194**	**109**	**85**	**171**	**82**	**89**
柳巷街道	23	13	10	16	10	6	12	8	4
文庙街道	21	13	8	21	12	9	21	10	11
庙前街道	27	8	19	27	10	17	33	15	18
迎泽街道	30	20	10	44	27	17	41	15	26
桥东街道	30	21	9	27	14	13	18	10	8
老军营街道	28	14	14	36	24	12	26	15	11
郝庄镇	23	17	6	23	12	11	20	9	11
杏花岭区	**246**	**148**	**98**	**250**	**130**	**120**	**327**	**180**	**147**
巨轮街道	41	21	20	29	16	13	42	24	18
三桥街道	22	13	9	32	15	17	42	21	21
鼓楼街道	15	11	4	10	6	4	17	8	9
杏花岭街道	13	11	2	18	12	6	18	11	7
坝陵桥街道	23	17	6	21	13	8	19	10	9
大东关街道	24	15	9	14	9	5	28	20	8
职工新街街道	21	13	8	21	13	8	36	20	16
敦化坊街道	29	15	14	53	21	32	55	31	24
涧河街道	28	12	16	22	12	10	36	18	18
杨家峪街道	16	12	4	12	4	8	14	7	7
中涧河乡	10	5	5	10	5	5	14	9	5
小返乡	4	3	1	8	4	4	6	1	5

1-11 续表 13 单位：人

地 区	2020年8月			2020年9月			2020年10月		
	小计	男	女	小计	男	女	小计	男	女
尖草坪区	**179**	**102**	**77**	**171**	**104**	**67**	**265**	**163**	**102**
尖草坪街道	14	7	7	17	8	9	18	11	7
光社街道	14	9	5	10	8	2	14	13	1
上兰街道	13	7	6	10	3	7	4	1	3
南寨街道	25	18	7	30	19	11	36	24	12
迎新街道	16	9	7	16	8	8	17	11	6
古城街道	17	9	8	22	17	5	35	18	17
汇丰街道	18	9	9	18	8	10	33	20	13
柴村街道	22	12	10	13	7	6	29	18	11
新城街道	8	6	2	7	6	1	17	9	8
向阳镇	14	6	8	6	4	2	25	15	10
阳曲镇	10	4	6	14	10	4	14	9	5
马头水乡	1	1		2	2		5	2	3
柏板乡	5	3	2	4	2	2	12	6	6
西墕乡	2	2		2	2		6	6	
太原中北高新技术产业开发区									
万柏林区	**244**	**155**	**89**	**266**	**155**	**111**	**285**	**168**	**117**
千峰街道	17	12	5	16	11	5	20	12	8
下元街道	27	18	9	30	10	20	20	12	8
和平街道	29	13	16	27	17	10	41	24	17
兴华街道	9	4	5	20	10	10	15	9	6
万柏林街道	15	10	5	23	13	10	18	10	8
杜儿坪街道	22	16	6	12	9	3	21	16	5
白家庄街道	12	7	5	7	4	3	15	5	10
南寒街道	20	13	7	31	17	14	38	20	18
东社街道	9	7	2	9	5	4	4	3	1
化客头街道	7	7		5	3	2	5	3	2
小井峪街道	23	12	11	16	11	5	31	20	11
西铭街道	13	10	3	21	12	9	13	9	4
长风西街街道	21	11	10	29	20	9	21	11	10
神堂沟街道	16	13	3	17	12	5	20	12	8
王封乡	4	2	2	3	1	2	3	2	1
晋源区	**82**	**45**	**37**	**80**	**49**	**31**	**105**	**64**	**41**
义井街道	17	8	9	16	12	4	20	13	7
罗城街道	7	4	3	10	5	5	17	10	7
晋源街道	16	10	6	14	8	6	20	14	6
金胜镇	14	9	5	8	6	2	21	13	8
晋祠镇	18	9	9	18	9	9	20	11	9
姚村镇	10	5	5	14	9	5	7	3	4

1-11 续表 14　　　　单位：人

地　　区	2020年8月			2020年9月			2020年10月		
	小计	男	女	小计	男	女	小计	男	女
清徐县	**164**	**87**	**77**	**146**	**88**	**58**	**195**	**114**	**81**
清源镇	46	23	23	35	21	14	58	35	23
徐沟镇	22	9	13	12	7	5	23	16	7
东于镇	10	6	4	10	5	5	11	5	6
孟封镇	20	12	8	21	11	10	25	14	11
马峪乡	11	6	5	11	6	5	13	9	4
柳杜乡	11	6	5	9	6	3	6	3	3
西谷乡	10	5	5	8	4	4	22	12	10
王答乡	15	8	7	18	12	6	21	12	9
集义乡	19	12	7	22	16	6	16	8	8
阳曲县	**90**	**55**	**35**	**82**	**42**	**40**	**104**	**69**	**35**
黄寨镇	7	4	3	10	6	4	20	13	7
大盂镇	3	2	1	7	5	2	14	9	5
东黄水镇	11	4	7	11	3	8	5	2	3
泥屯镇	15	12	3	15	6	9	20	16	4
高村乡	9	5	4	5	4	1	5	3	2
侯村乡	18	11	7	9	5	4	15	13	2
凌井店乡	8	3	5	4	2	2	4	2	2
西凌井乡	2	2		5	2	3	2	1	1
北小店乡	2	1	1				2	1	1
杨兴乡	2		2	4	2	2	6	3	3
中心镇	13	11	2	12	7	5	11	6	5
娄烦县	**59**	**31**	**28**	**57**	**35**	**22**	**72**	**45**	**27**
娄烦镇	13	5	8	11	7	4	17	12	5
静游镇	13	8	5	12	10	2	13	10	3
杜交曲镇	6	3	3	4	2	2	2	2	
庙湾乡	3	1	2	9	5	4	2	1	1
马家庄乡	6	5	1	7	3	4	10	4	6
盖家庄乡	2	2		1	1		7	5	2
米峪镇乡	4	3	1	4	2	2	7	5	2
天池店乡	12	4	8	9	5	4	14	6	8
古交市	**56**	**35**	**21**	**67**	**37**	**30**	**75**	**47**	**28**
东曲街道	2	1	1	10	8	2	6	4	2
西曲街道	5	3	2	4	4		3	2	1
桃园街道	11	7	4	6	1	5	9	7	2
屯兰街道	1	1		3	2	1	4	3	1
河口镇	8	4	4	13	9	4	3	3	
镇城底镇	4	3	1	4	1	3	6	3	3
马兰镇	4	4		7	1	6	5	3	2
阁上乡									
加乐泉乡	2	1	1	2	1	1	6	4	2
梭峪乡	4	2	2	3	1	2	10	8	2
岔口乡	4	2	2	1	1		6	1	5
常安乡	6	4	2	7	5	2	8	3	5
原相乡				3	2	1	4	3	1
邢家社乡	5	3	2	4	1	3	5	3	2

1-11a 各地区分性别、月份的死亡人口(2019.11.1-2020.10.31)(城市)

单位：人

地区	死亡人口			2019年11月		
	合计	男	女	小计	男	女
太原市	**12480**	**7220**	**5260**	**931**	**540**	**391**
小店区	1807	1087	720	150	94	56
迎泽区	2120	1171	949	179	97	82
杏花岭区	2782	1556	1226	193	113	80
尖草坪区	1921	1147	774	144	85	59
万柏林区	2889	1704	1185	200	115	85
晋源区	726	416	310	53	31	22
清徐县						
阳曲县						
娄烦县						
古交市	235	139	96	12	5	7

1-11a 续表 1

单位：人

地区	2019年12月			2020年1月		
	小计	男	女	小计	男	女
太原市	**1006**	**608**	**398**	**1006**	**580**	**426**
小店区	140	91	49	136	86	50
迎泽区	177	113	64	190	99	91
杏花岭区	249	140	109	214	115	99
尖草坪区	160	100	60	130	74	56
万柏林区	210	126	84	267	169	98
晋源区	58	32	26	55	29	26
清徐县						
阳曲县						
娄烦县						
古交市	12	6	6	14	8	6

1-11a 续表 2

单位：人

地区	2020年2月			2020年3月			2020年4月		
	小计	男	女	小计	男	女	小计	男	女
太原市	**962**	**573**	**389**	**1082**	**637**	**445**	**1047**	**621**	**426**
小店区	137	85	52	154	95	59	171	107	64
迎泽区	177	112	65	183	100	83	187	109	78
杏花岭区	193	108	85	252	143	109	234	138	96
尖草坪区	148	84	64	162	103	59	142	84	58
万柏林区	228	137	91	230	130	100	231	132	99
晋源区	64	39	25	73	48	25	58	35	23
清徐县									
阳曲县									
娄烦县									
古交市	15	8	7	28	18	10	24	16	8

1-11a 续表 3

单位：人

地 区	2020年5月			2020年6月			2020年7月		
	小计	男	女	小计	男	女	小计	男	女
太原市	**1079**	**606**	**473**	**981**	**532**	**449**	**1013**	**571**	**442**
小店区	161	97	64	140	74	66	142	83	59
迎泽区	187	90	97	148	75	73	156	86	70
杏花岭区	223	118	105	215	120	95	236	129	107
尖草坪区	167	102	65	149	85	64	164	101	63
万柏林区	261	154	107	244	145	99	247	133	114
晋源区	62	32	30	60	26	34	54	28	26
清徐县									
阳曲县									
娄烦县									
古交市	18	13	5	25	7	18	14	11	3

1-11a 续表 4

单位：人

地 区	2020年8月			2020年9月			2020年10月		
	小计	男	女	小计	男	女	小计	男	女
太原市	**1033**	**611**	**422**	**1061**	**599**	**462**	**1279**	**742**	**537**
小店区	147	86	61	142	75	67	187	114	73
迎泽区	175	100	75	194	109	85	167	81	86
杏花岭区	233	140	93	232	122	110	308	170	138
尖草坪区	165	93	72	156	93	63	234	143	91
万柏林区	233	146	87	260	153	107	278	164	114
晋源区	59	34	25	50	31	19	80	51	29
清徐县									
阳曲县									
娄烦县									
古交市	21	12	9	27	16	11	25	19	6

1-11b 各地区分性别、月份的死亡人口
(2019.11.1-2020.10.31)(镇)

单位：人

地 区	死亡人口			2019年11月		
	合计	男	女	小计	男	女
太原市	**1583**	**905**	**678**	**107**	**56**	**51**
小店区	293	157	136	26	10	16
迎泽区						
杏花岭区						
尖草坪区	5	2	3			
万柏林区	51	38	13	8	4	4
晋源区	85	45	40	7	4	3
清徐县	744	426	318	47	25	22
阳曲县	245	148	97	10	7	3
娄烦县	111	63	48	6	3	3
古交市	49	26	23	3	3	

1－11b　续表 1　　单位：人

地　区	2019年12月			2020年1月		
	小计	男	女	小计	男	女
太原市	**124**	**75**	**49**	**131**	**80**	**51**
小店区	24	10	14	26	16	10
迎泽区						
杏花岭区						
尖草坪区				1	1	
万柏林区	4	4		5	5	
晋源区	8	6	2	11	8	3
清徐县	60	39	21	60	33	27
阳曲县	15	9	6	17	9	8
娄烦县	8	4	4	8	5	3
古交市	5	3	2	3	3	

1－11b　续表 2　　单位：人

地　区	2020年2月			2020年3月			2020年4月		
	小计	男	女	小计	男	女	小计	男	女
太原市	**139**	**75**	**64**	**137**	**73**	**64**	**140**	**82**	**58**
小店区	19	10	9	26	15	11	28	15	13
迎泽区									
杏花岭区									
尖草坪区	1		1						
万柏林区	4	2	2	6	5	1	4	2	2
晋源区	10	6	4	9	4	5	12	6	6
清徐县	61	33	28	69	35	34	58	37	21
阳曲县	27	16	11	14	5	9	27	17	10
娄烦县	14	7	7	10	7	3	8	4	4
古交市	3	1	2	3	2	1	3	1	2

1－11b　续表 3　　单位：人

地　区	2020年5月			2020年6月			2020年7月		
	小计	男	女	小计	男	女	小计	男	女
太原市	**143**	**83**	**60**	**131**	**79**	**52**	**118**	**58**	**60**
小店区	28	19	9	29	18	11	25	12	13
迎泽区									
杏花岭区									
尖草坪区							1		1
万柏林区	6	6		1	1		4	1	3
晋源区	6	2	4	3	1	2	2		2
清徐县	59	32	27	64	38	26	52	28	24
阳曲县	28	17	11	21	15	6	19	12	7
娄烦县	11	4	7	9	4	5	7	3	4
古交市	5	3	2	4	2	2	8	2	6

1-11b 续表 4

单位：人

地 区	2020年8月			2020年9月			2020年10月		
	小计	男	女	小计	男	女	小计	男	女
太原市	**136**	**79**	**57**	**118**	**71**	**47**	**159**	**94**	**65**
小店区	19	11	8	19	13	6	24	8	16
迎泽区									
杏花岭区									
尖草坪区				1		1	1	1	
万柏林区	6	6		2	1	1	1	1	
晋源区	5	1	4	9	6	3	3	1	2
清徐县	70	36	34	55	35	20	89	55	34
阳曲县	23	17	6	19	9	10	25	15	10
娄烦县	9	5	4	9	7	2	12	10	2
古交市	4	3	1	4		4	4	3	1

1-11c 各地区分性别、月份的死亡人口 (2019.11.1-2020.10.31)(乡村)

单位：人

地 区	死亡人口			2019年11月		
	合计	男	女	小计	男	女
太原市	**3876**	**2227**	**1649**	**268**	**165**	**103**
小店区	353	194	159	22	13	9
迎泽区	46	30	16	3	1	2
杏花岭区	149	83	66	6	4	2
尖草坪区	198	117	81	12	9	3
万柏林区	64	32	32	8	4	4
晋源区	204	118	86	14	9	5
清徐县	1145	633	512	76	40	36
阳曲县	733	452	281	50	34	16
娄烦县	530	314	216	42	30	12
古交市	454	254	200	35	21	14

1-11c 续表 1

单位：人

地 区	2019年12月			2020年1月		
	小计	男	女	小计	男	女
太原市	**299**	**173**	**126**	**311**	**184**	**127**
小店区	33	19	14	36	20	16
迎泽区	3	2	1	4	3	1
杏花岭区	7	1	6	9	5	4
尖草坪区	11	7	4	11	7	4
万柏林区	3	2	1	4	4	
晋源区	15	9	6	24	13	11
清徐县	106	54	52	110	59	51
阳曲县	49	33	16	49	34	15
娄烦县	26	20	6	38	26	12
古交市	46	26	20	26	13	13

1-11c 续表 2 单位：人

地区	2020年2月			2020年3月			2020年4月		
	小计	男	女	小计	男	女	小计	男	女
太原市	**346**	**211**	**135**	**314**	**179**	**135**	**321**	**182**	**139**
小店区	35	19	16	17	11	6	33	18	15
迎泽区	8	6	2	5	3	2	2	1	1
杏花岭区	17	12	5	18	11	7	8	3	5
尖草坪区	18	8	10	14	8	6	22	12	10
万柏林区	3	2	1	6	1	5	12	6	6
晋源区	12	5	7	17	11	6	17	12	5
清徐县	105	65	40	93	53	40	100	57	43
阳曲县	66	48	18	54	29	25	60	32	28
娄烦县	48	30	18	53	29	24	33	18	15
古交市	34	16	18	37	23	14	34	23	11

1-11c 续表 3 单位：人

地区	2020年5月			2020年6月			2020年7月		
	小计	男	女	小计	男	女	小计	男	女
太原市	**351**	**192**	**159**	**307**	**173**	**134**	**306**	**163**	**143**
小店区	35	16	19	30	14	16	25	15	10
迎泽区	3	2	1	4	2	2	3	3	
杏花岭区	11	5	6	13	12	1	10	4	6
尖草坪区	21	11	10	18	7	11	13	9	4
万柏林区	7	4	3				6	2	4
晋源区	16	11	5	10	5	5	18	9	9
清徐县	96	56	40	79	41	38	89	45	44
阳曲县	70	40	30	66	41	25	60	36	24
娄烦县	48	21	27	41	27	14	43	24	19
古交市	44	26	18	46	24	22	39	16	23

1-11c 续表 4 单位：人

地区	2020年8月			2020年9月			2020年10月		
	小计	男	女	小计	男	女	小计	男	女
太原市	**323**	**183**	**140**	**327**	**191**	**136**	**403**	**231**	**172**
小店区	24	12	12	32	24	8	31	13	18
迎泽区	7	6	1				4	1	3
杏花岭区	13	8	5	18	8	10	19	10	9
尖草坪区	14	9	5	14	11	3	30	19	11
万柏林区	5	3	2	4	1	3	6	3	3
晋源区	18	10	8	21	12	9	22	12	10
清徐县	94	51	43	91	53	38	106	59	47
阳曲县	67	38	29	63	33	30	79	54	25
娄烦县	50	26	24	48	28	20	60	35	25
古交市	31	20	11	36	21	15	46	25	21

1-12 各地区家庭户的住房间数和面积

地　　区	家庭户户　数（户）	家庭户人　数（人）	平均每户住房建筑面积（平方米/户）	平均每户住房间数（间/户）	人均住房建筑面积（平方米/人）	人　　均住房间数（间/人）
太原市	**1768114**	**4362957**	**88.20**	**2.52**	**35.74**	**1.02**
小店区	**405849**	**971268**	**91.49**	**2.42**	**38.23**	**1.01**
坞城街道	45610	114270	103.33	2.65	41.24	1.06
营盘街道	52089	125785	90.43	2.38	37.45	0.99
北营街道	42325	98326	83.47	2.21	35.93	0.95
平阳路街道	55638	123740	99.34	2.46	44.67	1.11
黄陵街道	23165	54637	78.07	2.21	33.10	0.94
小店街道	71323	181333	85.49	2.26	33.63	0.89
龙城街道	47245	107157	102.14	2.43	45.03	1.07
唐槐园区街道	27180	62446	74.86	1.93	32.58	0.84
学府园区街道	5540	12226	142.83	2.8	64.72	1.27
北格镇	15174	38986	99.32	2.97	38.66	1.15
西温庄乡	8912	22237	76.86	2.68	30.8	1.07
刘家堡乡	11648	30125	77.00	3.53	29.77	1.37
迎泽区	**212223**	**506493**	**84.96**	**2.33**	**35.6**	**0.97**
柳巷街道	14220	31853	71.46	1.95	31.90	0.87
文庙街道	23228	57051	71.26	2.27	29.01	0.92
庙前街道	21316	50965	77.89	2.30	32.58	0.96
迎泽街道	33534	80654	86.56	2.38	35.99	0.99
桥东街道	46959	108213	87.60	2.37	38.01	1.03
老军营街道	25614	60497	79.62	2.30	33.71	0.97
郝庄镇	47352	117260	98.04	2.41	39.59	0.97
杏花岭区	**284281**	**693304**	**84.58**	**2.29**	**34.68**	**0.94**
巨轮街道	43344	101979	90.67	2.35	38.54	1.00
三桥街道	28330	66940	80.80	2.26	34.20	0.96
鼓楼街道	12339	29060	74.95	2.16	31.83	0.92
杏花岭街道	12329	29573	77.39	2.26	32.27	0.94
坝陵桥街道	15849	38061	81.89	2.26	34.10	0.94
大东关街道	27960	68290	90.72	2.29	37.14	0.94
职工新街街道	21299	52236	83.83	2.26	34.18	0.92
敦化坊街道	46334	111143	83.39	2.29	34.76	0.95
涧河街道	22151	53794	72.40	2.13	29.81	0.88
杨家峪街道	36705	93593	89.34	2.32	35.04	0.91
中涧河乡	14119	39906	93.13	2.47	32.95	0.88
小返乡	3522	8729	75.47	2.48	30.45	1.00

注：本表数据为居住在普通住宅的家庭户。

1-12　续表 1

地　　区	家庭户 户　数 (户)	家庭户 人　数 (人)	平均每户住 房建筑面积 (平方米/户)	平均每户 住房间数 (间/户)	人均住房 建筑面积 (平方米/人)	人　　均 住房间数 (间/人)
尖草坪区	**171768**	**434967**	**89.33**	**2.51**	**35.28**	**0.99**
尖草坪街道	13435	32511	79.32	2.10	32.78	0.87
光社街道	9917	24955	78.78	2.24	31.31	0.89
上兰街道	6351	15645	95.92	2.97	38.94	1.20
南寨街道	22302	53424	75.07	2.29	31.34	0.96
迎新街道	9656	23853	89.41	2.39	36.19	0.97
古城街道	28201	65661	92.90	2.37	39.90	1.02
汇丰街道	32392	82741	86.57	2.32	33.89	0.91
柴村街道	20069	59707	109.47	2.85	36.80	0.96
新城街道	9280	22690	66.00	2.14	26.99	0.87
向阳镇	9179	24510	101.43	3.38	37.99	1.26
阳曲镇	5579	15069	107.31	3.23	39.73	1.19
马头水乡	844	1416	71.54	2.70	42.64	1.61
柏板乡	3055	9458	135.63	4.41	43.81	1.43
西墕乡	1506	3325	74.34	2.48	33.67	1.12
太原中北高新技术产业开发区	2	2	39.00	2.00	39.00	2.00
万柏林区	**323941**	**814601**	**92.87**	**2.43**	**36.93**	**0.97**
千峰街道	14873	36132	92.06	2.45	37.90	1.01
下元街道	27418	66514	93.06	2.41	38.36	0.99
和平街道	33185	83132	86.48	2.38	34.52	0.95
兴华街道	26179	67168	95.87	2.52	37.37	0.98
万柏林街道	20003	51506	88.41	2.47	34.33	0.96
杜儿坪街道	13364	33787	69.57	2.21	27.52	0.87
白家庄街道	8433	20323	67.61	2.23	28.05	0.92
南寒街道	43411	104051	85.92	2.33	35.85	0.97
东社街道	14203	41235	90.61	2.57	31.21	0.89
化客头街道	1764	3757	56.24	2.19	26.41	1.03
小井峪街道	56081	142740	100.09	2.44	39.32	0.96
西铭街道	13998	37624	79.59	2.28	29.61	0.85
长风西街街道	36885	91098	120.28	2.68	48.70	1.08
神堂沟街道	13776	35030	88.55	2.32	34.82	0.91
王封乡	368	504	44.94	1.80	32.81	1.31
晋源区	**95310**	**259291**	**99.50**	**3.00**	**36.57**	**1.10**
义井街道	35766	92481	96.82	2.41	37.44	0.93
罗城街道	6286	16117	86.03	2.72	33.55	1.06
晋源街道	17256	50836	109.15	3.59	37.05	1.22
金胜镇	14805	39030	107.20	2.55	40.66	0.97
晋祠镇	13712	39002	100.66	3.83	35.39	1.35
姚村镇	7485	21825	84.02	4.06	28.81	1.39

1-12 续表 2

地　　区	家庭户户　数（户）	家庭户人　数（人）	平均每户住房建筑面积（平方米/户）	平均每户住房间数（间/户）	人均住房建筑面积（平方米/人）	人　　均住房间数（间/人）
清徐县	**116235**	**299998**	**83.81**	**3.74**	**32.47**	**1.45**
清源镇	37904	107328	96.85	3.39	34.21	1.20
徐沟镇	17513	44506	88.76	4.27	34.93	1.68
东于镇	9375	24388	73.05	3.78	28.08	1.45
孟封镇	11007	25804	64.93	3.88	27.70	1.66
马峪乡	7416	18189	77.71	3.08	31.69	1.26
柳杜乡	6500	15674	75.77	4.32	31.42	1.79
西谷乡	6504	16429	73.88	3.50	29.25	1.39
王答乡	10630	25045	82.51	3.7	35.02	1.57
集义乡	9386	22635	73.55	4.26	30.5	1.77
阳曲县	**46390**	**111515**	**86.57**	**2.83**	**36.01**	**1.18**
黄寨镇	6175	14746	72.48	2.7	30.35	1.13
大盂镇	3447	6866	74.97	3.08	37.64	1.55
东黄水镇	2998	6571	116.28	3.37	53.05	1.54
泥屯镇	5704	12266	87.40	2.71	40.64	1.26
高村乡	2796	5785	83.96	2.77	40.58	1.34
侯村乡	3552	7331	80.92	3.29	39.21	1.6
凌井店乡	2316	5089	81.15	3.98	36.93	1.81
西凌井乡	258	446	105.99	2.93	61.31	1.69
北小店乡	591	1095	53.55	2.66	28.91	1.44
杨兴乡	1037	1718	59.89	3.18	36.15	1.92
中心镇	17516	49602	93.14	2.51	32.89	0.89
娄烦县	**36346**	**82824**	**66.56**	**2.10**	**29.21**	**0.92**
娄烦镇	18385	47564	76.55	2.31	29.59	0.89
静游镇	4962	9149	55.70	1.87	30.21	1.01
杜交曲镇	1370	2405	62.23	2.07	35.45	1.18
庙湾乡	985	1595	41.93	1.43	25.89	0.88
马家庄乡	4524	9715	63.41	2.09	29.53	0.97
盖家庄乡	1068	2076	49.32	1.85	25.37	0.95
米峪镇乡	2233	4313	54.20	1.77	28.06	0.92
天池店乡	2819	6007	52.57	1.82	24.67	0.85
古交市	**75771**	**188696**	**74.68**	**2.47**	**29.99**	**0.99**
东曲街道	14728	38963	74.84	2.27	28.29	0.86
西曲街道	4967	12927	61.77	2.10	23.73	0.81
桃园街道	22979	63501	86.12	2.49	31.17	0.90
屯兰街道	4731	11684	61.24	2.13	24.80	0.86
河口镇	5169	11932	83.33	2.73	36.10	1.18
镇城底镇	2857	6801	84.04	2.85	35.30	1.20
马兰镇	6137	14094	59.60	2.23	25.95	0.97
阁上乡	302	502	57.72	2.27	34.72	1.36
加乐泉乡	1764	3357	67.24	2.35	35.33	1.24
梭峪乡	5022	10505	71.91	2.34	34.38	1.12
岔口乡	2010	4293	66.32	3.69	31.05	1.73
常安乡	1806	3752	60.17	3.00	28.96	1.45
原相乡	1250	2302	52.68	2.80	28.60	1.52
邢家社乡	2049	4083	68.00	3.49	34.12	1.75

1-12a 各地区家庭户的住房间数和面积(城市)

地　　区	家庭户户　数(户)	家庭户人　数(人)	平均每户住房建筑面积(平方米/户)	平均每户住房间数(间/户)	人均住房建筑面积(平方米/人)	人　　均住房间数(间/人)
太原市	**1421753**	**3503111**	**89.47**	**2.39**	**36.31**	**0.97**
小店区	333635	794073	92.50	2.37	38.86	1.00
迎泽区	208567	497331	85.07	2.33	35.68	0.98
杏花岭区	268479	650623	84.41	2.28	34.83	0.94
尖草坪区	161885	409472	88.36	2.44	34.93	0.96
万柏林区	321843	810383	93.12	2.43	36.98	0.97
晋源区	78437	210117	100.25	2.76	37.42	1.03
清徐县						
阳曲县						
娄烦县						
古交市	48907	131112	77.58	2.34	28.94	0.87

注：本表数据为居住在普通住宅的家庭户。

1-12b 各地区家庭户的住房间数和面积(镇)

地　　区	家庭户户　数(户)	家庭户人　数(人)	平均每户住房建筑面积(平方米/户)	平均每户住房间数(间/户)	人均住房建筑面积(平方米/人)	人　　均住房间数(间/人)
太原市	**139962**	**359453**	**88.51**	**2.71**	**34.46**	**1.06**
小店区	46519	109423	89.13	2.32	37.89	0.99
迎泽区						
杏花岭区						
尖草坪区	579	1058	56.19	2.66	30.75	1.46
万柏林区	1664	3611	55.72	2.18	25.68	1.00
晋源区	3831	11223	79.61	3.83	27.17	1.31
清徐县	43847	119674	95.24	3.28	34.9	1.2
阳曲县	21750	59109	92.93	2.62	34.2	0.96
娄烦县	16043	41815	79.75	2.40	30.60	0.92
古交市	5729	13540	58.41	2.22	24.72	0.94

注：本表数据为居住在普通住宅的家庭户。

1-12c 各地区家庭户的住房间数和面积(乡村)

地　　区	家庭户户　数(户)	家庭户人　数(人)	平均每户住房建筑面积(平方米/户)	平均每户住房间数(间/户)	人均住房建筑面积(平方米/人)	人　　均住房间数(间/人)
太原市	**206399**	**500393**	**79.29**	**3.30**	**32.71**	**1.36**
小店区	25695	67772	82.65	3.17	31.34	1.20
迎泽区	3656	9162	78.33	2.27	31.26	0.91
杏花岭区	15802	42681	87.49	2.46	32.39	0.91
尖草坪区	9304	24437	108.22	3.71	41.20	1.41
万柏林区	434	607	47.68	1.93	34.09	1.38
晋源区	13042	37951	100.87	4.18	34.66	1.44
清徐县	72388	180324	76.89	4.02	30.87	1.61
阳曲县	24640	52406	80.95	3.00	38.06	1.41
娄烦县	20303	41009	56.13	1.86	27.79	0.92
古交市	21135	44044	72.38	2.85	34.73	1.37

注：本表数据为居住在普通住宅的家庭户。

第一部分　全部数据资料

第二卷　民族

2-1　全市各民族人口及比重

单位：人、%

民　族	人口数	男	女	各民族人口占总人口的比重
总　计	**5304061**	**2722001**	**2582060**	**100.00**
汉　族	5268245	2702700	2565545	99.32
蒙古族	3096	1697	1399	0.06
回　族	12968	6564	6404	0.24
藏　族	632	310	322	0.01
维吾尔族	550	332	218	0.01
苗　族	3492	2138	1354	0.07
彝　族	1583	962	621	0.03
壮　族	877	460	417	0.02
布依族	345	185	160	0.01
朝鲜族	451	244	207	0.01
满　族	7713	4087	3626	0.15
侗　族	413	263	150	0.01
瑶　族	188	91	97	
白　族	268	156	112	0.01
土家族	1627	949	678	0.03
哈尼族	94	40	54	
哈萨克族	80	39	41	
傣　族	63	25	38	
黎　族	183	93	90	
傈僳族	49	20	29	
佤　族	38	18	20	
畲　族	87	54	33	
高山族	1	1		
拉祜族	25	8	17	
水　族	47	28	19	
东乡族	34	23	11	
纳西族	28	15	13	
景颇族	14	4	10	
柯尔克孜族	6	3	3	
土　族	63	30	33	
达斡尔族	83	35	48	
仫佬族	22	13	9	
羌　族	128	84	44	
布朗族	4	1	3	
撒拉族	141	68	73	
毛南族	6	3	3	
仡佬族	146	108	38	
锡伯族	108	63	45	
阿昌族	2	1	1	
普米族	3	1	2	
塔吉克族	1	1		
怒　族	2		2	
乌孜别克族	1		1	
俄罗斯族				
鄂温克族	25	19	6	
德昂族	2	1	1	
保安族	1	1		
裕固族	3	1	2	
京　族	2	1	1	
塔塔尔族	1		1	
独龙族				
鄂伦春族	12	6	6	
赫哲族	1		1	
门巴族	2	1	1	
珞巴族				
基诺族				
未定族称人口	100	53	47	
入　籍	5	1	4	

2-1a 全市各民族人口及比重(城市)

单位：人、%

民 族	人口数	男	女	各民族人口占总人口的比重
总 计	**4193632**	**2135851**	**2057781**	**100.00**
汉 族	4160933	2118302	2042631	99.22
蒙古族	2764	1499	1265	0.07
回 族	12410	6275	6135	0.30
藏 族	536	263	273	0.01
维吾尔族	511	310	201	0.01
苗 族	3080	1902	1178	0.07
彝 族	1182	731	451	0.03
壮 族	741	403	338	0.02
布依族	283	146	137	0.01
朝鲜族	429	232	197	0.01
满 族	7208	3797	3411	0.17
侗 族	338	216	122	0.01
瑶 族	167	79	88	
白 族	222	131	91	0.01
土家族	1427	828	599	0.03
哈尼族	76	31	45	
哈萨克族	75	34	41	
傣 族	59	24	35	
黎 族	169	85	84	
傈僳族	35	13	22	
佤 族	28	12	16	
畲 族	74	42	32	
高山族	1	1		
拉祜族	22	7	15	
水 族	36	21	15	
东乡族	30	20	10	
纳西族	26	14	12	
景颇族	11	4	7	
柯尔克孜族	6	3	3	
土 族	61	30	31	
达斡尔族	81	34	47	
仫佬族	19	11	8	
羌 族	97	63	34	
布朗族	3	1	2	
撒拉族	126	61	65	
毛南族	6	3	3	
仡佬族	128	98	30	
锡伯族	103	60	43	
阿昌族				
普米族	3	1	2	
塔吉克族	1	1		
怒 族	2		2	
乌孜别克族	1		1	
俄罗斯族				
鄂温克族	13	8	5	
德昂族				
保安族	1	1		
裕固族	1	1		
京 族	2	1	1	
塔塔尔族	1		1	
独龙族				
鄂伦春族	12	6	6	
赫哲族	1		1	
门巴族	2	1	1	
珞巴族				
基诺族				
未定族称人口	84	44	40	
入 籍	5	1	4	

2-1b　全市各民族人口及比重(镇)

单位：人、%

民　族	人口数	男	女	各民族人口占总人口的比重
总　计	**530025**	**275328**	**254697**	**100.00**
汉　族	528642	274581	254061	99.74
蒙古族	189	105	84	0.04
回　族	280	141	139	0.05
藏　族	29	18	11	0.01
维吾尔族	15	5	10	
苗　族	194	106	88	0.04
彝　族	128	76	52	0.02
壮　族	36	15	21	0.01
布依族	29	15	14	0.01
朝鲜族	13	7	6	
满　族	268	145	123	0.05
侗　族	16	9	7	
瑶　族	8	5	3	
白　族	21	15	6	
土家族	79	46	33	0.01
哈尼族	11	6	5	
哈萨克族	1	1		
傣　族	2		2	
黎　族	5	3	2	
傈僳族	8	4	4	
佤　族	7	5	2	
畲　族	2	2		
高山族				
拉祜族	3	1	2	
水　族	4	1	3	
东乡族	1	1		
纳西族	1	1		
景颇族	2		2	
柯尔克孜族				
土　族				
达斡尔族	2	1	1	
仫佬族	2	1	1	
羌　族	10	5	5	
布朗族				
撒拉族	2	1	1	
毛南族				
仡佬族	4	2	2	
锡伯族	1		1	
阿昌族				
普米族				
塔吉克族				
怒　族				
乌孜别克族				
俄罗斯族				
鄂温克族	2	1	1	
德昂族				
保安族				
裕固族	2		2	
京　族				
塔塔尔族				
独龙族				
鄂伦春族				
赫哲族				
门巴族				
珞巴族				
基诺族				
未定族称人口	6	3	3	
入　籍				

2-1c 全市各民族人口及比重(乡村)

单位：人、%

民 族	人口数	男	女	各民族人口占总人口的比重
总 计	**580404**	**310822**	**269582**	**100.00**
汉 族	578670	309817	268853	99.70
蒙古族	143	93	50	0.02
回 族	278	148	130	0.05
藏 族	67	29	38	0.01
维吾尔族	24	17	7	
苗 族	218	130	88	0.04
彝 族	273	155	118	0.05
壮 族	100	42	58	0.02
布依族	33	24	9	0.01
朝鲜族	9	5	4	
满 族	237	145	92	0.04
侗 族	59	38	21	0.01
瑶 族	13	7	6	
白 族	25	10	15	
土家族	121	75	46	0.02
哈尼族	7	3	4	
哈萨克族	4	4		
傣 族	2	1	1	
黎 族	9	5	4	
傈僳族	6	3	3	
佤 族	3	1	2	
畲 族	11	10	1	
高山族				
拉祜族				
水 族	7	6	1	
东乡族	3	2	1	
纳西族	1		1	
景颇族	1		1	
柯尔克孜族				
土 族	2		2	
达斡尔族				
仫佬族	1	1		
羌 族	21	16	5	
布朗族	1		1	
撒拉族	13	6	7	
毛南族				
仡佬族	14	8	6	
锡伯族	4	3	1	
阿昌族	2	1	1	
普米族				
塔吉克族				
怒 族				
乌孜别克族				
俄罗斯族				
鄂温克族	10	10		
德昂族	2	1	1	
保安族				
裕固族				
京 族				
塔塔尔族				
独龙族				
鄂伦春族				
赫哲族				
门巴族				
珞巴族				
基诺族				
未定族称人口	10	6	4	
入 籍				

2-2 全市各民族分年龄、性别的人口

单位：人

年龄组	合计			汉族		
	合计	男	女	小计	男	女
总 计	**5304061**	**2722001**	**2582060**	**5268245**	**2702700**	**2565545**
0–4岁	288856	149088	139768	286643	147925	138718
5–9岁	287133	148813	138320	285085	147784	137301
10–14岁	248746	128517	120229	247348	127767	119581
15–19岁	274382	146075	128307	272223	144897	127326
20–24岁	403913	211385	192528	399662	208896	190766
25–29岁	446036	228119	217917	443140	226467	216673
30–34岁	550797	281267	269530	546960	279112	267848
35–39岁	436241	223408	212833	433042	221705	211337
40–44岁	341882	175295	166587	339462	174004	165458
45–49岁	409303	210805	198498	406721	209428	197293
50–54岁	394785	207184	187601	392515	205948	186567
55–59岁	367486	191018	176468	365456	189947	175509
60–64岁	290021	149860	140161	288426	149042	139384
65–69岁	221340	110959	110381	220196	110397	109799
70–74岁	125274	61628	63646	124655	61313	63342
75–79岁	88120	40604	47516	87694	40416	47278
80–84岁	72999	32234	40765	72588	32051	40537
85–89岁	41121	18736	22385	40895	18639	22256
90–94岁	12636	5699	6937	12558	5659	6899
95–99岁	2681	1190	1491	2669	1186	1483
100岁及以上	309	117	192	307	117	190

2-2 续表 1

单位：人

年龄组	蒙古族			回族			藏族		
	小计	男	女	小计	男	女	小计	男	女
总 计	**3096**	**1697**	**1399**	**12968**	**6564**	**6404**	**632**	**310**	**322**
0–4岁	276	154	122	674	359	315	22	9	13
5–9岁	262	131	131	740	376	364	13	10	3
10–14岁	134	76	58	610	303	307	9	5	4
15–19岁	178	95	83	599	330	269	233	93	140
20–24岁	373	227	146	914	495	419	97	50	47
25–29岁	244	134	110	935	491	444	40	16	24
30–34岁	409	237	172	1151	612	539	47	29	18
35–39岁	369	184	185	962	503	459	44	25	19
40–44岁	181	108	73	780	399	381	43	25	18
45–49岁	169	93	76	874	449	425	41	22	19
50–54岁	152	87	65	937	470	467	23	16	7
55–59岁	129	63	66	997	507	490	8	5	3
60–64岁	99	46	53	912	440	472	4	1	3
65–69岁	58	27	31	740	344	396	3	3	
70–74岁	17	11	6	419	195	224	2	1	1
75–79岁	14	6	8	286	119	167	1		1
80–84岁	21	11	10	240	96	144	1		1
85–89岁	7	5	2	145	52	93	1		1
90–94岁	3	2	1	44	23	21			
95–99岁	1		1	7	1	6			
100岁及以上				2		2			

2-2 续表 2 单位：人

年龄组	维吾尔族			苗族			彝族		
	小计	男	女	小计	男	女	小计	男	女
总计	**550**	**332**	**218**	**3492**	**2138**	**1354**	**1583**	**962**	**621**
0-4岁	13	10	3	244	131	113	39	22	17
5-9岁	27	12	15	114	55	59	43	18	25
10-14岁	11	7	4	32	23	9	29	16	13
15-19岁	89	58	31	135	83	52	101	75	26
20-24岁	269	165	104	441	276	165	294	198	96
25-29岁	44	20	24	443	298	145	227	151	76
30-34岁	44	26	18	470	315	155	209	128	81
35-39岁	21	12	9	343	205	138	179	103	76
40-44岁	9	7	2	328	184	144	151	73	78
45-49岁	6	6		439	240	199	150	84	66
50-54岁	5	2	3	281	182	99	93	56	37
55-59岁	4	4		159	108	51	36	23	13
60-64岁	2	1	1	34	23	11	15	9	6
65-69岁	2		2	17	8	9	5	3	2
70-74岁	1	1		7	5	2	4	1	3
75-79岁	2	1	1	2		2	3		3
80-84岁				2	1	1	3		3
85-89岁	1		1	1	1		2	2	
90-94岁									
95-99岁									
100岁及以上									

2-2 续表 3 单位：人

年龄组	壮族			布依族			朝鲜族		
	小计	男	女	小计	男	女	小计	男	女
总计	**877**	**460**	**417**	**345**	**185**	**160**	**451**	**244**	**207**
0-4岁	41	20	21	15	6	9	32	22	10
5-9岁	35	19	16	17	5	12	31	21	10
10-14岁	23	14	9	5	1	4	23	15	8
15-19岁	84	45	39	31	23	8	14	9	5
20-24岁	239	134	105	70	40	30	44	23	21
25-29岁	62	31	31	40	22	18	29	14	15
30-34岁	77	42	35	35	20	15	50	21	29
35-39岁	81	33	48	33	14	19	36	21	15
40-44岁	73	40	33	28	14	14	28	23	5
45-49岁	55	24	31	21	10	11	31	13	18
50-54岁	38	19	19	21	9	12	26	9	17
55-59岁	35	17	18	13	10	3	39	19	20
60-64岁	14	8	6	6	4	2	23	11	12
65-69岁	7	4	3	6	4	2	11	4	7
70-74岁	4	3	1	1	1		7	7	
75-79岁	3	3		1	1		5	1	4
80-84岁	3	3					13	5	8
85-89岁	2	1	1	1	1		6	4	2
90-94岁	1		1	1		1	2	1	1
95-99岁							1	1	
100岁及以上									

2-2 续表 4

单位：人

年龄组	满族			侗族			瑶族		
	小计	男	女	小计	男	女	小计	男	女
总 计	**7713**	**4087**	**3626**	**413**	**263**	**150**	**188**	**91**	**97**
0–4岁	645	319	326	21	9	12	10	3	7
5–9岁	570	278	292	22	12	10	6	4	2
10–14岁	378	208	170	9	4	5	6	3	3
15–19岁	374	191	183	26	10	16	12	5	7
20–24岁	758	438	320	65	42	23	43	22	21
25–29岁	503	284	219	33	24	9	19	10	9
30–34岁	861	462	399	59	44	15	30	12	18
35–39岁	703	377	326	50	34	16	22	9	13
40–44岁	482	247	235	43	27	16	8	3	5
45–49岁	470	246	224	33	22	11	10	6	4
50–54岁	470	247	223	19	10	9	4	1	3
55–59岁	450	219	231	19	15	4	5	3	2
60–64岁	378	209	169	4	4		10	8	2
65–69岁	239	132	107	6	4	2	2	1	1
70–74岁	131	75	56	2	1	1			
75–79岁	100	51	49	1	1				
80–84岁	119	63	56	1		1	1	1	
85–89岁	56	28	28						
90–94岁	24	12	12						
95–99岁	2	1	1						
100岁及以上									

2-2 续表 5

单位：人

年龄组	白族			土家族			哈尼族		
	小计	男	女	小计	男	女	小计	男	女
总 计	**268**	**156**	**112**	**1627**	**949**	**678**	**94**	**40**	**54**
0–4岁	9	4	5	102	58	44	5	2	3
5–9岁	8	5	3	86	43	43	4	3	1
10–14岁	6	6		58	29	29	2	1	1
15–19岁	14	6	8	110	69	41	9	3	6
20–24岁	54	36	18	274	174	100	8	3	5
25–29岁	24	15	9	122	76	46	8	3	5
30–34岁	36	21	15	188	101	87	12	7	5
35–39岁	35	18	17	153	83	70	10	2	8
40–44岁	18	6	12	109	64	45	18	7	11
45–49岁	14	8	6	150	92	58	6	1	5
50–54岁	17	10	7	105	66	39	9	5	4
55–59岁	10	6	4	78	41	37	3	3	
60–64岁	15	9	6	46	27	19			
65–69岁	4	3	1	22	11	11			
70–74岁				15	10	5			
75–79岁	1	1		4	2	2			
80–84岁	2	1	1						
85–89岁	1	1		2	1	1			
90–94岁				2	1	1			
95–99岁				1	1				
100岁及以上									

2-2 续表 6 单位：人

年龄组	哈萨克族			傣族			黎族		
	小计	男	女	小计	男	女	小计	男	女
总　计	**80**	**39**	**41**	**63**	**25**	**38**	**183**	**93**	**90**
0-4岁				3		3	7	5	2
5-9岁				2	1	1	10	6	4
10-14岁	2	2		1		1	5	1	4
15-19岁	20	13	7	7	5	2	26	12	14
20-24岁	44	20	24	15	10	5	35	19	16
25-29岁	10	2	8	4	2	2	15	7	8
30-34岁	1	1		9		9	13	8	5
35-39岁				12	6	6	21	12	9
40-44岁	1		1	5	1	4	9	4	5
45-49岁				2		2	7	3	4
50-54岁	1		1				9	4	5
55-59岁				1		1	7	4	3
60-64岁				1		1	8	3	5
65-69岁	1	1					8	4	4
70-74岁				1		1	2	1	1
75-79岁									
80-84岁							1		1
85-89岁									
90-94岁									
95-99岁									
100岁及以上									

2-2 续表 7 单位：人

年龄组	傈僳族			佤族			畲族		
	小计	男	女	小计	男	女	小计	男	女
总　计	**49**	**20**	**29**	**38**	**18**	**20**	**87**	**54**	**33**
0-4岁	1	1		1		1	3	1	2
5-9岁	1		1				3	3	
10-14岁	2	1	1				5	5	
15-19岁	10	4	6	2	2		12	7	5
20-24岁	8	3	5	4	2	2	20	14	6
25-29岁	5	3	2	4	3	1	9	7	2
30-34岁	3	1	2	4	2	2	6	2	4
35-39岁	5	2	3	9	1	8	9	2	7
40-44岁	5	2	3	7	6	1	5	2	3
45-49岁	5	2	3	5	1	4	5	3	2
50-54岁	1		1	2	1	1	4	4	
55-59岁	1		1				5	3	2
60-64岁	1	1							
65-69岁	1		1						
70-74岁									
75-79岁									
80-84岁							1	1	
85-89岁									
90-94岁									
95-99岁									
100岁及以上									

2-2 续表 8

单位：人

年龄组	高山族			拉祜族			水族		
	小计	男	女	小计	男	女	小计	男	女
总 计	**1**	**1**		**25**	**8**	**17**	**47**	**28**	**19**
0–4岁				2	1	1	4	2	2
5–9岁				1		1	3	3	
10–14岁							3	2	1
15–19岁							7	3	4
20–24岁				1		1	5	3	2
25–29岁				2	1	1	3	2	1
30–34岁				10	5	5	2	2	
35–39岁				4	1	3	11	5	6
40–44岁				1		1	1		1
45–49岁				2		2	4	3	1
50–54岁				1		1	2	1	1
55–59岁				1		1	1	1	
60–64岁									
65–69岁	1	1							
70–74岁							1	1	
75–79岁									
80–84岁									
85–89岁									
90–94岁									
95–99岁									
100岁及以上									

2-2 续表 9

单位：人

年龄组	东乡族			纳西族			景颇族		
	小计	男	女	小计	男	女	小计	男	女
总 计	**34**	**23**	**11**	**28**	**15**	**13**	**14**	**4**	**10**
0–4岁	1	1					1		1
5–9岁	3	1	2	2		2			
10–14岁	2	2		1	1				
15–19岁	2		2	1		1			
20–24岁	6	4	2	5	3	2	4	2	2
25–29岁	7	4	3	1	1		2		2
30–34岁	3	2	1	5	1	4	4		4
35–39岁	6	5	1	1	1		1	1	
40–44岁	1	1		4	2	2	1	1	
45–49岁	3	3		4	3	1			
50–54岁							1		1
55–59岁				3	3				
60–64岁									
65–69岁									
70–74岁									
75–79岁									
80–84岁				1		1			
85–89岁									
90–94岁									
95–99岁									
100岁及以上									

2-2 续表 10 单位：人

年龄组	柯尔克孜族			土 族			达斡尔族		
	小计	男	女	小计	男	女	小计	男	女
总 计	**6**	**3**	**3**	**63**	**30**	**33**	**83**	**35**	**48**
0-4岁				5	2	3	13	8	5
5-9岁				3	2	1	10	3	7
10-14岁				2	1	1	6	5	1
15-19岁				4	1	3	5	2	3
20-24岁	6	3	3	24	9	15	4	2	2
25-29岁				5	3	2	3	1	2
30-34岁				4	2	2	14	5	9
35-39岁				8	5	3	12	2	10
40-44岁				3	1	2	8	4	4
45-49岁									
50-54岁				1	1				
55-59岁				2	2		1		1
60-64岁							3	2	1
65-69岁				2	1	1	1		1
70-74岁							1		1
75-79岁							1		1
80-84岁							1	1	
85-89岁									
90-94岁									
95-99岁									
100岁及以上									

2-2 续表 11 单位：人

年龄组	仫佬族			羌 族			布朗族		
	小计	男	女	小计	男	女	小计	男	女
总 计	**22**	**13**	**9**	**128**	**84**	**44**	**4**	**1**	**3**
0-4岁	1		1	3	3				
5-9岁	1	1							
10-14岁				3	2	1			
15-19岁	2		2	4	1	3			
20-24岁	7	4	3	9	7	2	1	1	
25-29岁				7	5	2			
30-34岁	5	4	1	14	9	5	1		1
35-39岁	2	2		8	6	2	2		2
40-44岁	1	1		23	13	10			
45-49岁	2	1	1	26	12	14			
50-54岁				18	16	2			
55-59岁				4	2	2			
60-64岁	1		1	6	5	1			
65-69岁				2	2				
70-74岁				1	1				
75-79岁									
80-84岁									
85-89岁									
90-94岁									
95-99岁									
100岁及以上									

2-2　续表 12　　　　　　　　　　　　　　　　　　　　　　　　单位：人

年龄组	撒拉族			毛南族			仡佬族		
	小计	男	女	小计	男	女	小计	男	女
总　计	**141**	**68**	**73**	**6**	**3**	**3**	**146**	**108**	**38**
0-4岁	7	2	5				2	1	1
5-9岁	15	8	7						
10-14岁	23	11	12				1	1	
15-19岁	17	10	7	2	1	1	9	8	1
20-24岁	14	5	9	3	2	1	30	19	11
25-29岁	10	5	5				13	10	3
30-34岁	18	7	11				18	13	5
35-39岁	13	4	9	1		1	12	10	2
40-44岁	10	8	2				18	12	6
45-49岁	8	4	4				21	16	5
50-54岁	2	1	1				15	12	3
55-59岁	2	2					6	5	1
60-64岁	2	1	1				1	1	
65-69岁									
70-74岁									
75-79岁									
80-84岁									
85-89岁									
90-94岁									
95-99岁									
100岁及以上									

2-2　续表 13　　　　　　　　　　　　　　　　　　　　　　　　单位：人

年龄组	锡伯族			阿昌族			普米族		
	小计	男	女	小计	男	女	小计	男	女
总　计	**108**	**63**	**45**	**2**	**1**	**1**	**3**	**1**	**2**
0-4岁	7	6	1						
5-9岁	9	6	3				1		1
10-14岁	5	4	1						
15-19岁	9	6	3						
20-24岁	18	11	7						
25-29岁	5		5	1		1			
30-34岁	9	5	4						
35-39岁	9	5	4	1	1		1	1	
40-44岁	4	1	3						
45-49岁	6	3	3				1		1
50-54岁	5	3	2						
55-59岁	5	2	3						
60-64岁	7	4	3						
65-69岁	4	4							
70-74岁	3	1	2						
75-79岁	1	1							
80-84岁	1		1						
85-89岁									
90-94岁	1	1							
95-99岁									
100岁及以上									

2-2 续表 14

单位：人

年龄组	塔吉克族			怒 族			乌孜别克族		
	小计	男	女	小计	男	女	小计	男	女
总 计	**1**	**1**		**2**		**2**	**1**		**1**
0-4岁									
5-9岁									
10-14岁									
15-19岁									
20-24岁	1	1					1		1
25-29岁				2		2			
30-34岁									
35-39岁									
40-44岁									
45-49岁									
50-54岁									
55-59岁									
60-64岁									
65-69岁									
70-74岁									
75-79岁									
80-84岁									
85-89岁									
90-94岁									
95-99岁									
100岁及以上									

2-2 续表 15

单位：人

年龄组	俄罗斯族			鄂温克族			德 昂 族		
	小计	男	女	小计	男	女	小计	男	女
总 计				**25**	**19**	**6**	**2**	**1**	**1**
0-4岁				2	1	1			
5-9岁				2		2			
10-14岁									
15-19岁				1	1				
20-24岁				2	1	1			
25-29岁				3	3				
30-34岁				5	5				
35-39岁									
40-44岁				2	1	1	1	1	
45-49岁				2	1	1	1		1
50-54岁				2	2				
55-59岁				4	4				
60-64岁									
65-69岁									
70-74岁									
75-79岁									
80-84岁									
85-89岁									
90-94岁									
95-99岁									
100岁及以上									

2-2 续表 16

单位：人

年龄组	保安族			裕固族			京族		
	小计	男	女	小计	男	女	小计	男	女
总计	**1**	**1**		**3**	**1**	**2**	**2**	**1**	**1**
0-4岁				1		1			
5-9岁									
10-14岁									
15-19岁							1	1	
20-24岁							1		1
25-29岁				1		1			
30-34岁	1	1							
35-39岁				1	1				
40-44岁									
45-49岁									
50-54岁									
55-59岁									
60-64岁									
65-69岁									
70-74岁									
75-79岁									
80-84岁									
85-89岁									
90-94岁									
95-99岁									
100岁及以上									

2-2 续表 17

单位：人

年龄组	塔塔尔族			独龙族			鄂伦春族		
	小计	男	女	小计	男	女	小计	男	女
总计	**1**		**1**				**12**	**6**	**6**
0-4岁									
5-9岁							3	2	1
10-14岁							1		1
15-19岁									
20-24岁	1		1						
25-29岁									
30-34岁							2	1	1
35-39岁							2	1	1
40-44岁									
45-49岁									
50-54岁									
55-59岁							1		1
60-64岁							1		1
65-69岁							1	1	
70-74岁									
75-79岁							1	1	
80-84岁									
85-89岁									
90-94岁									
95-99岁									
100岁及以上									

2-2 续表 18

单位：人

年龄组	赫哲族			门巴族			珞巴族		
	小计	男	女	小计	男	女	小计	男	女
总　计	**1**		**1**	**2**	**1**	**1**			
0-4岁									
5-9岁									
10-14岁									
15-19岁									
20-24岁	1		1	2	1	1			
25-29岁									
30-34岁									
35-39岁									
40-44岁									
45-49岁									
50-54岁									
55-59岁									
60-64岁									
65-69岁									
70-74岁									
75-79岁									
80-84岁									
85-89岁									
90-94岁									
95-99岁									
100岁及以上									

2-2 续表 19

单位：人

年龄组	基诺族			未定族称人口			入　籍		
	小计	男	女	小计	男	女	小计	男	女
总　计				**100**	**53**	**47**	**5**	**1**	**4**
0-4岁				1	1				
5-9岁				1	1				
10-14岁				1	1				
15-19岁				8	6	2	1		1
20-24岁				36	20	16			
25-29岁				10	4	6	1		1
30-34岁				7	2	5	1		1
35-39岁				7	6	1			
40-44岁				11	3	8			
45-49岁				9	6	3			
50-54岁				5	2	3	1		1
55-59岁				1		1			
60-64岁				2	1	1			
65-69岁				1		1			
70-74岁									
75-79岁									
80-84岁									
85-89岁							1	1	
90-94岁									
95-99岁									
100岁及以上									

2-2a 全市各民族分年龄、性别的人口(城市)

单位：人

年龄组	合计			汉族		
	合计	男	女	小计	男	女
总 计	**4193632**	**2135851**	**2057781**	**4160933**	**2118302**	**2042631**
0-4岁	231830	120059	111771	229774	118974	110800
5-9岁	230596	119661	110935	228692	118709	109983
10-14岁	195813	101249	94564	194495	100544	93951
15-19岁	205082	109707	95375	203143	108645	94498
20-24岁	299824	156102	143722	295949	153831	142118
25-29岁	349010	174619	174391	346426	173141	173285
30-34岁	446757	225405	221352	443330	223500	219830
35-39岁	360047	182531	177516	357168	181012	176156
40-44岁	277708	141071	136637	275544	139914	135630
45-49岁	322975	164584	158391	320697	163374	157323
50-54岁	311970	162050	149920	309912	160941	148971
55-59岁	293624	151733	141891	291754	150760	140994
60-64岁	230716	118832	111884	229187	118049	111138
65-69岁	167770	84314	83456	166677	83781	82896
70-74岁	94364	45971	48393	93766	45663	48103
75-79岁	68226	30637	37589	67809	30453	37356
80-84岁	60579	25928	34651	60179	25752	34427
85-89岁	34009	15523	18486	33787	15427	18360
90-94岁	10364	4791	5573	10289	4752	5537
95-99岁	2140	990	1150	2129	986	1143
100岁及以上	228	94	134	226	94	132

2-2a 续表 1

单位：人

年龄组	蒙古族			回族			藏族		
	小计	男	女	小计	男	女	小计	男	女
总 计	**2764**	**1499**	**1265**	**12410**	**6275**	**6135**	**536**	**263**	**273**
0-4岁	247	135	112	646	345	301	19	8	11
5-9岁	242	119	123	704	359	345	11	8	3
10-14岁	126	71	55	587	292	295	9	5	4
15-19岁	153	85	68	532	294	238	230	91	139
20-24岁	334	210	124	853	462	391	82	40	42
25-29岁	222	122	100	866	459	407	29	13	16
30-34岁	353	198	155	1087	573	514	34	25	9
35-39岁	337	164	173	916	479	437	36	18	18
40-44岁	161	92	69	751	385	366	29	19	10
45-49岁	139	74	65	847	434	413	25	15	10
50-54岁	138	78	60	908	455	453	18	12	6
55-59岁	110	52	58	973	494	479	7	4	3
60-64岁	90	43	47	899	432	467	1	1	
65-69岁	50	21	29	721	335	386	3	3	
70-74岁	17	11	6	410	192	218	1	1	
75-79岁	13	6	7	284	118	166	1		1
80-84岁	21	11	10	234	92	142			
85-89岁	7	5	2	142	52	90	1		1
90-94岁	3	2	1	42	22	20			
95-99岁	1		1	6	1	5			
100岁及以上				2		2			

2-2a　续表 2　　　　　　　　　　　　　　　　　　　　　　　　　　　单位：人

年龄组	维吾尔族			苗　族			彝　族		
	小计	男	女	小计	男	女	小计	男	女
总　计	**511**	**310**	**201**	**3080**	**1902**	**1178**	**1182**	**731**	**451**
0-4岁	10	9	1	229	127	102	28	14	14
5-9岁	24	10	14	104	52	52	34	15	19
10-14岁	11	7	4	28	22	6	19	9	10
15-19岁	78	49	29	121	74	47	75	59	16
20-24岁	264	162	102	399	246	153	225	152	73
25-29岁	41	20	21	402	280	122	152	101	51
30-34岁	37	23	14	412	276	136	165	105	60
35-39岁	18	11	7	288	174	114	138	84	54
40-44岁	7	6	1	281	156	125	120	59	61
45-49岁	6	6		377	209	168	107	63	44
50-54岁	4	1	3	247	158	89	63	40	23
55-59岁	4	4		137	95	42	27	16	11
60-64岁	1		1	31	20	11	14	8	6
65-69岁	2		2	14	6	8	4	3	1
70-74岁	1	1		6	5	1	3	1	2
75-79岁	2	1	1	1		1	3		3
80-84岁				2	1	1	3		3
85-89岁	1		1	1	1		2	2	
90-94岁									
95-99岁									
100岁及以上									

2-2a　续表 3　　　　　　　　　　　　　　　　　　　　　　　　　　　单位：人

年龄组	壮　族			布依族			朝鲜族		
	小计	男	女	小计	男	女	小计	男	女
总　计	**741**	**403**	**338**	**283**	**146**	**137**	**429**	**232**	**197**
0-4岁	37	19	18	11	5	6	30	21	9
5-9岁	30	17	13	14	3	11	31	21	10
10-14岁	20	12	8	5	1	4	21	14	7
15-19岁	71	39	32	25	18	7	14	9	5
20-24岁	229	129	100	64	38	26	41	21	20
25-29岁	53	26	27	36	18	18	28	13	15
30-34岁	63	32	31	25	13	12	46	19	27
35-39岁	67	27	40	27	9	18	36	21	15
40-44岁	59	37	22	21	10	11	26	21	5
45-49岁	33	18	15	18	8	10	31	13	18
50-54岁	28	16	12	15	8	7	24	9	15
55-59岁	24	13	11	10	7	3	37	18	19
60-64岁	11	5	6	5	3	2	22	11	11
65-69岁	5	3	2	4	3	1	9	3	6
70-74岁	3	3		1	1		6	6	
75-79岁	3	3		1	1		5	1	4
80-84岁	3	3					13	5	8
85-89岁	2	1	1				6	4	2
90-94岁				1		1	2	1	1
95-99岁							1	1	
100岁及以上									

2-2a 续表 4　　单位：人

年龄组	满族			侗族			瑶族		
	小计	男	女	小计	男	女	小计	男	女
总　计	**7208**	**3797**	**3411**	**338**	**216**	**122**	**167**	**79**	**88**
0-4岁	612	303	309	15	7	8	8	2	6
5-9岁	533	256	277	19	11	8	6	4	2
10-14岁	357	197	160	8	4	4	5	2	3
15-19岁	340	178	162	25	10	15	12	5	7
20-24岁	693	404	289	55	34	21	42	22	20
25-29岁	474	265	209	24	17	7	18	9	9
30-34岁	790	421	369	45	35	10	28	11	17
35-39岁	655	345	310	42	29	13	18	7	11
40-44岁	459	237	222	37	23	14	4	2	2
45-49岁	433	217	216	23	17	6	6	3	3
50-54岁	435	224	211	18	9	9	4	1	3
55-59岁	419	203	216	14	11	3	5	3	2
60-64岁	357	198	159	4	4		9	7	2
65-69岁	229	125	104	6	4	2	2	1	1
70-74岁	127	73	54	2	1	1			
75-79岁	97	49	48						
80-84岁	116	61	55	1		1			
85-89岁	56	28	28						
90-94岁	24	12	12						
95-99岁	2	1	1						
100岁及以上									

2-2a 续表 5　　单位：人

年龄组	白族			土家族			哈尼族		
	小计	男	女	小计	男	女	小计	男	女
总　计	**222**	**131**	**91**	**1427**	**828**	**599**	**76**	**31**	**45**
0-4岁	9	4	5	91	52	39	4	1	3
5-9岁	8	5	3	76	35	41	4	3	1
10-14岁	6	6		55	27	28	2	1	1
15-19岁	14	6	8	103	67	36	9	3	6
20-24岁	49	34	15	253	162	91	7	2	5
25-29岁	17	10	7	105	66	39	8	3	5
30-34岁	27	16	11	168	88	80	12	7	5
35-39岁	26	12	14	134	71	63	6	1	5
40-44岁	14	5	9	89	52	37	13	5	8
45-49岁	9	6	3	127	77	50	5	1	4
50-54岁	16	10	6	82	52	30	4	2	2
55-59岁	8	4	4	58	27	31	2	2	
60-64岁	12	8	4	43	27	16			
65-69岁	3	2	1	22	11	11			
70-74岁				13	9	4			
75-79岁	1	1		3	2	1			
80-84岁	2	1	1						
85-89岁	1	1		2	1	1			
90-94岁				2	1	1			
95-99岁				1	1				
100岁及以上									

2－2a　续表 6　　单位：人

年龄组	哈萨克族			傣　族			黎　族		
	小计	男	女	小计	男	女	小计	男	女
总　计	**75**	**34**	**41**	**59**	**24**	**35**	**169**	**85**	**84**
0－4岁				3		3	7	5	2
5－9岁				2	1	1	9	5	4
10－14岁	2	2		1		1	5	1	4
15－19岁	16	9	7	7	5	2	25	12	13
20－24岁	43	19	24	14	9	5	33	18	15
25－29岁	10	2	8	4	2	2	13	6	7
30－34岁	1	1		9		9	13	8	5
35－39岁				11	6	5	19	11	8
40－44岁	1		1	5	1	4	8	3	5
45－49岁				1		1	6	3	3
50－54岁	1		1				8	3	5
55－59岁				1		1	6	3	3
60－64岁				1		1	7	3	4
65－69岁	1	1					7	3	4
70－74岁							2	1	1
75－79岁									
80－84岁							1		1
85－89岁									
90－94岁									
95－99岁									
100岁及以上									

2－2a　续表 7　　单位：人

年龄组	傈 僳 族			佤　族			畲　族		
	小计	男	女	小计	男	女	小计	男	女
总　计	**35**	**13**	**22**	**28**	**12**	**16**	**74**	**42**	**32**
0－4岁	1	1		1		1	2		2
5－9岁	1		1				3	3	
10－14岁	2	1	1				4	4	
15－19岁	6	2	4	2	2		12	7	5
20－24岁	6	1	5	4	2	2	18	13	5
25－29岁	3	1	2	2	1	1	8	6	2
30－34岁	2	1	1	4	2	2	5	1	4
35－39岁	4	2	2	7		7	9	2	7
40－44岁	2	1	1	4	3	1	3		3
45－49岁	5	2	3	3	1	2	4	2	2
50－54岁	1		1	1	1		2	2	
55－59岁							3	1	2
60－64岁	1	1							
65－69岁	1		1						
70－74岁									
75－79岁									
80－84岁							1	1	
85－89岁									
90－94岁									
95－99岁									
100岁及以上									

2–2a　续表 8

单位：人

年龄组	高山族			拉祜族			水　族		
	小计	男	女	小计	男	女	小计	男	女
总　计	**1**	**1**		**22**	**7**	**15**	**36**	**21**	**15**
0–4岁				2	1	1	4	2	2
5–9岁				1		1	2	2	
10–14岁							2	1	1
15–19岁							7	3	4
20–24岁				1		1	3	2	1
25–29岁				1	1		3	2	1
30–34岁				9	4	5	1	1	
35–39岁				4	1	3	8	4	4
40–44岁				1		1			
45–49岁				2		2	3	2	1
50–54岁							2	1	1
55–59岁				1		1			
60–64岁									
65–69岁	1	1							
70–74岁							1	1	
75–79岁									
80–84岁									
85–89岁									
90–94岁									
95–99岁									
100岁及以上									

2–2a　续表 9

单位：人

年龄组	东乡族			纳西族			景颇族		
	小计	男	女	小计	男	女	小计	男	女
总　计	**30**	**20**	**10**	**26**	**14**	**12**	**11**	**4**	**7**
0–4岁									
5–9岁	3	1	2	2		2			
10–14岁	2	2		1	1				
15–19岁	2		2	1		1			
20–24岁	4	3	1	5	3	2	4	2	2
25–29岁	7	4	3	1	1		2		2
30–34岁	3	2	1	4	1	3	2		2
35–39岁	5	4	1	1	1		1	1	
40–44岁	1	1		4	2	2	1	1	
45–49岁	3	3		3	2	1			
50–54岁							1		1
55–59岁				3	3				
60–64岁									
65–69岁									
70–74岁									
75–79岁									
80–84岁				1		1			
85–89岁									
90–94岁									
95–99岁									
100岁及以上									

2-2a 续表 10

单位：人

年龄组	柯尔克孜族			土　族			达斡尔族		
	小计	男	女	小计	男	女	小计	男	女
总　计	**6**	**3**	**3**	**61**	**30**	**31**	**81**	**34**	**47**
0-4岁				5	2	3	13	8	5
5-9岁				2	2		10	3	7
10-14岁				2	1	1	6	5	1
15-19岁				4	1	3	5	2	3
20-24岁	6	3	3	23	9	14	4	2	2
25-29岁				5	3	2	3	1	2
30-34岁				4	2	2	13	4	9
35-39岁				8	5	3	12	2	10
40-44岁				3	1	2	8	4	4
45-49岁									
50-54岁				1	1				
55-59岁				2	2		1		1
60-64岁							3	2	1
65-69岁				2	1	1			
70-74岁							1		1
75-79岁							1		1
80-84岁							1	1	
85-89岁									
90-94岁									
95-99岁									
100岁及以上									

2-2a 续表 11

单位：人

年龄组	仫 佬 族			羌　族			布 朗 族		
	小计	男	女	小计	男	女	小计	男	女
总　计	**19**	**11**	**8**	**97**	**63**	**34**	**3**	**1**	**2**
0-4岁	1		1	3	3				
5-9岁	1	1							
10-14岁				2	1	1			
15-19岁	1		1	4	1	3			
20-24岁	7	4	3	9	7	2	1	1	
25-29岁				7	5	2			
30-34岁	4	3	1	9	6	3	1		1
35-39岁	1	1		5	4	1	1		1
40-44岁	1	1		14	7	7			
45-49岁	2	1	1	20	9	11			
50-54岁				14	12	2			
55-59岁				3	2	1			
60-64岁	1		1	4	3	1			
65-69岁				2	2				
70-74岁				1	1				
75-79岁									
80-84岁									
85-89岁									
90-94岁									
95-99岁									
100岁及以上									

2-2a 续表 12

单位：人

年龄组	撒拉族			毛南族			仡佬族		
	小计	男	女	小计	男	女	小计	男	女
总 计	**126**	**61**	**65**	**6**	**3**	**3**	**128**	**98**	**30**
0-4岁	6	2	4				2	1	1
5-9岁	13	7	6						
10-14岁	22	10	12				1	1	
15-19岁	15	9	6	2	1	1	9	8	1
20-24岁	11	3	8	3	2	1	26	18	8
25-29岁	9	5	4				12	10	2
30-34岁	16	6	10				16	11	5
35-39岁	11	3	8	1		1	10	9	1
40-44岁	10	8	2				15	11	4
45-49岁	8	4	4				18	14	4
50-54岁	1	1					12	9	3
55-59岁	2	2					6	5	1
60-64岁	2	1	1				1	1	
65-69岁									
70-74岁									
75-79岁									
80-84岁									
85-89岁									
90-94岁									
95-99岁									
100岁及以上									

2-2a 续表 13

单位：人

年龄组	锡伯族			阿昌族			普米族		
	小计	男	女	小计	男	女	小计	男	女
总 计	**103**	**60**	**43**				**3**	**1**	**2**
0-4岁	7	6	1						
5-9岁	9	6	3				1		1
10-14岁	5	4	1						
15-19岁	9	6	3						
20-24岁	18	11	7						
25-29岁	4		4						
30-34岁	8	4	4						
35-39岁	9	5	4				1	1	
40-44岁	3	1	2						
45-49岁	5	2	3				1		1
50-54岁	4	2	2						
55-59岁	5	2	3						
60-64岁	7	4	3						
65-69岁	4	4							
70-74岁	3	1	2						
75-79岁	1	1							
80-84岁	1		1						
85-89岁									
90-94岁	1	1							
95-99岁									
100岁及以上									

2-2a 续表 14

单位：人

年龄组	塔吉克族			怒 族			乌孜别克族		
	小计	男	女	小计	男	女	小计	男	女
总 计	**1**	**1**		**2**		**2**	**1**		**1**
0-4岁									
5-9岁									
10-14岁									
15-19岁									
20-24岁	1	1					1		1
25-29岁				2		2			
30-34岁									
35-39岁									
40-44岁									
45-49岁									
50-54岁									
55-59岁									
60-64岁									
65-69岁									
70-74岁									
75-79岁									
80-84岁									
85-89岁									
90-94岁									
95-99岁									
100岁及以上									

2-2a 续表 15

单位：人

年龄组	俄罗斯族			鄂温克族			德 昂 族		
	小计	男	女	小计	男	女	小计	男	女
总 计				**13**	**8**	**5**			
0-4岁				2	1	1			
5-9岁				1		1			
10-14岁									
15-19岁				1	1				
20-24岁				2	1	1			
25-29岁				2	2				
30-34岁				3	3				
35-39岁									
40-44岁				1		1			
45-49岁				1		1			
50-54岁									
55-59岁									
60-64岁									
65-69岁									
70-74岁									
75-79岁									
80-84岁									
85-89岁									
90-94岁									
95-99岁									
100岁及以上									

2−2a　续表 16

单位：人

年龄组	保安族			裕固族			京　族		
	小计	男	女	小计	男	女	小计	男	女
总　计	**1**	**1**		**1**	**1**		**2**	**1**	**1**
0−4岁									
5−9岁									
10−14岁									
15−19岁							1	1	
20−24岁							1		1
25−29岁									
30−34岁	1	1							
35−39岁				1	1				
40−44岁									
45−49岁									
50−54岁									
55−59岁									
60−64岁									
65−69岁									
70−74岁									
75−79岁									
80−84岁									
85−89岁									
90−94岁									
95−99岁									
100岁及以上									

2−2a　续表 17

单位：人

年龄组	塔塔尔族			独龙族			鄂伦春族		
	小计	男	女	小计	男	女	小计	男	女
总　计	**1**		**1**				**12**	**6**	**6**
0−4岁									
5−9岁							3	2	1
10−14岁							1		1
15−19岁									
20−24岁	1		1						
25−29岁									
30−34岁							2	1	1
35−39岁							2	1	1
40−44岁									
45−49岁									
50−54岁									
55−59岁							1		1
60−64岁							1		1
65−69岁							1	1	
70−74岁									
75−79岁							1	1	
80−84岁									
85−89岁									
90−94岁									
95−99岁									
100岁及以上									

2-2a 续表 18 单位：人

年龄组	赫哲族			门巴族			珞巴族		
	小计	男	女	小计	男	女	小计	男	女
总 计	**1**		**1**	**2**	**1**	**1**			
0-4岁									
5-9岁									
10-14岁									
15-19岁									
20-24岁	1		1	2	1	1			
25-29岁									
30-34岁									
35-39岁									
40-44岁									
45-49岁									
50-54岁									
55-59岁									
60-64岁									
65-69岁									
70-74岁									
75-79岁									
80-84岁									
85-89岁									
90-94岁									
95-99岁									
100岁及以上									

2-2a 续表 19 单位：人

年龄组	基诺族			未定族称人口			入籍		
	小计	男	女	小计	男	女	小计	男	女
总 计				**84**	**44**	**40**	**5**	**1**	**4**
0-4岁				1	1				
5-9岁				1	1				
10-14岁				1	1				
15-19岁				7	5	2	1		1
20-24岁				33	18	15			
25-29岁				10	4	6	1		1
30-34岁				4	1	3	1		1
35-39岁				4	3	1			
40-44岁				8	3	5			
45-49岁				7	4	3			
50-54岁				5	2	3	1		1
55-59岁				1		1			
60-64岁				2	1	1			
65-69岁									
70-74岁									
75-79岁									
80-84岁									
85-89岁							1	1	
90-94岁									
95-99岁									
100岁及以上									

2-2b 全市各民族分年龄、性别的人口(镇)

单位：人

年龄组	合计			汉族		
	合计	男	女	小计	男	女
总 计	**530025**	**275328**	**254697**	**528642**	**274581**	**254061**
0-4岁	28213	14372	13841	28131	14334	13797
5-9岁	27389	14168	13221	27315	14130	13185
10-14岁	24212	12511	11701	24182	12496	11686
15-19岁	44418	21683	22735	44306	21638	22668
20-24岁	70889	36579	34310	70668	36457	34211
25-29岁	51789	29089	22700	51654	29012	22642
30-34岁	57464	30340	27124	57276	30229	27047
35-39岁	40899	21149	19750	40744	21063	19681
40-44岁	31284	15821	15463	31187	15769	15418
45-49岁	37049	19267	17782	36949	19214	17735
50-54岁	31239	16790	14449	31169	16744	14425
55-59岁	26562	14209	12353	26508	14178	12330
60-64岁	18830	9777	9053	18804	9765	9039
65-69岁	16397	8030	8367	16374	8016	8358
70-74岁	9953	4914	5039	9947	4912	5035
75-79岁	6397	3195	3202	6393	3194	3199
80-84岁	4059	2056	2003	4054	2053	2001
85-89岁	2158	1046	1112	2158	1046	1112
90-94岁	658	270	388	657	269	388
95-99岁	146	57	89	146	57	89
100岁及以上	20	5	15	20	5	15

2-2b 续表 1

单位：人

年龄组	蒙古族			回族			藏族		
	小计	男	女	小计	男	女	小计	男	女
总 计	**189**	**105**	**84**	**280**	**141**	**139**	**29**	**18**	**11**
0-4岁	18	12	6	13	5	8	2	1	1
5-9岁	14	8	6	19	9	10			
10-14岁	3	2	1	11	5	6			
15-19岁	16	6	10	43	20	23			
20-24岁	30	12	18	44	23	21	8	5	3
25-29岁	14	8	6	41	20	21	4	2	2
30-34岁	34	21	13	32	20	12	3	2	1
35-39岁	22	12	10	21	12	9	3	3	
40-44岁	6	4	2	15	7	8	2	2	
45-49岁	10	7	3	8	3	5	5	2	3
50-54岁	3	3		5	3	2	2	1	1
55-59岁	11	6	5	7	4	3			
60-64岁	3		3	6	4	2			
65-69岁	5	4	1	7	3	4			
70-74岁				4	1	3			
75-79岁				2	1	1			
80-84岁				1		1			
85-89岁									
90-94岁				1	1				
95-99岁									
100岁及以上									

2-2b　续表 2　　单位：人

年龄组	维吾尔族			苗　族			彝　族		
	小计	男	女	小计	男	女	小计	男	女
总　计	**15**	**5**	**10**	**194**	**106**	**88**	**128**	**76**	**52**
0-4岁	2	1	1	6	1	5	6	5	1
5-9岁	1		1	3	1	2	6	2	4
10-14岁				2		2	2	2	
15-19岁				8	4	4	7	3	4
20-24岁				23	18	5	31	21	10
25-29岁	2		2	20	8	12	17	13	4
30-34岁	5	2	3	27	18	9	10	5	5
35-39岁	3	1	2	29	15	14	14	4	10
40-44岁	1		1	23	13	10	11	7	4
45-49岁				30	14	16	10	4	6
50-54岁				13	8	5	9	6	3
55-59岁				6	4	2	4	3	1
60-64岁	1	1					1	1	
65-69岁				3	2	1			
70-74岁									
75-79岁				1		1			
80-84岁									
85-89岁									
90-94岁									
95-99岁									
100岁及以上									

2-2b　续表 3　　单位：人

年龄组	壮　族			布依族			朝鲜族		
	小计	男	女	小计	男	女	小计	男	女
总　计	**36**	**15**	**21**	**29**	**15**	**14**	**13**	**7**	**6**
0-4岁	4	1	3	4	1	3	2	1	1
5-9岁	2		2	1	1				
10-14岁							2	1	1
15-19岁	3	2	1						
20-24岁	5	3	2	5	1	4	2	1	1
25-29岁	4	3	1	2	2				
30-34岁	5	3	2	6	3	3	3	2	1
35-39岁	3		3	3	2	1			
40-44岁	3	1	2	4	2	2	1	1	
45-49岁	2		2						
50-54岁	2	1	1	1		1	1		1
55-59岁	1		1	3	3		2	1	1
60-64岁	1	1							
65-69岁									
70-74岁	1		1						
75-79岁									
80-84岁									
85-89岁									
90-94岁									
95-99岁									
100岁及以上									

2-2b　续表 4　　　　单位：人

年龄组	满族			侗族			瑶族		
	小计	男	女	小计	男	女	小计	男	女
总　计	**268**	**145**	**123**	**16**	**9**	**7**	**8**	**5**	**3**
0–4岁	17	7	10				1	1	
5–9岁	22	13	9	1	1				
10–14岁	8	3	5				1	1	
15–19岁	23	5	18	1		1			
20–24岁	48	25	23	2	1	1			
25–29岁	9	6	3	4	4				
30–34岁	36	20	16	4	1	3			
35–39岁	28	20	8	2	1	1	2		2
40–44岁	10	4	6	1		1			
45–49岁	20	14	6				3	2	1
50–54岁	18	12	6						
55–59岁	10	5	5	1	1				
60–64岁	10	4	6						
65–69岁	5	4	1						
70–74岁	1	1							
75–79岁									
80–84岁	3	2	1				1	1	
85–89岁									
90–94岁									
95–99岁									
100岁及以上									

2-2b　续表 5　　　　单位：人

年龄组	白族			土家族			哈尼族		
	小计	男	女	小计	男	女	小计	男	女
总　计	**21**	**15**	**6**	**79**	**46**	**33**	**11**	**6**	**5**
0–4岁				6	2	4			
5–9岁				3	2	1			
10–14岁				1	1				
15–19岁				5	2	3			
20–24岁	1	1		13	6	7			
25–29岁	4	3	1	9	6	3			
30–34岁	5	4	1	6	3	3			
35–39岁	4	3	1	8	6	2	3	1	2
40–44岁	1		1	7	5	2	4	2	2
45–49岁	2	1	1	3	3		1		1
50–54岁				9	7	2	3	3	
55–59岁	1	1		7	3	4			
60–64岁	2	1	1	1		1			
65–69岁	1	1							
70–74岁									
75–79岁				1		1			
80–84岁									
85–89岁									
90–94岁									
95–99岁									
100岁及以上									

2-2b 续表 6

单位：人

年龄组	哈萨克族			傣族			黎族		
	小计	男	女	小计	男	女	小计	男	女
总计	**1**	**1**		**2**		**2**	**5**	**3**	**2**
0-4岁									
5-9岁							1	1	
10-14岁									
15-19岁							1		1
20-24岁	1	1					1	1	
25-29岁									
30-34岁									
35-39岁				1		1	1	1	
40-44岁									
45-49岁				1		1			
50-54岁									
55-59岁									
60-64岁							1		1
65-69岁									
70-74岁									
75-79岁									
80-84岁									
85-89岁									
90-94岁									
95-99岁									
100岁及以上									

2-2b 续表 7

单位：人

年龄组	傈僳族			佤族			畲族		
	小计	男	女	小计	男	女	小计	男	女
总计	**8**	**4**	**4**	**7**	**5**	**2**	**2**	**2**	
0-4岁									
5-9岁									
10-14岁									
15-19岁	3	2	1						
20-24岁	1	1					1	1	
25-29岁				2	2				
30-34岁									
35-39岁	1		1	2	1	1			
40-44岁	2	1	1	2	2				
45-49岁							1	1	
50-54岁				1		1			
55-59岁	1		1						
60-64岁									
65-69岁									
70-74岁									
75-79岁									
80-84岁									
85-89岁									
90-94岁									
95-99岁									
100岁及以上									

2-2b 续表 8 单位：人

年龄组	高山族			拉祜族			水族		
	小计	男	女	小计	男	女	小计	男	女
总计				**3**	**1**	**2**	**4**	**1**	**3**
0-4岁									
5-9岁									
10-14岁									
15-19岁									
20-24岁							1		1
25-29岁				1		1			
30-34岁				1	1				
35-39岁							2	1	1
40-44岁							1		1
45-49岁									
50-54岁				1		1			
55-59岁									
60-64岁									
65-69岁									
70-74岁									
75-79岁									
80-84岁									
85-89岁									
90-94岁									
95-99岁									
100岁及以上									

2-2b 续表 9 单位：人

年龄组	东乡族			纳西族			景颇族		
	小计	男	女	小计	男	女	小计	男	女
总计	**1**	**1**		**1**	**1**		**2**		**2**
0-4岁									
5-9岁									
10-14岁									
15-19岁									
20-24岁									
25-29岁									
30-34岁							2		2
35-39岁	1	1							
40-44岁									
45-49岁				1	1				
50-54岁									
55-59岁									
60-64岁									
65-69岁									
70-74岁									
75-79岁									
80-84岁									
85-89岁									
90-94岁									
95-99岁									
100岁及以上									

2-2b 续表 10　　单位：人

年龄组	柯尔克孜族			土 族			达斡尔族		
	小计	男	女	小计	男	女	小计	男	女
总 计							**2**	**1**	**1**
0-4岁									
5-9岁									
10-14岁									
15-19岁									
20-24岁									
25-29岁									
30-34岁							1	1	
35-39岁									
40-44岁									
45-49岁									
50-54岁									
55-59岁									
60-64岁									
65-69岁							1		1
70-74岁									
75-79岁									
80-84岁									
85-89岁									
90-94岁									
95-99岁									
100岁及以上									

2-2b 续表 11　　单位：人

年龄组	仫 佬 族			羌 族			布 朗 族		
	小计	男	女	小计	男	女	小计	男	女
总 计	**2**	**1**	**1**	**10**	**5**	**5**			
0-4岁									
5-9岁									
10-14岁									
15-19岁	1		1						
20-24岁									
25-29岁									
30-34岁	1	1		4	2	2			
35-39岁				1	1				
40-44岁				2	1	1			
45-49岁				2		2			
50-54岁				1	1				
55-59岁									
60-64岁									
65-69岁									
70-74岁									
75-79岁									
80-84岁									
85-89岁									
90-94岁									
95-99岁									
100岁及以上									

2-2b　续表 12　　　　单位：人

年龄组	撒拉族			毛南族			仡佬族		
	小计	男	女	小计	男	女	小计	男	女
总　计	**2**	**1**	**1**				**4**	**2**	**2**
0–4岁									
5–9岁									
10–14岁									
15–19岁									
20–24岁	1		1				1		1
25–29岁							1		1
30–34岁							1	1	
35–39岁	1	1							
40–44岁									
45–49岁									
50–54岁							1	1	
55–59岁									
60–64岁									
65–69岁									
70–74岁									
75–79岁									
80–84岁									
85–89岁									
90–94岁									
95–99岁									
100岁及以上									

2-2b　续表 13　　　　单位：人

年龄组	锡伯族			阿昌族			普米族		
	小计	男	女	小计	男	女	小计	男	女
总　计	**1**		**1**						
0–4岁									
5–9岁									
10–14岁									
15–19岁									
20–24岁									
25–29岁									
30–34岁									
35–39岁									
40–44岁	1		1						
45–49岁									
50–54岁									
55–59岁									
60–64岁									
65–69岁									
70–74岁									
75–79岁									
80–84岁									
85–89岁									
90–94岁									
95–99岁									
100岁及以上									

2-2b 续表 14 单位：人

年龄组	塔吉克族			怒 族			乌孜别克族		
	小计	男	女	小计	男	女	小计	男	女
总 计									
0-4岁									
5-9岁									
10-14岁									
15-19岁									
20-24岁									
25-29岁									
30-34岁									
35-39岁									
40-44岁									
45-49岁									
50-54岁									
55-59岁									
60-64岁									
65-69岁									
70-74岁									
75-79岁									
80-84岁									
85-89岁									
90-94岁									
95-99岁									
100岁及以上									

2-2b 续表 15 单位：人

年龄组	俄罗斯族			鄂温克族			德 昂 族		
	小计	男	女	小计	男	女	小计	男	女
总 计				**2**	**1**	**1**			
0-4岁									
5-9岁				1		1			
10-14岁									
15-19岁									
20-24岁									
25-29岁									
30-34岁				1	1				
35-39岁									
40-44岁									
45-49岁									
50-54岁									
55-59岁									
60-64岁									
65-69岁									
70-74岁									
75-79岁									
80-84岁									
85-89岁									
90-94岁									
95-99岁									
100岁及以上									

2-2b 续表 16

单位：人

年龄组	保安族			裕固族			京族		
	小计	男	女	小计	男	女	小计	男	女
总　计				**2**		**2**			
0−4岁				1		1			
5−9岁									
10−14岁									
15−19岁									
20−24岁									
25−29岁				1		1			
30−34岁									
35−39岁									
40−44岁									
45−49岁									
50−54岁									
55−59岁									
60−64岁									
65−69岁									
70−74岁									
75−79岁									
80−84岁									
85−89岁									
90−94岁									
95−99岁									
100岁及以上									

2-2b 续表 17

单位：人

年龄组	塔塔尔族			独龙族			鄂伦春族		
	小计	男	女	小计	男	女	小计	男	女
总　计									
0−4岁									
5−9岁									
10−14岁									
15−19岁									
20−24岁									
25−29岁									
30−34岁									
35−39岁									
40−44岁									
45−49岁									
50−54岁									
55−59岁									
60−64岁									
65−69岁									
70−74岁									
75−79岁									
80−84岁									
85−89岁									
90−94岁									
95−99岁									
100岁及以上									

2-2b 续表 18

单位：人

年龄组	赫哲族			门巴族			珞巴族		
	小计	男	女	小计	男	女	小计	男	女
总 计									
0-4岁									
5-9岁									
10-14岁									
15-19岁									
20-24岁									
25-29岁									
30-34岁									
35-39岁									
40-44岁									
45-49岁									
50-54岁									
55-59岁									
60-64岁									
65-69岁									
70-74岁									
75-79岁									
80-84岁									
85-89岁									
90-94岁									
95-99岁									
100岁及以上									

2-2b 续表 19

单位：人

年龄组	基诺族			未定族称人口			入籍		
	小计	男	女	小计	男	女	小计	男	女
总 计				**6**	**3**	**3**			
0-4岁									
5-9岁									
10-14岁									
15-19岁				1	1				
20-24岁				2	1	1			
25-29岁									
30-34岁				1		1			
35-39岁									
40-44岁									
45-49岁				1	1				
50-54岁									
55-59岁									
60-64岁									
65-69岁				1		1			
70-74岁									
75-79岁									
80-84岁									
85-89岁									
90-94岁									
95-99岁									
100岁及以上									

2-2c　全市各民族分年龄、性别的人口(乡村)

单位：人

年龄组	合计			汉族		
	合计	男	女	小计	男	女
总　计	**580404**	**310822**	**269582**	**578670**	**309817**	**268853**
0-4岁	28813	14657	14156	28738	14617	14121
5-9岁	29148	14984	14164	29078	14945	14133
10-14岁	28721	14757	13964	28671	14727	13944
15-19岁	24882	14685	10197	24774	14614	10160
20-24岁	33200	18704	14496	33045	18608	14437
25-29岁	45237	24411	20826	45060	24314	20746
30-34岁	46576	25522	21054	46354	25383	20971
35-39岁	35295	19728	15567	35130	19630	15500
40-44岁	32890	18403	14487	32731	18321	14410
45-49岁	49279	26954	22325	49075	26840	22235
50-54岁	51576	28344	23232	51434	28263	23171
55-59岁	47300	25076	22224	47194	25009	22185
60-64岁	40475	21251	19224	40435	21228	19207
65-69岁	37173	18615	18558	37145	18600	18545
70-74岁	20957	10743	10214	20942	10738	10204
75-79岁	13497	6772	6725	13492	6769	6723
80-84岁	8361	4250	4111	8355	4246	4109
85-89岁	4954	2167	2787	4950	2166	2784
90-94岁	1614	638	976	1612	638	974
95-99岁	395	143	252	394	143	251
100岁及以上	61	18	43	61	18	43

2-2c　续表 1

单位：人

年龄组	蒙古族			回族			藏族		
	小计	男	女	小计	男	女	小计	男	女
总　计	**143**	**93**	**50**	**278**	**148**	**130**	**67**	**29**	**38**
0-4岁	11	7	4	15	9	6	1		1
5-9岁	6	4	2	17	8	9	2	2	
10-14岁	5	3	2	12	6	6			
15-19岁	9	4	5	24	16	8	3	2	1
20-24岁	9	5	4	17	10	7	7	5	2
25-29岁	8	4	4	28	12	16	7	1	6
30-34岁	22	18	4	32	19	13	10	2	8
35-39岁	10	8	2	25	12	13	5	4	1
40-44岁	14	12	2	14	7	7	12	4	8
45-49岁	20	12	8	19	12	7	11	5	6
50-54岁	11	6	5	24	12	12	3	3	
55-59岁	8	5	3	17	9	8	1	1	
60-64岁	6	3	3	7	4	3	3		3
65-69岁	3	2	1	12	6	6			
70-74岁				5	2	3	1		1
75-79岁	1		1						
80-84岁				5	4	1	1		1
85-89岁				3		3			
90-94岁				1		1			
95-99岁				1		1			
100岁及以上									

2-2c 续表 2

单位：人

年龄组	维吾尔族			苗 族			彝 族		
	小计	男	女	小计	男	女	小计	男	女
总 计	**24**	**17**	**7**	**218**	**130**	**88**	**273**	**155**	**118**
0-4岁	1		1	9	3	6	5	3	2
5-9岁	2	2		7	2	5	3	1	2
10-14岁				2	1	1	8	5	3
15-19岁	11	9	2	6	5	1	19	13	6
20-24岁	5	3	2	19	12	7	38	25	13
25-29岁	1		1	21	10	11	58	37	21
30-34岁	2	1	1	31	21	10	34	18	16
35-39岁				26	16	10	27	15	12
40-44岁	1	1		24	15	9	20	7	13
45-49岁				32	17	15	33	17	16
50-54岁	1	1		21	16	5	21	10	11
55-59岁				16	9	7	5	4	1
60-64岁				3	3				
65-69岁							1		1
70-74岁				1		1	1		1
75-79岁									
80-84岁									
85-89岁									
90-94岁									
95-99岁									
100岁及以上									

2-2c 续表 3

单位：人

年龄组	壮 族			布 依 族			朝 鲜 族		
	小计	男	女	小计	男	女	小计	男	女
总 计	**100**	**42**	**58**	**33**	**24**	**9**	**9**	**5**	**4**
0-4岁									
5-9岁	3	2	1	2	1	1			
10-14岁	3	2	1						
15-19岁	10	4	6	6	5	1			
20-24岁	5	2	3	1	1		1	1	
25-29岁	5	2	3	2	2		1	1	
30-34岁	9	7	2	4	4		1		1
35-39岁	11	6	5	3	3				
40-44岁	11	2	9	3	2	1	1	1	
45-49岁	20	6	14	3	2	1			
50-54岁	8	2	6	5	1	4	1		1
55-59岁	10	4	6						
60-64岁	2	2		1	1		1		1
65-69岁	2	1	1	2	1	1	2	1	1
70-74岁							1	1	
75-79岁									
80-84岁									
85-89岁				1	1				
90-94岁	1		1						
95-99岁									
100岁及以上									

2-2c　续表 4　　　　单位：人

年龄组	满族			侗族			瑶族		
	小计	男	女	小计	男	女	小计	男	女
总　计	**237**	**145**	**92**	**59**	**38**	**21**	**13**	**7**	**6**
0–4岁	16	9	7	6	2	4	1		1
5–9岁	15	9	6	2		2			
10–14岁	13	8	5	1		1			
15–19岁	11	8	3						
20–24岁	17	9	8	8	7	1	1		1
25–29岁	20	13	7	5	3	2	1	1	
30–34岁	35	21	14	10	8	2	2	1	1
35–39岁	20	12	8	6	4	2	2	2	
40–44岁	13	6	7	5	4	1	4	1	3
45–49岁	17	15	2	10	5	5	1	1	
50–54岁	17	11	6	1	1				
55–59岁	21	11	10	4	3	1			
60–64岁	11	7	4				1	1	
65–69岁	5	3	2						
70–74岁	3	1	2						
75–79岁	3	2	1	1	1				
80–84岁									
85–89岁									
90–94岁									
95–99岁									
100岁及以上									

2-2c　续表 5　　　　单位：人

年龄组	白族			土家族			哈尼族		
	小计	男	女	小计	男	女	小计	男	女
总　计	**25**	**10**	**15**	**121**	**75**	**46**	**7**	**3**	**4**
0–4岁				5	4	1	1	1	
5–9岁				7	6	1			
10–14岁				2	1	1			
15–19岁				2		2			
20–24岁	4	1	3	8	6	2	1	1	
25–29岁	3	2	1	8	4	4			
30–34岁	4	1	3	14	10	4			
35–39岁	5	3	2	11	6	5	1		1
40–44岁	3	1	2	13	7	6	1		1
45–49岁	3	1	2	20	12	8			
50–54岁	1		1	14	7	7	2		2
55–59岁	1	1		13	11	2	1	1	
60–64岁	1		1	2		2			
65–69岁									
70–74岁				2	1	1			
75–79岁									
80–84岁									
85–89岁									
90–94岁									
95–99岁									
100岁及以上									

2-2c 续表 6 单位：人

年龄组	哈萨克族			傣族			黎族		
	小计	男	女	小计	男	女	小计	男	女
总计	**4**	**4**		**2**	**1**	**1**	**9**	**5**	**4**
0-4岁									
5-9岁									
10-14岁									
15-19岁	4	4							
20-24岁				1	1		1		1
25-29岁							2	1	1
30-34岁									
35-39岁							1		1
40-44岁							1	1	
45-49岁							1		1
50-54岁							1	1	
55-59岁							1	1	
60-64岁									
65-69岁							1	1	
70-74岁				1		1			
75-79岁									
80-84岁									
85-89岁									
90-94岁									
95-99岁									
100岁及以上									

2-2c 续表 7 单位：人

年龄组	傈僳族			佤族			畲族		
	小计	男	女	小计	男	女	小计	男	女
总计	**6**	**3**	**3**	**3**	**1**	**2**	**11**	**10**	**1**
0-4岁							1	1	
5-9岁									
10-14岁							1	1	
15-19岁	1		1						
20-24岁	1	1					1		1
25-29岁	2	2					1	1	
30-34岁	1		1				1	1	
35-39岁									
40-44岁	1		1	1	1		2	2	
45-49岁				2		2			
50-54岁							2	2	
55-59岁							2	2	
60-64岁									
65-69岁									
70-74岁									
75-79岁									
80-84岁									
85-89岁									
90-94岁									
95-99岁									
100岁及以上									

2-2c　续表 8　　单位：人

年龄组	高山族			拉祜族			水族		
	小计	男	女	小计	男	女	小计	男	女
总　计							**7**	**6**	**1**
0-4岁									
5-9岁							1	1	
10-14岁							1	1	
15-19岁									
20-24岁							1	1	
25-29岁									
30-34岁							1	1	
35-39岁							1		1
40-44岁									
45-49岁							1	1	
50-54岁									
55-59岁							1	1	
60-64岁									
65-69岁									
70-74岁									
75-79岁									
80-84岁									
85-89岁									
90-94岁									
95-99岁									
100岁及以上									

2-2c　续表 9　　单位：人

年龄组	东乡族			纳西族			景颇族		
	小计	男	女	小计	男	女	小计	男	女
总　计	**3**	**2**	**1**	**1**		**1**	**1**		**1**
0-4岁	1	1					1		1
5-9岁									
10-14岁									
15-19岁									
20-24岁	2	1	1						
25-29岁									
30-34岁				1		1			
35-39岁									
40-44岁									
45-49岁									
50-54岁									
55-59岁									
60-64岁									
65-69岁									
70-74岁									
75-79岁									
80-84岁									
85-89岁									
90-94岁									
95-99岁									
100岁及以上									

2-2c 续表 10 单位：人

年龄组	柯尔克孜族			土 族			达斡尔族		
	小计	男	女	小计	男	女	小计	男	女
总 计				**2**		**2**			
0-4岁									
5-9岁				1		1			
10-14岁									
15-19岁									
20-24岁				1		1			
25-29岁									
30-34岁									
35-39岁									
40-44岁									
45-49岁									
50-54岁									
55-59岁									
60-64岁									
65-69岁									
70-74岁									
75-79岁									
80-84岁									
85-89岁									
90-94岁									
95-99岁									
100岁及以上									

2-2c 续表 11 单位：人

年龄组	仫 佬 族			羌 族			布 朗 族		
	小计	男	女	小计	男	女	小计	男	女
总 计	**1**	**1**		**21**	**16**	**5**	**1**		**1**
0-4岁									
5-9岁									
10-14岁				1	1				
15-19岁									
20-24岁									
25-29岁									
30-34岁				1	1				
35-39岁	1	1		2	1	1	1		1
40-44岁				7	5	2			
45-49岁				4	3	1			
50-54岁				3	3				
55-59岁				1		1			
60-64岁				2	2				
65-69岁									
70-74岁									
75-79岁									
80-84岁									
85-89岁									
90-94岁									
95-99岁									
100岁及以上									

2−2c　续表 12　　单位：人

年龄组	撒拉族			毛南族			仡佬族		
	小计	男	女	小计	男	女	小计	男	女
总　计	**13**	**6**	**7**				**14**	**8**	**6**
0−4岁	1		1						
5−9岁	2	1	1						
10−14岁	1	1							
15−19岁	2	1	1						
20−24岁	2	2					3	1	2
25−29岁	1		1						
30−34岁	2	1	1				1	1	
35−39岁	1		1				2	1	1
40−44岁							3	1	2
45−49岁							3	2	1
50−54岁	1		1				2	2	
55−59岁									
60−64岁									
65−69岁									
70−74岁									
75−79岁									
80−84岁									
85−89岁									
90−94岁									
95−99岁									
100岁及以上									

2−2c　续表 13　　单位：人

年龄组	锡伯族			阿昌族			普米族		
	小计	男	女	小计	男	女	小计	男	女
总　计	**4**	**3**	**1**	**2**	**1**	**1**			
0−4岁									
5−9岁									
10−14岁									
15−19岁									
20−24岁									
25−29岁	1		1	1		1			
30−34岁	1	1							
35−39岁				1	1				
40−44岁									
45−49岁	1	1							
50−54岁	1	1							
55−59岁									
60−64岁									
65−69岁									
70−74岁									
75−79岁									
80−84岁									
85−89岁									
90−94岁									
95−99岁									
100岁及以上									

2-2c 续表 14 单位：人

年龄组	塔吉克族			怒 族			乌孜别克族		
	小计	男	女	小计	男	女	小计	男	女
总 计									
0-4岁									
5-9岁									
10-14岁									
15-19岁									
20-24岁									
25-29岁									
30-34岁									
35-39岁									
40-44岁									
45-49岁									
50-54岁									
55-59岁									
60-64岁									
65-69岁									
70-74岁									
75-79岁									
80-84岁									
85-89岁									
90-94岁									
95-99岁									
100岁及以上									

2-2c 续表 15 单位：人

年龄组	俄罗斯族			鄂温克族			德 昂 族		
	小计	男	女	小计	男	女	小计	男	女
总 计				**10**	**10**		**2**	**1**	**1**
0-4岁									
5-9岁									
10-14岁									
15-19岁									
20-24岁									
25-29岁				1	1				
30-34岁				1	1				
35-39岁									
40-44岁				1	1		1	1	
45-49岁				1	1		1		1
50-54岁				2	2				
55-59岁				4	4				
60-64岁									
65-69岁									
70-74岁									
75-79岁									
80-84岁									
85-89岁									
90-94岁									
95-99岁									
100岁及以上									

2–2c　续表 16　　　　单位：人

年龄组	保安族			裕固族			京　族		
	小计	男	女	小计	男	女	小计	男	女
总　计									
0–4岁									
5–9岁									
10–14岁									
15–19岁									
20–24岁									
25–29岁									
30–34岁									
35–39岁									
40–44岁									
45–49岁									
50–54岁									
55–59岁									
60–64岁									
65–69岁									
70–74岁									
75–79岁									
80–84岁									
85–89岁									
90–94岁									
95–99岁									
100岁及以上									

2–2c　续表 17　　　　单位：人

年龄组	塔塔尔族			独龙族			鄂伦春族		
	小计	男	女	小计	男	女	小计	男	女
总　计									
0–4岁									
5–9岁									
10–14岁									
15–19岁									
20–24岁									
25–29岁									
30–34岁									
35–39岁									
40–44岁									
45–49岁									
50–54岁									
55–59岁									
60–64岁									
65–69岁									
70–74岁									
75–79岁									
80–84岁									
85–89岁									
90–94岁									
95–99岁									
100岁及以上									

2-2c 续表 18 单位：人

年龄组	赫哲族			门巴族			珞巴族		
	小计	男	女	小计	男	女	小计	男	女
总　计									
0-4岁									
5-9岁									
10-14岁									
15-19岁									
20-24岁									
25-29岁									
30-34岁									
35-39岁									
40-44岁									
45-49岁									
50-54岁									
55-59岁									
60-64岁									
65-69岁									
70-74岁									
75-79岁									
80-84岁									
85-89岁									
90-94岁									
95-99岁									
100岁及以上									

2-2c 续表 19 单位：人

年龄组	基诺族			未定族称人口			入籍		
	小计	男	女	小计	男	女	小计	男	女
总　计				**10**	**6**	**4**			
0-4岁									
5-9岁									
10-14岁									
15-19岁									
20-24岁				1	1				
25-29岁									
30-34岁				2	1	1			
35-39岁				3	3				
40-44岁				3		3			
45-49岁				1	1				
50-54岁									
55-59岁									
60-64岁									
65-69岁									
70-74岁									
75-79岁									
80-84岁									
85-89岁									
90-94岁									
95-99岁									
100岁及以上									

2-3 全市各民族分性别、受教育程度的3岁及以上人口

单位：人

民族	3岁及以上人口			未上过学		
	合计	男	女	小计	男	女
总　计	**5144736**	**2639856**	**2504880**	**68797**	**25278**	**43519**
汉　族	5110118	2621174	2488944	68120	25060	43060
蒙古族	2954	1617	1337	27	11	16
回　族	12614	6380	6234	206	63	143
藏　族	619	304	315	18	5	13
维吾尔族	549	331	218	5	4	1
苗　族	3347	2064	1283	173	29	144
彝　族	1565	950	615	86	37	49
壮　族	852	450	402	6	3	3
布依族	335	180	155	9	4	5
朝鲜族	428	228	200	4	3	1
满　族	7358	3910	3448	62	26	36
侗　族	400	257	143	7	3	4
瑶　族	183	89	94	3		3
白　族	262	153	109	1		1
土家族	1577	925	652	22	11	11
哈尼族	90	38	52	2		2
哈萨克族	80	39	41			
傣　族	62	25	37	2		2
黎　族	180	91	89	5	2	3
傈僳族	49	20	29	3	1	2
佤　族	37	18	19	4	4	
畲　族	85	53	32	1		1
高山族	1	1				
拉祜族	24	8	16	1	1	
水　族	46	27	19	2		2
东乡族	33	22	11	2	2	
纳西族	28	15	13			
景颇族	13	4	9			
柯尔克孜族	6	3	3			
土　族	59	29	30	1	1	
达斡尔族	78	32	46	1	1	
仫佬族	22	13	9	1		1
羌　族	128	84	44	3	2	1
布朗族	4	1	3	1		1
撒拉族	136	66	70	14	2	12
毛南族	6	3	3			
仡佬族	145	107	38			
锡伯族	104	60	44	1	1	
阿昌族	2	1	1			
普米族	3	1	2			
塔吉克族	1	1				
怒　族	2		2			
乌孜别克族	1		1			
俄罗斯族						
鄂温克族	23	18	5			
德昂族	2	1	1			
保安族	1	1				
裕固族	2	1	1			
京　族	2	1	1			
塔塔尔族	1		1			
独龙族						
鄂伦春族	12	6	6			
赫哲族	1		1			
门巴族	2	1	1			
珞巴族						
基诺族						
未定族称人口	99	52	47	4	2	2
入　籍	5	1	4			

2-3 续表 1 单位：人

民族	学前教育			小学		
	小计	男	女	小计	男	女
总计	**172513**	**89027**	**83486**	**749112**	**368638**	**380474**
汉族	171207	88355	82852	742926	365354	377572
蒙古族	185	94	91	409	219	190
回族	413	224	189	1977	937	1040
藏族	13	6	7	125	76	49
维吾尔族	18	14	4	39	19	20
苗族	116	62	54	1090	635	455
彝族	33	13	20	575	349	226
壮族	18	12	6	115	55	60
布依族	9	1	8	56	27	29
朝鲜族	12	6	6	47	30	17
满族	360	165	195	961	494	467
侗族	11	3	8	90	61	29
瑶族	4	2	2	28	14	14
白族	6	3	3	36	22	14
土家族	75	47	28	276	156	120
哈尼族	1		1	26	11	15
哈萨克族						
傣族	2		2	13	7	6
黎族	4	4		24	10	14
傈僳族	1		1	16	9	7
佤族				15	7	8
畲族	1		1	17	13	4
高山族				1	1	
拉祜族				14	5	9
水族	1	1		13	9	4
东乡族	1		1	17	12	5
纳西族				7	5	2
景颇族				3	2	1
柯尔克孜族						
土族	1	1		6	4	2
达斡尔族	10	5	5	13	7	6
仫佬族				2	1	1
羌族	2	2		39	24	15
布朗族				2		2
撒拉族	2	1	1	68	32	36
毛南族						
仡佬族	1		1	26	15	11
锡伯族	5	5		10	5	5
阿昌族						
普米族				1		1
塔吉克族						
怒族						
乌孜别克族						
俄罗斯族						
鄂温克族				2		2
德昂族						
保安族						
裕固族						
京族						
塔塔尔族						
独龙族						
鄂伦春族	1	1		6	3	3
赫哲族						
门巴族						
珞巴族						
基诺族						
未定族称人口				21	8	13
入籍						

2-3　续表 2　　　　单位：人

民　族	初　中			高　中			大学专科		
	小计	男	女	小计	男	女	小计	男	女
总　计	**1540492**	**839887**	**700605**	**976922**	**507744**	**469178**	**737761**	**368038**	**369723**
汉　族	1530669	834047	696622	971703	505031	466672	734008	366117	367891
蒙古族	592	377	215	373	180	193	456	231	225
回　族	3710	2019	1691	2444	1212	1232	1596	811	785
藏　族	94	56	38	236	107	129	43	15	28
维吾尔族	85	57	28	94	63	31	53	30	23
苗　族	1490	1038	452	156	105	51	75	45	30
彝　族	563	372	191	120	89	31	47	20	27
壮　族	204	106	98	90	52	38	68	39	29
布依族	101	61	40	50	26	24	27	11	16
朝鲜族	92	52	40	83	43	40	63	27	36
满　族	1667	950	717	1137	592	545	1024	532	492
侗　族	153	109	44	36	24	12	26	16	10
瑶　族	55	28	27	20	12	8	17	8	9
白　族	91	52	39	35	19	16	18	11	7
土家族	490	303	187	178	106	72	123	63	60
哈尼族	33	19	14	10	2	8	6	2	4
哈萨克族	7	5	2	16	10	6	6	3	3
傣　族	22	7	15	7	3	4	5	2	3
黎　族	29	15	14	25	11	14	20	10	10
傈僳族	13	3	10	7	3	4	5	1	4
佤　族	14	4	10	1	1				
畲　族	23	12	11	6	4	2	7	3	4
高山族									
拉祜族	6	1	5				1		1
水　族	15	9	6	4	2	2	1	1	
东乡族	8	7	1	2	1	1			
纳西族	4	3	1	6	1	5	4	2	2
景颇族	6		6	2		2	1	1	
柯尔克孜族							1	1	
土　族	7	5	2	7	3	4	6	3	3
达斡尔族	10	5	5	11	2	9	8	2	6
仫佬族	7	6	1	3	2	1			
羌　族	54	40	14	11	6	5	9	5	4
布朗族									
撒拉族	41	24	17	6	5	1	1	1	
毛南族	1		1	1	1		1	1	
仡佬族	70	58	12	14	12	2	2	1	1
锡伯族	29	16	13	10	7	3	17	10	7
阿昌族				2	1	1			
普米族	1		1						
塔吉克族							1	1	
怒　族	1		1	1		1			
乌孜别克族									
俄罗斯族									
鄂温克族	4	2	2	3	3		10	10	
德昂族				2	1	1			
保安族									
裕固族							1		1
京　族									
塔塔尔族									
独龙族									
鄂伦春族	1		1	1		1	1	1	
赫哲族									
门巴族									
珞巴族									
基诺族									
未定族称人口	28	18	10	6	2	4	3	1	2
入　籍	2	1	1	3		3			

2-3 续表 3 单位：人

民 族	大学本科			硕士研究生			博士研究生		
	小计	男	女	小计	男	女	小计	男	女
总 计	**790054**	**391853**	**398201**	**97230**	**43230**	**54000**	**11855**	**6161**	**5694**
汉 族	783185	388173	395012	96545	42927	53618	11755	6110	5645
蒙古族	800	456	344	96	41	55	16	8	8
回 族	2018	1017	1001	214	84	130	36	13	23
藏 族	86	39	47	3		3	1		1
维吾尔族	251	142	109	3	1	2	1	1	
苗 族	227	142	85	17	6	11	3	2	1
彝 族	137	69	68	3		3	1	1	
壮 族	329	173	156	18	9	9	4	1	3
布依族	82	50	32	1		1			
朝鲜族	111	59	52	16	8	8			
满 族	1876	1009	867	241	120	121	30	22	8
侗 族	74	41	33	2		2	1		1
瑶 族	49	23	26	7	2	5			
白 族	71	43	28	3	3		1		1
土家族	365	214	151	43	22	21	5	3	2
哈尼族	10	3	7	2	1	1			
哈萨克族	50	21	29	1		1			
傣 族	11	6	5						
黎 族	69	36	33	4	3	1			
傈僳族	3	2	1	1	1				
佤 族	3	2	1						
畲 族	30	21	9						
高山族									
拉祜族	2	1	1						
水 族	10	5	5						
东乡族	3		3						
纳西族	6	3	3	1	1				
景颇族	1	1							
柯尔克孜族	5	2	3						
土 族	29	11	18	2	1	1			
达斡尔族	21	10	11	4		4			
仫佬族	9	4	5						
羌 族	10	5	5						
布朗族	1	1							
撒拉族	4	1	3						
毛南族	3	1	2						
仡佬族	31	21	10	1		1			
锡伯族	29	16	13	2		2	1		1
阿昌族									
普米族	1	1							
塔吉克族									
怒 族									
乌孜别克族	1		1						
俄罗斯族									
鄂温克族	4	3	1						
德昂族									
保安族	1	1							
裕固族	1	1							
京 族	2	1	1						
塔塔尔族	1		1						
独龙族									
鄂伦春族	2	1	1						
赫哲族	1		1						
门巴族	2	1	1						
珞巴族									
基诺族									
未定族称人口	37	21	16						
入 籍									

2-3a　全市各民族分性别、受教育程度的3岁及以上人口(城市)

单位：人

民族	3岁及以上人口			未上过学		
	合计	男	女	小计	男	女
总　计	**4067008**	**2070373**	**1996635**	**46153**	**17270**	**28883**
汉　族	4035418	2053398	1982020	45557	17067	28490
蒙古族	2634	1426	1208	26	11	15
回　族	12069	6096	5973	191	61	130
藏　族	524	258	266	14	5	9
维吾尔族	510	309	201	3	3	
苗　族	2947	1831	1116	153	27	126
彝　族	1170	724	446	64	34	30
壮　族	720	394	326	5	3	2
布依族	274	142	132	5	2	3
朝鲜族	408	217	191	4	3	1
满　族	6877	3634	3243	61	26	35
侗　族	329	211	118	6	2	4
瑶　族	163	78	85	2		2
白　族	216	128	88	1		1
土家族	1380	806	574	21	11	10
哈尼族	73	30	43	1		1
哈萨克族	75	34	41			
傣　族	58	24	34	1		1
黎　族	166	83	83	4	2	2
傈僳族	35	13	22	3	1	2
佤　族	27	12	15	1	1	
畲　族	73	42	31	1		1
高山族	1	1				
拉祜族	21	7	14	1	1	
水　族	35	20	15	2		2
东乡族	30	20	10	2	2	
纳西族	26	14	12			
景颇族	11	4	7			
柯尔克孜族	6	3	3			
土　族	57	29	28	1	1	
达斡尔族	76	31	45	1	1	
仫佬族	19	11	8	1		1
羌　族	97	63	34	3	2	1
布朗族	3	1	2	1		1
撒拉族	122	59	63	13	2	11
毛南族	6	3	3			
仡佬族	127	97	30			
锡伯族	99	57	42	1	1	
阿昌族						
普米族	3	1	2			
塔吉克族	1	1				
怒　族	2		2			
乌孜别克族	1		1			
俄罗斯族						
鄂温克族	11	7	4			
德昂族						
保安族	1	1				
裕固族	1	1				
京　族	2	1	1			
塔塔尔族	1		1			
独龙族						
鄂伦春族	12	6	6			
赫哲族	1		1			
门巴族	2	1	1			
珞巴族						
基诺族						
未定族称人口	83	43	40	3	1	2
入　籍	5	1	4			

2-3a 续表 1 单位：人

民 族	学前教育			小 学		
	小计	男	女	小计	男	女
总 计	**138225**	**71524**	**66701**	**533220**	**261153**	**272067**
汉 族	137012	70904	66108	527763	258254	269509
蒙古族	163	79	84	368	196	172
回 族	395	212	183	1857	883	974
藏 族	10	5	5	86	54	32
维吾尔族	14	11	3	34	17	17
苗 族	112	60	52	966	565	401
彝 族	27	9	18	432	268	164
壮 族	18	12	6	80	43	37
布依族	6	1	5	39	15	24
朝鲜族	12	6	6	45	29	16
满 族	342	157	185	885	454	431
侗 族	10	3	7	70	49	21
瑶 族	3	2	1	26	12	14
白 族	6	3	3	26	15	11
土家族	64	41	23	231	132	99
哈尼族	1		1	23	10	13
哈萨克族						
傣 族	2		2	13	7	6
黎 族	3	3		24	10	14
傈僳族	1		1	9	6	3
佤 族				11	5	6
畲 族	1		1	13	9	4
高山族				1	1	
拉祜族				13	5	8
水 族	1	1		8	6	2
东乡族	1		1	16	11	5
纳西族				6	4	2
景颇族				3	2	1
柯尔克孜族						
土 族	1	1		5	4	1
达斡尔族	10	5	5	13	7	6
仫佬族				2	1	1
羌 族	2	2		34	21	13
布朗族				1		1
撒拉族	1	1		62	29	33
毛南族						
仡佬族	1		1	20	13	7
锡伯族	5	5		10	5	5
阿昌族						
普米族				1		1
塔吉克族						
怒 族						
乌孜别克族						
俄罗斯族						
鄂温克族				1		1
德昂族						
保安族						
裕固族						
京 族						
塔塔尔族						
独龙族						
鄂伦春族	1	1		6	3	3
赫哲族						
门巴族						
珞巴族						
基诺族						
未定族称人口				17	8	9
入 籍						

2-3a　续表 2　　　　单位：人

民　族	初　中			高　中			大学专科		
	小计	男	女	小计	男	女	小计	男	女
总　计	**1121299**	**603491**	**517808**	**779876**	**396565**	**383311**	**642761**	**320444**	**322317**
汉　族	1112713	598437	514276	774983	394042	380941	639215	318641	320574
蒙古族	483	299	184	328	150	178	421	214	207
回　族	3529	1909	1620	2361	1168	1193	1550	786	764
藏　族	63	41	22	228	102	126	41	14	27
维吾尔族	74	51	23	82	54	28	49	29	20
苗　族	1275	905	370	143	96	47	63	35	28
彝　族	377	253	124	103	76	27	40	18	22
壮　族	144	77	67	68	44	24	64	37	27
布依族	80	46	34	42	20	22	26	10	16
朝鲜族	84	47	37	78	42	36	62	26	36
满　族	1513	847	666	1066	552	514	970	502	468
侗　族	124	87	37	31	21	10	18	10	8
瑶　族	41	21	20	19	11	8	16	7	9
白　族	71	44	27	27	13	14	15	10	5
土家族	383	229	154	171	103	68	113	57	56
哈尼族	22	13	9	9	2	7	5	1	4
哈萨克族	7	5	2	12	6	6	6	3	3
傣　族	19	6	13	7	3	4	5	2	3
黎　族	24	12	12	23	10	13	17	8	9
傈僳族	10	1	9	4	2	2	4		4
佤　族	11	3	8	1	1				
畲　族	17	7	10	6	4	2	6	2	4
高山族									
拉祜族	5	1	4				1		1
水　族	10	5	5	4	2	2	1	1	
东乡族	7	6	1	2	1	1			
纳西族	4	3	1	6	1	5	3	2	1
景颇族	5		5	1		1	1	1	
柯尔克孜族							1	1	
土　族	7	5	2	7	3	4	5	3	2
达斡尔族	10	5	5	10	2	8	8	2	6
仫佬族	5	4	1	3	2	1			
羌　族	31	24	7	9	5	4	8	4	4
布朗族									
撒拉族	36	20	16	6	5	1	1	1	
毛南族	1		1	1	1		1	1	
仡佬族	61	51	10	13	11	2	2	1	1
锡伯族	25	13	12	10	7	3	16	10	6
阿昌族									
普米族	1		1						
塔吉克族							1	1	
怒　族	1		1	1		1			
乌孜别克族									
俄罗斯族									
鄂温克族	3	1	2	2	2		2	2	
德昂族									
保安族									
裕固族									
京　族									
塔塔尔族									
独龙族									
鄂伦春族	1		1	1		1	1	1	
赫哲族									
门巴族									
珞巴族									
基诺族									
未定族称人口	20	12	8	5	1	4	3	1	2
入　籍	2	1	1	3		3			

2-3a 续表 3 单位：人

民 族	大学本科			硕士研究生			博士研究生		
	小计	男	女	小计	男	女	小计	男	女
总 计	**700948**	**352395**	**348553**	**93012**	**41537**	**51475**	**11514**	**5994**	**5520**
汉 族	694419	348867	345552	92339	41240	51099	11417	5946	5471
蒙古族	735	430	305	95	40	55	15	7	8
回 族	1941	983	958	210	82	128	35	12	23
藏 族	78	37	41	3		3	1		1
维吾尔族	250	142	108	3	1	2	1	1	
苗 族	215	135	80	17	6	11	3	2	1
彝 族	123	65	58	3		3	1	1	
壮 族	320	168	152	17	9	8	4	1	3
布依族	75	48	27	1		1			
朝鲜族	107	56	51	16	8	8			
满 族	1775	957	818	236	118	118	29	21	8
侗 族	67	39	28	2		2	1		1
瑶 族	49	23	26	7	2	5			
白 族	67	41	26	2	2		1		1
土家族	349	208	141	43	22	21	5	3	2
哈尼族	10	3	7	2	1	1			
哈萨克族	49	20	29	1		1			
傣 族	11	6	5						
黎 族	67	35	32	4	3	1			
傈僳族	3	2	1	1	1				
佤 族	3	2	1						
畲 族	29	20	9						
高山族									
拉祜族	1		1						
水 族	9	5	4						
东乡族	2		2						
纳西族	6	3	3	1	1				
景颇族	1	1							
柯尔克孜族	5	2	3						
土 族	29	11	18	2	1	1			
达斡尔族	20	9	11	4		4			
仫佬族	8	4	4						
羌 族	10	5	5						
布朗族	1	1							
撒拉族	3	1	2						
毛南族	3	1	2						
仡佬族	29	21	8	1		1			
锡伯族	29	16	13	2		2	1		1
阿昌族									
普米族	1	1							
塔吉克族									
怒 族									
乌孜别克族	1		1						
俄罗斯族									
鄂温克族	3	2	1						
德昂族									
保安族	1	1							
裕固族	1	1							
京 族	2	1	1						
塔塔尔族	1		1						
独龙族									
鄂伦春族	2	1	1						
赫哲族	1		1						
门巴族	2	1	1						
珞巴族									
基诺族									
未定族称人口	35	20	15						
入 籍									

2-3b 全市各民族分性别、受教育程度的3岁及以上人口(镇)

单位：人

民 族	3岁及以上人口			未上过学		
	合计	男	女	小计	男	女
总 计	**514219**	**267326**	**246893**	**5910**	**2275**	**3635**
汉 族	512877	266600	246277	5883	2268	3615
蒙古族	182	100	82			
回 族	275	140	135	5	1	4
藏 族	28	17	11			
维吾尔族	15	5	10	2	1	1
苗 族	189	105	84	6		6
彝 族	125	73	52	7	1	6
壮 族	32	14	18	1		1
布依族	28	14	14	1	1	
朝鲜族	11	6	5			
满 族	259	140	119	1		1
侗 族	16	9	7			
瑶 族	7	4	3			
白 族	21	15	6			
土家族	77	45	32			
哈尼族	11	6	5			
哈萨克族	1	1				
傣 族	2		2			
黎 族	5	3	2	1		1
傈僳族	8	4	4			
佤 族	7	5	2	3	3	
畲 族	2	2				
高山族						
拉祜族	3	1	2			
水 族	4	1	3			
东乡族	1	1				
纳西族	1	1				
景颇族	2		2			
柯尔克孜族						
土 族						
达斡尔族	2	1	1			
仫佬族	2	1	1			
羌 族	10	5	5			
布朗族						
撒拉族	2	1	1			
毛南族						
仡佬族	4	2	2			
锡伯族	1		1			
阿昌族						
普米族						
塔吉克族						
怒 族						
乌孜别克族						
俄罗斯族						
鄂温克族	2	1	1			
德昂族						
保安族						
裕固族	1		1			
京 族						
塔塔尔族						
独龙族						
鄂伦春族						
赫哲族						
门巴族						
珞巴族						
基诺族						
未定族称人口	6	3	3			
入 籍						

2-3b 续表 1

单位：人

民族	学前教育			小学		
	小计	男	女	小计	男	女
总　计	**16990**	**8805**	**8185**	**74403**	**36894**	**37509**
汉　族	16938	8781	8157	74150	36759	37391
蒙古族	14	8	6	17	10	7
回　族	10	5	5	52	24	28
藏　族	1		1	12	6	6
维吾尔族	1	1		3	1	2
苗　族	1		1	44	26	18
彝　族	5	4	1	39	23	16
壮　族				5	1	4
布依族	3		3	4	3	1
朝鲜族						
满　族	12	4	8	36	21	15
侗　族				3	2	1
瑶　族				2	2	
白　族				4	3	1
土家族	4	1	3	14	8	6
哈尼族				1		1
哈萨克族						
傣　族						
黎　族	1	1				
傈僳族				3	1	2
佤　族				3	1	2
畲　族				1	1	
高山族						
拉祜族				1		1
水　族				2	1	1
东乡族						
纳西族				1	1	
景颇族						
柯尔克孜族						
土　族						
达斡尔族						
仫佬族						
羌　族				2		2
布朗族						
撒拉族						
毛南族						
仡佬族				1		1
锡伯族						
阿昌族						
普米族						
塔吉克族						
怒　族						
乌孜别克族						
俄罗斯族						
鄂温克族				1		1
德昂族						
保安族						
裕固族						
京　族						
塔塔尔族						
独龙族						
鄂伦春族						
赫哲族						
门巴族						
珞巴族						
基诺族						
未定族称人口				2		2
入　籍						

2–3b 续表 2

单位：人

民 族	初 中			高 中			大学专科		
	小计	男	女	小计	男	女	小计	男	女
总 计	**156491**	**86137**	**70354**	**122614**	**69398**	**53216**	**60711**	**30093**	**30618**
汉 族	156030	85847	70183	122459	69303	53156	60594	30040	30554
蒙古族	46	33	13	32	22	10	19	7	12
回 族	69	38	31	43	29	14	32	16	16
藏 族	7	5	2	4	4		2	1	1
维吾尔族	4	1	3	1		1	4	1	3
苗 族	116	64	52	8	7	1	5	3	2
彝 族	45	31	14	10	8	2	6	2	4
壮 族	11	7	4	6	2	4	2	1	1
布依族	13	9	4	1		1			
朝鲜族	5	3	2	3	1	2			
满 族	63	45	18	29	11	18	32	15	17
侗 族	5	3	2	1	1		3	1	2
瑶 族	5	2	3						
白 族	5	3	2	5	5		2	1	1
土家族	37	28	9	4	1	3	6	3	3
哈尼族	9	6	3	1		1			
哈萨克族									
傣 族	2		2						
黎 族							1	1	
傈僳族	2	1	1	2	1	1	1	1	
佤 族	1	1							
畲 族									
高山族									
拉祜族	1		1						
水 族	1		1						
东乡族	1	1							
纳西族									
景颇族	1		1	1		1			
柯尔克孜族									
土 族									
达斡尔族				1		1			
仫佬族	1	1							
羌 族	8	5	3						
布朗族									
撒拉族	1	1							
毛南族									
仡佬族	1	1		1	1				
锡伯族							1		1
阿昌族									
普米族									
塔吉克族									
怒 族									
乌孜别克族									
俄罗斯族									
鄂温克族				1	1				
德昂族									
保安族									
裕固族							1		1
京 族									
塔塔尔族									
独龙族									
鄂伦春族									
赫哲族									
门巴族									
珞巴族									
基诺族									
未定族称人口	1	1		1	1				
入 籍									

2−3b 续表 3 单位：人

民 族	大学本科			硕士研究生			博士研究生		
	小计	男	女	小计	男	女	小计	男	女
总 计	**73955**	**32401**	**41554**	**2914**	**1208**	**1706**	**231**	**115**	**116**
汉 族	73687	32286	41401	2907	1203	1704	229	113	116
蒙古族	52	18	34	1	1		1	1	
回 族	62	26	36	2	1	1			
藏 族	2	1	1						
维吾尔族									
苗 族	9	5	4						
彝 族	13	4	9						
壮 族	7	3	4						
布依族	6	1	5						
朝鲜族	3	2	1						
满 族	82	41	41	3	2	1	1	1	
侗 族	4	2	2						
瑶 族									
白 族	4	2	2	1	1				
土家族	12	4	8						
哈尼族									
哈萨克族	1	1							
傣 族									
黎 族	2	1	1						
傈僳族									
佤 族									
畲 族	1	1							
高山族									
拉祜族	1	1							
水 族	1		1						
东乡族									
纳西族									
景颇族									
柯尔克孜族									
土 族									
达斡尔族	1	1							
仫佬族	1		1						
羌 族									
布朗族									
撒拉族	1		1						
毛南族									
仡佬族	1		1						
锡伯族									
阿昌族									
普米族									
塔吉克族									
怒 族									
乌孜别克族									
俄罗斯族									
鄂温克族									
德昂族									
保安族									
裕固族									
京 族									
塔塔尔族									
独龙族									
鄂伦春族									
赫哲族									
门巴族									
珞巴族									
基诺族									
未定族称人口	2	1	1						
入 籍									

2-3c　全市各民族分性别、受教育程度的3岁及以上人口(乡村)

单位：人

民　族	3岁及以上人口			未上过学		
	合计	男	女	小计	男	女
总　计	**563509**	**302157**	**261352**	**16734**	**5733**	**11001**
汉　族	561823	301176	260647	16680	5725	10955
蒙古族	138	91	47	1		1
回　族	270	144	126	10	1	9
藏　族	67	29	38	4		4
维吾尔族	24	17	7			
苗　族	211	128	83	14	2	12
彝　族	270	153	117	15	2	13
壮　族	100	42	58			
布依族	33	24	9	3	1	2
朝鲜族	9	5	4			
满　族	222	136	86			
侗　族	55	37	18	1	1	
瑶　族	13	7	6	1		1
白　族	25	10	15			
土家族	120	74	46	1		1
哈尼族	6	2	4	1		1
哈萨克族	4	4				
傣　族	2	1	1	1		1
黎　族	9	5	4			
傈僳族	6	3	3			
佤　族	3	1	2			
畲　族	10	9	1			
高山族						
拉祜族						
水　族	7	6	1			
东乡族	2	1	1			
纳西族	1		1			
景颇族						
柯尔克孜族						
土　族	2		2			
达斡尔族						
仫佬族	1	1				
羌　族	21	16	5			
布朗族	1		1			
撒拉族	12	6	6	1		1
毛南族						
仡佬族	14	8	6			
锡伯族	4	3	1			
阿昌族	2	1	1			
普米族						
塔吉克族						
怒　族						
乌孜别克族						
俄罗斯族						
鄂温克族	10	10				
德昂族	2	1	1			
保安族						
裕固族						
京　族						
塔塔尔族						
独龙族						
鄂伦春族						
赫哲族						
门巴族						
珞巴族						
基诺族						
未定族称人口	10	6	4	1	1	
入　籍						

2-3c 续表 1

单位：人

民族	学前教育			小学		
	小计	男	女	小计	男	女
总 计	**17298**	**8698**	**8600**	**141489**	**70591**	**70898**
汉 族	17257	8670	8587	141013	70341	70672
蒙古族	8	7	1	24	13	11
回 族	8	7	1	68	30	38
藏 族	2	1	1	27	16	11
维吾尔族	3	2	1	2	1	1
苗 族	3	2	1	80	44	36
彝 族	1		1	104	58	46
壮 族				30	11	19
布依族				13	9	4
朝鲜族				2	1	1
满 族	6	4	2	40	19	21
侗 族	1		1	17	10	7
瑶 族	1		1			
白 族				6	4	2
土家族	7	5	2	31	16	15
哈尼族				2	1	1
哈萨克族						
傣 族						
黎 族						
傈僳族				4	2	2
佤 族				1	1	
畲 族				3	3	
高山族						
拉祜族						
水 族				3	2	1
东乡族				1	1	
纳西族						
景颇族						
柯尔克孜族						
土 族				1		1
达斡尔族						
仫佬族						
羌 族				3	3	
布朗族				1		1
撒拉族	1		1	6	3	3
毛南族						
仡佬族				5	2	3
锡伯族						
阿昌族						
普米族						
塔吉克族						
怒 族						
乌孜别克族						
俄罗斯族						
鄂温克族						
德昂族						
保安族						
裕固族						
京 族						
塔塔尔族						
独龙族						
鄂伦春族						
赫哲族						
门巴族						
珞巴族						
基诺族						
未定族称人口				2		2
入 籍						

2-3c　续表 2　　　　单位：人

民　族	初　中			高　中			大学专科		
	小计	男	女	小计	男	女	小计	男	女
总　计	**262702**	**150259**	**112443**	**74432**	**41781**	**32651**	**34289**	**17501**	**16788**
汉　族	261926	149763	112163	74261	41686	32575	34199	17436	16763
蒙古族	63	45	18	13	8	5	16	10	6
回　族	112	72	40	40	15	25	14	9	5
藏　族	24	10	14	4	1	3			
维吾尔族	7	5	2	11	9	2			
苗　族	99	69	30	5	2	3	7	7	
彝　族	141	88	53	7	5	2	1		1
壮　族	49	22	27	16	6	10	2	1	1
布依族	8	6	2	7	6	1	1	1	
朝鲜族	3	2	1	2		2	1	1	
满　族	91	58	33	42	29	13	22	15	7
侗　族	24	19	5	4	2	2	5	5	
瑶　族	9	5	4	1	1		1	1	
白　族	15	5	10	3	1	2	1		1
土家族	70	46	24	3	2	1	4	3	1
哈尼族	2		2				1	1	
哈萨克族				4	4				
傣　族	1	1							
黎　族	5	3	2	2	1	1	2	1	1
傈僳族	1	1		1		1			
佤　族	2		2						
畲　族	6	5	1				1	1	
高山族									
拉祜族									
水　族	4	4							
东乡族									
纳西族							1		1
景颇族									
柯尔克孜族									
土　族							1		1
达斡尔族									
仫佬族	1	1							
羌　族	15	11	4	2	1	1	1	1	
布朗族									
撒拉族	4	3	1						
毛南族									
仡佬族	8	6	2						
锡伯族	4	3	1						
阿昌族				2	1	1			
普米族									
塔吉克族									
怒　族									
乌孜别克族									
俄罗斯族									
鄂温克族	1	1					8	8	
德昂族				2	1	1			
保安族									
裕固族									
京　族									
塔塔尔族									
独龙族									
鄂伦春族									
赫哲族									
门巴族									
珞巴族									
基诺族									
未定族称人口	7	5	2						
入　籍									

2-3c 续表 3

单位：人

民 族	大学本科			硕士研究生			博士研究生		
	小计	男	女	小计	男	女	小计	男	女
总 计	**15151**	**7057**	**8094**	**1304**	**485**	**819**	**110**	**52**	**58**
汉 族	15079	7020	8059	1299	484	815	109	51	58
蒙古族	13	8	5						
回 族	15	8	7	2	1	1	1	1	
藏 族	6	1	5						
维吾尔族	1		1						
苗 族	3	2	1						
彝 族	1		1						
壮 族	2	2		1		1			
布依族	1	1							
朝鲜族	1	1							
满 族	19	11	8	2		2			
侗 族	3		3						
瑶 族									
白 族									
土家族	4	2	2						
哈尼族									
哈萨克族									
傣 族									
黎 族									
傈僳族									
佤 族									
畲 族									
高山族									
拉祜族									
水 族									
东乡族	1		1						
纳西族									
景颇族									
柯尔克孜族									
土 族									
达斡尔族									
仫佬族									
羌 族									
布朗族									
撒拉族									
毛南族									
仡佬族	1		1						
锡伯族									
阿昌族									
普米族									
塔吉克族									
怒 族									
乌孜别克族									
俄罗斯族									
鄂温克族	1	1							
德昂族									
保安族									
裕固族									
京 族									
塔塔尔族									
独龙族									
鄂伦春族									
赫哲族									
门巴族									
珞巴族									
基诺族									
未定族称人口									
入 籍									

2-4 全市各民族按户口登记地、性别分的户口登记地在外乡镇街道的人口

单位：人

民族	户口登记地					
	合计			省内		
	合计	男	女	小计	男	女
总计	**3003980**	**1572656**	**1431324**	**2447719**	**1229328**	**1218391**
汉族	2980115	1559337	1420778	2440886	1226032	1214854
蒙古族	2275	1282	993	508	242	266
回族	6592	3381	3211	3831	1844	1987
藏族	584	289	295	36	17	19
维吾尔族	501	301	200	37	25	12
苗族	3283	2019	1264	83	31	52
彝族	1465	915	550	70	22	48
壮族	724	391	333	94	44	50
布依族	283	163	120	28	14	14
朝鲜族	248	133	115	87	46	41
满族	4570	2513	2057	1662	826	836
侗族	364	239	125	22	10	12
瑶族	146	69	77	14	4	10
白族	204	117	87	41	24	17
土家族	1266	767	499	183	82	101
哈尼族	81	37	44	9	2	7
哈萨克族	74	37	37	2	1	1
傣族	58	25	33	4	1	3
黎族	117	58	59	30	16	14
傈僳族	43	19	24	10	7	3
佤族	33	15	18	2		2
畲族	77	50	27	4	2	2
高山族	1	1				
拉祜族	22	8	14			
水族	40	23	17	1	1	
东乡族	33	23	10	1	1	
纳西族	17	11	6	2	1	1
景颇族	13	4	9			
柯尔克孜族	6	3	3			
土族	51	24	27	8	4	4
达斡尔族	58	21	37	21	9	12
仫佬族	19	12	7	1		1
羌族	117	77	40	3	1	2
布朗族	4	1	3			
撒拉族	139	66	73			
毛南族	6	3	3	1		1
仡佬族	132	100	32	3	2	1
锡伯族	71	42	29	23	13	10
阿昌族	2	1	1			
普米族	1		1			
塔吉克族	1	1				
怒族	2		2			
乌孜别克族	1		1			
俄罗斯族						
鄂温克族	21	16	5	2		2
德昂族	2	1	1			
保安族	1	1				
裕固族	3	1	2	1		1
京族	2	1	1			
塔塔尔族	1		1			
独龙族						
鄂伦春族	8	4	4			
赫哲族	1		1			
门巴族	2	1	1			
珞巴族						
基诺族						
未定族称人口	96	52	44	6	4	2
入籍	4	1	3	3		3

2-4 续表

单位：人

民族	户口登记地					
	省内			省外		
	其中市辖区内人户分离					
	小计	男	女	小计	男	女
总 计	**927452**	**454152**	**473300**	**556261**	**343328**	**212933**
汉 族	922062	451500	470562	539229	333305	205924
蒙古族	364	171	193	1767	1040	727
回 族	3167	1532	1635	2761	1537	1224
藏 族	14	7	7	548	272	276
维吾尔族	31	21	10	464	276	188
苗 族	37	17	20	3200	1988	1212
彝 族	27	16	11	1395	893	502
壮 族	62	30	32	630	347	283
布依族	23	12	11	255	149	106
朝鲜族	75	38	37	161	87	74
满 族	1344	690	654	2908	1687	1221
侗 族	18	9	9	342	229	113
瑶 族	9	3	6	132	65	67
白 族	26	14	12	163	93	70
土家族	109	49	60	1083	685	398
哈尼族				72	35	37
哈萨克族	1	1		72	36	36
傣 族	3	1	2	54	24	30
黎 族	19	11	8	87	42	45
傈僳族	2	1	1	33	12	21
佤 族				31	15	16
畲 族	4	2	2	73	48	25
高山族				1	1	
拉祜族				22	8	14
水 族	1	1		39	22	17
东乡族				32	22	10
纳西族	2	1	1	15	10	5
景颇族				13	4	9
柯尔克孜族				6	3	3
土 族	8	4	4	43	20	23
达斡尔族	17	7	10	37	12	25
仫佬族				18	12	6
羌 族	1		1	114	76	38
布朗族				4	1	3
撒拉族				139	66	73
毛南族				5	3	2
仡佬族	3	2	1	129	98	31
锡伯族	19	11	8	48	29	19
阿昌族				2	1	1
普米族				1		1
塔吉克族				1	1	
怒 族				2		2
乌孜别克族				1		1
俄罗斯族						
鄂温克族	1		1	19	16	3
德昂族				2	1	1
保安族				1	1	
裕固族				2	1	1
京 族				2	1	1
塔塔尔族				1		1
独龙族						
鄂伦春族				8	4	4
赫哲族				1		1
门巴族				2	1	1
珞巴族						
基诺族						
未定族称人口	2	1	1	90	48	42
入 籍	1		1	1	1	

2-4a　全市各民族按户口登记地、性别分的户口登记地在外乡镇街道的人口(城市)

单位：人

民　族	户口登记地					
	合　　计			省　　内		
	合计	男	女	小计	男	女
总　计	**2535073**	**1312989**	**1222084**	**2062673**	**1026724**	**1035949**
汉　族	2513832	1301222	1212610	2056207	1023594	1032613
蒙古族	2003	1112	891	457	214	243
回　族	6140	3144	2996	3677	1776	1901
藏　族	498	243	255	29	15	14
维吾尔族	462	279	183	37	25	12
苗　族	2902	1791	1111	69	28	41
彝　族	1089	686	403	59	22	37
壮　族	621	340	281	86	40	46
布依族	226	124	102	24	10	14
朝鲜族	238	127	111	85	46	39
满　族	4179	2280	1899	1576	783	793
侗　族	301	196	105	19	10	9
瑶　族	133	61	72	14	4	10
白　族	167	97	70	35	20	15
土家族	1106	662	444	180	81	99
哈尼族	66	30	36	7	2	5
哈萨克族	70	33	37	2	1	1
傣　族	55	24	31	4	1	3
黎　族	111	55	56	26	14	12
傈僳族	31	12	19	5	3	2
佤　族	24	9	15	1		1
畲　族	64	38	26	4	2	2
高山族	1	1				
拉祜族	19	7	12			
水　族	30	16	14	1	1	
东乡族	29	20	9			
纳西族	15	10	5	2	1	1
景颇族	11	4	7			
柯尔克孜族	6	3	3			
土　族	49	24	25	8	4	4
达斡尔族	57	20	37	21	9	12
仫佬族	16	10	6	1		1
羌　族	89	58	31	2	1	1
布朗族	3	1	2			
撒拉族	124	59	65			
毛南族	6	3	3	1		1
仡佬族	118	91	27	3	2	1
锡伯族	66	39	27	23	13	10
阿昌族						
普米族	1		1			
塔吉克族	1	1				
怒　族	2		2			
乌孜别克族	1		1			
俄罗斯族						
鄂温克族	9	5	4	1		1
德昂族						
保安族	1	1				
裕固族	1	1				
京　族	2	1	1			
塔塔尔族	1		1			
独龙族						
鄂伦春族	8	4	4			
赫哲族	1		1			
门巴族	2	1	1			
珞巴族						
基诺族						
未定族称人口	82	43	39	4	2	2
入　籍	4	1	3	3		3

2-4a 续表 单位：人

民族	户口登记地					
	省内			省外		
	其中市辖区内人户分离					
	小计	男	女	小计	男	女
总计	**908707**	**444824**	**463883**	**472400**	**286265**	**186135**
汉族	903378	442206	461172	457625	277628	179997
蒙古族	360	169	191	1546	898	648
回族	3129	1513	1616	2463	1368	1095
藏族	14	7	7	469	228	241
维吾尔族	31	21	10	425	254	171
苗族	37	17	20	2833	1763	1070
彝族	27	16	11	1030	664	366
壮族	61	30	31	535	300	235
布依族	20	9	11	202	114	88
朝鲜族	74	38	36	153	81	72
满族	1330	680	650	2603	1497	1106
侗族	18	9	9	282	186	96
瑶族	9	3	6	119	57	62
白族	26	14	12	132	77	55
土家族	109	49	60	926	581	345
哈尼族				59	28	31
哈萨克族	1	1		68	32	36
傣族	3	1	2	51	23	28
黎族	19	11	8	85	41	44
傈僳族	2	1	1	26	9	17
佤族				23	9	14
畲族	4	2	2	60	36	24
高山族				1	1	
拉祜族				19	7	12
水族	1	1		29	15	14
东乡族				29	20	9
纳西族	2	1	1	13	9	4
景颇族				11	4	7
柯尔克孜族				6	3	3
土族	8	4	4	41	20	21
达斡尔族	17	7	10	36	11	25
仫佬族				15	10	5
羌族	1		1	87	57	30
布朗族				3	1	2
撒拉族				124	59	65
毛南族				5	3	2
仡佬族	3	2	1	115	89	26
锡伯族	19	11	8	43	26	17
阿昌族						
普米族				1		1
塔吉克族				1	1	
怒族				2		2
乌孜别克族				1		1
俄罗斯族						
鄂温克族	1		1	8	5	3
德昂族						
保安族				1	1	
裕固族				1	1	
京族				2	1	1
塔塔尔族				1		1
独龙族						
鄂伦春族				8	4	4
赫哲族				1		1
门巴族				2	1	1
珞巴族						
基诺族						
未定族称人口	2	1	1	78	41	37
入籍	1		1	1	1	

2-4b　全市各民族按户口登记地、性别分的户口登记地在外乡镇街道的人口(镇)

单位：人

民　族	户口登记地					
	合　计			省　内		
	合计	男	女	小计	男	女
总　计	**316428**	**168796**	**147632**	**276528**	**142809**	**133719**
汉　族	315227	168133	147094	276315	142712	133603
蒙古族	158	89	69	29	14	15
回　族	242	124	118	87	39	48
藏　族	27	17	10	1	1	
维吾尔族	15	5	10			
苗　族	187	105	82	6	2	4
彝　族	125	76	49	6		6
壮　族	32	15	17	3	2	1
布依族	28	15	13			
朝鲜族	5	3	2	2		2
满　族	207	114	93	57	27	30
侗　族	13	7	6	1		1
瑶　族	5	3	2			
白　族	15	11	4	5	4	1
土家族	70	41	29	1		1
哈尼族	11	6	5	2		2
哈萨克族	1	1				
傣　族	2		2			
黎　族	5	3	2	3	2	1
傈僳族	6	4	2	4	4	
佤　族	7	5	2	1		1
畲　族	2	2				
高山族						
拉祜族	3	1	2			
水　族	3	1	2			
东乡族	1	1		1	1	
纳西族	1	1				
景颇族	2		2			
柯尔克孜族						
土　族						
达斡尔族	1	1				
仫佬族	2	1	1			
羌　族	9	5	4	1		1
布朗族						
撒拉族	2	1	1			
毛南族						
仡佬族	3	1	2			
锡伯族	1		1			
阿昌族						
普米族						
塔吉克族						
怒　族						
乌孜别克族						
俄罗斯族						
鄂温克族	2	1	1	1		1
德昂族						
保安族						
裕固族	2		2	1		1
京　族						
塔塔尔族						
独龙族						
鄂伦春族						
赫哲族						
门巴族						
珞巴族						
基诺族						
未定族称人口	6	3	3	1	1	
入　籍						

2-4b 续表 单位：人

民 族	户口登记地					
	省 内			省 外		
	其中市辖区内人户分离					
	小计	男	女	小计	男	女
总 计	**2112**	**951**	**1161**	**39900**	**25987**	**13913**
汉 族	2108	948	1160	38912	25421	13491
蒙古族				129	75	54
回 族	1	1		155	85	70
藏 族				26	16	10
维吾尔族				15	5	10
苗 族				181	103	78
彝 族				119	76	43
壮 族				29	13	16
布依族				28	15	13
朝鲜族	1		1	3	3	
满 族	2	2		150	87	63
侗 族				12	7	5
瑶 族				5	3	2
白 族				10	7	3
土家族				69	41	28
哈尼族				9	6	3
哈萨克族				1	1	
傣 族				2		2
黎 族				2	1	1
傈僳族				2		2
佤 族				6	5	1
畲 族				2	2	
高山族						
拉祜族				3	1	2
水 族				3	1	2
东乡族						
纳西族				1	1	
景颇族				2		2
柯尔克孜族						
土 族						
达斡尔族				1	1	
仫佬族				2	1	1
羌 族				8	5	3
布朗族						
撒拉族				2	1	1
毛南族						
仡佬族				3	1	2
锡伯族				1		1
阿昌族						
普米族						
塔吉克族						
怒 族						
乌孜别克族						
俄罗斯族						
鄂温克族				1	1	
德昂族						
保安族						
裕固族				1		1
京 族						
塔塔尔族						
独龙族						
鄂伦春族						
赫哲族						
门巴族						
珞巴族						
基诺族						
未定族称人口				5	2	3
入 籍						

2-4c　全市各民族按户口登记地、性别分的户口登记地在外乡镇街道的人口(乡村)

单位：人

民族	户口登记地					
	合计			省内		
	合计	男	女	小计	男	女
总　计	**152479**	**90871**	**61608**	**108518**	**59795**	**48723**
汉　族	151056	89982	61074	108364	59726	48638
蒙古族	114	81	33	22	14	8
回　族	210	113	97	67	29	38
藏　族	59	29	30	6	1	5
维吾尔族	24	17	7			
苗　族	194	123	71	8	1	7
彝　族	251	153	98	5		5
壮　族	71	36	35	5	2	3
布依族	29	24	5	4	4	
朝鲜族	5	3	2			
满　族	184	119	65	29	16	13
侗　族	50	36	14	2		2
瑶　族	8	5	3			
白　族	22	9	13	1		1
土家族	90	64	26	2	1	1
哈尼族	4	1	3			
哈萨克族	3	3				
傣　族	1	1				
黎　族	1		1	1		1
傈僳族	6	3	3	1		1
佤　族	2	1	1			
畲　族	11	10	1			
高山族						
拉祜族						
水　族	7	6	1			
东乡族	3	2	1			
纳西族	1		1			
景颇族						
柯尔克孜族						
土　族	2		2			
达斡尔族						
仫佬族	1	1				
羌　族	19	14	5			
布朗族	1		1			
撒拉族	13	6	7			
毛南族						
仡佬族	11	8	3			
锡伯族	4	3	1			
阿昌族	2	1	1			
普米族						
塔吉克族						
怒　族						
乌孜别克族						
俄罗斯族						
鄂温克族	10	10				
德昂族	2	1	1			
保安族						
裕固族						
京　族						
塔塔尔族						
独龙族						
鄂伦春族						
赫哲族						
门巴族						
珞巴族						
基诺族						
未定族称人口	8	6	2	1	1	
入　籍						

2-4c 续表

单位：人

民 族	户口登记地					
	省 内			省 外		
	其中市辖区内人户分离					
	小计	男	女	小计	男	女
总 计	**16633**	**8377**	**8256**	**43961**	**31076**	**12885**
汉 族	16576	8346	8230	42692	30256	12436
蒙古族	4	2	2	92	67	25
回 族	37	18	19	143	84	59
藏 族				53	28	25
维吾尔族				24	17	7
苗 族				186	122	64
彝 族				246	153	93
壮 族	1		1	66	34	32
布依族	3	3		25	20	5
朝鲜族				5	3	2
满 族	12	8	4	155	103	52
侗 族				48	36	12
瑶 族				8	5	3
白 族				21	9	12
土家族				88	63	25
哈尼族				4	1	3
哈萨克族				3	3	
傣 族				1	1	
黎 族						
傈僳族				5	3	2
佤 族				2	1	1
畲 族				11	10	1
高山族						
拉祜族						
水 族				7	6	1
东乡族				3	2	1
纳西族				1		1
景颇族						
柯尔克孜族						
土 族				2		2
达斡尔族						
仫佬族				1	1	
羌 族				19	14	5
布朗族				1		1
撒拉族				13	6	7
毛南族						
仡佬族				11	8	3
锡伯族				4	3	1
阿昌族				2	1	1
普米族						
塔吉克族						
怒 族						
乌孜别克族						
俄罗斯族						
鄂温克族				10	10	
德昂族				2	1	1
保安族						
裕固族						
京 族						
塔塔尔族						
独龙族						
鄂伦春族						
赫哲族						
门巴族						
珞巴族						
基诺族						
未定族称人口				7	5	2
入 籍						

第一部分　全部数据资料

第三卷　年龄

3-1　全市分年龄、性别的人口

单位：人、%

年　龄	人　口　数			占总人口比重			性别比
	合计	男	女	合计	男	女	(女=100)
总　计	**5304061**	**2722001**	**2582060**	**100.00**	**51.32**	**48.68**	**105.42**
0–4岁	**288856**	**149088**	**139768**	**5.45**	**2.81**	**2.64**	**106.67**
0	45265	23455	21810	0.85	0.44	0.41	107.54
1	58658	30374	28284	1.11	0.57	0.53	107.39
2	55402	28316	27086	1.04	0.53	0.51	104.54
3	63748	32726	31022	1.20	0.62	0.58	105.49
4	65783	34217	31566	1.24	0.65	0.60	108.40
5–9岁	**287133**	**148813**	**138320**	**5.41**	**2.81**	**2.61**	**107.59**
5	46595	24061	22534	0.88	0.45	0.42	106.78
6	68346	35517	32829	1.29	0.67	0.62	108.19
7	58458	30360	28098	1.10	0.57	0.53	108.05
8	60893	31428	29465	1.15	0.59	0.56	106.66
9	52841	27447	25394	1.00	0.52	0.48	108.08
10–14岁	**248746**	**128517**	**120229**	**4.69**	**2.42**	**2.27**	**106.89**
10	52361	26850	25511	0.99	0.51	0.48	105.25
11	50713	26233	24480	0.96	0.49	0.46	107.16
12	50484	25988	24496	0.95	0.49	0.46	106.09
13	49482	25657	23825	0.93	0.48	0.45	107.69
14	45706	23789	21917	0.86	0.45	0.41	108.54
15–19岁	**274382**	**146075**	**128307**	**5.17**	**2.75**	**2.42**	**113.85**
15	45127	23791	21336	0.85	0.45	0.40	111.51
16	47812	25408	22404	0.90	0.48	0.42	113.41
17	39821	20922	18899	0.75	0.39	0.36	110.70
18	59026	31450	27576	1.11	0.59	0.52	114.05
19	82596	44504	38092	1.56	0.84	0.72	116.83
20–24岁	**403913**	**211385**	**192528**	**7.62**	**3.99**	**3.63**	**109.79**
20	88762	47589	41173	1.67	0.90	0.78	115.58
21	83062	44161	38901	1.57	0.83	0.73	113.52
22	81182	42390	38792	1.53	0.80	0.73	109.28
23	73430	37817	35613	1.38	0.71	0.67	106.19
24	77477	39428	38049	1.46	0.74	0.72	103.62
25–29岁	**446036**	**228119**	**217917**	**8.41**	**4.30**	**4.11**	**104.68**
25	84498	43216	41282	1.59	0.81	0.78	104.68
26	85726	43581	42145	1.62	0.82	0.79	103.41
27	90812	46386	44426	1.71	0.87	0.84	104.41
28	92731	47367	45364	1.75	0.89	0.86	104.42
29	92269	47569	44700	1.74	0.90	0.84	106.42

3-1 续表 1

单位：人、%

年龄	人口数			占总人口比重			性别比
	合计	男	女	合计	男	女	(女=100)
30-34岁	**550797**	**281267**	**269530**	**10.38**	**5.30**	**5.08**	**104.35**
30	118089	60355	57734	2.23	1.14	1.09	104.54
31	115656	59004	56652	2.18	1.11	1.07	104.15
32	105862	53876	51986	2.00	1.02	0.98	103.64
33	111480	56860	54620	2.10	1.07	1.03	104.10
34	99710	51172	48538	1.88	0.96	0.92	105.43
35-39岁	**436241**	**223408**	**212833**	**8.22**	**4.21**	**4.01**	**104.97**
35	91294	46804	44490	1.72	0.88	0.84	105.20
36	90915	46527	44388	1.71	0.88	0.84	104.82
37	85793	44054	41739	1.62	0.83	0.79	105.55
38	95309	48572	46737	1.80	0.92	0.88	103.93
39	72930	37451	35479	1.37	0.71	0.67	105.56
40-44岁	**341882**	**175295**	**166587**	**6.45**	**3.30**	**3.14**	**105.23**
40	68153	35104	33049	1.28	0.66	0.62	106.22
41	66469	34519	31950	1.25	0.65	0.60	108.04
42	66353	33859	32494	1.25	0.64	0.61	104.20
43	66637	34057	32580	1.26	0.64	0.61	104.53
44	74270	37756	36514	1.40	0.71	0.69	103.40
45-49岁	**409303**	**210805**	**198498**	**7.72**	**3.97**	**3.74**	**106.20**
45	75092	38141	36951	1.42	0.72	0.70	103.22
46	80891	41423	39468	1.53	0.78	0.74	104.95
47	83487	42965	40522	1.57	0.81	0.76	106.03
48	84510	43650	40860	1.59	0.82	0.77	106.83
49	85323	44626	40697	1.61	0.84	0.77	109.65
50-54岁	**394785**	**207184**	**187601**	**7.44**	**3.91**	**3.54**	**110.44**
50	88486	46234	42252	1.67	0.87	0.80	109.42
51	82636	43359	39277	1.56	0.82	0.74	110.39
52	84338	44224	40114	1.59	0.83	0.76	110.25
53	65052	34341	30711	1.23	0.65	0.58	111.82
54	74273	39026	35247	1.40	0.74	0.66	110.72
55-59岁	**367486**	**191018**	**176468**	**6.93**	**3.60**	**3.33**	**108.25**
55	79953	41829	38124	1.51	0.79	0.72	109.72
56	79390	41314	38076	1.50	0.78	0.72	108.50
57	93905	49011	44894	1.77	0.92	0.85	109.17
58	71935	37261	34674	1.36	0.70	0.65	107.46
59	42303	21603	20700	0.80	0.41	0.39	104.36
60-64岁	**290021**	**149860**	**140161**	**5.47**	**2.83**	**2.64**	**106.92**
60	60674	31376	29298	1.14	0.59	0.55	107.09
61	55518	28931	26587	1.05	0.55	0.50	108.82
62	59117	30694	28423	1.11	0.58	0.54	107.99
63	61383	31540	29843	1.16	0.59	0.56	105.69
64	53329	27319	26010	1.01	0.52	0.49	105.03

3-1　续表 2　　单位：人、%

年　龄	人　口　数			占总人口比重			性别比
	合计	男	女	合计	男	女	(女=100)
65—69岁	**221340**	**110959**	**110381**	**4.17**	**2.09**	**2.08**	**100.52**
65	53068	27319	25749	1.00	0.52	0.49	106.10
66	51387	25922	25465	0.97	0.49	0.48	101.79
67	42407	20990	21417	0.80	0.40	0.40	98.01
68	38887	19060	19827	0.73	0.36	0.37	96.13
69	35591	17668	17923	0.67	0.33	0.34	98.58
70—74岁	**125274**	**61628**	**63646**	**2.36**	**1.16**	**1.20**	**96.83**
70	33582	16382	17200	0.63	0.31	0.32	95.24
71	24858	12430	12428	0.47	0.23	0.23	100.02
72	21696	10794	10902	0.41	0.20	0.21	99.01
73	22716	11279	11437	0.43	0.21	0.22	98.62
74	22422	10743	11679	0.42	0.20	0.22	91.99
75—79岁	**88120**	**40604**	**47516**	**1.66**	**0.77**	**0.90**	**85.45**
75	18779	8777	10002	0.35	0.17	0.19	87.75
76	17059	7976	9083	0.32	0.15	0.17	87.81
77	16802	7827	8975	0.32	0.15	0.17	87.21
78	18629	8453	10176	0.35	0.16	0.19	83.07
79	16851	7571	9280	0.32	0.14	0.17	81.58
80—84岁	**72999**	**32234**	**40765**	**1.38**	**0.61**	**0.77**	**79.07**
80	16048	6997	9051	0.30	0.13	0.17	77.31
81	15084	6558	8526	0.28	0.12	0.16	76.92
82	15313	6798	8515	0.29	0.13	0.16	79.84
83	13859	6243	7616	0.26	0.12	0.14	81.97
84	12695	5638	7057	0.24	0.11	0.13	79.89
85—89岁	**41121**	**18736**	**22385**	**0.78**	**0.35**	**0.42**	**83.70**
85	11280	4927	6353	0.21	0.09	0.12	77.55
86	9651	4450	5201	0.18	0.08	0.10	85.56
87	8577	3955	4622	0.16	0.07	0.09	85.57
88	6599	3019	3580	0.12	0.06	0.07	84.33
89	5014	2385	2629	0.09	0.04	0.05	90.72
90—94岁	**12636**	**5699**	**6937**	**0.24**	**0.11**	**0.13**	**82.15**
90	4399	2013	2386	0.08	0.04	0.04	84.37
91	2925	1294	1631	0.06	0.02	0.03	79.34
92	2316	1050	1266	0.04	0.02	0.02	82.94
93	1704	729	975	0.03	0.01	0.02	74.77
94	1292	613	679	0.02	0.01	0.01	90.28
95—99岁	**2681**	**1190**	**1491**	**0.05**	**0.02**	**0.03**	**79.81**
95	994	453	541	0.02	0.01	0.01	83.73
96	696	303	393	0.01	0.01	0.01	77.10
97	482	213	269	0.01		0.01	79.18
98	302	125	177	0.01			70.62
99	207	96	111				86.49
100岁及以上	**309**	**117**	**192**	**0.01**			**60.94**

3-1a　全市分年龄、性别的人口(城市)

单位：人、%

年　龄	人　口　数			占总人口比重			性别比
	合计	男	女	合计	男	女	(女=100)
总　计	**4193632**	**2135851**	**2057781**	**100.00**	**50.93**	**49.07**	**103.79**
0-4岁	**231830**	**120059**	**111771**	**5.53**	**2.86**	**2.67**	**107.42**
0	35561	18496	17065	0.85	0.44	0.41	108.39
1	46980	24336	22644	1.12	0.58	0.54	107.47
2	44083	22646	21437	1.05	0.54	0.51	105.64
3	51648	26639	25009	1.23	0.64	0.60	106.52
4	53558	27942	25616	1.28	0.67	0.61	109.08
5-9岁	**230596**	**119661**	**110935**	**5.50**	**2.85**	**2.65**	**107.87**
5	37166	19185	17981	0.89	0.46	0.43	106.70
6	55567	28935	26632	1.33	0.69	0.64	108.65
7	47026	24467	22559	1.12	0.58	0.54	108.46
8	48849	25217	23632	1.16	0.60	0.56	106.71
9	41988	21857	20131	1.00	0.52	0.48	108.57
10-14岁	**195813**	**101249**	**94564**	**4.67**	**2.41**	**2.25**	**107.07**
10	41606	21390	20216	0.99	0.51	0.48	105.81
11	39851	20597	19254	0.95	0.49	0.46	106.98
12	39858	20491	19367	0.95	0.49	0.46	105.80
13	39180	20317	18863	0.93	0.48	0.45	107.71
14	35318	18454	16864	0.84	0.44	0.40	109.43
15-19岁	**205082**	**109707**	**95375**	**4.89**	**2.62**	**2.27**	**115.03**
15	34920	18227	16693	0.83	0.43	0.40	109.19
16	37393	19622	17771	0.89	0.47	0.42	110.42
17	30685	16147	14538	0.73	0.39	0.35	111.07
18	43099	23157	19942	1.03	0.55	0.48	116.12
19	58985	32554	26431	1.41	0.78	0.63	123.17
20-24岁	**299824**	**156102**	**143722**	**7.15**	**3.72**	**3.43**	**108.61**
20	63727	34984	28743	1.52	0.83	0.69	121.71
21	60476	32676	27800	1.44	0.78	0.66	117.54
22	60141	31188	28953	1.43	0.74	0.69	107.72
23	55688	27872	27816	1.33	0.66	0.66	100.20
24	59792	29382	30410	1.43	0.70	0.73	96.62
25-29岁	**349010**	**174619**	**174391**	**8.32**	**4.16**	**4.16**	**100.13**
25	65595	32578	33017	1.56	0.78	0.79	98.67
26	67054	33208	33846	1.60	0.79	0.81	98.11
27	71001	35563	35438	1.69	0.85	0.85	100.35
28	72852	36525	36327	1.74	0.87	0.87	100.55
29	72508	36745	35763	1.73	0.88	0.85	102.75

3-1a 续表 1 单位：人、%

年 龄	人口数			占总人口比重			性别比
	合计	男	女	合计	男	女	(女=100)
30-34岁	**446757**	**225405**	**221352**	**10.65**	**5.37**	**5.28**	**101.83**
30	94160	47477	46683	2.25	1.13	1.11	101.70
31	93601	47214	46387	2.23	1.13	1.11	101.78
32	86309	43366	42943	2.06	1.03	1.02	100.99
33	90834	45718	45116	2.17	1.09	1.08	101.33
34	81853	41630	40223	1.95	0.99	0.96	103.50
35-39岁	**360047**	**182531**	**177516**	**8.59**	**4.35**	**4.23**	**102.83**
35	74973	38004	36969	1.79	0.91	0.88	102.80
36	74625	37779	36846	1.78	0.90	0.88	102.53
37	71079	36134	34945	1.69	0.86	0.83	103.40
38	78844	39806	39038	1.88	0.95	0.93	101.97
39	60526	30808	29718	1.44	0.73	0.71	103.67
40-44岁	**277708**	**141071**	**136637**	**6.62**	**3.36**	**3.26**	**103.25**
40	56213	28689	27524	1.34	0.68	0.66	104.23
41	54215	27865	26350	1.29	0.66	0.63	105.75
42	54137	27380	26757	1.29	0.65	0.64	102.33
43	53838	27328	26510	1.28	0.65	0.63	103.09
44	59305	29809	29496	1.41	0.71	0.70	101.06
45-49岁	**322975**	**164584**	**158391**	**7.70**	**3.92**	**3.78**	**103.91**
45	59290	29800	29490	1.41	0.71	0.70	101.05
46	63752	32355	31397	1.52	0.77	0.75	103.05
47	65689	33471	32218	1.57	0.80	0.77	103.89
48	66868	34179	32689	1.59	0.82	0.78	104.56
49	67376	34779	32597	1.61	0.83	0.78	106.69
50-54岁	**311970**	**162050**	**149920**	**7.44**	**3.86**	**3.57**	**108.09**
50	70382	36416	33966	1.68	0.87	0.81	107.21
51	65878	34170	31708	1.57	0.81	0.76	107.76
52	67275	34978	32297	1.60	0.83	0.77	108.30
53	50349	26289	24060	1.20	0.63	0.57	109.26
54	58086	30197	27889	1.39	0.72	0.67	108.28
55-59岁	**293624**	**151733**	**141891**	**7.00**	**3.62**	**3.38**	**106.94**
55	63242	32759	30483	1.51	0.78	0.73	107.47
56	63579	32914	30665	1.52	0.78	0.73	107.33
57	76005	39412	36593	1.81	0.94	0.87	107.70
58	56715	29308	27407	1.35	0.70	0.65	106.94
59	34083	17340	16743	0.81	0.41	0.40	103.57
60-64岁	**230716**	**118832**	**111884**	**5.50**	**2.83**	**2.67**	**106.21**
60	48473	25045	23428	1.16	0.60	0.56	106.90
61	44092	22937	21155	1.05	0.55	0.50	108.42
62	47615	24602	23013	1.14	0.59	0.55	106.90
63	48809	24897	23912	1.16	0.59	0.57	104.12
64	41727	21351	20376	1.00	0.51	0.49	104.79

3－1a 续表 2

单位：人、%

年 龄	人 口 数			占总人口比重			性别比
	合计	男	女	合计	男	女	(女=100)
65—69岁	**167770**	**84314**	**83456**	**4.00**	**2.01**	**1.99**	**101.03**
65	41530	21449	20081	0.99	0.51	0.48	106.81
66	39279	19897	19382	0.94	0.47	0.46	102.66
67	31931	15837	16094	0.76	0.38	0.38	98.40
68	28618	14043	14575	0.68	0.33	0.35	96.35
69	26412	13088	13324	0.63	0.31	0.32	98.23
70—74岁	**94364**	**45971**	**48393**	**2.25**	**1.10**	**1.15**	**95.00**
70	24526	11902	12624	0.58	0.28	0.30	94.28
71	18914	9442	9472	0.45	0.23	0.23	99.68
72	16721	8209	8512	0.40	0.20	0.20	96.44
73	17486	8516	8970	0.42	0.20	0.21	94.94
74	16717	7902	8815	0.40	0.19	0.21	89.64
75—79岁	**68226**	**30637**	**37589**	**1.63**	**0.73**	**0.90**	**81.51**
75	14207	6520	7687	0.34	0.16	0.18	84.82
76	12943	5890	7053	0.31	0.14	0.17	83.51
77	12886	5862	7024	0.31	0.14	0.17	83.46
78	14637	6484	8153	0.35	0.15	0.19	79.53
79	13553	5881	7672	0.32	0.14	0.18	76.66
80—84岁	**60579**	**25928**	**34651**	**1.44**	**0.62**	**0.83**	**74.83**
80	13284	5591	7693	0.32	0.13	0.18	72.68
81	12532	5269	7263	0.30	0.13	0.17	72.55
82	12629	5397	7232	0.30	0.13	0.17	74.63
83	11586	5055	6531	0.28	0.12	0.16	77.40
84	10548	4616	5932	0.25	0.11	0.14	77.82
85—89岁	**34009**	**15523**	**18486**	**0.81**	**0.37**	**0.44**	**83.97**
85	9424	4076	5348	0.22	0.10	0.13	76.22
86	8027	3665	4362	0.19	0.09	0.10	84.02
87	7019	3251	3768	0.17	0.08	0.09	86.28
88	5426	2550	2876	0.13	0.06	0.07	88.66
89	4113	1981	2132	0.10	0.05	0.05	92.92
90—94岁	**10364**	**4791**	**5573**	**0.25**	**0.11**	**0.13**	**85.97**
90	3603	1675	1928	0.09	0.04	0.05	86.88
91	2425	1083	1342	0.06	0.03	0.03	80.70
92	1892	897	995	0.05	0.02	0.02	90.15
93	1397	614	783	0.03	0.01	0.02	78.42
94	1047	522	525	0.02	0.01	0.01	99.43
95—99岁	**2140**	**990**	**1150**	**0.05**	**0.02**	**0.03**	**86.09**
95	793	370	423	0.02	0.01	0.01	87.47
96	545	250	295	0.01	0.01	0.01	84.75
97	392	178	214	0.01		0.01	83.18
98	236	106	130	0.01			81.54
99	174	86	88				97.73
100岁及以上	**228**	**94**	**134**	**0.01**			**70.15**

3-1b 全市分年龄、性别的人口(镇)

单位：人、%

年 龄	人 口 数			占总人口比重			性别比
	合计	男	女	合计	男	女	(女=100)
总 计	**530025**	**275328**	**254697**	**100.00**	**51.95**	**48.05**	**108.10**
0-4岁	**28213**	**14372**	**13841**	**5.32**	**2.71**	**2.61**	**103.84**
0	4511	2311	2200	0.85	0.44	0.42	105.05
1	5778	2970	2808	1.09	0.56	0.53	105.77
2	5517	2721	2796	1.04	0.51	0.53	97.32
3	6086	3104	2982	1.15	0.59	0.56	104.09
4	6321	3266	3055	1.19	0.62	0.58	106.91
5-9岁	**27389**	**14168**	**13221**	**5.17**	**2.67**	**2.49**	**107.16**
5	4590	2408	2182	0.87	0.45	0.41	110.36
6	6490	3357	3133	1.22	0.63	0.59	107.15
7	5505	2878	2627	1.04	0.54	0.50	109.55
8	5698	2908	2790	1.08	0.55	0.53	104.23
9	5106	2617	2489	0.96	0.49	0.47	105.14
10-14岁	**24212**	**12511**	**11701**	**4.57**	**2.36**	**2.21**	**106.92**
10	5052	2608	2444	0.95	0.49	0.46	106.71
11	5033	2606	2427	0.95	0.49	0.46	107.38
12	4834	2473	2361	0.91	0.47	0.45	104.74
13	4683	2468	2215	0.88	0.47	0.42	111.42
14	4610	2356	2254	0.87	0.44	0.43	104.53
15-19岁	**44418**	**21683**	**22735**	**8.38**	**4.09**	**4.29**	**95.37**
15	4789	2515	2274	0.90	0.47	0.43	110.60
16	5697	2886	2811	1.07	0.54	0.53	102.67
17	5258	2490	2768	0.99	0.47	0.52	89.96
18	10816	5288	5528	2.04	1.00	1.04	95.66
19	17858	8504	9354	3.37	1.60	1.76	90.91
20-24岁	**70889**	**36579**	**34310**	**13.37**	**6.90**	**6.47**	**106.61**
20	19249	9157	10092	3.63	1.73	1.90	90.74
21	17193	8390	8803	3.24	1.58	1.66	95.31
22	14324	7470	6854	2.70	1.41	1.29	108.99
23	10548	5980	4568	1.99	1.13	0.86	130.91
24	9575	5582	3993	1.81	1.05	0.75	139.79
25-29岁	**51789**	**29089**	**22700**	**9.77**	**5.49**	**4.28**	**128.15**
25	9947	5724	4223	1.88	1.08	0.80	135.54
26	9948	5704	4244	1.88	1.08	0.80	134.40
27	10564	5897	4667	1.99	1.11	0.88	126.36
28	10621	5854	4767	2.00	1.10	0.90	122.80
29	10709	5910	4799	2.02	1.12	0.91	123.15

3-1b 续表 1

单位：人、%

年 龄	人 口 数			占总人口比重			性别比
	合计	男	女	合计	男	女	(女=100)
30-34岁	**57464**	**30340**	**27124**	**10.84**	**5.72**	**5.12**	**111.86**
30	12999	6890	6109	2.45	1.30	1.15	112.78
31	12281	6443	5838	2.32	1.22	1.10	110.36
32	10864	5755	5109	2.05	1.09	0.96	112.64
33	11431	6088	5343	2.16	1.15	1.01	113.94
34	9889	5164	4725	1.87	0.97	0.89	109.29
35-39岁	**40899**	**21149**	**19750**	**7.72**	**3.99**	**3.73**	**107.08**
35	8978	4733	4245	1.69	0.89	0.80	111.50
36	8799	4560	4239	1.66	0.86	0.80	107.57
37	7938	4128	3810	1.50	0.78	0.72	108.35
38	8730	4446	4284	1.65	0.84	0.81	103.78
39	6454	3282	3172	1.22	0.62	0.60	103.47
40-44岁	**31284**	**15821**	**15463**	**5.90**	**2.98**	**2.92**	**102.32**
40	6129	3145	2984	1.16	0.59	0.56	105.40
41	6100	3137	2963	1.15	0.59	0.56	105.87
42	5908	2981	2927	1.11	0.56	0.55	101.84
43	6115	3054	3061	1.15	0.58	0.58	99.77
44	7032	3504	3528	1.33	0.66	0.67	99.32
45-49岁	**37049**	**19267**	**17782**	**6.99**	**3.64**	**3.35**	**108.35**
45	7022	3564	3458	1.32	0.67	0.65	103.07
46	7527	3818	3709	1.42	0.72	0.70	102.94
47	7712	3993	3719	1.46	0.75	0.70	107.37
48	7474	3946	3528	1.41	0.74	0.67	111.85
49	7314	3946	3368	1.38	0.74	0.64	117.16
50-54岁	**31239**	**16790**	**14449**	**5.89**	**3.17**	**2.73**	**116.20**
50	7276	3929	3347	1.37	0.74	0.63	117.39
51	6338	3406	2932	1.20	0.64	0.55	116.17
52	6454	3467	2987	1.22	0.65	0.56	116.07
53	5334	2838	2496	1.01	0.54	0.47	113.70
54	5837	3150	2687	1.10	0.59	0.51	117.23
55-59岁	**26562**	**14209**	**12353**	**5.01**	**2.68**	**2.33**	**115.02**
55	6160	3374	2786	1.16	0.64	0.53	121.11
56	5859	3155	2704	1.11	0.60	0.51	116.68
57	6441	3449	2992	1.22	0.65	0.56	115.27
58	5275	2712	2563	1.00	0.51	0.48	105.81
59	2827	1519	1308	0.53	0.29	0.25	116.13
60-64岁	**18830**	**9777**	**9053**	**3.55**	**1.84**	**1.71**	**108.00**
60	3961	2032	1929	0.75	0.38	0.36	105.34
61	3560	1834	1726	0.67	0.35	0.33	106.26
62	3660	1964	1696	0.69	0.37	0.32	115.80
63	3974	2063	1911	0.75	0.39	0.36	107.95
64	3675	1884	1791	0.69	0.36	0.34	105.19

3-1b 续表 2

单位：人、%

年 龄	人口数			占总人口比重			性别比
	合计	男	女	合计	男	女	(女=100)
65–69岁	**16397**	**8030**	**8367**	**3.09**	**1.52**	**1.58**	**95.97**
65	3601	1837	1764	0.68	0.35	0.33	104.14
66	3727	1838	1889	0.70	0.35	0.36	97.30
67	3169	1537	1632	0.60	0.29	0.31	94.18
68	3117	1471	1646	0.59	0.28	0.31	89.37
69	2783	1347	1436	0.53	0.25	0.27	93.80
70–74岁	**9953**	**4914**	**5039**	**1.88**	**0.93**	**0.95**	**97.52**
70	2870	1416	1454	0.54	0.27	0.27	97.39
71	1922	909	1013	0.36	0.17	0.19	89.73
72	1605	834	771	0.30	0.16	0.15	108.17
73	1710	870	840	0.32	0.16	0.16	103.57
74	1846	885	961	0.35	0.17	0.18	92.09
75–79岁	**6397**	**3195**	**3202**	**1.21**	**0.60**	**0.60**	**99.78**
75	1419	699	720	0.27	0.13	0.14	97.08
76	1293	650	643	0.24	0.12	0.12	101.09
77	1280	638	642	0.24	0.12	0.12	99.38
78	1319	656	663	0.25	0.12	0.13	98.94
79	1086	552	534	0.20	0.10	0.10	103.37
80–84岁	**4059**	**2056**	**2003**	**0.77**	**0.39**	**0.38**	**102.65**
80	917	470	447	0.17	0.09	0.08	105.15
81	852	416	436	0.16	0.08	0.08	95.41
82	875	444	431	0.17	0.08	0.08	103.02
83	725	393	332	0.14	0.07	0.06	118.37
84	690	333	357	0.13	0.06	0.07	93.28
85–89岁	**2158**	**1046**	**1112**	**0.41**	**0.20**	**0.21**	**94.06**
85	559	277	282	0.11	0.05	0.05	98.23
86	499	257	242	0.09	0.05	0.05	106.20
87	484	229	255	0.09	0.04	0.05	89.80
88	347	148	199	0.07	0.03	0.04	74.37
89	269	135	134	0.05	0.03	0.03	100.75
90–94岁	**658**	**270**	**388**	**0.12**	**0.05**	**0.07**	**69.59**
90	223	102	121	0.04	0.02	0.02	84.30
91	153	69	84	0.03	0.01	0.02	82.14
92	122	47	75	0.02	0.01	0.01	62.67
93	91	30	61	0.02	0.01	0.01	49.18
94	69	22	47	0.01		0.01	46.81
95–99岁	**146**	**57**	**89**	**0.03**	**0.01**	**0.02**	**64.04**
95	51	23	28	0.01		0.01	82.14
96	48	19	29	0.01		0.01	65.52
97	25	10	15				66.67
98	19	5	14				35.71
99	3		3				
100岁及以上	**20**	**5**	**15**				**33.33**

3-1c 全市分年龄、性别的人口(乡村)

单位：人、%

年龄	人口数			占总人口比重			性别比
	合计	男	女	合计	男	女	(女=100)
总 计	**580404**	**310822**	**269582**	**100.00**	**53.55**	**46.45**	**115.30**
0-4岁	**28813**	**14657**	**14156**	**4.96**	**2.53**	**2.44**	**103.54**
0	5193	2648	2545	0.89	0.46	0.44	104.05
1	5900	3068	2832	1.02	0.53	0.49	108.33
2	5802	2949	2853	1.00	0.51	0.49	103.36
3	6014	2983	3031	1.04	0.51	0.52	98.42
4	5904	3009	2895	1.02	0.52	0.50	103.94
5-9岁	**29148**	**14984**	**14164**	**5.02**	**2.58**	**2.44**	**105.79**
5	4839	2468	2371	0.83	0.43	0.41	104.09
6	6289	3225	3064	1.08	0.56	0.53	105.25
7	5927	3015	2912	1.02	0.52	0.50	103.54
8	6346	3303	3043	1.09	0.57	0.52	108.54
9	5747	2973	2774	0.99	0.51	0.48	107.17
10-14岁	**28721**	**14757**	**13964**	**4.95**	**2.54**	**2.41**	**105.68**
10	5703	2852	2851	0.98	0.49	0.49	100.04
11	5829	3030	2799	1.00	0.52	0.48	108.25
12	5792	3024	2768	1.00	0.52	0.48	109.25
13	5619	2872	2747	0.97	0.49	0.47	104.55
14	5778	2979	2799	1.00	0.51	0.48	106.43
15-19岁	**24882**	**14685**	**10197**	**4.29**	**2.53**	**1.76**	**144.01**
15	5418	3049	2369	0.93	0.53	0.41	128.70
16	4722	2900	1822	0.81	0.50	0.31	159.17
17	3878	2285	1593	0.67	0.39	0.27	143.44
18	5111	3005	2106	0.88	0.52	0.36	142.69
19	5753	3446	2307	0.99	0.59	0.40	149.37
20-24岁	**33200**	**18704**	**14496**	**5.72**	**3.22**	**2.50**	**129.03**
20	5786	3448	2338	1.00	0.59	0.40	147.48
21	5393	3095	2298	0.93	0.53	0.40	134.68
22	6717	3732	2985	1.16	0.64	0.51	125.03
23	7194	3965	3229	1.24	0.68	0.56	122.79
24	8110	4464	3646	1.40	0.77	0.63	122.44
25-29岁	**45237**	**24411**	**20826**	**7.79**	**4.21**	**3.59**	**117.21**
25	8956	4914	4042	1.54	0.85	0.70	121.57
26	8724	4669	4055	1.50	0.80	0.70	115.14
27	9247	4926	4321	1.59	0.85	0.74	114.00
28	9258	4988	4270	1.60	0.86	0.74	116.81
29	9052	4914	4138	1.56	0.85	0.71	118.75

3-1c　续表 1　　　　单位：人、%

年　龄	人　口　数			占总人口比重			性别比
	合计	男	女	合计	男	女	(女=100)
30-34岁	**46576**	**25522**	**21054**	**8.02**	**4.40**	**3.63**	**121.22**
30	10930	5988	4942	1.88	1.03	0.85	121.17
31	9774	5347	4427	1.68	0.92	0.76	120.78
32	8689	4755	3934	1.50	0.82	0.68	120.87
33	9215	5054	4161	1.59	0.87	0.72	121.46
34	7968	4378	3590	1.37	0.75	0.62	121.95
35-39岁	**35295**	**19728**	**15567**	**6.08**	**3.40**	**2.68**	**126.73**
35	7343	4067	3276	1.27	0.70	0.56	124.15
36	7491	4188	3303	1.29	0.72	0.57	126.79
37	6776	3792	2984	1.17	0.65	0.51	127.08
38	7735	4320	3415	1.33	0.74	0.59	126.50
39	5950	3361	2589	1.03	0.58	0.45	129.82
40-44岁	**32890**	**18403**	**14487**	**5.67**	**3.17**	**2.50**	**127.03**
40	5811	3270	2541	1.00	0.56	0.44	128.69
41	6154	3517	2637	1.06	0.61	0.45	133.37
42	6308	3498	2810	1.09	0.60	0.48	124.48
43	6684	3675	3009	1.15	0.63	0.52	122.13
44	7933	4443	3490	1.37	0.77	0.60	127.31
45-49岁	**49279**	**26954**	**22325**	**8.49**	**4.64**	**3.85**	**120.73**
45	8780	4777	4003	1.51	0.82	0.69	119.34
46	9612	5250	4362	1.66	0.90	0.75	120.36
47	10086	5501	4585	1.74	0.95	0.79	119.98
48	10168	5525	4643	1.75	0.95	0.80	119.00
49	10633	5901	4732	1.83	1.02	0.82	124.70
50-54岁	**51576**	**28344**	**23232**	**8.89**	**4.88**	**4.00**	**122.00**
50	10828	5889	4939	1.87	1.01	0.85	119.23
51	10420	5783	4637	1.80	1.00	0.80	124.71
52	10609	5779	4830	1.83	1.00	0.83	119.65
53	9369	5214	4155	1.61	0.90	0.72	125.49
54	10350	5679	4671	1.78	0.98	0.80	121.58
55-59岁	**47300**	**25076**	**22224**	**8.15**	**4.32**	**3.83**	**112.83**
55	10551	5696	4855	1.82	0.98	0.84	117.32
56	9952	5245	4707	1.71	0.90	0.81	111.43
57	11459	6150	5309	1.97	1.06	0.91	115.84
58	9945	5241	4704	1.71	0.90	0.81	111.42
59	5393	2744	2649	0.93	0.47	0.46	103.59
60-64岁	**40475**	**21251**	**19224**	**6.97**	**3.66**	**3.31**	**110.54**
60	8240	4299	3941	1.42	0.74	0.68	109.08
61	7866	4160	3706	1.36	0.72	0.64	112.25
62	7842	4128	3714	1.35	0.71	0.64	111.15
63	8600	4580	4020	1.48	0.79	0.69	113.93
64	7927	4084	3843	1.37	0.70	0.66	106.27

3-1c 续表 2

单位：人、%

年 龄	人口数			占总人口比重			性别比
	合计	男	女	合计	男	女	(女=100)
65-69岁	**37173**	**18615**	**18558**	**6.40**	**3.21**	**3.20**	**100.31**
65	7937	4033	3904	1.37	0.69	0.67	103.30
66	8381	4187	4194	1.44	0.72	0.72	99.83
67	7307	3616	3691	1.26	0.62	0.64	97.97
68	7152	3546	3606	1.23	0.61	0.62	98.34
69	6396	3233	3163	1.10	0.56	0.54	102.21
70-74岁	**20957**	**10743**	**10214**	**3.61**	**1.85**	**1.76**	**105.18**
70	6186	3064	3122	1.07	0.53	0.54	98.14
71	4022	2079	1943	0.69	0.36	0.33	107.00
72	3370	1751	1619	0.58	0.30	0.28	108.15
73	3520	1893	1627	0.61	0.33	0.28	116.35
74	3859	1956	1903	0.66	0.34	0.33	102.79
75-79岁	**13497**	**6772**	**6725**	**2.33**	**1.17**	**1.16**	**100.70**
75	3153	1558	1595	0.54	0.27	0.27	97.68
76	2823	1436	1387	0.49	0.25	0.24	103.53
77	2636	1327	1309	0.45	0.23	0.23	101.38
78	2673	1313	1360	0.46	0.23	0.23	96.54
79	2212	1138	1074	0.38	0.20	0.19	105.96
80-84岁	**8361**	**4250**	**4111**	**1.44**	**0.73**	**0.71**	**103.38**
80	1847	936	911	0.32	0.16	0.16	102.74
81	1700	873	827	0.29	0.15	0.14	105.56
82	1809	957	852	0.31	0.16	0.15	112.32
83	1548	795	753	0.27	0.14	0.13	105.58
84	1457	689	768	0.25	0.12	0.13	89.71
85-89岁	**4954**	**2167**	**2787**	**0.85**	**0.37**	**0.48**	**77.75**
85	1297	574	723	0.22	0.10	0.12	79.39
86	1125	528	597	0.19	0.09	0.10	88.44
87	1074	475	599	0.19	0.08	0.10	79.30
88	826	321	505	0.14	0.06	0.09	63.56
89	632	269	363	0.11	0.05	0.06	74.10
90-94岁	**1614**	**638**	**976**	**0.28**	**0.11**	**0.17**	**65.37**
90	573	236	337	0.10	0.04	0.06	70.03
91	347	142	205	0.06	0.02	0.04	69.27
92	302	106	196	0.05	0.02	0.03	54.08
93	216	85	131	0.04	0.01	0.02	64.89
94	176	69	107	0.03	0.01	0.02	64.49
95-99岁	**395**	**143**	**252**	**0.07**	**0.02**	**0.04**	**56.75**
95	150	60	90	0.03	0.01	0.02	66.67
96	103	34	69	0.02	0.01	0.01	49.28
97	65	25	40	0.01		0.01	62.50
98	47	14	33	0.01		0.01	42.42
99	30	10	20	0.01			50.00
100岁及以上	**61**	**18**	**43**	**0.01**		**0.01**	**41.86**

3-2　各地区人口年龄构成(一)

单位：人、%

地　区	人　口　数				比　重			
	合计	0-14岁	15-64岁	65岁及以上	合计	0-14岁	15-64岁	65岁及以上
太原市	**5304061**	**824735**	**3914846**	**564480**	**100.00**	**15.55**	**73.81**	**10.64**
小店区	1357242	209233	1044456	103553	100	15.42	76.95	7.63
迎泽区	594238	88657	430096	75485	100	14.92	72.38	12.7
杏花岭区	779479	120708	561881	96890	100	15.49	72.08	12.43
尖草坪区	530499	75484	396022	58993	100.00	14.23	74.65	11.12
万柏林区	951238	151091	701808	98339	100.00	15.88	73.78	10.34
晋源区	316445	54898	230425	31122	100.00	17.35	72.82	9.83
清徐县	344472	55025	244501	44946	100	15.97	70.98	13.05
阳曲县	128483	17683	90362	20438	100	13.76	70.33	15.91
娄烦县	91208	15618	62255	13335	100.00	17.12	68.26	14.62
古交市	210757	36338	153040	21379	100.00	17.24	72.61	10.14

3-2a　各地区人口年龄构成(一)(城市)

单位：人、%

地　区	人　口　数				比　重			
	合计	0-14岁	15-64岁	65岁及以上	合计	0-14岁	15-64岁	65岁及以上
太原市	**4193632**	**658239**	**3097713**	**437680**	**100.00**	**15.70**	**73.87**	**10.44**
小店区	1033782	166708	783170	83904	100.00	16.13	75.76	8.12
迎泽区	582934	86610	421782	74542	100.01	14.86	72.36	12.79
杏花岭区	731305	111463	527046	92796	100	15.24	72.07	12.69
尖草坪区	499889	71200	374745	53944	100.00	14.24	74.97	10.79
万柏林区	946264	150415	698413	97436	100.00	15.90	73.81	10.30
晋源区	255519	44603	186886	24030	100.00	17.46	73.14	9.40
清徐县								
阳曲县								
娄烦县								
古交市	143939	27240	105671	11028	100.00	18.92	73.41	7.66

3-2b 各地区人口年龄构成(一)(镇)

单位：人、%

地区	人口数				比重			
	合计	0-14岁	15-64岁	65岁及以上	合计	0-14岁	15-64岁	65岁及以上
太原市	**530025**	**79814**	**410423**	**39788**	**100.00**	**15.06**	**77.43**	**7.51**
小店区	235579	27415	199006	9158	100.01	11.64	84.48	3.89
迎泽区								
杏花岭区								
尖草坪区	1180	102	784	294	100.00	8.64	66.44	24.92
万柏林区	3974	534	2680	760	100.00	13.44	67.44	19.12
晋源区	13247	2368	9259	1620	100.00	17.88	69.90	12.23
清徐县	145895	24626	106288	14981	100	16.88	72.85	10.27
阳曲县	68528	12199	49340	6989	100	17.8	72	10.2
娄烦县	45968	10156	31571	4241	100.00	22.09	68.68	9.23
古交市	15654	2414	11495	1745	100.00	15.42	73.43	11.15

3-2c 各地区人口年龄构成(一)(乡村)

单位：人、%

地区	人口数				比重			
	合计	0-14岁	15-64岁	65岁及以上	合计	0-14岁	15-64岁	65岁及以上
太原市	**580404**	**86682**	**406710**	**87012**	**100.00**	**14.93**	**70.07**	**14.99**
小店区	87881	15110	62280	10491	100.00	17.19	70.87	11.94
迎泽区	11304	2047	8314	943	100.00	18.11	73.55	8.34
杏花岭区	48174	9245	34835	4094	100.00	19.19	72.31	8.50
尖草坪区	29430	4182	20493	4755	100.00	14.21	69.63	16.16
万柏林区	1000	142	715	143	100.00	14.20	71.50	14.30
晋源区	47679	7927	34280	5472	100.00	16.63	71.90	11.48
清徐县	198577	30399	138213	29965	100.00	15.31	69.60	15.09
阳曲县	59955	5484	41022	13449	100.00	9.15	68.42	22.43
娄烦县	45240	5462	30684	9094	100.00	12.07	67.82	20.10
古交市	51164	6684	35874	8606	100.00	13.06	70.12	16.82

3-3　各地区人口年龄构成(二)

单位：人、%

地　区	人　口　数				比　重			
	合计	0-15岁	16-59岁	60岁及以上	合计	0-15岁	16-59岁	60岁及以上
太原市	**5304061**	**869862**	**3579698**	**854501**	**100.00**	**16.40**	**67.49**	**16.11**
小店区	1357242	220446	978055	158741	100.00	16.24	72.06	11.7
迎泽区	594238	93129	387857	113252	100.00	15.67	65.27	19.06
杏花岭区	779479	126417	504723	148339	100.00	16.22	64.75	19.03
尖草坪区	530499	80542	361664	88293	100.00	15.18	68.17	16.64
万柏林区	951238	157984	642389	150865	100.00	16.61	67.53	15.86
晋源区	316445	58210	210321	47914	100.00	18.39	66.46	15.14
清徐县	344472	59048	219956	65468	100.00	17.14	63.85	19.01
阳曲县	128483	18895	80249	29339	100.00	14.71	62.46	22.83
娄烦县	91208	16451	55702	19055	100.00	18.04	61.07	20.89
古交市	210757	38740	138782	33235	100.00	18.38	65.85	15.77

3-3a　各地区人口年龄构成(二)(城市)

单位：人、%

地　区	人　口　数				比　重			
	合计	0-15岁	16-59岁	60岁及以上	合计	0-15岁	16-59岁	60岁及以上
太原市	**4193632**	**693159**	**2832077**	**668396**	**100.00**	**16.53**	**67.53**	**15.94**
小店区	1033782	175994	729020	128768	100.00	17.02	70.52	12.46
迎泽区	582934	91015	380119	111800	100.00	15.61	65.21	19.18
杏花岭区	731305	116784	472564	141957	100.00	15.97	64.62	19.41
尖草坪区	499889	75583	343434	80872	100.00	15.12	68.70	16.18
万柏林区	946264	157261	639376	149627	100.00	16.62	67.57	15.81
晋源区	255519	47281	171055	37183	100.00	18.50	66.94	14.55
清徐县								
阳曲县								
娄烦县								
古交市	143939	29241	96509	18189	100.00	20.31	67.05	12.64

3-3b 各地区人口年龄构成(二)(镇)

单位：人、%

地　区	人口数				比重			
	合计	0-15岁	16-59岁	60岁及以上	合计	0-15岁	16-59岁	60岁及以上
太原市	**530025**	**84603**	**386804**	**58618**	**100.00**	**15.96**	**72.98**	**11.06**
小店区	235579	28511	192870	14198	100.00	12.1	81.87	6.03
迎泽区								
杏花岭区								
尖草坪区	1180	106	643	431	100.00	8.98	54.49	36.53
万柏林区	3974	566	2367	1041	100.00	14.24	59.56	26.20
晋源区	13247	2464	8370	2413	100.00	18.60	63.18	18.22
清徐县	145895	26821	97467	21607	100.00	18.38	66.81	14.81
阳曲县	68528	12930	45369	10229	100.00	18.87	66.21	14.93
娄烦县	45968	10708	29043	6217	100.00	23.29	63.18	13.52
古交市	15654	2497	10675	2482	100.00	15.95	68.19	15.86

3-3c 各地区人口年龄构成(二)(乡村)

单位：人、%

地　区	人口数				比重			
	合计	0-15岁	16-59岁	60岁及以上	合计	0-15岁	16-59岁	60岁及以上
太原市	**580404**	**92100**	**360817**	**127487**	**100.00**	**15.87**	**62.17**	**21.97**
小店区	87881	15941	56165	15775	100.00	18.14	63.91	17.95
迎泽区	11304	2114	7738	1452	100.00	18.70	68.45	12.85
杏花岭区	48174	9633	32159	6382	100.00	20.00	66.76	13.25
尖草坪区	29430	4853	17587	6990	100.00	16.49	59.76	23.75
万柏林区	1000	157	646	197	100.00	15.70	64.60	19.70
晋源区	47679	8465	30896	8318	100.00	17.75	64.80	17.45
清徐县	198577	32227	122489	43861	100.00	16.23	61.68	22.09
阳曲县	59955	5965	34880	19110	100.00	9.95	58.18	31.87
娄烦县	45240	5743	26659	12838	100.00	12.69	58.93	28.38
古交市	51164	7002	31598	12564	100.00	13.69	61.76	24.56

第一部分　全部数据资料

第四卷　教育

4-1　全市分年龄、性别、受教育程度的3岁及以上人口

单位：人

年　龄	3岁及以上人口			未上过学		
	合计	男	女	小计	男	女
总　计	**5144736**	**2639856**	**2504880**	**68797**	**25278**	**43519**
3	63748	32726	31022	14841	7654	7187
4	65783	34217	31566	4828	2488	2340
5-9岁	**287133**	**148813**	**138320**	**2784**	**1499**	**1285**
5	46595	24061	22534	1592	856	736
6	68346	35517	32829	686	380	306
7	58458	30360	28098	214	115	99
8	60893	31428	29465	183	94	89
9	52841	27447	25394	109	54	55
10-14岁	**248746**	**128517**	**120229**	**748**	**416**	**332**
10	52361	26850	25511	143	77	66
11	50713	26233	24480	184	109	75
12	50484	25988	24496	160	85	75
13	49482	25657	23825	144	81	63
14	45706	23789	21917	117	64	53
15-19岁	**274382**	**146075**	**128307**	**378**	**237**	**141**
15	45127	23791	21336	101	56	45
16	47812	25408	22404	73	51	22
17	39821	20922	18899	58	33	25
18	59026	31450	27576	74	48	26
19	82596	44504	38092	72	49	23
20-24岁	**403913**	**211385**	**192528**	**586**	**338**	**248**
20	88762	47589	41173	104	62	42
21	83062	44161	38901	127	68	59
22	81182	42390	38792	125	71	54
23	73430	37817	35613	104	65	39
24	77477	39428	38049	126	72	54
25-29岁	**446036**	**228119**	**217917**	**669**	**392**	**277**
25	84498	43216	41282	132	73	59
26	85726	43581	42145	128	80	48
27	90812	46386	44426	137	82	55
28	92731	47367	45364	132	83	49
29	92269	47569	44700	140	71	66
30-34岁	**550797**	**281267**	**269530**	**774**	**434**	**340**
30	118089	60355	57734	169	99	70
31	115656	59004	56652	153	86	67
32	105862	53876	51986	145	83	62
33	111480	56860	54620	169	88	81
34	99710	51172	48538	138	78	60
35-39岁	**436241**	**223408**	**212833**	**787**	**424**	**363**
35	91294	46804	44490	157	83	74
36	90915	46527	44388	131	79	52
37	85793	44054	41739	164	90	74
38	95309	48572	46737	178	98	80
39	72930	37451	35479	157	74	83
40-44岁	**341882**	**175295**	**166587**	**1003**	**496**	**507**
40	68153	35104	33049	169	95	74
41	66469	34519	31950	173	87	86
42	66353	33859	32494	209	105	104
43	66637	34057	32580	183	85	98
44	74270	37756	36514	269	124	145

4-1 续表 1

单位：人

年 龄	3岁及以上人口			未上过学		
	合计	男	女	小计	男	女
45-49岁	**409303**	**210805**	**198498**	**2044**	**880**	**1164**
45	75092	38141	36951	301	129	172
46	80891	41423	39468	350	158	192
47	83487	42965	40522	448	199	249
48	84510	43650	40860	468	190	278
49	85323	44626	40697	477	204	273
50-54岁	**394785**	**207184**	**187601**	**2499**	**1040**	**1459**
50	88486	46234	42252	517	212	305
51	82636	43359	39277	461	204	257
52	84338	44224	40114	526	214	312
53	65052	34341	30711	477	195	282
54	74273	39026	35247	518	215	303
55-59岁	**367486**	**191018**	**176468**	**2648**	**892**	**1756**
55	79953	41829	38124	514	198	316
56	79390	41314	38076	523	205	318
57	93905	49011	44894	618	203	415
58	71935	37261	34674	556	156	400
59	42303	21603	20700	437	130	307
60-64岁	**290021**	**149860**	**140161**	**4216**	**1235**	**2981**
60	60674	31376	29298	633	188	445
61	55518	28931	26587	744	195	549
62	59117	30694	28423	885	297	588
63	61383	31540	29843	1026	280	746
64	53329	27319	26010	928	275	653
65-69岁	**221340**	**110959**	**110381**	**5205**	**1547**	**3658**
65	53068	27319	25749	994	282	712
66	51387	25922	25465	1125	347	778
67	42407	20990	21417	1074	315	759
68	38887	19060	19827	1016	306	710
69	35591	17668	17923	996	297	699
70-74岁	**125274**	**61628**	**63646**	**3854**	**1112**	**2742**
70	33582	16382	17200	983	298	685
71	24858	12430	12428	750	236	514
72	21696	10794	10902	618	174	444
73	22716	11279	11437	716	204	512
74	22422	10743	11679	787	200	587
75-79岁	**88120**	**40604**	**47516**	**4025**	**972**	**3053**
75	18779	8777	10002	706	147	559
76	17059	7976	9083	699	172	527
77	16802	7827	8975	777	191	586
78	18629	8453	10176	936	225	711
79	16851	7571	9280	907	237	670
80-84岁	**72999**	**32234**	**40765**	**6784**	**1458**	**5326**
80	16048	6997	9051	1070	262	808
81	15084	6558	8526	1221	262	959
82	15313	6798	8515	1412	319	1093
83	13859	6243	7616	1510	307	1203
84	12695	5638	7057	1571	308	1263
85岁及以上	**56747**	**25742**	**31005**	**10124**	**1764**	**8360**

4-1 续表 2

单位：人

年 龄	学前教育			小 学		
	小计	男	女	小计	男	女
总 计	**172513**	**89027**	**83486**	**749112**	**368638**	**380474**
3	48907	25072	23835			
4	60955	31729	29226			
5-9岁	**59375**	**30739**	**28636**	**221606**	**114782**	**106824**
5	39935	20581	19354	5068	2624	2444
6	16688	8728	7960	50303	26055	24248
7	1565	822	743	55944	29029	26915
8	749	368	381	59062	30507	28555
9	438	240	198	51229	26567	24662
10-14岁	**1473**	**719**	**754**	**119572**	**61766**	**57806**
10	365	195	170	50276	25767	24509
11	307	143	164	46327	23959	22368
12	260	135	125	17088	8913	8175
13	247	113	134	4102	2206	1896
14	294	133	161	1779	921	858
15-19岁	**420**	**214**	**206**	**3620**	**2054**	**1566**
15	185	94	91	759	410	349
16	115	53	62	663	361	302
17	39	17	22	595	331	264
18	37	26	11	799	466	333
19	44	24	20	804	486	318
20-24岁	**136**	**62**	**74**	**4781**	**2970**	**1811**
20	35	19	16	786	479	307
21	20	9	11	784	493	291
22	22	12	10	983	619	364
23	24	7	17	1084	677	407
24	35	15	20	1144	702	442
25-29岁	**104**	**47**	**57**	**8259**	**5184**	**3075**
25	34	15	19	1320	837	483
26	17	7	10	1425	895	530
27	16	12	4	1654	1046	608
28	18	8	10	1887	1163	724
29	19	5	14	1973	1243	730
30-34岁	**111**	**46**	**65**	**13438**	**7694**	**5744**
30	33	13	20	2543	1507	1036
31	27	11	16	2602	1533	1069
32	18	5	13	2646	1527	1119
33	18	10	8	2936	1643	1293
34	15	7	8	2711	1484	1227
35-39岁	**53**	**29**	**24**	**14197**	**7707**	**6490**
35	9	4	5	2611	1458	1153
36	13	8	5	2738	1481	1257
37	9	6	3	2684	1453	1231
38	10	6	4	3286	1763	1523
39	12	5	7	2878	1552	1326
40-44岁	**42**	**22**	**20**	**19966**	**10594**	**9372**
40	5	1	4	3037	1632	1405
41	11	6	5	3540	1913	1627
42	9	7	2	3916	2117	1799
43	9	3	6	4205	2187	2018
44	8	5	3	5268	2745	2523

4−1 续表 3 单位：人

年 龄	学前教育			小 学		
	小计	男	女	小计	男	女
45−49岁	**66**	**35**	**31**	**36386**	**19023**	**17363**
45	14	5	9	6032	3079	2953
46	19	11	8	6924	3597	3327
47	8	4	4	7218	3813	3405
48	10	5	5	7733	4010	3723
49	15	10	5	8479	4524	3955
50−54岁	**88**	**43**	**45**	**45365**	**24167**	**21198**
50	11	6	5	9389	4896	4493
51	19	10	9	9404	5103	4301
52	22	10	12	9723	5171	4552
53	15	8	7	8231	4369	3862
54	21	9	12	8618	4628	3990
55−59岁	**86**	**42**	**44**	**35957**	**17999**	**17958**
55	19	12	7	8258	4368	3890
56	19	11	8	7781	3977	3804
57	22	7	15	8343	4165	4178
58	17	10	7	7129	3472	3657
59	9	2	7	4446	2017	2429
60−64岁	**102**	**38**	**64**	**42869**	**19275**	**23594**
60	20	10	10	7144	3280	3864
61	11	3	8	7345	3350	3995
62	18	6	12	8422	3829	4593
63	22	8	14	9816	4364	5452
64	31	11	20	10142	4452	5690
65−69岁	**111**	**35**	**76**	**59237**	**25883**	**33354**
65	27	13	14	11106	4905	6201
66	24	6	18	12667	5603	7064
67	19	7	12	12271	5375	6896
68	24	5	19	12032	5168	6864
69	17	4	13	11161	4832	6329
70−74岁	**103**	**30**	**73**	**41941**	**17962**	**23979**
70	28	8	20	11012	4590	6422
71	21	8	13	8443	3622	4821
72	21	7	14	7367	3232	4135
73	18	5	13	7528	3323	4205
74	15	2	13	7591	3195	4396
75−79岁	**89**	**25**	**64**	**29364**	**11530**	**17834**
75	10	5	5	5979	2336	3643
76	18	5	13	5481	2209	3272
77	16	4	12	5534	2234	3300
78	28	8	20	6438	2504	3934
79	17	3	14	5932	2247	3685
80−84岁	**128**	**45**	**83**	**28338**	**10280**	**18058**
80	19	5	14	5764	2085	3679
81	22	10	12	5811	2125	3686
82	21	7	14	6004	2198	3806
83	36	15	21	5592	2066	3526
84	30	8	22	5167	1806	3361
85岁及以上	**164**	**55**	**109**	**24216**	**9768**	**14448**

4-1 续表 4

单位：人

年龄	初中			高中			大学专科		
	小计	男	女	小计	男	女	小计	男	女
总计	**1540492**	**839887**	**700605**	**976922**	**507744**	**469178**	**737761**	**368038**	**369723**
3									
4									
5-9岁	**3364**	**1792**	**1572**	**4**	**1**	**3**			
5									
6	669	354	315						
7	735	394	341						
8	898	458	440	1	1				
9	1062	586	476	3		3			
10-14岁	**122053**	**63129**	**58924**	**4843**	**2453**	**2390**	**29**	**16**	**13**
10	1564	804	760	5		5	3	2	1
11	3874	2013	1861	12	5	7	5	3	2
12	32948	16834	16114	25	18	7	1	1	
13	43910	22727	21183	1068	523	545	6	3	3
14	39757	20751	19006	3733	1907	1826	14	7	7
15-19岁	**35049**	**21550**	**13499**	**129399**	**69257**	**60142**	**45658**	**23011**	**22647**
15	14787	8238	6549	28707	14688	14019	418	215	203
16	6661	4100	2561	39182	20270	18912	802	415	387
17	4414	2930	1484	29416	15165	14251	2785	1361	1424
18	4429	3022	1407	20287	11750	8537	14557	7103	7454
19	4758	3260	1498	11807	7384	4423	27096	13917	13179
20-24岁	**44914**	**28658**	**16256**	**65964**	**39319**	**26645**	**101158**	**49538**	**51620**
20	5719	3804	1915	10941	6827	4114	24536	12556	11980
21	6950	4533	2417	11877	7211	4666	18571	9256	9315
22	9205	5890	3315	13696	8130	5566	19058	9256	9802
23	10384	6566	3818	14191	8317	5874	18651	8842	9809
24	12656	7865	4791	15259	8834	6425	20342	9628	10714
25-29岁	**89031**	**53512**	**35519**	**89619**	**50374**	**39245**	**115481**	**55541**	**59940**
25	15303	9459	5844	16705	9533	7172	22220	10581	11639
26	16193	9792	6401	16984	9739	7245	22358	10668	11690
27	18303	10938	7365	18218	10292	7926	23662	11504	12158
28	18620	11217	7403	18786	10377	8409	23896	11438	12458
29	20612	12106	8506	18926	10433	8493	23345	11350	11995
30-34岁	**131570**	**75273**	**56297**	**103535**	**55671**	**47864**	**136035**	**65809**	**70226**
30	26645	15663	10982	23827	12963	10864	29140	14029	15111
31	26359	15148	11211	22220	12018	10202	29257	14184	15073
32	24780	14190	10590	19861	10659	9202	26606	12850	13756
33	27879	15752	12127	20398	10854	9544	27249	13158	14091
34	25907	14520	11387	17229	9177	8052	23783	11588	12195
35-39岁	**130410**	**71697**	**58713**	**77332**	**38970**	**38362**	**91321**	**44963**	**46358**
35	25164	13905	11259	15547	8098	7449	20834	10334	10500
36	25988	14339	11649	15439	7874	7565	19750	9650	10100
37	25616	14036	11580	15003	7506	7497	17837	8901	8936
38	29661	16242	13419	17425	8648	8777	19115	9285	9830
39	23981	13175	10806	13918	6844	7074	13785	6793	6992
40-44岁	**130359**	**69946**	**60413**	**71820**	**35401**	**36419**	**56380**	**27748**	**28632**
40	23446	12799	10647	13551	6695	6856	12367	6135	6232
41	24907	13569	11338	13804	6831	6973	11198	5573	5625
42	25143	13419	11724	14200	6967	7233	11024	5341	5683
43	26051	13956	12095	14562	7203	7359	10659	5185	5474
44	30812	16203	14609	15703	7705	7998	11132	5514	5618

4-1 续表 5 单位：人

年 龄	初 中			高 中			大学专科		
	小计	男	女	小计	男	女	小计	男	女
45-49岁	**183873**	**96955**	**86918**	**82251**	**41223**	**41028**	**53608**	**26734**	**26874**
45	32845	17184	15661	15397	7575	7822	10473	5097	5376
46	36191	18984	17207	16332	8179	8153	10857	5379	5478
47	37686	19725	17961	16750	8465	8285	11076	5523	5553
48	38353	20399	17954	16837	8314	8523	10828	5442	5386
49	38798	20663	18135	16935	8690	8245	10374	5293	5081
50-54岁	**183044**	**98446**	**84598**	**82231**	**41121**	**41110**	**41058**	**20732**	**20326**
50	40441	21608	18833	18109	9190	8919	10274	5202	5072
51	37644	20237	17407	17276	8693	8583	9123	4580	4543
52	38960	20966	17994	17689	8857	8832	8543	4280	4263
53	31207	16859	14348	13054	6568	6486	5971	3001	2970
54	34792	18776	16016	16103	7813	8290	7147	3669	3478
55-59岁	**152976**	**83109**	**69867**	**109169**	**51958**	**57211**	**36793**	**19019**	**17774**
55	36097	19358	16739	20162	9837	10325	7804	3974	3830
56	33508	18128	15380	22533	10678	11855	7934	4102	3832
57	37951	20834	17117	29292	13867	15425	9895	5147	4748
58	28631	15723	12908	23389	11089	12300	7063	3611	3452
59	16789	9066	7723	13793	6487	7306	4097	2185	1912
60-64岁	**123995**	**66940**	**57055**	**82294**	**40844**	**41450**	**23247**	**13023**	**10224**
60	26282	14234	12048	18595	8949	9646	5027	2779	2248
61	23891	13107	10784	17006	8419	8587	4092	2276	1816
62	24353	13220	11133	18286	9063	9223	4654	2664	1990
63	25981	13963	12018	16623	8269	8354	5075	2851	2224
64	23488	12416	11072	11784	6144	5640	4399	2453	1946
65-69岁	**101273**	**53000**	**48273**	**30923**	**16060**	**14863**	**16099**	**9171**	**6928**
65	24783	13206	11577	9408	4958	4450	4342	2477	1865
66	23737	12423	11314	7670	3909	3761	4045	2309	1736
67	18907	9815	9092	5596	2913	2683	2925	1603	1322
68	17587	9057	8530	4478	2291	2187	2515	1450	1065
69	16259	8499	7760	3771	1989	1782	2272	1332	940
70-74岁	**48366**	**25055**	**23311**	**17994**	**9417**	**8577**	**8701**	**5215**	**3486**
70	14503	7541	6962	3875	1980	1895	2162	1276	886
71	9399	5035	4364	3677	1935	1742	1807	1084	723
72	7546	3900	3646	3779	2011	1768	1702	1029	673
73	8454	4334	4120	3545	1876	1669	1679	1017	662
74	8464	4245	4219	3118	1615	1503	1351	809	542
75-79岁	**30657**	**14988**	**15669**	**13935**	**6880**	**7055**	**5262**	**3097**	**2165**
75	7223	3579	3644	2661	1347	1314	1112	697	415
76	6320	3121	3199	2541	1236	1305	1062	612	450
77	5857	2865	2992	2764	1377	1387	984	575	409
78	6023	2927	3096	3176	1547	1629	1112	636	476
79	5234	2496	2738	2793	1373	1420	992	577	415
80-84岁	**18095**	**8917**	**9178**	**10175**	**5378**	**4797**	**4435**	**2686**	**1749**
80	4646	2193	2453	2491	1213	1278	986	541	445
81	3919	1802	2117	2165	1111	1054	868	511	357
82	3677	1812	1865	2158	1109	1049	916	565	351
83	3106	1624	1482	1753	993	760	884	562	322
84	2747	1486	1261	1608	952	656	781	507	274
85岁及以上	**11463**	**6920**	**4543**	**5434**	**3417**	**2017**	**2496**	**1735**	**761**

4-1　续表 6　　　　单位：人

年　龄	大学本科			硕士研究生			博士研究生		
	小计	男	女	小计	男	女	小计	男	女
总　计	**790054**	**391853**	**398201**	**97230**	**43230**	**54000**	**11855**	**6161**	**5694**
3									
4									
5-9岁									
5									
6									
7									
8									
9									
10-14岁	**26**	**17**	**9**	**1**		**1**	**1**	**1**	
10	5	5							
11	4	1	3						
12	2	2							
13	5	4	1						
14	10	5	5	1		1	1	1	
15-19岁	**59810**	**29727**	**30083**	**42**	**19**	**23**	**6**	**6**	
15	170	90	80						
16	315	158	157	1		1			
17	2505	1080	1425	7	3	4	2	2	
18	18830	9028	9802	12	6	6	1	1	
19	37990	19371	18619	22	10	12	3	3	
20-24岁	**170291**	**83539**	**86752**	**15775**	**6829**	**8946**	**308**	**132**	**176**
20	46587	23817	22770	48	21	27	6	4	2
21	44202	22385	21817	521	204	317	10	2	8
22	34943	16983	17960	3099	1404	1695	51	25	26
23	23362	10926	12436	5551	2379	3172	79	38	41
24	21197	9428	11769	6556	2821	3735	162	63	99
25-29岁	**116888**	**52779**	**64109**	**24053**	**9385**	**14668**	**1932**	**905**	**1027**
25	22095	9909	12186	6400	2680	3720	289	129	160
26	22820	10053	12767	5390	2169	3221	411	178	233
27	23931	10622	13309	4480	1691	2789	411	199	212
28	24793	11413	13380	4176	1471	2705	423	197	226
29	23249	10782	12467	3607	1374	2233	398	202	196
30-34岁	**139553**	**65756**	**73797**	**22928**	**9166**	**13762**	**2853**	**1418**	**1435**
30	30270	13989	16281	4889	1816	3073	573	276	297
31	29511	13789	15722	4921	1936	2985	606	299	307
32	26819	12508	14311	4435	1775	2660	552	279	273
33	27647	13147	14500	4561	1902	2659	623	306	317
34	25306	12323	12983	4122	1737	2385	499	258	241
35-39岁	**103319**	**50933**	**52386**	**16411**	**7488**	**8923**	**2411**	**1197**	**1214**
35	22847	11165	11682	3652	1529	2123	473	228	245
36	22866	11259	11607	3492	1585	1907	498	252	246
37	20729	10303	10426	3294	1517	1777	457	242	215
38	21686	10674	11012	3395	1577	1818	553	279	274
39	15191	7532	7659	2578	1280	1298	430	196	234
40-44岁	**53406**	**26476**	**26930**	**7226**	**3728**	**3498**	**1680**	**884**	**796**
40	13099	6498	6601	2035	1011	1024	444	238	206
41	10750	5428	5322	1689	902	787	397	210	187
42	10155	5027	5128	1386	722	664	311	154	157
43	9580	4725	4855	1095	564	531	293	149	144
44	9822	4798	5024	1021	529	492	235	133	102

4-1 续表 7

单位：人

年龄	大学本科			硕士研究生			博士研究生		
	小计	男	女	小计	男	女	小计	男	女
45–49岁	**45604**	**22986**	**22618**	**4439**	**2426**	**2013**	**1032**	**543**	**489**
45	8925	4472	4453	880	486	394	225	114	111
46	9064	4499	4565	925	497	428	229	119	110
47	9169	4617	4552	907	490	417	225	129	96
48	9211	4717	4494	897	484	413	173	89	84
49	9235	4681	4554	830	469	361	180	92	88
50–54岁	**36927**	**19505**	**17422**	**2884**	**1723**	**1161**	**689**	**407**	**282**
50	8918	4622	4296	679	412	267	148	86	62
51	7927	4083	3844	621	356	265	161	93	68
52	8077	4247	3830	654	401	253	144	78	66
53	5521	3001	2520	461	266	195	115	74	41
54	6484	3552	2932	469	288	181	121	76	45
55–59岁	**27045**	**16077**	**10968**	**2191**	**1494**	**697**	**621**	**428**	**193**
55	6411	3637	2774	535	351	184	153	94	59
56	6359	3731	2628	551	361	190	182	121	61
57	7028	4252	2776	587	412	175	169	124	45
58	4724	2900	1824	356	248	108	70	52	18
59	2523	1557	966	162	122	40	47	37	10
60–64岁	**12336**	**7789**	**4547**	**765**	**569**	**196**	**197**	**147**	**50**
60	2772	1793	979	157	114	43	44	29	15
61	2254	1446	808	138	108	30	37	27	10
62	2293	1457	836	168	128	40	38	30	8
63	2632	1650	982	169	123	46	39	32	7
64	2385	1443	942	133	96	37	39	29	10
65–69岁	**8136**	**4989**	**3147**	**300**	**232**	**68**	**56**	**42**	**14**
65	2273	1376	897	111	83	28	24	19	5
66	2027	1252	775	74	60	14	18	13	5
67	1553	914	639	54	42	12	8	6	2
68	1198	753	445	34	28	6	3	2	1
69	1085	694	391	27	19	8	3	2	1
70–74岁	**4219**	**2761**	**1458**	**78**	**61**	**17**	**18**	**15**	**3**
70	988	665	323	27	21	6	4	3	1
71	740	491	249	16	15	1	5	4	1
72	647	428	219	11	9	2	5	4	1
73	761	508	253	11	8	3	4	4	
74	1083	669	414	13	8	5			
75–79岁	**4704**	**3044**	**1660**	**63**	**54**	**9**	**21**	**14**	**7**
75	1063	651	412	15	11	4	10	4	6
76	928	612	316	10	9	1			
77	847	562	285	18	15	3	5	4	1
78	906	597	309	8	7	1	2	2	
79	960	622	338	12	12		4	4	
80–84岁	**4995**	**3430**	**1565**	**37**	**29**	**8**	**12**	**11**	**1**
80	1060	690	370	9	5	4	3	3	
81	1066	726	340	10	9	1	2	2	
82	1116	779	337	5	5		4	4	
83	970	671	299	6	4	2	2	1	1
84	783	564	219	7	6	1	1	1	
85岁及以上	**2795**	**2045**	**750**	**37**	**27**	**10**	**18**	**11**	**7**

4-1a　全市分年龄、性别、受教育程度的3岁及以上人口(城市)

单位：人

年　龄	3岁及以上人口			未上过学		
	合计	男	女	小计	男	女
总　计	**4067008**	**2070373**	**1996635**	**46153**	**17270**	**28883**
3	51648	26639	25009	12448	6441	6007
4	53558	27942	25616	4213	2182	2031
5-9岁	**230596**	**119661**	**110935**	**2375**	**1281**	**1094**
5	37166	19185	17981	1383	742	641
6	55567	28935	26632	588	329	259
7	47026	24467	22559	176	92	84
8	48849	25217	23632	138	73	65
9	41988	21857	20131	90	45	45
10-14岁	**195813**	**101249**	**94564**	**569**	**313**	**256**
10	41606	21390	20216	109	62	47
11	39851	20597	19254	143	85	58
12	39858	20491	19367	123	61	62
13	39180	20317	18863	104	56	48
14	35318	18454	16864	90	49	41
15-19岁	**205082**	**109707**	**95375**	**242**	**149**	**93**
15	34920	18227	16693	72	41	31
16	37393	19622	17771	45	31	14
17	30685	16147	14538	34	19	15
18	43099	23157	19942	55	33	22
19	58985	32554	26431	36	25	11
20-24岁	**299824**	**156102**	**143722**	**379**	**216**	**163**
20	63727	34984	28743	72	44	28
21	60476	32676	27800	85	44	41
22	60141	31188	28953	72	41	31
23	55688	27872	27816	63	39	24
24	59792	29382	30410	87	48	39
25-29岁	**349010**	**174619**	**174391**	**411**	**248**	**163**
25	65595	32578	33017	78	43	35
26	67054	33208	33846	73	48	25
27	71001	35563	35438	84	52	32
28	72852	36525	36327	85	55	30
29	72508	36745	35763	91	50	41
30-34岁	**446757**	**225405**	**221352**	**474**	**269**	**205**
30	94160	47477	46683	102	58	44
31	93601	47214	46387	92	54	38
32	86309	43366	42943	87	49	38
33	90834	45718	45116	101	53	48
34	81853	41630	40223	92	55	37
35-39岁	**360047**	**182531**	**177516**	**490**	**271**	**219**
35	74973	38004	36969	97	52	45
36	74625	37779	36846	79	49	30
37	71079	36134	34945	104	56	48
38	78844	39806	39038	105	63	42
39	60526	30808	29718	105	51	54
40-44岁	**277708**	**141071**	**136637**	**634**	**305**	**329**
40	56213	28689	27524	97	55	42
41	54215	27865	26350	120	59	61
42	54137	27380	26757	136	70	66
43	53838	27328	26510	109	52	57
44	59305	29809	29496	172	69	103

4-1a 续表 1

单位：人

年 龄	3岁及以上人口			未上过学		
	合计	男	女	小计	男	女
45-49岁	**322975**	**164584**	**158391**	**1333**	**558**	**775**
45	59290	29800	29490	195	81	114
46	63752	32355	31397	216	90	126
47	65689	33471	32218	307	137	170
48	66868	34179	32689	308	125	183
49	67376	34779	32597	307	125	182
50-54岁	**311970**	**162050**	**149920**	**1572**	**608**	**964**
50	70382	36416	33966	343	122	221
51	65878	34170	31708	299	127	172
52	67275	34978	32297	334	130	204
53	50349	26289	24060	296	111	185
54	58086	30197	27889	300	118	182
55-59岁	**293624**	**151733**	**141891**	**1516**	**515**	**1001**
55	63242	32759	30483	316	122	194
56	63579	32914	30665	298	128	170
57	76005	39412	36593	372	117	255
58	56715	29308	27407	306	80	226
59	34083	17340	16743	224	68	156
60-64岁	**230716**	**118832**	**111884**	**2184**	**586**	**1598**
60	48473	25045	23428	330	94	236
61	44092	22937	21155	385	88	297
62	47615	24602	23013	455	127	328
63	48809	24897	23912	521	136	385
64	41727	21351	20376	493	141	352
65-69岁	**167770**	**84314**	**83456**	**2472**	**682**	**1790**
65	41530	21449	20081	520	139	381
66	39279	19897	19382	569	171	398
67	31931	15837	16094	486	126	360
68	28618	14043	14575	455	120	335
69	26412	13088	13324	442	126	316
70-74岁	**94364**	**45971**	**48393**	**1734**	**460**	**1274**
70	24526	11902	12624	448	128	320
71	18914	9442	9472	368	103	265
72	16721	8209	8512	269	63	206
73	17486	8516	8970	325	89	236
74	16717	7902	8815	324	77	247
75-79岁	**68226**	**30637**	**37589**	**1986**	**432**	**1554**
75	14207	6520	7687	345	75	270
76	12943	5890	7053	333	67	266
77	12886	5862	7024	394	85	309
78	14637	6484	8153	430	95	335
79	13553	5881	7672	484	110	374
80-84岁	**60579**	**25928**	**34651**	**4174**	**700**	**3474**
80	13284	5591	7693	612	119	493
81	12532	5269	7263	737	128	609
82	12629	5397	7232	859	147	712
83	11586	5055	6531	956	155	801
84	10548	4616	5932	1010	151	859
85岁及以上	**46741**	**21398**	**25343**	**6947**	**1054**	**5893**

4-1a　续表 2

单位：人

年　龄	学前教育			小　学		
	小计	男	女	小计	男	女
总　计	**138225**	**71524**	**66701**	**533220**	**261153**	**272067**
3	39200	20198	19002			
4	49345	25760	23585			
5-9岁	**47102**	**24400**	**22702**	**178442**	**92547**	**85895**
5	31873	16413	15460	3910	2030	1880
6	13088	6880	6208	41373	21457	19916
7	1172	622	550	45092	23439	21653
8	598	288	310	47397	24481	22916
9	371	197	174	40670	21140	19530
10-14岁	**1245**	**609**	**636**	**93440**	**48332**	**45108**
10	312	167	145	39934	20517	19417
11	265	120	145	36361	18787	17574
12	218	113	105	12995	6787	6208
13	204	97	107	2913	1596	1317
14	246	112	134	1237	645	592
15-19岁	**346**	**172**	**174**	**2681**	**1485**	**1196**
15	159	81	78	563	300	263
16	99	44	55	508	265	243
17	36	15	21	437	234	203
18	24	17	7	604	346	258
19	28	15	13	569	340	229
20-24岁	**100**	**44**	**56**	**3033**	**1889**	**1144**
20	26	13	13	545	334	211
21	14	8	6	479	300	179
22	17	10	7	636	395	241
23	18	4	14	672	423	249
24	25	9	16	701	437	264
25-29岁	**81**	**37**	**44**	**5337**	**3376**	**1961**
25	29	13	16	821	508	313
26	13	4	9	903	585	318
27	12	8	4	1099	704	395
28	13	7	6	1205	762	443
29	14	5	9	1309	817	492
30-34岁	**88**	**36**	**52**	**9090**	**5244**	**3846**
30	24	8	16	1665	993	672
31	21	9	12	1764	1059	705
32	15	5	10	1786	1012	774
33	17	9	8	2016	1140	876
34	11	5	6	1859	1040	819
35-39岁	**41**	**21**	**20**	**9656**	**5283**	**4373**
35	7	4	3	1793	1023	770
36	11	6	5	1882	1003	879
37	6	4	2	1821	1003	818
38	7	4	3	2201	1189	1012
39	10	3	7	1959	1065	894
40-44岁	**33**	**15**	**18**	**13141**	**6941**	**6200**
40	5	1	4	2059	1097	962
41	7	3	4	2414	1291	1123
42	8	6	2	2570	1395	1175
43	7	2	5	2707	1409	1298
44	6	3	3	3391	1749	1642

4−1a 续表 3 单位：人

年龄	学前教育			小学		
	小计	男	女	小计	男	女
45−49岁	**44**	**22**	**22**	**23723**	**12171**	**11552**
45	9	2	7	3904	1952	1952
46	14	9	5	4538	2292	2246
47	6	2	4	4729	2490	2239
48	7	3	4	5087	2584	2503
49	8	6	2	5465	2853	2612
50−54岁	**69**	**34**	**35**	**29193**	**15448**	**13745**
50	7	6	1	6062	3132	2930
51	15	8	7	6124	3300	2824
52	19	8	11	6369	3348	3021
53	12	6	6	5233	2767	2466
54	16	6	10	5405	2901	2504
55−59岁	**69**	**32**	**37**	**22227**	**11326**	**10901**
55	16	9	7	5207	2759	2448
56	15	10	5	4920	2540	2380
57	18	5	13	5248	2665	2583
58	13	6	7	4218	2132	2086
59	7	2	5	2634	1230	1404
60−64岁	**65**	**24**	**41**	**24913**	**11268**	**13645**
60	13	5	8	4229	2004	2225
61	6	2	4	4301	1978	2323
62	12	4	8	4958	2265	2693
63	17	5	12	5620	2442	3178
64	17	8	9	5805	2579	3226
65−69岁	**66**	**22**	**44**	**33369**	**14550**	**18819**
65	17	7	10	6389	2859	3530
66	11	5	6	7035	3129	3906
67	11	4	7	6991	3052	3939
68	16	3	13	6707	2858	3849
69	11	3	8	6247	2652	3595
70−74岁	**67**	**21**	**46**	**24865**	**10157**	**14708**
70	13	3	10	6085	2436	3649
71	18	7	11	5081	2130	2951
72	11	5	6	4537	1889	2648
73	14	5	9	4623	1887	2736
74	11	1	10	4539	1815	2724
75−79岁	**53**	**14**	**39**	**19184**	**6890**	**12294**
75	7	5	2	3636	1314	2322
76	12	1	11	3391	1247	2144
77	9		9	3559	1329	2230
78	16	5	11	4374	1552	2822
79	9	3	6	4224	1448	2776
80−84岁	**93**	**30**	**63**	**21763**	**6897**	**14866**
80	14	2	12	4344	1390	2954
81	13	5	8	4440	1427	3013
82	16	5	11	4557	1431	3126
83	25	11	14	4393	1409	2984
84	25	7	18	4029	1240	2789
85岁及以上	**118**	**33**	**85**	**19163**	**7349**	**11814**

4-1a 续表 4

单位：人

年 龄	初 中			高 中			大学专科		
	小计	男	女	小计	男	女	小计	男	女
总 计	**1121299**	**603491**	**517808**	**779876**	**396565**	**383311**	**642761**	**320444**	**322317**
3									
4									
5—9岁	**2673**	**1432**	**1241**	**4**	**1**	**3**			
5									
6	518	269	249						
7	586	314	272						
8	715	374	341	1	1				
9	854	475	379	3		3			
10—14岁	**96517**	**49963**	**46554**	**3994**	**2001**	**1993**	**22**	**14**	**8**
10	1239	637	602	4		4	3	2	1
11	3062	1596	1466	11	5	6	5	3	2
12	26499	13513	12986	21	15	6	1	1	
13	35049	18138	16911	900	423	477	5	3	2
14	30668	16079	14589	3058	1558	1500	8	5	3
15—19岁	**24359**	**14728**	**9631**	**99058**	**52179**	**46879**	**32441**	**16624**	**15817**
15	10711	5896	4815	22942	11665	11277	322	161	161
16	4630	2741	1889	31287	16128	15159	569	287	282
17	2993	1970	1023	23187	12009	11178	2040	998	1042
18	2870	1973	897	14382	8038	6344	10719	5368	5351
19	3155	2148	1007	7260	4339	2921	18791	9810	8981
20—24岁	**28018**	**17870**	**10148**	**37426**	**21085**	**16341**	**79654**	**39222**	**40432**
20	3654	2407	1247	6003	3594	2409	17531	9151	8380
21	4465	2932	1533	6360	3617	2743	14256	7225	7031
22	5746	3659	2087	7562	4277	3285	15398	7519	7879
23	6412	4067	2345	8205	4538	3667	15413	7296	8117
24	7741	4805	2936	9296	5059	4237	17056	8031	9025
25—29岁	**55940**	**33809**	**22131**	**59693**	**32610**	**27083**	**98527**	**47428**	**51099**
25	9359	5829	3530	10583	5763	4820	18834	8984	9850
26	10006	6062	3944	11206	6228	4978	19045	9077	9968
27	11481	6917	4564	12155	6693	5462	20163	9847	10316
28	11799	7145	4654	12749	6883	5866	20418	9789	10629
29	13295	7856	5439	13000	7043	5957	20067	9731	10336
30—34岁	**89163**	**51138**	**38025**	**76837**	**40964**	**35873**	**118503**	**57235**	**61268**
30	17587	10394	7193	16832	9050	7782	25161	12143	13018
31	17703	10239	7464	16259	8724	7535	25438	12340	13098
32	16905	9665	7240	14887	7937	6950	23230	11211	12019
33	19068	10768	8300	15535	8209	7326	23766	11381	12385
34	17900	10072	7828	13324	7044	6280	20908	10160	10748
35—39岁	**91213**	**49841**	**41372**	**61930**	**31073**	**30857**	**82342**	**40322**	**42020**
35	17501	9600	7901	12035	6200	5835	18447	9128	9319
36	17953	9866	8087	12085	6116	5969	17630	8580	9050
37	17871	9707	8164	12061	6023	6038	16164	8000	8164
38	20801	11327	9474	14198	7068	7130	17452	8423	9029
39	17087	9341	7746	11551	5666	5885	12649	6191	6458
40—44岁	**92498**	**49114**	**43384**	**60576**	**29931**	**30645**	**52027**	**25373**	**26654**
40	16649	9033	7616	11358	5622	5736	11374	5589	5785
41	17791	9540	8251	11470	5698	5772	10318	5069	5249
42	17904	9472	8432	12099	5929	6170	10179	4906	5273
43	18375	9746	8629	12419	6217	6202	9864	4760	5104
44	21779	11323	10456	13230	6465	6765	10292	5049	5243

4−1a 续表 5 单位：人

年 龄	初 中			高 中			大学专科		
	小计	男	女	小计	男	女	小计	男	女
45−49岁	**129534**	**67564**	**61970**	**70701**	**35341**	**35360**	**49462**	**24454**	**25008**
45	22967	11860	11107	13104	6454	6650	9682	4672	5010
46	25397	13216	12181	13935	6979	6956	10016	4938	5078
47	26433	13658	12775	14300	7210	7090	10206	5040	5166
48	27174	14349	12825	14510	7144	7366	10035	4979	5056
49	27563	14481	13082	14852	7554	7298	9523	4825	4698
50−54岁	**131740**	**70279**	**61461**	**72880**	**36127**	**36753**	**37956**	**18990**	**18966**
50	29207	15455	13752	16031	8067	7964	9529	4790	4739
51	27285	14531	12754	15390	7678	7712	8456	4210	4246
52	28391	15237	13154	15775	7820	7955	7921	3932	3989
53	22032	11789	10243	11498	5739	5759	5462	2710	2752
54	24825	13267	11558	14186	6823	7363	6588	3348	3240
55−59岁	**111861**	**60372**	**51489**	**94455**	**44286**	**50169**	**34580**	**17805**	**16775**
55	25919	13744	12175	17687	8532	9155	7270	3678	3592
56	24483	13161	11322	19559	9171	10388	7429	3820	3609
57	28017	15267	12750	25464	11881	13583	9321	4830	4491
58	20653	11330	9323	19853	9243	10610	6680	3420	3260
59	12789	6870	5919	11892	5459	6433	3880	2057	1823
60−64岁	**96622**	**51526**	**45096**	**71867**	**34843**	**37024**	**22133**	**12337**	**9796**
60	20396	10975	9421	15839	7457	8382	4771	2629	2142
61	18456	10093	8363	14692	7087	7605	3893	2157	1736
62	19074	10237	8837	16233	7864	8369	4445	2536	1909
63	20283	10712	9571	14772	7163	7609	4842	2694	2148
64	18413	9509	8904	10331	5272	5059	4182	2321	1861
65−69岁	**81429**	**41619**	**39810**	**26908**	**13668**	**13240**	**15263**	**8671**	**6592**
65	20049	10514	9535	8107	4156	3951	4099	2337	1762
66	19137	9811	9326	6639	3318	3321	3830	2181	1649
67	15180	7716	7464	4898	2492	2406	2790	1517	1273
68	13997	6997	7000	3882	1948	1934	2372	1362	1010
69	13066	6581	6485	3382	1754	1628	2172	1274	898
70−74岁	**38877**	**19344**	**19533**	**16376**	**8339**	**8037**	**8260**	**4905**	**3355**
70	11476	5744	5732	3479	1733	1746	2045	1197	848
71	7592	3941	3651	3396	1748	1648	1719	1017	702
72	6175	3064	3111	3461	1784	1677	1625	978	647
73	6923	3392	3531	3256	1680	1576	1586	951	635
74	6711	3203	3508	2784	1394	1390	1285	762	523
75−79岁	**24769**	**11346**	**13423**	**12593**	**6041**	**6552**	**4971**	**2889**	**2082**
75	5719	2653	3066	2400	1178	1222	1050	657	393
76	4984	2298	2686	2307	1103	1204	996	565	431
77	4626	2123	2503	2504	1209	1295	941	547	394
78	5012	2300	2712	2865	1356	1509	1047	586	461
79	4428	1972	2456	2517	1195	1322	937	534	403
80−84岁	**15847**	**7447**	**8400**	**9490**	**4903**	**4587**	**4241**	**2536**	**1705**
80	4019	1787	2232	2300	1097	1203	941	511	430
81	3424	1489	1935	2031	1015	1016	829	482	347
82	3211	1504	1707	2005	1003	1002	873	532	341
83	2762	1382	1380	1637	901	736	843	528	315
84	2431	1285	1146	1517	887	630	755	483	272
85岁及以上	**10239**	**6099**	**4140**	**5088**	**3173**	**1915**	**2379**	**1639**	**740**

4－1a　续表 6　　　　单位：人

年　龄	大学本科			硕士研究生			博士研究生		
	小计	男	女	小计	男	女	小计	男	女
总　计	**700948**	**352395**	**348553**	**93012**	**41537**	**51475**	**11514**	**5994**	**5520**
3									
4									
5－9岁									
5									
6									
7									
8									
9									
10－14岁	**25**	**16**	**9**				**1**	**1**	
10	5	5							
11	4	1	3						
12	1	1							
13	5	4	1						
14	10	5	5				1	1	
15－19岁	**45916**	**24350**	**21566**	**34**	**15**	**19**	**5**	**5**	
15	151	83	68						
16	254	126	128	1		1			
17	1952	899	1053	4	1	3	2	2	
18	14434	7377	7057	10	4	6	1	1	
19	29125	15865	13260	19	10	9	2	2	
20－24岁	**135770**	**69047**	**66723**	**15151**	**6603**	**8548**	**293**	**126**	**167**
20	35846	19418	16428	44	19	25	6	4	2
21	34315	18350	15965	493	198	295	9	2	7
22	27703	13908	13795	2959	1356	1603	48	23	25
23	19481	9162	10319	5350	2306	3044	74	37	37
24	18425	8209	10216	6305	2724	3581	156	60	96
25－29岁	**104606**	**47351**	**57255**	**22595**	**8909**	**13686**	**1820**	**851**	**969**
25	19496	8744	10752	6123	2574	3549	272	120	152
26	20350	8974	11376	5065	2058	3007	393	172	221
27	21458	9558	11900	4168	1602	2566	381	182	199
28	22314	10319	11995	3867	1378	2489	402	187	215
29	20988	9756	11232	3372	1297	2075	372	190	182
30－34岁	**128059**	**60431**	**67628**	**21796**	**8726**	**13070**	**2747**	**1362**	**1385**
30	27640	12847	14793	4602	1722	2880	547	262	285
31	27062	12667	14395	4680	1837	2843	582	285	297
32	24652	11524	13128	4214	1692	2522	533	271	262
33	25375	12050	13325	4351	1812	2539	605	296	309
34	23330	11343	11987	3949	1663	2286	480	248	232
35－39岁	**96165**	**47333**	**48832**	**15845**	**7208**	**8637**	**2365**	**1179**	**1186**
35	21119	10305	10814	3510	1466	2044	464	226	238
36	21146	10398	10748	3352	1515	1837	487	246	241
37	19424	9642	9782	3183	1462	1721	445	237	208
38	20240	9933	10307	3294	1524	1770	546	275	271
39	14236	7055	7181	2506	1241	1265	423	195	228
40－44岁	**50090**	**24888**	**25202**	**7059**	**3637**	**3422**	**1650**	**867**	**783**
40	12251	6075	6176	1986	984	1002	434	233	201
41	10049	5118	4931	1652	879	773	394	208	186
42	9579	4744	4835	1357	706	651	305	152	153
43	9000	4445	4555	1069	552	517	288	145	143
44	9211	4506	4705	995	516	479	229	129	100

4-1a 续表 7 单位：人

年龄	大学本科			硕士研究生			博士研究生		
	小计	男	女	小计	男	女	小计	男	女
45-49岁	**42839**	**21583**	**21256**	**4320**	**2354**	**1966**	**1019**	**537**	**482**
45	8350	4193	4157	856	473	383	223	113	110
46	8511	4229	4282	902	484	418	223	118	105
47	8596	4326	4270	887	479	408	225	129	96
48	8714	4446	4268	864	463	401	169	86	83
49	8668	4389	4279	811	455	356	179	91	88
50-54岁	**35073**	**18490**	**16583**	**2806**	**1670**	**1136**	**681**	**404**	**277**
50	8402	4361	4041	656	398	258	145	85	60
51	7549	3885	3664	599	338	261	161	93	68
52	7683	4032	3651	641	394	247	142	77	65
53	5249	2832	2417	452	261	191	115	74	41
54	6190	3380	2810	458	279	179	118	75	43
55-59岁	**26150**	**15510**	**10640**	**2150**	**1463**	**687**	**616**	**424**	**192**
55	6149	3480	2669	526	342	184	152	93	59
56	6153	3608	2545	542	356	186	180	120	60
57	6830	4128	2702	568	397	171	167	122	45
58	4569	2798	1771	353	247	106	70	52	18
59	2449	1496	953	161	121	40	47	37	10
60-64岁	**11984**	**7544**	**4440**	**753**	**558**	**195**	**195**	**146**	**49**
60	2700	1743	957	153	110	43	42	28	14
61	2186	1399	787	136	106	30	37	27	10
62	2233	1412	821	167	127	40	38	30	8
63	2550	1593	957	165	120	45	39	32	7
64	2315	1397	918	132	95	37	39	29	10
65-69岁	**7914**	**4833**	**3081**	**294**	**228**	**66**	**55**	**41**	**14**
65	2217	1336	881	108	82	26	24	19	5
66	1967	1210	757	74	60	14	17	12	5
67	1514	883	631	53	41	12	8	6	2
68	1154	727	427	32	26	6	3	2	1
69	1062	677	385	27	19	8	3	2	1
70-74岁	**4091**	**2671**	**1420**	**76**	**59**	**17**	**18**	**15**	**3**
70	949	637	312	27	21	6	4	3	1
71	719	477	242	16	15	1	5	4	1
72	628	414	214	10	8	2	5	4	1
73	745	501	244	10	7	3	4	4	
74	1050	642	408	13	8	5			
75-79岁	**4589**	**2957**	**1632**	**62**	**54**	**8**	**19**	**14**	**5**
75	1027	623	404	15	11	4	8	4	4
76	910	600	310	10	9	1			
77	831	550	281	17	15	2	5	4	1
78	883	581	302	8	7	1	2	2	
79	938	603	335	12	12		4	4	
80-84岁	**4924**	**3377**	**1547**	**35**	**27**	**8**	**12**	**11**	**1**
80	1042	677	365	9	5	4	3	3	
81	1046	712	334	10	9	1	2	2	
82	1100	767	333	4	4		4	4	
83	963	665	298	5	3	2	2	1	1
84	773	556	217	7	6	1	1	1	
85岁及以上	**2753**	**2014**	**739**	**36**	**26**	**10**	**18**	**11**	**7**

4-1b 全市分年龄、性别、受教育程度的3岁及以上人口(镇)

单位：人

年龄	3岁及以上人口			未上过学		
	合计	男	女	小计	男	女
总 计	**514219**	**267326**	**246893**	**5910**	**2275**	**3635**
3	6086	3104	2982	1214	618	596
4	6321	3266	3055	318	155	163
5-9岁	**27389**	**14168**	**13221**	**192**	**105**	**87**
5	4590	2408	2182	91	49	42
6	6490	3357	3133	46	24	22
7	5505	2878	2627	19	13	6
8	5698	2908	2790	24	13	11
9	5106	2617	2489	12	6	6
10-14岁	**24212**	**12511**	**11701**	**91**	**54**	**37**
10	5052	2608	2444	20	9	11
11	5033	2606	2427	25	14	11
12	4834	2473	2361	16	10	6
13	4683	2468	2215	22	15	7
14	4610	2356	2254	8	6	2
15-19岁	**44418**	**21683**	**22735**	**52**	**37**	**15**
15	4789	2515	2274	11	7	4
16	5697	2886	2811	15	10	5
17	5258	2490	2768	7	4	3
18	10816	5288	5528	5	5	
19	17858	8504	9354	14	11	3
20-24岁	**70889**	**36579**	**34310**	**70**	**37**	**33**
20	19249	9157	10092	14	6	8
21	17193	8390	8803	13	8	5
22	14324	7470	6854	14	6	8
23	10548	5980	4568	14	8	6
24	9575	5582	3993	15	9	6
25-29岁	**51789**	**29089**	**22700**	**86**	**44**	**42**
25	9947	5724	4223	18	9	9
26	9948	5704	4244	22	13	9
27	10564	5897	4667	16	8	8
28	10621	5854	4767	16	9	7
29	10709	5910	4799	14	5	9
30-34岁	**57464**	**30340**	**27124**	**93**	**47**	**46**
30	12999	6890	6109	20	12	8
31	12281	6443	5838	17	7	10
32	10864	5755	5109	23	16	7
33	11431	6088	5343	16	7	9
34	9889	5164	4725	17	5	12
35-39岁	**40899**	**21149**	**19750**	**90**	**41**	**49**
35	8978	4733	4245	18	9	9
36	8799	4560	4239	16	9	7
37	7938	4128	3810	21	7	14
38	8730	4446	4284	21	10	11
39	6454	3282	3172	14	6	8
40-44岁	**31284**	**15821**	**15463**	**94**	**52**	**42**
40	6129	3145	2984	19	11	8
41	6100	3137	2963	16	10	6
42	5908	2981	2927	20	11	9
43	6115	3054	3061	17	7	10
44	7032	3504	3528	22	13	9

4-1b 续表 1 单位：人

年 龄	3岁及以上人口			未上过学		
	合计	男	女	小计	男	女
45-49岁	**37049**	**19267**	**17782**	**197**	**78**	**119**
45	7022	3564	3458	29	12	17
46	7527	3818	3709	38	12	26
47	7712	3993	3719	40	16	24
48	7474	3946	3528	49	24	25
49	7314	3946	3368	41	14	27
50-54岁	**31239**	**16790**	**14449**	**240**	**114**	**126**
50	7276	3929	3347	44	21	23
51	6338	3406	2932	40	23	17
52	6454	3467	2987	51	28	23
53	5334	2838	2496	49	24	25
54	5837	3150	2687	56	18	38
55-59岁	**26562**	**14209**	**12353**	**244**	**85**	**159**
55	6160	3374	2786	48	22	26
56	5859	3155	2704	55	18	37
57	6441	3449	2992	55	20	35
58	5275	2712	2563	44	13	31
59	2827	1519	1308	42	12	30
60-64岁	**18830**	**9777**	**9053**	**386**	**116**	**270**
60	3961	2032	1929	56	23	33
61	3560	1834	1726	79	27	52
62	3660	1964	1696	75	27	48
63	3974	2063	1911	98	18	80
64	3675	1884	1791	78	21	57
65-69岁	**16397**	**8030**	**8367**	**522**	**167**	**355**
65	3601	1837	1764	101	29	72
66	3727	1838	1889	108	38	70
67	3169	1537	1632	105	43	62
68	3117	1471	1646	107	28	79
69	2783	1347	1436	101	29	72
70-74岁	**9953**	**4914**	**5039**	**397**	**113**	**284**
70	2870	1416	1454	111	33	78
71	1922	909	1013	63	20	43
72	1605	834	771	62	17	45
73	1710	870	840	68	18	50
74	1846	885	961	93	25	68
75-79岁	**6397**	**3195**	**3202**	**398**	**102**	**296**
75	1419	699	720	66	12	54
76	1293	650	643	74	23	51
77	1280	638	642	86	22	64
78	1319	656	663	84	25	59
79	1086	552	534	88	20	68
80-84岁	**4059**	**2056**	**2003**	**532**	**164**	**368**
80	917	470	447	83	29	54
81	852	416	436	103	24	79
82	875	444	431	109	38	71
83	725	393	332	105	35	70
84	690	333	357	132	38	94
85岁及以上	**2982**	**1378**	**1604**	**694**	**146**	**548**

4-1b　续表 2

单位：人

年　龄	学前教育			小　学		
	小计	男	女	小计	男	女
总　计	**16990**	**8805**	**8185**	**74403**	**36894**	**37509**
3	4872	2486	2386			
4	6003	3111	2892			
5—9岁	**5839**	**3066**	**2773**	**21021**	**10820**	**10201**
5	3923	2054	1869	576	305	271
6	1676	871	805	4681	2415	2266
7	145	85	60	5270	2740	2530
8	61	33	28	5530	2823	2707
9	34	23	11	4964	2537	2427
10—14岁	**119**	**64**	**55**	**11793**	**6092**	**5701**
10	27	16	11	4842	2494	2348
11	26	14	12	4582	2376	2206
12	23	13	10	1716	888	828
13	21	10	11	449	240	209
14	22	11	11	204	94	110
15—19岁	**37**	**22**	**15**	**321**	**193**	**128**
15	10	7	3	61	35	26
16	11	6	5	54	33	21
17				48	28	20
18	5	3	2	77	50	27
19	11	6	5	81	47	34
20—24岁	**23**	**10**	**13**	**560**	**350**	**210**
20	4	3	1	81	49	32
21	5	1	4	93	61	32
22	2		2	119	77	42
23	4	1	3	136	88	48
24	8	5	3	131	75	56
25—29岁	**15**	**7**	**8**	**991**	**602**	**389**
25	4	2	2	148	89	59
26	3	2	1	180	108	72
27	3	3		199	128	71
28	2		2	230	133	97
29	3		3	234	144	90
30—34岁	**11**	**6**	**5**	**1682**	**911**	**771**
30	4	3	1	310	179	131
31	2		2	330	180	150
32	1		1	329	195	134
33	1	1		352	186	166
34	3	2	1	361	171	190
35—39岁	**4**	**4**		**1763**	**883**	**880**
35				324	164	160
36	1	1		324	172	152
37	1	1		348	160	188
38	1	1		429	210	219
39	1	1		338	177	161
40—44岁	**4**	**2**	**2**	**2302**	**1181**	**1121**
40				352	187	165
41	1		1	362	182	180
42	1	1		442	226	216
43	1		1	519	256	263
44	1	1		627	330	297

4-1b 续表 3

单位：人

年龄	学前教育			小学		
	小计	男	女	小计	男	女
45-49岁	**10**	**8**	**2**	**3990**	**2162**	**1828**
45	2	2		683	356	327
46	3	2	1	754	407	347
47	1	1		780	407	373
48	1	1		835	456	379
49	3	2	1	938	536	402
50-54岁	**7**	**2**	**5**	**4651**	**2496**	**2155**
50	3		3	1005	524	481
51	1	1		963	529	434
52	1	1		945	516	429
53				834	445	389
54	2		2	904	482	422
55-59岁	**3**	**2**	**1**	**3581**	**1788**	**1793**
55				823	449	374
56	1	1		764	404	360
57	2	1	1	820	407	413
58				733	339	394
59				441	189	252
60-64岁	**6**	**2**	**4**	**4463**	**1957**	**2506**
60	1	1		772	327	445
61	1		1	711	315	396
62				860	397	463
63	2	1	1	1025	459	566
64	2		2	1095	459	636
65-69岁	**9**	**1**	**8**	**6476**	**2718**	**3758**
65	2		2	1163	502	661
66	1		1	1358	565	793
67	2	1	1	1331	571	760
68	3		3	1344	557	787
69	1		1	1280	523	757
70-74岁	**7**	**2**	**5**	**4632**	**1988**	**2644**
70	3	2	1	1300	544	756
71				918	359	559
72	2		2	763	351	412
73				795	359	436
74	2		2	856	375	481
75-79岁	**2**	**1**	**1**	**2734**	**1174**	**1560**
75				575	233	342
76				538	226	312
77				546	231	315
78	2	1	1	598	264	334
79				477	220	257
80-84岁	**6**	**4**	**2**	**1952**	**918**	**1034**
80	1	1		402	190	212
81	1	1		421	190	231
82	2	1	1	436	205	231
83	1	1		370	181	189
84	1		1	323	152	171
85岁及以上	**13**	**5**	**8**	**1491**	**661**	**830**

4-1b 续表 4

单位：人

年 龄	初 中			高 中			大学专科		
	小计	男	女	小计	男	女	小计	男	女
总 计	**156491**	**86137**	**70354**	**122614**	**69398**	**53216**	**60711**	**30093**	**30618**
3									
4									
5–9岁	**337**	**177**	**160**						
5									
6	87	47	40						
7	71	40	31						
8	83	39	44						
9	96	51	45						
10–14岁	**11811**	**6086**	**5725**	**392**	**213**	**179**	**4**	**1**	**3**
10	163	89	74						
11	400	202	198						
12	3076	1559	1517	2	2				
13	4100	2151	1949	91	52	39			
14	4072	2085	1987	299	159	140	4	1	3
15–19岁	**4051**	**2429**	**1622**	**17969**	**10013**	**7956**	**9158**	**4109**	**5049**
15	1806	1011	795	2821	1414	1407	65	36	29
16	717	434	283	4697	2296	2401	156	84	72
17	498	307	191	3707	1767	1940	487	218	269
18	540	349	191	3604	2343	1261	2707	1121	1586
19	490	328	162	3140	2193	947	5743	2650	3093
20–24岁	**5775**	**3607**	**2168**	**21100**	**13932**	**7168**	**12086**	**5583**	**6503**
20	683	456	227	3709	2504	1205	4348	1907	2441
21	867	556	311	4244	2801	1443	2492	1109	1383
22	1160	732	428	4567	2969	1598	1937	925	1012
23	1366	828	538	4372	2869	1503	1619	815	804
24	1699	1035	664	4208	2789	1419	1690	827	863
25–29岁	**12250**	**7252**	**4998**	**20471**	**12804**	**7667**	**9535**	**4693**	**4842**
25	2081	1261	820	4269	2775	1494	1777	852	925
26	2223	1338	885	4056	2593	1463	1796	908	888
27	2549	1485	1064	4133	2588	1545	1967	966	1001
28	2587	1526	1061	4031	2475	1556	2009	963	1046
29	2810	1642	1168	3982	2373	1609	1986	1004	982
30–34岁	**17180**	**9511**	**7669**	**17511**	**9776**	**7735**	**11479**	**5725**	**5754**
30	3474	1942	1532	4592	2670	1922	2490	1188	1302
31	3552	1958	1594	3905	2175	1730	2479	1218	1261
32	3205	1802	1403	3288	1813	1475	2227	1115	1112
33	3664	2026	1638	3169	1740	1429	2304	1198	1106
34	3285	1783	1502	2557	1378	1179	1979	1006	973
35–39岁	**16188**	**8727**	**7461**	**10425**	**5170**	**5255**	**6138**	**3202**	**2936**
35	3154	1730	1424	2391	1271	1120	1621	840	781
36	3296	1763	1533	2232	1142	1090	1433	732	701
37	3238	1769	1469	2002	967	1035	1162	640	522
38	3651	1937	1714	2167	1030	1137	1160	596	564
39	2849	1528	1321	1633	760	873	762	394	368
40–44岁	**15030**	**8021**	**7009**	**7771**	**3487**	**4284**	**3084**	**1667**	**1417**
40	2766	1476	1290	1509	699	810	717	391	326
41	2860	1611	1249	1613	711	902	603	342	261
42	2897	1524	1373	1424	650	774	606	320	286
43	2979	1595	1384	1516	659	857	569	298	271
44	3528	1815	1713	1709	768	941	589	316	273

4-1b 续表 5

单位：人

年 龄	初 中			高 中			大学专科		
	小计	男	女	小计	男	女	小计	男	女
45-49岁	**20093**	**10746**	**9347**	**7268**	**3448**	**3820**	**2980**	**1570**	**1410**
45	3750	1996	1754	1491	664	827	553	289	264
46	4059	2132	1927	1575	737	838	616	300	316
47	4213	2231	1982	1560	759	801	606	327	279
48	4056	2191	1865	1485	691	794	571	325	246
49	4015	2196	1819	1157	597	560	634	329	305
50-54岁	**17506**	**9533**	**7973**	**4827**	**2520**	**2307**	**2330**	**1223**	**1107**
50	4064	2239	1825	1124	614	510	558	295	263
51	3532	1921	1611	977	518	459	483	236	247
52	3620	1952	1668	1010	534	476	476	247	229
53	3048	1634	1414	780	382	398	381	207	174
54	3242	1787	1455	936	472	464	432	238	194
55-59岁	**13535**	**7492**	**6043**	**6636**	**3392**	**3244**	**1740**	**931**	**809**
55	3456	1929	1527	1176	607	569	414	222	192
56	3025	1686	1339	1419	710	709	402	223	179
57	3204	1781	1423	1719	880	839	451	240	211
58	2525	1358	1167	1531	768	763	305	143	162
59	1325	738	587	791	427	364	168	103	65
60-64岁	**8551**	**4673**	**3878**	**4293**	**2321**	**1972**	**835**	**506**	**329**
60	1803	970	833	1069	554	515	200	115	85
61	1664	893	771	893	467	426	152	92	60
62	1639	913	726	876	488	388	161	102	59
63	1800	989	811	814	444	370	165	105	60
64	1645	908	737	641	368	273	157	92	65
65-69岁	**6706**	**3602**	**3104**	**1868**	**1046**	**822**	**627**	**365**	**262**
65	1556	833	723	549	333	216	179	104	75
66	1574	857	717	468	253	215	169	93	76
67	1236	632	604	360	202	158	101	61	40
68	1223	649	574	302	153	149	102	62	40
69	1117	631	486	189	105	84	76	45	31
70-74岁	**3653**	**1998**	**1655**	**847**	**517**	**330**	**312**	**221**	**91**
70	1145	646	499	201	114	87	80	56	24
71	718	380	338	141	91	50	66	49	17
72	529	299	230	176	114	62	55	39	16
73	607	340	267	157	99	58	69	47	22
74	654	333	321	172	99	73	42	30	12
75-79岁	**2270**	**1305**	**965**	**707**	**411**	**296**	**200**	**135**	**65**
75	579	332	247	127	73	54	46	28	18
76	496	292	204	129	69	60	42	30	12
77	471	272	199	138	88	50	27	16	11
78	399	221	178	171	97	74	47	35	12
79	325	188	137	142	84	58	38	26	12
80-84岁	**1018**	**606**	**412**	**371**	**227**	**144**	**134**	**103**	**31**
80	275	164	111	112	57	55	35	23	12
81	212	126	86	70	45	25	30	20	10
82	214	123	91	77	48	29	27	21	6
83	157	102	55	65	50	15	21	19	2
84	160	91	69	47	27	20	21	20	1
85岁及以上	**537**	**372**	**165**	**158**	**121**	**37**	**69**	**59**	**10**

4-1b 续表 6

单位：人

年 龄	大学本科			硕士研究生			博士研究生		
	小计	男	女	小计	男	女	小计	男	女
总 计	**73955**	**32401**	**41554**	**2914**	**1208**	**1706**	**231**	**115**	**116**
3									
4									
5-9岁									
5									
6									
7									
8									
9									
10-14岁	**1**	**1**		**1**		**1**			
10									
11									
12	1	1							
13									
14				1		1			
15-19岁	**12825**	**4876**	**7949**	**4**	**3**	**1**	**1**	**1**	
15	15	5	10						
16	47	23	24						
17	509	164	345	2	2				
18	3877	1416	2461	1	1				
19	8377	3268	5109	1		1	1	1	
20-24岁	**31002**	**12959**	**18043**	**263**	**98**	**165**	**10**	**3**	**7**
20	10409	4231	6178	1	1				
21	9465	3852	5613	13	2	11	1		1
22	6467	2740	3727	57	21	36	1		1
23	2954	1341	1613	79	29	50	4	1	3
24	1707	795	912	113	45	68	4	2	2
25-29岁	**7491**	**3372**	**4119**	**886**	**280**	**606**	**64**	**35**	**29**
25	1515	691	824	125	40	85	10	5	5
26	1440	656	784	217	80	137	11	6	5
27	1492	657	835	187	51	136	18	11	7
28	1539	685	854	197	57	140	10	6	4
29	1505	683	822	160	52	108	15	7	8
30-34岁	**8558**	**3985**	**4573**	**881**	**344**	**537**	**69**	**35**	**34**
30	1881	816	1065	210	70	140	18	10	8
31	1798	823	975	183	73	110	15	9	6
32	1601	745	856	177	65	112	13	4	9
33	1747	851	896	169	75	94	9	4	5
34	1531	750	781	142	61	81	14	8	6
35-39岁	**5750**	**2854**	**2896**	**505**	**254**	**251**	**36**	**14**	**22**
35	1342	661	681	122	56	66	6	2	4
36	1361	672	689	128	65	63	8	4	4
37	1056	530	526	99	49	50	11	5	6
38	1207	611	596	90	49	41	4	2	2
39	784	380	404	66	35	31	7	1	6
40-44岁	**2822**	**1312**	**1510**	**150**	**84**	**66**	**27**	**15**	**12**
40	714	350	364	42	26	16	10	5	5
41	608	257	351	34	22	12	3	2	1
42	488	235	253	25	12	13	5	2	3
43	485	224	261	25	12	13	4	3	1
44	527	246	281	24	12	12	5	3	2

4-1b 续表 7

单位：人

年龄	大学本科			硕士研究生			博士研究生		
	小计	男	女	小计	男	女	小计	男	女
45—49岁	**2402**	**1192**	**1210**	**99**	**58**	**41**	**10**	**5**	**5**
45	495	235	260	19	10	9			
46	460	219	241	17	8	9	5	1	4
47	497	244	253	15	8	7			
48	442	235	207	31	20	11	4	3	1
49	508	259	249	17	12	5	1	1	
50—54岁	**1601**	**854**	**747**	**69**	**45**	**24**	**8**	**3**	**5**
50	454	223	231	21	12	9	3	1	2
51	325	165	160	17	13	4			
52	338	182	156	11	6	5	2	1	1
53	233	141	92	9	5	4			
54	251	143	108	11	9	2	3	1	2
55—59岁	**782**	**489**	**293**	**37**	**27**	**10**	**4**	**3**	**1**
55	235	137	98	7	7		1	1	
56	183	108	75	9	5	4	1		1
57	171	105	66	17	13	4	2	2	
58	134	90	44	3	1	2			
59	59	49	10	1	1				
60—64岁	**285**	**193**	**92**	**10**	**9**	**1**	**1**		**1**
60	56	39	17	3	3		1		1
61	59	39	20	1	1				
62	48	36	12	1	1				
63	66	44	22	4	3	1			
64	56	35	21	1	1				
65—69岁	**183**	**127**	**56**	**5**	**3**	**2**	**1**	**1**	
65	49	36	13	2		2			
66	48	31	17				1	1	
67	33	26	7	1	1				
68	34	20	14	2	2				
69	19	14	5						
70—74岁	**104**	**74**	**30**	**1**	**1**				
70	30	21	9						
71	16	10	6						
72	17	13	4	1	1				
73	14	7	7						
74	27	23	4						
75—79岁	**85**	**67**	**18**	**1**		**1**			
75	26	21	5						
76	14	10	4						
77	11	9	2	1		1			
78	18	13	5						
79	16	14	2						
80—84岁	**45**	**33**	**12**	**1**	**1**				
80	9	6	3						
81	15	10	5						
82	9	7	2	1	1				
83	6	5	1						
84	6	5	1						
85岁及以上	**19**	**13**	**6**	**1**	**1**				

4-1c 全市分年龄、性别、受教育程度的3岁及以上人口(乡村)

单位：人

年 龄	3岁及以上人口			未上过学		
	合计	男	女	小计	男	女
总 计	**563509**	**302157**	**261352**	**16734**	**5733**	**11001**
3	6014	2983	3031	1179	595	584
4	5904	3009	2895	297	151	146
5-9岁	**29148**	**14984**	**14164**	**217**	**113**	**104**
5	4839	2468	2371	118	65	53
6	6289	3225	3064	52	27	25
7	5927	3015	2912	19	10	9
8	6346	3303	3043	21	8	13
9	5747	2973	2774	7	3	4
10-14岁	**28721**	**14757**	**13964**	**88**	**49**	**39**
10	5703	2852	2851	14	6	8
11	5829	3030	2799	16	10	6
12	5792	3024	2768	21	14	7
13	5619	2872	2747	18	10	8
14	5778	2979	2799	19	9	10
15-19岁	**24882**	**14685**	**10197**	**84**	**51**	**33**
15	5418	3049	2369	18	8	10
16	4722	2900	1822	13	10	3
17	3878	2285	1593	17	10	7
18	5111	3005	2106	14	10	4
19	5753	3446	2307	22	13	9
20-24岁	**33200**	**18704**	**14496**	**137**	**85**	**52**
20	5786	3448	2338	18	12	6
21	5393	3095	2298	29	16	13
22	6717	3732	2985	39	24	15
23	7194	3965	3229	27	18	9
24	8110	4464	3646	24	15	9
25-29岁	**45237**	**24411**	**20826**	**172**	**100**	**72**
25	8956	4914	4042	36	21	15
26	8724	4669	4055	33	19	14
27	9247	4926	4321	37	22	15
28	9258	4988	4270	31	19	12
29	9052	4914	4138	35	19	16
30-34岁	**46576**	**25522**	**21054**	**207**	**118**	**89**
30	10930	5988	4942	47	29	18
31	9774	5347	4427	44	25	19
32	8689	4755	3934	35	18	17
33	9215	5054	4161	52	28	24
34	7968	4378	3590	29	18	11
35-39岁	**35295**	**19728**	**15567**	**207**	**112**	**95**
35	7343	4067	3276	42	22	20
36	7491	4188	3303	36	21	15
37	6776	3792	2984	39	27	12
38	7735	4320	3415	52	25	27
39	5950	3361	2589	38	17	21
40-44岁	**32890**	**18403**	**14487**	**275**	**139**	**136**
40	5811	3270	2541	53	29	24
41	6154	3517	2637	37	18	19
42	6308	3498	2810	53	24	29
43	6684	3675	3009	57	26	31
44	7933	4443	3490	75	42	33

4-1c 续表 1 单位：人

年 龄	3岁及以上人口			未上过学		
	合计	男	女	小计	男	女
45-49岁	**49279**	**26954**	**22325**	**514**	**244**	**270**
45	8780	4777	4003	77	36	41
46	9612	5250	4362	96	56	40
47	10086	5501	4585	101	46	55
48	10168	5525	4643	111	41	70
49	10633	5901	4732	129	65	64
50-54岁	**51576**	**28344**	**23232**	**687**	**318**	**369**
50	10828	5889	4939	130	69	61
51	10420	5783	4637	122	54	68
52	10609	5779	4830	141	56	85
53	9369	5214	4155	132	60	72
54	10350	5679	4671	162	79	83
55-59岁	**47300**	**25076**	**22224**	**888**	**292**	**596**
55	10551	5696	4855	150	54	96
56	9952	5245	4707	170	59	111
57	11459	6150	5309	191	66	125
58	9945	5241	4704	206	63	143
59	5393	2744	2649	171	50	121
60-64岁	**40475**	**21251**	**19224**	**1646**	**533**	**1113**
60	8240	4299	3941	247	71	176
61	7866	4160	3706	280	80	200
62	7842	4128	3714	355	143	212
63	8600	4580	4020	407	126	281
64	7927	4084	3843	357	113	244
65-69岁	**37173**	**18615**	**18558**	**2211**	**698**	**1513**
65	7937	4033	3904	373	114	259
66	8381	4187	4194	448	138	310
67	7307	3616	3691	483	146	337
68	7152	3546	3606	454	158	296
69	6396	3233	3163	453	142	311
70-74岁	**20957**	**10743**	**10214**	**1723**	**539**	**1184**
70	6186	3064	3122	424	137	287
71	4022	2079	1943	319	113	206
72	3370	1751	1619	287	94	193
73	3520	1893	1627	323	97	226
74	3859	1956	1903	370	98	272
75-79岁	**13497**	**6772**	**6725**	**1641**	**438**	**1203**
75	3153	1558	1595	295	60	235
76	2823	1436	1387	292	82	210
77	2636	1327	1309	297	84	213
78	2673	1313	1360	422	105	317
79	2212	1138	1074	335	107	228
80-84岁	**8361**	**4250**	**4111**	**2078**	**594**	**1484**
80	1847	936	911	375	114	261
81	1700	873	827	381	110	271
82	1809	957	852	444	134	310
83	1548	795	753	449	117	332
84	1457	689	768	429	119	310
85岁及以上	**7024**	**2966**	**4058**	**2483**	**564**	**1919**

4−1c 续表 2

单位：人

年 龄	学前教育			小 学		
	小计	男	女	小计	男	女
总 计	**17298**	**8698**	**8600**	**141489**	**70591**	**70898**
3	4835	2388	2447			
4	5607	2858	2749			
5−9岁	**6434**	**3273**	**3161**	**22143**	**11415**	**10728**
5	4139	2114	2025	582	289	293
6	1924	977	947	4249	2183	2066
7	248	115	133	5582	2850	2732
8	90	47	43	6135	3203	2932
9	33	20	13	5595	2890	2705
10−14岁	**109**	**46**	**63**	**14339**	**7342**	**6997**
10	26	12	14	5500	2756	2744
11	16	9	7	5384	2796	2588
12	19	9	10	2377	1238	1139
13	22	6	16	740	370	370
14	26	10	16	338	182	156
15−19岁	**37**	**20**	**17**	**618**	**376**	**242**
15	16	6	10	135	75	60
16	5	3	2	101	63	38
17	3	2	1	110	69	41
18	8	6	2	118	70	48
19	5	3	2	154	99	55
20−24岁	**13**	**8**	**5**	**1188**	**731**	**457**
20	5	3	2	160	96	64
21	1		1	212	132	80
22	3	2	1	228	147	81
23	2	2		276	166	110
24	2	1	1	312	190	122
25−29岁	**8**	**3**	**5**	**1931**	**1206**	**725**
25	1		1	351	240	111
26	1	1		342	202	140
27	1	1		356	214	142
28	3	1	2	452	268	184
29	2		2	430	282	148
30−34岁	**12**	**4**	**8**	**2666**	**1539**	**1127**
30	5	2	3	568	335	233
31	4	2	2	508	294	214
32	2		2	531	320	211
33				568	317	251
34	1		1	491	273	218
35−39岁	**8**	**4**	**4**	**2778**	**1541**	**1237**
35	2		2	494	271	223
36	1	1		532	306	226
37	2	1	1	515	290	225
38	2	1	1	656	364	292
39	1	1		581	310	271
40−44岁	**5**	**5**		**4523**	**2472**	**2051**
40				626	348	278
41	3	3		764	440	324
42				904	496	408
43	1	1		979	522	457
44	1	1		1250	666	584

4-1c 续表 3

单位：人

年 龄	学前教育			小 学		
	小计	男	女	小计	男	女
45-49岁	**12**	**5**	**7**	**8673**	**4690**	**3983**
45	3	1	2	1445	771	674
46	2		2	1632	898	734
47	1	1		1709	916	793
48	2	1	1	1811	970	841
49	4	2	2	2076	1135	941
50-54岁	**12**	**7**	**5**	**11521**	**6223**	**5298**
50	1		1	2322	1240	1082
51	3	1	2	2317	1274	1043
52	2	1	1	2409	1307	1102
53	3	2	1	2164	1157	1007
54	3	3		2309	1245	1064
55-59岁	**14**	**8**	**6**	**10149**	**4885**	**5264**
55	3	3		2228	1160	1068
56	3		3	2097	1033	1064
57	2	1	1	2275	1093	1182
58	4	4		2178	1001	1177
59	2		2	1371	598	773
60-64岁	**31**	**12**	**19**	**13493**	**6050**	**7443**
60	6	4	2	2143	949	1194
61	4	1	3	2333	1057	1276
62	6	2	4	2604	1167	1437
63	3	2	1	3171	1463	1708
64	12	3	9	3242	1414	1828
65-69岁	**36**	**12**	**24**	**19392**	**8615**	**10777**
65	8	6	2	3554	1544	2010
66	12	1	11	4274	1909	2365
67	6	2	4	3949	1752	2197
68	5	2	3	3981	1753	2228
69	5	1	4	3634	1657	1977
70-74岁	**29**	**7**	**22**	**12444**	**5817**	**6627**
70	12	3	9	3627	1610	2017
71	3	1	2	2444	1133	1311
72	8	2	6	2067	992	1075
73	4		4	2110	1077	1033
74	2	1	1	2196	1005	1191
75-79岁	**34**	**10**	**24**	**7446**	**3466**	**3980**
75	3		3	1768	789	979
76	6	4	2	1552	736	816
77	7	4	3	1429	674	755
78	10	2	8	1466	688	778
79	8		8	1231	579	652
80-84岁	**29**	**11**	**18**	**4623**	**2465**	**2158**
80	4	2	2	1018	505	513
81	8	4	4	950	508	442
82	3	1	2	1011	562	449
83	10	3	7	829	476	353
84	4	1	3	815	414	401
85岁及以上	**33**	**17**	**16**	**3562**	**1758**	**1804**

4-1c 续表 4

单位：人

年 龄	初 中			高 中			大学专科		
	小计	男	女	小计	男	女	小计	男	女
总 计	**262702**	**150259**	**112443**	**74432**	**41781**	**32651**	**34289**	**17501**	**16788**
3									
4									
5–9岁	**354**	**183**	**171**						
5									
6	64	38	26						
7	78	40	38						
8	100	45	55						
9	112	60	52						
10–14岁	**13725**	**7080**	**6645**	**457**	**239**	**218**	**3**	**1**	**2**
10	162	78	84	1		1			
11	412	215	197	1		1			
12	3373	1762	1611	2	1	1			
13	4761	2438	2323	77	48	29	1		1
14	5017	2587	2430	376	190	186	2	1	1
15–19岁	**6639**	**4393**	**2246**	**12372**	**7065**	**5307**	**4059**	**2278**	**1781**
15	2270	1331	939	2944	1609	1335	31	18	13
16	1314	925	389	3198	1846	1352	77	44	33
17	923	653	270	2522	1389	1133	258	145	113
18	1019	700	319	2301	1369	932	1131	614	517
19	1113	784	329	1407	852	555	2562	1457	1105
20–24岁	**11121**	**7181**	**3940**	**7438**	**4302**	**3136**	**9418**	**4733**	**4685**
20	1382	941	441	1229	729	500	2657	1498	1159
21	1618	1045	573	1273	793	480	1823	922	901
22	2299	1499	800	1567	884	683	1723	812	911
23	2606	1671	935	1614	910	704	1619	731	888
24	3216	2025	1191	1755	986	769	1596	770	826
25–29岁	**20841**	**12451**	**8390**	**9455**	**4960**	**4495**	**7419**	**3420**	**3999**
25	3863	2369	1494	1853	995	858	1609	745	864
26	3964	2392	1572	1722	918	804	1517	683	834
27	4273	2536	1737	1930	1011	919	1532	691	841
28	4234	2546	1688	2006	1019	987	1469	686	783
29	4507	2608	1899	1944	1017	927	1292	615	677
30–34岁	**25227**	**14624**	**10603**	**9187**	**4931**	**4256**	**6053**	**2849**	**3204**
30	5584	3327	2257	2403	1243	1160	1489	698	791
31	5104	2951	2153	2056	1119	937	1340	626	714
32	4670	2723	1947	1686	909	777	1149	524	625
33	5147	2958	2189	1694	905	789	1179	579	600
34	4722	2665	2057	1348	755	593	896	422	474
35–39岁	**23009**	**13129**	**9880**	**4977**	**2727**	**2250**	**2841**	**1439**	**1402**
35	4509	2575	1934	1121	627	494	766	366	400
36	4739	2710	2029	1122	616	506	687	338	349
37	4507	2560	1947	940	516	424	511	261	250
38	5209	2978	2231	1060	550	510	503	266	237
39	4045	2306	1739	734	418	316	374	208	166
40–44岁	**22831**	**12811**	**10020**	**3473**	**1983**	**1490**	**1269**	**708**	**561**
40	4031	2290	1741	684	374	310	276	155	121
41	4256	2418	1838	721	422	299	277	162	115
42	4342	2423	1919	677	388	289	239	115	124
43	4697	2615	2082	627	327	300	226	127	99
44	5505	3065	2440	764	472	292	251	149	102

4-1c 续表 5

单位：人

年 龄	初 中			高 中			大学专科		
	小计	男	女	小计	男	女	小计	男	女
45-49岁	**34246**	**18645**	**15601**	**4282**	**2434**	**1848**	**1166**	**710**	**456**
45	6128	3328	2800	802	457	345	238	136	102
46	6735	3636	3099	822	463	359	225	141	84
47	7040	3836	3204	890	496	394	264	156	108
48	7123	3859	3264	842	479	363	222	138	84
49	7220	3986	3234	926	539	387	217	139	78
50-54岁	**33798**	**18634**	**15164**	**4524**	**2474**	**2050**	**772**	**519**	**253**
50	7170	3914	3256	954	509	445	187	117	70
51	6827	3785	3042	909	497	412	184	134	50
52	6949	3777	3172	904	503	401	146	101	45
53	6127	3436	2691	776	447	329	128	84	44
54	6725	3722	3003	981	518	463	127	83	44
55-59岁	**27580**	**15245**	**12335**	**8078**	**4280**	**3798**	**473**	**283**	**190**
55	6722	3685	3037	1299	698	601	120	74	46
56	6000	3281	2719	1555	797	758	103	59	44
57	6730	3786	2944	2109	1106	1003	123	77	46
58	5453	3035	2418	2005	1078	927	78	48	30
59	2675	1458	1217	1110	601	509	49	25	24
60-64岁	**18822**	**10741**	**8081**	**6134**	**3680**	**2454**	**279**	**180**	**99**
60	4083	2289	1794	1687	938	749	56	35	21
61	3771	2121	1650	1421	865	556	47	27	20
62	3640	2070	1570	1177	711	466	48	26	22
63	3898	2262	1636	1037	662	375	68	52	16
64	3430	1999	1431	812	504	308	60	40	20
65-69岁	**13138**	**7779**	**5359**	**2147**	**1346**	**801**	**209**	**135**	**74**
65	3178	1859	1319	752	469	283	64	36	28
66	3026	1755	1271	563	338	225	46	35	11
67	2491	1467	1024	338	219	119	34	25	9
68	2367	1411	956	294	190	104	41	26	15
69	2076	1287	789	200	130	70	24	13	11
70-74岁	**5836**	**3713**	**2123**	**771**	**561**	**210**	**129**	**89**	**40**
70	1882	1151	731	195	133	62	37	23	14
71	1089	714	375	140	96	44	22	18	4
72	842	537	305	142	113	29	22	12	10
73	924	602	322	132	97	35	24	19	5
74	1099	709	390	162	122	40	24	17	7
75-79岁	**3618**	**2337**	**1281**	**635**	**428**	**207**	**91**	**73**	**18**
75	925	594	331	134	96	38	16	12	4
76	840	531	309	105	64	41	24	17	7
77	760	470	290	122	80	42	16	12	4
78	612	406	206	140	94	46	18	15	3
79	481	336	145	134	94	40	17	17	
80-84岁	**1230**	**864**	**366**	**314**	**248**	**66**	**60**	**47**	**13**
80	352	242	110	79	59	20	10	7	3
81	283	187	96	64	51	13	9	9	
82	252	185	67	76	58	18	16	12	4
83	187	140	47	51	42	9	20	15	5
84	156	110	46	44	38	6	5	4	1
85岁及以上	**687**	**449**	**238**	**188**	**123**	**65**	**48**	**37**	**11**

4-1c 续表 6

单位：人

年 龄	大学本科			硕士研究生			博士研究生		
	小计	男	女	小计	男	女	小计	男	女
总 计	**15151**	**7057**	**8094**	**1304**	**485**	**819**	**110**	**52**	**58**
3									
4									
5-9岁									
5									
6									
7									
8									
9									
10-14岁									
10									
11									
12									
13									
14									
15-19岁	**1069**	**501**	**568**	**4**	**1**	**3**			
15	4	2	2						
16	14	9	5						
17	44	17	27	1		1			
18	519	235	284	1	1				
19	488	238	250	2		2			
20-24岁	**3519**	**1533**	**1986**	**361**	**128**	**233**	**5**	**3**	**2**
20	332	168	164	3	1	2			
21	422	183	239	15	4	11			
22	773	335	438	83	27	56	2	2	
23	927	423	504	122	44	78	1		1
24	1065	424	641	138	52	86	2	1	1
25-29岁	**4791**	**2056**	**2735**	**572**	**196**	**376**	**48**	**19**	**29**
25	1084	474	610	152	66	86	7	4	3
26	1030	423	607	108	31	77	7		7
27	981	407	574	125	38	87	12	6	6
28	940	409	531	112	36	76	11	4	7
29	756	343	413	75	25	50	11	5	6
30-34岁	**2936**	**1340**	**1596**	**251**	**96**	**155**	**37**	**21**	**16**
30	749	326	423	77	24	53	8	4	4
31	651	299	352	58	26	32	9	5	4
32	566	239	327	44	18	26	6	4	2
33	525	246	279	41	15	26	9	6	3
34	445	230	215	31	13	18	5	2	3
35-39岁	**1404**	**746**	**658**	**61**	**26**	**35**	**10**	**4**	**6**
35	386	199	187	20	7	13	3		3
36	359	189	170	12	5	7	3	2	1
37	249	131	118	12	6	6	1		1
38	239	130	109	11	4	7	3	2	1
39	171	97	74	6	4	2			
40-44岁	**494**	**276**	**218**	**17**	**7**	**10**	**3**	**2**	**1**
40	134	73	61	7	1	6			
41	93	53	40	3	1	2			
42	88	48	40	4	4		1		1
43	95	56	39	1		1	1	1	
44	84	46	38	2	1	1	1	1	

4-1c 续表 7

单位：人

年龄	大学本科			硕士研究生			博士研究生		
	小计	男	女	小计	男	女	小计	男	女
45-49岁	**363**	**211**	**152**	**20**	**14**	**6**	**3**	**1**	**2**
45	80	44	36	5	3	2	2	1	1
46	93	51	42	6	5	1	1		1
47	76	47	29	5	3	2			
48	55	36	19	2	1	1			
49	59	33	26	2	2				
50-54岁	**253**	**161**	**92**	**9**	**8**	**1**			
50	62	38	24	2	2				
51	53	33	20	5	5				
52	56	33	23	2	1	1			
53	39	28	11						
54	43	29	14						
55-59岁	**113**	**78**	**35**	**4**	**4**		**1**	**1**	
55	27	20	7	2	2				
56	23	15	8				1	1	
57	27	19	8	2	2				
58	21	12	9						
59	15	12	3						
60-64岁	**67**	**52**	**15**	**2**	**2**		**1**	**1**	
60	16	11	5	1	1		1	1	
61	9	8	1	1	1				
62	12	9	3						
63	16	13	3						
64	14	11	3						
65-69岁	**39**	**29**	**10**	**1**	**1**				
65	7	4	3	1	1				
66	12	11	1						
67	6	5	1						
68	10	6	4						
69	4	3	1						
70-74岁	**24**	**16**	**8**	**1**	**1**				
70	9	7	2						
71	5	4	1						
72	2	1	1						
73	2		2	1	1				
74	6	4	2						
75-79岁	**30**	**20**	**10**				**2**		**2**
75	10	7	3				2		2
76	4	2	2						
77	5	3	2						
78	5	3	2						
79	6	5	1						
80-84岁	**26**	**20**	**6**	**1**	**1**				
80	9	7	2						
81	5	4	1						
82	7	5	2						
83	1	1		1	1				
84	4	3	1						
85岁及以上	**23**	**18**	**5**						

4-2 各地区分性别、受教育程度的15岁及以上人口

单位：人

地 区	15岁及以上人口			未上过学		
	合计	男	女	小计	男	女
太原市	**4479326**	**2295583**	**2183743**	**45596**	**13221**	**32375**
小店区	**1148009**	**589733**	**558276**	**6974**	**2147**	**4827**
坞城街道	153801	73530	80271	541	175	366
营盘街道	130156	65670	64486	802	222	580
北营街道	111319	58871	52448	609	183	426
平阳路街道	132153	65816	66337	581	175	406
黄陵街道	64789	34779	30010	393	119	274
小店街道	171983	88913	83070	1478	448	1030
龙城街道	116170	58907	57263	633	172	461
唐槐园区街道	127375	71799	55576	409	164	245
学府园区街道	14557	7397	7160	57	16	41
北格镇	55854	28035	27819	558	180	378
西温庄乡	38415	18860	19555	359	127	232
刘家堡乡	31437	17156	14281	554	166	388
迎泽区	**505581**	**250170**	**255411**	**3385**	**878**	**2507**
柳巷街道	33328	16342	16986	236	61	175
文庙街道	55998	27131	28867	404	73	331
庙前街道	51053	24988	26065	333	82	251
迎泽街道	84558	39643	44915	445	78	367
桥东街道	110145	54663	55482	794	238	556
老军营街道	57534	28248	29286	266	57	209
郝庄镇	112965	59155	53810	907	289	618
杏花岭区	**658771**	**329749**	**329022**	**4635**	**1026**	**3609**
巨轮街道	95703	47154	48549	561	113	448
三桥街道	67672	33693	33979	405	80	325
鼓楼街道	28857	13735	15122	188	37	151
杏花岭街道	27459	13167	14292	175	42	133
坝陵桥街道	36378	17547	18831	190	33	157
大东关街道	69881	36309	33572	370	78	292
职工新街街道	50096	25149	24947	435	84	351
敦化坊街道	100379	49633	50746	561	117	444
涧河街道	53014	26714	26300	542	93	449
杨家峪街道	84989	43427	41562	673	192	481
中涧河乡	36267	18903	17364	371	106	265
小返乡	8076	4318	3758	164	51	113

4-2 续表 1

单位：人

地　区	15岁及以上人口			未上过学		
	合计	男	女	小计	男	女
尖草坪区	**455015**	**238819**	**216196**	**4377**	**1166**	**3211**
尖草坪街道	30691	15306	15385	278	49	229
光社街道	23782	12477	11305	296	62	234
上兰街道	41711	26093	15618	205	45	160
南寨街道	64844	34119	30725	245	56	189
迎新街道	23023	11711	11312	251	63	188
古城街道	63857	32768	31089	631	167	464
汇丰街道	80596	40468	40128	554	131	423
柴村街道	54060	27999	26061	605	180	425
新城街道	20262	10558	9704	201	55	146
向阳镇	21956	11177	10779	292	88	204
阳曲镇	14563	7661	6902	302	83	219
马头水乡	1450	759	691	87	40	47
柏板乡	9805	5151	4654	313	119	194
西墕乡	3619	2001	1618	117	28	89
太原中北高新技术产业开发区	796	571	225			
万柏林区	**800147**	**408327**	**391820**	**7339**	**2006**	**5333**
千峰街道	47694	26145	21549	250	60	190
下元街道	72951	36139	36812	373	95	278
和平街道	92948	49650	43298	569	107	462
兴华街道	60598	29510	31088	304	94	210
万柏林街道	47867	24101	23766	498	116	382
杜儿坪街道	31494	15965	15529	483	116	367
白家庄街道	18852	9508	9344	540	113	427
南寒街道	97379	48316	49063	1115	317	798
东社街道	36582	19268	17314	474	193	281
化客头街道	3747	2037	1710	104	26	78
小井峪街道	133430	68664	64766	929	309	620
西铭街道	34165	17577	16588	806	219	587
长风西街街道	90806	45780	45026	565	157	408
神堂沟街道	31026	15332	15694	305	75	230
王封乡	608	335	273	24	9	15
晋源区	**261547**	**137797**	**123750**	**3487**	**983**	**2504**
义井街道	91595	47438	44157	594	138	456
罗城街道	16010	8195	7815	162	43	119
晋源街道	48191	25211	22980	854	263	591
金胜镇	42662	23758	18904	474	127	347
晋祠镇	42182	22144	20038	879	267	612
姚村镇	20907	11051	9856	524	145	379

4-2 续表 2

单位：人

地 区	15岁及以上人口			未上过学		
	合计	男	女	小计	男	女
清徐县	**289447**	**150339**	**139108**	**3655**	**1096**	**2559**
清源镇	100299	52204	48095	756	229	527
徐沟镇	50337	24120	26217	337	98	239
东于镇	24000	14064	9936	485	150	335
孟封镇	23468	12088	11380	449	121	328
马峪乡	16731	9028	7703	392	147	245
柳杜乡	14078	7354	6724	320	96	224
西谷乡	14490	7443	7047	233	53	180
王答乡	25288	13207	12081	294	84	210
集义乡	20756	10831	9925	389	118	271
阳曲县	**110800**	**59389**	**51411**	**3021**	**986**	**2035**
黄寨镇	16834	9322	7512	465	160	305
大盂镇	6940	3844	3096	354	129	225
东黄水镇	7043	4007	3036	253	82	171
泥屯镇	11960	6518	5442	379	130	249
高村乡	5944	3322	2622	228	70	158
侯村乡	10178	5650	4528	282	98	184
凌井店乡	5169	2833	2336	341	106	235
西凌井乡	667	412	255	90	34	56
北小店乡	1217	688	529	94	28	66
杨兴乡	1844	1033	811	125	34	91
中心镇	43004	21760	21244	410	115	295
娄烦县	**75590**	**39564**	**36026**	**5033**	**1794**	**3239**
娄烦镇	40525	20137	20388	1301	479	822
静游镇	9729	5430	4299	988	336	652
杜交曲镇	2391	1242	1149	126	31	95
庙湾乡	1646	909	737	169	55	114
马家庄乡	9248	5043	4205	814	359	455
盖家庄乡	2151	1255	896	258	96	162
米峪镇乡	4180	2389	1791	652	220	432
天池店乡	5720	3159	2561	725	218	507
古交市	**174419**	**91696**	**82723**	**3690**	**1139**	**2551**
东曲街道	34496	17635	16861	391	98	293
西曲街道	11586	5952	5634	183	65	118
桃园街道	56333	28693	27640	462	133	329
屯兰街道	11152	6091	5061	210	125	85
河口镇	10920	5625	5295	293	66	227
镇城底镇	6972	3723	3249	248	69	179
马兰镇	13810	7621	6189	192	59	133
阁上乡	681	440	241	18		18
加乐泉乡	4225	2628	1597	102	27	75
梭峪乡	10030	5465	4565	303	94	209
岔口乡	4046	2196	1850	587	188	399
常安乡	3651	1973	1678	226	67	159
原相乡	2329	1288	1041	146	45	101
邢家社乡	4188	2366	1822	329	103	226

4-2 续表 3 单位：人

地区	学前教育			小学		
	小计	男	女	小计	男	女
太原市	**1803**	**768**	**1035**	**407934**	**192090**	**215844**
小店区	**452**	**205**	**247**	**84170**	**41333**	**42837**
坞城街道	50	23	27	6803	3078	3725
营盘街道	58	21	37	8717	3925	4792
北营街道	67	27	40	8744	4357	4387
平阳路街道	51	23	28	7745	3616	4129
黄陵街道	18	8	10	6352	3351	3001
小店街道	52	26	26	15716	7714	8002
龙城街道	56	24	32	8761	4598	4163
唐槐园区街道	43	23	20	3882	1826	2056
学府园区街道	4	1	3	588	302	286
北格镇	19	12	7	7568	3812	3756
西温庄乡	13	8	5	3726	1945	1781
刘家堡乡	21	9	12	5568	2809	2759
迎泽区	**164**	**64**	**100**	**31560**	**14394**	**17166**
柳巷街道	12	5	7	2088	882	1206
文庙街道	10	4	6	3568	1481	2087
庙前街道	12	3	9	2865	1193	1672
迎泽街道	24	7	17	3805	1553	2252
桥东街道	36	15	21	6608	3020	3588
老军营街道	15	5	10	2786	1164	1622
郝庄镇	55	25	30	9840	5101	4739
杏花岭区	**224**	**108**	**116**	**45685**	**19749**	**25936**
巨轮街道	27	12	15	5290	2202	3088
三桥街道	14	7	7	3592	1364	2228
鼓楼街道	9	5	4	1472	580	892
杏花岭街道	6	3	3	1463	610	853
坝陵桥街道	10	7	3	2143	798	1345
大东关街道	19	10	9	3568	1562	2006
职工新街街道	9	5	4	3192	1283	1909
敦化坊街道	60	29	31	6172	2494	3678
涧河街道	23	9	14	4476	1979	2497
杨家峪街道	37	16	21	7430	3566	3864
中涧河乡	9	4	5	4977	2362	2615
小返乡	1	1		1910	949	961

4-2　续表 4　　单位：人

地　　区	学前教育			小　　学		
	小计	男	女	小计	男	女
尖草坪区	**202**	**70**	**132**	**41626**	**18940**	**22686**
尖草坪街道	14	8	6	2354	920	1434
光社街道	11	3	8	2359	1046	1313
上兰街道	10	5	5	1816	825	991
南寨街道	24	5	19	4147	1610	2537
迎新街道	12	2	10	2821	1296	1525
古城街道	16	4	12	3923	1839	2084
汇丰街道	48	23	25	5765	2602	3163
柴村街道	27	7	20	6785	3284	3501
新城街道	9	4	5	2272	1079	1193
向阳镇	16	3	13	3377	1574	1803
阳曲镇	9	3	6	3104	1454	1650
马头水乡	4	2	2	322	155	167
柏板乡	1		1	1831	913	918
西焉乡	1	1		733	337	396
太原中北高新技术产业开发区				17	6	11
万柏林区	**285**	**127**	**158**	**62396**	**28498**	**33898**
千峰街道	9	5	4	1759	701	1058
下元街道	17	3	14	3892	1608	2284
和平街道	35	16	19	5879	2577	3302
兴华街道	12	3	9	3772	1678	2094
万柏林街道	24	6	18	3773	1632	2141
杜儿坪街道	13	3	10	4165	1853	2312
白家庄街道	12	5	7	2522	1078	1444
南寒街道	29	15	14	8168	3689	4479
东社街道	12	5	7	4888	2430	2458
化客头街道	6	5	1	801	376	425
小井峪街道	73	44	29	9225	4637	4588
西铭街道	11	4	7	5149	2394	2755
长风西街街道	20	10	10	5425	2557	2868
神堂沟街道	11	3	8	2878	1234	1644
王封乡	1		1	100	54	46
晋源区	**99**	**39**	**60**	**34018**	**17160**	**16858**
义井街道	31	10	21	6912	3349	3563
罗城街道	11	3	8	1730	768	962
晋源街道	23	8	15	8870	4575	4295
金胜镇	8	3	5	5378	2838	2540
晋祠镇	20	14	6	6682	3345	3337
姚村镇	6	1	5	4446	2285	2161

4-2 续表 5

单位：人

地　区	学前教育			小　学		
	小计	男	女	小计	男	女
清徐县	**122**	**49**	**73**	**44668**	**21882**	**22786**
清源镇	23	6	17	11294	5389	5905
徐沟镇	21	10	11	8187	4191	3996
东于镇	24	12	12	3764	1882	1882
孟封镇	11	7	4	4131	2041	2090
马峪乡	13	5	8	3175	1553	1622
柳杜乡	8	1	7	2537	1207	1330
西谷乡	3		3	2637	1207	1430
王答乡	9	3	6	4765	2361	2404
集义乡	10	5	5	4178	2051	2127
阳曲县	**59**	**17**	**42**	**21638**	**10178**	**11460**
黄寨镇	24	6	18	3524	1755	1769
大盂镇	2		2	1815	881	934
东黄水镇	3	1	2	2395	1165	1230
泥屯镇	8	1	7	2923	1319	1604
高村乡	2	1	1	1609	776	833
侯村乡	4	1	3	2323	1106	1217
凌井店乡	2		2	1741	865	876
西凌井乡				264	156	108
北小店乡				491	214	277
杨兴乡	1	1		620	269	351
中心镇	13	6	7	3933	1672	2261
娄烦县	**69**	**33**	**36**	**20345**	**10044**	**10301**
娄烦镇	26	10	16	8464	3872	4592
静游镇	18	13	5	3461	1793	1668
杜交曲镇	3	2	1	777	335	442
庙湾乡	3	2	1	654	332	322
马家庄乡	3		3	2563	1323	1240
盖家庄乡	1	1		918	504	414
米峪镇乡	5	1	4	1490	837	653
天池店乡	10	4	6	2018	1048	970
古交市	**127**	**56**	**71**	**21828**	**9912**	**11916**
东曲街道	19	8	11	2952	1209	1743
西曲街道	8	4	4	1259	536	723
桃园街道	14	7	7	4488	1979	2509
屯兰街道	6	2	4	1080	552	528
河口镇	10	4	6	1940	898	1042
镇城底镇	7	1	6	1328	565	763
马兰镇	3	2	1	2052	938	1114
阁上乡				248	128	120
加乐泉乡	2		2	907	458	449
梭峪乡	10	4	6	1680	742	938
岔口乡	1		1	1403	741	662
常安乡	35	14	21	791	365	426
原相乡				623	264	359
邢家社乡	12	10	2	1077	537	540

4-2　续表 6　　　　单位：人

地　区	初　中			高　中			大学专科		
	小计	男	女	小计	男	女	小计	男	女
太原市	**1415075**	**774966**	**640109**	**972075**	**505290**	**466785**	**737732**	**368022**	**369710**
小店区	**297448**	**169821**	**127627**	**265441**	**143813**	**121628**	**204940**	**101339**	**103601**
坞城街道	25257	13632	11625	29432	15529	13903	24496	12279	12217
营盘街道	34971	18884	16087	32334	16534	15800	25136	12385	12751
北营街道	31913	18805	13108	22175	12096	10079	25051	12161	12890
平阳路街道	28067	15546	12521	29507	14417	15090	28036	13753	14283
黄陵街道	23263	13926	9337	12526	6939	5587	14894	6850	8044
小店街道	53863	30430	23433	37599	19539	18060	33559	16531	17028
龙城街道	29284	17318	11966	19346	10354	8992	20143	9867	10276
唐槐园区街道	20685	12145	8540	62013	37365	24648	21423	11249	10174
学府园区街道	2022	1139	883	2709	1369	1340	3674	1839	1835
北格镇	19606	11168	8438	7195	3737	3458	3212	1691	1521
西温庄乡	11829	7015	4814	5143	2995	2148	3257	1774	1483
刘家堡乡	16688	9813	6875	5462	2939	2523	2059	960	1099
迎泽区	**132896**	**70839**	**62057**	**115824**	**57211**	**58613**	**95272**	**46193**	**49079**
柳巷街道	9462	5060	4402	8814	4240	4574	6020	2850	3170
文庙街道	15992	8339	7653	14899	7269	7630	10791	5010	5781
庙前街道	12171	6307	5864	11721	5623	6098	9321	4431	4890
迎泽街道	16737	8768	7969	18154	8731	9423	15901	7601	8300
桥东街道	27280	14582	12698	26491	13206	13285	21463	10319	11144
老军营街道	11592	5959	5633	11826	5727	6099	10867	5186	5681
郝庄镇	39662	21824	17838	23919	12415	11504	20909	10796	10113
杏花岭区	**196156**	**102924**	**93232**	**161182**	**80742**	**80440**	**120861**	**61081**	**59780**
巨轮街道	24467	12806	11661	23747	11656	12091	18561	9252	9309
三桥街道	15301	7742	7559	16339	7887	8452	16251	8862	7389
鼓楼街道	6167	3082	3085	7725	3733	3992	5682	2628	3054
杏花岭街道	6504	3307	3197	6275	3025	3250	4984	2367	2617
坝陵桥街道	9024	4558	4466	9176	4455	4721	6473	3206	3267
大东关街道	17022	8848	8174	17321	8725	8596	12620	6491	6129
职工新街街道	14942	7744	7198	12721	6559	6162	10403	5500	4903
敦化坊街道	29200	15033	14167	25443	12742	12701	18667	9250	9417
涧河街道	21832	11520	10312	13981	7139	6842	7194	3641	3553
杨家峪街道	30526	16465	14061	19918	10336	9582	15201	7531	7670
中涧河乡	17192	9517	7675	7347	3825	3522	4230	2098	2132
小返乡	3979	2302	1677	1189	660	529	595	255	340

4-2 续表 7 单位：人

地区	初中			高中			大学专科		
	小计	男	女	小计	男	女	小计	男	女
尖草坪区	**156597**	**84784**	**71813**	**97293**	**50055**	**47238**	**66091**	**33813**	**32278**
尖草坪街道	11539	6081	5458	8250	4218	4032	4533	2273	2260
光社街道	10167	5557	4610	5725	3138	2587	3261	1728	1533
上兰街道	6005	3283	2722	3576	1976	1600	1649	807	842
南寨街道	18785	9606	9179	14217	7451	6766	8877	4352	4525
迎新街道	9170	4986	4184	5276	2739	2537	2963	1482	1481
古城街道	18388	9954	8434	14399	7260	7139	14225	7497	6728
汇丰街道	25573	13699	11874	19941	9521	10420	16945	8873	8072
柴村街道	22204	12374	9830	11596	5998	5598	7117	3539	3578
新城街道	9551	5183	4368	4064	2216	1848	2426	1240	1186
向阳镇	10785	5834	4951	4184	2188	1996	2224	1030	1194
阳曲镇	7044	4008	3036	2760	1511	1249	856	398	458
马头水乡	749	417	332	159	89	70	73	28	45
柏板乡	4644	2590	2054	2335	1225	1110	409	193	216
西墕乡	1835	1098	737	614	377	237	193	101	92
太原中北高新技术产业开发区	158	114	44	197	148	49	340	272	68
万柏林区	**231280**	**123075**	**108205**	**166664**	**84477**	**82187**	**145300**	**71966**	**73334**
千峰街道	7166	3621	3545	7186	3482	3704	7038	3496	3542
下元街道	15920	8124	7796	14131	6965	7166	15313	6951	8362
和平街道	24160	12635	11525	19039	10084	8955	15170	7787	7383
兴华街道	14392	7384	7008	14563	6966	7597	11355	5433	5922
万柏林街道	14557	7680	6877	11838	5921	5917	8832	4575	4257
杜儿坪街道	14365	7514	6851	6131	3333	2798	4217	2149	2068
白家庄街道	9070	4772	4298	3406	1873	1533	2244	1178	1066
南寒街道	30065	15521	14544	22657	11226	11431	19559	9877	9682
东社街道	15732	8858	6874	6683	3503	3180	5286	2699	2587
化客头街道	1743	979	764	620	385	235	312	185	127
小井峪街道	36172	19684	16488	29668	15469	14199	27561	13860	13701
西铭街道	16353	9039	7314	6527	3456	3071	3594	1771	1823
长风西街街道	21558	11945	9613	17728	8527	9201	18801	9038	9763
神堂沟街道	9772	5166	4606	6366	3223	3143	5969	2942	3027
王封乡	255	153	102	121	64	57	49	25	24
晋源区	**95735**	**54550**	**41185**	**51046**	**26316**	**24730**	**40397**	**20892**	**19505**
义井街道	25496	14498	10998	18924	9551	9373	16935	8461	8474
罗城街道	6431	3446	2985	4518	2346	2172	2048	1045	1003
晋源街道	21075	11987	9088	8559	4336	4223	5178	2476	2702
金胜镇	15806	9377	6429	7433	3910	3523	7632	4623	3009
晋祠镇	16632	9411	7221	8414	4471	3943	7074	3589	3485
姚村镇	10295	5831	4464	3198	1702	1496	1530	698	832

4-2　续表 8

单位：人

地　区	初　中			高　中			大学专科		
	小计	男	女	小计	男	女	小计	男	女
清徐县	**145713**	**80438**	**65275**	**52116**	**27293**	**24823**	**26073**	**11789**	**14284**
清源镇	46247	25773	20474	22331	11423	10908	10680	5291	5389
徐沟镇	21191	11313	9878	9191	4395	4796	7772	2493	5279
东于镇	12810	7495	5315	4312	2849	1463	1871	1282	589
孟封镇	14003	7494	6509	2883	1521	1362	1203	559	644
马峪乡	9095	5098	3997	2485	1410	1075	1017	537	480
柳杜乡	8983	4919	4064	1494	789	705	465	225	240
西谷乡	8515	4649	3866	1992	1029	963	657	309	348
王答乡	13412	7465	5947	4429	2248	2181	1384	612	772
集义乡	11457	6232	5225	2999	1629	1370	1024	481	543
阳曲县	**53449**	**30892**	**22557**	**17018**	**9684**	**7334**	**9361**	**4801**	**4560**
黄寨镇	8467	5051	3416	3057	1705	1352	880	443	437
大盂镇	3540	2126	1414	778	493	285	309	151	158
东黄水镇	3186	2021	1165	679	422	257	342	199	143
泥屯镇	6623	3896	2727	1405	869	536	411	212	199
高村乡	3138	1898	1240	628	396	232	225	129	96
侯村乡	5184	3210	1974	1332	770	562	552	267	285
凌井店乡	2393	1459	934	391	243	148	214	109	105
西凌井乡	228	167	61	61	43	18	17	8	9
北小店乡	433	312	121	130	87	43	45	30	15
杨兴乡	849	568	281	176	126	50	48	25	23
中心镇	19408	10184	9224	8381	4530	3851	6318	3228	3090
娄烦县	**28241**	**15827**	**12414**	**10557**	**6160**	**4397**	**6798**	**3603**	**3195**
娄烦镇	16363	8431	7932	6520	3561	2959	4595	2333	2262
静游镇	3214	2019	1195	1052	677	375	633	397	236
杜交曲镇	1026	619	407	244	149	95	131	71	60
庙湾乡	505	335	170	155	103	52	89	53	36
马家庄乡	3167	1767	1400	1471	923	548	765	419	346
盖家庄乡	618	434	184	196	142	54	96	56	40
米峪镇乡	1422	966	456	355	227	128	167	90	77
天池店乡	1926	1256	670	564	378	186	322	184	138
古交市	**77560**	**41816**	**35744**	**34934**	**19539**	**15395**	**22639**	**12545**	**10094**
东曲街道	13966	7176	6790	7404	4033	3371	5694	3132	2562
西曲街道	5758	3003	2755	2105	1166	939	1514	838	676
桃园街道	23486	12173	11313	14456	7545	6911	8354	4382	3972
屯兰街道	5142	2659	2483	1921	1128	793	1912	1162	750
河口镇	5586	3017	2569	1601	886	715	904	482	422
镇城底镇	3416	1924	1492	1067	662	405	609	356	253
马兰镇	6721	3762	2959	2335	1437	898	1646	987	659
阁上乡	276	208	68	94	73	21	29	19	10
加乐泉乡	1971	1246	725	792	595	197	319	228	91
梭峪乡	4634	2571	2063	1669	1055	614	1115	685	430
岔口乡	1516	965	551	326	185	141	123	69	54
常安乡	1953	1162	791	380	243	137	167	76	91
原相乡	1081	668	413	326	239	87	94	45	49
邢家社乡	2054	1282	772	458	292	166	159	84	75

4-2 续表 9 单位：人

地区	大学本科			硕士研究生			博士研究生		
	小计	男	女	小计	男	女	小计	男	女
太原市	**790028**	**391836**	**398192**	**97229**	**43230**	**53999**	**11854**	**6160**	**5694**
小店区	**253379**	**116511**	**136868**	**31541**	**12797**	**18744**	**3664**	**1767**	**1897**
坞城街道	54499	24190	30309	11252	3951	7301	1471	673	798
营盘街道	24734	12230	12504	3101	1333	1768	303	136	167
北营街道	19163	9679	9484	3093	1306	1787	504	257	247
平阳路街道	33550	16035	17515	4204	2029	2175	412	222	190
黄陵街道	6742	3343	3399	570	230	340	31	13	18
小店街道	26896	13072	13824	2619	1059	1560	201	94	107
龙城街道	32900	14357	18543	4462	1923	2539	585	294	291
唐槐园区街道	17851	8564	9287	1013	430	583	56	33	23
学府园区街道	4648	2312	2336	795	392	403	60	27	33
北格镇	17426	7358	10068	256	68	188	14	9	5
西温庄乡	13990	4955	9035	82	36	46	16	5	11
刘家堡乡	980	416	564	94	40	54	11	4	7
迎泽区	**107121**	**52167**	**54954**	**17303**	**7395**	**9908**	**2056**	**1029**	**1027**
柳巷街道	5918	2907	3011	711	305	406	67	32	35
文庙街道	9082	4373	4709	1112	509	603	140	73	67
庙前街道	12628	6382	6246	1808	870	938	194	97	97
迎泽街道	23723	11034	12689	5199	1604	3595	570	267	303
桥东街道	24061	11759	12302	3112	1367	1745	300	157	143
老军营街道	16025	7905	8120	3534	1921	1613	623	324	299
郝庄镇	15684	7807	7877	1827	819	1008	162	79	83
杏花岭区	**116636**	**58159**	**58477**	**12026**	**5254**	**6772**	**1366**	**706**	**660**
巨轮街道	20401	9915	10486	2427	1077	1350	222	121	101
三桥街道	13891	6926	6965	1710	737	973	169	88	81
鼓楼街道	6676	3235	3441	813	371	442	125	64	61
杏花岭街道	6959	3322	3637	882	392	490	211	99	112
坝陵桥街道	8174	3957	4217	1075	471	604	113	62	51
大东关街道	17642	10000	7642	1213	543	670	106	52	54
职工新街街道	7511	3618	3893	816	326	490	67	30	37
敦化坊街道	18435	9156	9279	1602	686	916	239	126	113
涧河街道	4491	2104	2387	430	200	230	45	29	16
杨家峪街道	10241	4907	5334	914	389	525	49	25	24
中涧河乡	1999	926	1073	124	55	69	18	10	8
小返乡	216	93	123	20	7	13	2		2

4-2　续表 10　　单位：人

地　　区	大学本科			硕士研究生			博士研究生		
	小计	男	女	小计	男	女	小计	男	女
尖草坪区	**79092**	**44781**	**34311**	**8449**	**4439**	**4010**	**1288**	**771**	**517**
尖草坪街道	3422	1623	1799	271	116	155	30	18	12
光社街道	1832	894	938	122	43	79	9	6	3
上兰街道	23068	15809	7259	4461	2762	1699	921	581	340
南寨街道	18063	10841	7222	434	174	260	52	24	28
迎新街道	2325	1041	1284	185	92	93	20	10	10
古城街道	10961	5463	5498	1203	529	674	111	55	56
汇丰街道	10648	5129	5519	1049	457	592	73	33	40
柴村街道	5252	2423	2829	436	168	268	38	26	12
新城街道	1563	716	847	155	54	101	21	11	10
向阳镇	1007	432	575	65	24	41	6	4	2
阳曲镇	448	189	259	34	13	21	6	2	4
马头水乡	48	27	21	8	1	7			
柏板乡	256	107	149	16	4	12			
西墕乡	118	56	62	7	2	5	1	1	
太原中北高新技术产业开发区	81	31	50	3		3			
万柏林区	**161489**	**85441**	**76048**	**22372**	**11094**	**11278**	**3022**	**1643**	**1379**
千峰街道	19601	12158	7443	3835	2160	1675	850	462	388
下元街道	19296	10213	9083	3597	1944	1653	412	236	176
和平街道	24577	14483	10094	3176	1758	1418	343	203	140
兴华街道	14026	6996	7030	1846	798	1048	328	158	170
万柏林街道	7356	3717	3639	913	411	502	76	43	33
杜儿坪街道	1979	943	1036	123	46	77	18	8	10
白家庄街道	987	459	528	61	24	37	10	6	4
南寒街道	14656	7161	7495	1033	462	571	97	48	49
东社街道	3258	1492	1766	234	78	156	15	10	5
化客头街道	141	72	69	16	6	10	4	3	1
小井峪街道	26304	13060	13244	3190	1433	1757	308	168	140
西铭街道	1623	665	958	97	28	69	5	1	4
长风西街街道	22597	11584	11013	3610	1680	1930	502	282	220
神堂沟街道	5039	2411	2628	633	263	370	53	15	38
王封乡	49	27	22	8	3	5	1		1
晋源区	**32979**	**16207**	**16772**	**3506**	**1496**	**2010**	**280**	**154**	**126**
义井街道	20232	10337	9895	2292	995	1297	179	99	80
罗城街道	1040	520	520	57	19	38	13	5	8
晋源街道	3358	1457	1901	256	102	154	18	7	11
金胜镇	5215	2542	2673	664	302	362	52	36	16
晋祠镇	2301	990	1311	169	53	116	11	4	7
姚村镇	833	361	472	68	25	43	7	3	4

4-2 续表 11 单位：人

地区	大学本科			硕士研究生			博士研究生		
	小计	男	女	小计	男	女	小计	男	女
清徐县	**16215**	**7444**	**8771**	**809**	**310**	**499**	**76**	**38**	**38**
清源镇	8573	3919	4654	358	155	203	37	19	18
徐沟镇	3513	1586	1927	107	27	80	18	7	11
东于镇	683	373	310	48	19	29	3	2	1
孟封镇	720	318	402	64	25	39	4	2	2
马峪乡	520	260	260	31	16	15	3	2	1
柳杜乡	255	112	143	16	5	11			
西谷乡	415	184	231	35	10	25	3	2	1
王答乡	899	402	497	93	31	62	3	1	2
集义乡	637	290	347	57	22	35	5	3	2
阳曲县	**5923**	**2720**	**3203**	**309**	**98**	**211**	**22**	**13**	**9**
黄寨镇	392	194	198	24	7	17	1	1	
大盂镇	130	62	68	11	2	9	1		1
东黄水镇	177	113	64	8	4	4			
泥屯镇	188	80	108	20	8	12	3	3	
高村乡	103	45	58	10	6	4	1	1	
侯村乡	453	186	267	46	12	34	2		2
凌井店乡	78	46	32	9	5	4			
西凌井乡	4	2	2	3	2	1			
北小店乡	24	17	7						
杨兴乡	21	10	11	4		4			
中心镇	4353	1965	2388	174	52	122	14	8	6
娄烦县	**4268**	**1991**	**2277**	**252**	**98**	**154**	**27**	**14**	**13**
娄烦镇	3100	1393	1707	139	50	89	17	8	9
静游镇	324	177	147	35	16	19	4	2	2
杜交曲镇	79	33	46	5	2	3			
庙湾乡	62	27	35	8	1	7	1	1	
马家庄乡	427	233	194	36	18	18	2	1	1
盖家庄乡	60	20	40	4	2	2			
米峪镇乡	80	44	36	8	4	4	1		1
天池店乡	136	64	72	17	5	12	2	2	
古交市	**12926**	**6415**	**6511**	**662**	**249**	**413**	**53**	**25**	**28**
东曲街道	3880	1906	1974	181	69	112	9	4	5
西曲街道	700	318	382	53	19	34	6	3	3
桃园街道	4871	2395	2476	185	72	113	17	7	10
屯兰街道	831	442	389	49	20	29	1	1	
河口镇	540	259	281	41	11	30	5	2	3
镇城底镇	271	136	135	24	10	14	2		2
马兰镇	809	418	391	49	16	33	3	2	1
阁上乡	16	12	4						
加乐泉乡	114	66	48	15	5	10	3	3	
梭峪乡	585	301	284	33	12	21	1	1	
岔口乡	85	46	39	5	2	3			
常安乡	83	39	44	13	6	7	3	1	2
原相乡	55	25	30	4	2	2			
邢家社乡	86	52	34	10	5	5	3	1	2

4-2a　各地区分性别、受教育程度的15岁及以上人口(城市)

单位：人

地　区	15岁及以上人口			未上过学		
	合计	男	女	小计	男	女
太原市	**3535393**	**1794882**	**1740511**	**26548**	**7053**	**19495**
小店区	867074	438796	428278	4874	1431	3443
迎泽区	496324	245060	251264	3193	815	2378
杏花岭区	619842	309296	310546	4114	874	3240
尖草坪区	428689	224736	203953	3595	905	2690
万柏林区	795849	405990	389859	7214	1971	5243
晋源区	210916	111126	99790	2273	620	1653
清徐县						
阳曲县						
娄烦县						
古交市	116699	59878	56821	1285	437	848

4-2a　续表 1

单位：人

地　区	学前教育			小　学		
	小计	男	女	小计	男	女
太原市	**1333**	**557**	**776**	**261338**	**120274**	**141064**
小店区	349	150	199	60348	29265	31083
迎泽区	160	61	99	29994	13581	16413
杏花岭区	214	102	112	39099	16510	22589
尖草坪区	188	64	124	36118	16278	19840
万柏林区	278	122	156	61501	28071	33430
晋源区	85	32	53	24440	12306	12134
清徐县						
阳曲县						
娄烦县						
古交市	59	26	33	9838	4263	5575

4-2a 续表 2

单位：人

地区	初中			高中			大学专科		
	小计	男	女	小计	男	女	小计	男	女
太原市	**1022109**	**552096**	**470013**	**775878**	**394563**	**381315**	**642739**	**320430**	**322309**
小店区	220026	124403	95623	180385	93992	86393	170378	83387	86991
迎泽区	128339	68150	60189	114354	56378	57976	94288	45709	48579
杏花岭区	177225	92387	84838	153798	76825	76973	117071	59256	57815
尖草坪区	144075	77670	66405	91919	47017	44902	64746	33161	31585
万柏林区	229309	121962	107347	165932	84034	81898	144943	71758	73185
晋源区	73406	41907	31499	42874	22055	20819	33246	17288	15958
清徐县									
阳曲县									
娄烦县									
古交市	49729	25617	24112	26616	14262	12354	18067	9871	8196

4-2a 续表 3

单位：人

地区	大学本科			硕士研究生			博士研究生		
	小计	男	女	小计	男	女	小计	男	女
太原市	**700923**	**352379**	**348544**	**93012**	**41537**	**51475**	**11513**	**5993**	**5520**
小店区	197951	92666	105285	29259	11815	17444	3504	1687	1817
迎泽区	106679	51955	54724	17266	7384	9882	2051	1027	1024
杏花岭区	115043	57426	57617	11926	5214	6712	1352	702	650
尖草坪区	78380	44455	33925	8386	4417	3969	1282	769	513
万柏林区	161303	85344	75959	22351	11087	11264	3018	1641	1377
晋源区	30974	15330	15644	3350	1438	1912	268	150	118
清徐县									
阳曲县									
娄烦县									
古交市	10593	5203	5390	474	182	292	38	17	21

4-2b　各地区分性别、受教育程度的15岁及以上人口(镇)

单位：人

地　区	15岁及以上人口			未上过学		
	合计	男	女	小计	男	女
太原市	**450211**	**234277**	**215934**	**4095**	**1343**	**2752**
小店区	208164	110949	97215	1039	375	664
迎泽区						
杏花岭区						
尖草坪区	1078	564	514	14	1	13
万柏林区	3440	1839	1601	96	25	71
晋源区	10879	5753	5126	220	57	163
清徐县	121269	60922	60347	725	198	527
阳曲县	56329	29310	27019	739	230	509
娄烦县	35812	17748	18064	1055	389	666
古交市	13240	7192	6048	207	68	139

4-2b　续表 1

单位：人

地　区	学前教育			小　学		
	小计	男	女	小计	男	女
太原市	**157**	**78**	**79**	**41589**	**19982**	**21607**
小店区	66	37	29	10499	5303	5196
迎泽区						
杏花岭区						
尖草坪区				100	46	54
万柏林区	6	5	1	743	344	399
晋源区				2001	1029	972
清徐县	45	19	26	12682	6242	6440
阳曲县	16	6	10	6826	3174	3652
娄烦县	21	9	12	7052	3188	3864
古交市	3	2	1	1686	656	1030

4-2b 续表 2

单位：人

地 区	初 中			高 中			大学专科		
	小计	男	女	小计	男	女	小计	男	女
太原市	**144343**	**79874**	**64469**	**122222**	**69185**	**53037**	**60707**	**30092**	**30615**
小店区	40140	23350	16790	72407	42973	29434	28749	15132	13617
迎泽区									
杏花岭区									
尖草坪区	551	313	238	270	137	133	91	44	47
万柏林区	1605	881	724	574	357	217	280	161	119
晋源区	5435	3071	2364	1796	948	848	889	415	474
清徐县	49656	27094	22562	28610	14454	14156	17532	7408	10124
阳曲县	26289	14375	11914	10263	5629	4634	7097	3632	3465
娄烦县	14243	7290	6953	5977	3238	2739	4338	2224	2114
古交市	6424	3500	2924	2325	1449	876	1731	1076	655

4-2b 续表 3

单位：人

地 区	大学本科			硕士研究生			博士研究生		
	小计	男	女	小计	男	女	小计	男	女
太原市	**73954**	**32400**	**41554**	**2913**	**1208**	**1705**	**231**	**115**	**116**
小店区	53072	22816	30256	2054	893	1161	138	70	68
迎泽区									
杏花岭区									
尖草坪区	47	21	26	5	2	3			
万柏林区	123	62	61	10	2	8	3	2	1
晋源区	495	213	282	41	19	22	2	1	1
清徐县	11541	5313	6228	427	171	256	51	23	28
阳曲县	4881	2195	2686	200	59	141	18	10	8
娄烦县	2984	1360	1624	126	43	83	16	7	9
古交市	811	420	391	50	19	31	3	2	1

4-2c　各地区分性别、受教育程度的15岁及以上人口(乡村)

单位：人

地　区	15岁及以上人口			未上过学		
	合计	男	女	小计	男	女
太原市	**493722**	**266424**	**227298**	**14953**	**4825**	**10128**
小店区	72771	39988	32783	1061	341	720
迎泽区	9257	5110	4147	192	63	129
杏花岭区	38929	20453	18476	521	152	369
尖草坪区	25248	13519	11729	768	260	508
万柏林区	858	498	360	29	10	19
晋源区	39752	20918	18834	994	306	688
清徐县	168178	89417	78761	2930	898	2032
阳曲县	54471	30079	24392	2282	756	1526
娄烦县	39778	21816	17962	3978	1405	2573
古交市	44480	24626	19854	2198	634	1564

4-2c　续表 1

单位：人

地　区	学前教育			小　学		
	小计	男	女	小计	男	女
太原市	**313**	**133**	**180**	**105007**	**51834**	**53173**
小店区	37	18	19	13323	6765	6558
迎泽区	4	3	1	1566	813	753
杏花岭区	10	6	4	6586	3239	3347
尖草坪区	14	6	8	5408	2616	2792
万柏林区	1		1	152	83	69
晋源区	14	7	7	7577	3825	3752
清徐县	77	30	47	31986	15640	16346
阳曲县	43	11	32	14812	7004	7808
娄烦县	48	24	24	13293	6856	6437
古交市	65	28	37	10304	4993	5311

4-2c 续表 2 单位：人

地区	初中			高中			大学专科		
	小计	男	女	小计	男	女	小计	男	女
太原市	**248623**	**142996**	**105627**	**73975**	**41542**	**32433**	**34286**	**17500**	**16786**
小店区	37282	22068	15214	12649	6848	5801	5813	2820	2993
迎泽区	4557	2689	1868	1470	833	637	984	484	500
杏花岭区	18931	10537	8394	7384	3917	3467	3790	1825	1965
尖草坪区	11971	6801	5170	5104	2901	2203	1254	608	646
万柏林区	366	232	134	158	86	72	77	47	30
晋源区	16894	9572	7322	6376	3313	3063	6262	3189	3073
清徐县	96057	53344	42713	23506	12839	10667	8541	4381	4160
阳曲县	27160	16517	10643	6755	4055	2700	2264	1169	1095
娄烦县	13998	8537	5461	4580	2922	1658	2460	1379	1081
古交市	21407	12699	8708	5993	3828	2165	2841	1598	1243

4-2c 续表 3 单位：人

地区	大学本科			硕士研究生			博士研究生		
	小计	男	女	小计	男	女	小计	男	女
太原市	**15151**	**7057**	**8094**	**1304**	**485**	**819**	**110**	**52**	**58**
小店区	2356	1029	1327	228	89	139	22	10	12
迎泽区	442	212	230	37	11	26	5	2	3
杏花岭区	1593	733	860	100	40	60	14	4	10
尖草坪区	665	305	360	58	20	38	6	2	4
万柏林区	63	35	28	11	5	6	1		1
晋源区	1510	664	846	115	39	76	10	3	7
清徐县	4674	2131	2543	382	139	243	25	15	10
阳曲县	1042	525	517	109	39	70	4	3	1
娄烦县	1284	631	653	126	55	71	11	7	4
古交市	1522	792	730	138	48	90	12	6	6

4-3 各地区分性别、受教育程度的16-59岁人口

单位：人

地区	16-59岁人口			未上过学		
	合计	男	女	小计	男	女
太原市	**3579698**	**1850765**	**1728933**	**11287**	**5077**	**6210**
小店区	978055	504710	473345	2187	970	1217
迎泽区	387857	192965	194892	881	418	463
杏花岭区	504723	254838	249885	1073	434	639
尖草坪区	361664	193197	168467	1097	504	593
万柏林区	642389	330744	311645	1843	890	953
晋源区	210321	112561	97760	740	312	428
清徐县	219956	116330	103626	811	403	408
阳曲县	80249	43183	37066	638	295	343
娄烦县	55702	28899	26803	1281	526	755
古交市	138782	73338	65444	736	325	411

4-3 续表 1

单位：人

地区	学前教育			小学		
	小计	男	女	小计	男	女
太原市	**921**	**446**	**475**	**181210**	**96982**	**84228**
小店区	262	129	133	42534	23777	18757
迎泽区	95	39	56	13837	7671	6166
杏花岭区	108	50	58	17808	9052	8756
尖草坪区	96	42	54	17519	9157	8362
万柏林区	154	85	69	27290	14287	13003
晋源区	50	23	27	15303	8720	6583
清徐县	53	27	26	16956	9532	7424
阳曲县	23	7	16	9122	4628	4494
娄烦县	35	18	17	11405	5612	5793
古交市	45	26	19	9436	4546	4890

4-3 续表 2

单位：人

地 区	初 中			高 中			大学专科		
	小计	男	女	小计	男	女	小计	男	女
太原市	**1066439**	**590908**	**475531**	**782613**	**408606**	**374007**	**677074**	**332880**	**344194**
小店区	236306	137794	98512	225864	123356	102508	191872	93824	98048
迎泽区	88999	49063	39936	86227	43036	43191	81891	38780	43111
杏花岭区	131670	70093	61577	122852	61856	60996	108593	54057	54536
尖草坪区	116747	63673	53074	78154	40275	37879	61290	30967	30323
万柏林区	168545	90387	78158	132350	67329	65021	132997	64714	68283
晋源区	78444	45253	33191	41855	21487	20368	38229	19597	18632
清徐县	117012	65054	51958	43115	22448	20667	25151	11240	13911
阳曲县	42112	23722	18390	13528	7466	6062	8702	4329	4373
娄烦县	23443	12575	10868	8642	4802	3840	6424	3320	3104
古交市	63161	33294	29867	30026	16551	13475	21925	12052	9873

4-3 续表 3

单位：人

地 区	大学本科			硕士研究生			博士研究生		
	小计	男	女	小计	男	女	小计	男	女
太原市	**752673**	**367688**	**384985**	**95949**	**42258**	**53691**	**11532**	**5920**	**5612**
小店区	244329	110674	133655	31163	12510	18653	3538	1676	1862
迎泽区	97012	45866	51146	16916	7105	9811	1999	987	1012
杏花岭区	109433	53486	55947	11853	5126	6727	1333	684	649
尖草坪区	77080	43413	33667	8415	4413	4002	1266	753	513
万柏林区	154155	80583	73572	22111	10890	11221	2944	1579	1365
晋源区	31956	15549	16407	3468	1468	2000	276	152	124
清徐县	15976	7281	8695	806	307	499	76	38	38
阳曲县	5798	2630	3168	305	94	211	21	12	9
娄烦县	4193	1934	2259	252	98	154	27	14	13
古交市	12741	6272	6469	660	247	413	52	25	27

4-3a　各地区分性别、受教育程度的16-59岁人口(城市)

单位：人

地　区	16-59岁人口			未上过学		
	合计	男	女	小计	男	女
太原市	**2832077**	**1449575**	**1382502**	**6979**	**3098**	**3881**
小店区	729020	369980	359040	1641	683	958
迎泽区	380119	188642	191477	834	398	436
杏花岭区	472564	237902	234662	918	369	549
尖草坪区	343434	183267	160167	945	425	520
万柏林区	639376	329054	310322	1826	885	941
晋源区	171055	91415	79640	553	218	335
清徐县						
阳曲县						
娄烦县						
古交市	96509	49315	47194	262	120	142

4-3a　续表 1

单位：人

地　区	学前教育			小　学		
	小计	男	女	小计	男	女
太原市	**712**	**332**	**380**	**117518**	**62863**	**54655**
小店区	198	90	108	32281	17850	14431
迎泽区	94	38	56	12968	7194	5774
杏花岭区	103	47	56	14335	7327	7008
尖草坪区	92	39	53	15308	7996	7312
万柏林区	153	84	69	26989	14141	12848
晋源区	45	19	26	11070	6302	4768
清徐县						
阳曲县						
娄烦县						
古交市	27	15	12	4567	2053	2514

4-3a 续表 2

单位：人

地 区	初 中			高 中			大学专科		
	小计	男	女	小计	男	女	小计	男	女
太原市	**743615**	**408819**	**334796**	**610614**	**311931**	**298683**	**585170**	**287292**	**297878**
小店区	169683	98598	71085	145634	76227	69407	158030	76303	81727
迎泽区	84957	46682	38275	84895	42286	42609	80926	38309	42617
杏花岭区	115001	60870	54131	116329	58425	57904	104932	52320	52612
尖草坪区	107041	58228	48813	74018	37970	36048	60015	30358	29657
万柏林区	167021	89536	77485	131738	66949	64789	132650	64513	68137
晋源区	59418	34502	24916	35230	18072	17158	31176	16051	15125
清徐县									
阳曲县									
娄烦县									
古交市	40494	20403	20091	22770	12002	10768	17441	9438	8003

4-3a 续表 3

单位：人

地 区	大学本科			硕士研究生			博士研究生		
	小计	男	女	小计	男	女	小计	男	女
太原市	**664517**	**328900**	**335617**	**91756**	**40585**	**51171**	**11196**	**5755**	**5441**
小店区	189280	87096	102184	28894	11537	17357	3379	1596	1783
迎泽区	96572	45656	50916	16879	7094	9785	1994	985	1009
杏花岭区	107872	52777	55095	11753	5086	6667	1321	681	640
尖草坪区	76402	43109	33293	8352	4391	3961	1261	751	510
万柏林区	153969	80486	73483	22090	10883	11207	2940	1577	1363
晋源区	29985	14691	15294	3314	1412	1902	264	148	116
清徐县									
阳曲县									
娄烦县									
古交市	10437	5085	5352	474	182	292	37	17	20

4-3b　各地区分性别、受教育程度的16-59岁人口(镇)

单位：人

地　区	16-59岁人口			未上过学		
	合计	男	女	小计	男	女
太原市	**386804**	**202412**	**184392**	**1155**	**528**	**627**
小店区	192870	103145	89725	373	186	187
迎泽区						
杏花岭区						
尖草坪区	643	342	301	2	1	1
万柏林区	2367	1310	1057	14	4	10
晋源区	8370	4527	3843	37	17	20
清徐县	97467	49382	48085	181	91	90
阳曲县	45369	23638	21731	194	89	105
娄烦县	29043	14154	14889	307	116	191
古交市	10675	5914	4761	47	24	23

4-3b　续表 1

单位：人

地　区	学前教育			小　学		
	小计	男	女	小计	男	女
太原市	**104**	**56**	**48**	**19780**	**10531**	**9249**
小店区	50	30	20	5074	2866	2208
迎泽区						
杏花岭区						
尖草坪区				17	10	7
万柏林区	1	1		233	103	130
晋源区				942	547	395
清徐县	26	13	13	4845	2792	2053
阳曲县	8	3	5	3425	1798	1627
娄烦县	17	8	9	4653	2174	2479
古交市	2	1	1	591	241	350

4-3b 续表 2 单位：人

地区	初中			高中			大学专科		
	小计	男	女	小计	男	女	小计	男	女
太原市	**119802**	**66307**	**53495**	**111157**	**63128**	**48029**	**58465**	**28667**	**29798**
小店区	34766	20346	14420	69559	41425	28134	28142	14765	13377
迎泽区									
杏花岭区									
尖草坪区	290	162	128	206	107	99	80	41	39
万柏林区	1236	675	561	476	306	170	271	155	116
晋源区	4550	2574	1976	1454	766	688	862	398	464
清徐县	39750	21990	17760	24030	12133	11897	16820	6995	9825
阳曲县	21809	11780	10029	8395	4534	3861	6548	3247	3301
娄烦县	11991	5895	6096	4970	2585	2385	4041	2010	2031
古交市	5410	2885	2525	2067	1272	795	1701	1056	645

4-3b 续表 3 单位：人

地区	大学本科			硕士研究生			博士研究生		
	小计	男	女	小计	男	女	小计	男	女
太原市	**73218**	**31888**	**41330**	**2894**	**1193**	**1701**	**229**	**114**	**115**
小店区	52727	22572	30155	2042	885	1157	137	70	67
迎泽区									
杏花岭区									
尖草坪区	43	19	24	5	2	3			
万柏林区	123	62	61	10	2	8	3	2	1
晋源区	483	206	277	40	18	22	2	1	1
清徐县	11339	5176	6163	425	169	256	51	23	28
阳曲县	4776	2122	2654	197	56	141	17	9	8
娄烦县	2922	1316	1606	126	43	83	16	7	9
古交市	805	415	390	49	18	31	3	2	1

4-3c　各地区分性别、受教育程度的16-59岁人口(乡村)

单位：人

地　区	16-59岁人口			未上过学		
	合计	男	女	小计	男	女
太原市	**360817**	**198778**	**162039**	**3153**	**1451**	**1702**
小店区	56165	31585	24580	173	101	72
迎泽区	7738	4323	3415	47	20	27
杏花岭区	32159	16936	15223	155	65	90
尖草坪区	17587	9588	7999	150	78	72
万柏林区	646	380	266	3	1	2
晋源区	30896	16619	14277	150	77	73
清徐县	122489	66948	55541	630	312	318
阳曲县	34880	19545	15335	444	206	238
娄烦县	26659	14745	11914	974	410	564
古交市	31598	18109	13489	427	181	246

4-3c　续表 1

单位：人

地　区	学前教育			小　学		
	小计	男	女	小计	男	女
太原市	**105**	**58**	**47**	**43912**	**23588**	**20324**
小店区	14	9	5	5179	3061	2118
迎泽区	1	1		869	477	392
杏花岭区	5	3	2	3473	1725	1748
尖草坪区	4	3	1	2194	1151	1043
万柏林区				68	43	25
晋源区	5	4	1	3291	1871	1420
清徐县	27	14	13	12111	6740	5371
阳曲县	15	4	11	5697	2830	2867
娄烦县	18	10	8	6752	3438	3314
古交市	16	10	6	4278	2252	2026

4-3c 续表 2

单位：人

地区	初中			高中			大学专科		
	小计	男	女	小计	男	女	小计	男	女
太原市	**203022**	**115782**	**87240**	**60842**	**33547**	**27295**	**33439**	**16921**	**16518**
小店区	31857	18850	13007	10671	5704	4967	5700	2756	2944
迎泽区	4042	2381	1661	1332	750	582	965	471	494
杏花岭区	16669	9223	7446	6523	3431	3092	3661	1737	1924
尖草坪区	9416	5283	4133	3930	2198	1732	1195	568	627
万柏林区	288	176	112	136	74	62	76	46	30
晋源区	14476	8177	6299	5171	2649	2522	6191	3148	3043
清徐县	77262	43064	34198	19085	10315	8770	8331	4245	4086
阳曲县	20303	11942	8361	5133	2932	2201	2154	1082	1072
娄烦县	11452	6680	4772	3672	2217	1455	2383	1310	1073
古交市	17257	10006	7251	5189	3277	1912	2783	1558	1225

4-3c 续表 3

单位：人

地区	大学本科			硕士研究生			博士研究生		
	小计	男	女	小计	男	女	小计	男	女
太原市	**14938**	**6900**	**8038**	**1299**	**480**	**819**	**107**	**51**	**56**
小店区	2322	1006	1316	227	88	139	22	10	12
迎泽区	440	210	230	37	11	26	5	2	3
杏花岭区	1561	709	852	100	40	60	12	3	9
尖草坪区	635	285	350	58	20	38	5	2	3
万柏林区	63	35	28	11	5	6	1		1
晋源区	1488	652	836	114	38	76	10	3	7
清徐县	4637	2105	2532	381	138	243	25	15	10
阳曲县	1022	508	514	108	38	70	4	3	1
娄烦县	1271	618	653	126	55	71	11	7	4
古交市	1499	772	727	137	47	90	12	6	6

4-4 各地区分性别、受教育程度的25岁及以上人口

单位：人

地区	25岁及以上人口			未上过学		
	合计	男	女	小计	男	女
太原市	**3801031**	**1938123**	**1862908**	**44632**	**12646**	**31986**
小店区	906882	471297	435585	6783	2035	4748
迎泽区	449734	223655	226079	3315	828	2487
杏花岭区	590902	292716	298186	4542	978	3564
尖草坪区	369905	188125	181780	4278	1109	3169
万柏林区	690309	346653	343656	7135	1884	5251
晋源区	224479	116754	107725	3435	952	2483
清徐县	246488	128968	117520	3571	1048	2523
阳曲县	99628	53279	46349	2956	943	2013
娄烦县	67344	35177	32167	4976	1760	3216
古交市	155360	81499	73861	3641	1109	2532

4-4 续表 1

单位：人

地区	学前教育			小学		
	小计	男	女	小计	男	女
太原市	**1247**	**492**	**755**	**399533**	**187066**	**212467**
小店区	295	117	178	82138	40101	42037
迎泽区	114	45	69	30780	13948	16832
杏花岭区	138	65	73	44687	19197	25490
尖草坪区	138	40	98	40859	18476	22383
万柏林区	210	93	117	61153	27735	33418
晋源区	57	19	38	33471	16816	16655
清徐县	91	32	59	43695	21302	22393
阳曲县	44	12	32	21335	9992	11343
娄烦县	51	24	27	19954	9803	10151
古交市	109	45	64	21461	9696	11765

4-4 续表 2 单位：人

地区	初中			高中			大学专科		
	小计	男	女	小计	男	女	小计	男	女
太原市	**1335112**	**724758**	**610354**	**776712**	**396714**	**379998**	**590916**	**295473**	**295443**
小店区	275439	155388	120051	196820	102538	94282	156028	77700	78328
迎泽区	126431	67030	59401	97706	47942	49764	81495	40028	41467
杏花岭区	188588	98341	90247	139921	69248	70673	103240	51395	51845
尖草坪区	149819	80495	69324	78502	40173	38329	51124	25580	25544
万柏林区	219161	115306	103855	141435	70863	70572	122925	61596	61329
晋源区	89992	50842	39150	39262	19718	19544	29062	14225	14837
清徐县	136290	74596	61694	35527	18812	16715	15585	7841	7744
阳曲县	49962	28776	21186	13064	7523	5541	7143	3710	3433
娄烦县	25822	14438	11384	7867	4729	3138	5194	2794	2400
古交市	73608	39546	34062	26608	15168	11440	19120	10604	8516

4-4 续表 3 单位：人

地区	大学本科			硕士研究生			博士研究生		
	小计	男	女	小计	男	女	小计	男	女
太原市	**559927**	**278570**	**281357**	**81412**	**36382**	**45030**	**11540**	**6022**	**5518**
小店区	159651	80448	79203	26178	11241	14937	3550	1729	1821
迎泽区	92481	46007	46474	15393	6809	8584	2019	1018	1001
杏花岭区	97279	47912	49367	11178	4895	6283	1329	685	644
尖草坪区	38277	18755	19522	5644	2743	2901	1264	754	510
万柏林区	117117	58856	58261	18224	8712	9512	2949	1608	1341
晋源区	25667	12632	13035	3266	1405	1861	267	145	122
清徐县	11060	5067	5993	600	235	365	69	35	34
阳曲县	4839	2226	2613	263	84	179	22	13	9
娄烦县	3273	1542	1731	183	74	109	24	13	11
古交市	10283	5125	5158	483	184	299	47	22	25

4-4a　各地区分性别、受教育程度的25岁及以上人口(城市)

单位：人

地　区	25岁及以上人口			未上过学		
	合计	男	女	小计	男	女
太原市	**3030487**	**1529073**	**1501414**	**25927**	**6688**	**19239**
小店区	714037	367194	346843	4753	1366	3387
迎泽区	441321	219026	222295	3124	766	2358
杏花岭区	555742	274377	281365	4036	835	3201
尖草坪区	347459	176337	171122	3504	852	2652
万柏林区	686418	344537	341881	7010	1849	5161
晋源区	182767	95028	87739	2230	594	1636
清徐县						
阳曲县						
娄烦县						
古交市	102743	52574	50169	1270	426	844

4-4a　续表 1

单位：人

地　区	学前教育			小　学		
	小计	男	女	小计	男	女
太原市	**887**	**341**	**546**	**255624**	**116900**	**138724**
小店区	222	81	141	58769	28318	30451
迎泽区	110	42	68	29232	13147	16085
杏花岭区	129	59	70	38202	16020	22182
尖草坪区	129	37	92	35439	15868	19571
万柏林区	204	89	115	60264	27312	32952
晋源区	48	15	33	24098	12095	12003
清徐县						
阳曲县						
娄烦县						
古交市	45	18	27	9620	4140	5480

4-4a 续表 2

单位：人

地区	初中			高中			大学专科		
	小计	男	女	小计	男	女	小计	男	女
太原市	**969732**	**519498**	**450234**	**639394**	**321299**	**318095**	**530644**	**264584**	**266060**
小店区	205279	115071	90208	139455	71317	68138	134704	66814	67890
迎泽区	122092	64475	57617	96500	47282	49218	80753	39660	41093
杏花岭区	170662	88458	82204	133944	66103	67841	100274	49997	50277
尖草坪区	138016	73857	64159	75471	38556	36915	50227	25154	25073
万柏林区	217272	114239	103033	140848	70506	70342	122662	61436	61226
晋源区	69007	39055	29952	33259	16710	16549	26511	13067	13444
清徐县									
阳曲县									
娄烦县									
古交市	47404	24343	23061	19917	10825	9092	15513	8456	7057

4-4a 续表 3

单位：人

地区	大学本科			硕士研究生			博士研究生		
	小计	男	女	小计	男	女	小计	男	女
太原市	**519237**	**258982**	**260255**	**77827**	**34919**	**42908**	**11215**	**5862**	**5353**
小店区	143409	72257	71152	24053	10320	13733	3393	1650	1743
迎泽区	92137	45838	46299	15359	6800	8559	2014	1016	998
杏花岭区	96073	47354	48719	11105	4869	6236	1317	682	635
尖草坪区	37809	18533	19276	5606	2728	2878	1258	752	506
万柏林区	117003	58794	58209	18210	8706	9504	2945	1606	1339
晋源区	24222	11991	12231	3137	1360	1777	255	141	114
清徐县									
阳曲县									
娄烦县									
古交市	8584	4215	4369	357	136	221	33	15	18

4-4b　各地区分性别、受教育程度的25岁及以上人口(镇)

单位：人

地　　区	25岁及以上人口			未上过学		
	合计	男	女	小计	男	女
太原市	**334904**	**176015**	**158889**	**3973**	**1269**	**2704**
小店区	129677	70187	59490	991	343	648
迎泽区						
杏花岭区						
尖草坪区	1005	525	480	14	1	13
万柏林区	3149	1683	1466	96	25	71
晋源区	9751	5151	4600	218	56	162
清徐县	97251	50254	46997	702	187	515
阳曲县	50327	26038	24289	708	209	499
娄烦县	31445	15492	15953	1038	381	657
古交市	12299	6685	5614	206	67	139

4-4b　续表 1

单位：人

地　　区	学前教育			小　　学		
	小计	男	女	小计	男	女
太原市	**97**	**46**	**51**	**40708**	**19439**	**21269**
小店区	42	24	18	10272	5158	5114
迎泽区						
杏花岭区						
尖草坪区				98	45	53
万柏林区	5	4	1	741	342	399
晋源区				1939	989	950
清徐县	27	9	18	12425	6082	6343
阳曲县	12	4	8	6700	3101	3599
娄烦县	11	5	6	6861	3073	3788
古交市				1672	649	1023

4-4b 续表 2

单位：人

地区	初中			高中			大学专科		
	小计	男	女	小计	男	女	小计	男	女
太原市	**134517**	**73838**	**60679**	**83153**	**45240**	**37913**	**39463**	**20400**	**19063**
小店区	36450	20956	15494	47610	26132	21478	17791	9257	8534
迎泽区									
杏花岭区									
尖草坪区	534	301	233	248	125	123	76	35	41
万柏林区	1544	846	698	475	296	179	203	123	80
晋源区	5117	2871	2246	1451	762	689	628	302	326
清徐县	46999	25481	21518	18700	9725	8975	9978	4950	5028
阳曲县	24465	13303	11162	8328	4537	3791	5773	2969	2804
娄烦县	13182	6696	6486	4263	2354	1909	3554	1841	1713
古交市	6226	3384	2842	2078	1309	769	1460	923	537

4-4b 续表 3

单位：人

地区	大学本科			硕士研究生			博士研究生		
	小计	男	女	小计	男	女	小计	男	女
太原市	**30127**	**14565**	**15562**	**2646**	**1107**	**1539**	**220**	**111**	**109**
小店区	14442	7400	7042	1943	848	1095	136	69	67
迎泽区									
杏花岭区									
尖草坪区	31	17	14	4	1	3			
万柏林区	76	43	33	6	2	4	3	2	1
晋源区	361	155	206	35	15	20	2	1	1
清徐县	8026	3656	4370	349	143	206	45	21	24
阳曲县	4143	1854	2289	180	51	129	18	10	8
娄烦县	2424	1102	1322	99	34	65	13	6	7
古交市	624	338	286	30	13	17	3	2	1

4-4c　各地区分性别、受教育程度的25岁及以上人口(乡村)

单位：人

地　　区	25岁及以上人口			未上过学		
	合计	男	女	小计	男	女
太原市	**435640**	**233035**	**202605**	**14732**	**4689**	**10043**
小店区	63168	33916	29252	1039	326	713
迎泽区	8413	4629	3784	191	62	129
杏花岭区	35160	18339	16821	506	143	363
尖草坪区	21441	11263	10178	760	256	504
万柏林区	742	433	309	29	10	19
晋源区	31961	16575	15386	987	302	685
清徐县	149237	78714	70523	2869	861	2008
阳曲县	49301	27241	22060	2248	734	1514
娄烦县	35899	19685	16214	3938	1379	2559
古交市	40318	22240	18078	2165	616	1549

4-4c　续表 1

单位：人

地　　区	学前教育			小　　学		
	小计	男	女	小计	男	女
太原市	**263**	**105**	**158**	**103201**	**50727**	**52474**
小店区	31	12	19	13097	6625	6472
迎泽区	4	3	1	1548	801	747
杏花岭区	9	6	3	6485	3177	3308
尖草坪区	9	3	6	5322	2563	2759
万柏林区	1		1	148	81	67
晋源区	9	4	5	7434	3732	3702
清徐县	64	23	41	31270	15220	16050
阳曲县	32	8	24	14635	6891	7744
娄烦县	40	19	21	13093	6730	6363
古交市	64	27	37	10169	4907	5262

4-4c 续表 2

单位：人

地区	初中			高中			大学专科		
	小计	男	女	小计	男	女	小计	男	女
太原市	**230863**	**131422**	**99441**	**54165**	**30175**	**23990**	**20809**	**10489**	**10320**
小店区	33710	19361	14349	9755	5089	4666	3533	1629	1904
迎泽区	4339	2555	1784	1206	660	546	742	368	374
杏花岭区	17926	9883	8043	5977	3145	2832	2966	1398	1568
尖草坪区	11269	6337	4932	2783	1492	1291	821	391	430
万柏林区	345	221	124	112	61	51	60	37	23
晋源区	15868	8916	6952	4552	2246	2306	1923	856	1067
清徐县	89291	49115	40176	16827	9087	7740	5607	2891	2716
阳曲县	25497	15473	10024	4736	2986	1750	1370	741	629
娄烦县	12640	7742	4898	3604	2375	1229	1640	953	687
古交市	19978	11819	8159	4613	3034	1579	2147	1225	922

4-4c 续表 3

单位：人

地区	大学本科			硕士研究生			博士研究生		
	小计	男	女	小计	男	女	小计	男	女
太原市	**10563**	**5023**	**5540**	**939**	**356**	**583**	**105**	**49**	**56**
小店区	1800	791	1009	182	73	109	21	10	11
迎泽区	344	169	175	34	9	25	5	2	3
杏花岭区	1206	558	648	73	26	47	12	3	9
尖草坪区	437	205	232	34	14	20	6	2	4
万柏林区	38	19	19	8	4	4	1		1
晋源区	1084	486	598	94	30	64	10	3	7
清徐县	3034	1411	1623	251	92	159	24	14	10
阳曲县	696	372	324	83	33	50	4	3	1
娄烦县	849	440	409	84	40	44	11	7	4
古交市	1075	572	503	96	35	61	11	5	6

4-5　全市分年龄、性别的15岁及以上文盲人口

单位：人、%

年　龄	15岁及以上人口			文盲人口			文盲人口占15岁及以上人口比重		
	合计	男	女	合计	男	女	合计	男	女
总　计	**4479326**	**2295583**	**2183743**	**41925**	**12112**	**29813**	**0.94**	**0.53**	**1.37**
15-19岁	**274382**	**146075**	**128307**	**407**	**245**	**162**	**0.15**	**0.17**	**0.13**
15	45127	23791	21336	118	66	52	0.26	0.28	0.24
16	47812	25408	22404	82	50	32	0.17	0.20	0.14
17	39821	20922	18899	60	34	26	0.15	0.16	0.14
18	59026	31450	27576	73	49	24	0.12	0.16	0.09
19	82596	44504	38092	74	46	28	0.09	0.10	0.07
20-24岁	**403913**	**211385**	**192528**	**476**	**277**	**199**	**0.12**	**0.13**	**0.10**
20	88762	47589	41173	83	49	34	0.09	0.10	0.08
21	83062	44161	38901	110	60	50	0.13	0.14	0.13
22	81182	42390	38792	102	54	48	0.13	0.13	0.12
23	73430	37817	35613	86	56	30	0.12	0.15	0.08
24	77477	39428	38049	95	58	37	0.12	0.15	0.10
25-29岁	**446036**	**228119**	**217917**	**519**	**305**	**214**	**0.12**	**0.13**	**0.10**
25	84498	43216	41282	94	55	39	0.11	0.13	0.09
26	85726	43581	42145	105	63	42	0.12	0.14	0.10
27	90812	46386	44426	102	62	40	0.11	0.13	0.09
28	92731	47367	45364	115	71	44	0.12	0.15	0.10
29	92269	47569	44700	103	54	49	0.11	0.11	0.11
30-34岁	**550797**	**281267**	**269530**	**625**	**348**	**277**	**0.11**	**0.12**	**0.10**
30	118089	60355	57734	129	71	58	0.11	0.12	0.10
31	115656	59004	56652	123	67	56	0.11	0.11	0.10
32	105862	53876	51986	109	61	48	0.10	0.11	0.09
33	111480	56860	54620	137	80	57	0.12	0.14	0.10
34	99710	51172	48538	127	69	58	0.13	0.13	0.12
35-39岁	**436241**	**223408**	**212833**	**663**	**370**	**293**	**0.15**	**0.17**	**0.14**
35	91294	46804	44490	136	73	63	0.15	0.16	0.14
36	90915	46527	44388	118	73	45	0.13	0.16	0.10
37	85793	44054	41739	122	68	54	0.14	0.15	0.13
38	95309	48572	46737	146	85	61	0.15	0.17	0.13
39	72930	37451	35479	141	71	70	0.19	0.19	0.20
40-44岁	**341882**	**175295**	**166587**	**886**	**441**	**445**	**0.26**	**0.25**	**0.27**
40	68153	35104	33049	148	79	69	0.22	0.23	0.21
41	66469	34519	31950	152	83	69	0.23	0.24	0.22
42	66353	33859	32494	186	93	93	0.28	0.27	0.29
43	66637	34057	32580	165	79	86	0.25	0.23	0.26
44	74270	37756	36514	235	107	128	0.32	0.28	0.35

4-5 续表

单位：人、%

年 龄	15岁及以上人口			文盲人口			文盲人口占15岁及以上人口比重		
	合计	男	女	合计	男	女	合计	男	女
45—49岁	**409303**	**210805**	**198498**	**1882**	**793**	**1089**	**0.46**	**0.38**	**0.55**
45	75092	38141	36951	276	114	162	0.37	0.30	0.44
46	80891	41423	39468	315	141	174	0.39	0.34	0.44
47	83487	42965	40522	404	168	236	0.48	0.39	0.58
48	84510	43650	40860	444	172	272	0.53	0.39	0.67
49	85323	44626	40697	443	198	245	0.52	0.44	0.60
50—54岁	**394785**	**207184**	**187601**	**2304**	**977**	**1327**	**0.58**	**0.47**	**0.71**
50	88486	46234	42252	479	208	271	0.54	0.45	0.64
51	82636	43359	39277	422	190	232	0.51	0.44	0.59
52	84338	44224	40114	478	188	290	0.57	0.43	0.72
53	65052	34341	30711	430	176	254	0.66	0.51	0.83
54	74273	39026	35247	495	215	280	0.67	0.55	0.79
55—59岁	**367486**	**191018**	**176468**	**2472**	**807**	**1665**	**0.67**	**0.42**	**0.94**
55	79953	41829	38124	473	186	287	0.59	0.44	0.75
56	79390	41314	38076	492	173	319	0.62	0.42	0.84
57	93905	49011	44894	583	190	393	0.62	0.39	0.88
58	71935	37261	34674	510	141	369	0.71	0.38	1.06
59	42303	21603	20700	414	117	297	0.98	0.54	1.43
60—64岁	**290021**	**149860**	**140161**	**3998**	**1180**	**2818**	**1.38**	**0.79**	**2.01**
60	60674	31376	29298	609	186	423	1.00	0.59	1.44
61	55518	28931	26587	676	183	493	1.22	0.63	1.85
62	59117	30694	28423	851	285	566	1.44	0.93	1.99
63	61383	31540	29843	986	279	707	1.61	0.88	2.37
64	53329	27319	26010	876	247	629	1.64	0.90	2.42
65—69岁	**221340**	**110959**	**110381**	**5010**	**1494**	**3516**	**2.26**	**1.35**	**3.19**
65	53068	27319	25749	942	274	668	1.78	1.00	2.59
66	51387	25922	25465	1099	331	768	2.14	1.28	3.02
67	42407	20990	21417	1031	311	720	2.43	1.48	3.36
68	38887	19060	19827	975	292	683	2.51	1.53	3.44
69	35591	17668	17923	963	286	677	2.71	1.62	3.78
70—74岁	**125274**	**61628**	**63646**	**3675**	**1066**	**2609**	**2.93**	**1.73**	**4.10**
70	33582	16382	17200	933	286	647	2.78	1.75	3.76
71	24858	12430	12428	719	235	484	2.89	1.89	3.89
72	21696	10794	10902	589	166	423	2.71	1.54	3.88
73	22716	11279	11437	699	200	499	3.08	1.77	4.36
74	22422	10743	11679	735	179	556	3.28	1.67	4.76
75—79岁	**88120**	**40604**	**47516**	**3788**	**891**	**2897**	**4.30**	**2.19**	**6.10**
75	18779	8777	10002	665	132	533	3.54	1.50	5.33
76	17059	7976	9083	676	170	506	3.96	2.13	5.57
77	16802	7827	8975	736	189	547	4.38	2.41	6.09
78	18629	8453	10176	857	193	664	4.60	2.28	6.53
79	16851	7571	9280	854	207	647	5.07	2.73	6.97
80—84岁	**72999**	**32234**	**40765**	**6178**	**1342**	**4836**	**8.46**	**4.16**	**11.86**
80	16048	6997	9051	980	240	740	6.11	3.43	8.18
81	15084	6558	8526	1137	255	882	7.54	3.89	10.34
82	15313	6798	8515	1260	277	983	8.23	4.07	11.54
83	13859	6243	7616	1389	292	1097	10.02	4.68	14.40
84	12695	5638	7057	1412	278	1134	11.12	4.93	16.07
85岁及以上	**56747**	**25742**	**31005**	**9042**	**1576**	**7466**	**15.93**	**6.12**	**24.08**

4-5a　全市分年龄、性别的15岁及以上文盲人口(城市)

单位：人、%

年　龄	15岁及以上人口			文盲人口			文盲人口占15岁及以上人口比重		
	合计	男	女	合计	男	女	合计	男	女
总　计	**3535393**	**1794882**	**1740511**	**23761**	**6232**	**17529**	**0.67**	**0.35**	**1.01**
15-19岁	**205082**	**109707**	**95375**	**279**	**169**	**110**	**0.14**	**0.15**	**0.12**
15	34920	18227	16693	87	49	38	0.25	0.27	0.23
16	37393	19622	17771	56	34	22	0.15	0.17	0.12
17	30685	16147	14538	39	23	16	0.13	0.14	0.11
18	43099	23157	19942	52	34	18	0.12	0.15	0.09
19	58985	32554	26431	45	29	16	0.08	0.09	0.06
20-24岁	**299824**	**156102**	**143722**	**299**	**169**	**130**	**0.10**	**0.11**	**0.09**
20	63727	34984	28743	56	34	22	0.09	0.10	0.08
21	60476	32676	27800	72	40	32	0.12	0.12	0.12
22	60141	31188	28953	58	30	28	0.10	0.10	0.10
23	55688	27872	27816	49	30	19	0.09	0.11	0.07
24	59792	29382	30410	64	35	29	0.11	0.12	0.10
25-29岁	**349010**	**174619**	**174391**	**304**	**184**	**120**	**0.09**	**0.11**	**0.07**
25	65595	32578	33017	52	31	21	0.08	0.10	0.06
26	67054	33208	33846	60	40	20	0.09	0.12	0.06
27	71001	35563	35438	60	35	25	0.08	0.10	0.07
28	72852	36525	36327	72	47	25	0.10	0.13	0.07
29	72508	36745	35763	60	31	29	0.08	0.08	0.08
30-34岁	**446757**	**225405**	**221352**	**381**	**216**	**165**	**0.09**	**0.10**	**0.07**
30	94160	47477	46683	79	42	37	0.08	0.09	0.08
31	93601	47214	46387	76	42	34	0.08	0.09	0.07
32	86309	43366	42943	64	38	26	0.07	0.09	0.06
33	90834	45718	45116	78	47	31	0.09	0.10	0.07
34	81853	41630	40223	84	47	37	0.10	0.11	0.09
35-39岁	**360047**	**182531**	**177516**	**386**	**225**	**161**	**0.11**	**0.12**	**0.09**
35	74973	38004	36969	77	44	33	0.10	0.12	0.09
36	74625	37779	36846	70	45	25	0.09	0.12	0.07
37	71079	36134	34945	70	40	30	0.10	0.11	0.09
38	78844	39806	39038	77	50	27	0.10	0.13	0.07
39	60526	30808	29718	92	46	46	0.15	0.15	0.15
40-44岁	**277708**	**141071**	**136637**	**521**	**253**	**268**	**0.19**	**0.18**	**0.20**
40	56213	28689	27524	81	43	38	0.14	0.15	0.14
41	54215	27865	26350	94	48	46	0.17	0.17	0.17
42	54137	27380	26757	117	62	55	0.22	0.23	0.21
43	53838	27328	26510	91	46	45	0.17	0.17	0.17
44	59305	29809	29496	138	54	84	0.23	0.18	0.28

4-5a 续表 单位：人、%

年龄	15岁及以上人口			文盲人口			文盲人口占15岁及以上人口比重		
	合计	男	女	合计	男	女	合计	男	女
45-49岁	**322975**	**164584**	**158391**	**1183**	**477**	**706**	**0.37**	**0.29**	**0.45**
45	59290	29800	29490	174	70	104	0.29	0.23	0.35
46	63752	32355	31397	193	75	118	0.30	0.23	0.38
47	65689	33471	32218	268	112	156	0.41	0.33	0.48
48	66868	34179	32689	283	109	174	0.42	0.32	0.53
49	67376	34779	32597	265	111	154	0.39	0.32	0.47
50-54岁	**311970**	**162050**	**149920**	**1409**	**556**	**853**	**0.45**	**0.34**	**0.57**
50	70382	36416	33966	315	123	192	0.45	0.34	0.57
51	65878	34170	31708	266	117	149	0.40	0.34	0.47
52	67275	34978	32297	296	106	190	0.44	0.30	0.59
53	50349	26289	24060	254	96	158	0.50	0.37	0.66
54	58086	30197	27889	278	114	164	0.48	0.38	0.59
55-59岁	**293624**	**151733**	**141891**	**1374**	**442**	**932**	**0.47**	**0.29**	**0.66**
55	63242	32759	30483	284	116	168	0.45	0.35	0.55
56	63579	32914	30665	272	101	171	0.43	0.31	0.56
57	76005	39412	36593	352	104	248	0.46	0.26	0.68
58	56715	29308	27407	268	69	199	0.47	0.24	0.73
59	34083	17340	16743	198	52	146	0.58	0.30	0.87
60-64岁	**230716**	**118832**	**111884**	**2007**	**549**	**1458**	**0.87**	**0.46**	**1.30**
60	48473	25045	23428	305	89	216	0.63	0.36	0.92
61	44092	22937	21155	336	81	255	0.76	0.35	1.21
62	47615	24602	23013	427	122	305	0.90	0.50	1.33
63	48809	24897	23912	484	134	350	0.99	0.54	1.46
64	41727	21351	20376	455	123	332	1.09	0.58	1.63
65-69岁	**167770**	**84314**	**83456**	**2285**	**622**	**1663**	**1.36**	**0.74**	**1.99**
65	41530	21449	20081	477	136	341	1.15	0.63	1.70
66	39279	19897	19382	536	151	385	1.36	0.76	1.99
67	31931	15837	16094	441	117	324	1.38	0.74	2.01
68	28618	14043	14575	426	105	321	1.49	0.75	2.20
69	26412	13088	13324	405	113	292	1.53	0.86	2.19
70-74岁	**94364**	**45971**	**48393**	**1630**	**429**	**1201**	**1.73**	**0.93**	**2.48**
70	24526	11902	12624	424	121	303	1.73	1.02	2.40
71	18914	9442	9472	351	102	249	1.86	1.08	2.63
72	16721	8209	8512	246	58	188	1.47	0.71	2.21
73	17486	8516	8970	319	85	234	1.82	1.00	2.61
74	16717	7902	8815	290	63	227	1.73	0.80	2.58
75-79岁	**68226**	**30637**	**37589**	**1853**	**385**	**1468**	**2.72**	**1.26**	**3.91**
75	14207	6520	7687	316	62	254	2.22	0.95	3.30
76	12943	5890	7053	315	65	250	2.43	1.10	3.54
77	12886	5862	7024	370	83	287	2.87	1.42	4.09
78	14637	6484	8153	399	79	320	2.73	1.22	3.92
79	13553	5881	7672	453	96	357	3.34	1.63	4.65
80-84岁	**60579**	**25928**	**34651**	**3760**	**636**	**3124**	**6.21**	**2.45**	**9.02**
80	13284	5591	7693	560	109	451	4.22	1.95	5.86
81	12532	5269	7263	681	126	555	5.43	2.39	7.64
82	12629	5397	7232	758	118	640	6.00	2.19	8.85
83	11586	5055	6531	858	147	711	7.41	2.91	10.89
84	10548	4616	5932	903	136	767	8.56	2.95	12.93
85岁及以上	**46741**	**21398**	**25343**	**6090**	**920**	**5170**	**13.03**	**4.30**	**20.40**

4-5b　全市分年龄、性别的15岁及以上文盲人口(镇)

单位：人、%

年　龄	15岁及以上人口			文盲人口			文盲人口占15岁及以上人口比重		
	合计	男	女	合计	男	女	合计	男	女
总　计	**450211**	**234277**	**215934**	**3683**	**1180**	**2503**	**0.82**	**0.50**	**1.16**
15-19岁	**44418**	**21683**	**22735**	**41**	**26**	**15**	**0.09**	**0.12**	**0.07**
15	4789	2515	2274	10	7	3	0.21	0.28	0.13
16	5697	2886	2811	13	6	7	0.23	0.21	0.25
17	5258	2490	2768	6	3	3	0.11	0.12	0.11
18	10816	5288	5528	4	4		0.04	0.08	
19	17858	8504	9354	8	6	2	0.04	0.07	0.02
20-24岁	**70889**	**36579**	**34310**	**53**	**27**	**26**	**0.07**	**0.07**	**0.08**
20	19249	9157	10092	11	5	6	0.06	0.05	0.06
21	17193	8390	8803	12	5	7	0.07	0.06	0.08
22	14324	7470	6854	9	3	6	0.06	0.04	0.09
23	10548	5980	4568	11	7	4	0.10	0.12	0.09
24	9575	5582	3993	10	7	3	0.10	0.13	0.08
25-29岁	**51789**	**29089**	**22700**	**62**	**30**	**32**	**0.12**	**0.10**	**0.14**
25	9947	5724	4223	12	6	6	0.12	0.10	0.14
26	9948	5704	4244	19	10	9	0.19	0.18	0.21
27	10564	5897	4667	14	8	6	0.13	0.14	0.13
28	10621	5854	4767	10	4	6	0.09	0.07	0.13
29	10709	5910	4799	7	2	5	0.07	0.03	0.10
30-34岁	**57464**	**30340**	**27124**	**57**	**30**	**27**	**0.10**	**0.10**	**0.10**
30	12999	6890	6109	9	5	4	0.07	0.07	0.07
31	12281	6443	5838	9	6	3	0.07	0.09	0.05
32	10864	5755	5109	14	8	6	0.13	0.14	0.12
33	11431	6088	5343	14	7	7	0.12	0.11	0.13
34	9889	5164	4725	11	4	7	0.11	0.08	0.15
35-39岁	**40899**	**21149**	**19750**	**70**	**31**	**39**	**0.17**	**0.15**	**0.20**
35	8978	4733	4245	17	8	9	0.19	0.17	0.21
36	8799	4560	4239	13	8	5	0.15	0.18	0.12
37	7938	4128	3810	14	3	11	0.18	0.07	0.29
38	8730	4446	4284	17	8	9	0.19	0.18	0.21
39	6454	3282	3172	9	4	5	0.14	0.12	0.16
40-44岁	**31284**	**15821**	**15463**	**87**	**45**	**42**	**0.28**	**0.28**	**0.27**
40	6129	3145	2984	18	9	9	0.29	0.29	0.30
41	6100	3137	2963	18	12	6	0.30	0.38	0.20
42	5908	2981	2927	19	9	10	0.32	0.30	0.34
43	6115	3054	3061	12	5	7	0.20	0.16	0.23
44	7032	3504	3528	20	10	10	0.28	0.29	0.28

4-5b 续表

单位：人、%

年 龄	15岁及以上人口			文盲人口			文盲人口占15岁及以上人口比重		
	合计	男	女	合计	男	女	合计	男	女
45-49岁	**37049**	**19267**	**17782**	**186**	**69**	**117**	**0.50**	**0.36**	**0.66**
45	7022	3564	3458	29	10	19	0.41	0.28	0.55
46	7527	3818	3709	36	12	24	0.48	0.31	0.65
47	7712	3993	3719	38	14	24	0.49	0.35	0.65
48	7474	3946	3528	44	19	25	0.59	0.48	0.71
49	7314	3946	3368	39	14	25	0.53	0.35	0.74
50-54岁	**31239**	**16790**	**14449**	**211**	**95**	**116**	**0.68**	**0.57**	**0.80**
50	7276	3929	3347	34	16	18	0.47	0.41	0.54
51	6338	3406	2932	34	18	16	0.54	0.53	0.55
52	6454	3467	2987	49	24	25	0.76	0.69	0.84
53	5334	2838	2496	42	20	22	0.79	0.70	0.88
54	5837	3150	2687	52	17	35	0.89	0.54	1.30
55-59岁	**26562**	**14209**	**12353**	**215**	**72**	**143**	**0.81**	**0.51**	**1.16**
55	6160	3374	2786	38	17	21	0.62	0.50	0.75
56	5859	3155	2704	41	12	29	0.70	0.38	1.07
57	6441	3449	2992	50	17	33	0.78	0.49	1.10
58	5275	2712	2563	41	11	30	0.78	0.41	1.17
59	2827	1519	1308	45	15	30	1.59	0.99	2.29
60-64岁	**18830**	**9777**	**9053**	**370**	**113**	**257**	**1.96**	**1.16**	**2.84**
60	3961	2032	1929	59	24	35	1.49	1.18	1.81
61	3560	1834	1726	69	24	45	1.94	1.31	2.61
62	3660	1964	1696	73	25	48	1.99	1.27	2.83
63	3974	2063	1911	95	19	76	2.39	0.92	3.98
64	3675	1884	1791	74	21	53	2.01	1.11	2.96
65-69岁	**16397**	**8030**	**8367**	**510**	**175**	**335**	**3.11**	**2.18**	**4.00**
65	3601	1837	1764	95	29	66	2.64	1.58	3.74
66	3727	1838	1889	107	41	66	2.87	2.23	3.49
67	3169	1537	1632	102	45	57	3.22	2.93	3.49
68	3117	1471	1646	106	30	76	3.40	2.04	4.62
69	2783	1347	1436	100	30	70	3.59	2.23	4.87
70-74岁	**9953**	**4914**	**5039**	**361**	**104**	**257**	**3.63**	**2.12**	**5.10**
70	2870	1416	1454	102	33	69	3.55	2.33	4.75
71	1922	909	1013	58	20	38	3.02	2.20	3.75
72	1605	834	771	51	14	37	3.18	1.68	4.80
73	1710	870	840	67	18	49	3.92	2.07	5.83
74	1846	885	961	83	19	64	4.50	2.15	6.66
75-79岁	**6397**	**3195**	**3202**	**361**	**95**	**266**	**5.64**	**2.97**	**8.31**
75	1419	699	720	64	11	53	4.51	1.57	7.36
76	1293	650	643	63	23	40	4.87	3.54	6.22
77	1280	638	642	79	25	54	6.17	3.92	8.41
78	1319	656	663	72	21	51	5.46	3.20	7.69
79	1086	552	534	83	15	68	7.64	2.72	12.73
80-84岁	**4059**	**2056**	**2003**	**469**	**144**	**325**	**11.55**	**7.00**	**16.23**
80	917	470	447	77	28	49	8.40	5.96	10.96
81	852	416	436	91	22	69	10.68	5.29	15.83
82	875	444	431	97	33	64	11.09	7.43	14.85
83	725	393	332	91	30	61	12.55	7.63	18.37
84	690	333	357	113	31	82	16.38	9.31	22.97
85岁及以上	**2982**	**1378**	**1604**	**630**	**124**	**506**	**21.13**	**9.00**	**31.55**

4–5c 全市分年龄、性别的15岁及以上文盲人口(乡村)

单位：人、%

年 龄	15岁及以上人口			文盲人口			文盲人口占15岁及以上人口比重		
	合计	男	女	合计	男	女	合计	男	女
总 计	**493722**	**266424**	**227298**	**14481**	**4700**	**9781**	**2.93**	**1.76**	**4.30**
15–19岁	**24882**	**14685**	**10197**	**87**	**50**	**37**	**0.35**	**0.34**	**0.36**
15	5418	3049	2369	21	10	11	0.39	0.33	0.46
16	4722	2900	1822	13	10	3	0.28	0.34	0.16
17	3878	2285	1593	15	8	7	0.39	0.35	0.44
18	5111	3005	2106	17	11	6	0.33	0.37	0.28
19	5753	3446	2307	21	11	10	0.37	0.32	0.43
20–24岁	**33200**	**18704**	**14496**	**124**	**81**	**43**	**0.37**	**0.43**	**0.30**
20	5786	3448	2338	16	10	6	0.28	0.29	0.26
21	5393	3095	2298	26	15	11	0.48	0.48	0.48
22	6717	3732	2985	35	21	14	0.52	0.56	0.47
23	7194	3965	3229	26	19	7	0.36	0.48	0.22
24	8110	4464	3646	21	16	5	0.26	0.36	0.14
25–29岁	**45237**	**24411**	**20826**	**153**	**91**	**62**	**0.34**	**0.37**	**0.30**
25	8956	4914	4042	30	18	12	0.33	0.37	0.30
26	8724	4669	4055	26	13	13	0.30	0.28	0.32
27	9247	4926	4321	28	19	9	0.30	0.39	0.21
28	9258	4988	4270	33	20	13	0.36	0.40	0.30
29	9052	4914	4138	36	21	15	0.40	0.43	0.36
30–34岁	**46576**	**25522**	**21054**	**187**	**102**	**85**	**0.40**	**0.40**	**0.40**
30	10930	5988	4942	41	24	17	0.38	0.40	0.34
31	9774	5347	4427	38	19	19	0.39	0.36	0.43
32	8689	4755	3934	31	15	16	0.36	0.32	0.41
33	9215	5054	4161	45	26	19	0.49	0.51	0.46
34	7968	4378	3590	32	18	14	0.40	0.41	0.39
35–39岁	**35295**	**19728**	**15567**	**207**	**114**	**93**	**0.59**	**0.58**	**0.60**
35	7343	4067	3276	42	21	21	0.57	0.52	0.64
36	7491	4188	3303	35	20	15	0.47	0.48	0.45
37	6776	3792	2984	38	25	13	0.56	0.66	0.44
38	7735	4320	3415	52	27	25	0.67	0.63	0.73
39	5950	3361	2589	40	21	19	0.67	0.62	0.73
40–44岁	**32890**	**18403**	**14487**	**278**	**143**	**135**	**0.85**	**0.78**	**0.93**
40	5811	3270	2541	49	27	22	0.84	0.83	0.87
41	6154	3517	2637	40	23	17	0.65	0.65	0.64
42	6308	3498	2810	50	22	28	0.79	0.63	1.00
43	6684	3675	3009	62	28	34	0.93	0.76	1.13
44	7933	4443	3490	77	43	34	0.97	0.97	0.97

4-5c 续表 单位：人、%

年龄	15岁及以上人口			文盲人口			文盲人口占15岁及以上人口比重		
	合计	男	女	合计	男	女	合计	男	女
45-49岁	**49279**	**26954**	**22325**	**513**	**247**	**266**	**1.04**	**0.92**	**1.19**
45	8780	4777	4003	73	34	39	0.83	0.71	0.97
46	9612	5250	4362	86	54	32	0.89	1.03	0.73
47	10086	5501	4585	98	42	56	0.97	0.76	1.22
48	10168	5525	4643	117	44	73	1.15	0.80	1.57
49	10633	5901	4732	139	73	66	1.31	1.24	1.39
50-54岁	**51576**	**28344**	**23232**	**684**	**326**	**358**	**1.33**	**1.15**	**1.54**
50	10828	5889	4939	130	69	61	1.20	1.17	1.24
51	10420	5783	4637	122	55	67	1.17	0.95	1.44
52	10609	5779	4830	133	58	75	1.25	1.00	1.55
53	9369	5214	4155	134	60	74	1.43	1.15	1.78
54	10350	5679	4671	165	84	81	1.59	1.48	1.73
55-59岁	**47300**	**25076**	**22224**	**883**	**293**	**590**	**1.87**	**1.17**	**2.65**
55	10551	5696	4855	151	53	98	1.43	0.93	2.02
56	9952	5245	4707	179	60	119	1.80	1.14	2.53
57	11459	6150	5309	181	69	112	1.58	1.12	2.11
58	9945	5241	4704	201	61	140	2.02	1.16	2.98
59	5393	2744	2649	171	50	121	3.17	1.82	4.57
60-64岁	**40475**	**21251**	**19224**	**1621**	**518**	**1103**	**4.00**	**2.44**	**5.74**
60	8240	4299	3941	245	73	172	2.97	1.70	4.36
61	7866	4160	3706	271	78	193	3.45	1.88	5.21
62	7842	4128	3714	351	138	213	4.48	3.34	5.74
63	8600	4580	4020	407	126	281	4.73	2.75	6.99
64	7927	4084	3843	347	103	244	4.38	2.52	6.35
65-69岁	**37173**	**18615**	**18558**	**2215**	**697**	**1518**	**5.96**	**3.74**	**8.18**
65	7937	4033	3904	370	109	261	4.66	2.70	6.69
66	8381	4187	4194	456	139	317	5.44	3.32	7.56
67	7307	3616	3691	488	149	339	6.68	4.12	9.18
68	7152	3546	3606	443	157	286	6.19	4.43	7.93
69	6396	3233	3163	458	143	315	7.16	4.42	9.96
70-74岁	**20957**	**10743**	**10214**	**1684**	**533**	**1151**	**8.04**	**4.96**	**11.27**
70	6186	3064	3122	407	132	275	6.58	4.31	8.81
71	4022	2079	1943	310	113	197	7.71	5.44	10.14
72	3370	1751	1619	292	94	198	8.66	5.37	12.23
73	3520	1893	1627	313	97	216	8.89	5.12	13.28
74	3859	1956	1903	362	97	265	9.38	4.96	13.93
75-79岁	**13497**	**6772**	**6725**	**1574**	**411**	**1163**	**11.66**	**6.07**	**17.29**
75	3153	1558	1595	285	59	226	9.04	3.79	14.17
76	2823	1436	1387	298	82	216	10.56	5.71	15.57
77	2636	1327	1309	287	81	206	10.89	6.10	15.74
78	2673	1313	1360	386	93	293	14.44	7.08	21.54
79	2212	1138	1074	318	96	222	14.38	8.44	20.67
80-84岁	**8361**	**4250**	**4111**	**1949**	**562**	**1387**	**23.31**	**13.22**	**33.74**
80	1847	936	911	343	103	240	18.57	11.00	26.34
81	1700	873	827	365	107	258	21.47	12.26	31.20
82	1809	957	852	405	126	279	22.39	13.17	32.75
83	1548	795	753	440	115	325	28.42	14.47	43.16
84	1457	689	768	396	111	285	27.18	16.11	37.11
85岁及以上	**7024**	**2966**	**4058**	**2322**	**532**	**1790**	**33.06**	**17.94**	**44.11**

第一部分　全部数据资料

第五卷　家庭

5-1　全市不同规模的家庭户类别

单位：户

家庭户规模	家庭户户数	一代户	二代户	三代户	四代户	五代及以上户
总　计	**1851328**	**947852**	**762387**	**138892**	**2196**	**1**
一人户	463344	463344				
二人户	576505	451552	124953			
三人户	472236	19951	439236	13049		
四人户	238818	8251	178392	51977	198	
五人户	68527	2577	17020	48228	702	
六人户	24546	965	2122	20713	745	1
七人户	4780	375	449	3571	385	
八人户	1390	271	131	869	119	
九人户	558	158	46	326	28	
十人及以上户	624	408	38	159	19	

5-1a　全市不同规模的家庭户类别(城市)

单位：户

家庭户规模	家庭户户数	一代户	二代户	三代户	四代户	五代及以上户
总　计	**1479593**	**749745**	**609543**	**118482**	**1822**	**1**
一人户	370103	370103				
二人户	458612	355526	103086			
三人户	386479	15231	359639	11609		
四人户	183540	5085	132674	45601	180	
五人户	55732	1908	12091	41123	610	
六人户	19660	853	1579	16600	627	1
七人户	3590	329	327	2637	297	
八人户	1016	240	91	608	77	
九人户	391	126	31	215	19	
十人及以上户	470	344	25	89	12	

5-1b 全市不同规模的家庭户类别(镇)

单位：户

家庭户规模	家庭户户数	一代户	二代户	三代户	四代户	五代及以上户
总　计	**148061**	**72247**	**66354**	**9305**	**155**	
一人户	35816	35816				
二人户	43460	34964	8496			
三人户	36912	907	35407	598		
四人户	23432	307	20146	2973	6	
五人户	5498	137	2000	3315	46	
六人户	2181	56	230	1852	43	
七人户	495	25	48	388	34	
八人户	140	8	14	99	19	
九人户	68	9	8	47	4	
十人及以上户	59	18	5	33	3	

5-1c 全市不同规模的家庭户类别(乡村)

单位：户

家庭户规模	家庭户户数	一代户	二代户	三代户	四代户	五代及以上户
总　计	**223674**	**125860**	**86490**	**11105**	**219**	
一人户	57425	57425				
二人户	74433	61062	13371			
三人户	48845	3813	44190	842		
四人户	31846	2859	25572	3403	12	
五人户	7297	532	2929	3790	46	
六人户	2705	56	313	2261	75	
七人户	695	21	74	546	54	
八人户	234	23	26	162	23	
九人户	99	23	7	64	5	
十人及以上户	95	46	8	37	4	

5-2　各地区分年龄、性别的一人户

单位：户

地　区	合　计			14岁及以下		
	合计	男	女	小计	男	女
太原市	**463344**	**248024**	**215320**	**13519**	**7181**	**6338**
小店区	124065	71041	53024	3248	1744	1504
迎泽区	61602	31578	30024	1717	935	782
杏花岭区	72330	37827	34503	1958	1044	914
尖草坪区	40301	21701	18600	942	511	431
万柏林区	74894	38437	36457	1713	892	821
晋源区	20110	10432	9678	567	296	271
清徐县	23746	10852	12894	1094	555	539
阳曲县	13058	7433	5625	479	248	231
娄烦县	12914	7403	5511	762	409	353
古交市	20324	11320	9004	1039	547	492

5-2　续表 1

单位：户

地　区	15-19岁			20-24岁		
	小计	男	女	小计	男	女
太原市	**9474**	**5259**	**4215**	**36748**	**20417**	**16331**
小店区	2682	1543	1139	16533	8596	9478
迎泽区	1125	580	545	4816	5268	2413
杏花岭区	1749	920	829	3734	6131	2065
尖草坪区	573	327	246	2052	1262	790
万柏林区	1252	685	567	5303	2715	2588
晋源区	330	199	131	1342	733	609
清徐县	534	293	241	841	1311	465
阳曲县	322	190	132	577	910	353
娄烦县	406	239	167	614	375	239
古交市	501	283	218	936	558	378

5-2　续表 2

单位：户

地　区	25-29岁			30-34岁			35-39岁		
	小计	男	女	小计	男	女	小计	男	女
太原市	**60479**	**36634**	**23845**	**52069**	**33294**	**18775**	**33706**	**20832**	**12874**
小店区	7055	24752	15405	9347	18665	12394	6271	10468	6657
迎泽区	2403	7619	4264	3355	6303	3667	2636	4647	2685
杏花岭区	1669	7097	4207	2890	7143	4484	2659	5396	3275
尖草坪区	3800	2495	1305	3906	2561	1345	2732	1687	1045
万柏林区	10075	5932	4143	9361	5824	3537	5816	3456	2360
晋源区	2614	1595	1019	2394	1514	880	1513	960	553
清徐县	376	1357	813	544	1266	850	416	931	649
阳曲县	224	775	475	300	651	402	249	491	340
娄烦县	864	509	355	813	542	271	582	391	191
古交市	1526	939	587	1567	1056	511	1130	732	398

5-2 续表 3

单位：户

地区	40-44岁			45-49岁			50-54岁		
	小计	男	女	小计	男	女	小计	男	女
太原市	**28208**	**16514**	**11694**	**36171**	**20454**	**15717**	**36138**	**20737**	**15401**
小店区	3811	7460	4398	3062	4794	3802	7417	4163	3254
迎泽区	1962	3941	2186	1755	2796	2472	5321	2897	2424
杏花岭区	2121	4731	2669	2062	3366	2765	6441	3628	2813
尖草坪区	2599	1533	1066	3483	2023	1460	3690	2192	1498
万柏林区	4689	2659	2030	5751	3073	2678	6019	3197	2822
晋源区	1092	667	425	1416	841	575	1401	810	591
清徐县	282	930	604	326	821	490	1491	924	567
阳曲县	151	569	384	185	624	286	1091	755	336
娄烦县	812	529	283	1290	835	455	1092	721	371
古交市	1385	885	500	2015	1281	734	2175	1450	725

5-2 续表 4

单位：户

地区	55-59岁			60-64岁			65岁及以上		
	小计	男	女	小计	男	女	小计	男	女
太原市	**35549**	**19533**	**16016**	**28972**	**15080**	**13892**	**92311**	**32089**	**60222**
小店区	6520	3556	2964	4730	2393	2337	12994	4516	8478
迎泽区	5264	2793	2471	4301	2225	2076	11280	4137	7143
杏花岭区	6936	3764	3172	5761	2971	2790	15253	5434	9819
尖草坪区	3683	2072	1611	3027	1621	1406	9814	3417	6397
万柏林区	6006	3033	2973	4648	2336	2312	14261	4635	9626
晋源区	1353	754	599	1141	581	560	4947	1482	3465
清徐县	1552	849	703	1811	855	956	10628	3174	7454
阳曲县	1285	853	432	1137	707	430	4771	2102	2669
娄烦县	1086	697	389	1005	616	389	3588	1540	2048
古交市	1864	1162	702	1411	775	636	4775	1652	3123

5-2a 各地区分年龄、性别的一人户(城市)

单位：户

地区	合计			14岁及以下		
	合计	男	女	小计	男	女
太原市	**370103**	**196660**	**173443**	**9379**	**5018**	**4361**
小店区	102299	57582	44717	2560	1385	1175
迎泽区	60508	30908	29600	1683	914	769
杏花岭区	68972	35918	33054	1852	985	867
尖草坪区	37602	20206	17396	804	449	355
万柏林区	73962	37885	36077	1659	864	795
晋源区	17132	9013	8119	450	235	215
清徐县						
阳曲县						
娄烦县						
古交市	9628	5148	4480	371	186	185

5-2a 续表 1 单位：户

地区	15-19岁			20-24岁		
	小计	男	女	小计	男	女
太原市	**7128**	**3893**	**3235**	**30643**	**16536**	**14107**
小店区	2203	1245	958	13569	7482	6087
迎泽区	1105	567	538	4744	5152	2363
杏花岭区	1683	886	797	3527	5808	1928
尖草坪区	490	279	211	1939	1200	739
万柏林区	1187	648	539	5250	2687	2563
晋源区	246	145	101	1189	632	557
清徐县						
阳曲县						
娄烦县						
古交市	214	123	91	425	244	181

5-2a 续表 2 单位：户

地区	25-29岁			30-34岁			35-39岁		
	小计	男	女	小计	男	女	小计	男	女
太原市	**51483**	**30641**	**20842**	**44269**	**27862**	**16407**	**28881**	**17487**	**11394**
小店区	20384	12243	8141	15059	9766	5293	8785	5483	3302
迎泽区	2381	7491	4191	3300	6169	3580	2589	4552	2616
杏花岭区	1599	6753	3980	2773	6811	4267	2544	5145	3106
尖草坪区	3675	2412	1263	3784	2478	1306	2621	1607	1014
万柏林区	9987	5875	4112	9291	5771	3520	5756	3420	2336
晋源区	2440	1475	965	2240	1404	836	1383	862	521
清徐县									
阳曲县									
娄烦县									
古交市	753	465	288	915	596	319	639	393	246

5-2a 续表 3 单位：户

地区	40-44岁			45-49岁			50-54岁		
	小计	男	女	小计	男	女	小计	男	女
太原市	**23560**	**13407**	**10153**	**29671**	**16220**	**13451**	**29556**	**16330**	**13226**
小店区	6381	3683	2698	7497	4127	3370	6453	3551	2902
迎泽区	1936	3863	2130	1733	2719	2433	5232	2834	2398
杏花岭区	2039	4499	2528	1971	3182	2626	6130	3443	2687
尖草坪区	2473	1437	1036	3283	1881	1402	3503	2056	1447
万柏林区	4639	2629	2010	5674	3014	2660	5947	3143	2804
晋源区	994	609	385	1228	714	514	1214	685	529
清徐县									
阳曲县									
娄烦县									
古交市	711	391	320	1029	583	446	1077	618	459

5-2a 续表 4

单位：户

地　区	55-59岁			60-64岁			65岁及以上		
	小计	男	女	小计	男	女	小计	男	女
太原市	**28993**	**15494**	**13499**	**22731**	**11700**	**11031**	**63809**	**22072**	**41737**
小店区	5667	3052	2615	3979	2009	1970	9762	3556	6206
迎泽区	5181	2741	2440	4243	2198	2045	11093	4055	7038
杏花岭区	6666	3605	3061	5515	2841	2674	14583	5167	9416
尖草坪区	3443	1921	1522	2773	1477	1296	8814	3009	5805
万柏林区	5927	2975	2952	4588	2303	2285	14057	4556	9501
晋源区	1148	640	508	941	492	449	3659	1120	2539
清徐县									
阳曲县									
娄烦县									
古交市	961	560	401	692	380	312	1841	609	1232

5-2b 各地区分年龄、性别的一人户(镇)

单位：户

地　区	合　计			14岁及以下		
	合计	男	女	小计	男	女
太原市	**35816**	**20276**	**15540**	**1315**	**656**	**659**
小店区	15884	10277	5607	463	239	224
迎泽区						
杏花岭区						
尖草坪区	259	147	112	4	3	1
万柏林区	570	348	222	11	6	5
晋源区	671	337	334	35	18	17
清徐县	8051	3690	4361	391	193	198
阳曲县	4287	2233	2054	136	61	75
娄烦县	4506	2330	2176	212	112	100
古交市	1588	914	674	63	24	39

5-2b 续表 1

单位：户

地　区	15-19岁			20-24岁		
	小计	男	女	小计	男	女
太原市	**839**	**493**	**346**	**3636**	**2350**	**1286**
小店区	342	212	130	2608	752	1747
迎泽区						
杏花岭区						
尖草坪区	4	4		6	4	2
万柏林区	18	11	7	24	11	13
晋源区	15	9	6	40	26	14
清徐县	216	111	105	409	586	220
阳曲县	122	72	50	265	353	176
娄烦县	103	64	39	230	135	95
古交市	19	10	9	54	31	23

5-2b　续表 2　　单位：户

地　区	25-29岁			30-34岁			35-39岁		
	小计	男	女	小计	男	女	小计	男	女
太原市	**5545**	**3833**	**1712**	**4476**	**3094**	**1382**	**2314**	**1480**	**834**
小店区	861	3879	2815	1064	3083	2227	856	1342	899
迎泽区									
杏花岭区									
尖草坪区	10	7	3	16	7	9	10	6	4
万柏林区	39	34	5	35	28	7	29	20	9
晋源区	36	20	16	34	25	9	29	21	8
清徐县	189	644	379	265	527	332	195	384	235
阳曲县	89	424	267	157	313	190	123	200	124
娄烦县	368	206	162	344	191	153	236	128	108
古交市	145	105	40	124	94	30	84	47	37

5-2b　续表 3　　单位：户

地　区	40-44岁			45-49岁			50-54岁		
	小计	男	女	小计	男	女	小计	男	女
太原市	**1913**	**1120**	**793**	**2525**	**1433**	**1092**	**2284**	**1365**	**919**
小店区	443	786	495	291	427	325	594	359	235
迎泽区									
杏花岭区									
尖草坪区	9	7	2	15	10	5	26	17	9
万柏林区	37	25	12	55	47	8	55	42	13
晋源区	15	5	10	63	42	21	54	34	20
清徐县	149	423	230	193	309	277	578	328	250
阳曲县	76	209	117	92	201	152	328	183	145
娄烦县	345	181	164	504	269	235	425	242	183
古交市	89	60	29	197	128	69	224	160	64

5-2b　续表 4　　单位：户

地　区	55-59岁			60-64岁			65岁及以上		
	小计	男	女	小计	男	女	小计	男	女
太原市	**2069**	**1157**	**912**	**1649**	**831**	**818**	**7251**	**2464**	**4787**
小店区	480	274	206	365	191	174	1190	392	798
迎泽区									
杏花岭区									
尖草坪区	33	18	15	32	22	10	94	42	52
万柏林区	59	45	14	42	20	22	166	59	107
晋源区	49	26	23	45	21	24	256	90	166
清徐县	518	268	250	486	227	259	2889	858	2031
阳曲县	388	217	171	288	146	142	1261	479	782
娄烦县	398	212	186	314	164	150	1027	426	601
古交市	144	97	47	77	40	37	368	118	250

5-2c 各地区分年龄、性别的一人户(乡村)

单位：户

地区	合计			14岁及以下		
	合计	男	女	小计	男	女
太原市	**57425**	**31088**	**26337**	**2825**	**1507**	**1318**
小店区	5882	3182	2700	225	120	105
迎泽区	1094	670	424	34	21	13
杏花岭区	3358	1909	1449	106	59	47
尖草坪区	2440	1348	1092	134	59	75
万柏林区	362	204	158	43	22	21
晋源区	2307	1082	1225	82	43	39
清徐县	15695	7162	8533	703	362	341
阳曲县	8771	5200	3571	343	187	156
娄烦县	8408	5073	3335	550	297	253
古交市	9108	5258	3850	605	337	268

5-2c 续表 1

单位：户

地区	15-19岁			20-24岁		
	小计	男	女	小计	男	女
太原市	**1507**	**873**	**634**	**2469**	**1531**	**938**
小店区	137	86	51	356	249	107
迎泽区	20	13	7	72	50	22
杏花岭区	66	34	32	207	137	70
尖草坪区	79	44	35	107	58	49
万柏林区	47	26	21	29	17	12
晋源区	69	45	24	113	75	38
清徐县	318	182	136	432	245	187
阳曲县	200	118	82	312	177	135
娄烦县	303	175	128	384	240	144
古交市	268	150	118	457	283	174

5-2c 续表 2

单位：户

地区	25-29岁			30-34岁			35-39岁		
	小计	男	女	小计	男	女	小计	男	女
太原市	**3451**	**2160**	**1291**	**3324**	**2338**	**986**	**2511**	**1865**	**646**
小店区	489	347	142	523	401	122	341	275	66
迎泽区	128	73	55	134	87	47	95	69	26
杏花岭区	344	227	117	332	217	115	251	169	82
尖草坪区	115	76	39	106	76	30	101	74	27
万柏林区	49	23	26	35	25	10	31	16	15
晋源区	138	100	38	120	85	35	101	77	24
清徐县	713	434	279	739	518	221	547	414	133
阳曲县	351	208	143	338	212	126	291	216	75
娄烦县	496	303	193	469	351	118	346	263	83
古交市	628	369	259	528	366	162	407	292	115

5–2c 续表 3

单位：户

地 区	40–44岁			45–49岁			50–54岁		
	小计	男	女	小计	男	女	小计	男	女
太原市	**2735**	**1987**	**748**	**3975**	**2801**	**1174**	**4298**	**3042**	**1256**
小店区	293	220	73	347	240	107	370	253	117
迎泽区	78	56	22	116	77	39	89	63	26
杏花岭区	232	141	91	323	184	139	311	185	126
尖草坪区	117	89	28	185	132	53	161	119	42
万柏林区	13	5	8	22	12	10	17	12	5
晋源区	83	53	30	125	85	40	133	91	42
清徐县	507	374	133	725	512	213	913	596	317
阳曲县	360	267	93	557	423	134	763	572	191
娄烦县	467	348	119	786	566	220	667	479	188
古交市	585	434	151	789	570	219	874	672	202

5–2c 续表 4

单位：户

地 区	55–59岁			60–64岁			65岁及以上		
	小计	男	女	小计	男	女	小计	男	女
太原市	**4487**	**2882**	**1605**	**4592**	**2549**	**2043**	**21251**	**7553**	**13698**
小店区	373	230	143	386	193	193	2042	568	1474
迎泽区	83	52	31	58	27	31	187	82	105
杏花岭区	270	159	111	246	130	116	670	267	403
尖草坪区	207	133	74	222	122	100	906	366	540
万柏林区	20	13	7	18	13	5	38	20	18
晋源区	156	88	68	155	68	87	1032	272	760
清徐县	1034	581	453	1325	628	697	7739	2316	5423
阳曲县	897	636	261	849	561	288	3510	1623	1887
娄烦县	688	485	203	691	452	239	2561	1114	1447
古交市	759	505	254	642	355	287	2566	925	1641

5-3 各地区家庭户中民族混合户户数

单位：户、%

地　　区	家庭户户　数	单一民族户		二个民族户		三个民族户		四个及以上民族户	
		户数	占家庭户比重	户数	占家庭户比重	户数	占家庭户比重	户数	占家庭户比重
太原市	**1851328**	**1842638**	**99.53**	**8640**	**0.47**	**48**		**2**	
小店区	431843	429929	99.56	1900	0.44	14			
迎泽区	220886	219412	99.33	1473	0.67	1			
杏花岭区	294336	292828	99.49	1504	0.51	4			
尖草坪区	178522	177696	99.54	824	0.46	2			
万柏林区	332996	331219	99.47	1770	0.53	7			
晋源区	101467	100981	99.52	479	0.47	5		2	
清徐县	121110	120909	99.83	195	0.16	6			
阳曲县	50105	49946	99.68	155	0.31	4	0.01		
娄烦县	39780	39694	99.78	86	0.22				
古交市	80283	80024	99.68	254	0.32	5	0.01		

5-3a 各地区家庭户中民族混合户户数(城市)

单位：户、%

地　　区	家庭户户　数	单一民族户		二个民族户		三个民族户		四个及以上民族户	
		户数	占家庭户比重	户数	占家庭户比重	户数	占家庭户比重	户数	占家庭户比重
太原市	**1479593**	**1471895**	**99.48**	**7665**	**0.52**	**31**		**2**	
小店区	353832	352168	99.53	1653	0.47	11			
迎泽区	216767	215315	99.33	1451	0.67	1			
杏花岭区	277127	275681	99.48	1442	0.52	4			
尖草坪区	167690	166896	99.53	792	0.47	2			
万柏林区	330703	328928	99.46	1768	0.53	7			
晋源区	82887	82499	99.53	384	0.46	2		2	
清徐县									
阳曲县									
娄烦县									
古交市	50587	50408	99.65	175	0.35	4	0.01		

5-3b　各地区家庭户中民族混合户户数(镇)

单位：户、%

地　区	家庭户户　数	单一民族户		二个民族户		三个民族户		四个及以上民族户	
		户数	占家庭户比重	户数	占家庭户比重	户数	占家庭户比重	户数	占家庭户比重
太原市	**148061**	**147788**	**99.82**	**270**	**0.18**	**3**			
小店区	48494	48374	99.75	119	0.25	1			
迎泽区									
杏花岭区									
尖草坪区	592	590	99.66	2	0.34				
万柏林区	1730	1728	99.88	2	0.12				
晋源区	4066	4053	99.68	13	0.32				
清徐县	45816	45759	99.88	56	0.12	1			
阳曲县	23488	23436	99.78	51	0.22	1			
娄烦县	17773	17759	99.92	14	0.08				
古交市	6102	6089	99.79	13	0.21				

5-3c　各地区家庭户中民族混合户户数(乡村)

单位：户、%

地　区	家庭户户　数	单一民族户		二个民族户		三个民族户		四个及以上民族户	
		户数	占家庭户比重	户数	占家庭户比重	户数	占家庭户比重	户数	占家庭户比重
太原市	**223674**	**222955**	**99.68**	**705**	**0.32**	**14**	**0.01**		
小店区	29517	29387	99.56	128	0.43	2	0.01		
迎泽区	4119	4097	99.47	22	0.53				
杏花岭区	17209	17147	99.64	62	0.36				
尖草坪区	10240	10210	99.71	30	0.29				
万柏林区	563	563	100.00						
晋源区	14514	14429	99.41	82	0.56	3	0.02		
清徐县	75294	75150	99.81	139	0.18	5	0.01		
阳曲县	26617	26510	99.60	104	0.39	3	0.01		
娄烦县	22007	21935	99.67	72	0.33				
古交市	23594	23527	99.72	66	0.28	1			

5-4 各地区有60岁及以上人口的家庭户户数

单位：户

地区	合计	有一个60岁及以上人口的户				有二个60岁及以上人口的户				有三个60岁及以上人口的户
		小计	独自居住	只与未成年人口共同居住	其他	小计	只有一对60岁及以上夫妇居住	只有一对60岁及以上夫妇与未成年人口共同居住	其他	
太原市	**532554**	**274407**	**121283**	**2922**	**150202**	**253156**	**158900**	**5134**	**89122**	**4991**
小店区	91188	45025	17724	555	26746	45235	27111	933	17191	928
迎泽区	70208	36707	15581	543	20583	32576	17620	879	14077	925
杏花岭区	94203	49523	21014	594	27915	43614	25585	1032	16997	1066
尖草坪区	56490	29208	12841	240	16127	26765	16836	435	9494	517
万柏林区	93858	47344	18909	428	28007	45648	28367	919	16362	866
晋源区	29299	13986	6088	104	7794	15069	9878	215	4976	244
清徐县	42082	20486	12439	124	7923	21405	16973	256	4176	191
阳曲县	19755	11337	5908	91	5338	8282	6049	120	2113	136
娄烦县	13366	8163	4593	96	3474	5165	3969	94	1102	38
古交市	22105	12628	6186	147	6295	9397	6512	251	2634	80

5-4a 各地区有60岁及以上人口的家庭户户数(城市)

单位：户

地区	合计	有一个60岁及以上人口的户				有二个60岁及以上人口的户				有三个60岁及以上人口的户
		小计	独自居住	只与未成年人口共同居住	其他	小计	只有一对60岁及以上夫妇居住	只有一对60岁及以上夫妇与未成年人口共同居住	其他	
太原市	**411865**	**210202**	**86540**	**2412**	**121250**	**197366**	**117523**	**4348**	**75495**	**4297**
小店区	74102	36658	13741	485	22432	36655	21048	831	14776	789
迎泽区	69211	36096	15336	540	20220	32201	17371	874	13956	914
杏花岭区	89871	46975	20098	575	26302	41858	24511	996	16351	1038
尖草坪区	51548	26571	11587	218	14766	24504	15465	400	8639	473
万柏林区	93048	46886	18645	421	27820	45296	28122	907	16267	866
晋源区	22476	10678	4600	84	5994	11617	7592	185	3840	181
清徐县										
阳曲县										
娄烦县										
古交市	11609	6338	2533	89	3716	5235	3414	155	1666	36

5-4b　各地区有60岁及以上人口的家庭户户数(镇)

单位：户

地　　区	合　　计	有一个60岁及以上人口的户				有二个60岁及以上人口的户				有三个60岁及以上人口的户
		小计	独自居住	只与未成年人口共同居住	其他	小计	只有一对60岁及以上夫妇居住	只有一对60岁及以上夫妇与未成年人口共同居住	其他	
太原市	**35417**	**18158**	**8900**	**204**	**9054**	**17007**	**11983**	**281**	**4743**	**252**
小店区	7322	3616	1555	35	2026	3645	2450	51	1144	61
迎泽区										
杏花岭区										
尖草坪区	288	173	126		47	113	97		16	2
万柏林区	674	360	208	6	146	314	224	12	78	
晋源区	1470	730	301	7	422	726	435	10	281	14
清徐县	13375	6302	3375	55	2872	6969	5072	101	1796	104
阳曲县	6433	3478	1549	32	1897	2909	2018	46	845	46
娄烦县	4217	2549	1341	59	1149	1648	1209	43	396	20
古交市	1638	950	445	10	495	683	478	18	187	5

5-4c　各地区有60岁及以上人口的家庭户户数(乡村)

单位：户

地　　区	合　　计	有一个60岁及以上人口的户				有二个60岁及以上人口的户				有三个60岁及以上人口的户
		小计	独自居住	只与未成年人口共同居住	其他	小计	只有一对60岁及以上夫妇居住	只有一对60岁及以上夫妇与未成年人口共同居住	其他	
太原市	**85272**	**46047**	**25843**	**306**	**19898**	**38783**	**29394**	**505**	**8884**	**442**
小店区	9764	4751	2428	35	2288	4935	3613	51	1271	78
迎泽区	997	611	245	3	363	375	249	5	121	11
杏花岭区	4332	2548	916	19	1613	1756	1074	36	646	28
尖草坪区	4654	2464	1128	22	1314	2148	1274	35	839	42
万柏林区	136	98	56	1	41	38	21		17	
晋源区	5353	2578	1187	13	1378	2726	1851	20	855	49
清徐县	28707	14184	9064	69	5051	14436	11901	155	2380	87
阳曲县	13322	7859	4359	59	3441	5373	4031	74	1268	90
娄烦县	9149	5614	3252	37	2325	3517	2760	51	706	18
古交市	8858	5340	3208	48	2084	3479	2620	78	781	39

5-5 各地区有65岁及以上人口的家庭户户数

单位：户

地　区	合　计	有一个65岁及以上人口的户				有二个65岁及以上人口的户				有三个65岁及以上人口的户
		小计	独自居住	只与未成年人口共同居住	其他	小计	只有一对65岁及以上夫妇居住	只有一对65岁及以上夫妇与未成年人口共同居住	其他	
太原市	**370767**	**219566**	**92311**	**1755**	**125500**	**149682**	**99182**	**2316**	**48184**	**1519**
小店区	61909	34975	12994	345	21636	26630	16863	423	9344	304
迎泽区	49297	29485	11280	334	17871	19544	11009	434	8101	268
杏花岭区	64823	39093	15253	348	23492	25413	15556	462	9395	317
尖草坪区	39734	23471	9814	147	13510	16112	10771	192	5149	151
万柏林区	64206	37079	14261	233	22585	26879	17670	388	8821	248
晋源区	20296	11429	4947	60	6422	8804	6276	85	2443	63
清徐县	30930	17927	10628	82	7217	12927	10814	108	2005	76
阳曲县	14750	9734	4771	52	4911	4966	3783	58	1125	50
娄烦县	9855	6677	3588	59	3030	3162	2539	49	574	16
古交市	14967	9696	4775	95	4826	5245	3901	117	1227	26

5-5a 各地区有65岁及以上人口的家庭户户数(城市)

单位：户

地　区	合　计	有一个65岁及以上人口的户				有二个65岁及以上人口的户				有三个65岁及以上人口的户
		小计	独自居住	只与未成年人口共同居住	其他	小计	只有一对65岁及以上夫妇居住	只有一对65岁及以上夫妇与未成年人口共同居住	其他	
太原市	**282966**	**165180**	**63809**	**1446**	**99925**	**116513**	**73193**	**1954**	**41366**	**1273**
小店区	50094	28117	9762	308	18047	21726	13152	378	8196	251
迎泽区	48596	29001	11093	333	17575	19329	10861	432	8036	266
杏花岭区	61876	37134	14583	338	22213	24438	14921	445	9072	304
尖草坪区	36114	21196	8814	134	12248	14776	9918	179	4679	142
万柏林区	63581	36683	14057	229	22397	26650	17511	381	8758	248
晋源区	15410	8536	3659	49	4828	6824	4861	73	1890	50
清徐县										
阳曲县										
娄烦县										
古交市	7295	4513	1841	55	2617	2770	1969	66	735	12

5-5b 各地区有65岁及以上人口的家庭户户数(镇)

单位：户

地　区	合　计	有一个65岁及以上人口的户				有二个65岁及以上人口的户				有三个65岁及以上人口的户
		小计	独自居住	只与未成年人口共同居住	其他	小计	只有一对65岁及以上夫妇居住	只有一对65岁及以上夫妇与未成年人口共同居住	其他	
太原市	**25434**	**14990**	**7251**	**113**	**7626**	**10356**	**7768**	**140**	**2448**	**88**
小店区	4852	2751	1190	17	1544	2091	1526	23	542	10
迎泽区										
杏花岭区										
尖草坪区	203	128	94		34	74	62		12	1
万柏林区	521	319	166	4	149	202	146	7	49	
晋源区	1072	642	256	2	384	428	280	6	142	2
清徐县	9881	5509	2889	36	2584	4327	3338	43	946	45
阳曲县	4691	2901	1261	15	1625	1769	1309	24	436	21
娄烦县	3006	1977	1027	33	917	1021	790	24	207	8
古交市	1208	763	368	6	389	444	317	13	114	1

5-5c 各地区有65岁及以上人口的家庭户户数(乡村)

单位：户

地　区	合　计	有一个65岁及以上人口的户				有二个65岁及以上人口的户				有三个65岁及以上人口的户
		小计	独自居住	只与未成年人口共同居住	其他	小计	只有一对65岁及以上夫妇居住	只有一对65岁及以上夫妇与未成年人口共同居住	其他	
太原市	**62367**	**39396**	**21251**	**196**	**17949**	**22813**	**18221**	**222**	**4370**	**158**
小店区	6963	4107	2042	20	2045	2813	2185	22	606	43
迎泽区	701	484	187	1	296	215	148	2	65	2
杏花岭区	2947	1959	670	10	1279	975	635	17	323	13
尖草坪区	3417	2147	906	13	1228	1262	791	13	458	8
万柏林区	104	77	38		39	27	13		14	
晋源区	3814	2251	1032	9	1210	1552	1135	6	411	11
清徐县	21049	12418	7739	46	4633	8600	7476	65	1059	31
阳曲县	10059	6833	3510	37	3286	3197	2474	34	689	29
娄烦县	6849	4700	2561	26	2113	2141	1749	25	367	8
古交市	6464	4420	2566	34	1820	2031	1615	38	378	13

5-6 各地区有80岁及以上人口的家庭户户数

单位：户

地区	合计	有一个80岁及以上人口的户				有二个80岁及以上人口的户				有三个80岁及以上人口的户
		小计	独自居住	只与未成年人口共同居住	其他	小计	只有一对80岁及以上夫妇居住	只有一对80岁及以上夫妇与未成年人口共同居住	其他	
太原市	**101534**	**85877**	**32398**	**332**	**53147**	**15622**	**10048**	**95**	**5479**	**35**
小店区	15566	12938	4197	48	8693	2614	1625	10	979	14
迎泽区	16034	13106	4306	71	8729	2925	1636	30	1259	3
杏花岭区	20415	17046	6091	105	10850	3362	2072	26	1264	7
尖草坪区	11139	9530	3497	20	6013	1606	1101	6	499	3
万柏林区	18209	15200	5526	41	9633	3002	1952	13	1037	7
晋源区	4955	4273	1682	10	2581	681	493	3	185	1
清徐县	6198	5643	3276	13	2354	555	478	1	76	
阳曲县	3455	3131	1395	7	1729	324	255	3	66	
娄烦县	2188	1997	995	3	999	191	157		34	
古交市	3375	3013	1433	14	1566	362	279	3	80	

5-6a 各地区有80岁及以上人口的家庭户户数(城市)

单位：户

地区	合计	有一个80岁及以上人口的户				有二个80岁及以上人口的户				有三个80岁及以上人口的户
		小计	独自居住	只与未成年人口共同居住	其他	小计	只有一对80岁及以上夫妇居住	只有一对80岁及以上夫妇与未成年人口共同居住	其他	
太原市	**82371**	**68433**	**23869**	**290**	**44274**	**13910**	**8704**	**88**	**5118**	**28**
小店区	13151	10753	3244	44	7465	2390	1460	10	920	8
迎泽区	15868	12948	4264	70	8614	2917	1633	30	1254	3
杏花岭区	19769	16463	5922	103	10438	3299	2039	26	1234	7
尖草坪区	10226	8696	3176	18	5502	1527	1050	6	471	3
万柏林区	18050	15053	5460	41	9552	2990	1944	13	1033	7
晋源区	3846	3259	1278	8	1973	587	425	3	159	
清徐县										
阳曲县										
娄烦县										
古交市	1461	1261	525	6	730	200	153		47	

5-6b 各地区有80岁及以上人口的家庭户户数(镇)

单位：户

地 区	合 计	有一个80岁及以上人口的户				有二个80岁及以上人口的户				有三个80岁及以上人口的户
		小计	独自居住	只与未成年人口共同居住	其他	小计	只有一对80岁及以上夫妇居住	只有一对80岁及以上夫妇与未成年人口共同居住	其他	
太原市	**5390**	**4779**	**2135**	**11**	**2633**	**610**	**485**	**3**	**122**	**1**
小店区	906	801	306	1	494	105	82		23	
迎泽区										
杏花岭区										
尖草坪区	61	50	39		11	11	11			
万柏林区	109	100	49		51	9	8		1	
晋源区	216	192	76		116	23	14		9	1
清徐县	2070	1831	883	6	942	239	200	1	38	
阳曲县	1020	911	365	2	544	109	83		26	
娄烦县	705	623	296	2	325	82	66		16	
古交市	303	271	121		150	32	21	2	9	

5-6c 各地区有80岁及以上人口的家庭户户数(乡村)

单位：户

地 区	合 计	有一个80岁及以上人口的户				有二个80岁及以上人口的户				有三个80岁及以上人口的户
		小计	独自居住	只与未成年人口共同居住	其他	小计	只有一对80岁及以上夫妇居住	只有一对80岁及以上夫妇与未成年人口共同居住	其他	
太原市	**13773**	**12665**	**6394**	**31**	**6240**	**1102**	**859**	**4**	**239**	**6**
小店区	1509	1384	647	3	734	119	83		36	6
迎泽区	166	158	42	1	115	8	3		5	
杏花岭区	646	583	169	2	412	63	33		30	
尖草坪区	852	784	282	2	500	68	40		28	
万柏林区	50	47	17		30	3			3	
晋源区	893	822	328	2	492	71	54		17	
清徐县	4128	3812	2393	7	1412	316	278		38	
阳曲县	2435	2220	1030	5	1185	215	172	3	40	
娄烦县	1483	1374	699	1	674	109	91		18	
古交市	1611	1481	787	8	686	130	105	1	24	

第一部分　全部数据资料

第六卷　死亡

6-1　各地区分年龄、性别的死亡人口
(2019.11.1-2020.10.31)

单位：人

地　区	死亡人口			0岁		
	合计	男	女	小计	男	女
太原市	**17939**	**10352**	**7587**	**39**	**24**	**15**
小店区	2453	1438	1015	9	5	4
迎泽区	2166	1201	965	1	1	
杏花岭区	2931	1639	1292	2	1	1
尖草坪区	2124	1266	858	2		2
万柏林区	3004	1774	1230	14	9	5
晋源区	1015	579	436	1	1	
清徐县	1889	1059	830	2	2	
阳曲县	978	600	378	2	2	
娄烦县	641	377	264	5	2	3
古交市	738	419	319	1	1	

6-1　续表 1　　单位：人

地　区	1-4岁			5-9岁			10-14岁		
	小计	男	女	小计	男	女	小计	男	女
太原市	**34**	**18**	**16**	**19**	**9**	**10**	**29**	**15**	**14**
小店区	6	5	1	4	2	2	5	2	3
迎泽区	2	1	1	1		1	3	2	1
杏花岭区	3	1	2	1	1		2	1	1
尖草坪区	3		3	2	2		2		2
万柏林区	8	5	3	7	3	4	3	1	2
晋源区	2	1	1				1	1	
清徐县	6	3	3	1		1	4	2	2
阳曲县	1	1		2	1	1	4	3	1
娄烦县	2		2				4	2	2
古交市	1	1		1		1	1	1	

6-1 续表 2

单位：人

地区	15-19岁			20-24岁			25-29岁		
	小计	男	女	小计	男	女	小计	男	女
太原市	**28**	**20**	**8**	**37**	**21**	**16**	**57**	**36**	**21**
小店区	6	4	2	5	2	3	7	5	2
迎泽区	2	1	1	3	2	1	3		3
杏花岭区	2	1	1	3	1	2	8	4	4
尖草坪区	1	1		2	1	1	4	3	1
万柏林区	5	3	2	7	5	2	7	3	4
晋源区	4	4		2	1	1	2	1	1
清徐县	6	5	1	9	7	2	16	12	4
阳曲县	1		1	2	1	1	4	4	
娄烦县				1	1		2	2	
古交市	1	1		3		3	4	2	2

6-1 续表 3

单位：人

地区	30-34岁			35-39岁			40-44岁		
	小计	男	女	小计	男	女	小计	男	女
太原市	**110**	**62**	**48**	**166**	**126**	**40**	**201**	**147**	**54**
小店区	17	7	10	22	15	7	32	26	6
迎泽区	5	3	2	17	16	1	18	13	5
杏花岭区	16	10	6	13	8	5	18	14	4
尖草坪区	13	7	6	14	11	3	23	18	5
万柏林区	15	9	6	38	28	10	33	22	11
晋源区	7	1	6	12	8	4	11	6	5
清徐县	17	12	5	21	18	3	28	23	5
阳曲县	4	3	1	4	4		18	12	6
娄烦县	5	3	2	6	1	5	9	5	4
古交市	11	7	4	19	17	2	11	8	3

6-1　续表 4　　单位：人

地　区	45-49岁			50-54岁			55-59岁		
	小计	男	女	小计	男	女	小计	男	女
太原市	**456**	**317**	**139**	**663**	**458**	**205**	**1024**	**718**	**306**
小店区	53	34	19	81	56	25	129	88	41
迎泽区	35	21	14	63	47	16	124	80	44
杏花岭区	68	49	19	109	67	42	153	111	42
尖草坪区	63	46	17	83	62	21	140	101	39
万柏林区	72	52	20	90	57	33	176	135	41
晋源区	35	26	9	58	45	13	67	47	20
清徐县	54	36	18	78	52	26	104	70	34
阳曲县	28	22	6	44	32	12	58	38	20
娄烦县	16	10	6	31	23	8	30	21	9
古交市	32	21	11	26	17	9	43	27	16

6-1　续表 5　　单位：人

地　区	60-64岁			65-69岁			70-74岁		
	小计	男	女	小计	男	女	小计	男	女
太原市	**1209**	**813**	**396**	**1653**	**1068**	**585**	**1657**	**1042**	**615**
小店区	142	95	47	221	144	77	220	137	83
迎泽区	135	94	41	157	116	41	177	108	69
杏花岭区	222	161	61	257	176	81	204	132	72
尖草坪区	155	100	55	183	128	55	202	130	72
万柏林区	216	150	66	287	184	103	275	186	89
晋源区	59	38	21	90	52	38	100	59	41
清徐县	122	77	45	224	124	100	235	142	93
阳曲县	68	41	27	97	61	36	86	45	41
娄烦县	38	25	13	68	47	21	63	42	21
古交市	52	32	20	69	36	33	95	61	34

6–1 续表 6 单位：人

地区	75–79岁			80–84岁			85–89岁		
	小计	男	女	小计	男	女	小计	男	女
太原市	**2310**	**1274**	**1036**	**3347**	**1732**	**1615**	**3061**	**1574**	**1487**
小店区	328	181	147	450	251	199	460	248	212
迎泽区	235	130	105	420	194	226	432	217	215
杏花岭区	302	152	150	584	273	311	587	282	305
尖草坪区	293	147	146	384	201	183	353	202	151
万柏林区	400	215	185	613	308	305	486	267	219
晋源区	145	87	58	188	89	99	148	71	77
清徐县	280	159	121	286	166	120	247	102	145
阳曲县	156	101	55	183	115	68	137	78	59
娄烦县	92	58	34	112	64	48	104	52	52
古交市	79	44	35	127	71	56	107	55	52

6–1 续表 7 单位：人

地区	90–94岁			95–99岁			100岁及以上		
	小计	男	女	小计	男	女	小计	男	女
太原市	**1424**	**695**	**729**	**355**	**165**	**190**	**60**	**18**	**42**
小店区	193	97	96	51	27	24	12	7	5
迎泽区	250	113	137	66	36	30	17	6	11
杏花岭区	287	153	134	79	38	41	11	3	8
尖草坪区	169	90	79	27	16	11	6		6
万柏林区	208	111	97	41	21	20	3		3
晋源区	64	34	30	18	6	12	1	1	
清徐县	113	39	74	34	8	26	2		2
阳曲县	60	28	32	19	8	11			
娄烦县	39	16	23	9	3	6	5		5
古交市	41	14	27	11	2	9	3	1	2

6-1a　各地区分年龄、性别的死亡人口
(2019.11.1-2020.10.31)(城市)

单位：人

地　区	死亡人口			0岁		
	合计	男	女	小计	男	女
太原市	**12480**	**7220**	**5260**	**23**	**14**	**9**
小店区	1807	1087	720	6	3	3
迎泽区	2120	1171	949	1	1	
杏花岭区	2782	1556	1226			
尖草坪区	1921	1147	774	2		2
万柏林区	2889	1704	1185	13	9	4
晋源区	726	416	310	1	1	
清徐县						
阳曲县						
娄烦县						
古交市	235	139	96			

6-1a　续表 1

单位：人

地　区	1-4岁			5-9岁			10-14岁		
	小计	男	女	小计	男	女	小计	男	女
太原市	**19**	**9**	**10**	**11**	**5**	**6**	**15**	**7**	**8**
小店区	4	3	1	2	1	1	5	2	3
迎泽区	2	1	1	1		1	3	2	1
杏花岭区	2		2				1	1	
尖草坪区	2		2	1	1		2		2
万柏林区	8	5	3	7	3	4	3	1	2
晋源区	1		1				1	1	
清徐县									
阳曲县									
娄烦县									
古交市									

6-1a 续表 2 单位：人

地区	15-19岁			20-24岁			25-29岁		
	小计	男	女	小计	男	女	小计	男	女
太原市	**14**	**9**	**5**	**19**	**10**	**9**	**24**	**11**	**13**
小店区	4	2	2	1		1	3	2	1
迎泽区	2	1	1	3	2	1	3		3
杏花岭区	2	1	1	3	1	2	7	3	4
尖草坪区	1	1		2	1	1	3	2	1
万柏林区	4	3	1	7	5	2	7	3	4
晋源区	1	1		2	1	1	1	1	
清徐县									
阳曲县									
娄烦县									
古交市				1		1			

6-1a 续表 3 单位：人

地区	30-34岁			35-39岁			40-44岁		
	小计	男	女	小计	男	女	小计	男	女
太原市	**59**	**31**	**28**	**107**	**85**	**22**	**130**	**95**	**35**
小店区	10	3	7	15	13	2	29	24	5
迎泽区	4	2	2	17	16	1	17	12	5
杏花岭区	15	10	5	12	8	4	18	14	4
尖草坪区	11	7	4	10	7	3	19	14	5
万柏林区	13	7	6	35	26	9	33	22	11
晋源区	5	1	4	11	8	3	7	5	2
清徐县									
阳曲县									
娄烦县									
古交市	1	1		7	7		7	4	3

6−1a　续表 4　　单位：人

地　区	45−49岁			50−54岁			55−59岁		
	小计	男	女	小计	男	女	小计	男	女
太原市	**293**	**206**	**87**	**447**	**306**	**141**	**713**	**513**	**200**
小店区	39	24	15	66	48	18	100	75	25
迎泽区	33	21	12	62	46	16	120	76	44
杏花岭区	60	43	17	100	60	40	142	105	37
尖草坪区	57	43	14	77	56	21	122	91	31
万柏林区	68	49	19	88	55	33	166	127	39
晋源区	21	17	4	44	35	9	47	31	16
清徐县									
阳曲县									
娄烦县									
古交市	15	9	6	10	6	4	16	8	8

6−1a　续表 5　　单位：人

地　区	60−64岁			65−69岁			70−74岁		
	小计	男	女	小计	男	女	小计	男	女
太原市	**850**	**596**	**254**	**1049**	**701**	**348**	**1057**	**679**	**378**
小店区	100	71	29	137	87	50	154	97	57
迎泽区	133	93	40	151	112	39	168	102	66
杏花岭区	214	158	56	241	167	74	192	123	69
尖草坪区	137	86	51	161	111	50	190	121	69
万柏林区	207	147	60	273	176	97	261	178	83
晋源区	39	27	12	59	34	25	66	41	25
清徐县									
阳曲县									
娄烦县									
古交市	20	14	6	27	14	13	26	17	9

6-1a 续表 6

单位：人

地区	75-79岁			80-84岁			85-89岁		
	小计	男	女	小计	男	女	小计	男	女
太原市	**1516**	**811**	**705**	**2451**	**1215**	**1236**	**2281**	**1203**	**1078**
小店区	230	128	102	354	196	158	350	202	148
迎泽区	231	129	102	415	190	225	426	214	212
杏花岭区	280	140	140	557	260	297	571	272	299
尖草坪区	260	131	129	350	184	166	328	190	138
万柏林区	390	207	183	591	296	295	469	256	213
晋源区	99	58	41	147	68	79	112	55	57
清徐县									
阳曲县									
娄烦县									
古交市	26	18	8	37	21	16	25	14	11

6-1a 续表 7

单位：人

地区	90-94岁			95-99岁			100岁及以上		
	小计	男	女	小计	男	女	小计	男	女
太原市	**1093**	**561**	**532**	**264**	**138**	**126**	**45**	**15**	**30**
小店区	145	74	71	43	25	18	10	7	3
迎泽区	245	109	136	66	36	30	17	6	11
杏花岭区	280	151	129	75	37	38	10	2	8
尖草坪区	156	86	70	25	15	10	5		5
万柏林区	202	108	94	41	21	20	3		3
晋源区	49	27	22	13	4	9			
清徐县									
阳曲县									
娄烦县									
古交市	16	6	10	1		1			

6-1b　各地区分年龄、性别的死亡人口
(2019.11.1-2020.10.31)(镇)

单位：人

地　区	死亡人口			0岁		
	合计	男	女	小计	男	女
太原市	**1583**	**905**	**678**	**7**	**5**	**2**
小店区	293	157	136	2	1	1
迎泽区						
杏花岭区						
尖草坪区	5	2	3			
万柏林区	51	38	13			
晋源区	85	45	40			
清徐县	744	426	318	1	1	
阳曲县	245	148	97	1	1	
娄烦县	111	63	48	3	2	1
古交市	49	26	23			

6-1b　续表 1

单位：人

地　区	1-4岁			5-9岁			10-14岁		
	小计	男	女	小计	男	女	小计	男	女
太原市	**4**	**3**	**1**	**2**	**1**	**1**	**4**	**4**	
小店区	1	1		1	1				
迎泽区									
杏花岭区									
尖草坪区									
万柏林区									
晋源区									
清徐县	3	2	1				2	2	
阳曲县							2	2	
娄烦县									
古交市				1		1			

6-1b　续表 2　　　　单位：人

地　区	15-19岁			20-24岁			25-29岁		
	小计	男	女	小计	男	女	小计	男	女
太原市	**9**	**7**	**2**	**5**	**2**	**3**	**10**	**8**	**2**
小店区	2	2		3	1	2	2	1	1
迎泽区									
杏花岭区									
尖草坪区									
万柏林区									
晋源区	2	2							
清徐县	4	3	1	2	1	1	7	6	1
阳曲县	1		1				1	1	
娄烦县									
古交市									

6-1b　续表 3　　　　单位：人

地　区	30-34岁			35-39岁			40-44岁		
	小计	男	女	小计	男	女	小计	男	女
太原市	**20**	**12**	**8**	**16**	**12**	**4**	**23**	**16**	**7**
小店区	3	2	1	2		2	1		1
迎泽区									
杏花岭区									
尖草坪区									
万柏林区	1	1		2	2				
晋源区	1		1				1		1
清徐县	11	7	4	11	10	1	12	11	1
阳曲县	3	2	1				6	4	2
娄烦县	1		1	1		1	2		2
古交市							1	1	

6-1b　续表 4　　单位：人

地　区	45-49岁			50-54岁			55-59岁		
	小计	男	女	小计	男	女	小计	男	女
太原市	**47**	**32**	**15**	**69**	**43**	**26**	**81**	**54**	**27**
小店区	4	3	1	7	2	5	9	2	7
迎泽区									
杏花岭区									
尖草坪区									
万柏林区	3	2	1	1	1		6	5	1
晋源区	4	2	2	3	2	1	6	4	2
清徐县	25	16	9	31	20	11	37	25	12
阳曲县	8	7	1	16	12	4	11	10	1
娄烦县	3	2	1	8	5	3	7	5	2
古交市				3	1	2	5	3	2

6-1b　续表 5　　单位：人

地　区	60-64岁			65-69岁			70-74岁		
	小计	男	女	小计	男	女	小计	男	女
太原市	**91**	**57**	**34**	**178**	**101**	**77**	**175**	**96**	**79**
小店区	16	7	9	40	26	14	33	20	13
迎泽区									
杏花岭区									
尖草坪区				1	1				
万柏林区	5	2	3	7	5	2	6	4	2
晋源区	4	2	2	10	5	5	11	6	5
清徐县	49	33	16	78	40	38	84	49	35
阳曲县	13	10	3	23	11	12	24	10	14
娄烦县	3	2	1	14	10	4	10	3	7
古交市	1	1		5	3	2	7	4	3

6-1b 续表 6 单位：人

地 区	75-79岁			80-84岁			85-89岁		
	小计	男	女	小计	男	女	小计	男	女
太原市	**244**	**146**	**98**	**257**	**152**	**105**	**202**	**107**	**95**
小店区	42	23	19	45	27	18	54	27	27
迎泽区									
杏花岭区									
尖草坪区				1		1	3	1	2
万柏林区	4	4		9	7	2	5	4	1
晋源区	11	6	5	14	7	7	12	7	5
清徐县	117	68	49	119	69	50	85	43	42
阳曲县	44	28	16	44	28	16	25	14	11
娄烦县	19	14	5	15	8	7	13	8	5
古交市	7	3	4	10	6	4	5	3	2

6-1b 续表 7 单位：人

地 区	90-94岁			95-99岁			100岁及以上		
	小计	男	女	小计	男	女	小计	男	女
太原市	**115**	**40**	**75**	**19**	**6**	**13**	**5**	**1**	**4**
小店区	24	10	14	1	1		1		1
迎泽区									
杏花岭区									
尖草坪区									
万柏林区	2	1	1						
晋源区	4	1	3	1		1	1	1	
清徐县	54	17	37	11	3	8	1		1
阳曲县	17	6	11	6	2	4			
娄烦县	10	4	6				2		2
古交市	4	1	3						

6-1c　各地区分年龄、性别的死亡人口 (2019.11.1-2020.10.31)(乡村)

单位：人

地　区	死亡人口			0岁		
	合计	男	女	小计	男	女
太原市	**3876**	**2227**	**1649**	**9**	**5**	**4**
小店区	353	194	159	1	1	
迎泽区	46	30	16			
杏花岭区	149	83	66	2	1	1
尖草坪区	198	117	81			
万柏林区	64	32	32	1		1
晋源区	204	118	86			
清徐县	1145	633	512	1	1	
阳曲县	733	452	281	1	1	
娄烦县	530	314	216	2		2
古交市	454	254	200	1	1	

6-1c　续表 1

单位：人

地　区	1-4岁			5-9岁			10-14岁		
	小计	男	女	小计	男	女	小计	男	女
太原市	**11**	**6**	**5**	**6**	**3**	**3**	**10**	**4**	**6**
小店区	1	1		1		1			
迎泽区									
杏花岭区	1	1		1	1		1		1
尖草坪区	1		1	1	1				
万柏林区									
晋源区	1	1							
清徐县	3	1	2	1		1	2		2
阳曲县	1	1		2	1	1	2	1	1
娄烦县	2		2				4	2	2
古交市	1	1					1	1	

6−1c 续表 2

单位：人

地 区	15−19岁			20−24岁			25−29岁		
	小计	男	女	小计	男	女	小计	男	女
太原市	**5**	**4**	**1**	**13**	**9**	**4**	**23**	**17**	**6**
小店区				1	1		2	2	
迎泽区									
杏花岭区							1	1	
尖草坪区							1	1	
万柏林区	1		1						
晋源区	1	1					1		1
清徐县	2	2		7	6	1	9	6	3
阳曲县				2	1	1	3	3	
娄烦县				1	1		2	2	
古交市	1	1		2		2	4	2	2

6−1c 续表 3

单位：人

地 区	30−34岁			35−39岁			40−44岁		
	小计	男	女	小计	男	女	小计	男	女
太原市	**31**	**19**	**12**	**43**	**29**	**14**	**48**	**36**	**12**
小店区	4	2	2	5	2	3	2	2	
迎泽区	1	1					1	1	
杏花岭区	1		1	1		1			
尖草坪区	2		2	4	4		4	4	
万柏林区	1	1		1		1			
晋源区	1		1	1		1	3	1	2
清徐县	6	5	1	10	8	2	16	12	4
阳曲县	1	1		4	4		12	8	4
娄烦县	4	3	1	5	1	4	7	5	2
古交市	10	6	4	12	10	2	3	3	

6-1c　续表 4　　　　单位：人

地　区	45-49岁			50-54岁			55-59岁		
	小计	男	女	小计	男	女	小计	男	女
太原市	**116**	**79**	**37**	**147**	**109**	**38**	**230**	**151**	**79**
小店区	10	7	3	8	6	2	20	11	9
迎泽区	2		2	1	1		4	4	
杏花岭区	8	6	2	9	7	2	11	6	5
尖草坪区	6	3	3	6	6		18	10	8
万柏林区	1	1		1	1		4	3	1
晋源区	10	7	3	11	8	3	14	12	2
清徐县	29	20	9	47	32	15	67	45	22
阳曲县	20	15	5	28	20	8	47	28	19
娄烦县	13	8	5	23	18	5	23	16	7
古交市	17	12	5	13	10	3	22	16	6

6-1c　续表 5　　　　单位：人

地　区	60-64岁			65-69岁			70-74岁		
	小计	男	女	小计	男	女	小计	男	女
太原市	**268**	**160**	**108**	**426**	**266**	**160**	**425**	**267**	**158**
小店区	26	17	9	44	31	13	33	20	13
迎泽区	2	1	1	6	4	2	9	6	3
杏花岭区	8	3	5	16	9	7	12	9	3
尖草坪区	18	14	4	21	16	5	12	9	3
万柏林区	4	1	3	7	3	4	8	4	4
晋源区	16	9	7	21	13	8	23	12	11
清徐县	73	44	29	146	84	62	151	93	58
阳曲县	55	31	24	74	50	24	62	35	27
娄烦县	35	23	12	54	37	17	53	39	14
古交市	31	17	14	37	19	18	62	40	22

6-1c 续表 6 单位：人

地区	75-79岁			80-84岁			85-89岁		
	小计	男	女	小计	男	女	小计	男	女
太原市	**550**	**317**	**233**	**639**	**365**	**274**	**578**	**264**	**314**
小店区	56	30	26	51	28	23	56	19	37
迎泽区	4	1	3	5	4	1	6	3	3
杏花岭区	22	12	10	27	13	14	16	10	6
尖草坪区	33	16	17	33	17	16	22	11	11
万柏林区	6	4	2	13	5	8	12	7	5
晋源区	35	23	12	27	14	13	24	9	15
清徐县	163	91	72	167	97	70	162	59	103
阳曲县	112	73	39	139	87	52	112	64	48
娄烦县	73	44	29	97	56	41	91	44	47
古交市	46	23	23	80	44	36	77	38	39

6-1c 续表 7 单位：人

地区	90-94岁			95-99岁			100岁及以上		
	小计	男	女	小计	男	女	小计	男	女
太原市	**216**	**94**	**122**	**72**	**21**	**51**	**10**	**2**	**8**
小店区	24	13	11	7	1	6	1		1
迎泽区	5	4	1						
杏花岭区	7	2	5	4	1	3	1	1	
尖草坪区	13	4	9	2	1	1	1		1
万柏林区	4	2	2						
晋源区	11	6	5	4	2	2			
清徐县	59	22	37	23	5	18	1		1
阳曲县	43	22	21	13	6	7			
娄烦县	29	12	17	9	3	6	3		3
古交市	21	7	14	10	2	8	3	1	2

6-2　各地区分性别、受教育程度的3岁及以上死亡人口
(2019.11.1-2020.10.31)

单位：人

地　区	3岁及以上死亡人口			未上过学		
	合计	男	女	小计	男	女
太原市	**17880**	**10317**	**7563**	**1950**	**601**	**1349**
小店区	2442	1431	1011	164	51	113
迎泽区	2164	1199	965	85	9	76
杏花岭区	2926	1637	1289	154	26	128
尖草坪区	2120	1266	854	203	54	149
万柏林区	2984	1762	1222	276	82	194
晋源区	1014	578	436	184	58	126
清徐县	1884	1055	829	272	77	195
阳曲县	975	597	378	177	66	111
娄烦县	635	375	260	247	113	134
古交市	736	417	319	188	65	123

6-2　续表 1

单位：人

地　区	学前教育			小　学		
	小计	男	女	小计	男	女
太原市	**26**	**13**	**13**	**6915**	**3502**	**3413**
小店区	6	4	2	1005	517	488
迎泽区	1		1	631	238	393
杏花岭区				1076	461	615
尖草坪区	3	2	1	773	390	383
万柏林区	4	3	1	1059	539	520
晋源区	3	2	1	408	236	172
清徐县	4	1	3	928	491	437
阳曲县	1	1		464	278	186
娄烦县	2		2	264	166	98
古交市	2		2	307	186	121

6-2　续表 2　　单位：人

地　区	初　中			高　中			大学专科		
	小计	男	女	小计	男	女	小计	男	女
太原市	**5558**	**3805**	**1753**	**2102**	**1435**	**667**	**717**	**504**	**213**
小店区	714	469	245	308	207	101	115	85	30
迎泽区	703	447	256	408	268	140	168	113	55
杏花岭区	1010	672	338	441	295	146	132	98	34
尖草坪区	775	560	215	240	165	75	78	56	22
万柏林区	965	655	310	409	288	121	153	108	45
晋源区	262	176	86	104	71	33	34	21	13
清徐县	555	398	157	101	74	27	17	9	8
阳曲县	276	211	65	46	33	13	7	6	1
娄烦县	101	78	23	18	15	3	3	3	
古交市	197	139	58	27	19	8	10	5	5

6-2　续表 3　　单位：人

地　区	大学本科			硕士研究生			博士研究生		
	小计	男	女	小计	男	女	小计	男	女
太原市	**594**	**444**	**150**	**14**	**10**	**4**	**4**	**3**	**1**
小店区	125	94	31	3	3		2	1	1
迎泽区	161	120	41	7	4	3			
杏花岭区	112	84	28				1	1	
尖草坪区	46	37	9	2	2				
万柏林区	115	85	30	2	1	1	1	1	
晋源区	19	14	5						
清徐县	7	5	2						
阳曲县	4	2	2						
娄烦县									
古交市	5	3	2						

6-2a　各地区分性别、受教育程度的3岁及以上死亡人口(2019.11.1-2020.10.31)(城市)

单位：人

地　区	3岁及以上死亡人口			未上过学		
	合计	男	女	小计	男	女
太原市	**12445**	**7200**	**5245**	**851**	**214**	**637**
小店区	1799	1082	717	68	17	51
迎泽区	2118	1169	949	81	9	72
杏花岭区	2780	1556	1224	138	26	112
尖草坪区	1918	1147	771	161	43	118
万柏林区	2870	1692	1178	252	73	179
晋源区	725	415	310	116	30	86
清徐县						
阳曲县						
娄烦县						
古交市	235	139	96	35	16	19

6-2a　续表 1　　单位：人

地　区	学前教育			小　学		
	小计	男	女	小计	男	女
太原市	**12**	**8**	**4**	**4279**	**1981**	**2298**
小店区	5	3	2	624	309	315
迎泽区	1		1	603	218	385
杏花岭区				985	406	579
尖草坪区	1	1		689	339	350
万柏林区	4	3	1	1013	512	501
晋源区	1	1		281	156	125
清徐县						
阳曲县						
娄烦县						
古交市				84	41	43

6-2a 续表 2 单位：人

地区	初中			高中			大学专科		
	小计	男	女	小计	男	女	小计	男	女
太原市	**4170**	**2807**	**1363**	**1862**	**1260**	**602**	**674**	**481**	**193**
小店区	582	382	200	283	192	91	109	81	28
迎泽区	690	438	252	407	267	140	168	113	55
杏花岭区	976	649	327	438	293	145	131	98	33
尖草坪区	714	513	201	228	156	72	77	56	21
万柏林区	929	628	301	402	282	120	152	107	45
晋源区	189	132	57	88	61	27	31	21	10
清徐县									
阳曲县									
娄烦县									
古交市	90	65	25	16	9	7	6	5	1

6-2a 续表 3 单位：人

地区	大学本科			硕士研究生			博士研究生		
	小计	男	女	小计	男	女	小计	男	女
太原市	**579**	**436**	**143**	**14**	**10**	**4**	**4**	**3**	**1**
小店区	123	94	29	3	3		2	1	1
迎泽区	161	120	41	7	4	3			
杏花岭区	111	83	28				1	1	
尖草坪区	46	37	9	2	2				
万柏林区	115	85	30	2	1	1	1	1	
晋源区	19	14	5						
清徐县									
阳曲县									
娄烦县									
古交市	4	3	1						

6-2b　各地区分性别、受教育程度的3岁及以上死亡人口 (2019.11.1-2020.10.31)(镇)

单位：人

地　区	3岁及以上死亡人口			未上过学		
	合计	男	女	小计	男	女
太原市	**1574**	**898**	**676**	**203**	**70**	**133**
小店区	291	156	135	47	20	27
迎泽区						
杏花岭区						
尖草坪区	5	2	3	1		1
万柏林区	51	38	13	2	2	
晋源区	85	45	40	13	4	9
清徐县	741	423	318	82	25	57
阳曲县	244	147	97	18	5	13
娄烦县	108	61	47	29	11	18
古交市	49	26	23	11	3	8

6-2b　续表 1

单位：人

地　区	学前教育			小　学		
	小计	男	女	小计	男	女
太原市	**1**		**1**	**721**	**374**	**347**
小店区				164	87	77
迎泽区						
杏花岭区						
尖草坪区				3	2	1
万柏林区				19	11	8
晋源区				35	20	15
清徐县	1		1	329	165	164
阳曲县				109	53	56
娄烦县				41	22	19
古交市				21	14	7

6-2b 续表 2

单位：人

地区	初中			高中			大学专科		
	小计	男	女	小计	男	女	小计	男	女
太原市	**492**	**346**	**146**	**121**	**85**	**36**	**25**	**18**	**7**
小店区	64	40	24	11	6	5	3	3	
迎泽区									
杏花岭区									
尖草坪区	1		1						
万柏林区	25	20	5	5	5				
晋源区	30	19	11	6	2	4	1		1
清徐县	247	176	71	63	45	18	12	7	5
阳曲县	82	64	18	26	19	7	7	6	1
娄烦县	28	20	8	8	6	2	2	2	
古交市	15	7	8	2	2				

6-2b 续表 3

单位：人

地区	大学本科			硕士研究生			博士研究生		
	小计	男	女	小计	男	女	小计	男	女
太原市	**11**	**5**	**6**						
小店区	2		2						
迎泽区									
杏花岭区									
尖草坪区									
万柏林区									
晋源区									
清徐县	7	5	2						
阳曲县	2		2						
娄烦县									
古交市									

6−2c 各地区分性别、受教育程度的3岁及以上死亡人口 (2019.11.1−2020.10.31)(乡村)

单位：人

地区	3岁及以上死亡人口			未上过学		
	合计	男	女	小计	男	女
太原市	**3861**	**2219**	**1642**	**896**	**317**	**579**
小店区	352	193	159	49	14	35
迎泽区	46	30	16	4		4
杏花岭区	146	81	65	16		16
尖草坪区	197	117	80	41	11	30
万柏林区	63	32	31	22	7	15
晋源区	204	118	86	55	24	31
清徐县	1143	632	511	190	52	138
阳曲县	731	450	281	159	61	98
娄烦县	527	314	213	218	102	116
古交市	452	252	200	142	46	96

6−2c 续表 1

单位：人

地区	学前教育			小学		
	小计	男	女	小计	男	女
太原市	**13**	**5**	**8**	**1915**	**1147**	**768**
小店区	1	1		217	121	96
迎泽区				28	20	8
杏花岭区				91	55	36
尖草坪区	2	1	1	81	49	32
万柏林区				27	16	11
晋源区	2	1	1	92	60	32
清徐县	3	1	2	599	326	273
阳曲县	1	1		355	225	130
娄烦县	2		2	223	144	79
古交市	2		2	202	131	71

6-2c 续表 2

单位：人

地 区	初 中			高 中			大学专科		
	小计	男	女	小计	男	女	小计	男	女
太原市	**896**	**652**	**244**	**119**	**90**	**29**	**18**	**5**	**13**
小店区	68	47	21	14	9	5	3	1	2
迎泽区	13	9	4	1	1				
杏花岭区	34	23	11	3	2	1	1		1
尖草坪区	60	47	13	12	9	3	1		1
万柏林区	11	7	4	2	1	1	1	1	
晋源区	43	25	18	10	8	2	2		2
清徐县	308	222	86	38	29	9	5	2	3
阳曲县	194	147	47	20	14	6			
娄烦县	73	58	15	10	9	1	1	1	
古交市	92	67	25	9	8	1	4		4

6-2c 续表 3

单位：人

地 区	大学本科			硕士研究生			博士研究生		
	小计	男	女	小计	男	女	小计	男	女
太原市	**4**	**3**	**1**						
小店区									
迎泽区									
杏花岭区	1	1							
尖草坪区									
万柏林区									
晋源区									
清徐县									
阳曲县	2	2							
娄烦县									
古交市	1		1						

6-3　各地区分性别、婚姻状况的15岁及以上死亡人口
(2019.11.1-2020.10.31)

单位：人

地　区	15岁及以上死亡人口			未　婚		
	合计	男	女	小计	男	女
太原市	**17818**	**10286**	**7532**	**544**	**464**	**80**
小店区	2429	1424	1005	46	35	11
迎泽区	2159	1197	962	37	28	9
杏花岭区	2923	1635	1288	50	39	11
尖草坪区	2115	1264	851	47	43	4
万柏林区	2972	1756	1216	78	60	18
晋源区	1011	576	435	26	20	6
清徐县	1876	1052	824	82	77	5
阳曲县	969	593	376	62	59	3
娄烦县	630	373	257	80	73	7
古交市	734	416	318	36	30	6

6-3　续表

单位：人

地　区	有配偶			离　婚			丧　偶		
	小计	男	女	小计	男	女	小计	男	女
太原市	**10241**	**7147**	**3094**	**423**	**346**	**77**	**6610**	**2329**	**4281**
小店区	1426	1006	420	40	38	2	917	345	572
迎泽区	1247	870	377	53	43	10	822	256	566
杏花岭区	1648	1153	495	77	62	15	1148	381	767
尖草坪区	1238	877	361	60	46	14	770	298	472
万柏林区	1809	1270	539	72	57	15	1013	369	644
晋源区	581	413	168	28	24	4	376	119	257
清徐县	1069	728	341	42	32	10	683	215	468
阳曲县	508	342	166	28	26	2	371	166	205
娄烦县	303	205	98	10	9	1	237	86	151
古交市	412	283	129	13	9	4	273	94	179

6-3a 各地区分性别、婚姻状况的15岁及以上死亡人口 (2019.11.1-2020.10.31)(城市)

单位：人

地区	15岁及以上死亡人口			未婚		
	合计	男	女	小计	男	女
太原市	**12412**	**7185**	**5227**	**242**	**190**	**52**
小店区	1790	1078	712	24	16	8
迎泽区	2113	1167	946	34	25	9
杏花岭区	2779	1555	1224	44	34	10
尖草坪区	1914	1146	768	44	40	4
万柏林区	2858	1686	1172	74	58	16
晋源区	723	414	309	18	14	4
清徐县						
阳曲县						
娄烦县						
古交市	235	139	96	4	3	1

6-3a 续表

单位：人

地区	有配偶			离婚			丧偶		
	小计	男	女	小计	男	女	小计	男	女
太原市	**7312**	**5150**	**2162**	**303**	**244**	**59**	**4555**	**1601**	**2954**
小店区	1084	776	308	34	32	2	648	254	394
迎泽区	1218	849	369	53	43	10	808	250	558
杏花岭区	1569	1101	468	71	57	14	1095	363	732
尖草坪区	1129	799	330	55	41	14	686	266	420
万柏林区	1737	1216	521	68	54	14	979	358	621
晋源区	420	301	119	20	16	4	265	83	182
清徐县									
阳曲县									
娄烦县									
古交市	155	108	47	2	1	1	74	27	47

6-3b 各地区分性别、婚姻状况的15岁及以上死亡人口 (2019.11.1-2020.10.31)(镇)

单位：人

地区	15岁及以上死亡人口			未婚		
	合计	男	女	小计	男	女
太原市	**1566**	**892**	**674**	**59**	**50**	**9**
小店区	289	154	135	10	8	2
迎泽区						
杏花岭区						
尖草坪区	5	2	3			
万柏林区	51	38	13	3	2	1
晋源区	85	45	40	4	3	1
清徐县	738	421	317	28	25	3
阳曲县	242	145	97	8	7	1
娄烦县	108	61	47	5	4	1
古交市	48	26	22	1	1	

6-3b 续表

单位：人

地区	有配偶			离婚			丧偶		
	小计	男	女	小计	男	女	小计	男	女
太原市	**932**	**636**	**296**	**29**	**25**	**4**	**546**	**181**	**365**
小店区	156	100	56	2	2		121	44	77
迎泽区									
杏花岭区									
尖草坪区	3	2	1				2		2
万柏林区	36	30	6	1	1		11	5	6
晋源区	42	27	15	3	3		36	12	24
清徐县	451	315	136	12	10	2	247	71	176
阳曲县	147	100	47	8	7	1	79	31	48
娄烦县	69	44	25				34	13	21
古交市	28	18	10	3	2	1	16	5	11

6–3c　各地区分性别、婚姻状况的15岁及以上死亡人口(2019.11.1–2020.10.31)(乡村)

单位：人

地　　区	15岁及以上死亡人口			未　　婚		
	合计	男	女	小计	男	女
太原市	**3840**	**2209**	**1631**	**243**	**224**	**19**
小店区	350	192	158	12	11	1
迎泽区	46	30	16	3	3	
杏花岭区	144	80	64	6	5	1
尖草坪区	196	116	80	3	3	
万柏林区	63	32	31	1		1
晋源区	203	117	86	4	3	1
清徐县	1138	631	507	54	52	2
阳曲县	727	448	279	54	52	2
娄烦县	522	312	210	75	69	6
古交市	451	251	200	31	26	5

6–3c　续表

单位：人

地　　区	有 配 偶			离　　婚			丧　　偶		
	小计	男	女	小计	男	女	小计	男	女
太原市	**1997**	**1361**	**636**	**91**	**77**	**14**	**1509**	**547**	**962**
小店区	186	130	56	4	4		148	47	101
迎泽区	29	21	8				14	6	8
杏花岭区	79	52	27	6	5	1	53	18	35
尖草坪区	106	76	30	5	5		82	32	50
万柏林区	36	24	12	3	2	1	23	6	17
晋源区	119	85	34	5	5		75	24	51
清徐县	618	413	205	30	22	8	436	144	292
阳曲县	361	242	119	20	19	1	292	135	157
娄烦县	234	161	73	10	9	1	203	73	130
古交市	229	157	72	8	6	2	183	62	121

6-4　全市分年龄、性别的死亡人口状况
(2019.11.1-2020.10.31)

单位：人、‰

年　龄	平均人口			死亡人口			死亡率		
	合计	男	女	合计	男	女	合计	男	女
总　计	**5293310**	**2716811**	**2576499**	**17939**	**10352**	**7587**	**3.39**	**3.81**	**2.94**
0-4岁	**288090**	**148538**	**139552**	**73**	**42**	**31**	**0.25**	**0.28**	**0.22**
0	54671	28256	26415	39	24	15	0.71	0.85	0.57
1	57028	29285	27743	11	7	4	0.19	0.24	0.14
2	56850	29026	27824	9	4	5	0.16	0.14	0.18
3	72945	37821	35124	8	5	3	0.11	0.13	0.09
4	46596	24150	22446	6	2	4	0.13	0.08	0.18
5-9岁	**294980**	**152752**	**142228**	**19**	**9**	**10**	**0.06**	**0.06**	**0.07**
5	63991	33160	30831	5	1	4	0.08	0.03	0.13
6	62174	32185	29989	4	1	3	0.06	0.03	0.10
7	60279	31449	28830	5	3	2	0.08	0.10	0.07
8	55150	28483	26667	1		1	0.02		0.04
9	53386	27475	25911	4	4		0.07	0.15	
10-14岁	**244439**	**126639**	**117800**	**29**	**15**	**14**	**0.12**	**0.12**	**0.12**
10	51166	26435	24731	7	3	4	0.14	0.11	0.16
11	50202	25909	24293	5	2	3	0.10	0.08	0.12
12	50824	26251	24573	5	2	3	0.10	0.08	0.12
13	47689	24726	22963	3	2	1	0.06	0.08	0.04
14	44558	23318	21240	9	6	3	0.20	0.26	0.14
15-19岁	**296750**	**158226**	**138524**	**28**	**20**	**8**	**0.09**	**0.13**	**0.06**
15	48917	25945	22972	4	2	2	0.08	0.08	0.09
16	38915	20712	18203	7	5	2	0.18	0.24	0.11
17	51327	27153	24174	3	3		0.06	0.11	
18	70580	37574	33006	4	4		0.06	0.11	
19	87011	46842	40169	10	6	4	0.11	0.13	0.10
20-24岁	**401445**	**209111**	**192334**	**37**	**21**	**16**	**0.09**	**0.10**	**0.08**
20	86563	46228	40335	7	4	3	0.08	0.09	0.07
21	85015	44936	40079	8	5	3	0.09	0.11	0.07
22	73542	38083	35459	4	2	2	0.05	0.05	0.06
23	74770	38178	36592	6	4	2	0.08	0.10	0.05
24	81555	41686	39869	12	6	6	0.15	0.14	0.15
25-29岁	**462939**	**236874**	**226065**	**57**	**36**	**21**	**0.12**	**0.15**	**0.09**
25	86583	44165	42418	8	5	3	0.09	0.11	0.07
26	86235	43955	42280	12	9	3	0.14	0.20	0.07
27	92439	47234	45205	13	7	6	0.14	0.15	0.13
28	90453	46372	44081	11	7	4	0.12	0.15	0.09
29	107229	55148	52081	13	8	5	0.12	0.15	0.10

6-4 续表 1 单位：人、‰

年 龄	平均人口			死亡人口			死亡率		
	合计	男	女	合计	男	女	合计	男	女
30—34岁	**537180**	**274366**	**262814**	**110**	**62**	**48**	**0.20**	**0.23**	**0.18**
30	118520	60321	58199	27	14	13	0.23	0.23	0.22
31	108970	55732	53238	23	14	9	0.21	0.25	0.17
32	110938	56348	54590	26	13	13	0.23	0.23	0.24
33	104313	53407	50906	17	11	6	0.16	0.21	0.12
34	94439	48558	45881	17	10	7	0.18	0.21	0.15
35—39岁	**425098**	**217692**	**207406**	**166**	**126**	**40**	**0.39**	**0.58**	**0.19**
35	92485	47243	45242	23	19	4	0.25	0.40	0.09
36	86865	44484	42381	28	23	5	0.32	0.52	0.12
37	91869	47170	44699	42	26	16	0.46	0.55	0.36
38	85172	43375	41797	43	38	5	0.50	0.88	0.12
39	68707	35420	33287	30	20	10	0.44	0.56	0.30
40—44岁	**346519**	**177339**	**169180**	**201**	**147**	**54**	**0.58**	**0.83**	**0.32**
40	68362	35452	32910	30	21	9	0.44	0.59	0.27
41	65154	33521	31633	36	29	7	0.55	0.87	0.22
42	67136	34115	33021	37	26	11	0.55	0.76	0.33
43	69924	35660	34264	46	31	15	0.66	0.87	0.44
44	75943	38591	37352	52	40	12	0.68	1.04	0.32
45—49岁	**414553**	**214219**	**200334**	**456**	**317**	**139**	**1.10**	**1.48**	**0.69**
45	76800	39257	37543	72	46	26	0.94	1.17	0.69
46	81640	41844	39796	63	50	13	0.77	1.19	0.33
47	85279	44049	41230	109	75	34	1.28	1.70	0.82
48	85062	44163	40899	94	70	24	1.11	1.59	0.59
49	85772	44906	40866	118	76	42	1.38	1.69	1.03
50—54岁	**388964**	**204121**	**184843**	**663**	**458**	**205**	**1.70**	**2.24**	**1.11**
50	85407	44640	40767	129	88	41	1.51	1.97	1.01
51	86779	45539	41240	141	95	46	1.62	2.09	1.12
52	73052	38492	34560	125	87	38	1.71	2.26	1.10
53	67039	35260	31779	114	82	32	1.70	2.33	1.01
54	76687	40190	36497	154	106	48	2.01	2.64	1.32
55—59岁	**358772**	**186440**	**172332**	**1024**	**718**	**306**	**2.85**	**3.85**	**1.78**
55	79935	41934	38001	198	144	54	2.48	3.43	1.42
56	85527	44636	40891	248	181	67	2.90	4.06	1.64
57	89118	46391	42727	237	154	83	2.66	3.32	1.94
58	51757	26591	25166	159	111	48	3.07	4.17	1.91
59	52435	26888	25547	182	128	54	3.47	4.76	2.11
60—64岁	**287689**	**148737**	**138952**	**1209**	**813**	**396**	**4.20**	**5.47**	**2.85**
60	59405	30907	28498	207	140	67	3.48	4.53	2.35
61	57399	29922	27477	202	140	62	3.52	4.68	2.26
62	60858	31444	29414	294	201	93	4.83	6.39	3.16
63	57704	29623	28081	228	158	70	3.95	5.33	2.49
64	52323	26841	25482	278	174	104	5.31	6.48	4.08

6-4　续表 2　　　单位：人、‰

年　龄	平均人口			死亡人口			死亡率		
	合计	男	女	合计	男	女	合计	男	女
65—69岁	**213899**	**106796**	**107103**	**1653**	**1068**	**585**	**7.73**	**10.00**	**5.46**
65	53341	27339	26002	314	209	105	5.89	7.64	4.04
66	47471	23716	23755	318	216	102	6.70	9.11	4.29
67	40621	20113	20508	357	242	115	8.79	12.03	5.61
68	36821	18076	18745	306	176	130	8.31	9.74	6.94
69	35645	17552	18093	358	225	133	10.04	12.82	7.35
70—74岁	**118625**	**58355**	**60270**	**1657**	**1042**	**615**	**13.97**	**17.86**	**10.20**
70	30192	14974	15218	312	213	99	10.33	14.22	6.51
71	21920	10891	11029	293	187	106	13.37	17.17	9.61
72	21874	10926	10948	297	186	111	13.58	17.02	10.14
73	23436	11475	11961	348	211	137	14.85	18.39	11.45
74	21203	10089	11114	407	245	162	19.20	24.28	14.58
75—79岁	**87321**	**39992**	**47329**	**2310**	**1274**	**1036**	**26.45**	**31.86**	**21.89**
75	17776	8237	9539	374	200	174	21.04	24.28	18.24
76	16565	7745	8820	361	215	146	21.79	27.76	16.55
77	18550	8609	9941	465	256	209	25.07	29.74	21.02
78	18206	8200	10006	556	310	246	30.54	37.80	24.59
79	16224	7201	9023	554	293	261	34.15	40.69	28.93
80—84岁	**72450**	**32085**	**40365**	**3347**	**1732**	**1615**	**46.20**	**53.98**	**40.01**
80	15916	6949	8967	565	291	274	35.50	41.88	30.56
81	15600	6878	8722	619	327	292	39.68	47.54	33.48
82	14988	6727	8261	706	378	328	47.10	56.19	39.70
83	13510	6055	7455	725	373	352	53.66	61.60	47.22
84	12436	5476	6960	732	363	369	58.86	66.29	53.02
85—89岁	**39312**	**18113**	**21199**	**3061**	**1574**	**1487**	**77.86**	**86.90**	**70.14**
85	10836	4902	5934	677	342	335	62.48	69.77	56.45
86	9600	4445	5155	710	389	321	73.96	87.51	62.27
87	7831	3607	4224	665	343	322	84.92	95.09	76.23
88	6040	2822	3218	511	244	267	84.60	86.46	82.97
89	5005	2337	2668	498	256	242	99.50	109.54	90.70
90—94岁	**11558**	**5232**	**6326**	**1424**	**695**	**729**	**123.20**	**132.84**	**115.24**
90	3929	1820	2109	416	200	216	105.88	109.89	102.42
91	2715	1183	1532	345	181	164	127.07	153.00	107.05
92	2177	984	1193	280	130	150	128.62	132.11	125.73
93	1567	714	853	222	114	108	141.67	159.66	126.61
94	1170	531	639	161	70	91	137.61	131.83	142.41
95—99岁	**2442**	**1077**	**1365**	**355**	**165**	**190**	**145.37**	**153.20**	**139.19**
95	934	419	515	126	57	69	134.90	136.04	133.98
96	644	271	373	108	42	66	167.70	154.98	176.94
97	437	201	236	55	34	21	125.86	169.15	88.98
98	264	115	149	40	18	22	151.52	156.52	147.65
99	163	71	92	26	14	12	159.51	197.18	130.43
100岁及以上	**285**	**107**	**178**	**60**	**18**	**42**	**210.53**	**168.22**	**235.96**

6-4a 全市分年龄、性别的死亡人口状况 (2019.11.1-2020.10.31)(城市)

单位：人、‰

年 龄	平均人口			死亡人口			死亡率		
	合计	男	女	合计	男	女	合计	男	女
总 计	**4184570**	**2131408**	**2053162**	**12480**	**7220**	**5260**	**2.98**	**3.39**	**2.56**
0-4岁	**231584**	**119789**	**111795**	**42**	**23**	**19**	**0.18**	**0.19**	**0.17**
0	43736	22632	21104	23	14	9	0.53	0.62	0.43
1	45342	23397	21945	8	4	4	0.18	0.17	0.18
2	45683	23380	22303	4	2	2	0.09	0.09	0.09
3	59488	30991	28497	5	2	3	0.08	0.06	0.11
4	37335	19389	17946	2	1	1	0.05	0.05	0.06
5-9岁	**236863**	**122872**	**113991**	**11**	**5**	**6**	**0.05**	**0.04**	**0.05**
5	51797	26897	24900	4	1	3	0.08	0.04	0.12
6	50278	26074	24204	2	1	1	0.04	0.04	0.04
7	48459	25327	23132	4	2	2	0.08	0.08	0.09
8	43935	22672	21263						
9	42394	21902	20492	1	1		0.02	0.05	
10-14岁	**191778**	**99279**	**92499**	**15**	**7**	**8**	**0.08**	**0.07**	**0.09**
10	40396	20837	19559						
11	39575	20409	19166	3		3	0.08		0.16
12	40282	20790	19492	5	2	3	0.12	0.10	0.15
13	37197	19308	17889	2	1	1	0.05	0.05	0.06
14	34328	17935	16393	5	4	1	0.15	0.22	0.06
15-19岁	**219896**	**118321**	**101575**	**14**	**9**	**5**	**0.06**	**0.08**	**0.05**
15	38315	20060	18255	2	1	1	0.05	0.05	0.05
16	30032	15890	14142	3	2	1	0.10	0.13	0.07
17	38631	20519	18112	1	1		0.03	0.05	
18	50628	27449	23179	1	1		0.02	0.04	
19	62290	34403	27887	7	4	3	0.11	0.12	0.11
20-24岁	**300551**	**154778**	**145773**	**19**	**10**	**9**	**0.06**	**0.06**	**0.06**
20	62469	34108	28361	3	2	1	0.05	0.06	0.04
21	62658	33166	29492	5	3	2	0.08	0.09	0.07
22	54928	27928	27000	2	1	1	0.04	0.04	0.04
23	57464	28420	29044	3	2	1	0.05	0.07	0.03
24	63032	31156	31876	6	2	4	0.10	0.06	0.13
25-29岁	**363263**	**182210**	**181053**	**24**	**11**	**13**	**0.07**	**0.06**	**0.07**
25	67655	33575	34080	5	2	3	0.07	0.06	0.09
26	67384	33547	33837	6	3	3	0.09	0.09	0.09
27	72503	36389	36114	3	1	2	0.04	0.03	0.06
28	70920	35695	35225	5	3	2	0.07	0.08	0.06
29	84801	43004	41797	5	2	3	0.06	0.05	0.07

6-4a　续表 1　　　　单位：人、‰

年　龄	平均人口			死亡人口			死亡率		
	合计	男	女	合计	男	女	合计	男	女
30−34岁	**437351**	**220722**	**216629**	**59**	**31**	**28**	**0.13**	**0.14**	**0.13**
30	95437	47907	47530	10	5	5	0.10	0.10	0.11
31	88397	44721	43676	12	5	7	0.14	0.11	0.16
32	90470	45301	45169	16	7	9	0.18	0.15	0.20
33	85305	43264	42041	8	6	2	0.09	0.14	0.05
34	77742	39529	38213	13	8	5	0.17	0.20	0.13
35−39岁	**350972**	**177926**	**173046**	**107**	**85**	**22**	**0.30**	**0.48**	**0.13**
35	75757	38294	37463	13	10	3	0.17	0.26	0.08
36	71602	36302	35300	19	15	4	0.27	0.41	0.11
37	75973	38630	37343	25	17	8	0.33	0.44	0.21
38	70781	35675	35106	30	29	1	0.42	0.81	0.03
39	56859	29025	27834	20	14	6	0.35	0.48	0.22
40−44岁	**280045**	**141991**	**138054**	**130**	**95**	**35**	**0.46**	**0.67**	**0.25**
40	55946	28785	27161	19	12	7	0.34	0.42	0.26
41	53193	27121	26072	21	19	2	0.39	0.70	0.08
42	54366	27425	26941	25	17	8	0.46	0.62	0.30
43	56281	28408	27873	32	22	10	0.57	0.77	0.36
44	60259	30252	30007	33	25	8	0.55	0.83	0.27
45−49岁	**327358**	**167381**	**159977**	**293**	**206**	**87**	**0.90**	**1.23**	**0.54**
45	60436	30621	29815	45	29	16	0.74	0.95	0.54
46	64324	32678	31646	36	30	6	0.56	0.92	0.19
47	67426	34407	33019	72	47	25	1.07	1.37	0.76
48	67320	34586	32734	62	48	14	0.92	1.39	0.43
49	67852	35089	32763	78	52	26	1.15	1.48	0.79
50−54岁	**307193**	**159523**	**147670**	**447**	**306**	**141**	**1.46**	**1.92**	**0.95**
50	67948	35191	32757	95	65	30	1.40	1.85	0.92
51	69576	36100	33476	93	62	31	1.34	1.72	0.93
52	57229	29911	27318	84	61	23	1.47	2.04	0.84
53	52047	27048	24999	72	52	20	1.38	1.92	0.80
54	60393	31273	29120	103	66	37	1.71	2.11	1.27
55−59岁	**287172**	**148555**	**138617**	**713**	**513**	**200**	**2.48**	**3.45**	**1.44**
55	63480	33078	30402	137	104	33	2.16	3.14	1.09
56	68977	35811	33166	177	129	48	2.57	3.60	1.45
57	71085	36798	34287	168	110	58	2.36	2.99	1.69
58	40801	20942	19859	105	75	30	2.57	3.58	1.51
59	42829	21926	20903	126	95	31	2.94	4.33	1.48
60−64岁	**228107**	**117568**	**110539**	**850**	**596**	**254**	**3.73**	**5.07**	**2.30**
60	47077	24467	22610	148	105	43	3.14	4.29	1.90
61	45958	23892	22066	148	112	36	3.22	4.69	1.63
62	48764	25010	23754	208	150	58	4.27	6.00	2.44
63	45242	23142	22100	155	110	45	3.43	4.75	2.04
64	41066	21057	20009	191	119	72	4.65	5.65	3.60

6-4a 续表 2 单位：人、‰

年 龄	平均人口			死亡人口			死亡率		
	合计	男	女	合计	男	女	合计	男	女
65-69岁	**160889**	**80457**	**80432**	**1049**	**701**	**348**	**6.52**	**8.71**	**4.33**
65	41303	21241	20062	212	149	63	5.13	7.01	3.14
66	35958	18051	17907	196	135	61	5.45	7.48	3.41
67	30176	14961	15215	225	154	71	7.46	10.29	4.67
68	27166	13309	13857	189	108	81	6.96	8.11	5.85
69	26286	12895	13391	227	155	72	8.64	12.02	5.38
70-74岁	**89590**	**43613**	**45977**	**1057**	**679**	**378**	**11.80**	**15.57**	**8.22**
70	22163	10973	11190	199	143	56	8.98	13.03	5.00
71	16924	8342	8582	197	124	73	11.64	14.86	8.51
72	16893	8286	8607	181	120	61	10.71	14.48	7.09
73	17722	8552	9170	225	135	90	12.70	15.79	9.81
74	15888	7460	8428	255	157	98	16.05	21.05	11.63
75-79岁	**68008**	**30276**	**37732**	**1516**	**811**	**705**	**22.29**	**26.79**	**18.68**
75	13343	6034	7309	239	132	107	17.91	21.88	14.64
76	12629	5746	6883	227	130	97	17.97	22.62	14.09
77	14405	6522	7883	311	158	153	21.59	24.23	19.41
78	14433	6325	8108	368	202	166	25.50	31.94	20.47
79	13198	5649	7549	371	189	182	28.11	33.46	24.11
80-84岁	**60056**	**25817**	**34239**	**2451**	**1215**	**1236**	**40.81**	**47.06**	**36.10**
80	13172	5544	7628	407	201	206	30.90	36.26	27.01
81	12928	5503	7425	437	206	231	33.80	37.43	31.11
82	12380	5345	7035	501	268	233	40.47	50.14	33.12
83	11264	4941	6323	544	262	282	48.30	53.03	44.60
84	10312	4484	5828	562	278	284	54.50	62.00	48.73
85-89岁	**32292**	**14941**	**17351**	**2281**	**1203**	**1078**	**70.64**	**80.52**	**62.13**
85	9034	4029	5005	497	239	258	55.01	59.32	51.55
86	7843	3627	4216	544	304	240	69.36	83.82	56.93
87	6434	3012	3422	498	271	227	77.40	89.97	66.34
88	4940	2347	2593	375	189	186	75.91	80.53	71.73
89	4041	1926	2115	367	200	167	90.82	103.84	78.96
90-94岁	**9460**	**4398**	**5062**	**1093**	**561**	**532**	**115.54**	**127.56**	**105.10**
90	3255	1529	1726	320	156	164	98.31	102.03	95.02
91	2215	998	1217	269	148	121	121.44	148.30	99.42
92	1778	829	949	212	106	106	119.24	127.86	111.70
93	1274	604	670	171	95	76	134.22	157.28	113.43
94	938	438	500	121	56	65	129.00	127.85	130.00
95-99岁	**1936**	**904**	**1032**	**264**	**138**	**126**	**136.36**	**152.65**	**122.09**
95	730	343	387	92	47	45	126.03	137.03	116.28
96	510	233	277	80	35	45	156.86	150.21	162.45
97	349	162	187	38	28	10	108.88	172.84	53.48
98	213	105	108	34	17	17	159.62	161.90	157.41
99	134	61	73	20	11	9	149.25	180.33	123.29
100岁及以上	**206**	**87**	**119**	**45**	**15**	**30**	**218.45**	**172.41**	**252.10**

6-4b　全市分年龄、性别的死亡人口状况 (2019.11.1-2020.10.31)(镇)

单位：人、‰

年　龄	平均人口			死亡人口			死亡率		
	合计	男	女	合计	男	女	合计	男	女
总　计	**528797**	**274722**	**254075**	**1583**	**905**	**678**	**2.99**	**3.29**	**2.67**
0-4岁	**28022**	**14267**	**13755**	**11**	**8**	**3**	**0.39**	**0.56**	**0.22**
0	5286	2707	2579	7	5	2	1.32	1.85	0.78
1	5773	2902	2871	2	2		0.35	0.69	
2	5480	2764	2716						
3	6953	3550	3403	1	1		0.14	0.28	
4	4530	2344	2186	1		1	0.22		0.46
5-9岁	**28182**	**14532**	**13650**	**2**	**1**	**1**	**0.07**	**0.07**	**0.07**
5	6185	3222	2963						
6	5924	3060	2864						
7	5583	2910	2673	1	1		0.18	0.34	
8	5231	2649	2582	1		1	0.19		0.39
9	5259	2691	2568						
10-14岁	**24004**	**12468**	**11536**	**4**	**4**		**0.17**	**0.32**	
10	4985	2632	2353	2	2		0.40	0.76	
11	4893	2513	2380						
12	4789	2462	2327						
13	4679	2445	2234	1	1		0.21	0.41	
14	4658	2416	2242	1	1		0.21	0.41	
15-19岁	**51853**	**25027**	**26826**	**9**	**7**	**2**	**0.17**	**0.28**	**0.07**
15	5419	2815	2604	2	1	1	0.37	0.36	0.38
16	4897	2391	2506	1	1		0.20	0.42	
17	8083	3936	4147	1	1		0.12	0.25	
18	14483	6904	7579	3	3		0.21	0.43	
19	18971	8981	9990	2	1	1	0.11	0.11	0.10
20-24岁	**66189**	**34919**	**31270**	**5**	**2**	**3**	**0.08**	**0.06**	**0.10**
20	18510	8890	9620	1		1	0.05		0.10
21	16228	8255	7973	1		1	0.06		0.13
22	11778	6381	5397						
23	9848	5672	4176	1	1		0.10	0.18	
24	9825	5721	4104	2	1	1	0.20	0.17	0.24
25-29岁	**53276**	**29633**	**23643**	**10**	**8**	**2**	**0.19**	**0.27**	**0.08**
25	9980	5740	4240	1	1		0.10	0.17	
26	9995	5665	4330	3	3		0.30	0.53	
27	10604	5896	4708	1		1	0.09		0.21
28	10499	5766	4733	1	1		0.10	0.17	
29	12198	6566	5632	4	3	1	0.33	0.46	0.18

6-4b 续表 1

单位：人、‰

年 龄	平均人口			死亡人口			死亡率		
	合计	男	女	合计	男	女	合计	男	女
30-34岁	**55345**	**29234**	**26111**	**20**	**12**	**8**	**0.36**	**0.41**	**0.31**
30	12679	6729	5950	5	3	2	0.39	0.45	0.34
31	11470	6004	5466	5	3	2	0.44	0.50	0.37
32	11423	6132	5291	7	4	3	0.61	0.65	0.57
33	10465	5464	5001	3	2	1	0.29	0.37	0.20
34	9308	4905	4403						
35-39岁	**39498**	**20406**	**19092**	**16**	**12**	**4**	**0.41**	**0.59**	**0.21**
35	9021	4672	4349	3	3		0.33	0.64	
36	8298	4292	4006	4	4		0.48	0.93	
37	8418	4360	4058	3	1	2	0.36	0.23	0.49
38	7653	3912	3741	4	4		0.52	1.02	
39	6108	3170	2938	2		2	0.33		0.68
40-44岁	**31849**	**16058**	**15791**	**23**	**16**	**7**	**0.72**	**1.00**	**0.44**
40	6188	3129	3059	1	1		0.16	0.32	
41	5936	3013	2923	9	6	3	1.52	1.99	1.03
42	6109	3051	3058	2	2		0.33	0.66	
43	6521	3224	3297	2	1	1	0.31	0.31	0.30
44	7095	3641	3454	9	6	3	1.27	1.65	0.87
45-49岁	**37091**	**19421**	**17670**	**47**	**32**	**15**	**1.27**	**1.65**	**0.85**
45	7255	3635	3620	8	6	2	1.10	1.65	0.55
46	7570	3885	3685	9	8	1	1.19	2.06	0.27
47	7638	4007	3631	9	7	2	1.18	1.75	0.55
48	7379	3952	3427	11	6	5	1.49	1.52	1.46
49	7249	3942	3307	10	5	5	1.38	1.27	1.51
50-54岁	**30564**	**16444**	**14120**	**69**	**43**	**26**	**2.26**	**2.61**	**1.84**
50	6772	3627	3145	12	8	4	1.77	2.21	1.27
51	6543	3529	3014	17	12	5	2.60	3.40	1.66
52	5827	3091	2736	13	5	8	2.23	1.62	2.92
53	5526	2979	2547	14	8	6	2.53	2.69	2.36
54	5896	3218	2678	13	10	3	2.20	3.11	1.12
55-59岁	**25453**	**13527**	**11926**	**81**	**54**	**27**	**3.18**	**3.99**	**2.26**
55	6056	3282	2774	14	9	5	2.31	2.74	1.80
56	5984	3191	2793	18	12	6	3.01	3.76	2.15
57	6355	3385	2970	20	14	6	3.15	4.14	2.02
58	3786	1933	1853	14	10	4	3.70	5.17	2.16
59	3272	1736	1536	15	9	6	4.58	5.18	3.91
60-64岁	**18821**	**9759**	**9062**	**91**	**57**	**34**	**4.84**	**5.84**	**3.75**
60	3897	1985	1912	14	9	5	3.59	4.53	2.62
61	3609	1934	1675	13	10	3	3.60	5.17	1.79
62	3882	2021	1861	25	12	13	6.44	5.94	6.99
63	3847	1990	1857	18	13	5	4.68	6.53	2.69
64	3586	1829	1757	21	13	8	5.86	7.11	4.55

6-4b　续表 2　　　　　　　　　　　　　　　　　　　　单位：人、‰

年　龄	平均人口			死亡人口			死亡率		
	合计	男	女	合计	男	女	合计	男	女
65–69岁	**16210**	**7912**	**8298**	**178**	**101**	**77**	**10.98**	**12.77**	**9.28**
65	3741	1912	1829	26	15	11	6.95	7.85	6.01
66	3433	1663	1770	30	21	9	8.74	12.63	5.08
67	3216	1549	1667	41	25	16	12.75	16.14	9.60
68	2946	1403	1543	42	21	21	14.26	14.97	13.61
69	2874	1385	1489	39	19	20	13.57	13.72	13.43
70–74岁	**9322**	**4634**	**4688**	**175**	**96**	**79**	**18.77**	**20.72**	**16.85**
70	2566	1267	1299	33	18	15	12.86	14.21	11.55
71	1602	787	815	15	10	5	9.36	12.71	6.13
72	1616	847	769	40	23	17	24.75	27.15	22.11
73	1871	919	952	31	17	14	16.57	18.50	14.71
74	1667	814	853	56	28	28	33.59	34.40	32.83
75–79岁	**6258**	**3137**	**3121**	**244**	**146**	**98**	**38.99**	**46.54**	**31.40**
75	1404	697	707	46	24	22	32.76	34.43	31.12
76	1236	605	631	47	31	16	38.03	51.24	25.36
77	1389	698	691	44	28	16	31.68	40.11	23.15
78	1203	600	603	46	28	18	38.24	46.67	29.85
79	1026	537	489	61	35	26	59.45	65.18	53.17
80–84岁	**3995**	**2022**	**1973**	**257**	**152**	**105**	**64.33**	**75.17**	**53.22**
80	923	474	449	51	25	26	55.25	52.74	57.91
81	855	413	442	59	41	18	69.01	99.27	40.72
82	850	452	398	47	31	16	55.29	68.58	40.20
83	720	366	354	52	31	21	72.22	84.70	59.32
84	647	317	330	48	24	24	74.19	75.71	72.73
85–89岁	**2102**	**1023**	**1079**	**202**	**107**	**95**	**96.10**	**104.59**	**88.04**
85	546	283	263	48	27	21	87.91	95.41	79.85
86	530	275	255	46	21	25	86.79	76.36	98.04
87	422	181	241	48	27	21	113.74	149.17	87.14
88	314	147	167	29	15	14	92.36	102.04	83.83
89	290	137	153	31	17	14	106.90	124.09	91.50
90–94岁	**607**	**243**	**364**	**115**	**40**	**75**	**189.46**	**164.61**	**206.04**
90	196	97	99	29	11	18	147.96	113.40	181.82
91	146	47	99	32	11	21	219.18	234.04	212.12
92	120	52	68	25	7	18	208.33	134.62	264.71
93	86	27	59	15	6	9	174.42	222.22	152.54
94	59	20	39	14	5	9	237.29	250.00	230.77
95–99岁	**136**	**52**	**84**	**19**	**6**	**13**	**139.71**	**115.38**	**154.76**
95	60	29	31	8	2	6	133.33	68.97	193.55
96	40	12	28	6	2	4	150.00	166.67	142.86
97	21	9	12	1	1		47.62	111.11	
98	9	1	8	1		1	111.11		125.00
99	6	1	5	3	1	2	500.00	1000.00	400.00
100岁及以上	**20**	**4**	**16**	**5**	**1**	**4**	**250.00**	**250.00**	**250.00**

6-4c 全市分年龄、性别的死亡人口状况 (2019.11.1-2020.10.31)(乡村)

单位：人、‰

年 龄	平均人口			死亡人口			死亡率		
	合计	男	女	合计	男	女	合计	男	女
总 计	**579943**	**310681**	**269262**	**3876**	**2227**	**1649**	**6.68**	**7.17**	**6.12**
0-4岁	**28484**	**14482**	**14002**	**20**	**11**	**9**	**0.70**	**0.76**	**0.64**
0	5649	2917	2732	9	5	4	1.59	1.71	1.46
1	5913	2986	2927	1	1		0.17	0.33	
2	5687	2882	2805	5	2	3	0.88	0.69	1.07
3	6504	3280	3224	2	2		0.31	0.61	
4	4731	2417	2314	3	1	2	0.63	0.41	0.86
5-9岁	**29935**	**15348**	**14587**	**6**	**3**	**3**	**0.20**	**0.20**	**0.21**
5	6009	3041	2968	1		1	0.17		0.34
6	5972	3051	2921	2		2	0.33		0.68
7	6237	3212	3025						
8	5984	3162	2822						
9	5733	2882	2851	3	3		0.52	1.04	
10-14岁	**28657**	**14892**	**13765**	**10**	**4**	**6**	**0.35**	**0.27**	**0.44**
10	5785	2966	2819	5	1	4	0.86	0.34	1.42
11	5734	2987	2747	2	2		0.35	0.67	
12	5753	2999	2754						
13	5813	2973	2840						
14	5572	2967	2605	3	1	2	0.54	0.34	0.77
15-19岁	**25001**	**14878**	**10123**	**5**	**4**	**1**	**0.20**	**0.27**	**0.10**
15	5183	3070	2113						
16	3986	2431	1555	3	2	1	0.75	0.82	0.64
17	4613	2698	1915	1	1		0.22	0.37	
18	5469	3221	2248						
19	5750	3458	2292	1	1		0.17	0.29	
20-24岁	**34705**	**19414**	**15291**	**13**	**9**	**4**	**0.37**	**0.46**	**0.26**
20	5584	3230	2354	3	2	1	0.54	0.62	0.42
21	6129	3515	2614	2	2		0.33	0.57	
22	6836	3774	3062	2	1	1	0.29	0.26	0.33
23	7458	4086	3372	2	1	1	0.27	0.24	0.30
24	8698	4809	3889	4	3	1	0.46	0.62	0.26
25-29岁	**46400**	**25031**	**21369**	**23**	**17**	**6**	**0.50**	**0.68**	**0.28**
25	8948	4850	4098	2	2		0.22	0.41	
26	8856	4743	4113	3	3		0.34	0.63	
27	9332	4949	4383	9	6	3	0.96	1.21	0.68
28	9034	4911	4123	5	3	2	0.55	0.61	0.49
29	10230	5578	4652	4	3	1	0.39	0.54	0.21

6-4c 续表 1

单位：人、‰

年 龄	平均人口			死亡人口			死亡率		
	合计	男	女	合计	男	女	合计	男	女
30−34岁	**44484**	**24410**	**20074**	**31**	**19**	**12**	**0.70**	**0.78**	**0.60**
30	10404	5685	4719	12	6	6	1.15	1.06	1.27
31	9103	5007	4096	6	6		0.66	1.20	
32	9045	4915	4130	3	2	1	0.33	0.41	0.24
33	8543	4679	3864	6	3	3	0.70	0.64	0.78
34	7389	4124	3265	4	2	2	0.54	0.48	0.61
35−39岁	**34628**	**19360**	**15268**	**43**	**29**	**14**	**1.24**	**1.50**	**0.92**
35	7707	4277	3430	7	6	1	0.91	1.40	0.29
36	6965	3890	3075	5	4	1	0.72	1.03	0.33
37	7478	4180	3298	14	8	6	1.87	1.91	1.82
38	6738	3788	2950	9	5	4	1.34	1.32	1.36
39	5740	3225	2515	8	6	2	1.39	1.86	0.80
40−44岁	**34625**	**19290**	**15335**	**48**	**36**	**12**	**1.39**	**1.87**	**0.78**
40	6228	3538	2690	10	8	2	1.61	2.26	0.74
41	6025	3387	2638	6	4	2	1.00	1.18	0.76
42	6661	3639	3022	10	7	3	1.50	1.92	0.99
43	7122	4028	3094	12	8	4	1.68	1.99	1.29
44	8589	4698	3891	10	9	1	1.16	1.92	0.26
45−49岁	**50104**	**27417**	**22687**	**116**	**79**	**37**	**2.32**	**2.88**	**1.63**
45	9109	5001	4108	19	11	8	2.09	2.20	1.95
46	9746	5281	4465	18	12	6	1.85	2.27	1.34
47	10215	5635	4580	28	21	7	2.74	3.73	1.53
48	10363	5625	4738	21	16	5	2.03	2.84	1.06
49	10671	5875	4796	30	19	11	2.81	3.23	2.29
50−54岁	**51207**	**28154**	**23053**	**147**	**109**	**38**	**2.87**	**3.87**	**1.65**
50	10687	5822	4865	22	15	7	2.06	2.58	1.44
51	10660	5910	4750	31	21	10	2.91	3.55	2.11
52	9996	5490	4506	28	21	7	2.80	3.83	1.55
53	9466	5233	4233	28	22	6	2.96	4.20	1.42
54	10398	5699	4699	38	30	8	3.65	5.26	1.70
55−59岁	**46147**	**24358**	**21789**	**230**	**151**	**79**	**4.98**	**6.20**	**3.63**
55	10399	5574	4825	47	31	16	4.52	5.56	3.32
56	10566	5634	4932	53	40	13	5.02	7.10	2.64
57	11678	6208	5470	49	30	19	4.20	4.83	3.47
58	7170	3716	3454	40	26	14	5.58	7.00	4.05
59	6334	3226	3108	41	24	17	6.47	7.44	5.47
60−64岁	**40761**	**21410**	**19351**	**268**	**160**	**108**	**6.57**	**7.47**	**5.58**
60	8431	4455	3976	45	26	19	5.34	5.84	4.78
61	7832	4096	3736	41	18	23	5.23	4.39	6.16
62	8212	4413	3799	61	39	22	7.43	8.84	5.79
63	8615	4491	4124	55	35	20	6.38	7.79	4.85
64	7671	3955	3716	66	42	24	8.60	10.62	6.46

6-4c 续表 2 单位：人、‰

年 龄	平均人口			死亡人口			死亡率		
	合计	男	女	合计	男	女	合计	男	女
65-69岁	**36800**	**18427**	**18373**	**426**	**266**	**160**	**11.58**	**14.44**	**8.71**
65	8297	4186	4111	76	45	31	9.16	10.75	7.54
66	8080	4002	4078	92	60	32	11.39	14.99	7.85
67	7229	3603	3626	91	63	28	12.59	17.49	7.72
68	6709	3364	3345	75	47	28	11.18	13.97	8.37
69	6485	3272	3213	92	51	41	14.19	15.59	12.76
70-74岁	**19713**	**10108**	**9605**	**425**	**267**	**158**	**21.56**	**26.41**	**16.45**
70	5463	2734	2729	80	52	28	14.64	19.02	10.26
71	3394	1762	1632	81	53	28	23.87	30.08	17.16
72	3365	1793	1572	76	43	33	22.59	23.98	20.99
73	3843	2004	1839	92	59	33	23.94	29.44	17.94
74	3648	1815	1833	96	60	36	26.32	33.06	19.64
75-79岁	**13055**	**6579**	**6476**	**550**	**317**	**233**	**42.13**	**48.18**	**35.98**
75	3029	1506	1523	89	44	45	29.38	29.22	29.55
76	2700	1394	1306	87	54	33	32.22	38.74	25.27
77	2756	1389	1367	110	70	40	39.91	50.40	29.26
78	2570	1275	1295	142	80	62	55.25	62.75	47.88
79	2000	1015	985	122	69	53	61.00	67.98	53.81
80-84岁	**8399**	**4246**	**4153**	**639**	**365**	**274**	**76.08**	**85.96**	**65.98**
80	1821	931	890	107	65	42	58.76	69.82	47.19
81	1817	962	855	123	80	43	67.69	83.16	50.29
82	1758	930	828	158	79	79	89.87	84.95	95.41
83	1526	748	778	129	80	49	84.53	106.95	62.98
84	1477	675	802	122	61	61	82.60	90.37	76.06
85-89岁	**4918**	**2149**	**2769**	**578**	**264**	**314**	**117.53**	**122.85**	**113.40**
85	1256	590	666	132	76	56	105.10	128.81	84.08
86	1227	543	684	120	64	56	97.80	117.86	81.87
87	975	414	561	119	45	74	122.05	108.70	131.91
88	786	328	458	107	40	67	136.13	121.95	146.29
89	674	274	400	100	39	61	148.37	142.34	152.50
90-94岁	**1491**	**591**	**900**	**216**	**94**	**122**	**144.87**	**159.05**	**135.56**
90	478	194	284	67	33	34	140.17	170.10	119.72
91	354	138	216	44	22	22	124.29	159.42	101.85
92	279	103	176	43	17	26	154.12	165.05	147.73
93	207	83	124	36	13	23	173.91	156.63	185.48
94	173	73	100	26	9	17	150.29	123.29	170.00
95-99岁	**370**	**121**	**249**	**72**	**21**	**51**	**194.59**	**173.55**	**204.82**
95	144	47	97	26	8	18	180.56	170.21	185.57
96	94	26	68	22	5	17	234.04	192.31	250.00
97	67	30	37	16	5	11	238.81	166.67	297.30
98	42	9	33	5	1	4	119.05	111.11	121.21
99	23	9	14	3	2	1	130.43	222.22	71.43
100岁及以上	**59**	**16**	**43**	**10**	**2**	**8**	**169.49**	**125.00**	**186.05**

第一部分　全部数据资料

第七卷　户口登记状况

7-1　全市按现住地、户口登记地、

现住地	户口					
	合　计			省　内		
	合计	男	女	小计	男	女
太原市	**3003980**	**1572656**	**1431324**	**2447719**	**1229328**	**1218391**
小店区	901519	475755	425764	708103	357634	350469
迎泽区	321640	162841	158799	257617	124737	132880
杏花岭区	454790	230765	224025	388368	192408	195960
尖草坪区	312370	167502	144868	252926	130561	122365
万柏林区	572680	295321	277359	482835	240307	242528
晋源区	159054	88508	70546	114982	59813	55169
清徐县	84573	47451	37122	65525	32704	32821
阳曲县	53631	29681	23950	45870	23991	21879
娄烦县	34833	17793	17040	33332	16854	16478
古交市	108890	57039	51851	98161	50319	47842

7-1a　全市按现住地、户口登记地、

现住地	户口					
	合　计			省　内		
	合计	男	女	小计	男	女
太原市	**2535073**	**1312989**	**1222084**	**2062673**	**1026724**	**1035949**
小店区	690565	358731	331834	533349	263379	269970
迎泽区	315125	159070	156055	253243	122362	130881
杏花岭区	421862	213370	208492	360699	178216	182483
尖草坪区	305002	163106	141896	247440	127437	120003
万柏林区	570578	294212	276366	481092	239429	241663
晋源区	142118	78634	63484	103280	53532	49748
清徐县						
阳曲县						
娄烦县						
古交市	89823	45866	43957	83570	42369	41201

性别分的户口登记地在外乡镇街道的人口

单位：人

登记地								
市辖区内人户分离			省内流动人口			省外		
小计	男	女	小计	男	女	小计	男	女
927452	**454152**	**473300**	**1520267**	**775176**	**745091**	**556261**	**343328**	**212933**
206480	100821	105659	501623	256813	244810	193416	118121	75295
119313	57815	61498	138304	66922	71382	64023	38104	25919
202675	99012	103663	185693	93396	92297	66422	38357	28065
119730	59226	60504	133196	71335	61861	59444	36941	22503
231165	113761	117404	251670	126546	125124	89845	55014	34831
48089	23517	24572	66893	36296	30597	44072	28695	15377
			65525	32704	32821	19048	14747	4301
			45870	23991	21879	7761	5690	2071
			33332	16854	16478	1501	939	562
			98161	50319	47842	10729	6720	4009

性别分的户口登记地在外乡镇街道的人口(城市)

单位：人

登记地								
市辖区内人户分离			省内流动人口			省外		
小计	男	女	小计	男	女	小计	男	女
908707	**444824**	**463883**	**1153966**	**581900**	**572066**	**472400**	**286265**	**186135**
201875	98608	103267	331474	164771	166703	157216	95352	61864
118465	57391	61074	134778	64971	69807	61882	36708	25174
194573	94872	99701	166126	83344	82782	61163	35154	26009
118116	58413	59703	129324	69024	60300	57562	35669	21893
230866	113598	117268	250226	125831	124395	89486	54783	34703
44812	21942	22870	58468	31590	26878	38838	25102	13736
			83570	42369	41201	6253	3497	2756

7-1b 全市按现住地、户口登记地、

现住地	户口					
	合计			省内		
	合计	男	女	小计	男	女
太原市	**316428**	**168796**	**147632**	**276528**	**142809**	**133719**
小店区	180876	98230	82646	157065	83749	73316
迎泽区						
杏花岭区						
尖草坪区	482	258	224	383	197	186
万柏林区	1737	862	875	1544	749	795
晋源区	2928	1797	1131	1673	891	782
清徐县	57565	29806	27759	48674	23177	25497
阳曲县	40760	21743	19017	36722	18859	17863
娄烦县	26135	13099	13036	25651	12811	12840
古交市	5945	3001	2944	4816	2376	2440

7-1c 全市按现住地、户口登记地、

现住地	户口					
	合计			省内		
	合计	男	女	小计	男	女
太原市	**152479**	**90871**	**61608**	**108518**	**59795**	**48723**
小店区	30078	18794	11284	17689	10506	7183
迎泽区	6515	3771	2744	4374	2375	1999
杏花岭区	32928	17395	15533	27669	14192	13477
尖草坪区	6886	4138	2748	5103	2927	2176
万柏林区	365	247	118	199	129	70
晋源区	14008	8077	5931	10029	5390	4639
清徐县	27008	17645	9363	16851	9527	7324
阳曲县	12871	7938	4933	9148	5132	4016
娄烦县	8698	4694	4004	7681	4043	3638
古交市	13122	8172	4950	9775	5574	4201

性别分的户口登记地在外乡镇街道的人口(镇)

单位：人

登记地								
						省外		
市辖区内人户分离			省内流动人口					
小计	男	女	小计	男	女	小计	男	女
2112	**951**	**1161**	**274416**	**141858**	**132558**	**39900**	**25987**	**13913**
1154	492	662	155911	83257	72654	23811	14481	9330
195	94	101	188	103	85	99	61	38
241	127	114	1303	622	681	193	113	80
522	238	284	1151	653	498	1255	906	349
			48674	23177	25497	8891	6629	2262
			36722	18859	17863	4038	2884	1154
			25651	12811	12840	484	288	196
			4816	2376	2440	1129	625	504

性别分的户口登记地在外乡镇街道的人口(乡村)

单位：人

登记地								
						省外		
市辖区内人户分离			省内流动人口					
小计	男	女	小计	男	女	小计	男	女
16633	**8377**	**8256**	**91885**	**51418**	**40467**	**43961**	**31076**	**12885**
3451	1721	1730	14238	8785	5453	12389	8288	4101
848	424	424	3526	1951	1575	2141	1396	745
8102	4140	3962	19567	10052	9515	5259	3203	2056
1419	719	700	3684	2208	1476	1783	1211	572
58	36	22	141	93	48	166	118	48
2755	1337	1418	7274	4053	3221	3979	2687	1292
			16851	9527	7324	10157	8118	2039
			9148	5132	4016	3723	2806	917
			7681	4043	3638	1017	651	366
			9775	5574	4201	3347	2598	749

7-2 全市按户口登记地、年龄、性别分的

年龄	户口					
	合计			省内		
	合计	男	女	小计	男	女
总计	**3003980**	**1572656**	**1431324**	**2447719**	**1229328**	**1218391**
0-4岁	**138331**	**71454**	**66877**	**119702**	**61738**	**57964**
0	16263	8442	7821	14610	7601	7009
1	28145	14571	13574	24550	12647	11903
2	27647	14151	13496	23797	12148	11649
3	32545	16732	15813	27827	14313	13514
4	33731	17558	16173	28918	15029	13889
5-9岁	**144445**	**75531**	**68914**	**119826**	**62217**	**57609**
5	24150	12510	11640	19959	10291	9668
6	33203	17413	15790	28060	14582	13478
7	29081	15181	13900	24279	12595	11684
8	30764	16070	14694	25333	13139	12194
9	27247	14357	12890	22195	11610	10585
10-14岁	**130095**	**68281**	**61814**	**106920**	**55322**	**51598**
10	26778	13965	12813	21999	11300	10699
11	26244	13742	12502	21294	10987	10307
12	26273	13737	12536	21531	11121	10410
13	25956	13681	12275	21501	11163	10338
14	24844	13156	11688	20595	10751	9844
15-19岁	**206762**	**110139**	**96623**	**177178**	**92281**	**84897**
15	29444	15660	13784	25861	13622	12239
16	35497	18776	16721	31797	16623	15174
17	29469	15642	13827	25765	13453	12312
18	43051	22980	20071	37047	19391	17656
19	69301	37081	32220	56708	29192	27516
20-24岁	**308821**	**161790**	**147031**	**251596**	**125539**	**126057**
20	74976	39985	34991	59646	30346	29300
21	67775	35913	31862	53745	27054	26691
22	60435	31818	28617	49543	24865	24678
23	52069	27008	25061	43500	21559	21941
24	53566	27066	26500	45162	21715	23447
25-29岁	**302892**	**154551**	**148341**	**255329**	**124648**	**130681**
25	57707	29439	28268	48839	23829	25010
26	58070	29205	28865	49402	23814	25588
27	62142	31655	30487	52646	25628	27018
28	62378	31794	30584	52426	25535	26891
29	62595	32458	30137	52016	25842	26174

户口登记地在外乡镇街道的人口

单位：人

登记地					
其中市辖区内人户分离			省外		
小计	男	女	小计	男	女
927452	**454152**	**473300**	**556261**	**343328**	**212933**
54129	**27873**	**26256**	**18629**	**9716**	**8913**
6685	3468	3217	1653	841	812
11054	5657	5397	3595	1924	1671
10707	5537	5170	3850	2003	1847
12599	6460	6139	4718	2419	2299
13084	6751	6333	4813	2529	2284
47586	**24530**	**23056**	**24619**	**13314**	**11305**
8440	4355	4085	4191	2219	1972
12013	6188	5825	5143	2831	2312
9757	5050	4707	4802	2586	2216
9568	4922	4646	5431	2931	2500
7808	4015	3793	5052	2747	2305
39677	**20179**	**19498**	**23175**	**12959**	**10216**
7831	3961	3870	4779	2665	2114
7615	3882	3733	4950	2755	2195
8067	4054	4013	4742	2616	2126
8692	4443	4249	4455	2518	1937
7472	3839	3633	4249	2405	1844
38815	**19611**	**19204**	**29584**	**17858**	**11726**
8752	4321	4431	3583	2038	1545
10906	5435	5471	3700	2153	1547
7425	3763	3662	3704	2189	1515
6218	3317	2901	6004	3589	2415
5514	2775	2739	12593	7889	4704
36479	**17930**	**18549**	**57225**	**36251**	**20974**
6276	3255	3021	15330	9639	5691
6237	3109	3128	14030	8859	5171
7476	3703	3773	10892	6953	3939
7615	3684	3931	8569	5449	3120
8875	4179	4696	8404	5351	3053
64635	**30090**	**34545**	**47563**	**29903**	**17660**
10426	5047	5379	8868	5610	3258
11849	5522	6327	8668	5391	3277
13328	6148	7180	9496	6027	3469
14698	6777	7921	9952	6259	3693
14334	6596	7738	10579	6616	3963

7-2 续表 1

年 龄	户口					
	合 计			省 内		
	合计	男	女	小计	男	女
30—34岁	**356077**	**184849**	**171228**	**287558**	**142312**	**145246**
30	78502	40547	37955	64347	31601	32746
31	75618	39004	36614	61612	30221	31391
32	68468	35457	33011	55209	27324	27885
33	70956	37012	33944	56402	28098	28304
34	62533	32829	29704	49988	25068	24920
35—39岁	**265627**	**139874**	**125753**	**212610**	**107150**	**105460**
35	56743	30043	26700	45883	23336	22547
36	55800	29371	26429	45255	22889	22366
37	51656	27184	24472	41594	21000	20594
38	56697	29553	27144	45305	22547	22758
39	44731	23723	21008	34573	17378	17195
40—44岁	**207012**	**108893**	**98119**	**159425**	**79220**	**80205**
40	41850	22218	19632	32698	16557	16141
41	41181	21963	19218	31230	15772	15458
42	40171	21071	19100	30721	15116	15605
43	39567	20656	18911	30714	15143	15571
44	44243	22985	21258	34062	16632	17430
45—49岁	**234384**	**124121**	**110263**	**175869**	**86921**	**88948**
45	44221	22961	21260	33913	16483	17430
46	47318	24877	22441	35821	17652	18169
47	47571	25196	22375	35702	17608	18094
48	47938	25535	22403	35496	17657	17839
49	47336	25552	21784	34937	17521	17416
50—54岁	**209722**	**113958**	**95764**	**154943**	**77506**	**77437**
50	48311	26080	22231	35558	17799	17759
51	44022	23854	20168	32738	16319	16419
52	44944	24375	20569	33139	16559	16580
53	34545	18882	15663	25211	12588	12623
54	37900	20767	17133	28297	14241	14056
55—59岁	**172712**	**92044**	**80668**	**139963**	**70409**	**69554**
55	39017	20890	18127	30667	15312	15355
56	37679	20178	17501	30101	15162	14939
57	43599	23363	20236	35176	17756	17420
58	33205	17693	15512	27561	13992	13569
59	19212	9920	9292	16458	8187	8271
60—64岁	**122898**	**64622**	**58276**	**106544**	**54512**	**52032**
60	25943	13547	12396	22594	11481	11113
61	23322	12343	10979	20436	10511	9925
62	25258	13357	11901	21789	11176	10613
63	26102	13708	12394	22453	11441	11012
64	22273	11667	10606	19272	9903	9369

单位：人

登记地					
其中市辖区内人户分离			省　外		
小计	男	女	小计	男	女
101865	**46885**	**54980**	**68519**	**42537**	**25982**
20497	9329	11168	14155	8946	5209
21270	9701	11569	14006	8783	5223
20039	9309	10730	13259	8133	5126
20998	9703	11295	14554	8914	5640
19061	8843	10218	12545	7761	4784
85134	**40007**	**45127**	**53017**	**32724**	**20293**
17373	8135	9238	10860	6707	4153
17565	8333	9232	10545	6482	4063
16926	8017	8909	10062	6184	3878
19047	8863	10184	11392	7006	4386
14223	6659	7564	10158	6345	3813
67810	**31877**	**35933**	**47587**	**29673**	**17914**
13262	6277	6985	9152	5661	3491
12686	6025	6661	9951	6191	3760
13388	6266	7122	9450	5955	3495
13729	6378	7351	8853	5513	3340
14745	6931	7814	10181	6353	3828
79997	**38391**	**41606**	**58515**	**37200**	**21315**
14316	6707	7609	10308	6478	3830
15366	7301	8065	11497	7225	4272
16448	7910	8538	11869	7588	4281
16851	8191	8660	12442	7878	4564
17016	8282	8734	12399	8031	4368
78257	**39405**	**38852**	**54779**	**36452**	**18327**
17601	8872	8729	12753	8281	4472
17118	8534	8584	11284	7535	3749
16882	8453	8429	11805	7816	3989
12127	6155	5972	9334	6294	3040
14529	7391	7138	9603	6526	3077
76812	**39511**	**37301**	**32749**	**21635**	**11114**
16489	8416	8073	8350	5578	2772
16459	8461	7998	7578	5016	2562
20076	10324	9752	8423	5607	2816
14752	7668	7084	5644	3701	1943
9036	4642	4394	2754	1733	1021
59429	**30872**	**28557**	**16354**	**10110**	**6244**
12742	6628	6114	3349	2066	1283
11488	5987	5501	2886	1832	1054
12289	6406	5883	3469	2181	1288
12425	6368	6057	3649	2267	1382
10485	5483	5002	3001	1764	1237

7-2 续表 2

年龄	户口					
	合计			省内		
	合计	男	女	小计	男	女
65-69岁	**86645**	**45241**	**41404**	**75488**	**38787**	**36701**
65	21685	11501	10184	18792	9799	8993
66	20235	10597	9638	17757	9150	8607
67	16774	8651	8123	14541	7379	7162
68	14703	7548	7155	12755	6430	6325
69	13248	6944	6304	11643	6029	5614
70-74岁	**46012**	**23663**	**22349**	**40636**	**20645**	**19991**
70	12373	6358	6015	10950	5566	5384
71	9318	4884	4434	8133	4204	3929
72	8032	4123	3909	7043	3577	3466
73	8352	4330	4022	7410	3787	3623
74	7937	3968	3969	7100	3511	3589
75-79岁	**29794**	**14605**	**15189**	**26723**	**13047**	**13676**
75	6590	3244	3346	5871	2862	3009
76	5914	2910	3004	5244	2573	2671
77	5730	2841	2889	5176	2552	2624
78	6067	2977	3090	5500	2700	2800
79	5493	2633	2860	4932	2360	2572
80-84岁	**23076**	**10596**	**12480**	**20855**	**9532**	**11323**
80	5269	2481	2788	4730	2206	2524
81	4684	2049	2635	4226	1831	2395
82	4807	2220	2587	4356	2016	2340
83	4347	2023	2324	3931	1825	2106
84	3969	1823	2146	3612	1654	1958
85-89岁	**12912**	**5933**	**6979**	**11586**	**5356**	**6230**
85	3404	1499	1905	3055	1357	1698
86	2983	1405	1578	2660	1253	1407
87	2675	1248	1427	2418	1145	1273
88	2157	986	1171	1936	881	1055
89	1693	795	898	1517	720	797
90-94岁	**4383**	**1943**	**2440**	**3849**	**1712**	**2137**
90	1434	648	786	1264	569	695
91	989	414	575	884	371	513
92	817	383	434	722	343	379
93	644	264	380	555	229	326
94	499	234	265	424	200	224
95-99岁	**1179**	**493**	**686**	**979**	**429**	**550**
95	409	166	243	342	143	199
96	295	125	170	252	111	141
97	217	94	123	175	79	96
98	138	62	76	114	55	59
99	120	46	74	96	41	55
100岁及以上	**201**	**75**	**126**	**140**	**45**	**95**

单位：人

登记地					
其中市辖区内人户分离			省外		
小计	男	女	小计	男	女
40061	**20503**	**19558**	**11157**	**6454**	**4703**
10310	5363	4947	2893	1702	1191
9476	4908	4568	2478	1447	1031
7551	3831	3720	2233	1272	961
6537	3259	3278	1948	1118	830
6187	3142	3045	1605	915	690
20901	**10465**	**10436**	**5376**	**3018**	**2358**
5583	2797	2786	1423	792	631
4005	2019	1986	1185	680	505
3703	1876	1827	989	546	443
3894	1977	1917	942	543	399
3716	1796	1920	837	457	380
14287	**6565**	**7722**	**3071**	**1558**	**1513**
3149	1487	1662	719	382	337
2738	1282	1456	670	337	333
2706	1254	1452	554	289	265
2965	1335	1630	567	277	290
2729	1207	1522	561	273	288
12285	**5189**	**7096**	**2221**	**1064**	**1157**
2727	1146	1581	539	275	264
2509	1002	1507	458	218	240
2575	1110	1465	451	204	247
2315	982	1333	416	198	218
2159	949	1210	357	169	188
6665	**3070**	**3595**	**1326**	**577**	**749**
1810	799	1011	349	142	207
1552	733	819	323	152	171
1391	643	748	257	103	154
1091	496	595	221	105	116
821	399	422	176	75	101
2059	**945**	**1114**	**534**	**231**	**303**
727	325	402	170	79	91
462	199	263	105	43	62
368	182	186	95	40	55
285	124	161	89	35	54
217	115	102	75	34	41
487	**228**	**259**	**200**	**64**	**136**
188	81	107	67	23	44
122	56	66	43	14	29
81	41	40	42	15	27
46	22	24	24	7	17
50	28	22	24	5	19
82	**26**	**56**	**61**	**30**	**31**

7-2a 全市按户口登记地、年龄、性别分的

年龄	户口					
	合计			省内		
	合计	男	女	小计	男	女
总 计	**2535073**	**1312989**	**1222084**	**2062673**	**1026724**	**1035949**
0-4岁	**119691**	**61934**	**57757**	**103080**	**53254**	**49826**
0	14029	7318	6711	12558	6556	6002
1	24330	12587	11743	21160	10896	10264
2	23802	12200	11602	20355	10406	9949
3	28244	14569	13675	24018	12389	11629
4	29286	15260	14026	24989	13007	11982
5-9岁	**123724**	**64748**	**58976**	**101698**	**52813**	**48885**
5	20725	10716	10009	17032	8765	8267
6	28622	15040	13582	24032	12499	11533
7	24944	13024	11920	20648	10713	9935
8	26269	13741	12528	21373	11092	10281
9	23164	12227	10937	18613	9744	8869
10-14岁	**111410**	**58469**	**52941**	**90370**	**46723**	**43647**
10	22791	11917	10874	18501	9522	8979
11	22367	11712	10655	17876	9205	8671
12	22686	11828	10858	18362	9455	8907
13	22422	11803	10619	18368	9512	8856
14	21144	11209	9935	17263	9029	8234
15-19岁	**157574**	**84816**	**72758**	**131614**	**69002**	**62612**
15	23843	12518	11325	20589	10675	9914
16	28489	14977	13512	25138	13047	12091
17	23486	12557	10929	20223	10649	9574
18	31807	17236	14571	26732	14145	12587
19	49949	27528	22421	38932	20486	18446
20-24岁	**238245**	**124320**	**113925**	**188482**	**92791**	**95691**
20	54612	30005	24607	41098	21391	19707
21	50397	27205	23192	38048	19346	18702
22	46598	24393	22205	37259	18434	18825
23	41997	21016	20981	34675	16447	18228
24	44641	21701	22940	37402	17173	20229
25-29岁	**253633**	**126154**	**127479**	**213806**	**101560**	**112246**
25	48433	23903	24530	40897	19211	21686
26	48646	23718	24928	41401	19292	22109
27	52078	25916	26162	44093	20912	23181
28	52151	26003	26148	43898	20915	22983
29	52325	26614	25711	43517	21230	22287

户口登记地在外乡镇街道的人口(城市)

单位：人

登记地					
其中市辖区内人户分离			省外		
小计	男	女	小计	男	女
908707	**444824**	**463883**	**472400**	**286265**	**186135**
52889	**27265**	**25624**	**16611**	**8680**	**7931**
6532	3390	3142	1471	762	709
10789	5536	5253	3170	1691	1479
10439	5411	5028	3447	1794	1653
12342	6329	6013	4226	2180	2046
12787	6599	6188	4297	2253	2044
46460	**23946**	**22514**	**22026**	**11935**	**10091**
8246	4248	3998	3693	1951	1742
11743	6059	5684	4590	2541	2049
9524	4932	4592	4296	2311	1985
9331	4790	4541	4896	2649	2247
7616	3917	3699	4551	2483	2068
38840	**19742**	**19098**	**21040**	**11746**	**9294**
7641	3873	3768	4290	2395	1895
7414	3778	3636	4491	2507	1984
7939	3985	3954	4324	2373	1951
8532	4357	4175	4054	2291	1763
7314	3749	3565	3881	2180	1701
37210	**18705**	**18505**	**25960**	**15814**	**10146**
8457	4149	4308	3254	1843	1411
10491	5179	5312	3351	1930	1421
7155	3604	3551	3263	1908	1355
5964	3180	2784	5075	3091	1984
5143	2593	2550	11017	7042	3975
34915	**17224**	**17691**	**49763**	**31529**	**18234**
5859	3061	2798	13514	8614	4900
5820	2916	2904	12349	7859	4490
7202	3590	3612	9339	5959	3380
7393	3568	3825	7322	4569	2753
8641	4089	4552	7239	4528	2711
63077	**29478**	**33599**	**39827**	**24594**	**15233**
10178	4948	5230	7536	4692	2844
11575	5412	6163	7245	4426	2819
13008	6026	6982	7985	5004	2981
14318	6634	7684	8253	5088	3165
13998	6458	7540	8808	5384	3424

7-2a　续表 1

年　龄	户口					
	合　　计			省　　内		
	合计	男	女	小计	男	女
30-34岁	**301450**	**154455**	**146995**	**243586**	**119339**	**124247**
30	65945	33556	32389	54129	26266	27863
31	64180	32730	31450	52298	25396	26902
32	58016	29575	28441	46896	22925	23971
33	60119	30920	29199	47787	23550	24237
34	53190	27674	25516	42476	21202	21274
35-39岁	**227949**	**118937**	**109012**	**182467**	**91439**	**91028**
35	48552	25473	23079	39192	19790	19402
36	47532	24756	22776	38545	19361	19184
37	44431	23192	21239	35763	17981	17782
38	48914	25233	23681	39078	19296	19782
39	38520	20283	18237	29889	15011	14878
40-44岁	**176989**	**92205**	**84784**	**136978**	**67846**	**69132**
40	35971	18927	17044	28133	14189	13944
41	35160	18537	16623	26829	13515	13314
42	34436	17881	16555	26498	12994	13504
43	33770	17524	16246	26336	12971	13365
44	37652	19336	18316	29182	14177	15005
45-49岁	**199838**	**104099**	**95739**	**152372**	**74610**	**77762**
45	37466	19203	18263	29039	14037	15002
46	40310	20935	19375	30868	15126	15742
47	40390	21030	19360	30795	15039	15756
48	40976	21465	19511	30938	15220	15718
49	40696	21466	19230	30732	15188	15544
50-54岁	**181830**	**96608**	**85222**	**137177**	**67760**	**69417**
50	42010	22204	19806	31491	15574	15917
51	38173	20188	17985	29074	14298	14776
52	39186	20839	18347	29409	14507	14902
53	29640	15824	13816	22162	10952	11210
54	32821	17553	15268	25041	12429	12612
55-59岁	**152588**	**79771**	**72817**	**125538**	**62514**	**63024**
55	34090	17829	16261	27344	13499	13845
56	33411	17582	15829	27063	13502	13561
57	38662	20329	18333	31690	15848	15842
58	29291	15333	13958	24637	12389	12248
59	17134	8698	8436	14804	7276	7528
60-64岁	**110277**	**57180**	**53097**	**96290**	**48846**	**47444**
60	23362	12046	11316	20473	10335	10138
61	20935	10956	9979	18485	9452	9033
62	22588	11748	10840	19647	9957	9690
63	23336	12043	11293	20249	10200	10049
64	20056	10387	9669	17436	8902	8534

单位：人

登记地					
其中市辖区内人户分离			省　　外		
小计	男	女	小计	男	女
99735	**45949**	**53786**	**57864**	**35116**	**22748**
19988	9120	10868	11816	7290	4526
20834	9521	11313	11882	7334	4548
19650	9129	10521	11120	6650	4470
20549	9497	11052	12332	7370	4962
18714	8682	10032	10714	6472	4242
83716	**39357**	**44359**	**45482**	**27498**	**17984**
17079	8011	9068	9360	5683	3677
17236	8175	9061	8987	5395	3592
16660	7890	8770	8668	5211	3457
18757	8737	10020	9836	5937	3899
13984	6544	7440	8631	5272	3359
66852	**31384**	**35468**	**40011**	**24359**	**15652**
13072	6194	6878	7838	4738	3100
12494	5921	6573	8331	5022	3309
13198	6164	7034	7938	4887	3051
13555	6290	7265	7434	4553	2881
14533	6815	7718	8470	5159	3311
78754	**37775**	**40979**	**47466**	**29489**	**17977**
14103	6609	7494	8427	5166	3261
15134	7187	7947	9442	5809	3633
16177	7769	8408	9595	5991	3604
16604	8057	8547	10038	6245	3793
16736	8153	8583	9964	6278	3686
77072	**38770**	**38302**	**44653**	**28848**	**15805**
17353	8748	8605	10519	6630	3889
16846	8373	8473	9099	5890	3209
16657	8339	8318	9777	6332	3445
11932	6051	5881	7478	4872	2606
14284	7259	7025	7780	5124	2656
75743	**38932**	**36811**	**27050**	**17257**	**9793**
16227	8272	7955	6746	4330	2416
16257	8345	7912	6348	4080	2268
19822	10199	9623	6972	4481	2491
14526	7543	6983	4654	2944	1710
8911	4573	4338	2330	1422	908
58492	**30329**	**28163**	**13987**	**8334**	**5653**
12545	6512	6033	2889	1711	1178
11325	5889	5436	2450	1504	946
12072	6277	5795	2941	1791	1150
12237	6261	5976	3087	1843	1244
10313	5390	4923	2620	1485	1135

7-2a 续表 2

年龄	户口					
	合计			省内		
	合计	男	女	小计	男	女
65-69岁	**77217**	**39998**	**37219**	**67454**	**34452**	**33002**
65	19531	10253	9278	17026	8813	8213
66	18046	9391	8655	15875	8151	7724
67	14858	7607	7251	12912	6514	6398
68	12966	6599	6367	11262	5643	5619
69	11816	6148	5668	10379	5331	5048
70-74岁	**40331**	**20470**	**19861**	**35638**	**17861**	**17777**
70	10822	5485	5337	9592	4804	4788
71	8143	4244	3899	7103	3651	3452
72	7103	3613	3490	6226	3132	3094
73	7341	3745	3596	6532	3284	3248
74	6922	3383	3539	6185	2990	3195
75-79岁	**25970**	**12438**	**13532**	**23369**	**11141**	**12228**
75	5709	2734	2975	5122	2427	2695
76	5120	2473	2647	4558	2199	2359
77	4932	2391	2541	4455	2143	2312
78	5359	2562	2797	4864	2323	2541
79	4850	2278	2572	4370	2049	2321
80-84岁	**20536**	**9236**	**11300**	**18631**	**8334**	**10297**
80	4718	2180	2538	4246	1942	2304
81	4157	1772	2385	3760	1586	2174
82	4271	1929	2342	3892	1760	2132
83	3870	1751	2119	3517	1586	1931
84	3520	1604	1916	3216	1460	1756
85-89岁	**11139**	**5092**	**6047**	**10053**	**4628**	**5425**
85	2997	1315	1682	2691	1189	1502
86	2590	1198	1392	2321	1078	1243
87	2290	1063	1227	2090	987	1103
88	1844	842	1002	1673	756	917
89	1418	674	744	1278	618	660
90-94岁	**3615**	**1614**	**2001**	**3195**	**1436**	**1759**
90	1210	549	661	1073	487	586
91	817	340	477	728	302	426
92	665	321	344	593	291	302
93	526	214	312	461	191	270
94	397	190	207	340	165	175
95-99岁	**923**	**389**	**534**	**772**	**342**	**430**
95	326	132	194	272	113	159
96	226	94	132	196	86	110
97	171	78	93	137	66	71
98	105	47	58	87	42	45
99	95	38	57	80	35	45
100岁及以上	**144**	**56**	**88**	**103**	**33**	**70**

单位：人

登记地					
其中市辖区内人户分离			省外		
小计	男	女	小计	男	女
39417	**20148**	**19269**	**9763**	**5546**	**4217**
10172	5295	4877	2505	1440	1065
9325	4825	4500	2171	1240	931
7424	3761	3663	1946	1093	853
6416	3188	3228	1704	956	748
6080	3079	3001	1437	817	620
20485	**10199**	**10286**	**4693**	**2609**	**2084**
5465	2723	2742	1230	681	549
3928	1978	1950	1040	593	447
3644	1838	1806	877	481	396
3816	1918	1898	809	461	348
3632	1742	1890	737	393	344
14041	**6420**	**7621**	**2601**	**1297**	**1304**
3092	1454	1638	587	307	280
2679	1246	1433	562	274	288
2659	1229	1430	477	248	229
2922	1310	1612	495	239	256
2689	1181	1508	480	229	251
12051	**5084**	**6967**	**1905**	**902**	**1003**
2675	1127	1548	472	238	234
2462	978	1484	397	186	211
2520	1084	1436	379	169	210
2276	967	1309	353	165	188
2118	928	1190	304	144	160
6496	**2987**	**3509**	**1086**	**464**	**622**
1778	785	993	306	126	180
1520	716	804	269	120	149
1349	625	724	200	76	124
1054	474	580	171	86	85
795	387	408	140	56	84
1963	**906**	**1057**	**420**	**178**	**242**
694	315	379	137	62	75
447	192	255	89	38	51
349	175	174	72	30	42
273	120	153	65	23	42
200	104	96	57	25	32
438	**204**	**234**	**151**	**47**	**104**
166	70	96	54	19	35
112	53	59	30	8	22
76	37	39	34	12	22
39	19	20	18	5	13
45	25	20	15	3	12
61	**20**	**41**	**41**	**23**	**18**

7-2b 全市按户口登记地、年龄、性别分的

年龄	户口					
	合计			省内		
	合计	男	女	小计	男	女
总计	**316428**	**168796**	**147632**	**276528**	**142809**	**133719**
0-4岁	**12322**	**6315**	**6007**	**11337**	**5801**	**5536**
0	1482	750	732	1387	710	677
1	2494	1306	1188	2283	1185	1098
2	2503	1262	1241	2314	1164	1150
3	2857	1452	1405	2628	1340	1288
4	2986	1545	1441	2725	1402	1323
5-9岁	**13277**	**6957**	**6320**	**12119**	**6343**	**5776**
5	2182	1163	1019	1966	1043	923
6	3011	1581	1430	2759	1447	1312
7	2621	1384	1237	2395	1263	1132
8	2892	1487	1405	2644	1356	1288
9	2571	1342	1229	2355	1234	1121
10-14岁	**11841**	**6182**	**5659**	**10959**	**5665**	**5294**
10	2472	1265	1207	2270	1147	1123
11	2460	1289	1171	2272	1183	1089
12	2329	1229	1100	2153	1126	1027
13	2292	1225	1067	2120	1124	996
14	2288	1174	1114	2144	1085	1059
15-19岁	**37160**	**17826**	**19334**	**34788**	**16668**	**18120**
15	3069	1616	1453	2933	1542	1391
16	4365	2122	2243	4235	2047	2188
17	4059	1878	2181	3874	1778	2096
18	9149	4418	4731	8524	4142	4382
19	16518	7792	8726	15222	7159	8063
20-24岁	**59990**	**31062**	**28928**	**54739**	**27980**	**26759**
20	17683	8315	9368	16167	7517	8650
21	15416	7500	7916	14083	6763	7320
22	11912	6249	5663	10882	5643	5239
23	8095	4799	3296	7377	4311	3066
24	6884	4199	2685	6230	3746	2484
25-29岁	**35709**	**20950**	**14759**	**31678**	**18200**	**13478**
25	6884	4197	2687	6182	3713	2469
26	6916	4136	2780	6190	3636	2554
27	7301	4253	3048	6517	3723	2794
28	7258	4148	3110	6403	3576	2827
29	7350	4216	3134	6386	3552	2834

户口登记地在外乡镇街道的人口(镇)

单位：人

登记地					
其中市辖区内人户分离			省外		
小计	男	女	小计	男	女
2112	**951**	**1161**	**39900**	**25987**	**13913**
70	**31**	**39**	**985**	**514**	**471**
3		3	95	40	55
12	3	9	211	121	90
22	14	8	189	98	91
16	8	8	229	112	117
17	6	11	261	143	118
61	**34**	**27**	**1158**	**614**	**544**
15	9	6	216	120	96
16	9	7	252	134	118
8	6	2	226	121	105
11	6	5	248	131	117
11	4	7	216	108	108
55	**27**	**28**	**882**	**517**	**365**
15	5	10	202	118	84
15	8	7	188	106	82
8	5	3	176	103	73
9	6	3	172	101	71
8	3	5	144	89	55
330	**131**	**199**	**2372**	**1158**	**1214**
13	4	9	136	74	62
48	26	22	130	75	55
22	11	11	185	100	85
74	26	48	625	276	349
173	64	109	1296	633	663
733	**302**	**431**	**5251**	**3082**	**2169**
247	101	146	1516	798	718
275	113	162	1333	737	596
142	55	87	1030	606	424
44	24	20	718	488	230
25	9	16	654	453	201
98	**40**	**58**	**4031**	**2750**	**1281**
17	6	11	702	484	218
19	8	11	726	500	226
21	10	11	784	530	254
25	8	17	855	572	283
16	8	8	964	664	300

7-2b 续表 1

年 龄	户口					
	合 计			省 内		
	合计	男	女	小计	男	女
30-34岁	**37724**	**20670**	**17054**	**32267**	**17041**	**15226**
30	8755	4810	3945	7597	4044	3553
31	8176	4432	3744	7032	3676	3356
32	7208	4003	3205	6116	3279	2837
33	7301	4041	3260	6163	3280	2883
34	6284	3384	2900	5359	2762	2597
35-39岁	**25152**	**13389**	**11763**	**21476**	**10978**	**10498**
35	5552	3018	2534	4816	2559	2257
36	5441	2915	2526	4757	2475	2282
37	4935	2615	2320	4211	2133	2078
38	5253	2796	2457	4429	2248	2181
39	3971	2045	1926	3263	1563	1700
40-44岁	**18436**	**9537**	**8899**	**15291**	**7416**	**7875**
40	3739	1958	1781	3154	1568	1586
41	3635	1929	1706	2969	1459	1510
42	3453	1794	1659	2822	1364	1458
43	3620	1823	1797	3038	1443	1595
44	3989	2033	1956	3308	1582	1726
45-49岁	**19514**	**10640**	**8874**	**14932**	**7537**	**7395**
45	3974	2079	1895	3204	1535	1669
46	4070	2136	1934	3199	1563	1636
47	4071	2219	1852	3151	1602	1549
48	3877	2143	1734	2854	1487	1367
49	3522	2063	1459	2524	1350	1174
50-54岁	**14305**	**8338**	**5967**	**10382**	**5425**	**4957**
50	3468	2045	1423	2511	1338	1173
51	2889	1702	1187	2103	1109	994
52	2970	1709	1261	2177	1140	1037
53	2427	1375	1052	1758	888	870
54	2551	1507	1044	1833	950	883
55-59岁	**11115**	**6330**	**4785**	**8691**	**4500**	**4191**
55	2604	1519	1085	1954	1006	948
56	2464	1411	1053	1898	980	918
57	2710	1547	1163	2076	1071	1005
58	2125	1166	959	1750	896	854
59	1212	687	525	1013	547	466
60-64岁	**7064**	**3910**	**3154**	**6084**	**3192**	**2892**
60	1500	798	702	1299	651	648
61	1353	720	633	1166	585	581
62	1442	840	602	1233	686	547
63	1526	874	652	1295	702	593
64	1243	678	565	1091	568	523

单位：人

登记地					
其中市辖区内人户分离			省外		
小计	男	女	小计	男	女
125	**56**	**69**	**5457**	**3629**	**1828**
24	11	13	1158	766	392
29	12	17	1144	756	388
24	10	14	1092	724	368
22	12	10	1138	761	377
26	11	15	925	622	303
101	**38**	**63**	**3676**	**2411**	**1265**
22	7	15	736	459	277
15	5	10	684	440	244
19	6	13	724	482	242
24	13	11	824	548	276
21	7	14	708	482	226
64	**41**	**23**	**3145**	**2121**	**1024**
13	8	5	585	390	195
15	10	5	666	470	196
13	11	2	631	430	201
10	7	3	582	380	202
13	5	8	681	451	230
71	**36**	**35**	**4582**	**3103**	**1479**
14	7	7	770	544	226
15	6	9	871	573	298
12	6	6	920	617	303
14	8	6	1023	656	367
16	9	7	998	713	285
79	**42**	**37**	**3923**	**2913**	**1010**
16	6	10	957	707	250
16	11	5	786	593	193
12	8	4	793	569	224
11	4	7	669	487	182
24	13	11	718	557	161
80	**46**	**34**	**2424**	**1830**	**594**
16	7	9	650	513	137
14	8	6	566	431	135
21	14	7	634	476	158
15	9	6	375	270	105
14	8	6	199	140	59
78	**43**	**35**	**980**	**718**	**262**
24	14	10	201	147	54
9	6	3	187	135	52
16	10	6	209	154	55
6	2	4	231	172	59
23	11	12	152	110	42

7-2b 续表 2

年龄	户口					
	合计			省内		
	合计	男	女	小计	男	女
65-69岁	**5161**	**2678**	**2483**	**4655**	**2355**	**2300**
65	1214	662	552	1054	553	501
66	1188	612	576	1066	533	533
67	992	490	502	903	440	463
68	931	468	463	858	418	440
69	836	446	390	774	411	363
70-74岁	**3142**	**1661**	**1481**	**2899**	**1514**	**1385**
70	879	465	414	799	418	381
71	653	344	309	595	309	286
72	505	267	238	473	246	227
73	552	303	249	511	278	233
74	553	282	271	521	263	258
75-79岁	**2089**	**1125**	**964**	**1957**	**1048**	**909**
75	466	259	207	425	230	195
76	414	210	204	386	194	192
77	431	243	188	416	234	182
78	430	241	189	404	227	177
79	348	172	176	326	163	163
80-84岁	**1315**	**702**	**613**	**1227**	**658**	**569**
80	304	157	147	284	148	136
81	265	135	130	251	127	124
82	273	148	125	255	141	114
83	243	146	97	224	134	90
84	230	116	114	213	108	105
85-89岁	**767**	**379**	**388**	**729**	**357**	**372**
85	191	83	108	185	81	104
86	167	92	75	158	85	73
87	183	92	91	171	86	85
88	123	64	59	114	58	56
89	103	48	55	101	47	54
90-94岁	**267**	**111**	**156**	**251**	**102**	**149**
90	85	37	48	81	35	46
91	67	28	39	64	27	37
92	49	22	27	47	20	27
93	39	16	23	35	14	21
94	27	8	19	24	6	18
95-99岁	**65**	**30**	**35**	**57**	**27**	**30**
95	23	11	12	21	10	11
96	23	12	11	21	11	10
97	9	2	7	7	2	5
98	7	5	2	6	4	2
99	3		3	2		2
100岁及以上	**13**	**4**	**9**	**10**	**2**	**8**

单位：人

登记地					
其中市辖区内人户分离			省　　外		
小计	男	女	小计	男	女
57	**26**	**31**	**506**	**323**	**183**
15	4	11	160	109	51
10	5	5	122	79	43
10	6	4	89	50	39
7	5	2	73	50	23
15	6	9	62	35	27
46	**28**	**18**	**243**	**147**	**96**
12	6	6	80	47	33
6	3	3	58	35	23
5	3	2	32	21	11
12	9	3	41	25	16
11	7	4	32	19	13
18	**11**	**7**	**132**	**77**	**55**
6	3	3	41	29	12
5	3	2	28	16	12
2	2		15	9	6
3	1	2	26	14	12
2	2		22	9	13
27	**13**	**14**	**88**	**44**	**44**
8	1	7	20	9	11
9	6	3	14	8	6
2	1	1	18	7	11
2	1	1	19	12	7
6	4	2	17	8	9
11	**4**	**7**	**38**	**22**	**16**
1		1	6	2	4
1	1		9	7	2
6	2	4	12	6	6
1		1	9	6	3
2	1	1	2	1	1
4	**2**	**2**	**16**	**9**	**7**
3	2	1	4	2	2
1		1	3	1	2
			2	2	
			4	2	2
			3	2	1
1		**1**	**8**	**3**	**5**
			2	1	1
1		1	2	1	1
			2		2
			1	1	
			1		1
3		**3**	**3**	**2**	**1**

7-2c 全市按户口登记地、年龄、性别分的

年龄	户口					
	合计			省内		
	合计	男	女	小计	男	女
总计	**152479**	**90871**	**61608**	**108518**	**59795**	**48723**
0-4岁	**6318**	**3205**	**3113**	**5285**	**2683**	**2602**
0	752	374	378	665	335	330
1	1321	678	643	1107	566	541
2	1342	689	653	1128	578	550
3	1444	711	733	1181	584	597
4	1459	753	706	1204	620	584
5-9岁	**7444**	**3826**	**3618**	**6009**	**3061**	**2948**
5	1243	631	612	961	483	478
6	1570	792	778	1269	636	633
7	1516	773	743	1236	619	617
8	1603	842	761	1316	691	625
9	1512	788	724	1227	632	595
10-14岁	**6844**	**3630**	**3214**	**5591**	**2934**	**2657**
10	1515	783	732	1228	631	597
11	1417	741	676	1146	599	547
12	1258	680	578	1016	540	476
13	1242	653	589	1013	527	486
14	1412	773	639	1188	637	551
15-19岁	**12028**	**7497**	**4531**	**10776**	**6611**	**4165**
15	2532	1526	1006	2339	1405	934
16	2643	1677	966	2424	1529	895
17	1924	1207	717	1668	1026	642
18	2095	1326	769	1791	1104	687
19	2834	1761	1073	2554	1547	1007
20-24岁	**10586**	**6408**	**4178**	**8375**	**4768**	**3607**
20	2681	1665	1016	2381	1438	943
21	1962	1208	754	1614	945	669
22	1925	1176	749	1402	788	614
23	1977	1193	784	1448	801	647
24	2041	1166	875	1530	796	734
25-29岁	**13550**	**7447**	**6103**	**9845**	**4888**	**4957**
25	2390	1339	1051	1760	905	855
26	2508	1351	1157	1811	886	925
27	2763	1486	1277	2036	993	1043
28	2969	1643	1326	2125	1044	1081
29	2920	1628	1292	2113	1060	1053

户口登记地在外乡镇街道的人口(乡村)

单位：人

登记地					
其中市辖区内人户分离			省外		
小计	男	女	小计	男	女
16633	**8377**	**8256**	**43961**	**31076**	**12885**
1170	**577**	**593**	**1033**	**522**	**511**
150	78	72	87	39	48
253	118	135	214	112	102
246	112	134	214	111	103
241	123	118	263	127	136
280	146	134	255	133	122
1065	**550**	**515**	**1435**	**765**	**670**
179	98	81	282	148	134
254	120	134	301	156	145
225	112	113	280	154	126
226	126	100	287	151	136
181	94	87	285	156	129
782	**410**	**372**	**1253**	**696**	**557**
175	83	92	287	152	135
186	96	90	271	142	129
120	64	56	242	140	102
151	80	71	229	126	103
150	87	63	224	136	88
1275	**775**	**500**	**1252**	**886**	**366**
282	168	114	193	121	72
367	230	137	219	148	71
248	148	100	256	181	75
180	111	69	304	222	82
198	118	80	280	214	66
831	**404**	**427**	**2211**	**1640**	**571**
170	93	77	300	227	73
142	80	62	348	263	85
132	58	74	523	388	135
178	92	86	529	392	137
209	81	128	511	370	141
1460	**572**	**888**	**3705**	**2559**	**1146**
231	93	138	630	434	196
255	102	153	697	465	232
299	112	187	727	493	234
355	135	220	844	599	245
320	130	190	807	568	239

7-2c 续表 1

年龄	户口					
	合计			省内		
	合计	男	女	小计	男	女
30-34岁	**16903**	**9724**	**7179**	**11705**	**5932**	**5773**
30	3802	2181	1621	2621	1291	1330
31	3262	1842	1420	2282	1149	1133
32	3244	1879	1365	2197	1120	1077
33	3536	2051	1485	2452	1268	1184
34	3059	1771	1288	2153	1104	1049
35-39岁	**12526**	**7548**	**4978**	**8667**	**4733**	**3934**
35	2639	1552	1087	1875	987	888
36	2827	1700	1127	1953	1053	900
37	2290	1377	913	1620	886	734
38	2530	1524	1006	1798	1003	795
39	2240	1395	845	1421	804	617
40-44岁	**11587**	**7151**	**4436**	**7156**	**3958**	**3198**
40	2140	1333	807	1411	800	611
41	2386	1497	889	1432	798	634
42	2282	1396	886	1401	758	643
43	2177	1309	868	1340	729	611
44	2602	1616	986	1572	873	699
45-49岁	**15032**	**9382**	**5650**	**8565**	**4774**	**3791**
45	2781	1679	1102	1670	911	759
46	2938	1806	1132	1754	963	791
47	3110	1947	1163	1756	967	789
48	3085	1927	1158	1704	950	754
49	3118	2023	1095	1681	983	698
50-54岁	**13587**	**9012**	**4575**	**7384**	**4321**	**3063**
50	2833	1831	1002	1556	887	669
51	2960	1964	996	1561	912	649
52	2788	1827	961	1553	912	641
53	2478	1683	795	1291	748	543
54	2528	1707	821	1423	862	561
55-59岁	**9009**	**5943**	**3066**	**5734**	**3395**	**2339**
55	2323	1542	781	1369	807	562
56	1804	1185	619	1140	680	460
57	2227	1487	740	1410	837	573
58	1789	1194	595	1174	707	467
59	866	535	331	641	364	277
60-64岁	**5557**	**3532**	**2025**	**4170**	**2474**	**1696**
60	1081	703	378	822	495	327
61	1034	667	367	785	474	311
62	1228	769	459	909	533	376
63	1240	791	449	909	539	370
64	974	602	372	745	433	312

单位：人

登记地					
其中市辖区内人户分离			省外		
小计	男	女	小计	男	女
2005	**880**	**1125**	**5198**	**3792**	**1406**
485	198	287	1181	890	291
407	168	239	980	693	287
365	170	195	1047	759	288
427	194	233	1084	783	301
321	150	171	906	667	239
1317	**612**	**705**	**3859**	**2815**	**1044**
272	117	155	764	565	199
314	153	161	874	647	227
247	121	126	670	491	179
266	113	153	732	521	211
218	108	110	819	591	228
894	**452**	**442**	**4431**	**3193**	**1238**
177	75	102	729	533	196
177	94	83	954	699	255
177	91	86	881	638	243
164	81	83	837	580	257
199	111	88	1030	743	287
1172	**580**	**592**	**6467**	**4608**	**1859**
199	91	108	1111	768	343
217	108	109	1184	843	341
259	135	124	1354	980	374
233	126	107	1381	977	404
264	120	144	1437	1040	397
1106	**593**	**513**	**6203**	**4691**	**1512**
232	118	114	1277	944	333
256	150	106	1399	1052	347
213	106	107	1235	915	320
184	100	84	1187	935	252
221	119	102	1105	845	260
989	**533**	**456**	**3275**	**2548**	**727**
246	137	109	954	735	219
188	108	80	664	505	159
233	111	122	817	650	167
211	116	95	615	487	128
111	61	50	225	171	54
859	**500**	**359**	**1387**	**1058**	**329**
173	102	71	259	208	51
154	92	62	249	193	56
201	119	82	319	236	83
182	105	77	331	252	79
149	82	67	229	169	60

7-2c 续表 2

年龄	户口					
	合计			省内		
	合计	男	女	小计	男	女
65-69岁	**4267**	**2565**	**1702**	**3379**	**1980**	**1399**
65	940	586	354	712	433	279
66	1001	594	407	816	466	350
67	924	554	370	726	425	301
68	806	481	325	635	369	266
69	596	350	246	490	287	203
70-74岁	**2539**	**1532**	**1007**	**2099**	**1270**	**829**
70	672	408	264	559	344	215
71	522	296	226	435	244	191
72	424	243	181	344	199	145
73	459	282	177	367	225	142
74	462	303	159	394	258	136
75-79岁	**1735**	**1042**	**693**	**1397**	**858**	**539**
75	415	251	164	324	205	119
76	380	227	153	300	180	120
77	367	207	160	305	175	130
78	278	174	104	232	150	82
79	295	183	112	236	148	88
80-84岁	**1225**	**658**	**567**	**997**	**540**	**457**
80	247	144	103	200	116	84
81	262	142	120	215	118	97
82	263	143	120	209	115	94
83	234	126	108	190	105	85
84	219	103	116	183	86	97
85-89岁	**1006**	**462**	**544**	**804**	**371**	**433**
85	216	101	115	179	87	92
86	226	115	111	181	90	91
87	202	93	109	157	72	85
88	190	80	110	149	67	82
89	172	73	99	138	55	83
90-94岁	**501**	**218**	**283**	**403**	**174**	**229**
90	139	62	77	110	47	63
91	105	46	59	92	42	50
92	103	40	63	82	32	50
93	79	34	45	59	24	35
94	75	36	39	60	29	31
95-99岁	**191**	**74**	**117**	**150**	**60**	**90**
95	60	23	37	49	20	29
96	46	19	27	35	14	21
97	37	14	23	31	11	20
98	26	10	16	21	9	12
99	22	8	14	14	6	8
100岁及以上	**44**	**15**	**29**	**27**	**10**	**17**

单位：人

登记地					
其中市辖区内人户分离			省外		
小计	男	女	小计	男	女
587	**329**	**258**	**888**	**585**	**303**
123	64	59	228	153	75
141	78	63	185	128	57
117	64	53	198	129	69
114	66	48	171	112	59
92	57	35	106	63	43
370	**238**	**132**	**440**	**262**	**178**
106	68	38	113	64	49
71	38	33	87	52	35
54	35	19	80	44	36
66	50	16	92	57	35
73	47	26	68	45	23
228	**134**	**94**	**338**	**184**	**154**
51	30	21	91	46	45
54	33	21	80	47	33
45	23	22	62	32	30
40	24	16	46	24	22
38	24	14	59	35	24
207	**92**	**115**	**228**	**118**	**110**
44	18	26	47	28	19
38	18	20	47	24	23
53	25	28	54	28	26
37	14	23	44	21	23
35	17	18	36	17	19
158	**79**	**79**	**202**	**91**	**111**
31	14	17	37	14	23
31	16	15	45	25	20
36	16	20	45	21	24
36	22	14	41	13	28
24	11	13	34	18	16
92	**37**	**55**	**98**	**44**	**54**
30	8	22	29	15	14
14	7	7	13	4	9
19	7	12	21	8	13
12	4	8	20	10	10
17	11	6	15	7	8
48	**24**	**24**	**41**	**14**	**27**
22	11	11	11	3	8
9	3	6	11	5	6
5	4	1	6	3	3
7	3	4	5	1	4
5	3	2	8	2	6
18	**6**	**12**	**17**	**5**	**12**

7-3 全市按现住地、性别分的户口登记地在外省的人口

单位：人

现住地	户口登记地					
	合计			北京		
	合计	男	女	小计	男	女
太原市	**556261**	**343328**	**212933**	**4920**	**2725**	**2195**
小店区	193416	118121	75295	1473	789	684
迎泽区	64023	38104	25919	940	498	442
杏花岭区	66422	38357	28065	774	442	332
尖草坪区	59444	36941	22503	373	208	165
万柏林区	89845	55014	34831	1035	596	439
晋源区	44072	28695	15377	229	136	93
清徐县	19048	14747	4301	38	21	17
阳曲县	7761	5690	2071	24	14	10
娄烦县	1501	939	562	17	10	7
古交市	10729	6720	4009	17	11	6

7-3 续表 1

单位：人

现住地	户口登记地					
	天津			河北		
	小计	男	女	小计	男	女
太原市	**6275**	**3537**	**2738**	**84643**	**50056**	**34587**
小店区	1724	907	817	29282	17184	12098
迎泽区	666	354	312	9589	5507	4082
杏花岭区	811	439	372	9927	5512	4415
尖草坪区	904	572	332	8809	5199	3610
万柏林区	1700	1000	700	14332	8333	5999
晋源区	365	199	166	7972	4859	3113
清徐县	29	15	14	2229	1783	446
阳曲县	26	23	3	1072	807	265
娄烦县	4	2	2	180	103	77
古交市	46	26	20	1251	769	482

7–3 续表 2　　单位：人

现住地	户口登记地								
	内蒙古			辽宁			吉林		
	小计	男	女	小计	男	女	小计	男	女
太原市	**12660**	**7090**	**5570**	**10226**	**5855**	**4371**	**9465**	**5124**	**4341**
小店区	4134	2236	1898	3100	1663	1437	3457	1831	1626
迎泽区	1499	831	668	1237	669	568	988	493	495
杏花岭区	1543	828	715	1119	566	553	1015	503	512
尖草坪区	1728	995	733	1073	627	446	1137	668	469
万柏林区	2499	1427	1072	1990	1158	832	1874	1055	819
晋源区	695	412	283	667	397	270	484	262	222
清徐县	249	179	70	613	522	91	175	119	56
阳曲县	117	74	43	182	132	50	107	80	27
娄烦县	31	15	16	29	17	12	11	8	3
古交市	165	93	72	216	104	112	217	105	112

7–3 续表 3　　单位：人

现住地	户口登记地								
	黑龙江			上海			江苏		
	小计	男	女	小计	男	女	小计	男	女
太原市	**9700**	**4988**	**4712**	**1057**	**590**	**467**	**21898**	**14569**	**7329**
小店区	2921	1460	1461	295	171	124	9271	5935	3336
迎泽区	1192	595	597	151	70	81	2297	1530	767
杏花岭区	1189	558	631	170	95	75	1738	1117	621
尖草坪区	1274	680	594	129	86	43	2440	1585	855
万柏林区	2278	1211	1067	249	135	114	3391	2338	1053
晋源区	475	260	215	50	25	25	1499	1054	445
清徐县	185	128	57	7	5	2	607	505	102
阳曲县	70	41	29	1	1		209	152	57
娄烦县	12	6	6				57	39	18
古交市	104	49	55	5	2	3	389	314	75

7-3 续表 4 单位：人

现住地	户口登记地								
	浙江			安徽			福建		
	小计	男	女	小计	男	女	小计	男	女
太原市	**11795**	**7106**	**4689**	**20752**	**12591**	**8161**	**13276**	**7930**	**5346**
小店区	2550	1496	1054	5495	3253	2242	3076	1859	1217
迎泽区	3195	1781	1414	2031	1180	851	1661	962	699
杏花岭区	1149	679	470	2302	1307	995	1369	799	570
尖草坪区	1246	800	446	3161	1988	1173	2218	1280	938
万柏林区	1802	1140	662	4299	2696	1603	2821	1692	1129
晋源区	1218	769	449	2507	1528	979	1740	1049	691
清徐县	268	197	71	628	440	188	208	146	62
阳曲县	131	96	35	98	70	28	96	75	21
娄烦县	60	39	21	22	12	10	31	27	4
古交市	176	109	67	209	117	92	56	41	15

7-3 续表 5 单位：人

现住地	户口登记地								
	江西			山东			河南		
	小计	男	女	小计	男	女	小计	男	女
太原市	**5739**	**3466**	**2273**	**24733**	**15653**	**9080**	**139873**	**93709**	**46164**
小店区	1851	1069	782	8510	5169	3341	54394	36717	17677
迎泽区	768	452	316	2463	1545	918	14493	9643	4850
杏花岭区	656	371	285	2313	1386	927	17946	11168	6778
尖草坪区	870	561	309	3176	2020	1156	12773	8400	4373
万柏林区	1095	692	403	4255	2614	1641	18832	11977	6855
晋源区	342	215	127	2193	1435	758	11702	8254	3448
清徐县	75	55	20	1205	1077	128	4848	4048	800
阳曲县	38	27	11	207	158	49	2082	1703	379
娄烦县	18	13	5	63	44	19	248	189	59
古交市	26	11	15	348	205	143	2555	1610	945

7–3 续表 6 单位：人

现住地	户口登记地								
	湖北			湖南			广东		
	小计	男	女	小计	男	女	小计	男	女
太原市	**13671**	**8442**	**5229**	**5548**	**3141**	**2407**	**5530**	**3281**	**2249**
小店区	3795	2308	1487	1682	946	736	2077	1195	882
迎泽区	1851	1035	816	633	312	321	771	464	307
杏花岭区	1937	1127	810	568	319	249	648	361	287
尖草坪区	1912	1185	727	853	532	321	789	529	260
万柏林区	2356	1518	838	966	601	365	837	504	333
晋源区	831	529	302	351	215	136	261	156	105
清徐县	455	369	86	116	95	21	49	24	25
阳曲县	113	78	35	27	16	11	28	14	14
娄烦县	19	11	8	11	7	4	9	5	4
古交市	402	282	120	341	98	243	61	29	32

7–3 续表 7 单位：人

现住地	户口登记地								
	广西			海南			重庆		
	小计	男	女	小计	男	女	小计	男	女
太原市	**2413**	**1368**	**1045**	**1736**	**958**	**778**	**8948**	**5761**	**3187**
小店区	832	412	420	559	256	303	2910	1822	1088
迎泽区	230	129	101	187	81	106	983	587	396
杏花岭区	166	90	76	137	71	66	955	560	395
尖草坪区	279	169	110	423	297	126	1096	709	387
万柏林区	618	392	226	354	214	140	1340	871	469
晋源区	143	86	57	36	20	16	782	547	235
清徐县	83	67	16	8	3	5	526	410	116
阳曲县	35	17	18	5	3	2	160	119	41
娄烦县	10	2	8	4		4	40	28	12
古交市	17	4	13	23	13	10	156	108	48

7-3 续表 8

单位：人

现住地	户口登记地								
	四川			贵州			云南		
	小计	男	女	小计	男	女	小计	男	女
太原市	**41861**	**26754**	**15107**	**8978**	**5697**	**3281**	**3474**	**1920**	**1554**
小店区	14960	9366	5594	4217	2519	1698	1197	589	608
迎泽区	3943	2477	1466	659	402	257	272	150	122
杏花岭区	3717	2176	1541	507	272	235	202	98	104
尖草坪区	3752	2442	1310	657	440	217	621	398	223
万柏林区	6215	3917	2298	1342	976	366	533	340	193
晋源区	3546	2436	1110	683	482	201	221	114	107
清徐县	3119	2261	858	529	360	169	217	138	79
阳曲县	1365	975	390	193	131	62	63	29	34
娄烦县	105	52	53	31	14	17	23	4	19
古交市	1139	652	487	160	101	59	125	60	65

7-3 续表 9

单位：人

现住地	户口登记地								
	西藏			陕西			甘肃		
	小计	男	女	小计	男	女	小计	男	女
太原市	**341**	**153**	**188**	**71272**	**41547**	**29725**	**9711**	**6263**	**3448**
小店区	263	115	148	23709	13654	10055	3593	2177	1416
迎泽区	14	7	7	9773	5432	4341	960	612	348
杏花岭区	14	8	6	12129	6694	5435	849	502	347
尖草坪区	15	7	8	5985	3485	2500	908	631	277
万柏林区	24	11	13	10134	5904	4230	1605	1085	520
晋源区	5	3	2	4012	2548	1464	689	489	200
清徐县				1995	1359	636	495	366	129
阳曲县	2		2	1008	630	378	226	184	42
娄烦县	1	1		425	269	156	31	17	14
古交市	3	1	2	2102	1572	530	355	200	155

7−3　续表 10　　　　单位：人

现住地	户口登记地								
	青　　海			宁　　夏			新　　疆		
	小计	男	女	小计	男	女	小计	男	女
太原市	**2406**	**1246**	**1160**	**1414**	**760**	**654**	**1946**	**1048**	**898**
小店区	845	414	431	614	274	340	630	335	295
迎泽区	275	152	123	90	47	43	212	107	105
杏花岭区	249	121	128	96	58	38	227	130	97
尖草坪区	300	140	160	230	132	98	313	176	137
万柏林区	399	230	169	273	175	98	397	212	185
晋源区	206	110	96	69	52	17	99	54	45
清徐县	53	36	17	11	7	4	28	12	16
阳曲县	48	26	22	14	7	7	14	8	6
娄烦县	5	3	2	1	1		3	1	2
古交市	26	14	12	16	7	9	23	13	10

7−3a　全市按现住地、性别分的户口登记地在外省的人口(城市)

单位：人

现住地	户口登记地					
	合　　计			北　　京		
	合计	男	女	小计	男	女
太原市	**472400**	**286265**	**186135**	**4672**	**2584**	**2088**
小店区	157216	95352	61864	1339	713	626
迎泽区	61882	36708	25174	936	495	441
杏花岭区	61163	35154	26009	762	434	328
尖草坪区	57562	35669	21893	369	205	164
万柏林区	89486	54783	34703	1035	596	439
晋源区	38838	25102	13736	218	133	85
清徐县						
阳曲县						
娄烦县						
古交市	6253	3497	2756	13	8	5

7-3a 续表 1

单位：人

现住地	户口登记地					
	天津			河北		
	小计	男	女	小计	男	女
太原市	**6010**	**3372**	**2638**	**72165**	**41771**	**30394**
小店区	1555	807	748	23254	13517	9737
迎泽区	665	353	312	9233	5274	3959
杏花岭区	798	430	368	8942	4918	4024
尖草坪区	900	569	331	8548	5031	3517
万柏林区	1698	998	700	14284	8301	5983
晋源区	353	191	162	7185	4350	2835
清徐县						
阳曲县						
娄烦县						
古交市	41	24	17	719	380	339

7-3a 续表 2

单位：人

现住地	户口登记地								
	内蒙古			辽宁			吉林		
	小计	男	女	小计	男	女	小计	男	女
太原市	**11217**	**6220**	**4997**	**8710**	**4780**	**3930**	**8482**	**4496**	**3986**
小店区	3404	1814	1590	2612	1384	1228	2941	1518	1423
迎泽区	1462	813	649	1217	658	559	977	484	493
杏花岭区	1398	748	650	1076	540	536	957	471	486
尖草坪区	1699	978	721	1059	616	443	1132	664	468
万柏林区	2489	1423	1066	1988	1156	832	1874	1055	819
晋源区	642	377	265	612	364	248	448	235	213
清徐县									
阳曲县									
娄烦县									
古交市	123	67	56	146	62	84	153	69	84

7–3a　续表 3　　　单位：人

现住地	户口登记地								
	黑龙江			上海			江苏		
	小计	男	女	小计	男	女	小计	男	女
太原市	**8730**	**4441**	**4289**	**1037**	**578**	**459**	**19003**	**12488**	**6515**
小店区	2411	1198	1213	289	168	121	7915	5068	2847
迎泽区	1171	580	591	150	69	81	2198	1447	751
杏花岭区	1095	511	584	170	95	75	1651	1063	588
尖草坪区	1266	676	590	129	86	43	2358	1532	826
万柏林区	2276	1209	1067	249	135	114	3377	2331	1046
晋源区	442	241	201	46	23	23	1346	944	402
清徐县									
阳曲县									
娄烦县									
古交市	69	26	43	4	2	2	158	103	55

7–3a　续表 4　　　单位：人

现住地	户口登记地								
	浙江			安徽			福建		
	小计	男	女	小计	男	女	小计	男	女
太原市	**10721**	**6377**	**4344**	**18214**	**10984**	**7230**	**12354**	**7319**	**5035**
小店区	2248	1314	934	4459	2624	1835	2722	1634	1088
迎泽区	3177	1773	1404	1896	1107	789	1649	957	692
杏花岭区	1069	624	445	2033	1147	886	1325	774	551
尖草坪区	1207	771	436	3089	1941	1148	2189	1262	927
万柏林区	1796	1136	660	4294	2692	1602	2817	1690	1127
晋源区	1108	695	413	2317	1410	907	1617	976	641
清徐县									
阳曲县									
娄烦县									
古交市	116	64	52	126	63	63	35	26	9

7-3a 续表 5

单位：人

现住地	户口登记地								
	江西			山东			河南		
	小计	男	女	小计	男	女	小计	男	女
太原市	**4973**	**2972**	**2001**	**20725**	**12789**	**7936**	**117967**	**77645**	**40322**
小店区	1423	797	626	6634	4020	2614	44814	30217	14597
迎泽区	747	440	307	2403	1510	893	13930	9260	4670
杏花岭区	620	348	272	2159	1290	869	16391	10165	6226
尖草坪区	776	501	275	3104	1966	1138	12303	8036	4267
万柏林区	1090	690	400	4246	2611	1635	18728	11903	6825
晋源区	301	189	112	1949	1266	683	10010	6979	3031
清徐县									
阳曲县									
娄烦县									
古交市	16	7	9	230	126	104	1791	1085	706

7-3a 续表 6

单位：人

现住地	户口登记地								
	湖北			湖南			广东		
	小计	男	女	小计	男	女	小计	男	女
太原市	**11886**	**7169**	**4717**	**4862**	**2751**	**2111**	**5102**	**3046**	**2056**
小店区	3075	1868	1207	1463	804	659	1840	1068	772
迎泽区	1815	1008	807	588	288	300	750	446	304
杏花岭区	1851	1064	787	517	283	234	622	347	275
尖草坪区	1841	1138	703	836	519	317	779	524	255
万柏林区	2354	1517	837	966	601	365	837	504	333
晋源区	791	504	287	331	201	130	231	137	94
清徐县									
阳曲县									
娄烦县									
古交市	159	70	89	161	55	106	43	20	23

7−3a　续表 7　　单位：人

现住地	户口登记地								
	广西			海南			重庆		
	小计	男	女	小计	男	女	小计	男	女
太原市	**2147**	**1213**	**934**	**1622**	**911**	**711**	**7364**	**4624**	**2740**
小店区	735	359	376	472	220	252	2349	1458	891
迎泽区	223	125	98	186	81	105	943	563	380
杏花岭区	158	86	72	133	69	64	900	521	379
尖草坪区	276	168	108	423	297	126	1067	688	379
万柏林区	618	392	226	354	214	140	1339	870	469
晋源区	128	79	49	34	19	15	699	485	214
清徐县									
阳曲县									
娄烦县									
古交市	9	4	5	20	11	9	67	39	28

7−3a　续表 8　　单位：人

现住地	户口登记地								
	四川			贵州			云南		
	小计	男	女	小计	男	女	小计	男	女
太原市	**32457**	**20263**	**12194**	**7352**	**4620**	**2732**	**2652**	**1456**	**1196**
小店区	11848	7308	4540	3686	2189	1497	852	411	441
迎泽区	3661	2285	1376	623	382	241	244	128	116
杏花岭区	3263	1880	1383	458	240	218	182	86	96
尖草坪区	3647	2370	1277	626	416	210	611	390	221
万柏林区	6189	3901	2288	1337	974	363	526	337	189
晋源区	3150	2165	985	546	383	163	173	81	92
清徐县									
阳曲县									
娄烦县									
古交市	699	354	345	76	36	40	64	23	41

7-3a 续表 9 单位：人

现住地	户口登记地								
	西藏			陕西			甘肃		
	小计	男	女	小计	男	女	小计	男	女
太原市	**329**	**146**	**183**	**58770**	**33658**	**25112**	**7792**	**4915**	**2877**
小店区	255	109	146	18116	10296	7820	2761	1630	1131
迎泽区	14	7	7	9525	5287	4238	933	589	344
杏花岭区	14	8	6	11277	6248	5029	788	463	325
尖草坪区	15	7	8	5632	3296	2336	878	604	274
万柏林区	24	11	13	10038	5841	4197	1599	1080	519
晋源区	5	3	2	3251	2069	1182	602	425	177
清徐县									
阳曲县									
娄烦县									
古交市	2	1	1	931	621	310	231	124	107

7-3a 续表 10 单位：人

现住地	户口登记地								
	青海			宁夏			新疆		
	小计	男	女	小计	男	女	小计	男	女
太原市	**2091**	**1079**	**1012**	**1240**	**652**	**588**	**1754**	**946**	**808**
小店区	716	348	368	485	197	288	543	294	249
迎泽区	268	148	120	89	46	43	209	105	104
杏花岭区	240	119	121	92	54	38	222	128	94
尖草坪区	300	140	160	229	132	97	274	146	128
万柏林区	394	228	166	273	175	98	397	212	185
晋源区	153	85	68	60	44	16	90	49	41
清徐县									
阳曲县									
娄烦县									
古交市	20	11	9	12	4	8	19	12	7

7-3b　全市按现住地、性别分的户口登记地在外省的人口(镇)

单位：人

现住地	户口登记地					
	合计			北京		
	合计	男	女	小计	男	女
太原市	**39900**	**25987**	**13913**	**160**	**91**	**69**
小店区	23811	14481	9330	104	55	49
迎泽区						
杏花岭区						
尖草坪区	99	61	38	2	1	1
万柏林区	193	113	80			
晋源区	1255	906	349	1	1	
清徐县	8891	6629	2262	25	16	9
阳曲县	4038	2884	1154	18	12	6
娄烦县	484	288	196	10	6	4
古交市	1129	625	504			

7-3b　续表 1

单位：人

现住地	户口登记地					
	天津			河北		
	小计	男	女	小计	男	女
太原市	**174**	**106**	**68**	**5839**	**3670**	**2169**
小店区	129	75	54	3934	2308	1626
迎泽区						
杏花岭区						
尖草坪区				12	9	3
万柏林区	1	1		19	10	9
晋源区	5	4	1	140	97	43
清徐县	21	11	10	1015	768	247
阳曲县	16	14	2	457	307	150
娄烦县	2	1	1	60	39	21
古交市				202	132	70

7-3b 续表 2 单位：人

现住地	户口登记地								
	内蒙古			辽宁			吉林		
	小计	男	女	小计	男	女	小计	男	女
太原市	**815**	**465**	**350**	**648**	**402**	**246**	**514**	**313**	**201**
小店区	586	334	252	360	198	162	359	215	144
迎泽区									
杏花岭区									
尖草坪区	6	4	2	2	1	1			
万柏林区	10	4	6	1	1				
晋源区	15	8	7	9	6	3	12	9	3
清徐县	115	70	45	186	146	40	73	45	28
阳曲县	61	35	26	59	32	27	50	35	15
娄烦县	6	3	3	12	7	5	3	3	
古交市	16	7	9	19	11	8	17	6	11

7-3b 续表 3 单位：人

现住地	户口登记地								
	黑龙江			上海			江苏		
	小计	男	女	小计	男	女	小计	男	女
太原市	**576**	**304**	**272**	**10**	**6**	**4**	**1125**	**761**	**364**
小店区	436	220	216	5	2	3	719	463	256
迎泽区									
杏花岭区									
尖草坪区							3	1	2
万柏林区	1	1					6	1	5
晋源区	3	2	1				50	39	11
清徐县	84	52	32	5	4	1	211	162	49
阳曲县	38	23	15				105	74	31
娄烦县	5	3	2				21	13	8
古交市	9	3	6				10	8	2

7-3b　续表 4　　单位：人

现住地	户口登记地								
	浙江			安徽			福建		
	小计	男	女	小计	男	女	小计	男	女
太原市	**443**	**278**	**165**	**1109**	**678**	**431**	**389**	**249**	**140**
小店区	174	97	77	706	428	278	209	127	82
迎泽区									
杏花岭区									
尖草坪区	2	1	1	3	3				
万柏林区	2	1	1	5	4	1	1		1
晋源区	16	12	4	33	22	11	26	18	8
清徐县	144	105	39	292	179	113	93	58	35
阳曲县	60	37	23	37	27	10	50	39	11
娄烦县	36	20	16	7	5	2	7	7	
古交市	9	5	4	26	10	16	3		3

7-3b　续表 5　　单位：人

现住地	户口登记地								
	江西			山东			河南		
	小计	男	女	小计	男	女	小计	男	女
太原市	**377**	**232**	**145**	**2249**	**1481**	**768**	**9675**	**6807**	**2868**
小店区	286	170	116	1463	855	608	5552	3563	1989
迎泽区									
杏花岭区									
尖草坪区				6	4	2	25	15	10
万柏林区	5	2	3	8	3	5	54	34	20
晋源区	3	1	2	55	39	16	508	409	99
清徐县	54	41	13	537	461	76	2155	1744	411
阳曲县	8	6	2	119	89	30	1067	854	213
娄烦县	17	12	5	10	6	4	87	60	27
古交市	4		4	51	24	27	227	128	99

7-3b 续表 6

单位：人

现住地	户口登记地								
	湖北			湖南			广东		
	小计	男	女	小计	男	女	小计	男	女
太原市	**870**	**608**	**262**	**417**	**201**	**216**	**225**	**122**	**103**
小店区	442	270	172	175	110	65	164	88	76
迎泽区									
杏花岭区									
尖草坪区	1		1				1		1
万柏林区	2	1	1						
晋源区	7	5	2	1	1		19	13	6
清徐县	307	247	60	60	45	15	15	8	7
阳曲县	37	23	14	11	5	6	12	6	6
娄烦县	9	6	3	6	4	2	8	4	4
古交市	65	56	9	164	36	128	6	3	3

7-3b 续表 7

单位：人

现住地	户口登记地								
	广西			海南			重庆		
	小计	男	女	小计	男	女	小计	男	女
太原市	**118**	**61**	**57**	**93**	**35**	**58**	**863**	**634**	**229**
小店区	68	34	34	81	33	48	399	267	132
迎泽区									
杏花岭区									
尖草坪区							1	1	
万柏林区							1	1	
晋源区	5	2	3				26	20	6
清徐县	26	17	9	4	1	3	316	261	55
阳曲县	12	8	4	2		2	93	68	25
娄烦县	2		2	4		4	19	10	9
古交市	5		5	2	1	1	8	6	2

7-3b　续表 8　　单位：人

现住地	户口登记地								
	四川			贵州			云南		
	小计	男	女	小计	男	女	小计	男	女
太原市	**4537**	**3124**	**1413**	**703**	**443**	**260**	**398**	**206**	**192**
小店区	1800	1169	631	309	189	120	243	123	120
迎泽区									
杏花岭区									
尖草坪区	12	7	5						
万柏林区	16	10	6	3	1	2	6	3	3
晋源区	62	40	22	37	23	14	6	3	3
清徐县	1641	1189	452	228	149	79	99	59	40
阳曲县	899	657	242	105	74	31	27	13	14
娄烦县	46	26	20	13	5	8	11	2	9
古交市	61	26	35	8	2	6	6	3	3

7-3b　续表 9　　单位：人

现住地	户口登记地								
	西藏			陕西			甘肃		
	小计	男	女	小计	男	女	小计	男	女
太原市	**9**	**6**	**3**	**6140**	**3817**	**2323**	**1030**	**674**	**356**
小店区	7	5	2	4152	2505	1647	676	434	242
迎泽区									
杏花岭区									
尖草坪区				23	14	9			
万柏林区				46	31	15	4	3	1
晋源区				183	114	69	15	9	6
清徐县				946	634	312	183	121	62
阳曲县				550	344	206	109	83	26
娄烦县	1	1		64	35	29	13	8	5
古交市	1		1	176	140	36	30	16	14

7−3b 续表 10

单位：人

现住地	户口登记地								
	青海			宁夏			新疆		
	小计	男	女	小计	男	女	小计	男	女
太原市	**171**	**91**	**80**	**135**	**83**	**52**	**88**	**39**	**49**
小店区	89	45	44	121	72	49	63	27	36
迎泽区									
杏花岭区									
尖草坪区									
万柏林区	2	1	1						
晋源区	16	8	8	1	1		1		1
清徐县	33	23	10	7	5	2	16	8	8
阳曲县	26	13	13	4	3	1	6	3	3
娄烦县	3	1	2	1	1		1		1
古交市	2		2	1	1		1	1	

7−3c 全市按现住地、性别分的户口登记地在外省的人口(乡村)

单位：人

现住地	户口登记地					
	合计			北京		
	合计	男	女	小计	男	女
太原市	**43961**	**31076**	**12885**	**88**	**50**	**38**
小店区	12389	8288	4101	30	21	9
迎泽区	2141	1396	745	4	3	1
杏花岭区	5259	3203	2056	12	8	4
尖草坪区	1783	1211	572	2	2	
万柏林区	166	118	48			
晋源区	3979	2687	1292	10	2	8
清徐县	10157	8118	2039	13	5	8
阳曲县	3723	2806	917	6	2	4
娄烦县	1017	651	366	7	4	3
古交市	3347	2598	749	4	3	1

7-3c　续表 1

单位：人

现住地	户口登记地					
	天津			河北		
	小计	男	女	小计	男	女
太原市	**91**	**59**	**32**	**6639**	**4615**	**2024**
小店区	40	25	15	2094	1359	735
迎泽区	1	1		356	233	123
杏花岭区	13	9	4	985	594	391
尖草坪区	4	3	1	249	159	90
万柏林区	1	1		29	22	7
晋源区	7	4	3	647	412	235
清徐县	8	4	4	1214	1015	199
阳曲县	10	9	1	615	500	115
娄烦县	2	1	1	120	64	56
古交市	5	2	3	330	257	73

7-3c　续表 2

单位：人

现住地	户口登记地								
	内蒙古			辽宁			吉林		
	小计	男	女	小计	男	女	小计	男	女
太原市	**628**	**405**	**223**	**868**	**673**	**195**	**469**	**315**	**154**
小店区	144	88	56	128	81	47	157	98	59
迎泽区	37	18	19	20	11	9	11	9	2
杏花岭区	145	80	65	43	26	17	58	32	26
尖草坪区	23	13	10	12	10	2	5	4	1
万柏林区				1	1				
晋源区	38	27	11	46	27	19	24	18	6
清徐县	134	109	25	427	376	51	102	74	28
阳曲县	56	39	17	123	100	23	57	45	12
娄烦县	25	12	13	17	10	7	8	5	3
古交市	26	19	7	51	31	20	47	30	17

7-3c 续表 3

单位：人

现住地	户口登记地								
	黑龙江			上海			江苏		
	小计	男	女	小计	男	女	小计	男	女
太原市	**394**	**243**	**151**	**10**	**6**	**4**	**1770**	**1320**	**450**
小店区	74	42	32	1	1		637	404	233
迎泽区	21	15	6	1	1		99	83	16
杏花岭区	94	47	47				87	54	33
尖草坪区	8	4	4				79	52	27
万柏林区	1	1					8	6	2
晋源区	30	17	13	4	2	2	103	71	32
清徐县	101	76	25	2	1	1	396	343	53
阳曲县	32	18	14	1	1		104	78	26
娄烦县	7	3	4				36	26	10
古交市	26	20	6	1		1	221	203	18

7-3c 续表 4

单位：人

现住地	户口登记地								
	浙江			安徽			福建		
	小计	男	女	小计	男	女	小计	男	女
太原市	**631**	**451**	**180**	**1429**	**929**	**500**	**533**	**362**	**171**
小店区	128	85	43	330	201	129	145	98	47
迎泽区	18	8	10	135	73	62	12	5	7
杏花岭区	80	55	25	269	160	109	44	25	19
尖草坪区	37	28	9	69	44	25	29	18	11
万柏林区	4	3	1				3	2	1
晋源区	94	62	32	157	96	61	97	55	42
清徐县	124	92	32	336	261	75	115	88	27
阳曲县	71	59	12	61	43	18	46	36	10
娄烦县	24	19	5	15	7	8	24	20	4
古交市	51	40	11	57	44	13	18	15	3

7-3c 续表 5 单位：人

现住地	户口登记地								
	江西			山东			河南		
	小计	男	女	小计	男	女	小计	男	女
太原市	**389**	**262**	**127**	**1759**	**1383**	**376**	**12231**	**9257**	**2974**
小店区	142	102	40	413	294	119	4028	2937	1091
迎泽区	21	12	9	60	35	25	563	383	180
杏花岭区	36	23	13	154	96	58	1555	1003	552
尖草坪区	94	60	34	66	50	16	445	349	96
万柏林区				1		1	50	40	10
晋源区	38	25	13	189	130	59	1184	866	318
清徐县	21	14	7	668	616	52	2693	2304	389
阳曲县	30	21	9	88	69	19	1015	849	166
娄烦县	1	1		53	38	15	161	129	32
古交市	6	4	2	67	55	12	537	397	140

7-3c 续表 6 单位：人

现住地	户口登记地								
	湖北			湖南			广东		
	小计	男	女	小计	男	女	小计	男	女
太原市	**915**	**665**	**250**	**269**	**189**	**80**	**203**	**113**	**90**
小店区	278	170	108	44	32	12	73	39	34
迎泽区	36	27	9	45	24	21	21	18	3
杏花岭区	86	63	23	51	36	15	26	14	12
尖草坪区	70	47	23	17	13	4	9	5	4
万柏林区									
晋源区	33	20	13	19	13	6	11	6	5
清徐县	148	122	26	56	50	6	34	16	18
阳曲县	76	55	21	16	11	5	16	8	8
娄烦县	10	5	5	5	3	2	1	1	
古交市	178	156	22	16	7	9	12	6	6

7-3c 续表 7 单位：人

现住地	户口登记地								
	广西			海南			重庆		
	小计	男	女	小计	男	女	小计	男	女
太原市	**148**	**94**	**54**	**21**	**12**	**9**	**721**	**503**	**218**
小店区	29	19	10	6	3	3	162	97	65
迎泽区	7	4	3	1		1	40	24	16
杏花岭区	8	4	4	4	2	2	55	39	16
尖草坪区	3	1	2				28	20	8
万柏林区									
晋源区	10	5	5	2	1	1	57	42	15
清徐县	57	50	7	4	2	2	210	149	61
阳曲县	23	9	14	3	3		67	51	16
娄烦县	8	2	6				21	18	3
古交市	3		3	1	1		81	63	18

7-3c 续表 8 单位：人

现住地	户口登记地								
	四川			贵州			云南		
	小计	男	女	小计	男	女	小计	男	女
太原市	**4867**	**3367**	**1500**	**923**	**634**	**289**	**424**	**258**	**166**
小店区	1312	889	423	222	141	81	102	55	47
迎泽区	282	192	90	36	20	16	28	22	6
杏花岭区	454	296	158	49	32	17	20	12	8
尖草坪区	93	65	28	31	24	7	10	8	2
万柏林区	10	6	4	2	1	1	1		1
晋源区	334	231	103	100	76	24	42	30	12
清徐县	1478	1072	406	301	211	90	118	79	39
阳曲县	466	318	148	88	57	31	36	16	20
娄烦县	59	26	33	18	9	9	12	2	10
古交市	379	272	107	76	63	13	55	34	21

7-3c　续表 9　　　　单位：人

现住地	户口登记地								
	西藏			陕西			甘肃		
	小计	男	女	小计	男	女	小计	男	女
太原市	**3**	**1**	**2**	**6362**	**4072**	**2290**	**889**	**674**	**215**
小店区	1	1		1441	853	588	156	113	43
迎泽区				248	145	103	27	23	4
杏花岭区				852	446	406	61	39	22
尖草坪区				330	175	155	30	27	3
万柏林区				50	32	18	2	2	
晋源区				578	365	213	72	55	17
清徐县				1049	725	324	312	245	67
阳曲县	2		2	458	286	172	117	101	16
娄烦县				361	234	127	18	9	9
古交市				995	811	184	94	60	34

7-3c　续表 10　　　　单位：人

现住地	户口登记地								
	青海			宁夏			新疆		
	小计	男	女	小计	男	女	小计	男	女
太原市	**144**	**76**	**68**	**39**	**25**	**14**	**104**	**63**	**41**
小店区	40	21	19	8	5	3	24	14	10
迎泽区	7	4	3	1	1		3	2	1
杏花岭区	9	2	7	4	4		5	2	3
尖草坪区				1		1	39	30	9
万柏林区	3	1	2						
晋源区	37	17	20	8	7	1	8	5	3
清徐县	20	13	7	4	2	2	12	4	8
阳曲县	22	13	9	10	4	6	8	5	3
娄烦县	2	2					2	1	1
古交市	4	3	1	3	2	1	3		3

7-4 全市按现住地、离开户口登记地时间分的户口登记地在外乡镇街道的人口

单位：人

现住地	离开户口登记地时间							
	合计							
	合计	半年以上，不满一年	一年以上，不满二年	二年以上，不满三年	三年以上，不满四年	四年以上，不满五年	五年以上，不满十年	十年以上
太原市	**3003980**	**502011**	**378535**	**347272**	**320615**	**201863**	**570258**	**683426**
小店区	901519	206972	133733	107757	92494	56800	142340	161423
迎泽区	321640	45732	36431	34408	36195	23713	59956	85205
杏花岭区	454790	48277	44526	46482	47264	34656	105599	127986
尖草坪区	312370	43149	40452	40558	40308	19727	59085	69091
万柏林区	572680	79478	67968	67311	60771	37032	122120	138000
晋源区	159054	32562	21776	18676	15978	10520	28440	31102
清徐县	84573	20698	15938	12465	7642	4894	11303	11633
阳曲县	53631	10168	4380	6599	6774	3820	10205	11685
娄烦县	34833	3819	4097	3518	3710	2512	6173	11004
古交市	108890	11156	9234	9498	9479	8189	25037	36297

7-4 续表 1

单位：人

现住地	离开户口登记地时间							
	省内							
	小计	半年以上，不满一年	一年以上，不满二年	二年以上，不满三年	三年以上，不满四年	四年以上，不满五年	五年以上，不满十年	十年以上
太原市	**2447719**	**355279**	**301831**	**286805**	**267348**	**171706**	**492254**	**572496**
小店区	708103	145453	104299	86865	75136	47327	119409	129614
迎泽区	257617	31044	29008	28423	30078	19555	49851	69658
杏花岭区	388368	36861	36949	39756	41172	30092	93666	109872
尖草坪区	252926	31859	31512	31755	32256	16697	50604	58243
万柏林区	482835	62837	56034	56209	50581	31955	107771	117448
晋源区	114982	18413	16271	14773	12529	8044	21963	22989
清徐县	65525	11095	12146	10867	6789	4213	10201	10214
阳曲县	45870	6071	3583	6010	6291	3601	9533	10781
娄烦县	33332	3395	3888	3386	3602	2443	6011	10607
古交市	98161	8251	8141	8761	8914	7779	23245	33070

7-4　续表 2

单位：人

现住地	离开户口登记地时间							
	省外							
	小计	半年以上，不满一年	一年以上，不满二年	二年以上，不满三年	三年以上，不满四年	四年以上，不满五年	五年以上，不满十年	十年以上
太原市	**556261**	**146732**	**76704**	**60467**	**53267**	**30157**	**78004**	**110930**
小店区	193416	61519	29434	20892	17358	9473	22931	31809
迎泽区	64023	14688	7423	5985	6117	4158	10105	15547
杏花岭区	66422	11416	7577	6726	6092	4564	11933	18114
尖草坪区	59444	11290	8940	8803	8052	3030	8481	10848
万柏林区	89845	16641	11934	11102	10190	5077	14349	20552
晋源区	44072	14149	5505	3903	3449	2476	6477	8113
清徐县	19048	9603	3792	1598	853	681	1102	1419
阳曲县	7761	4097	797	589	483	219	672	904
娄烦县	1501	424	209	132	108	69	162	397
古交市	10729	2905	1093	737	565	410	1792	3227

7-4a　全市按现住地、离开户口登记地时间分的户口登记地在外乡镇街道的人口(城市)

单位：人

现住地	离开户口登记地时间							
	合计							
	合计	半年以上，不满一年	一年以上，不满二年	二年以上，不满三年	三年以上，不满四年	四年以上，不满五年	五年以上，不满十年	十年以上
太原市	**2535073**	**377387**	**304752**	**290838**	**275776**	**176396**	**504767**	**605157**
小店区	690565	130206	93008	82940	72924	47508	122135	141844
迎泽区	315125	44596	35721	33891	35628	23349	58831	83109
杏花岭区	421862	45403	42354	43764	44172	32151	95926	118092
尖草坪区	305002	41035	39407	39456	39796	19461	58247	67600
万柏林区	570578	79254	67837	67178	60644	36931	121695	137039
晋源区	142118	28623	18615	15473	14568	9773	26428	28638
清徐县								
阳曲县								
娄烦县								
古交市	89823	8270	7810	8136	8044	7223	21505	28835

7-4a 续表 1

单位：人

现住地	离开户口登记地时间							
	省内							
	小计	半年以上，不满一年	一年以上，不满二年	二年以上，不满三年	三年以上，不满四年	四年以上，不满五年	五年以上，不满十年	十年以上
太原市	**2062673**	**265006**	**242062**	**238723**	**228349**	**149476**	**434402**	**504655**
小店区	533349	82621	70167	66112	58626	39469	102287	114067
迎泽区	253243	30488	28647	28034	29658	19303	49010	68103
杏花岭区	360699	35093	35496	37637	38537	27934	84925	101077
尖草坪区	247440	30446	30738	30974	31888	16497	49908	56989
万柏林区	481092	62727	55953	56102	50473	31875	107390	116572
晋源区	103280	16751	13783	12150	11500	7513	20435	21148
清徐县								
阳曲县								
娄烦县								
古交市	83570	6880	7278	7714	7667	6885	20447	26699

7-4a 续表 2

单位：人

现住地	离开户口登记地时间							
	省外							
	小计	半年以上，不满一年	一年以上，不满二年	二年以上，不满三年	三年以上，不满四年	四年以上，不满五年	五年以上，不满十年	十年以上
太原市	**472400**	**112381**	**62690**	**52115**	**47427**	**26920**	**70365**	**100502**
小店区	157216	47585	22841	16828	14298	8039	19848	27777
迎泽区	61882	14108	7074	5857	5970	4046	9821	15006
杏花岭区	61163	10310	6858	6127	5635	4217	11001	17015
尖草坪区	57562	10589	8669	8482	7908	2964	8339	10611
万柏林区	89486	16527	11884	11076	10171	5056	14305	20467
晋源区	38838	11872	4832	3323	3068	2260	5993	7490
清徐县								
阳曲县								
娄烦县								
古交市	6253	1390	532	422	377	338	1058	2136

7-4b　全市按现住地、离开户口登记地时间分的户口登记地在外乡镇街道的人口(镇)

单位：人

现住地	离开户口登记地时间							
	合计							
	合计	半年以上，不满一年	一年以上，不满二年	二年以上，不满三年	三年以上，不满四年	四年以上，不满五年	五年以上，不满十年	十年以上
太原市	**316428**	**87982**	**53978**	**39602**	**32546**	**17388**	**41088**	**43844**
小店区	180876	67216	35716	21434	17044	7689	16633	15144
迎泽区								
杏花岭区								
尖草坪区	482	56	41	51	57	37	42	198
万柏林区	1737	128	87	106	110	86	338	882
晋源区	2928	1008	291	223	165	136	443	662
清徐县	57565	10498	11680	10056	5608	3689	8450	7584
阳曲县	40760	6324	3290	4536	5895	3345	8874	8496
娄烦县	26135	2236	2625	2857	3192	2049	4959	8217
古交市	5945	516	248	339	475	357	1349	2661

7-4b　续表 1

单位：人

现住地	离开户口登记地时间							
	省内							
	小计	半年以上，不满一年	一年以上，不满二年	二年以上，不满三年	三年以上，不满四年	四年以上，不满五年	五年以上，不满十年	十年以上
太原市	**276528**	**72669**	**46497**	**35238**	**29515**	**15815**	**37676**	**39118**
小店区	157065	58669	30902	18713	14961	6822	14592	12406
迎泽区								
杏花岭区								
尖草坪区	383	36	33	36	45	28	34	171
万柏林区	1544	79	67	91	98	75	319	815
晋源区	1673	344	148	138	112	88	325	518
清徐县	48674	6835	9717	8971	5131	3226	7893	6901
阳曲县	36722	4289	2868	4184	5592	3212	8503	8074
娄烦县	25651	2112	2566	2816	3151	2028	4896	8082
古交市	4816	305	196	289	425	336	1114	2151

7−4b 续表 2

单位：人

现 住 地	离开户口登记地时间 省外 小计	半年以上，不满一年	一年以上，不满二年	二年以上，不满三年	三年以上，不满四年	四年以上，不满五年	五年以上，不满十年	十年以上
太原市	**39900**	**15313**	**7481**	**4364**	**3031**	**1573**	**3412**	**4726**
小店区	23811	8547	4814	2721	2083	867	2041	2738
迎泽区								
杏花岭区								
尖草坪区	99	20	8	15	12	9	8	27
万柏林区	193	49	20	15	12	11	19	67
晋源区	1255	664	143	85	53	48	118	144
清徐县	8891	3663	1963	1085	477	463	557	683
阳曲县	4038	2035	422	352	303	133	371	422
娄烦县	484	124	59	41	41	21	63	135
古交市	1129	211	52	50	50	21	235	510

7−4c 全市按现住地、离开户口登记地时间分的户口登记地在外乡镇街道的人口(乡村)

单位：人

现 住 地	离开户口登记地时间 合计 合计	半年以上，不满一年	一年以上，不满二年	二年以上，不满三年	三年以上，不满四年	四年以上，不满五年	五年以上，不满十年	十年以上
太原市	**152479**	**36642**	**19805**	**16832**	**12293**	**8079**	**24403**	**34425**
小店区	30078	9550	5009	3383	2526	1603	3572	4435
迎泽区	6515	1136	710	517	567	364	1125	2096
杏花岭区	32928	2874	2172	2718	3092	2505	9673	9894
尖草坪区	6886	2058	1004	1051	455	229	796	1293
万柏林区	365	96	44	27	17	15	87	79
晋源区	14008	2931	2870	2980	1245	611	1569	1802
清徐县	27008	10200	4258	2409	2034	1205	2853	4049
阳曲县	12871	3844	1090	2063	879	475	1331	3189
娄烦县	8698	1583	1472	661	518	463	1214	2787
古交市	13122	2370	1176	1023	960	609	2183	4801

7-4c　续表 1

单位：人

现住地	离开户口登记地时间							
	省内							
	小计	半年以上，不满一年	一年以上，不满二年	二年以上，不满三年	三年以上，不满四年	四年以上，不满五年	五年以上，不满十年	十年以上
太原市	**108518**	**17604**	**13272**	**12844**	**9484**	**6415**	**20176**	**28723**
小店区	17689	4163	3230	2040	1549	1036	2530	3141
迎泽区	4374	556	361	389	420	252	841	1555
杏花岭区	27669	1768	1453	2119	2635	2158	8741	8795
尖草坪区	5103	1377	741	745	323	172	662	1083
万柏林区	199	31	14	16	10	5	62	61
晋源区	10029	1318	2340	2485	917	443	1203	1323
清徐县	16851	4260	2429	1896	1658	987	2308	3313
阳曲县	9148	1782	715	1826	699	389	1030	2707
娄烦县	7681	1283	1322	570	451	415	1115	2525
古交市	9775	1066	667	758	822	558	1684	4220

7-4c　续表 2

单位：人

现住地	离开户口登记地时间							
	省外							
	小计	半年以上，不满一年	一年以上，不满二年	二年以上，不满三年	三年以上，不满四年	四年以上，不满五年	五年以上，不满十年	十年以上
太原市	**43961**	**19038**	**6533**	**3988**	**2809**	**1664**	**4227**	**5702**
小店区	12389	5387	1779	1343	977	567	1042	1294
迎泽区	2141	580	349	128	147	112	284	541
杏花岭区	5259	1106	719	599	457	347	932	1099
尖草坪区	1783	681	263	306	132	57	134	210
万柏林区	166	65	30	11	7	10	25	18
晋源区	3979	1613	530	495	328	168	366	479
清徐县	10157	5940	1829	513	376	218	545	736
阳曲县	3723	2062	375	237	180	86	301	482
娄烦县	1017	300	150	91	67	48	99	262
古交市	3347	1304	509	265	138	51	499	581

7-5 全市按户口登记地、性别、受教育程度分的户口登记地在外乡镇街道的人口

单位：人

受教育程度	合计			省内		
	合计	男	女	小计	男	女
总 计	**2931925**	**1535492**	**1396433**	**2384762**	**1196932**	**1187830**
未上过学	30763	12044	18719	23691	9397	14294
学前教育	88127	45658	42469	74471	38485	35986
小 学	364810	185399	179411	270368	130962	139406
初 中	838863	473410	365453	616625	325328	291297
高 中	586801	313292	273509	499216	259330	239886
大学专科	460668	230621	230047	418108	205771	212337
大学本科	497647	246061	251586	426630	203452	223178
硕士研究生	58972	26319	32653	51065	21944	29121
博士研究生	5274	2688	2586	4588	2263	2325

7-5 续表

单位：人

受教育程度	省内			省外		
	其中市辖区内人户分离					
	小计	男	女	小计	男	女
总 计	**925827**	**452745**	**473082**	**547163**	**338560**	**208603**
未上过学	8711	3448	5263	7072	2647	4425
学前教育	34124	17565	16559	13656	7173	6483
小 学	88024	42472	45552	94442	54437	40005
初 中	185878	94188	91690	222238	148082	74156
高 中	190597	92772	97825	87585	53962	33623
大学专科	170954	83893	87061	42560	24850	17710
大学本科	211028	101951	109077	71017	42609	28408
硕士研究生	32865	14582	18283	7907	4375	3532
博士研究生	3646	1874	1772	686	425	261

7–5a　全市按户口登记地、性别、受教育程度分的户口登记地在外乡镇街道的人口(城市)

单位：人

受教育程度	合计			省内		
	合计	男	女	小计	男	女
总　计	**2472912**	**1280884**	**1192028**	**2008600**	**998866**	**1009734**
未上过学	25433	9774	15659	19311	7520	11791
学前教育	75997	39363	36634	63877	33015	30862
小　学	302888	152682	150206	222651	107221	115430
初　中	692393	384457	307936	508870	265136	243734
高　中	469880	244299	225581	397764	200933	196831
大学专科	406668	202688	203980	369357	181370	187987
大学本科	437598	219566	218032	373044	180260	192784
硕士研究生	56933	25448	31485	49264	21212	28052
博士研究生	5122	2607	2515	4462	2199	2263

7–5a　续表

单位：人

受教育程度	省内			省外		
	其中市辖区内人户分离					
	小计	男	女	小计	男	女
总　计	**886400**	**433108**	**453292**	**464312**	**282018**	**182294**
未上过学	8260	3250	5010	6122	2254	3868
学前教育	32225	16578	15647	12120	6348	5772
小　学	83103	40002	43101	80237	45461	34776
初　中	177069	89581	87488	183523	119321	64202
高　中	183071	88933	94138	72116	43366	28750
大学专科	164399	80697	83702	37311	21318	15993
大学本科	202826	98110	104716	64554	39306	25248
硕士研究生	31877	14121	17756	7669	4236	3433
博士研究生	3570	1836	1734	660	408	252

7-5b 全市按户口登记地、性别、受教育程度分的户口登记地在外乡镇街道的人口(镇)

单位：人

受教育程度	合计			省内		
	合计	男	女	小计	男	女
总　计	**309949**	**165478**	**144471**	**270544**	**139750**	**130794**
未上过学	2843	1208	1635	2470	1043	1427
学前教育	7989	4178	3811	7271	3788	3483
小　学	34256	17621	16635	28715	14066	14649
初　中	80095	46428	33667	65201	35470	29731
高　中	90369	52932	37437	80679	46587	34092
大学专科	38074	18815	19259	35194	17013	18181
大学本科	54514	23519	30995	49372	21099	28273
硕士研究生	1680	709	971	1530	626	904
博士研究生	129	68	61	112	58	54

7-5b 续表

单位：人

受教育程度	省内			省外		
	其中市辖区内人户分离					
	小计	男	女	小计	男	女
总　计	**23443**	**11568**	**11875**	**39405**	**25728**	**13677**
未上过学	225	102	123	373	165	208
学前教育	1187	610	577	718	390	328
小　学	2362	1159	1203	5541	3555	1986
初　中	3719	1968	1751	14894	10958	3936
高　中	3797	1937	1860	9690	6345	3345
大学专科	4260	2097	2163	2880	1802	1078
大学本科	6938	3243	3695	5142	2420	2722
硕士研究生	885	416	469	150	83	67
博士研究生	70	36	34	17	10	7

7-5c　全市按户口登记地、性别、受教育程度分的户口登记地在外乡镇街道的人口(乡村)

单位：人

受教育程度	合计			省内		
	合计	男	女	小计	男	女
总　计	**149064**	**89130**	**59934**	**105618**	**58316**	**47302**
未上过学	2487	1062	1425	1910	834	1076
学前教育	4141	2117	2024	3323	1682	1641
小　学	27666	15096	12570	19002	9675	9327
初　中	66375	42525	23850	42554	24722	17832
高　中	26552	16061	10491	20773	11810	8963
大学专科	15926	9118	6808	13557	7388	6169
大学本科	5535	2976	2559	4214	2093	2121
硕士研究生	359	162	197	271	106	165
博士研究生	23	13	10	14	6	8

7-5c　续表

单位：人

受教育程度	省内			省外		
	其中市辖区内人户分离					
	小计	男	女	小计	男	女
总　计	**15984**	**8069**	**7915**	**43446**	**30814**	**12632**
未上过学	226	96	130	577	228	349
学前教育	712	377	335	818	435	383
小　学	2559	1311	1248	8664	5421	3243
初　中	5090	2639	2451	23821	17803	6018
高　中	3729	1902	1827	5779	4251	1528
大学专科	2295	1099	1196	2369	1730	639
大学本科	1264	598	666	1321	883	438
硕士研究生	103	45	58	88	56	32
博士研究生	6	2	4	9	7	2

7-6 全市按现住地、受教育程度、性别分的户口登记地在本省其他乡镇街道的人口

单位：人

现住地	合计			未上过学		
	合计	男	女	小计	男	女
太原市	**2384762**	**1196932**	**1187830**	**23691**	**9397**	**14294**
小店区	691783	349171	342612	4912	2053	2859
迎泽区	251986	121822	130164	2248	857	1391
杏花岭区	378391	187302	191089	3653	1387	2266
尖草坪区	246230	127197	119033	2786	1048	1738
万柏林区	468506	232955	235551	5162	1926	3236
晋源区	111626	58052	53574	1000	402	598
清徐县	63946	31925	32021	437	199	238
阳曲县	44405	23229	21176	830	352	478
娄烦县	32382	16345	16037	1287	591	696
古交市	95507	48934	46573	1376	582	794

7-6 续表 1

单位：人

现住地	学前教育			小学		
	小计	男	女	小计	男	女
太原市	**74471**	**38485**	**35986**	**270368**	**130962**	**139406**
小店区	19587	10234	9353	63264	31166	32098
迎泽区	6603	3442	3161	25441	12090	13351
杏花岭区	11704	5961	5743	43153	20513	22640
尖草坪区	7953	4107	3846	28332	13596	14736
万柏林区	16174	8326	7848	55193	26415	28778
晋源区	4097	2077	2020	13731	6858	6873
清徐县	1924	982	942	7925	4055	3870
阳曲县	1714	883	831	8406	4095	4311
娄烦县	1326	676	650	9274	4517	4757
古交市	3389	1797	1592	15649	7657	7992

7-6　续表 2　　单位：人

现 住 地	初　中			高　中			大学专科		
	小计	男	女	小计	男	女	小计	男	女
太原市	**616625**	**325328**	**291297**	**499216**	**259330**	**239886**	**418108**	**205771**	**212337**
小店区	141265	78306	62959	162512	89960	72552	128608	63218	65390
迎泽区	62572	32249	30323	52983	25859	27124	47952	22460	25492
杏花岭区	102257	51903	50354	81827	40758	41069	67466	33817	33649
尖草坪区	68757	36383	32374	49527	24992	24535	38627	19827	18800
万柏林区	121006	62274	58732	85280	42624	42656	84452	40610	43842
晋源区	28165	15379	12786	20858	10768	10090	22790	12358	10432
清徐县	21332	11691	9641	16435	8219	8216	10563	4248	6315
阳曲县	19860	10866	8994	7343	4050	3293	3884	1928	1956
娄烦县	12530	6362	6168	4151	2284	1867	2465	1294	1171
古交市	38881	19915	18966	18300	9816	8484	11301	6011	5290

7-6　续表 3　　单位：人

现 住 地	大学本科			硕士研究生			博士研究生		
	小计	男	女	小计	男	女	小计	男	女
太原市	**426630**	**203452**	**223178**	**51065**	**21944**	**29121**	**4588**	**2263**	**2325**
小店区	152139	66685	85454	17762	6763	10999	1734	786	948
迎泽区	46016	21485	24531	7563	3091	4472	608	289	319
杏花岭区	61747	30104	31643	6118	2615	3503	466	244	222
尖草坪区	45069	24522	20547	4794	2514	2280	385	208	177
万柏林区	87808	44248	43560	12217	5887	6330	1214	645	569
晋源区	18823	9279	9544	2023	855	1168	139	76	63
清徐县	5155	2468	2687	163	58	105	12	5	7
阳曲县	2237	1011	1226	124	40	84	7	4	3
娄烦县	1279	588	691	65	31	34	5	2	3
古交市	6357	3062	3295	236	90	146	18	4	14

7-6a 全市按现住地、受教育程度、性别分的户口登记地在本省其他乡镇街道的人口(城市)

单位：人

现住地	合计			未上过学		
	合计	男	女	小计	男	女
太原市	**2008600**	**998866**	**1009734**	**19311**	**7520**	**11791**
小店区	520117	256472	263645	4020	1655	2365
迎泽区	247728	119511	128217	2181	835	1346
杏花岭区	351650	173578	178072	3303	1255	2048
尖草坪区	240836	124113	116723	2682	1011	1671
万柏林区	466802	232095	234707	5129	1916	3213
晋源区	100145	51881	48264	914	368	546
清徐县						
阳曲县						
娄烦县						
古交市	81322	41216	40106	1082	480	602

7-6a 续表 1

单位：人

现住地	学前教育			小学		
	小计	男	女	小计	男	女
太原市	**63877**	**33015**	**30862**	**222651**	**107221**	**115430**
小店区	16201	8427	7774	52902	25925	26977
迎泽区	6455	3373	3082	24591	11649	12942
杏花岭区	10506	5348	5158	37778	17846	19932
尖草坪区	7818	4036	3782	27494	13172	14322
万柏林区	16129	8308	7821	54766	26227	28539
晋源区	3805	1928	1877	12291	6129	6162
清徐县						
阳曲县						
娄烦县						
古交市	2963	1595	1368	12829	6273	6556

7-6a　续表 2　　　　　　　　　　　　　　　　　　　　　　　　　　单位：人

现住地	初中			高中			大学专科		
	小计	男	女	小计	男	女	小计	男	女
太原市	**508870**	**265136**	**243734**	**397764**	**200933**	**196831**	**369357**	**181370**	**187987**
小店区	112054	60670	51384	101036	52890	48146	105899	51091	54808
迎泽区	60879	31251	29628	52303	25468	26835	47405	22193	25212
杏花岭区	91005	45890	45115	76943	38203	38740	64893	32586	32307
尖草坪区	67148	35411	31737	47321	23677	23644	38318	19651	18667
万柏林区	120253	61904	58349	85029	42466	42563	84318	40530	43788
晋源区	25141	13633	11508	18966	9755	9211	18530	10068	8462
清徐县									
阳曲县									
娄烦县									
古交市	32390	16377	16013	16166	8474	7692	9994	5251	4743

7-6a　续表 3　　　　　　　　　　　　　　　　　　　　　　　　　　单位：人

现住地	大学本科			硕士研究生			博士研究生		
	小计	男	女	小计	男	女	小计	男	女
太原市	**373044**	**180260**	**192784**	**49264**	**21212**	**28052**	**4462**	**2199**	**2263**
小店区	109897	48865	61032	16466	6213	10253	1642	736	906
迎泽区	45767	21368	24399	7541	3085	4456	606	289	317
杏花岭区	60692	29613	31079	6071	2596	3475	459	241	218
尖草坪区	44884	24435	20449	4786	2512	2274	385	208	177
万柏林区	87752	44214	43538	12212	5885	6327	1214	645	569
晋源区	18374	9084	9290	1985	840	1145	139	76	63
清徐县									
阳曲县									
娄烦县									
古交市	5678	2681	2997	203	81	122	17	4	13

7-6b 全市按现住地、受教育程度、性别分的户口登记地在本省其他乡镇街道的人口(镇)

单位：人

现住地	合计			未上过学		
	合计	男	女	小计	男	女
太原市	**270544**	**139750**	**130794**	**2470**	**1043**	**1427**
小店区	154585	82491	72094	701	312	389
迎泽区						
杏花岭区						
尖草坪区	372	193	179	5	3	2
万柏林区	1507	733	774	28	9	19
晋源区	1635	870	765	20	11	9
清徐县	47478	22591	24887	222	83	139
阳曲县	35408	18183	17225	591	232	359
娄烦县	24858	12377	12481	839	372	467
古交市	4701	2312	2389	64	21	43

7-6b 续表 1

单位：人

现住地	学前教育			小学		
	小计	男	女	小计	男	女
太原市	**7271**	**3788**	**3483**	**28715**	**14066**	**14649**
小店区	2843	1505	1338	7688	3807	3881
迎泽区						
杏花岭区						
尖草坪区	11	5	6	58	33	25
万柏林区	44	18	26	366	157	209
晋源区	68	35	33	325	166	159
清徐县	1510	783	727	5778	2915	2863
阳曲县	1514	787	727	6542	3170	3372
娄烦县	1121	582	539	7061	3404	3657
古交市	160	73	87	897	414	483

7-6b　续表 2

单位：人

现住地	初　中			高　中			大学专科		
	小计	男	女	小计	男	女	小计	男	女
太原市	**65201**	**35470**	**29731**	**80679**	**46587**	**34092**	**35194**	**17013**	**18181**
小店区	21868	12787	9081	58319	35189	23130	20272	10822	9450
迎泽区									
杏花岭区									
尖草坪区	161	87	74	91	45	46	31	13	18
万柏林区	690	320	370	221	139	82	110	61	49
晋源区	743	428	315	227	119	108	155	75	80
清徐县	13843	7330	6513	12447	6006	6441	9022	3278	5744
阳曲县	15884	8523	7361	5597	3034	2563	3284	1578	1706
娄烦县	9780	4950	4830	3164	1700	1464	1860	922	938
古交市	2232	1045	1187	613	355	258	460	264	196

7-6b　续表 3

单位：人

现住地	大学本科			硕士研究生			博士研究生		
	小计	男	女	小计	男	女	小计	男	女
太原市	**49372**	**21099**	**28273**	**1530**	**626**	**904**	**112**	**58**	**54**
小店区	41568	17496	24072	1237	525	712	89	48	41
迎泽区									
杏花岭区									
尖草坪区	15	7	8						
万柏林区	44	28	16	4	1	3			
晋源区	89	32	57	8	4	4			
清徐县	4509	2146	2363	136	46	90	11	4	7
阳曲县	1896	827	1069	93	28	65	7	4	3
娄烦县	987	428	559	41	17	24	5	2	3
古交市	264	135	129	11	5	6			

7-6c 全市按现住地、受教育程度、性别分的户口登记地在本省其他乡镇街道的人口(乡村)

单位：人

现住地	合计			未上过学		
	合计	男	女	小计	男	女
太原市	**105618**	**58316**	**47302**	**1910**	**834**	**1076**
小店区	17081	10208	6873	191	86	105
迎泽区	4258	2311	1947	67	22	45
杏花岭区	26741	13724	13017	350	132	218
尖草坪区	5022	2891	2131	99	34	65
万柏林区	197	127	70	5	1	4
晋源区	9846	5301	4545	66	23	43
清徐县	16468	9334	7134	215	116	99
阳曲县	8997	5046	3951	239	120	119
娄烦县	7524	3968	3556	448	219	229
古交市	9484	5406	4078	230	81	149

7-6c 续表 1

单位：人

现住地	学前教育			小学		
	小计	男	女	小计	男	女
太原市	**3323**	**1682**	**1641**	**19002**	**9675**	**9327**
小店区	543	302	241	2674	1434	1240
迎泽区	148	69	79	850	441	409
杏花岭区	1198	613	585	5375	2667	2708
尖草坪区	124	66	58	780	391	389
万柏林区	1		1	61	31	30
晋源区	224	114	110	1115	563	552
清徐县	414	199	215	2147	1140	1007
阳曲县	200	96	104	1864	925	939
娄烦县	205	94	111	2213	1113	1100
古交市	266	129	137	1923	970	953

7-6c 续表 2 单位：人

现住地	初中			高中			大学专科		
	小计	男	女	小计	男	女	小计	男	女
太原市	**42554**	**24722**	**17832**	**20773**	**11810**	**8963**	**13557**	**7388**	**6169**
小店区	7343	4849	2494	3157	1881	1276	2437	1305	1132
迎泽区	1693	998	695	680	391	289	547	267	280
杏花岭区	11252	6013	5239	4884	2555	2329	2573	1231	1342
尖草坪区	1448	885	563	2115	1270	845	278	163	115
万柏林区	63	50	13	30	19	11	24	19	5
晋源区	2281	1318	963	1665	894	771	4105	2215	1890
清徐县	7489	4361	3128	3988	2213	1775	1541	970	571
阳曲县	3976	2343	1633	1746	1016	730	600	350	250
娄烦县	2750	1412	1338	987	584	403	605	372	233
古交市	4259	2493	1766	1521	987	534	847	496	351

7-6c 续表 3 单位：人

现住地	大学本科			硕士研究生			博士研究生		
	小计	男	女	小计	男	女	小计	男	女
太原市	**4214**	**2093**	**2121**	**271**	**106**	**165**	**14**	**6**	**8**
小店区	674	324	350	59	25	34	3	2	1
迎泽区	249	117	132	22	6	16	2		2
杏花岭区	1055	491	564	47	19	28	7	3	4
尖草坪区	170	80	90	8	2	6			
万柏林区	12	6	6	1	1				
晋源区	360	163	197	30	11	19			
清徐县	646	322	324	27	12	15	1	1	
阳曲县	341	184	157	31	12	19			
娄烦县	292	160	132	24	14	10			
古交市	415	246	169	22	4	18	1		1

7－7 全市按现住地、受教育程度、性别分的户口登记地在外省的人口

单位：人

现住地	合计			未上过学		
	合计	男	女	小计	男	女
太原市	**547163**	**338560**	**208603**	**7072**	**2647**	**4425**
小店区	190267	116463	73804	2343	885	1458
迎泽区	62918	37539	25379	864	327	537
杏花岭区	65094	37660	27434	934	356	578
尖草坪区	58574	36492	22082	638	218	420
万柏林区	88344	54212	34132	1236	461	775
晋源区	43347	28317	15030	586	200	386
清徐县	18886	14663	4223	170	72	98
阳曲县	7675	5644	2031	108	47	61
娄烦县	1467	924	543	38	13	25
古交市	10591	6646	3945	155	68	87

7－7 续表 1

单位：人

现住地	学前教育			小学		
	小计	男	女	小计	男	女
太原市	**13656**	**7173**	**6483**	**94442**	**54437**	**40005**
小店区	4759	2491	2268	33868	19651	14217
迎泽区	1583	851	732	10794	6209	4585
杏花岭区	1876	989	887	11646	6240	5406
尖草坪区	1437	742	695	8699	4824	3875
万柏林区	2200	1149	1051	13944	7822	6122
晋源区	1211	663	548	8525	5152	3373
清徐县	234	110	124	2829	1964	865
阳曲县	107	51	56	1639	1118	521
娄烦县	33	22	11	330	174	156
古交市	216	105	111	2168	1283	885

7-7　续表 2

单位：人

现住地	初中			高中			大学专科		
	小计	男	女	小计	男	女	小计	男	女
太原市	**222238**	**148082**	**74156**	**87585**	**53962**	**33623**	**42560**	**24850**	**17710**
小店区	75605	51262	24343	31920	20003	11917	14849	8766	6083
迎泽区	25838	16555	9283	11035	6574	4461	5913	3443	2470
杏花岭区	27068	16754	10314	11612	6632	4980	5988	3345	2643
尖草坪区	20315	12961	7354	7844	4650	3194	3476	1946	1530
万柏林区	30988	19679	11309	13206	7774	5432	7227	4018	3209
晋源区	21132	14830	6302	6411	4146	2265	2681	1610	1071
清徐县	11010	8825	2185	2759	2267	492	1306	985	321
阳曲县	4214	3302	912	895	644	251	389	274	115
娄烦县	694	492	202	208	127	81	85	46	39
古交市	5374	3422	1952	1695	1145	550	646	417	229

7-7　续表 3

单位：人

现住地	大学本科			硕士研究生			博士研究生		
	小计	男	女	小计	男	女	小计	男	女
太原市	**71017**	**42609**	**28408**	**7907**	**4375**	**3532**	**686**	**425**	**261**
小店区	24530	12271	12259	2204	1029	1175	189	105	84
迎泽区	5544	2971	2573	1201	525	676	146	84	62
杏花岭区	5376	3032	2344	554	284	270	40	28	12
尖草坪区	14753	10197	4556	1319	888	431	93	66	27
万柏林区	17018	11714	5304	2338	1476	862	187	119	68
晋源区	2554	1569	985	226	133	93	21	14	7
清徐县	536	410	126	39	27	12	3	3	
阳曲县	312	201	111	8	4	4	3	3	
娄烦县	73	47	26	5	2	3	1	1	
古交市	321	197	124	13	7	6	3	2	1

7-7a 全市按现住地、受教育程度、性别分的户口登记地在外省的人口(城市)

单位：人

现住地	合计			未上过学		
	合计	男	女	小计	男	女
太原市	**464312**	**282018**	**182294**	**6122**	**2254**	**3868**
小店区	154541	93941	60600	1989	729	1260
迎泽区	60798	36155	24643	827	310	517
杏花岭区	59934	34507	25427	866	332	534
尖草坪区	56718	35236	21482	611	210	401
万柏林区	87992	53985	34007	1225	460	765
晋源区	38178	24754	13424	511	176	335
清徐县						
阳曲县						
娄烦县						
古交市	6151	3440	2711	93	37	56

7-7a 续表 1

单位：人

现住地	学前教育			小学		
	小计	男	女	小计	男	女
太原市	**12120**	**6348**	**5772**	**80237**	**45461**	**34776**
小店区	4041	2092	1949	28676	16482	12194
迎泽区	1532	820	712	10309	5933	4376
杏花岭区	1698	895	803	10493	5598	4895
尖草坪区	1408	725	683	8319	4593	3726
万柏林区	2195	1146	1049	13853	7770	6083
晋源区	1086	591	495	7289	4372	2917
清徐县						
阳曲县						
娄烦县						
古交市	160	79	81	1298	713	585

7–7a　续表 2

单位：人

现住地	初中			高中			大学专科		
	小计	男	女	小计	男	女	小计	男	女
太原市	**183523**	**119321**	**64202**	**72116**	**43366**	**28750**	**37311**	**21318**	**15993**
小店区	62627	42051	20576	22974	14325	8649	12435	7238	5197
迎泽区	24733	15791	8942	10752	6389	4363	5811	3368	2443
杏花岭区	24391	14993	9398	10966	6241	4725	5711	3191	2520
尖草坪区	19361	12279	7082	7545	4442	3103	3383	1887	1496
万柏林区	30828	19569	11259	13156	7737	5419	7206	4002	3204
晋源区	18526	12908	5618	5786	3698	2088	2381	1414	967
清徐县									
阳曲县									
娄烦县									
古交市	3057	1730	1327	937	534	403	384	218	166

7–7a　续表 3

单位：人

现住地	大学本科			硕士研究生			博士研究生		
	小计	男	女	小计	男	女	小计	男	女
太原市	**64554**	**39306**	**25248**	**7669**	**4236**	**3433**	**660**	**408**	**252**
小店区	19572	9985	9587	2051	940	1111	176	99	77
迎泽区	5492	2939	2553	1198	523	675	144	82	62
杏花岭区	5227	2950	2277	543	279	264	39	28	11
尖草坪区	14681	10147	4534	1318	887	431	92	66	26
万柏林区	17007	11708	5299	2336	1475	861	186	118	68
晋源区	2363	1454	909	216	128	88	20	13	7
清徐县									
阳曲县									
娄烦县									
古交市	212	123	89	7	4	3	3	2	1

7-7b 全市按现住地、受教育程度、性别分的户口登记地在外省的人口(镇)

单位：人

现住地	合计			未上过学		
	合计	男	女	小计	男	女
太原市	**39405**	**25728**	**13677**	**373**	**165**	**208**
小店区	23506	14328	9178	204	92	112
迎泽区						
杏花岭区						
尖草坪区	97	59	38	1		1
万柏林区	186	109	77	5		5
晋源区	1245	901	344	11	4	7
清徐县	8797	6577	2220	77	32	45
阳曲县	3989	2855	1134	57	29	28
娄烦县	467	280	187	8	3	5
古交市	1118	619	499	10	5	5

7-7b 续表 1

单位：人

现住地	学前教育			小学		
	小计	男	女	小计	男	女
太原市	**718**	**390**	**328**	**5541**	**3555**	**1986**
小店区	429	247	182	2616	1627	989
迎泽区						
杏花岭区						
尖草坪区	2	1	1	15	9	6
万柏林区	4	2	2	49	26	23
晋源区	28	16	12	297	199	98
清徐县	153	73	80	1382	959	423
阳曲县	63	30	33	916	617	299
娄烦县	16	11	5	101	51	50
古交市	23	10	13	165	67	98

7–7b 续表 2 单位：人

现住地	初中			高中			大学专科		
	小计	男	女	小计	男	女	小计	男	女
太原市	**14894**	**10958**	**3936**	**9690**	**6345**	**3345**	**2880**	**1802**	**1078**
小店区	6203	4406	1797	7430	4633	2797	1899	1191	708
迎泽区									
杏花岭区									
尖草坪区	60	37	23	12	7	5	6	4	2
万柏林区	85	50	35	30	22	8	9	7	2
晋源区	659	508	151	156	114	42	53	34	19
清徐县	4961	3868	1093	1351	1086	265	588	356	232
阳曲县	2082	1582	500	451	322	129	233	163	70
娄烦县	203	138	65	70	39	31	37	19	18
古交市	641	369	272	190	122	68	55	28	27

7–7b 续表 3 单位：人

现住地	大学本科			硕士研究生			博士研究生		
	小计	男	女	小计	男	女	小计	男	女
太原市	**5142**	**2420**	**2722**	**150**	**83**	**67**	**17**	**10**	**7**
小店区	4588	2058	2530	125	69	56	12	5	7
迎泽区									
杏花岭区									
尖草坪区	1	1							
万柏林区	3	1	2				1	1	
晋源区	41	26	15						
清徐县	265	190	75	18	11	7	2	2	
阳曲县	182	109	73	4	2	2	1	1	
娄烦县	29	18	11	2		2	1	1	
古交市	33	17	16	1	1				

7-7c　全市按现住地、受教育程度、性别分的户口登记地在外省的人口(乡村)

单位：人

现住地	合计			未上过学		
	合计	男	女	小计	男	女
太原市	**43446**	**30814**	**12632**	**577**	**228**	**349**
小店区	12220	8194	4026	150	64	86
迎泽区	2120	1384	736	37	17	20
杏花岭区	5160	3153	2007	68	24	44
尖草坪区	1759	1197	562	26	8	18
万柏林区	166	118	48	6	1	5
晋源区	3924	2662	1262	64	20	44
清徐县	10089	8086	2003	93	40	53
阳曲县	3686	2789	897	51	18	33
娄烦县	1000	644	356	30	10	20
古交市	3322	2587	735	52	26	26

7-7c　续表 1

单位：人

现住地	学前教育			小学		
	小计	男	女	小计	男	女
太原市	**818**	**435**	**383**	**8664**	**5421**	**3243**
小店区	289	152	137	2576	1542	1034
迎泽区	51	31	20	485	276	209
杏花岭区	178	94	84	1153	642	511
尖草坪区	27	16	11	365	222	143
万柏林区	1	1		42	26	16
晋源区	97	56	41	939	581	358
清徐县	81	37	44	1447	1005	442
阳曲县	44	21	23	723	501	222
娄烦县	17	11	6	229	123	106
古交市	33	16	17	705	503	202

7–7c　续表 2　　　　　　　　　　　　　　　　　　　　　　　　单位：人

现 住 地	初　　中			高　　中			大学专科		
	小计	男	女	小计	男	女	小计	男	女
太原市	**23821**	**17803**	**6018**	**5779**	**4251**	**1528**	**2369**	**1730**	**639**
小店区	6775	4805	1970	1516	1045	471	515	337	178
迎泽区	1105	764	341	283	185	98	102	75	27
杏花岭区	2677	1761	916	646	391	255	277	154	123
尖草坪区	894	645	249	287	201	86	87	55	32
万柏林区	75	60	15	20	15	5	12	9	3
晋源区	1947	1414	533	469	334	135	247	162	85
清徐县	6049	4957	1092	1408	1181	227	718	629	89
阳曲县	2132	1720	412	444	322	122	156	111	45
娄烦县	491	354	137	138	88	50	48	27	21
古交市	1676	1323	353	568	489	79	207	171	36

7–7c　续表 3　　　　　　　　　　　　　　　　　　　　　　　　单位：人

现 住 地	大学本科			硕士研究生			博士研究生		
	小计	男	女	小计	男	女	小计	男	女
太原市	**1321**	**883**	**438**	**88**	**56**	**32**	**9**	**7**	**2**
小店区	370	228	142	28	20	8	1	1	
迎泽区	52	32	20	3	2	1	2	2	
杏花岭区	149	82	67	11	5	6	1		1
尖草坪区	71	49	22	1	1		1		1
万柏林区	8	5	3	2	1	1			
晋源区	150	89	61	10	5	5	1	1	
清徐县	271	220	51	21	16	5	1	1	
阳曲县	130	92	38	4	2	2	2	2	
娄烦县	44	29	15	3	2	1			
古交市	76	57	19	5	2	3			

7-8 全市分年龄、性别、迁移原因的户口登记地在外乡镇街道的人口

单位：人

年 龄	合 计			工作就业		
	合计	男	女	小计	男	女
总 计	**3003980**	**1572656**	**1431324**	**1015719**	**625062**	**390657**
0-4岁	**138331**	**71454**	**66877**			
0	16263	8442	7821			
1	28145	14571	13574			
2	27647	14151	13496			
3	32545	16732	15813			
4	33731	17558	16173			
5-9岁	**144445**	**75531**	**68914**			
5	24150	12510	11640			
6	33203	17413	15790			
7	29081	15181	13900			
8	30764	16070	14694			
9	27247	14357	12890			
10-14岁	**130095**	**68281**	**61814**	**288**	**169**	**119**
10	26778	13965	12813	55	33	22
11	26244	13742	12502	41	25	16
12	26273	13737	12536	71	38	33
13	25956	13681	12275	61	37	24
14	24844	13156	11688	60	36	24
15-19岁	**206762**	**110139**	**96623**	**16576**	**10988**	**5588**
15	29444	15660	13784	613	396	217
16	35497	18776	16721	1213	846	367
17	29469	15642	13827	2285	1514	771
18	43051	22980	20071	4931	3371	1560
19	69301	37081	32220	7534	4861	2673
20-24岁	**308821**	**161790**	**147031**	**104003**	**58052**	**45951**
20	74976	39985	34991	11746	7044	4702
21	67775	35913	31862	16440	9461	6979
22	60435	31818	28617	22057	12218	9839
23	52069	27008	25061	25269	13807	11462
24	53566	27066	26500	28491	15522	12969
25-29岁	**302892**	**154551**	**148341**	**169896**	**97248**	**72648**
25	57707	29439	28268	32223	17756	14467
26	58070	29205	28865	32563	18113	14450
27	62142	31655	30487	35306	20205	15101
28	62378	31794	30584	34511	20080	14431
29	62595	32458	30137	35293	21094	14199

7-8　续表 1　　　　单位：人

年　龄	合　计			工作就业		
	合计	男	女	小计	男	女
30-34岁	**356077**	**184849**	**171228**	**187627**	**114165**	**73462**
30	78502	40547	37955	42505	25681	16824
31	75618	39004	36614	39891	24051	15840
32	68468	35457	33011	35932	21871	14061
33	70956	37012	33944	37090	22654	14436
34	62533	32829	29704	32209	19908	12301
35-39岁	**265627**	**139874**	**125753**	**131956**	**81523**	**50433**
35	56743	30043	26700	28928	17912	11016
36	55800	29371	26429	27914	17170	10744
37	51656	27184	24472	25469	15677	9792
38	56697	29553	27144	27424	16885	10539
39	44731	23723	21008	22221	13879	8342
40-44岁	**207012**	**108893**	**98119**	**99541**	**61726**	**37815**
40	41850	22218	19632	20419	12800	7619
41	41181	21963	19218	20412	12759	7653
42	40171	21071	19100	19113	11902	7211
43	39567	20656	18911	18475	11390	7085
44	44243	22985	21258	21122	12875	8247
45-49岁	**234384**	**124121**	**110263**	**110894**	**69206**	**41688**
45	44221	22961	21260	21151	12853	8298
46	47318	24877	22441	22799	14095	8704
47	47571	25196	22375	22464	14058	8406
48	47938	25535	22403	22597	14132	8465
49	47336	25552	21784	21883	14068	7815
50-54岁	**209722**	**113958**	**95764**	**90483**	**60297**	**30186**
50	48311	26080	22231	21764	14082	7682
51	44022	23854	20168	19094	12594	6500
52	44944	24375	20569	19264	12839	6425
53	31515	18882	15663	15033	10129	4904
54	37900	20767	17133	15328	10653	4675
55-59岁	**172712**	**92044**	**80668**	**55507**	**38062**	**17445**
55	39017	20890	18127	14225	9636	4589
56	37679	20178	17501	12751	8714	4037
57	43599	23363	20236	13658	9507	4151
58	33205	17693	15512	9805	6790	3015
59	19212	9920	9292	5068	3415	1653
60-64岁	**122898**	**64622**	**58276**	**26139**	**18293**	**7846**
60	25943	13547	12396	6073	4155	1918
61	23322	12343	10979	5139	3599	1540
62	25258	13357	11901	5368	3826	1542
63	26102	13708	12394	5336	3755	1581
64	22273	11667	10606	4223	2958	1265
65岁及以上	**204202**	**102549**	**101653**	**22809**	**15333**	**7476**

7－8 续表 2

单位：人

年 龄	学习培训			随同离开/投亲靠友			拆迁/搬家		
	小计	男	女	小计	男	女	小计	男	女
总 计	**349509**	**179634**	**169875**	**439105**	**195615**	**243490**	**621087**	**321208**	**299879**
0－4岁	**2004**	**1059**	**945**	**86201**	**44454**	**41747**	**18606**	**9645**	**8961**
0	54	28	26	10077	5221	4856	2041	1065	976
1	136	69	67	17538	9131	8407	3531	1844	1687
2	215	116	99	17354	8811	8543	3704	1890	1814
3	686	352	334	20085	10248	9837	4596	2414	2182
4	913	494	419	21147	11043	10104	4734	2432	2302
5－9岁	**17424**	**9254**	**8170**	**82299**	**43101**	**39198**	**20456**	**10640**	**9816**
5	780	373	407	15078	7883	7195	3417	1747	1670
6	3974	2100	1874	18980	9976	9004	4598	2398	2200
7	3960	2088	1872	16172	8395	7777	4325	2306	2019
8	4555	2454	2101	17097	8938	8159	4320	2249	2071
9	4155	2239	1916	14972	7909	7063	3796	1940	1856
10－14岁	**24349**	**12943**	**11406**	**66800**	**34948**	**31852**	**19027**	**9933**	**9094**
10	4113	2186	1927	14742	7678	7064	3804	1946	1858
11	4246	2209	2037	14209	7458	6751	3750	1991	1759
12	4639	2445	2194	13540	7045	6495	3962	2059	1903
13	5168	2809	2359	12861	6698	6163	3936	2072	1864
14	6183	3294	2889	11448	6069	5379	3575	1865	1710
15－19岁	**141365**	**72876**	**68489**	**27019**	**14467**	**12552**	**11263**	**6049**	**5214**
15	16345	8628	7717	7497	4028	3469	2609	1369	1240
16	23079	11949	11130	6385	3383	3002	2531	1367	1164
17	18796	9639	9157	4668	2476	2192	1830	968	862
18	29371	14875	14496	4596	2470	2126	2236	1209	1027
19	53774	27785	25989	3873	2110	1763	2057	1136	921
20－24岁	**139240**	**71498**	**67742**	**24711**	**12358**	**12353**	**19730**	**10168**	**9562**
20	54194	27950	26244	4217	2364	1853	2408	1307	1101
21	41194	21205	19989	4250	2186	2064	2892	1529	1363
22	24264	12595	11669	5445	2713	2732	4257	2179	2078
23	11915	6114	5801	5249	2528	2721	4635	2353	2282
24	7673	3634	4039	5550	2567	2983	5538	2800	2738
25－29岁	**14670**	**6859**	**7811**	**25820**	**10697**	**15123**	**42033**	**21729**	**20304**
25	5502	2578	2924	5738	2648	3090	6612	3428	3184
26	3624	1656	1968	5466	2403	3063	7464	3755	3709
27	2298	1048	1250	5286	2176	3110	8534	4370	4164
28	1857	842	1015	4936	1916	3020	9605	5016	4589
29	1389	735	654	4394	1554	2840	9818	5160	4658

7-8 续表 3 单位：人

年龄	学习培训			随同离开/投亲靠友			拆迁/搬家		
	小计	男	女	小计	男	女	小计	男	女
30—34岁	**5435**	**2675**	**2760**	**22385**	**6832**	**15553**	**67195**	**35010**	**32185**
30	1499	742	757	5366	1799	3567	13467	6967	6500
31	1206	582	624	4779	1487	3292	14123	7378	6745
32	968	449	519	4303	1301	3002	13137	6879	6258
33	979	488	491	4247	1216	3031	13917	7281	6636
34	783	414	369	3690	1029	2661	12551	6505	6046
35—39岁	**2421**	**1247**	**1174**	**15759**	**4265**	**11494**	**57894**	**30131**	**27763**
35	611	320	291	3260	878	2382	11806	6219	5587
36	539	287	252	3361	935	2426	11946	6155	5791
37	462	240	222	3069	850	2219	11462	5975	5487
38	474	223	251	3448	903	2545	12827	6712	6115
39	335	177	158	2621	699	1922	9853	5070	4783
40—44岁	**958**	**459**	**499**	**12222**	**2925**	**9297**	**48984**	**24918**	**24066**
40	254	127	127	2444	618	1826	9430	4916	4514
41	215	96	119	2405	573	1832	9220	4778	4442
42	179	84	95	2414	577	1837	9545	4855	4690
43	159	72	87	2345	559	1786	9804	4924	4880
44	151	80	71	2614	598	2016	10985	5445	5540
45—49岁	**673**	**323**	**350**	**14500**	**3319**	**11181**	**63112**	**31717**	**31395**
45	144	76	68	2667	636	2031	11008	5505	5503
46	162	72	90	2962	638	2324	12105	5952	6153
47	140	70	70	2919	659	2260	13005	6536	6469
48	120	51	69	3000	693	2307	13284	6788	6496
49	107	54	53	2952	693	2259	13710	6936	6774
50—54岁	**333**	**159**	**174**	**14176**	**3335**	**10841**	**63755**	**32683**	**31072**
50	97	47	50	3165	740	2425	14332	7305	7027
51	73	35	38	2929	699	2230	13599	6885	6714
52	75	36	39	2936	682	2254	13823	7100	6723
53	47	20	27	2436	577	1859	10184	5309	4875
54	41	21	20	2710	637	2073	11817	6084	5733
55—59岁	**249**	**117**	**132**	**13274**	**3648**	**9626**	**61654**	**32558**	**29096**
55	55	31	24	2770	710	2060	13292	6928	6364
56	68	31	37	2854	780	2074	13235	7004	6231
57	49	19	30	3327	922	2405	15938	8445	7493
58	47	24	23	2726	782	1944	11950	6393	5557
59	30	12	18	1597	454	1143	7239	3788	3451
60—64岁	**136**	**47**	**89**	**10916**	**3508**	**7408**	**46794**	**25095**	**21699**
60	28	11	17	2248	673	1575	9940	5321	4619
61	20	7	13	2070	668	1402	8974	4847	4127
62	37	15	22	2187	687	1500	9584	5169	4415
63	24	8	16	2342	787	1555	9908	5257	4651
64	27	6	21	2069	693	1376	8388	4501	3887
65岁及以上	**252**	**118**	**134**	**23023**	**7758**	**15265**	**80584**	**40932**	**39652**

7-8 续表 4

单位：人

年 龄	寄挂户口			婚姻嫁娶			照料孙子女		
	小计	男	女	小计	男	女	小计	男	女
总 计	**76992**	**42516**	**34476**	**123409**	**24670**	**98739**	**49789**	**17772**	**32017**
0–4岁	**4700**	**2419**	**2281**						
0	502	264	238						
1	1109	581	528						
2	1030	522	508						
3	1094	549	545						
4	965	503	462						
5–9岁	**4253**	**2175**	**2078**						
5	774	393	381						
6	991	525	466						
7	828	410	418						
8	859	421	438						
9	801	426	375						
10–14岁	**3862**	**2030**	**1832**	**10**	**5**	**5**			
10	730	381	349	3	1	2			
11	743	390	353	1	1				
12	833	447	386	3	2	1			
13	820	449	371						
14	736	363	373	3	1	2			
15–19岁	**1972**	**1119**	**853**	**128**	**27**	**101**			
15	462	254	208	13	8	5			
16	459	242	217	14	2	12			
17	389	208	181	12	5	7			
18	345	207	138	28	7	21			
19	317	208	109	61	5	56			
20–24岁	**4835**	**2641**	**2194**	**3420**	**243**	**3177**	**3**		**3**
20	457	268	189	131	13	118			
21	648	363	285	251	17	234			
22	1008	563	445	551	35	516			
23	1204	652	552	912	60	852	1		1
24	1518	795	723	1575	118	1457	2		2
25–29岁	**9589**	**4989**	**4600**	**19549**	**2483**	**17066**	**10**	**4**	**6**
25	1721	921	800	2209	229	1980			
26	1908	1003	905	3130	363	2767	1		1
27	2009	1085	924	4205	490	3715	1	1	
28	2026	1035	991	4926	666	4260	3	1	2
29	1925	945	980	5079	735	4344	5	2	3

7-8　续表 5　　　　单位：人

年　龄	寄挂户口			婚姻嫁娶			照料孙子女		
	小计	男	女	小计	男	女	小计	男	女
30–34岁	**10170**	**5165**	**5005**	**31356**	**5775**	**25581**	**173**	**60**	**113**
30	2313	1189	1124	6995	1162	5833	40	10	30
31	2227	1114	1113	6876	1294	5582	29	10	19
32	1861	910	951	6163	1128	5035	31	8	23
33	2037	1057	980	6071	1148	4923	39	17	22
34	1732	895	837	5251	1043	4208	34	15	19
35–39岁	**6697**	**3547**	**3150**	**20325**	**4415**	**15910**	**160**	**61**	**99**
35	1558	859	699	4515	932	3583	26	12	14
36	1425	768	657	4295	977	3318	34	13	21
37	1275	666	609	3979	883	3096	32	10	22
38	1352	689	663	4392	942	3450	34	19	15
39	1087	565	522	3144	681	2463	34	7	27
40–44岁	**4499**	**2401**	**2098**	**13318**	**2849**	**10469**	**224**	**76**	**148**
40	955	512	443	2894	633	2261	35	8	27
41	926	479	447	2637	578	2059	40	19	21
42	830	441	389	2618	543	2075	43	15	28
43	826	440	386	2535	539	1996	47	16	31
44	962	529	433	2634	556	2078	59	18	41
45–49岁	**4906**	**2708**	**2198**	**11602**	**2478**	**9124**	**991**	**176**	**815**
45	994	526	468	2462	521	1941	82	20	62
46	952	522	430	2394	507	1887	116	21	95
47	963	563	400	2366	483	1883	177	26	151
48	1029	564	465	2268	498	1770	254	37	217
49	968	533	435	2112	469	1643	362	72	290
50–54岁	**4388**	**2540**	**1848**	**8669**	**2075**	**6594**	**5142**	**1006**	**4136**
50	1018	572	446	2092	509	1583	584	101	483
51	877	511	366	1908	453	1455	768	141	627
52	931	524	407	1897	445	1452	1103	213	890
53	787	461	326	1289	307	982	1136	211	925
54	775	472	303	1483	361	1122	1551	340	1211
55–59岁	**3726**	**2359**	**1367**	**6257**	**1707**	**4550**	**11667**	**3094**	**8573**
55	771	457	314	1448	359	1089	1985	457	1528
56	763	489	274	1396	356	1040	2235	525	1710
57	964	632	332	1555	430	1125	3017	784	2233
58	794	502	292	1144	338	806	2719	796	1923
59	434	279	155	714	224	490	1711	532	1179
60–64岁	**3152**	**1965**	**1187**	**3921**	**1247**	**2674**	**14610**	**5411**	**9199**
60	644	397	247	932	286	646	2648	871	1777
61	580	371	209	738	255	483	2624	910	1714
62	692	430	262	812	252	560	3021	1103	1918
63	635	398	237	771	237	534	3344	1295	2049
64	601	369	232	668	217	451	2973	1232	1741
65岁及以上	**10243**	**6458**	**3785**	**4854**	**1366**	**3488**	**16809**	**7884**	**8925**

7-8 续表 6 单位：人

年 龄	为子女就学			养老/康养			其 他		
	小计	男	女	小计	男	女	小计	男	女
总 计	**50621**	**22879**	**27742**	**27434**	**12669**	**14765**	**250315**	**130631**	**119684**
0-4岁							**26820**	**13877**	**12943**
0							3589	1864	1725
1							5831	2946	2885
2							5344	2812	2532
3							6084	3169	2915
4							5972	3086	2886
5-9岁							**20013**	**10361**	**9652**
5							4101	2114	1987
6							4660	2414	2246
7							3796	1982	1814
8							3933	2008	1925
9							3523	1843	1680
10-14岁				**3**	**1**	**2**	**15756**	**8252**	**7504**
10				1	1		3330	1739	1591
11				1		1	3253	1668	1585
12							3225	1701	1524
13							3110	1616	1494
14				1		1	2838	1528	1310
15-19岁	**187**	**103**	**84**	**1**		**1**	**8251**	**4510**	**3741**
15	56	27	29				1849	950	899
16	49	32	17	1		1	1766	955	811
17	28	16	12				1461	816	645
18	28	15	13				1516	826	690
19	26	13	13				1659	963	696
20-24岁	**299**	**116**	**183**	**2**	**1**	**1**	**12578**	**6713**	**5865**
20	33	18	15				1790	1021	769
21	47	17	30	1	1		2052	1134	918
22	52	27	25				2801	1488	1313
23	72	26	46	1		1	2811	1468	1343
24	95	28	67				3124	1602	1522
25-29岁	**2059**	**672**	**1387**	**9**	**4**	**5**	**19257**	**9866**	**9391**
25	171	55	116	2	1	1	3529	1823	1706
26	235	79	156				3679	1833	1846
27	382	116	266	3	2	1	4118	2162	1956
28	532	174	358	2		2	3980	2064	1916
29	739	248	491	2	1	1	3951	1984	1967

7-8 续表 7

单位：人

年 龄	为子女就学			养老/康养			其 他		
	小计	男	女	小计	男	女	小计	男	女
30-34岁	**8378**	**3208**	**5170**	**12**	**6**	**6**	**23346**	**11953**	**11393**
30	1223	415	808	3	3		5091	2579	2512
31	1510	540	970	1	1		4976	2547	2429
32	1599	609	990	3		3	4471	2302	2169
33	1976	813	1163	3	1	2	4597	2337	2260
34	2070	831	1239	2	1	1	4211	2188	2023
35-39岁	**11979**	**5182**	**6797**	**9**	**5**	**4**	**18427**	**9498**	**8929**
35	2165	918	1247	1	1		3873	1992	1881
36	2389	1050	1339	3	2	1	3894	2014	1880
37	2333	996	1337				3575	1887	1688
38	2794	1220	1574	2	1	1	3950	1959	1991
39	2298	998	1300	3	1	2	3135	1646	1489
40-44岁	**11553**	**5324**	**6229**	**26**	**13**	**13**	**15687**	**8202**	**7485**
40	2229	960	1269	2	1	1	3188	1643	1545
41	2242	1045	1197	8	3	5	3076	1633	1443
42	2355	1055	1300	3	1	2	3071	1598	1473
43	2345	1096	1249	3	2	1	3028	1618	1410
44	2382	1168	1214	10	6	4	3324	1710	1614
45-49岁	**8505**	**4339**	**4166**	**59**	**31**	**28**	**19142**	**9824**	**9318**
45	2169	1014	1155	7	4	3	3537	1806	1731
46	1965	1034	931	8	3	5	3855	2033	1822
47	1667	864	803	12	6	6	3858	1931	1927
48	1473	774	699	18	9	9	3895	1989	1906
49	1231	653	578	14	9	5	3997	2065	1932
50-54岁	**3522**	**1886**	**1636**	**1075**	**417**	**658**	**18179**	**9560**	**8619**
50	1033	592	441	120	37	83	4106	2095	2011
51	818	440	378	189	71	118	3767	2025	1742
52	747	372	375	221	80	141	3947	2084	1863
53	441	232	209	227	100	127	2965	1536	1429
54	483	250	233	318	129	189	3394	1820	1574
55-59岁	**1760**	**871**	**889**	**2635**	**1141**	**1494**	**15983**	**8487**	**7496**
55	417	219	198	469	220	249	3585	1873	1712
56	388	191	197	531	217	314	3458	1871	1587
57	430	224	206	670	292	378	3991	2108	1883
58	330	148	182	560	226	334	3130	1694	1436
59	195	89	106	405	186	219	1819	941	878
60-64岁	**1102**	**539**	**563**	**4103**	**2072**	**2031**	**12025**	**6445**	**5580**
60	239	121	118	691	336	355	2500	1376	1124
61	211	117	94	684	364	320	2282	1205	1077
62	219	107	112	857	428	429	2481	1340	1141
63	234	109	125	932	467	465	2576	1395	1181
64	199	85	114	939	477	462	2186	1129	1057
65岁及以上	**1277**	**639**	**638**	**19500**	**8978**	**10522**	**24851**	**13083**	**11768**

7-8a 全市分年龄、性别、迁移原因的户口登记地在外乡镇街道的人口(城市)

单位：人

年 龄	合 计			工作就业		
	合计	男	女	小计	男	女
总 计	**2535073**	**1312989**	**1222084**	**830552**	**499603**	**330949**
0-4岁	**119691**	**61934**	**57757**			
0	14029	7318	6711			
1	24330	12587	11743			
2	23802	12200	11602			
3	28244	14569	13675			
4	29286	15260	14026			
5-9岁	**123724**	**64748**	**58976**			
5	20725	10716	10009			
6	28622	15040	13582			
7	24944	13024	11920			
8	26269	13741	12528			
9	23164	12227	10937			
10-14岁	**111410**	**58469**	**52941**	**267**	**157**	**110**
10	22791	11917	10874	52	31	21
11	22367	11712	10655	40	25	15
12	22686	11828	10858	66	36	30
13	22422	11803	10619	53	33	20
14	21144	11209	9935	56	32	24
15-19岁	**157574**	**84816**	**72758**	**11350**	**7143**	**4207**
15	23843	12518	11325	537	337	200
16	28489	14977	13512	1078	743	335
17	23486	12557	10929	2009	1319	690
18	31807	17236	14571	3086	1956	1130
19	49949	27528	22421	4640	2788	1852
20-24岁	**238245**	**124320**	**113925**	**76487**	**39695**	**36792**
20	54612	30005	24607	7538	4178	3360
21	50397	27205	23192	11107	5922	5185
22	46598	24393	22205	15995	8289	7706
23	41997	21016	20981	19288	9795	9493
24	44641	21701	22940	22559	11511	11048
25-29岁	**253633**	**126154**	**127479**	**137945**	**75990**	**61955**
25	48433	23903	24530	25942	13514	12428
26	48646	23718	24928	26366	13982	12384
27	52078	25916	26162	28775	15898	12877
28	52151	26003	26148	28104	15854	12250
29	52325	26614	25711	28758	16742	12016

7-8a　续表 1　　单位：人

年　龄	合　计			工作就业		
	合计	男	女	小计	男	女
30—34岁	**301450**	**154455**	**146995**	**154379**	**92419**	**61960**
30	65945	33556	32389	34739	20622	14117
31	64180	32730	31450	32886	19506	13380
32	58016	29575	28441	29497	17648	11849
33	60119	30920	29199	30570	18351	12219
34	53190	27674	25516	26687	16292	10395
35—39岁	**227949**	**118937**	**109012**	**110565**	**67753**	**42812**
35	48552	25473	23079	24180	14827	9353
36	47532	24756	22776	23198	14143	9055
37	44431	23192	21239	21373	13047	8326
38	48914	25233	23681	23122	14104	9018
39	38520	20283	18237	18692	11632	7060
40—44岁	**176989**	**92205**	**84784**	**82821**	**51133**	**31688**
40	35971	18927	17044	17167	10726	6441
41	35160	18537	16623	16964	10510	6454
42	34436	17881	16555	15960	9876	6084
43	33770	17524	16246	15256	9450	5806
44	37652	19336	18316	17474	10571	6903
45—49岁	**199838**	**104099**	**95739**	**91779**	**56351**	**35428**
45	37466	19203	18263	17407	10478	6929
46	40310	20935	19375	18952	11564	7388
47	40390	21030	19360	18490	11408	7082
48	40976	21465	19511	18725	11514	7211
49	40696	21466	19230	18205	11387	6818
50—54岁	**181830**	**96608**	**85222**	**75684**	**49063**	**26621**
50	42010	22204	19806	18367	11572	6795
51	38173	20188	17985	15926	10217	5709
52	39186	20839	18347	16212	10525	5687
53	29640	15824	13816	12476	8155	4321
54	32821	17553	15268	12703	8594	4109
55—59岁	**152588**	**79771**	**72817**	**46875**	**31360**	**15515**
55	34090	17829	16261	11892	7842	4050
56	33411	17582	15829	10817	7230	3587
57	38662	20329	18333	11531	7805	3726
58	29291	15333	13958	8287	5602	2685
59	17134	8698	8436	4348	2881	1467
60—64岁	**110277**	**57180**	**53097**	**22430**	**15339**	**7091**
60	23362	12046	11316	5277	3536	1741
61	20935	10956	9979	4415	3008	1407
62	22588	11748	10840	4572	3186	1386
63	23336	12043	11293	4527	3115	1412
64	20056	10387	9669	3639	2494	1145
65岁及以上	**179875**	**89293**	**90582**	**19970**	**13200**	**6770**

7-8a 续表 2 单位：人

年龄	学习培训			随同离开/投亲靠友			拆迁/搬家		
	小计	男	女	小计	男	女	小计	男	女
总计	**267744**	**141580**	**126164**	**384565**	**171784**	**212781**	**562659**	**289996**	**272663**
0-4岁	**1850**	**974**	**876**	**74628**	**38636**	**35992**	**16636**	**8607**	**8029**
0	46	22	24	8746	4572	4174	1769	925	844
1	131	65	66	15238	7937	7301	3099	1615	1484
2	196	105	91	14992	7639	7353	3298	1680	1618
3	631	327	304	17372	8923	8449	4160	2190	1970
4	846	455	391	18280	9565	8715	4310	2197	2113
5-9岁	**14228**	**7619**	**6609**	**71433**	**37386**	**34047**	**17983**	**9345**	**8638**
5	708	340	368	12990	6772	6218	3013	1522	1491
6	3231	1727	1504	16563	8697	7866	4093	2129	1964
7	3198	1707	1491	14071	7302	6769	3818	2044	1774
8	3719	2026	1693	14822	7760	7062	3786	1960	1826
9	3372	1819	1553	12987	6855	6132	3273	1690	1583
10-14岁	**19961**	**10637**	**9324**	**58486**	**30623**	**27863**	**16550**	**8616**	**7934**
10	3338	1778	1560	12839	6732	6107	3251	1666	1585
11	3418	1808	1610	12394	6479	5915	3253	1720	1533
12	3852	2024	1828	11899	6183	5716	3461	1785	1676
13	4353	2358	1995	11308	5896	5412	3474	1819	1655
14	5000	2669	2331	10046	5333	4713	3111	1626	1485
15-19岁	**102877**	**54387**	**48490**	**24421**	**13053**	**11368**	**10027**	**5377**	**4650**
15	12319	6359	5960	6674	3571	3103	2323	1212	1111
16	17261	8789	8472	5892	3136	2756	2291	1246	1045
17	13998	7257	6741	4233	2231	2002	1625	848	777
18	21022	11116	9906	4142	2241	1901	1957	1061	896
19	38277	20866	17411	3480	1874	1606	1831	1010	821
20-24岁	**105102**	**56640**	**48462**	**22021**	**10981**	**11040**	**17436**	**8958**	**8478**
20	39135	21462	17673	3788	2118	1670	2140	1149	991
21	30513	16699	13814	3790	1949	1841	2568	1370	1198
22	18422	10004	8418	4872	2418	2454	3773	1928	1845
23	9928	5122	4806	4636	2215	2421	4067	2050	2017
24	7104	3353	3751	4935	2281	2654	4888	2461	2427
25-29岁	**14016**	**6538**	**7478**	**22859**	**9503**	**13356**	**37229**	**19213**	**18016**
25	5263	2457	2806	5107	2360	2747	5848	3031	2817
26	3485	1583	1902	4865	2120	2745	6598	3307	3291
27	2205	1003	1202	4679	1943	2736	7568	3871	3697
28	1749	800	949	4354	1710	2644	8503	4427	4076
29	1314	695	619	3854	1370	2484	8712	4577	4135

7-8a 续表 3 单位：人

年 龄	学习培训			随同离开/投亲靠友			拆迁/搬家		
	小计	男	女	小计	男	女	小计	男	女
30-34岁	**5088**	**2510**	**2578**	**19541**	**6123**	**13418**	**60452**	**31423**	**29029**
30	1416	701	715	4670	1594	3076	11984	6179	5805
31	1128	550	578	4199	1351	2848	12734	6665	6069
32	903	415	488	3749	1160	2589	11865	6174	5691
33	906	452	454	3697	1091	2606	12565	6547	6018
34	735	392	343	3226	927	2299	11304	5858	5446
35-39岁	**2249**	**1154**	**1095**	**13750**	**3822**	**9928**	**52311**	**27153**	**25158**
35	564	296	268	2849	789	2060	10656	5603	5053
36	506	266	240	2928	845	2083	10758	5514	5244
37	429	225	204	2693	767	1926	10374	5415	4959
38	440	205	235	3020	809	2211	11590	6051	5539
39	310	162	148	2260	612	1648	8933	4570	4363
40-44岁	**887**	**426**	**461**	**10629**	**2617**	**8012**	**44199**	**22346**	**21853**
40	236	117	119	2142	556	1586	8522	4434	4088
41	200	91	109	2090	520	1570	8292	4273	4019
42	167	79	88	2087	509	1578	8641	4375	4266
43	148	69	79	2053	508	1545	8859	4417	4442
44	136	70	66	2257	524	1733	9885	4847	5038
45-49岁	**605**	**292**	**313**	**12578**	**2911**	**9667**	**57159**	**28482**	**28677**
45	135	71	64	2320	563	1757	9896	4897	4999
46	147	68	79	2563	558	2005	10934	5368	5566
47	127	65	62	2536	569	1967	11742	5846	5896
48	106	44	62	2576	612	1964	12123	6119	6004
49	90	44	46	2583	609	1974	12464	6252	6212
50-54岁	**313**	**149**	**164**	**12406**	**2959**	**9447**	**58553**	**29880**	**28673**
50	93	45	48	2787	667	2120	13155	6693	6462
51	69	33	36	2579	619	1960	12528	6288	6240
52	72	36	36	2589	605	1984	12719	6521	6198
53	41	16	25	2087	503	1584	9266	4806	4460
54	38	19	19	2364	565	1799	10885	5572	5313
55-59岁	**227**	**109**	**118**	**11733**	**3250**	**8483**	**57280**	**30112**	**27168**
55	48	27	21	2450	647	1803	12267	6346	5921
56	64	29	35	2545	701	1844	12322	6511	5811
57	44	19	25	2933	819	2114	14902	7871	7031
58	43	22	21	2398	693	1705	11040	5883	5157
59	28	12	16	1407	390	1017	6749	3501	3248
60-64岁	**118**	**41**	**77**	**9764**	**3146**	**6618**	**43564**	**23305**	**20259**
60	26	10	16	1988	600	1388	9294	4966	4328
61	16	5	11	1869	611	1258	8363	4524	3839
62	28	12	16	1984	633	1351	8924	4790	4134
63	24	8	16	2076	683	1393	9182	4855	4327
64	24	6	18	1847	619	1228	7801	4170	3631
65岁及以上	**223**	**104**	**119**	**20316**	**6774**	**13542**	**73280**	**37179**	**36101**

7-8a 续表 4 单位：人

年龄	寄挂户口			婚姻嫁娶			照料孙子女		
	小计	男	女	小计	男	女	小计	男	女
总计	**64771**	**35763**	**29008**	**107712**	**22057**	**85655**	**45471**	**16289**	**29182**
0-4岁	**3965**	**2064**	**1901**						
0	427	226	201						
1	926	484	442						
2	856	445	411						
3	919	469	450						
4	837	440	397						
5-9岁	**3597**	**1853**	**1744**						
5	666	345	321						
6	850	452	398						
7	697	345	352						
8	718	350	368						
9	666	361	305						
10-14岁	**3299**	**1737**	**1562**	**9**	**4**	**5**			
10	601	310	291	3	1	2			
11	617	327	290	1	1				
12	728	393	335	2	1	1			
13	708	388	320						
14	645	319	326	3	1	2			
15-19岁	**1653**	**944**	**709**	**91**	**23**	**68**			
15	393	219	174	11	7	4			
16	383	203	180	12	2	10			
17	329	177	152	11	5	6			
18	282	166	116	17	6	11			
19	266	179	87	40	3	37			
20-24岁	**4105**	**2238**	**1867**	**2463**	**188**	**2275**	**3**		**3**
20	381	222	159	89	10	79			
21	552	310	242	156	12	144			
22	875	495	380	361	28	333			
23	1016	540	476	654	45	609	1		1
24	1281	671	610	1203	93	1110	2		2
25-29岁	**7953**	**4125**	**3828**	**16221**	**2166**	**14055**	**9**	**4**	**5**
25	1439	772	667	1731	197	1534			
26	1592	843	749	2531	315	2216			
27	1666	901	765	3462	420	3042	1	1	
28	1645	828	817	4188	584	3604	3	1	2
29	1611	781	830	4309	650	3659	5	2	3

7-8a 续表 5

单位：人

年 龄	寄挂户口			婚姻嫁娶			照料孙子女		
	小计	男	女	小计	男	女	小计	男	女
30–34岁	**8631**	**4380**	**4251**	**27535**	**5226**	**22309**	**150**	**52**	**98**
30	1943	997	946	6057	1033	5024	35	7	28
31	1918	964	954	6021	1151	4870	25	8	17
32	1569	768	801	5433	1025	4408	27	8	19
33	1703	880	823	5366	1054	4312	35	17	18
34	1498	771	727	4658	963	3695	28	12	16
35–39岁	**5778**	**3063**	**2715**	**18289**	**4061**	**14228**	**136**	**50**	**86**
35	1371	765	606	4008	847	3161	19	10	9
36	1208	651	557	3836	883	2953	29	11	18
37	1106	573	533	3611	825	2786	28	7	21
38	1163	599	564	3981	870	3111	29	15	14
39	930	475	455	2853	636	2217	31	7	24
40–44岁	**3831**	**2046**	**1785**	**11877**	**2561**	**9316**	**195**	**66**	**129**
40	818	441	377	2601	564	2037	29	8	21
41	796	410	386	2364	523	1841	38	17	21
42	690	357	333	2348	500	1848	37	12	25
43	715	388	327	2268	485	1783	40	14	26
44	812	450	362	2296	489	1807	51	15	36
45–49岁	**4079**	**2233**	**1846**	**10148**	**2218**	**7930**	**876**	**152**	**724**
45	835	440	395	2162	469	1693	69	19	50
46	784	429	355	2087	450	1637	98	18	80
47	789	452	337	2061	430	1631	159	22	137
48	849	459	390	1972	439	1533	227	33	194
49	822	453	369	1866	430	1436	323	60	263
50–54岁	**3730**	**2154**	**1576**	**7663**	**1850**	**5813**	**4531**	**873**	**3658**
50	857	478	379	1861	451	1410	525	89	436
51	741	427	314	1680	410	1270	672	123	549
52	803	454	349	1686	402	1284	974	185	789
53	671	394	277	1125	264	861	986	174	812
54	658	401	257	1311	323	988	1374	302	1072
55–59岁	**3166**	**1989**	**1177**	**5609**	**1514**	**4095**	**10574**	**2817**	**7757**
55	637	377	260	1283	323	960	1793	419	1374
56	669	432	237	1270	316	954	2007	469	1538
57	821	535	286	1404	382	1022	2727	713	2014
58	667	411	256	1009	292	717	2481	731	1750
59	372	234	138	643	201	442	1566	485	1081
60–64岁	**2655**	**1665**	**990**	**3542**	**1111**	**2431**	**13474**	**4987**	**8487**
60	544	334	210	860	261	599	2436	803	1633
61	501	323	178	666	230	436	2396	838	1558
62	571	358	213	728	223	505	2780	1013	1767
63	527	331	196	696	207	489	3109	1201	1908
64	512	319	193	592	190	402	2753	1132	1621
65岁及以上	**8329**	**5272**	**3057**	**4265**	**1135**	**3130**	**15523**	**7288**	**8235**

7-8a 续表 6 单位：人

年龄	为子女就学			养老/康养			其他		
	小计	男	女	小计	男	女	小计	男	女
总计	**39127**	**17490**	**21637**	**22792**	**10009**	**12783**	**209680**	**108418**	**101262**
0-4岁							**22612**	**11653**	**10959**
0							3041	1573	1468
1							4936	2486	2450
2							4460	2331	2129
3							5162	2660	2502
4							5013	2603	2410
5-9岁							**16483**	**8545**	**7938**
5							3348	1737	1611
6							3885	2035	1850
7							3160	1626	1534
8							3224	1645	1579
9							2866	1502	1364
10-14岁				**2**	**1**	**1**	**12836**	**6694**	**6142**
10				1	1		2706	1398	1308
11							2644	1352	1292
12							2678	1406	1272
13							2526	1309	1217
14				1		1	2282	1229	1053
15-19岁	**175**	**97**	**78**	**1**		**1**	**6979**	**3792**	**3187**
15	53	24	29				1533	789	744
16	46	30	16	1		1	1525	828	697
17	28	16	12				1253	704	549
18	26	15	11				1275	675	600
19	22	12	10				1393	796	597
20-24岁	**195**	**82**	**113**	**2**	**1**	**1**	**10431**	**5537**	**4894**
20	29	15	14				1512	851	661
21	32	12	20	1	1		1678	930	748
22	36	20	16				2264	1211	1053
23	45	18	27	1		1	2361	1231	1130
24	53	17	36				2616	1314	1302
25-29岁	**1232**	**398**	**834**	**8**	**3**	**5**	**16161**	**8214**	**7947**
25	96	35	61	1		1	3006	1537	1469
26	124	41	83				3085	1527	1558
27	236	71	165	3	2	1	3483	1806	1677
28	317	103	214	2		2	3286	1696	1590
29	459	148	311	2	1	1	3301	1648	1653

7-8a 续表 7 单位：人

年龄	为子女就学			养老/康养			其他		
	小计	男	女	小计	男	女	小计	男	女
30-34岁	**6035**	**2295**	**3740**	**9**	**3**	**6**	**19630**	**10024**	**9606**
30	831	265	566	1	1		4269	2157	2112
31	1044	377	667	1	1		4224	2157	2067
32	1181	450	731	3		3	3789	1927	1862
33	1432	574	858	2		2	3843	1954	1889
34	1547	629	918	2	1	1	3505	1829	1676
35-39岁	**9325**	**3949**	**5376**	**9**	**5**	**4**	**15537**	**7927**	**7610**
35	1643	677	966	1	1		3261	1658	1603
36	1810	780	1030	3	2	1	3256	1661	1595
37	1811	753	1058				3006	1580	1426
38	2206	940	1266	2	1	1	3361	1639	1722
39	1855	799	1056	3	1	2	2653	1389	1264
40-44岁	**9413**	**4233**	**5180**	**22**	**12**	**10**	**13115**	**6765**	**6350**
40	1780	729	1051	2	1	1	2674	1351	1323
41	1829	831	998	6	3	3	2581	1359	1222
42	1930	852	1078	3	1	2	2573	1320	1253
43	1911	873	1038	3	2	1	2517	1318	1199
44	1963	948	1015	8	5	3	2770	1417	1353
45-49岁	**6781**	**3424**	**3357**	**49**	**24**	**25**	**15784**	**8012**	**7772**
45	1722	794	928	6	3	3	2914	1469	1445
46	1570	820	750	5	2	3	3170	1658	1512
47	1311	666	645	10	4	6	3165	1568	1597
48	1178	616	562	17	9	8	3203	1620	1583
49	1000	528	472	11	6	5	3332	1697	1635
50-54岁	**2721**	**1445**	**1276**	**872**	**317**	**555**	**15357**	**7918**	**7439**
50	809	461	348	97	26	71	3459	1722	1737
51	650	346	304	147	54	93	3181	1671	1510
52	587	286	301	185	62	123	3359	1763	1596
53	313	168	145	186	76	110	2489	1268	1221
54	362	184	178	257	99	158	2869	1494	1375
55-59岁	**1342**	**643**	**699**	**2150**	**885**	**1265**	**13632**	**7092**	**6540**
55	316	149	167	386	174	212	3018	1525	1493
56	307	146	161	443	168	275	2967	1580	1387
57	330	172	158	536	228	308	3434	1785	1649
58	257	120	137	455	178	277	2654	1401	1253
59	132	56	76	330	137	193	1559	801	758
60-64岁	**861**	**412**	**449**	**3473**	**1694**	**1779**	**10396**	**5480**	**4916**
60	185	91	94	589	274	315	2163	1171	992
61	156	86	70	582	303	279	1971	1028	943
62	168	81	87	710	336	374	2123	1116	1007
63	183	82	101	790	381	409	2222	1180	1042
64	169	72	97	802	400	402	1917	985	932
65岁及以上	**1047**	**512**	**535**	**16195**	**7064**	**9131**	**20727**	**10765**	**9962**

7-8b 全市分年龄、性别、迁移原因的户口登记地在外乡镇街道的人口(镇)

单位：人

年龄	合计			工作就业		
	合计	男	女	小计	男	女
总计	**316428**	**168796**	**147632**	**123646**	**78947**	**44699**
0-4岁	**12322**	**6315**	**6007**			
0	1482	750	732			
1	2494	1306	1188			
2	2503	1262	1241			
3	2857	1452	1405			
4	2986	1545	1441			
5-9岁	**13277**	**6957**	**6320**			
5	2182	1163	1019			
6	3011	1581	1430			
7	2621	1384	1237			
8	2892	1487	1405			
9	2571	1342	1229			
10-14岁	**11841**	**6182**	**5659**	**8**	**6**	**2**
10	2472	1265	1207	1	1	
11	2460	1289	1171	1		1
12	2329	1229	1100	2	1	1
13	2292	1225	1067	1	1	
14	2288	1174	1114	3	3	
15-19岁	**37160**	**17826**	**19334**	**4512**	**3266**	**1246**
15	3069	1616	1453	43	34	9
16	4365	2122	2243	74	54	20
17	4059	1878	2181	171	115	56
18	9149	4418	4731	1640	1243	397
19	16518	7792	8726	2584	1820	764
20-24岁	**59990**	**31062**	**28928**	**23657**	**15554**	**8103**
20	17683	8315	9368	3756	2537	1219
21	15416	7500	7916	4718	3079	1639
22	11912	6249	5663	5197	3325	1872
23	8095	4799	3296	5035	3307	1728
24	6884	4199	2685	4951	3306	1645
25-29岁	**35709**	**20950**	**14759**	**25305**	**16481**	**8824**
25	6884	4197	2687	5089	3391	1698
26	6916	4136	2780	5005	3290	1715
27	7301	4253	3048	5186	3345	1841
28	7258	4148	3110	5007	3209	1798
29	7350	4216	3134	5018	3246	1772

7-8b　续表 1　　单位：人

年　龄	合　计			工作就业		
	合计	男	女	小计	男	女
30-34岁	**37724**	**20670**	**17054**	**23849**	**14781**	**9068**
30	8755	4810	3945	5771	3563	2208
31	8176	4432	3744	5174	3185	1989
32	7208	4003	3205	4592	2864	1728
33	7301	4041	3260	4505	2825	1680
34	6284	3384	2900	3807	2344	1463
35-39岁	**25152**	**13389**	**11763**	**14191**	**8390**	**5801**
35	5552	3018	2534	3266	1978	1288
36	5441	2915	2526	3116	1852	1264
37	4935	2615	2320	2768	1640	1128
38	5253	2796	2457	2847	1689	1158
39	3971	2045	1926	2194	1231	963
40-44岁	**18436**	**9537**	**8899**	**9672**	**5324**	**4348**
40	3739	1958	1781	1972	1108	864
41	3635	1929	1706	1968	1122	846
42	3453	1794	1659	1807	1023	784
43	3620	1823	1797	1881	970	911
44	3989	2033	1956	2044	1101	943
45-49岁	**19514**	**10640**	**8874**	**9676**	**5816**	**3860**
45	3974	2079	1895	1997	1110	887
46	4070	2136	1934	2039	1198	841
47	4071	2219	1852	2042	1211	831
48	3877	2143	1734	1943	1166	777
49	3522	2063	1459	1655	1131	524
50-54岁	**14305**	**8338**	**5967**	**6175**	**4455**	**1720**
50	3468	2045	1423	1554	1101	453
51	2889	1702	1187	1256	903	353
52	2970	1709	1261	1301	927	374
53	2427	1375	1052	1001	715	286
54	2551	1507	1044	1063	809	254
55-59岁	**11115**	**6330**	**4785**	**3813**	**2831**	**982**
55	2604	1519	1085	1011	747	264
56	2464	1411	1053	912	674	238
57	2710	1547	1163	902	679	223
58	2125	1166	959	651	489	162
59	1212	687	525	337	242	95
60-64岁	**7064**	**3910**	**3154**	**1607**	**1216**	**391**
60	1500	798	702	376	261	115
61	1353	720	633	304	236	68
62	1442	840	602	344	270	74
63	1526	874	652	341	263	78
64	1243	678	565	242	186	56
65岁及以上	**12819**	**6690**	**6129**	**1181**	**827**	**354**

7-8b 续表 2 单位：人

年龄	学习培训			随同离开/投亲靠友			拆迁/搬家		
	小计	男	女	小计	男	女	小计	男	女
总计	**66440**	**28920**	**37520**	**30330**	**13647**	**16683**	**41088**	**21720**	**19368**
0-4岁	**82**	**41**	**41**	**7406**	**3745**	**3661**	**1444**	**771**	**673**
0	4	2	2	855	419	436	182	92	90
1	4	3	1	1461	773	688	299	164	135
2	10	6	4	1493	735	758	298	158	140
3	29	10	19	1729	856	873	342	177	165
4	35	20	15	1868	962	906	323	180	143
5-9岁	**2159**	**1111**	**1048**	**6546**	**3451**	**3095**	**1837**	**967**	**870**
5	42	18	24	1263	690	573	301	163	138
6	497	259	238	1498	803	695	396	208	188
7	531	262	269	1228	647	581	377	198	179
8	565	290	275	1384	683	701	393	222	171
9	524	282	242	1173	628	545	370	176	194
10-14岁	**2823**	**1500**	**1323**	**4871**	**2503**	**2368**	**1801**	**947**	**854**
10	522	288	234	1099	537	562	381	186	195
11	562	282	280	1056	559	497	365	203	162
12	534	289	245	956	495	461	374	195	179
13	556	310	246	924	485	439	340	186	154
14	649	331	318	836	427	409	341	177	164
15-19岁	**29225**	**12726**	**16499**	**1482**	**771**	**711**	**873**	**478**	**395**
15	2080	1073	1007	454	249	205	207	112	95
16	3627	1745	1882	296	138	158	179	92	87
17	3334	1460	1874	262	138	124	128	76	52
18	6877	2834	4043	244	115	129	199	110	89
19	13307	5614	7693	226	131	95	160	88	72
20-24岁	**31132**	**13047**	**18085**	**1448**	**690**	**758**	**1568**	**810**	**758**
20	13252	5404	7848	250	142	108	172	96	76
21	9921	4049	5872	241	111	130	202	97	105
22	5589	2426	3163	319	150	169	321	162	159
23	1871	919	952	304	141	163	401	214	187
24	499	249	250	334	146	188	472	241	231
25-29岁	**501**	**245**	**256**	**1500**	**607**	**893**	**3447**	**1786**	**1661**
25	188	95	93	328	144	184	555	284	271
26	106	58	48	330	164	166	613	314	299
27	68	29	39	303	119	184	705	362	343
28	80	33	47	280	94	186	760	406	354
29	59	30	29	259	86	173	814	420	394

7-8b 续表 3

单位：人

年 龄	学习培训			随同离开/投亲靠友			拆迁/搬家		
	小计	男	女	小计	男	女	小计	男	女
30–34岁	**249**	**113**	**136**	**1382**	**366**	**1016**	**5096**	**2677**	**2419**
30	58	29	29	344	100	244	1084	559	525
31	59	24	35	303	80	223	1077	561	516
32	50	22	28	254	64	190	981	535	446
33	50	24	26	266	68	198	1018	544	474
34	32	14	18	215	54	161	936	478	458
35–39岁	**116**	**65**	**51**	**933**	**224**	**709**	**4264**	**2246**	**2018**
35	31	16	15	192	38	154	876	470	406
36	23	15	8	199	48	151	894	471	423
37	21	13	8	192	50	142	832	424	408
38	23	11	12	203	49	154	963	511	452
39	18	10	8	147	39	108	699	370	329
40–44岁	**51**	**24**	**27**	**690**	**154**	**536**	**3572**	**1873**	**1699**
40	11	7	4	140	35	105	688	347	341
41	8	4	4	129	27	102	673	360	313
42	11	5	6	147	33	114	663	343	320
43	10	2	8	125	24	101	732	393	339
44	11	6	5	149	35	114	816	430	386
45–49岁	**44**	**22**	**22**	**841**	**206**	**635**	**4311**	**2351**	**1960**
45	6	5	1	139	35	104	830	457	373
46	11	3	8	191	43	148	848	417	431
47	8	4	4	166	41	125	909	501	408
48	9	5	4	192	48	144	828	482	346
49	10	5	5	153	39	114	896	494	402
50–54岁	**9**	**5**	**4**	**772**	**176**	**596**	**3580**	**1888**	**1692**
50	2	2		160	37	123	864	431	433
51	3	1	2	156	42	114	722	389	333
52				138	36	102	769	401	368
53	3	2	1	150	33	117	608	332	276
54	1		1	168	28	140	617	335	282
55–59岁	**16**	**7**	**9**	**683**	**171**	**512**	**3011**	**1652**	**1359**
55	5	4	1	140	26	114	674	371	303
56	4	2	2	141	40	101	664	341	323
57	3		3	179	51	128	722	398	324
58	2	1	1	143	31	112	608	334	274
59	2		2	80	23	57	343	208	135
60–64岁	**12**	**5**	**7**	**549**	**166**	**383**	**2081**	**1146**	**935**
60	2	1	1	122	30	92	433	237	196
61	3	2	1	94	20	74	393	200	193
62	5	2	3	97	25	72	404	230	174
63				135	50	85	457	256	201
64	2		2	101	41	60	394	223	171
65岁及以上	**21**	**9**	**12**	**1227**	**417**	**810**	**4203**	**2128**	**2075**

7-8b 续表 4 单位：人

年 龄	寄挂户口			婚姻嫁娶			照料孙子女		
	小计	男	女	小计	男	女	小计	男	女
总 计	**6249**	**3413**	**2836**	**7251**	**1304**	**5947**	**3454**	**1183**	**2271**
0-4岁	**448**	**216**	**232**						
0	56	27	29						
1	109	56	53						
2	93	39	54						
3	112	52	60						
4	78	42	36						
5-9岁	**380**	**190**	**190**						
5	65	28	37						
6	88	50	38						
7	75	36	39						
8	80	42	38						
9	72	34	38						
10-14岁	**327**	**168**	**159**						
10	68	33	35						
11	72	38	34						
12	58	33	25						
13	73	37	36						
14	56	27	29						
15-19岁	**164**	**94**	**70**	**15**	**3**	**12**			
15	41	21	20	1	1				
16	31	16	15						
17	30	17	13						
18	33	21	12	3	1	2			
19	29	19	10	11	1	10			
20-24岁	**367**	**199**	**168**	**348**	**36**	**312**			
20	48	29	19	18	1	17			
21	59	31	28	31	3	28			
22	62	29	33	62	5	57			
23	83	54	29	92	8	84			
24	115	56	59	145	19	126			
25-29岁	**757**	**388**	**369**	**1566**	**207**	**1359**	**1**		**1**
25	132	71	61	203	23	180			
26	149	68	81	266	29	237	1		1
27	149	83	66	338	47	291			
28	167	85	82	360	47	313			
29	160	81	79	399	61	338			

7-8b　续表 5　　单位：人

年　龄	寄挂户口			婚姻嫁娶			照料孙子女		
	小计	男	女	小计	男	女	小计	男	女
30–34岁	**830**	**419**	**411**	**1952**	**337**	**1615**	**19**	**8**	**11**
30	176	91	85	479	77	402	5	3	2
31	180	92	88	468	97	371	3	2	1
32	159	76	83	379	62	317	3		3
33	179	91	88	349	60	289	3		3
34	136	69	67	277	41	236	5	3	2
35–39岁	**531**	**275**	**256**	**1029**	**198**	**831**	**18**	**10**	**8**
35	98	50	48	256	56	200	5	2	3
36	112	59	53	230	48	182	2	2	
37	109	57	52	199	32	167	4	3	1
38	133	65	68	197	41	156	4	3	1
39	79	44	35	147	21	126	3		3
40–44岁	**330**	**166**	**164**	**627**	**144**	**483**	**27**	**10**	**17**
40	76	43	33	143	34	109	6		6
41	73	34	39	108	25	83	2	2	
42	59	31	28	104	17	87	5	3	2
43	48	23	25	116	30	86	7	2	5
44	74	35	39	156	38	118	7	3	4
45–49岁	**387**	**212**	**175**	**619**	**109**	**510**	**87**	**19**	**68**
45	74	40	34	138	25	113	10		10
46	80	41	39	127	26	101	15	3	12
47	68	41	27	137	22	115	14	3	11
48	87	51	36	124	28	96	18	3	15
49	78	39	39	93	8	85	30	10	20
50–54岁	**317**	**183**	**134**	**454**	**88**	**366**	**478**	**105**	**373**
50	99	60	39	106	27	79	48	10	38
51	59	35	24	103	17	86	71	15	56
52	62	32	30	84	11	73	94	18	76
53	42	22	20	80	17	63	126	31	95
54	55	34	21	81	16	65	139	31	108
55–59岁	**312**	**196**	**116**	**279**	**71**	**208**	**914**	**230**	**684**
55	65	41	24	69	12	57	160	31	129
56	61	34	27	53	17	36	195	50	145
57	89	60	29	61	22	39	237	60	177
58	59	37	22	64	13	51	196	49	147
59	38	24	14	32	7	25	126	40	86
60–64岁	**287**	**179**	**108**	**132**	**30**	**102**	**924**	**350**	**574**
60	60	36	24	28	7	21	167	48	119
61	56	33	23	32	9	23	198	62	136
62	66	44	22	21	2	19	188	76	112
63	56	38	18	28	10	18	190	80	110
64	49	28	21	23	2	21	181	84	97
65岁及以上	**812**	**528**	**284**	**230**	**81**	**149**	**986**	**451**	**535**

7-8b 续表 6

单位：人

年 龄	为子女就学			养老/康养			其 他		
	小计	男	女	小计	男	女	小计	男	女
总 计	**9905**	**4657**	**5248**	**2681**	**1433**	**1248**	**25384**	**13572**	**11812**
0-4岁							**2942**	**1542**	**1400**
0							385	210	175
1							621	310	311
2							609	324	285
3							645	357	288
4							682	341	341
5-9岁							**2355**	**1238**	**1117**
5							511	264	247
6							532	261	271
7							410	241	169
8							470	250	220
9							432	222	210
10-14岁							**2011**	**1058**	**953**
10							401	220	181
11							404	207	197
12							405	216	189
13							398	206	192
14							403	209	194
15-19岁	**11**	**5**	**6**				**878**	**483**	**395**
15	2	2					241	124	117
16	3	2	1				155	75	80
17							134	72	62
18	2		2				151	94	57
19	4	1	3				197	118	79
20-24岁	**86**	**28**	**58**				**1384**	**698**	**686**
20	4	3	1				183	103	80
21	14	4	10				230	126	104
22	10	3	7				352	149	203
23	21	8	13				288	148	140
24	37	10	27				331	172	159
25-29岁	**714**	**240**	**474**				**1918**	**996**	**922**
25	61	19	42				328	170	158
26	90	32	58				356	181	175
27	132	42	90				420	226	194
28	192	65	127				412	209	203
29	239	82	157				402	210	192

7-8b 续表 7 单位：人

年 龄	为子女就学			养老/康养			其 他		
	小计	男	女	小计	男	女	小计	男	女
30–34岁	**2044**	**809**	**1235**	**2**	**2**		**2301**	**1158**	**1143**
30	330	132	198	1	1		507	255	252
31	420	147	273				492	244	248
32	368	144	224				422	236	186
33	479	210	269	1	1		451	218	233
34	447	176	271				429	205	224
35–39岁	**2296**	**1059**	**1237**				**1774**	**922**	**852**
35	453	211	242				375	197	178
36	498	230	268				367	190	177
37	454	210	244				356	186	170
38	507	231	276				376	196	180
39	384	177	207				300	153	147
40–44岁	**1875**	**959**	**916**				**1592**	**883**	**709**
40	389	203	186				314	181	133
41	362	185	177				312	170	142
42	379	183	196				278	156	122
43	376	188	188				325	191	134
44	369	200	169				363	185	178
45–49岁	**1492**	**796**	**696**	**4**	**2**	**2**	**2053**	**1107**	**946**
45	391	197	194				389	210	179
46	335	179	156	1		1	423	226	197
47	311	175	136				416	221	195
48	257	137	120	1		1	418	223	195
49	198	108	90	2	2		407	227	180
50–54岁	**686**	**386**	**300**	**153**	**73**	**80**	**1681**	**979**	**702**
50	194	118	76	19	10	9	422	249	173
51	142	82	60	30	10	20	347	208	139
52	141	76	65	28	12	16	353	196	157
53	111	55	56	35	21	14	271	147	124
54	98	55	43	41	20	21	288	179	109
55–59岁	**338**	**182**	**156**	**328**	**168**	**160**	**1421**	**822**	**599**
55	79	54	25	59	32	27	342	201	141
56	62	33	29	62	34	28	310	186	124
57	83	42	41	90	42	48	344	193	151
58	58	23	35	67	26	41	277	163	114
59	56	30	26	50	34	16	148	79	69
60–64岁	**185**	**96**	**89**	**368**	**203**	**165**	**919**	**519**	**400**
60	47	25	22	61	38	23	204	115	89
61	39	22	17	56	29	27	178	107	71
62	40	21	19	79	51	28	198	119	79
63	37	18	19	79	43	36	203	116	87
64	22	10	12	93	42	51	136	62	74
65岁及以上	**178**	**97**	**81**	**1826**	**985**	**841**	**2155**	**1167**	**988**

7-8c 全市分年龄、性别、迁移原因的户口登记地在外乡镇街道的人口(乡村)

单位：人

年龄	合计			工作就业		
	合计	男	女	小计	男	女
总计	**152479**	**90871**	**61608**	**61521**	**46512**	**15009**
0-4岁	**6318**	**3205**	**3113**			
0	752	374	378			
1	1321	678	643			
2	1342	689	653			
3	1444	711	733			
4	1459	753	706			
5-9岁	**7444**	**3826**	**3618**			
5	1243	631	612			
6	1570	792	778			
7	1516	773	743			
8	1603	842	761			
9	1512	788	724			
10-14岁	**6844**	**3630**	**3214**	**13**	**6**	**7**
10	1515	783	732	2	1	1
11	1417	741	676			
12	1258	680	578	3	1	2
13	1242	653	589	7	3	4
14	1412	773	639	1	1	
15-19岁	**12028**	**7497**	**4531**	**714**	**579**	**135**
15	2532	1526	1006	33	25	8
16	2643	1677	966	61	49	12
17	1924	1207	717	105	80	25
18	2095	1326	769	205	172	33
19	2834	1761	1073	310	253	57
20-24岁	**10586**	**6408**	**4178**	**3859**	**2803**	**1056**
20	2681	1665	1016	452	329	123
21	1962	1208	754	615	460	155
22	1925	1176	749	865	604	261
23	1977	1193	784	946	705	241
24	2041	1166	875	981	705	276
25-29岁	**13550**	**7447**	**6103**	**6646**	**4777**	**1869**
25	2390	1339	1051	1192	851	341
26	2508	1351	1157	1192	841	351
27	2763	1486	1277	1345	962	383
28	2969	1643	1326	1400	1017	383
29	2920	1628	1292	1517	1106	411

7-8c 续表 1

单位：人

年龄	合计			工作就业		
	合计	男	女	小计	男	女
30-34岁	**16903**	**9724**	**7179**	**9399**	**6965**	**2434**
30	3802	2181	1621	1995	1496	499
31	3262	1842	1420	1831	1360	471
32	3244	1879	1365	1843	1359	484
33	3536	2051	1485	2015	1478	537
34	3059	1771	1288	1715	1272	443
35-39岁	**12526**	**7548**	**4978**	**7200**	**5380**	**1820**
35	2639	1552	1087	1482	1107	375
36	2827	1700	1127	1600	1175	425
37	2290	1377	913	1328	990	338
38	2530	1524	1006	1455	1092	363
39	2240	1395	845	1335	1016	319
40-44岁	**11587**	**7151**	**4436**	**7048**	**5269**	**1779**
40	2140	1333	807	1280	966	314
41	2386	1497	889	1480	1127	353
42	2282	1396	886	1346	1003	343
43	2177	1309	868	1338	970	368
44	2602	1616	986	1604	1203	401
45-49岁	**15032**	**9382**	**5650**	**9439**	**7039**	**2400**
45	2781	1679	1102	1747	1265	482
46	2938	1806	1132	1808	1333	475
47	3110	1947	1163	1932	1439	493
48	3085	1927	1158	1929	1452	477
49	3118	2023	1095	2023	1550	473
50-54岁	**13587**	**9012**	**4575**	**8624**	**6779**	**1845**
50	2833	1831	1002	1843	1409	434
51	2960	1964	996	1912	1474	438
52	2788	1827	961	1751	1387	364
53	2478	1683	795	1556	1259	297
54	2528	1707	821	1562	1250	312
55-59岁	**9009**	**5943**	**3066**	**4819**	**3871**	**948**
55	2323	1542	781	1322	1047	275
56	1804	1185	619	1022	810	212
57	2227	1487	740	1225	1023	202
58	1789	1194	595	867	699	168
59	866	535	331	383	292	91
60-64岁	**5557**	**3532**	**2025**	**2102**	**1738**	**364**
60	1081	703	378	420	358	62
61	1034	667	367	420	355	65
62	1228	769	459	452	370	82
63	1240	791	449	468	377	91
64	974	602	372	342	278	64
65岁及以上	**11508**	**6566**	**4942**	**1658**	**1306**	**352**

7-8c 续表 2 单位：人

年龄	学习培训			随同离开/投亲靠友			拆迁/搬家		
	小计	男	女	小计	男	女	小计	男	女
总 计	**15325**	**9134**	**6191**	**24210**	**10184**	**14026**	**17340**	**9492**	**7848**
0-4岁	**72**	**44**	**28**	**4167**	**2073**	**2094**	**526**	**267**	**259**
0	4	4		476	230	246	90	48	42
1	1	1		839	421	418	133	65	68
2	9	5	4	869	437	432	108	52	56
3	26	15	11	984	469	515	94	47	47
4	32	19	13	999	516	483	101	55	46
5-9岁	**1037**	**524**	**513**	**4320**	**2264**	**2056**	**636**	**328**	**308**
5	30	15	15	825	421	404	103	62	41
6	246	114	132	919	476	443	109	61	48
7	231	119	112	873	446	427	130	64	66
8	271	138	133	891	495	396	141	67	74
9	259	138	121	812	426	386	153	74	79
10-14岁	**1565**	**806**	**759**	**3443**	**1822**	**1621**	**676**	**370**	**306**
10	253	120	133	804	409	395	172	94	78
11	266	119	147	759	420	339	132	68	64
12	253	132	121	685	367	318	127	79	48
13	259	141	118	629	317	312	122	67	55
14	534	294	240	566	309	257	123	62	61
15-19岁	**9263**	**5763**	**3500**	**1116**	**643**	**473**	**363**	**194**	**169**
15	1946	1196	750	369	208	161	79	45	34
16	2191	1415	776	197	109	88	61	29	32
17	1464	922	542	173	107	66	77	44	33
18	1472	925	547	210	114	96	80	38	42
19	2190	1305	885	167	105	62	66	38	28
20-24岁	**3006**	**1811**	**1195**	**1242**	**687**	**555**	**726**	**400**	**326**
20	1807	1084	723	179	104	75	96	62	34
21	760	457	303	219	126	93	122	62	60
22	253	165	88	254	145	109	163	89	74
23	116	73	43	309	172	137	167	89	78
24	70	32	38	281	140	141	178	98	80
25-29岁	**153**	**76**	**77**	**1461**	**587**	**874**	**1357**	**730**	**627**
25	51	26	25	303	144	159	209	113	96
26	33	15	18	271	119	152	253	134	119
27	25	16	9	304	114	190	261	137	124
28	28	9	19	302	112	190	342	183	159
29	16	10	6	281	98	183	292	163	129

7−8c　续表 3

单位：人

年　龄	学习培训			随同离开/投亲靠友			拆迁/搬家		
	小计	男	女	小计	男	女	小计	男	女
30−34岁	**98**	**52**	**46**	**1462**	**343**	**1119**	**1647**	**910**	**737**
30	25	12	13	352	105	247	399	229	170
31	19	8	11	277	56	221	312	152	160
32	15	12	3	300	77	223	291	170	121
33	23	12	11	284	57	227	334	190	144
34	16	8	8	249	48	201	311	169	142
35−39岁	**56**	**28**	**28**	**1076**	**219**	**857**	**1319**	**732**	**587**
35	16	8	8	219	51	168	274	146	128
36	10	6	4	234	42	192	294	170	124
37	12	2	10	184	33	151	256	136	120
38	11	7	4	225	45	180	274	150	124
39	7	5	2	214	48	166	221	130	91
40−44岁	**20**	**9**	**11**	**903**	**154**	**749**	**1213**	**699**	**514**
40	7	3	4	162	27	135	220	135	85
41	7	1	6	186	26	160	255	145	110
42	1		1	180	35	145	241	137	104
43	1	1		167	27	140	213	114	99
44	4	4		208	39	169	284	168	116
45−49岁	**24**	**9**	**15**	**1081**	**202**	**879**	**1642**	**884**	**758**
45	3		3	208	38	170	282	151	131
46	4	1	3	208	37	171	323	167	156
47	5	1	4	217	49	168	354	189	165
48	5	2	3	232	33	199	333	187	146
49	7	5	2	216	45	171	350	190	160
50−54岁	**11**	**5**	**6**	**998**	**200**	**798**	**1622**	**915**	**707**
50	2		2	218	36	182	313	181	132
51	1	1		194	38	156	349	208	141
52	3		3	209	41	168	335	178	157
53	3	2	1	199	41	158	310	171	139
54	2	2		178	44	134	315	177	138
55−59岁	**6**	**1**	**5**	**858**	**227**	**631**	**1363**	**794**	**569**
55	2		2	180	37	143	351	211	140
56				168	39	129	249	152	97
57	2		2	215	52	163	314	176	138
58	2	1	1	185	58	127	302	176	126
59				110	41	69	147	79	68
60−64岁	**6**	**1**	**5**	**603**	**196**	**407**	**1149**	**644**	**505**
60				138	43	95	213	118	95
61	1		1	107	37	70	218	123	95
62	4	1	3	106	29	77	256	149	107
63				131	54	77	269	146	123
64	1		1	121	33	88	193	108	85
65岁及以上	**8**	**5**	**3**	**1480**	**567**	**913**	**3101**	**1625**	**1476**

7-8c 续表 4

单位：人

年 龄	寄挂户口			婚姻嫁娶			照料孙子女		
	小计	男	女	小计	男	女	小计	男	女
总 计	**5972**	**3340**	**2632**	**8446**	**1309**	**7137**	**864**	**300**	**564**
0—4岁	**287**	**139**	**148**						
0	19	11	8						
1	74	41	33						
2	81	38	43						
3	63	28	35						
4	50	21	29						
5—9岁	**276**	**132**	**144**						
5	43	20	23						
6	53	23	30						
7	56	29	27						
8	61	29	32						
9	63	31	32						
10—14岁	**236**	**125**	**111**	**1**	**1**				
10	61	38	23						
11	54	25	29						
12	47	21	26	1	1				
13	39	24	15						
14	35	17	18						
15—19岁	**155**	**81**	**74**	**22**	**1**	**21**			
15	28	14	14	1		1			
16	45	23	22	2		2			
17	30	14	16	1		1			
18	30	20	10	8		8			
19	22	10	12	10	1	9			
20—24岁	**363**	**204**	**159**	**609**	**19**	**590**			
20	28	17	11	24	2	22			
21	37	22	15	64	2	62			
22	71	39	32	128	2	126			
23	105	58	47	166	7	159			
24	122	68	54	227	6	221			
25—29岁	**879**	**476**	**403**	**1762**	**110**	**1652**			
25	150	78	72	275	9	266			
26	167	92	75	333	19	314			
27	194	101	93	405	23	382			
28	214	122	92	378	35	343			
29	154	83	71	371	24	347			

7-8c　续表 5　　　　单位：人

年　龄	寄挂户口			婚姻嫁娶			照料孙子女		
	小计	男	女	小计	男	女	小计	男	女
30–34岁	**709**	**366**	**343**	**1869**	**212**	**1657**	**4**		**4**
30	194	101	93	459	52	407			
31	129	58	71	387	46	341	1		1
32	133	66	67	351	41	310	1		1
33	155	86	69	356	34	322	1		1
34	98	55	43	316	39	277	1		1
35–39岁	**388**	**209**	**179**	**1007**	**156**	**851**	**6**	**1**	**5**
35	89	44	45	251	29	222	2		2
36	105	58	47	229	46	183	3		3
37	60	36	24	169	26	143			
38	56	25	31	214	31	183	1	1	
39	78	46	32	144	24	120			
40–44岁	**338**	**189**	**149**	**814**	**144**	**670**	**2**		**2**
40	61	28	33	150	35	115			
41	57	35	22	165	30	135			
42	81	53	28	166	26	140	1		1
43	63	29	34	151	24	127			
44	76	44	32	182	29	153	1		1
45–49岁	**440**	**263**	**177**	**835**	**151**	**684**	**28**	**5**	**23**
45	85	46	39	162	27	135	3	1	2
46	88	52	36	180	31	149	3		3
47	106	70	36	168	31	137	4	1	3
48	93	54	39	172	31	141	9	1	8
49	68	41	27	153	31	122	9	2	7
50–54岁	**341**	**203**	**138**	**552**	**137**	**415**	**133**	**28**	**105**
50	62	34	28	125	31	94	11	2	9
51	77	49	28	125	26	99	25	3	22
52	66	38	28	127	32	95	35	10	25
53	74	45	29	84	26	58	24	6	18
54	62	37	25	91	22	69	38	7	31
55–59岁	**248**	**174**	**74**	**369**	**122**	**247**	**179**	**47**	**132**
55	69	39	30	96	24	72	32	7	25
56	33	23	10	73	23	50	33	6	27
57	54	37	17	90	26	64	53	11	42
58	68	54	14	71	33	38	42	16	26
59	24	21	3	39	16	23	19	7	12
60–64岁	**210**	**121**	**89**	**247**	**106**	**141**	**212**	**74**	**138**
60	40	27	13	44	18	26	45	20	25
61	23	15	8	40	16	24	30	10	20
62	55	28	27	63	27	36	53	14	39
63	52	29	23	47	20	27	45	14	31
64	40	22	18	53	25	28	39	16	23
65岁及以上	**1102**	**658**	**444**	**359**	**150**	**209**	**300**	**145**	**155**

7-8c 续表 6 单位：人

年 龄	为子女就学			养老/康养			其 他		
	小计	男	女	小计	男	女	小计	男	女
总 计	**1589**	**732**	**857**	**1961**	**1227**	**734**	**15251**	**8641**	**6610**
0-4岁							**1266**	**682**	**584**
0							163	81	82
1							274	150	124
2							275	157	118
3							277	152	125
4							277	142	135
5-9岁							**1175**	**578**	**597**
5							242	113	129
6							243	118	125
7							226	115	111
8							239	113	126
9							225	119	106
10-14岁				**1**		**1**	**909**	**500**	**409**
10							223	121	102
11				1		1	205	109	96
12							142	79	63
13							186	101	85
14							153	90	63
15-19岁	**1**	**1**					**394**	**235**	**159**
15	1	1					75	37	38
16							86	52	34
17							74	40	34
18							90	57	33
19							69	49	20
20-24岁	**18**	**6**	**12**				**763**	**478**	**285**
20							95	67	28
21	1	1					144	78	66
22	6	4	2				185	128	57
23	6		6				162	89	73
24	5	1	4				177	116	61
25-29岁	**113**	**34**	**79**	**1**	**1**		**1178**	**656**	**522**
25	14	1	13	1	1		195	116	79
26	21	6	15				238	125	113
27	14	3	11				215	130	85
28	23	6	17				282	159	123
29	41	18	23				248	126	122

7-8c　续表 7　　单位：人

年　龄	为子女就学			养老/康养			其　他		
	小计	男	女	小计	男	女	小计	男	女
30-34岁	**299**	**104**	**195**	**1**	**1**		**1415**	**771**	**644**
30	62	18	44	1	1		315	167	148
31	46	16	30				260	146	114
32	50	15	35				260	139	121
33	65	29	36				303	165	138
34	76	26	50				277	154	123
35-39岁	**358**	**174**	**184**				**1116**	**649**	**467**
35	69	30	39				237	137	100
36	81	40	41				271	163	108
37	68	33	35				213	121	92
38	81	49	32				213	124	89
39	59	22	37				182	104	78
40-44岁	**265**	**132**	**133**	**4**	**1**	**3**	**980**	**554**	**426**
40	60	28	32				200	111	89
41	51	29	22	2		2	183	104	79
42	46	20	26				220	122	98
43	58	35	23				186	109	77
44	50	20	30	2	1	1	191	108	83
45-49岁	**232**	**119**	**113**	**6**	**5**	**1**	**1305**	**705**	**600**
45	56	23	33	1	1		234	127	107
46	60	35	25	2	1	1	262	149	113
47	45	23	22	2	2		277	142	135
48	38	21	17				274	146	128
49	33	17	16	1	1		258	141	117
50-54岁	**115**	**55**	**60**	**50**	**27**	**23**	**1141**	**663**	**478**
50	30	13	17	4	1	3	225	124	101
51	26	12	14	12	7	5	239	146	93
52	19	10	9	8	6	2	235	125	110
53	17	9	8	6	3	3	205	121	84
54	23	11	12	20	10	10	237	147	90
55-59岁	**80**	**46**	**34**	**157**	**88**	**69**	**930**	**573**	**357**
55	22	16	6	24	14	10	225	147	78
56	19	12	7	26	15	11	181	105	76
57	17	10	7	44	22	22	213	130	83
58	15	5	10	38	22	16	199	130	69
59	7	3	4	25	15	10	112	61	51
60-64岁	**56**	**31**	**25**	**262**	**175**	**87**	**710**	**446**	**264**
60	7	5	2	41	24	17	133	90	43
61	16	9	7	46	32	14	133	70	63
62	11	5	6	68	41	27	160	105	55
63	14	9	5	63	43	20	151	99	52
64	8	3	5	44	35	9	133	82	51
65岁及以上	**52**	**30**	**22**	**1479**	**929**	**550**	**1969**	**1151**	**818**

7-9 全市按现住地、性别、迁移原因分的户口登记地在本省其他乡镇街道的人口

单位：人

现住地	合计			工作就业		
	合计	男	女	小计	男	女
太原市	**2447719**	**1229328**	**1218391**	**719192**	**412946**	**306246**
小店区	708103	357634	350469	285544	162087	123457
迎泽区	257617	124737	132880	83370	44076	39294
杏花岭区	388368	192408	195960	88977	51323	37654
尖草坪区	252926	130561	122365	57381	34699	22682
万柏林区	482835	240307	242528	128765	71568	57197
晋源区	114982	59813	55169	33008	19298	13710
清徐县	65525	32704	32821	12452	8514	3938
阳曲县	45870	23991	21879	7428	4908	2520
娄烦县	33332	16854	16478	3709	2535	1174
古交市	98161	50319	47842	18558	13938	4620

7-9 续表 1

单位：人

现住地	学习培训			随同离开/投亲靠友			拆迁/搬家		
	小计	男	女	小计	男	女	小计	男	女
太原市	**289643**	**144211**	**145432**	**371663**	**164750**	**206913**	**585118**	**302254**	**282864**
小店区	118362	51938	66424	81112	37121	43991	109189	55793	53396
迎泽区	18769	7823	10946	34393	15802	18591	59338	30431	28907
杏花岭区	24660	14523	10137	77939	33848	44091	116810	60544	56266
尖草坪区	40293	23677	16616	42382	18514	23868	67056	34793	32263
万柏林区	44546	24817	19729	75170	33207	41963	145493	74746	70747
晋源区	16514	9577	6937	14013	6398	7615	26723	13476	13247
清徐县	15067	6014	9053	8994	4250	4744	14489	7539	6950
阳曲县	3437	1879	1558	8010	3647	4363	11708	6432	5276
娄烦县	3294	1684	1610	3823	1665	2158	6986	3697	3289
古交市	4701	2279	2422	25827	10298	15529	27326	14803	12523

7-9　续表 2

单位：人

现住地	寄挂户口			婚姻嫁娶			照料孙子女		
	小计	男	女	小计	男	女	小计	男	女
太原市	**51399**	**28681**	**22718**	**109739**	**22518**	**87221**	**41759**	**15110**	**26649**
小店区	17267	9661	7606	17817	4078	13739	13656	4939	8717
迎泽区	7221	4115	3106	14456	3543	10913	5313	1959	3354
杏花岭区	8241	4519	3722	23062	4544	18518	7029	2675	4354
尖草坪区	3808	2108	1700	12034	2352	9682	3196	1097	2099
万柏林区	7801	4247	3554	24238	5095	19143	8609	3052	5557
晋源区	2572	1483	1089	4361	900	3461	2059	704	1355
清徐县	1501	850	651	4080	880	3200	465	183	282
阳曲县	732	412	320	2791	508	2283	518	169	349
娄烦县	530	298	232	1484	164	1320	390	146	244
古交市	1726	988	738	5416	454	4962	524	186	338

7-9　续表 3

单位：人

现住地	为子女就学			养老/康养			其　他		
	小计	男	女	小计	男	女	小计	男	女
太原市	**48369**	**22021**	**26348**	**25313**	**11777**	**13536**	**205524**	**105060**	**100464**
小店区	10915	4700	6215	6081	2662	3419	48160	24655	23505
迎泽区	6798	3117	3681	2545	1042	1503	25414	12829	12585
杏花岭区	6304	2915	3389	3948	1721	2227	31398	15796	15602
尖草坪区	3073	1366	1707	2971	1313	1658	20732	10642	10090
万柏林区	6241	2733	3508	4549	2022	2527	37423	18820	18603
晋源区	1730	752	978	1333	631	702	12669	6594	6075
清徐县	1713	814	899	819	535	284	5945	3125	2820
阳曲县	3626	1775	1851	1346	771	575	6274	3490	2784
娄烦县	4896	2273	2623	790	516	274	7430	3876	3554
古交市	3073	1576	1497	931	564	367	10079	5233	4846

7−9a 全市按现住地、性别、迁移原因分的户口登记地在本省其他乡镇街道的人口(城市)

单位：人

现住地	合计			工作就业		
	合计	男	女	小计	男	女
太原市	**2062673**	**1026724**	**1035949**	**590080**	**331045**	**259035**
小店区	533349	263379	269970	199273	109516	89757
迎泽区	253243	122362	130881	81350	42822	38528
杏花岭区	360699	178216	182483	79908	45485	34423
尖草坪区	247440	127437	120003	56334	33946	22388
万柏林区	481092	239429	241663	128246	71136	57110
晋源区	103280	53532	49748	30957	17956	13001
清徐县						
阳曲县						
娄烦县						
古交市	83570	42369	41201	14012	10184	3828

7−9a 续表 1

单位：人

现住地	学习培训			随同离开/投亲靠友			拆迁/搬家		
	小计	男	女	小计	男	女	小计	男	女
太原市	**213258**	**108577**	**104681**	**323930**	**143895**	**180035**	**529934**	**272829**	**257105**
小店区	71601	30176	41425	69334	31782	37552	95440	48653	46787
迎泽区	18509	7698	10811	33514	15416	18098	58825	30170	28655
杏花岭区	23453	13926	9527	69512	30515	38997	113411	58523	54888
尖草坪区	38617	22651	15966	41746	18227	23519	66316	34380	31936
万柏林区	44516	24808	19708	74472	33011	41461	145323	74647	70676
晋源区	12161	7190	4971	13121	5990	7131	25169	12682	12487
清徐县									
阳曲县									
娄烦县									
古交市	4401	2128	2273	22231	8954	13277	25450	13774	11676

7-9a 续表 2 单位：人

现住地	寄挂户口			婚姻嫁娶			照料孙子女		
	小计	男	女	小计	男	女	小计	男	女
太原市	**42833**	**23887**	**18946**	**95622**	**20118**	**75504**	**38048**	**13815**	**24233**
小店区	13330	7499	5831	15695	3715	11980	11736	4292	7444
迎泽区	7110	4047	3063	14284	3509	10775	5257	1936	3321
杏花岭区	7846	4308	3538	21887	4383	17504	6788	2592	4196
尖草坪区	3549	1962	1587	11634	2263	9371	3168	1083	2085
万柏林区	7712	4194	3518	24148	5092	19056	8599	3049	5550
晋源区	2118	1199	919	3766	785	2981	2012	690	1322
清徐县									
阳曲县									
娄烦县									
古交市	1168	678	490	4208	371	3837	488	173	315

7-9a 续表 3 单位：人

现住地	为子女就学			养老/康养			其他		
	小计	男	女	小计	男	女	小计	男	女
太原市	**37036**	**16685**	**20351**	**20881**	**9202**	**11679**	**171051**	**86671**	**84380**
小店区	10337	4468	5869	5324	2269	3055	41279	21009	20270
迎泽区	6760	3102	3658	2516	1028	1488	25118	12634	12484
杏花岭区	6067	2814	3253	3564	1527	2037	28263	14143	14120
尖草坪区	3031	1345	1686	2851	1254	1597	20194	10326	9868
万柏林区	6231	2729	3502	4537	2017	2520	37308	18746	18562
晋源区	1660	718	942	1244	585	659	11072	5737	5335
清徐县									
阳曲县									
娄烦县									
古交市	2950	1509	1441	845	522	323	7817	4076	3741

7-9b 全市按现住地、性别、迁移原因分的户口登记地在本省其他乡镇街道的人口(镇)

单位：人

现住地	合计			工作就业		
	合计	男	女	小计	男	女
太原市	**276528**	**142809**	**133719**	**97636**	**59506**	**38130**
小店区	157065	83749	73316	80467	48490	31977
迎泽区						
杏花岭区						
尖草坪区	383	197	186	164	88	76
万柏林区	1544	749	795	478	393	85
晋源区	1673	891	782	437	298	139
清徐县	48674	23177	25497	7338	4535	2803
阳曲县	36722	18859	17863	5300	3271	2029
娄烦县	25651	12811	12840	2065	1280	785
古交市	4816	2376	2440	1387	1151	236

7-9b 续表 1

单位：人

现住地	学习培训			随同离开/投亲靠友			拆迁/搬家		
	小计	男	女	小计	男	女	小计	男	女
太原市	**62175**	**27179**	**34996**	**27651**	**12434**	**15217**	**39643**	**20916**	**18727**
小店区	43497	19401	24096	9377	4294	5083	11334	5864	5470
迎泽区									
杏花岭区									
尖草坪区	16	8	8	29	15	14	56	29	27
万柏林区	28	9	19	690	190	500	113	71	42
晋源区	58	25	33	249	125	124	281	147	134
清徐县	12940	4764	8176	6854	3215	3639	12235	6378	5857
阳曲县	2702	1478	1224	6468	2958	3510	9764	5307	4457
娄烦县	2805	1429	1376	2910	1279	1631	5352	2852	2500
古交市	129	65	64	1074	358	716	508	268	240

7−9b　续表 2

单位：人

现住地	寄挂户口			婚姻嫁娶			照料孙子女		
	小计	男	女	小计	男	女	小计	男	女
太原市	**4701**	**2590**	**2111**	**6522**	**1207**	**5315**	**3054**	**1056**	**1998**
小店区	2893	1605	1288	1282	230	1052	1840	624	1216
迎泽区									
杏花岭区									
尖草坪区	11	5	6	22	2	20			
万柏林区	47	29	18	89	3	86	9	3	6
晋源区	113	77	36	186	31	155	8	3	5
清徐县	909	493	416	1740	480	1260	399	152	247
阳曲县	388	198	190	1869	354	1515	464	148	316
娄烦县	206	109	97	701	94	607	324	122	202
古交市	134	74	60	633	13	620	10	4	6

7−9b　续表 3

单位：人

现住地	为子女就学			养老/康养			其　他		
	小计	男	女	小计	男	女	小计	男	女
太原市	**9798**	**4618**	**5180**	**2592**	**1397**	**1195**	**22756**	**11906**	**10850**
小店区	478	190	288	528	243	285	5369	2808	2561
迎泽区									
杏花岭区									
尖草坪区	2	1	1				83	49	34
万柏林区	9	3	6	11	5	6	70	43	27
晋源区	28	14	14	12	6	6	301	165	136
清徐县	1490	706	784	497	293	204	4272	2161	2111
阳曲县	3425	1676	1749	975	508	467	5367	2961	2406
娄烦县	4358	2024	2334	557	336	221	6373	3286	3087
古交市	8	4	4	12	6	6	921	433	488

7-9c 全市按现住地、性别、迁移原因分的户口登记地在本省其他乡镇街道的人口(乡村)

单位：人

现住地	合计			工作就业		
	合计	男	女	小计	男	女
太原市	**108518**	**59795**	**48723**	**31476**	**22395**	**9081**
小店区	17689	10506	7183	5804	4081	1723
迎泽区	4374	2375	1999	2020	1254	766
杏花岭区	27669	14192	13477	9069	5838	3231
尖草坪区	5103	2927	2176	883	665	218
万柏林区	199	129	70	41	39	2
晋源区	10029	5390	4639	1614	1044	570
清徐县	16851	9527	7324	5114	3979	1135
阳曲县	9148	5132	4016	2128	1637	491
娄烦县	7681	4043	3638	1644	1255	389
古交市	9775	5574	4201	3159	2603	556

7-9c 续表 1

单位：人

现住地	学习培训			随同离开/投亲靠友			拆迁/搬家		
	小计	男	女	小计	男	女	小计	男	女
太原市	**14210**	**8455**	**5755**	**20082**	**8421**	**11661**	**15541**	**8509**	**7032**
小店区	3264	2361	903	2401	1045	1356	2415	1276	1139
迎泽区	260	125	135	879	386	493	513	261	252
杏花岭区	1207	597	610	8427	3333	5094	3399	2021	1378
尖草坪区	1660	1018	642	607	272	335	684	384	300
万柏林区	2		2	8	6	2	57	28	29
晋源区	4295	2362	1933	643	283	360	1273	647	626
清徐县	2127	1250	877	2140	1035	1105	2254	1161	1093
阳曲县	735	401	334	1542	689	853	1944	1125	819
娄烦县	489	255	234	913	386	527	1634	845	789
古交市	171	86	85	2522	986	1536	1368	761	607

7–9c 续表 2

单位：人

现住地	寄挂户口			婚姻嫁娶			照料孙子女		
	小计	男	女	小计	男	女	小计	男	女
太原市	**3865**	**2204**	**1661**	**7595**	**1193**	**6402**	**657**	**239**	**418**
小店区	1044	557	487	840	133	707	80	23	57
迎泽区	111	68	43	172	34	138	56	23	33
杏花岭区	395	211	184	1175	161	1014	241	83	158
尖草坪区	248	141	107	378	87	291	28	14	14
万柏林区	42	24	18	1		1	1		1
晋源区	341	207	134	409	84	325	39	11	28
清徐县	592	357	235	2340	400	1940	66	31	35
阳曲县	344	214	130	922	154	768	54	21	33
娄烦县	324	189	135	783	70	713	66	24	42
古交市	424	236	188	575	70	505	26	9	17

7–9c 续表 3

单位：人

现住地	为子女就学			养老/康养			其他		
	小计	男	女	小计	男	女	小计	男	女
太原市	**1535**	**718**	**817**	**1840**	**1178**	**662**	**11717**	**6483**	**5234**
小店区	100	42	58	229	150	79	1512	838	674
迎泽区	38	15	23	29	14	15	296	195	101
杏花岭区	237	101	136	384	194	190	3135	1653	1482
尖草坪区	40	20	20	120	59	61	455	267	188
万柏林区	1	1		1		1	45	31	14
晋源区	42	20	22	77	40	37	1296	692	604
清徐县	223	108	115	322	242	80	1673	964	709
阳曲县	201	99	102	371	263	108	907	529	378
娄烦县	538	249	289	233	180	53	1057	590	467
古交市	115	63	52	74	36	38	1341	724	617

7-10 全市按现住地、性别、迁移原因分的户口登记地在外省的人口

单位：人

现住地	合计			工作就业		
	合计	男	女	小计	男	女
太原市	**556261**	**343328**	**212933**	**296527**	**212116**	**84411**
小店区	193416	118121	75295	111473	78995	32478
迎泽区	64023	38104	25919	34014	23448	10566
杏花岭区	66422	38357	28065	30288	20967	9321
尖草坪区	59444	36941	22503	24587	17083	7504
万柏林区	89845	55014	34831	42237	29353	12884
晋源区	44072	28695	15377	26951	19757	7194
清徐县	19048	14747	4301	14762	12409	2353
阳曲县	7761	5690	2071	5589	4635	954
娄烦县	1501	939	562	705	584	121
古交市	10729	6720	4009	5921	4885	1036

7-10 续表 1

单位：人

现住地	学习培训			随同离开/投亲靠友			拆迁/搬家		
	小计	男	女	小计	男	女	小计	男	女
太原市	**59866**	**35423**	**24443**	**67442**	**30865**	**36577**	**35969**	**18954**	**17015**
小店区	20217	9237	10980	19909	9231	10678	10133	5332	4801
迎泽区	3435	1604	1831	8078	3893	4185	4561	2434	2127
杏花岭区	2318	1308	1010	11215	5019	6196	7126	3754	3372
尖草坪区	15242	10568	4674	7982	3662	4320	4074	2159	1915
万柏林区	15492	10937	4555	11317	5096	6221	6589	3380	3209
晋源区	2286	1340	946	5585	2631	2954	1945	1063	882
清徐县	405	168	237	988	452	536	511	289	222
阳曲县	135	78	57	466	206	260	339	196	143
娄烦县	37	23	14	109	50	59	114	57	57
古交市	299	160	139	1793	625	1168	577	290	287

7-10 续表 2

单位：人

现住地	寄挂户口			婚姻嫁娶			照料孙子女		
	小计	男	女	小计	男	女	小计	男	女
太原市	**25593**	**13835**	**11758**	**13670**	**2152**	**11518**	**8030**	**2662**	**5368**
小店区	9578	5161	4417	3186	516	2670	2896	962	1934
迎泽区	3838	2088	1750	1842	346	1496	1004	338	666
杏花岭区	5065	2735	2330	2273	332	1941	1141	389	752
尖草坪区	1694	907	787	1324	211	1113	727	241	486
万柏林区	2972	1615	1357	2745	481	2264	1598	547	1051
晋源区	1120	612	508	828	144	684	512	146	366
清徐县	472	247	225	312	68	244	47	14	33
阳曲县	356	194	162	245	23	222	25	8	17
娄烦县	141	73	68	132	7	125	10	3	7
古交市	357	203	154	783	24	759	70	14	56

7-10 续表 3

单位：人

现住地	为子女就学			养老/康养			其　他		
	小计	男	女	小计	男	女	小计	男	女
太原市	**2252**	**858**	**1394**	**2121**	**892**	**1229**	**44791**	**25571**	**19220**
小店区	716	261	455	659	277	382	14649	8149	6500
迎泽区	297	116	181	305	129	176	6649	3708	2941
杏花岭区	322	133	189	284	127	157	6390	3593	2797
尖草坪区	182	68	114	242	106	136	3390	1936	1454
万柏林区	433	166	267	405	166	239	6057	3273	2784
晋源区	163	57	106	138	53	85	4544	2892	1652
清徐县	32	17	15	19	4	15	1500	1079	421
阳曲县	34	12	22	19	8	11	553	330	223
娄烦县	13	3	10	9	5	4	231	134	97
古交市	60	25	35	41	17	24	828	477	351

7-10a 全市按现住地、性别、迁移原因分的户口登记地在外省的人口(城市)

单位：人

现住地	合计			工作就业		
	合计	男	女	小计	男	女
太原市	**472400**	**286265**	**186135**	**240472**	**168558**	**71914**
小店区	157216	95352	61864	88376	62401	25975
迎泽区	61882	36708	25174	32528	22377	10151
杏花岭区	61163	35154	26009	27569	18996	8573
尖草坪区	57562	35669	21893	23453	16219	7234
万柏林区	89486	54783	34703	42056	29204	12852
晋源区	38838	25102	13736	23634	17195	6439
清徐县						
阳曲县						
娄烦县						
古交市	6253	3497	2756	2856	2166	690

7-10a 续表 1

单位：人

现住地	学习培训			随同离开/投亲靠友			拆迁/搬家		
	小计	男	女	小计	男	女	小计	男	女
太原市	**54486**	**33003**	**21483**	**60635**	**27889**	**32746**	**32725**	**17167**	**15558**
小店区	15997	7426	8571	17120	7991	9129	8730	4569	4161
迎泽区	3364	1560	1804	7782	3756	4026	4515	2408	2107
杏花岭区	2189	1232	957	10213	4591	5622	6752	3554	3198
尖草坪区	15142	10496	4646	7816	3590	4226	3972	2105	1867
万柏林区	15486	10935	4551	11265	5084	6181	6562	3363	3199
晋源区	2075	1225	850	5085	2396	2689	1741	942	799
清徐县									
阳曲县									
娄烦县									
古交市	233	129	104	1354	481	873	453	226	227

7-10a　续表 2

单位：人

现住地	寄挂户口			婚姻嫁娶			照料孙子女		
	小计	男	女	小计	男	女	小计	男	女
太原市	**21938**	**11876**	**10062**	**12090**	**1939**	**10151**	**7423**	**2474**	**4949**
小店区	7889	4255	3634	2887	461	2426	2498	837	1661
迎泽区	3772	2057	1715	1813	342	1471	984	333	651
杏花岭区	4735	2573	2162	2162	306	1856	1107	377	730
尖草坪区	1525	817	708	1304	207	1097	720	239	481
万柏林区	2939	1595	1344	2731	481	2250	1593	544	1049
晋源区	871	464	407	728	124	604	470	135	335
清徐县									
阳曲县									
娄烦县									
古交市	207	115	92	465	18	447	51	9	42

7-10a　续表 3

单位：人

现住地	为子女就学			养老/康养			其他		
	小计	男	女	小计	男	女	小计	男	女
太原市	**2091**	**805**	**1286**	**1911**	**807**	**1104**	**38629**	**21747**	**16882**
小店区	666	247	419	574	238	336	12479	6927	5552
迎泽区	294	116	178	297	127	170	6533	3632	2901
杏花岭区	313	130	183	255	113	142	5868	3282	2586
尖草坪区	178	67	111	240	105	135	3212	1824	1388
万柏林区	433	166	267	404	165	239	6017	3246	2771
晋源区	150	54	96	116	46	70	3968	2521	1447
清徐县									
阳曲县									
娄烦县									
古交市	57	25	32	25	13	12	552	315	237

7-10b 全市按现住地、性别、迁移原因分的户口登记地在外省的人口(镇)

单位：人

现住地	合计			工作就业		
	合计	男	女	小计	男	女
太原市	**39900**	**25987**	**13913**	**26010**	**19441**	**6569**
小店区	23811	14481	9330	14923	10402	4521
迎泽区						
杏花岭区						
尖草坪区	99	61	38	51	33	18
万柏林区	193	113	80	81	67	14
晋源区	1255	906	349	861	696	165
清徐县	8891	6629	2262	6492	5300	1192
阳曲县	4038	2884	1154	2838	2297	541
娄烦县	484	288	196	218	166	52
古交市	1129	625	504	546	480	66

7-10b 续表 1

单位：人

现住地	学习培训			随同离开/投亲靠友			拆迁/搬家		
	小计	男	女	小计	男	女	小计	男	女
太原市	**4265**	**1741**	**2524**	**2679**	**1213**	**1466**	**1445**	**804**	**641**
小店区	3838	1579	2259	1497	694	803	841	465	376
迎泽区									
杏花岭区									
尖草坪区	2	1	1	6	3	3	8	3	5
万柏林区	3	1	2	46	10	36	12	8	4
晋源区	34	13	21	104	59	45	44	27	17
清徐县	271	82	189	565	258	307	287	160	127
阳曲县	70	38	32	257	120	137	194	106	88
娄烦县	21	15	6	31	18	13	36	20	16
古交市	26	12	14	173	51	122	23	15	8

7-10b　续表 2

单位：人

现住地	寄挂户口			婚姻嫁娶			照料孙子女		
	小计	男	女	小计	男	女	小计	男	女
太原市	**1548**	**823**	**725**	**729**	**97**	**632**	**400**	**127**	**273**
小店区	983	524	459	183	34	149	326	105	221
迎泽区									
杏花岭区									
尖草坪区	11	6	5	1	1		3	1	2
万柏林区	16	10	6	12		12	3	2	1
晋源区	62	39	23	32	6	26	10	2	8
清徐县	213	110	103	124	35	89	25	7	18
阳曲县	202	104	98	113	13	100	19	5	14
娄烦县	25	10	15	49	5	44	7	3	4
古交市	36	20	16	215	3	212	7	2	5

7-10b　续表 3

单位：人

现住地	为子女就学			养老/康养			其他		
	小计	男	女	小计	男	女	小计	男	女
太原市	**107**	**39**	**68**	**89**	**36**	**53**	**2628**	**1666**	**962**
小店区	35	9	26	52	23	29	1133	646	487
迎泽区									
杏花岭区									
尖草坪区	1	1					16	12	4
万柏林区				1	1		19	14	5
晋源区	4	2	2	2		2	102	62	40
清徐县	23	13	10	8	2	6	883	662	221
阳曲县	33	12	21	13	6	7	299	183	116
娄烦县	9	2	7	5	3	2	83	46	37
古交市	2		2	8	1	7	93	41	52

7-10c 全市按现住地、性别、迁移原因分的户口登记地在外省的人口(乡村)

单位：人

现住地	合计			工作就业		
	合计	男	女	小计	男	女
太原市	**43961**	**31076**	**12885**	**30045**	**24117**	**5928**
小店区	12389	8288	4101	8174	6192	1982
迎泽区	2141	1396	745	1486	1071	415
杏花岭区	5259	3203	2056	2719	1971	748
尖草坪区	1783	1211	572	1083	831	252
万柏林区	166	118	48	100	82	18
晋源区	3979	2687	1292	2456	1866	590
清徐县	10157	8118	2039	8270	7109	1161
阳曲县	3723	2806	917	2751	2338	413
娄烦县	1017	651	366	487	418	69
古交市	3347	2598	749	2519	2239	280

7-10c 续表 1

单位：人

现住地	学习培训			随同离开/投亲靠友			拆迁/搬家		
	小计	男	女	小计	男	女	小计	男	女
太原市	**1115**	**679**	**436**	**4128**	**1763**	**2365**	**1799**	**983**	**816**
小店区	382	232	150	1292	546	746	562	298	264
迎泽区	71	44	27	296	137	159	46	26	20
杏花岭区	129	76	53	1002	428	574	374	200	174
尖草坪区	98	71	27	160	69	91	94	51	43
万柏林区	3	1	2	6	2	4	15	9	6
晋源区	177	102	75	396	176	220	160	94	66
清徐县	134	86	48	423	194	229	224	129	95
阳曲县	65	40	25	209	86	123	145	90	55
娄烦县	16	8	8	78	32	46	78	37	41
古交市	40	19	21	266	93	173	101	49	52

7-10c　续表 2　　　　单位：人

现住地	寄挂户口			婚姻嫁娶			照料孙子女		
	小计	男	女	小计	男	女	小计	男	女
太原市	**2107**	**1136**	**971**	**851**	**116**	**735**	**207**	**61**	**146**
小店区	706	382	324	116	21	95	72	20	52
迎泽区	66	31	35	29	4	25	20	5	15
杏花岭区	330	162	168	111	26	85	34	12	22
尖草坪区	158	84	74	19	3	16	4	1	3
万柏林区	17	10	7	2		2	2	1	1
晋源区	187	109	78	68	14	54	32	9	23
清徐县	259	137	122	188	33	155	22	7	15
阳曲县	154	90	64	132	10	122	6	3	3
娄烦县	116	63	53	83	2	81	3		3
古交市	114	68	46	103	3	100	12	3	9

7-10c　续表 3　　　　单位：人

现住地	为子女就学			养老/康养			其他		
	小计	男	女	小计	男	女	小计	男	女
太原市	**54**	**14**	**40**	**121**	**49**	**72**	**3534**	**2158**	**1376**
小店区	15	5	10	33	16	17	1037	576	461
迎泽区	3		3	8	2	6	116	76	40
杏花岭区	9	3	6	29	14	15	522	311	211
尖草坪区	3		3	2	1	1	162	100	62
万柏林区							21	13	8
晋源区	9	1	8	20	7	13	474	309	165
清徐县	9	4	5	11	2	9	617	417	200
阳曲县	1		1	6	2	4	254	147	107
娄烦县	4	1	3	4	2	2	148	88	60
古交市	1		1	8	3	5	183	121	62

第一部分　全部数据资料

第八卷　住房

8-1　各地区按住房间数分的家庭户户数

单位：户

地　区	家庭户户　数	住房间数				
		一间	二间	三间	四间	五间
太原市	**1768114**	**195583**	**792241**	**612627**	**81317**	**53702**
小店区	405849	76743	137741	159054	20634	7707
迎泽区	212223	22931	109277	71151	7370	1037
杏花岭区	284281	24268	169094	80216	8668	1094
尖草坪区	171768	11476	92606	53361	7612	3237
万柏林区	323941	20873	163398	124118	13194	1693
晋源区	95310	6734	35270	34450	6208	7491
清徐县	116235	4902	21180	40950	9682	25633
阳曲县	46390	4623	16554	16658	3913	2886
娄烦县	36346	11913	13601	8122	1558	801
古交市	75771	11120	33520	24547	2478	2123

注：本表数据为居住在普通住宅的家庭户。

8-1　续表

单位：户

地　区	住房间数				
	六间	七间	八间	九间	十间及以上
太原市	**16701**	**5509**	**4689**	**1066**	**4679**
小店区	2258	492	378	107	535
迎泽区	229	65	29	45	89
杏花岭区	561	136	92	32	120
尖草坪区	1644	375	720	117	620
万柏林区	388	92	57	23	105
晋源区	1784	774	943	301	1355
清徐县	7662	2969	1744	261	1252
阳曲县	881	296	233	89	257
娄烦县	211	63	36	6	35
古交市	1083	247	257	85	311

8-1a 各地区按住房间数分的家庭户户数(城市)

单位：户

地区	家庭户户数	住房间数				
		一间	二间	三间	四间	五间
太原市	**1421753**	**148823**	**691660**	**505830**	**55813**	**11898**
小店区	333635	59950	116707	137012	16320	2664
迎泽区	208567	22035	107957	69981	7210	967
杏花岭区	268479	22989	159876	76486	7790	768
尖草坪区	161885	10650	90420	50756	5848	1938
万柏林区	321843	20551	162041	123797	13134	1672
晋源区	78437	6117	31810	29770	4714	3512
清徐县						
阳曲县						
娄烦县						
古交市	48907	6531	22849	18028	797	377

注：本表数据为居住在普通住宅的家庭户。

8-1a 续表

单位：户

地区	住房间数				
	六间	七间	八间	九间	十间及以上
太原市	**3809**	**910**	**1144**	**317**	**1549**
小店区	713	61	83	15	110
迎泽区	209	55	23	42	88
杏花岭区	370	77	46	18	59
尖草坪区	1145	241	421	64	402
万柏林区	379	89	55	22	103
晋源区	880	351	453	140	690
清徐县					
阳曲县					
娄烦县					
古交市	113	36	63	16	97

8-1b　各地区按住房间数分的家庭户户数(镇)

单位：户

地　区	家庭户户　数	住房间数				
		一间	二间	三间	四间	五间
太原市	**139962**	**21120**	**43520**	**53892**	**8219**	**8345**
小店区	46519	13140	14792	13871	2371	1319
迎泽区						
杏花岭区						
尖草坪区	579	23	167	379	4	6
万柏林区	1664	108	1233	267	46	5
晋源区	3831	174	684	1284	253	980
清徐县	43847	2005	8500	22276	3282	5087
阳曲县	21750	1706	8975	8968	1286	369
娄烦县	16043	3053	5903	5730	649	504
古交市	5729	911	3266	1117	328	75

注：本表数据为居住在普通住宅的家庭户。

8-1b　续表

单位：户

地　区	住房间数				
	六间	七间	八间	九间	十间及以上
太原市	**2495**	**837**	**810**	**158**	**566**
小店区	487	205	163	32	139
迎泽区					
杏花岭区					
尖草坪区					
万柏林区	1	1	1		2
晋源区	218	82	74	19	63
清徐县	1429	446	473	83	266
阳曲县	216	54	80	19	77
娄烦县	127	43	17	3	14
古交市	17	6	2	2	5

8-1c 各地区按住房间数分的家庭户户数(乡村)

单位：户

地区	家庭户户数	住房间数				
		一间	二间	三间	四间	五间
太原市	**206399**	**25640**	**57061**	**52905**	**17285**	**33459**
小店区	25695	3653	6242	8171	1943	3724
迎泽区	3656	896	1320	1170	160	70
杏花岭区	15802	1279	9218	3730	878	326
尖草坪区	9304	803	2019	2226	1760	1293
万柏林区	434	214	124	54	14	16
晋源区	13042	443	2776	3396	1241	2999
清徐县	72388	2897	12680	18674	6400	20546
阳曲县	24640	2917	7579	7690	2627	2517
娄烦县	20303	8860	7698	2392	909	297
古交市	21135	3678	7405	5402	1353	1671

注：本表数据为居住在普通住宅的家庭户。

8-1c 续表

单位：户

地区	住房间数				
	六间	七间	八间	九间	十间及以上
太原市	**10397**	**3762**	**2735**	**591**	**2564**
小店区	1058	226	332	60	286
迎泽区	20	10	6	3	1
杏花岭区	191	59	46	14	61
尖草坪区	499	134	299	53	218
万柏林区	8	2	1	1	
晋源区	686	341	416	142	602
清徐县	6233	2523	1271	178	986
阳曲县	665	242	153	70	180
娄烦县	84	20	19	3	21
古交市	953	205	192	67	209

8-2　各地区按人均住房建筑面积分的家庭户户数

单位：户

地　区	家庭户户　数	人均住房建筑面积(平方米)			
		8及以下	9-12	13-16	17-19
太原市	**1768114**	**29076**	**60374**	**114662**	**78701**
小店区	405849	12352	15457	28303	14485
迎泽区	212223	2677	8976	15013	10315
杏花岭区	284281	3840	9279	17456	14385
尖草坪区	171768	1304	4053	8871	7948
万柏林区	323941	1944	5982	14982	17341
晋源区	95310	1198	2837	5570	3760
清徐县	116235	1796	5220	11407	4015
阳曲县	46390	558	1521	2819	1418
娄烦县	36346	1405	2797	3328	1231
古交市	75771	2002	4252	6913	3803

注：本表数据为居住在普通住宅的家庭户。

8-2　续表

单位：户

地　区	人均住房建筑面积(平方米)					
	20-29	30-39	40-49	50-59	60-69	70及以上
太原市	**401616**	**332281**	**228893**	**132440**	**106983**	**283088**
小店区	84030	69579	51322	29457	24735	76129
迎泽区	45496	37206	25475	17393	14207	35465
杏花岭区	69155	51354	39313	19094	16652	43753
尖草坪区	41885	35789	22629	12890	11117	25282
万柏林区	73936	62782	44993	27700	19365	54916
晋源区	21322	18800	12564	7268	5579	16412
清徐县	25995	27037	13844	8062	6013	12846
阳曲县	10852	8911	6346	3818	3443	6704
娄烦县	9283	7071	3499	2031	1924	3777
古交市	19662	13752	8908	4727	3948	7804

8-2a 各地区按人均住房建筑面积分的家庭户户数(城市)

单位：户

地区	家庭户户数	人均住房建筑面积(平方米)			
		8及以下	9-12	13-16	17-19
太原市	**1421753**	**21097**	**44948**	**82220**	**66845**
小店区	333635	9626	13072	19518	12467
迎泽区	208567	2467	8685	14725	10167
杏花岭区	268479	3683	8886	16545	13391
尖草坪区	161885	1228	3788	8312	7756
万柏林区	321843	1905	5821	14761	17218
晋源区	78437	790	1886	3926	2979
清徐县					
阳曲县					
娄烦县					
古交市	48907	1398	2810	4433	2867

注：本表数据为居住在普通住宅的家庭户。

8-2a 续表

单位：户

地区	人均住房建筑面积(平方米)					
	20-29	30-39	40-49	50-59	60-69	70及以上
太原市	**320015**	**262807**	**188243**	**108664**	**87666**	**239248**
小店区	67410	56469	43197	24752	21296	65828
迎泽区	44617	36667	25040	17202	13929	35068
杏花岭区	63932	48797	37213	18395	16073	41564
尖草坪区	39860	33890	21620	11782	10272	23377
万柏林区	73324	62519	44804	27500	19216	54775
晋源区	17454	15557	10746	6097	4782	14220
清徐县						
阳曲县						
娄烦县						
古交市	13418	8908	5623	2936	2098	4416

8-2b　各地区按人均住房建筑面积分的家庭户户数(镇)

单位：户

地　区	家庭户户数	人均住房建筑面积(平方米)			
		8及以下	9-12	13-16	17-19
太原市	**139962**	**4106**	**4724**	**12828**	**5089**
小店区	46519	2040	867	5951	1381
迎泽区					
杏花岭区					
尖草坪区	579	6	36	40	40
万柏林区	1664	21	103	210	118
晋源区	3831	100	323	533	268
清徐县	43847	737	1534	3229	1241
阳曲县	21750	307	598	1014	932
娄烦县	16043	681	890	1106	606
古交市	5729	214	373	745	503

注：本表数据为居住在普通住宅的家庭户。

8-2b　续表

单位：户

地　区	人均住房建筑面积(平方米)					
	20-29	30-39	40-49	50-59	60-69	70及以上
太原市	**32796**	**27195**	**16900**	**10267**	**7167**	**18890**
小店区	9999	8025	5339	2878	2210	7829
迎泽区						
杏花岭区						
尖草坪区	142	125	20	84	37	49
万柏林区	497	225	161	145	121	63
晋源区	926	703	345	205	87	341
清徐县	9437	9861	5612	3784	2723	5689
阳曲县	5989	4449	2929	1749	1165	2618
娄烦县	4256	2833	1918	1100	632	2021
古交市	1550	974	576	322	192	280

8-2c 各地区按人均住房建筑面积分的家庭户户数(乡村)

单位：户

地区	家庭户户数	人均住房建筑面积(平方米)			
		8及以下	9-12	13-16	17-19
太原市	**206399**	**3873**	**10702**	**19614**	**6767**
小店区	25695	686	1518	2834	637
迎泽区	3656	210	291	288	148
杏花岭区	15802	157	393	911	994
尖草坪区	9304	70	229	519	152
万柏林区	434	18	58	11	5
晋源区	13042	308	628	1111	513
清徐县	72388	1059	3686	8178	2774
阳曲县	24640	251	923	1805	486
娄烦县	20303	724	1907	2222	625
古交市	21135	390	1069	1735	433

注：本表数据为居住在普通住宅的家庭户。

8-2c 续表

单位：户

地区	人均住房建筑面积(平方米)					
	20-29	30-39	40-49	50-59	60-69	70及以上
太原市	**48805**	**42279**	**23750**	**13509**	**12150**	**24950**
小店区	6621	5085	2786	1827	1229	2472
迎泽区	879	539	435	191	278	397
杏花岭区	5223	2557	2100	699	579	2189
尖草坪区	1883	1774	989	1024	808	1856
万柏林区	115	38	28	55	28	78
晋源区	2942	2540	1473	966	710	1851
清徐县	16558	17176	8232	4278	3290	7157
阳曲县	4863	4462	3417	2069	2278	4086
娄烦县	5027	4238	1581	931	1292	1756
古交市	4694	3870	2709	1469	1658	3108

8-3　各地区按家庭户类别和住房间数分的家庭户户数

单位：户

地　　区	家庭户户　数	一代户				
		一间	二间	三间	四间	五间及以上
太原市	**1768114**	**155440**	**392052**	**266464**	**35510**	**37235**
小店区	405849	66408	66335	70060	9241	4844
迎泽区	212223	18013	55655	32538	3327	690
杏花岭区	284281	17815	83372	35095	3551	814
尖草坪区	171768	8717	45034	22598	3185	2703
万柏林区	323941	15935	78755	53994	5720	1102
晋源区	95310	5172	17417	13346	2266	4324
清徐县	116235	4132	13445	17460	4154	17407
阳曲县	46390	3524	8729	7998	2121	2688
娄烦县	36346	8374	6977	3406	729	540
古交市	75771	7350	16333	9969	1216	2123

注：本表数据为居住在普通住宅的家庭户。

8-3　续表 1

单位：户

地　　区	二代户				
	一间	二间	三间	四间	五间及以上
太原市	**37552**	**343904**	**285064**	**36477**	**39300**
小店区	9760	61421	73737	9126	5242
迎泽区	4489	45086	30177	2967	594
杏花岭区	5892	72672	36094	3973	788
尖草坪区	2579	40822	24927	3286	2469
万柏林区	4595	72528	57067	5867	883
晋源区	1465	15426	16821	3032	5860
清徐县	741	7311	21492	4979	19667
阳曲县	1050	7068	7363	1376	1493
娄烦县	3415	6100	4282	734	544
古交市	3566	15470	13104	1137	1760

8-3　续表 2　　单位：户

地　区	三代户				
	一间	二间	三间	四间	五间及以上
太原市	**2559**	**55676**	**60087**	**9090**	**9533**
小店区	567	9899	15068	2205	1527
迎泽区	427	8447	8283	1046	204
杏花岭区	554	12900	8892	1127	416
尖草坪区	179	6677	5723	1110	1507
万柏林区	337	11957	12823	1558	359
晋源区	95	2399	4160	880	2388
清徐县	28	417	1977	541	2407
阳曲县	49	750	1279	407	441
娄烦县	122	519	425	92	64
古交市	201	1711	1457	124	220

8-3　续表 3　　单位：户

地　区	四代户				
	一间	二间	三间	四间	五间及以上
太原市	**32**	**609**	**1011**	**240**	**278**
小店区	8	86	189	62	64
迎泽区	2	89	153	30	6
杏花岭区	7	150	135	17	17
尖草坪区	1	73	112	31	34
万柏林区	6	158	234	49	14
晋源区	2	28	123	30	76
清徐县	1	7	21	8	40
阳曲县		7	18	9	20
娄烦县	2	5	9	3	4
古交市	3	6	17	1	3

8-3　续表 4

单位：户

地　　区	五代及以上户				
	一间	二间	三间	四间	五间及以上
太原市			**1**		
小店区					
迎泽区					
杏花岭区					
尖草坪区			1		
万柏林区					
晋源区					
清徐县					
阳曲县					
娄烦县					
古交市					

8-3a　各地区按家庭户类别和住房间数分的家庭户户数(城市)

单位：户

地　　区	家庭户户　数	一代户				
		一间	二间	三间	四间	五间及以上
太原市	**1421753**	**118190**	**338388**	**220523**	**24195**	**8163**
小店区	333635	51841	56703	61706	7508	1705
迎泽区	208567	17357	55052	32084	3275	632
杏花岭区	268479	16842	79837	33672	3194	330
尖草坪区	161885	8022	43670	21249	2459	1778
万柏林区	321843	15672	77925	53779	5675	1072
晋源区	78437	4668	15516	11634	1752	2125
清徐县						
阳曲县						
娄烦县						
古交市	48907	3788	9685	6399	332	321

注：本表数据为居住在普通住宅的家庭户。

8-3a 续表 1

单位：户

地 区	二代户				
	一间	二间	三间	四间	五间及以上
太原市	**28538**	**301209**	**231241**	**24558**	**8040**
小店区	7721	51137	61872	7057	1429
迎泽区	4263	44428	29596	2895	560
杏花岭区	5607	67673	34185	3573	527
尖草坪区	2454	40070	23871	2552	1559
万柏林区	4539	72063	56970	5858	877
晋源区	1356	14036	14356	2236	2776
清徐县					
阳曲县					
娄烦县					
古交市	2598	11802	10391	387	312

8-3a 续表 2

单位：户

地 区	三代户				
	一间	二间	三间	四间	五间及以上
太原市	**2074**	**51492**	**53155**	**6879**	**3307**
小店区	384	8785	13267	1711	484
迎泽区	413	8389	8151	1014	186
杏花岭区	534	12225	8504	1009	270
尖草坪区	173	6607	5525	813	856
万柏林区	334	11896	12814	1552	357
晋源区	91	2231	3671	702	1085
清徐县					
阳曲县					
娄烦县					
古交市	145	1359	1223	78	69

8-3a　续表 3　　　　单位：户

地　　区	四代户				
	一间	二间	三间	四间	五间及以上
太原市	**21**	**571**	**910**	**181**	**117**
小店区	4	82	167	44	28
迎泽区	2	88	150	26	6
杏花岭区	6	141	125	14	11
尖草坪区	1	73	110	24	18
万柏林区	6	157	234	49	14
晋源区	2	27	109	24	40
清徐县					
阳曲县					
娄烦县					
古交市		3	15		

8-3a　续表 4　　　　单位：户

地　　区	五代及以上户				
	一间	二间	三间	四间	五间及以上
太原市			**1**		
小店区					
迎泽区					
杏花岭区					
尖草坪区			1		
万柏林区					
晋源区					
清徐县					
阳曲县					
娄烦县					
古交市					

8-3b 各地区按家庭户类别和住房间数分的家庭户户数(镇)

单位：户

地　区	家庭户户　数	一代户				
		一间	二间	三间	四间	五间及以上
太原市	**139962**	**16796**	**19643**	**20665**	**3471**	**5577**
小店区	46519	11605	6168	5209	1034	1001
迎泽区						
杏花岭区						
尖草坪区	579	22	131	288	1	5
万柏林区	1664	77	729	174	32	7
晋源区	3831	138	400	442	75	446
清徐县	43847	1598	4488	8521	1396	3323
阳曲县	21750	1076	3588	3392	558	414
娄烦县	16043	1646	2357	2157	270	314
古交市	5729	634	1782	482	105	67

注：本表数据为居住在普通住宅的家庭户。

8-3b　续表 1

单位：户

地　区	二代户				
	一间	二间	三间	四间	五间及以上
太原市	**4041**	**21537**	**28995**	**3860**	**6074**
小店区	1380	7663	7329	1051	1061
迎泽区					
杏花岭区					
尖草坪区	1	34	80	1	1
万柏林区	29	443	86	8	2
晋源区	34	257	704	134	649
清徐县	388	3731	12233	1585	3704
阳曲县	601	4842	4717	527	274
娄烦县	1356	3266	3263	341	350
古交市	252	1301	583	213	33

8-3b　续表 2　　单位：户

地　区	三代户				
	一间	二间	三间	四间	五间及以上
太原市	**278**	**2319**	**4181**	**862**	**1509**
小店区	152	957	1317	273	273
迎泽区					
杏花岭区					
尖草坪区		2	11	2	
万柏林区	2	60	7	6	1
晋源区	2	27	135	43	329
清徐县	18	276	1506	295	735
阳曲县	29	539	848	197	123
娄烦县	50	278	305	36	41
古交市	25	180	52	10	7

8-3b　续表 3　　单位：户

地　区	四代户				
	一间	二间	三间	四间	五间及以上
太原市	**5**	**21**	**51**	**26**	**51**
小店区	3	4	16	13	10
迎泽区					
杏花岭区					
尖草坪区					
万柏林区		1			
晋源区			3	1	12
清徐县	1	5	16	6	22
阳曲县		6	11	4	4
娄烦县	1	2	5	2	3
古交市		3			

8-3b 续表 4

单位：户

地区	五代及以上户				
	一间	二间	三间	四间	五间及以上
太原市					
小店区					
迎泽区					
杏花岭区					
尖草坪区					
万柏林区					
晋源区					
清徐县					
阳曲县					
娄烦县					
古交市					

8-3c 各地区按家庭户类别和住房间数分的家庭户户数(乡村)

单位：户

地区	家庭户户数	一代户				
		一间	二间	三间	四间	五间及以上
太原市	**206399**	**20454**	**34021**	**25276**	**7844**	**23495**
小店区	25695	2962	3464	3145	699	2138
迎泽区	3656	656	603	454	52	58
杏花岭区	15802	973	3535	1423	357	284
尖草坪区	9304	673	1233	1061	725	920
万柏林区	434	186	101	41	13	23
晋源区	13042	366	1501	1270	439	1753
清徐县	72388	2534	8957	8939	2758	14084
阳曲县	24640	2448	5141	4606	1563	2274
娄烦县	20303	6728	4620	1249	459	226
古交市	21135	2928	4866	3088	779	1735

注：本表数据为居住在普通住宅的家庭户。

8-3c 续表 1

单位：户

地区	二代户				
	一间	二间	三间	四间	五间及以上
太原市	**4973**	**21158**	**24828**	**8059**	**25186**
小店区	659	2621	4536	1018	2752
迎泽区	226	658	581	72	34
杏花岭区	285	4999	1909	400	261
尖草坪区	124	718	976	733	909
万柏林区	27	22	11	1	4
晋源区	75	1133	1761	662	2435
清徐县	353	3580	9259	3394	15963
阳曲县	449	2226	2646	849	1219
娄烦县	2059	2834	1019	393	194
古交市	716	2367	2130	537	1415

8-3c 续表 2

单位：户

地区	三代户				
	一间	二间	三间	四间	五间及以上
太原市	**207**	**1865**	**2751**	**1349**	**4717**
小店区	31	157	484	221	770
迎泽区	14	58	132	32	18
杏花岭区	20	675	388	118	146
尖草坪区	6	68	187	295	651
万柏林区	1	1	2		1
晋源区	2	141	354	135	974
清徐县	10	141	471	246	1672
阳曲县	20	211	431	210	318
娄烦县	72	241	120	56	23
古交市	31	172	182	36	144

8-3c 续表 3 单位：户

地　区	四代户				
	一间	二间	三间	四间	五间及以上
太原市	**6**	**17**	**50**	**33**	**110**
小店区	1		6	5	26
迎泽区		1	3	4	
杏花岭区	1	9	10	3	6
尖草坪区			2	7	16
万柏林区					
晋源区		1	11	5	24
清徐县		2	5	2	18
阳曲县		1	7	5	16
娄烦县	1	3	4	1	1
古交市	3		2	1	3

8-3c 续表 4 单位：户

地　区	五代及以上户				
	一间	二间	三间	四间	五间及以上
太原市					
小店区					
迎泽区					
杏花岭区					
尖草坪区					
万柏林区					
晋源区					
清徐县					
阳曲县					
娄烦县					
古交市					

8-4 全市按户主的受教育程度分的家庭户住房状况

受教育程度	户数(户)	人数(人)	平均每户住房间数(间/户)	人均住房建筑面积(平方米/人)	人均住房间数(间/人)
总计	**1656161**	**4167983**	**2.52**	**35.05**	**1.00**
未上过学	18613	34332	2.37	35.67	1.28
学前教育	787	1408	2.45	47.51	1.37
小学	169063	393866	2.66	33.15	1.14
初中	570917	1506731	2.56	30.59	0.97
高中	333147	828365	2.40	34.54	0.97
大学专科	276363	681604	2.42	38.20	0.98
大学本科	251751	628807	2.59	42.83	1.04
硕士研究生	30768	80177	2.69	44.16	1.03
博士研究生	4752	12693	2.78	42.66	1.04

注：本表数据为居住在普通住宅的家庭户。

8-4a 全市按户主的受教育程度分的家庭户住房状况(城市)

受教育程度	户数(户)	人数(人)	平均每户住房间数(间/户)	人均住房建筑面积(平方米/人)	人均住房间数(间/人)
总计	**1331486**	**3342518**	**2.39**	**35.64**	**0.95**
未上过学	9559	19241	2.28	36.16	1.13
学前教育	564	1028	2.42	49.39	1.33
小学	98546	236858	2.35	32.76	0.98
初中	409533	1069194	2.29	30.52	0.88
高中	287698	712457	2.32	34.70	0.94
大学专科	253829	622710	2.40	38.45	0.98
大学本科	237391	591093	2.58	42.96	1.04
硕士研究生	29699	77449	2.69	44.05	1.03
博士研究生	4667	12488	2.78	42.51	1.04

注：本表数据为居住在普通住宅的家庭户。

8-4b 全市按户主的受教育程度分的家庭户住房状况(镇)

受教育程度	户数(户)	人数(人)	平均每户住房间数(间/户)	人均住房建筑面积(平方米/人)	人均住房间数(间/人)
总计	**132615**	**346742**	**2.71**	**33.75**	**1.04**
未上过学	1642	2895	2.35	37.84	1.33
学前教育	82	138	2.41	56.62	1.43
小学	17806	41791	2.82	33.60	1.20
初中	58801	160495	2.78	30.84	1.02
高中	24119	61331	2.60	34.14	1.02
大学专科	16851	44620	2.54	36.81	0.96
大学本科	12268	32768	2.70	41.69	1.01
硕士研究生	970	2514	2.71	48.27	1.04
博士研究生	76	190	2.99	52.25	1.19

注：本表数据为居住在普通住宅的家庭户。

8-4c 全市按户主的受教育程度分的家庭户住房状况(乡村)

受教育程度	户数(户)	人数(人)	平均每户住房间数(间/户)	人均住房建筑面积(平方米/人)	人均住房间数(间/人)
总计	**192060**	**478723**	**3.32**	**31.87**	**1.33**
未上过学	7412	12196	2.48	34.38	1.51
学前教育	141	242	2.58	34.33	1.50
小学	52711	115217	3.18	33.78	1.45
初中	102583	277042	3.51	30.74	1.30
高中	21330	54577	3.26	32.88	1.27
大学专科	5683	14274	2.75	31.58	1.09
大学本科	2092	4946	2.76	33.96	1.17
硕士研究生	99	214	2.58	37.06	1.19
博士研究生	9	15	3.33	52.40	2.00

注：本表数据为居住在普通住宅的家庭户。

8-5　全市按户主受教育程度、人均住房建筑面积分的家庭户户数

单位：户

受教育程度	户　数	人均住房建筑面积(平方米)			
		8及以下	9-12	13-16	17-19
总　计	**1656161**	**28511**	**58790**	**111084**	**76276**
未上过学	18613	356	897	1531	632
学前教育	787	19	28	31	32
小　学	169063	4564	8812	14695	7162
初　中	570917	15911	30055	51007	32203
高　中	333147	4985	10816	22727	16873
大学专科	276363	1969	5355	13088	11084
大学本科	251751	662	2542	7162	7311
硕士研究生	30768	40	238	695	826
博士研究生	4752	5	47	148	153

注：本表数据为居住在普通住宅的家庭户。

8-5　续表

单位：户

受教育程度	人均住房建筑面积(平方米)				
	20-29	30-39	40-49	50-59	60及以上
总　计	**387864**	**317748**	**215469**	**121270**	**339149**
未上过学	3576	3470	1952	1525	4674
学前教育	105	94	80	73	325
小　学	35906	30634	20137	13424	33729
初　中	151087	108420	64718	36469	81047
高　中	81628	63980	42839	24344	64955
大学专科	63254	54497	39402	20599	67115
大学本科	46392	49549	40246	21625	76262
硕士研究生	5067	6162	5324	2798	9618
博士研究生	849	942	771	413	1424

8-5a 全市按户主受教育程度、人均住房建筑面积分的家庭户户数(城市)

单位：户

受教育程度	户　数	人均住房建筑面积(平方米)			
		8及以下	9-12	13-16	17-19
总　计	**1331486**	**20687**	**43781**	**79573**	**64648**
未上过学	9559	207	415	648	470
学前教育	564	14	22	19	27
小　学	98546	3064	5338	7754	5204
初　中	409533	11297	21298	33855	25513
高　中	287698	3854	9189	18225	15232
大学专科	253829	1626	4862	11563	10291
大学本科	237391	582	2383	6691	6950
硕士研究生	29699	38	228	670	810
博士研究生	4667	5	46	148	151

注：本表数据为居住在普通住宅的家庭户。

8-5a 续表

单位：户

受教育程度	人均住房建筑面积(平方米)				
	20-29	30-39	40-49	50-59	60及以上
总　计	**308817**	**251327**	**177367**	**99243**	**286043**
未上过学	1700	1460	996	937	2726
学前教育	71	49	51	52	259
小　学	20983	15966	11729	8208	20300
初　中	108894	76402	46782	26221	59271
高　中	70166	54980	37412	21138	57502
大学专科	57807	49421	36408	19085	62766
大学本科	43446	46196	38076	20481	72586
硕士研究生	4906	5932	5157	2712	9246
博士研究生	844	921	756	409	1387

8-5b　全市按户主受教育程度、人均住房建筑面积分的家庭户户数(镇)

单位：户

受教育程度	户　数	人均住房建筑面积(平方米)			
		8及以下	9-12	13-16	17-19
总　计	**132615**	**4060**	**4607**	**12481**	**4971**
未上过学	1642	56	87	152	35
学前教育	82	2	1	3	
小　学	17806	591	916	1740	563
初　中	58801	2401	2694	6664	2634
高　中	24119	745	626	2591	860
大学专科	16851	222	213	1014	560
大学本科	12268	42	64	299	304
硕士研究生	970	1	6	18	13
博士研究生	76				2

注：本表数据为居住在普通住宅的家庭户。

8-5b　续表

单位：户

受教育程度	人均住房建筑面积(平方米)				
	20-29	30-39	40-49	50-59	60及以上
总　计	**32024**	**26269**	**16009**	**9620**	**22574**
未上过学	255	294	171	127	465
学前教育	9	9	9	8	41
小　学	3743	3151	2082	1416	3604
初　中	15409	11131	6395	3952	7521
高　中	6118	4618	2871	1738	3952
大学专科	3914	3909	2386	1256	3377
大学本科	2429	2930	1930	1037	3233
硕士研究生	142	208	152	82	348
博士研究生	5	19	13	4	33

8-5c 全市按户主受教育程度、人均住房建筑面积分的家庭户户数(乡村)

单位：户

受教育程度	户 数	人均住房建筑面积(平方米)			
		8及以下	9-12	13-16	17-19
总 计	**192060**	**3764**	**10402**	**19030**	**6657**
未上过学	7412	93	395	731	127
学前教育	141	3	5	9	5
小 学	52711	909	2558	5201	1395
初 中	102583	2213	6063	10488	4056
高 中	21330	386	1001	1911	781
大学专科	5683	121	280	511	233
大学本科	2092	38	95	172	57
硕士研究生	99	1	4	7	3
博士研究生	9		1		

注：本表数据为居住在普通住宅的家庭户。

8-5c 续表

单位：户

受教育程度	人均住房建筑面积(平方米)				
	20-29	30-39	40-49	50-59	60及以上
总 计	**47023**	**40152**	**22093**	**12407**	**30532**
未上过学	1621	1716	785	461	1483
学前教育	25	36	20	13	25
小 学	11180	11517	6326	3800	9825
初 中	26784	20887	11541	6296	14255
高 中	5344	4382	2556	1468	3501
大学专科	1533	1167	608	258	972
大学本科	517	423	240	107	443
硕士研究生	19	22	15	4	24
博士研究生		2	2		4